论语心究

王德铭 著

合肥工業大學出版社

图书在版编目(CIP)数据

论语心究/王德铭著．—合肥：合肥工业大学出版社，2017.12
ISBN 978－7－5650－3687－3

Ⅰ．①论…　Ⅱ．①王…　Ⅲ．①儒家②《论语》—研究　Ⅳ．①B222.25

中国版本图书馆 CIP 数据核字(2017)第 288378 号

论 语 心 究

王德铭　著　　　　责任编辑　吴毅明

出　版	合肥工业大学出版社	版　次	2017 年 12 月第 1 版
地　址	合肥市屯溪路 193 号	印　次	2018 年 5 月第 1 次印刷
邮　编	230009	开　本	710 毫米×1010 毫米　1/16
电　话	数字出版部：0551－62903086	印　张	28.25
	市场营销部：0551－62903198	字　数	378 千字
网　址	www.hfutpress.com.cn	印　刷	安徽联众印刷有限公司
E-mail	hfutpress@163.com	发　行	全国新华书店

ISBN 978－7－5650－3687－3　　　　定价：58.00 元

内容简介

《论语》一直被奉为“置之四海而皆准，行之万事而不悖”的理论经典，但在经历着不同政治时代的过程中，孔子文言的原旨却或多或少地被人们有意或无意地曲解着。况且，经典的理论并不是句句皆为真理，故将传统思想结合于当今社会现实，并重在引为今用地阐发，具有重要的现实意义。所以，厘清孔子思想表达的初始内涵以正本清源是现代文明社会进程中的当务之事。当然，这更需要解经者的理性智慧。

本书作者立足于前人的研究成果，尝试从古汉字的结构中追寻其“文”之本义，结合“用平常之心比对其情，究其合理与否”的解读原则，即对《论语》原文章句，给出某种解读，引导读者用心体味其合理性或合情性的方式，来表达作者的观点。同时，他又借助古汉语语法、行文特点等常识，心究《论语》，不人云亦云。

作者位于独特视角之下所得出的一些见解，为读者推开了闭塞思路的天窗。且在其对历代他人的“误解”进行逻辑性的辩驳过程中，其表达观点的思路，也给读者创设出了更大的思考空间。

相信本书能成为那些喜欢并愿意重新认知《论语》的读者们的良师益友，成为广大爱好中国文化者们家庭中的藏书。

序

大约从宋朝以来，中国就有“半部《论语》治天下”之说，这是对孔子和儒学无以复加的称赞。孔子思想和儒家学说之所以能成为中华民族文化精神的无形之魂，主要在于他有一部经典性的传家之宝——也是一部镇世镇心之宝——《论语》。《论语》是一部内容很丰富、形式又极灵活的书，除了文、史、哲、人生、教育这些大的方面外，还涉及社会生活的诸多方面。因为它是语录体，所以随时阅读都很方便，而且洗练并富于启迪。因为它内容丰富，读它就像采掘复合性富矿，不仅收获颇丰，而且还会有意外的发现；因为它形式灵活，读者可以不必始终劳神，时而细细品味，时而浏览而过，更不须受那些“体系”“层次”之累。这也是这部书历来读者面极广的原因。

这不是历史机缘的偶合。当王德铭先生以数年之功的积累，出版他的专著《论语心究》的时候，正逢我们的时代大力弘扬中华优秀传统文化，共筑伟大的中国梦。习近平总书记在纪念孔子2565周年诞辰大会上说：“研究孔子、研究儒学，是认识中国人的民族特性、认识当今中国人精神世界历史来由的一个重要途径。……只有坚持从历史走向未来，从延续民族文化血脉中开拓前进，我们才能做好今天的事业。”如果说，我们国家从来没有像今天这样接近实现民族复兴的中国梦，那么，正是每个人的历史创造活动，才汇成了民族复兴的时代大潮。

王德铭先生以六七年之时间，潜心于《论语》并撰就《论语心究》，其缘起于“在经历着不同政治时代的过程中，孔子文言的原旨却或多或少地被人们有意或无意地曲解着”，也正因此，“厘清孔子思想表达的初始内涵以正本清源是现代文明社会进程中的当务之事”。正是这种“客观地还原孔子的学说理论，去伪存真，取其智慧的一面，为现代所用，以传承中华优秀文化”的责任与担待，赋予了他的著述十分鲜明的实践理性的品质。王德铭先生读了众多版本的《论语》，他带着对廓清孔子思想的思考而读，更带着还原《论语》本义、重拾传承中华文化的信心与兴趣而读，“子规夜半犹啼血，不信东风唤不回”。正是这种独特的文化担当品质，使《论语心究》与其他注释、阐述《论语》的著作鲜明地区别开来。《论语心究》不缺乏严密的理义考据，他对《论语》的每一章，都以“用平常之心比对其情，究其合理与否”的解读原则，对《论语》原文章句进行细致的释疑解难，并对历代以来对《论语》解读的“误解”之处，进行逻辑性的辩驳与阐发，而这一点也正是全书的精华之处。书中的辩驳之处，俯拾皆是，其表达辩驳观点的思路，更是独特非常，此处不赘述其例，相信读者诸君读后自有体悟。

作为一部先圣的经典，《论语》所带给后人的启迪和价值是说不尽的，而且越是随着社会的发展、文明的进步，孔子及其学说的魅力就会越真实地展示出来。人类越发展，作为文化符号的人的本质特征就越突出，先智的文化遗传就越显示出无可替代的价值。古来注疏阐释《论语》者，历时千余年，观点纷呈，大家辈出。然客观来说，疏漏、误解之处自不可免。著书匪易，立言尤难。王德铭先生的《论语心究》则从另一个角度，以现代人的心理去感受解读的合理与否，相信这一定能够引发读者更多的理性思考。

是为序。

陶新民

2018年5月于合肥

（陶新民，中国唐代文学学会理事，中国李白研究会常务理事，《李白学刊》副主编，中国杜甫研究会常务理事，安徽省文学学会副会长，安徽省文联委员，安徽省政协委员，安徽大学图书馆馆长。主要著作有《李白与魏晋风度》、《李白全集校注汇释集评》（合著，获国家图书奖）、《豪放词》、《唐代文学研究集成》等。论文有《略论多民族的融合与唐代文学的繁荣》《李白的悲剧及其化解》《异端文学繁荣的活力素》等）

前　言

我因闲暇之余好习书法，于是不得不与中国的汉字打更多的交道，久而久之，对汉字生就了钟爱之情，对它的原始结构、演变过程及字义的迁移等问题，有了好奇之心，从而激发了我的更多思考，也算是有了一些自以为是的心得吧。同时，我也多读了点古诗文之类书籍，本意也只是为学习书法求点身外之功而已。也许是孔子抑或是孔子的《论语》太过有影响力，同很多人一样，我也开始读《论语》。起初并非主观上的意志指使，也无什么目的，只是觉得它乃中国文化之经典，若对其不知所以然，似有辱文人之身。起初，我读《论语》也只是对照注释，依据解释者的翻译，机械地或说是被动地在读，因此，常常是读着读着就失去了兴趣，几次都是半途而废。在我感觉，读不进去的原因至少有二：一是他们的解读实在是太无趣，其行文形式也多为“译文+注释”，且为何如此“注释”没有给出理由，让人有被迫接受的感觉，故读之甚累，也甚是乏味；二是在解经者的观点中附会过多，说辞雷同，很少有个性化的思想表达，多有拾人牙慧之嫌。直到大约二十年前，读到南怀瑾先生的《论语别裁》之后，我对论语的兴趣才渐渐建立起来。但随着我对汉字的进一步细究，再回味《论语》中的章句，越来越觉得前人或某些学者对它的解读，存在许多的误解甚至错解。

我本乃理工科生，更非专业学者，本无力奢望登学士之堂，但眼见对《论语》解读的莫衷一是，且很多地方与我的一些自以为是的理解相悖，故不说如鲠在喉，由此便也想对其妄为地我言一把，以舒心结。

孔子创立的儒家学说，以“儒术”之名于公元前140年被汉武帝独尊之后，道家等诸子学说则被贬黜出政治舞台，从此，“儒学”也就成为中国社会主流的文化思想，并被逐渐地推崇到了前所未有的高度。最终儒学以“儒术”之名成了中国之后两千多年来统治人民思想的工具，至今不衰。因此，儒家对我国的政治、经济、文化、教育、生活并及于法律等各个方面都产生了极为深刻的影响。在其长期影响之下，古代中国社会也逐渐步入了专制的强权统治阶段。强调本土环境法律思想的人治化，与强调制度、规则来约束人们行为的法治观，形成了势同水火的对立之势。

汉武帝即位时，无论是在政治、经济、文化，还是人的意识形态上，都欲进一步强化专制的中央集权制度，而此时儒家的大一统思想、仁义礼的忠信观念及君臣差等有别的伦理理论，正好满足了帝王独裁统治的心理欲望，自然得到了推崇。由是，官吏也开始主要从儒生中产出，儒家逐步得以发展壮大，其“儒术”的独尊地位也得以巩固。人们把一些社会问题，都归罪于“儒术”，自然孔子作为儒学的创始人也遭到了批判甚至是唾骂。

其实孔子是被冤枉了。

所谓的“儒术”是在孔子死后，后人（主要是贴有政治标签的文人士大夫）将他的言论思想归类、取舍，并以政治工具的面目加以推出的。这种带有严重政治主观倾向性的阐述，逐渐将孔子的思想定位到了一个绝对权威的高度，成了中国社会的主流意识形态。我认为，将孔子的学说视同其他诸子学说，称作学派比较理性。虽然孔子的思想在某种程度上展现了政治、文化、伦理、道德等诸多方面的理论倾向，但还没有形成一套完备的理论体系，更不能说是一套学术。至少，孔子的思想观有很多矛盾性的存在，有的观念甚至是对立的、不可调和的。比如他一方面极力维护周礼的君君臣臣的等级制，主张忠君，但同时也鼓吹学修君子而出仕，打破出身论的阶级格局，即所谓学而优则仕；再比如，他讲求事在人为，即在认同人的主观能动性的同时，却又强调天命的不可违；等等。而且孔子的天命观是唯心的，并没有上升到对自然规律的认知上来，至少就坚持唯物论这一点，他远不如老子。当然，孔子的学说作为一种思想的存在有其较高的社会价值，而且很多观念在今天仍然具备进步性和先进性，甚至是真理性。比如“为政以德”，孔子强调统治者当以德临民，并导之以礼，主张道德感化，等等，其思想仍具有现实的指导意义。由此，也可见孔子骨子里是并不主张独裁统治的，因为独裁之下无道德可言。孔子最突出的思想观点是修为君子，强调个人的主观自修，即人要注重自我的道德修养，并没有专门论述如何为政，更没有提出一套治国的完备理论，他只是对为政者提出了更高层次的道德要求而已。独尊儒术是统治者对孔子思想在唯为己利的前提下的篡改与利用。就是说，古代统治者们故意将孔子的学说强行冠以学术之名，是为其政治目的服务的。

集权统治者将儒学上升到儒术之后，为强调其统治理论的合理性，更多的是将儒学断章取义，故意曲解，甚至篡改以为我用，于是将原本为孔子思想的学说硬是变成了他们用于统治的理论工具，即化之为“权术”。将儒学作为统治术之后，被独裁统治者（或独裁统治的维护者）们解读出来的孔子思想，影响了中国文化几千年之久。于是“儒术”的错，就变成了孔子的错，孔子即被人们冤枉着。

梁漱溟说："孔孟之道自有其真，中华民族几千年实受孔孟理性主义（非宗教独断）之赐；不过后来把生动的理性，活泼的情理僵化了，使得忠孝贞节泥于形式，浸失原意，变成统治权威的工具，那就成了毒品而害人。"所以正确地看待孔子的儒学，是今天中国文化发展的必然要求。儒学作为中国传统文化的主要代表，其思想有很多闪亮的地方，说其为中华文化之瑰宝不为过。南怀懂先生在《论语别裁》中也说："孔子学说与《论语》本书的价值，无论在任何时代、任何地区，对它的原文本意，只要不故加曲解，始终具有不可毁、不可赞的不朽价值。后起之秀，如笃学之，慎思之，明辨之，融会有得而见之于行事之间，必可得到自证。"

当然，如果转而认为孔子的思想是完美无缺的，则又从一个极端走向了另一个极端，这同样不理智。要想理智地对待孔子思想，就要理性地对待孔子。只有先还原孔子，才能客观地还原孔子的学说理论。唯有这样才能去伪存真，取其智慧的一面，为现代所用。

《论语》可以说是孔子思想的集中体现，况且其思想的确有很高的文化价值，不能全盘否定，当然也不能全盘肯定，应该正确定位与认知，所以还原《论语》是还原孔子思想关键性的一步。虽然，学者们历来对《论语》多有注疏，但更多的由于历史或政治原因，孔子思想一直存在被曲解的情况，至今也没有完全洗清，所以这种还原也变得愈发艰难。一来，受固有观念的影响，对儒学的偏见在当下中国人心中几乎被钙化，很多的人在内心已不愿再重新认知；二来，随着时代的变迁，很大一部分人特别是年轻一代，已经不具备太多的古文常识，对中国传统文化也已失去了兴趣。

今天，我之所以想写点《论语》解读的东西，正是出于这一点担当，即便能力有限。虽然，我为之所做的未必有多大价值，但至少是对前人观点的一种补充吧。尽管我站在前人研究成果的基础之上，又能借助丰富的历史资料，为解读带来了极大的便利，但由于本人学力甚浅，文学及历史知识沉淀较少，错误一定是存在的。然而，我的解读哪怕能给你带去一丁点儿的启发，吾愿足矣。

王德铭

2017 年 6 月于古彭城徐州

目　　录

开 篇 语

古来注疏《论语》者，可谓前赴后继，且历时千年有余，虽说解析的结论大致逐渐趋同，但异议之处也是颇多，且各家又都自以为是，这让我们这些晚生叹无所适从。今天我只是想从另一个角度，以现代人的心理去感受解读的合理与否，来尝试表达我对《论语》的解读观点，这也许能给读者带来更多的理性思考。

1. 引言

我之所以用《论语心究》为之命名，是出于我的这种认识：《论语》中的孔子所言，已被多数人奉为无可撼动的经典，是至圣者的语录，其言当然是真理，真理自然就有普遍性的意义；既然具备普遍性的意义，那其言之理就应当符合普通人平常的心理感受才是。比如“学而时习之不亦说乎”，若是理解为“学习之后，时常温习不也很高兴么！”并假设，这就是孔子表达出来的道理，那他就该符合大多数人的心理体验才是。然而，我们都做过学生，用心想想，能有几个人把温习课本当成一件高兴的事来做的？这就是“心究”——乃用平常之心比对其情，究其合理与否？

再比喻如“无友不如己者”——不要与不如自己的人交朋友。问题又来了：试问你在结交朋友时，问过自己“此人是不如我，还是我不如他”这个问题么？肯定没有！真正的友谊都是在无意交往中渐渐产生的，如果你在交友时真是想过这个问题，那你肯定是有目的的，带有一定的功利性，至少可以说你的交友出发点是不够“仁道”的，即便你主观上想与其相交，也注定成不了真正意义上的朋友。又假设说，若对方好如你，你想与他交朋友，但如果他也采用你交友时的“标准或原则”，人家又凭什么跟你交朋友呢？如此，大家都听了孔子的话，结果是谁也交不到朋友。事实上，寸有所长，尺有所短，人与人之间很难衡量出谁优谁劣。那么如此说来，是孔子的话讲不通了？不是！是你理解错了。说到这儿，肯定有人会反驳：“孔子是要你不要跟坏人交朋友!”可是，我亲爱的朋友，你要知道“坏”与“不如”未可同日而语，“不如”毕竟不是“坏”。再退一步，“物以类聚，人以群分”，即便“坏人”相交也是随性而已。

《论语》整篇内容并非全是孔子所言。其中有孔门再传弟子们征引曾子、有子、子夏、子游、子张的，有引自古代遗书的，有时人历述贤人之事的，有表述当时社会礼俗的，也有他人依圣人之名衍而附会上的，等等。由此说明，《论语》成书过程复杂，时间跨度较长，且在古代没有现代出版之说，多为“瞽人”脑记复述，或口耳相传，或人为传抄于策简，其遗漏错讹在所难免。加之各地语言习惯的差异，理解不同，而作善意修改，或传抄者主观猜度、擅自增删也说不定。所以，今日所见《论语》肯定会有异于原本。其中，由错漏而造成的语句不通、词义不明有之，欲强行作解，肯定牵强。因此，我在解读时把那些主要的字句、前人对其有勘训歧见的地方罗列出来，并适当“心究”，提出自己的观点，以启发读者的思考与自我判断。

2. 以古汉字的本义为根据，还原《论语》是根本手段

通常，现代的人们在解读《论语》时，存在这么几个问题：第一，由于先入为主，会自觉不自觉地落入后儒们的旧说；第二，由于偏见的影响，会无意识地拔高或贬低孔子的学术境地；第三，由于缺乏必要的古文学常识，好用现代汉语会意古语；第四，不清楚在古汉语中的实词多为一字一意的单音节词，在出现连字与现代词汇一致的情况下，会下意识地用当代语言习惯解读它。

孔子所处的时代是先秦时期的春秋战国，使用的还是古文字（学术界，把秦汉之前的文字称为古文字），它继承于甲骨文，或为金文或为大篆，可于考古发掘的周器铭或鲁器铭上看到。所以要想还原孔子言语的本义，从古文字的本义出发来解读，应该是科学合理的思路和方法。因此，对文中容易产生歧义的字，我力求从古文字（主要是甲骨文）结构入手，尽可能地还原它的本义，如此也能帮助读者深入地去理解原文。另外，对那些大家们（有较高学术权威者）的解读认为是错误的地方，我也会深究古文字本义，来支撑我的解读观点。

3.《论语》成书的经历简述

《论语》具体的成书经历，一直存有争议，但认识大致相似。现把基本趋同的观点大体记述如下，且述辞之据不再罗列，若读者欲细究可参读相关专家的著述。

《论语》一书有孔子弟子的笔墨，也有孔子再传弟子的笔墨。它主要是依据孔子弟子及再传弟子记录或回忆的内容，加以整理而成。着笔当开始于春秋末期，约在战国初由曾参的学生编定完成。著作年代，先后相去不下50年。但具体出于哪些人之手，已无证据可考，不过可以肯定它是出于多人或几代人之手，而且，起先只有其大部分的内容，后人在传抄时或增或减，或错或漏，最终形成今天的版本。

由定州出土的汉简本《论语》向世人证明，此书大约在公元前55年（西汉宣帝时代）已完全定型。

据史书记载，《论语》汉初有三个版本：齐《论》（齐人抄本）、鲁《论》（鲁人抄本）和古《论》[①]。三《论》之间不仅篇数有异，于文字章节上也均有不同。西汉末年张禹据其三《论》“合而考之，删其烦惑”校改成“张侯《论》”。至于他怎样的删增顺补已无从考证，但因他位尊官赫（三朝的元老），又曾是汉成帝的老师，故而“张侯《论》”也就成了当时的标准版。后来汉灵帝时，据此本刻《熹平石经》，至此《论语》基本定格。众多的后人无论如何考订，蓝本不出张侯《论》。

东汉末年，郑玄主要根据张侯《论》，又复以齐《论》、古《论》校之，这是杂糅三本的第二次改编本。他的《论语注》曾盛行当时，但已亡佚，现在所能见的是多辑佚本。

到了三国，魏之何晏（190—249）与孙邕、郑冲、曹羲、荀觊五人合作《论语集解》，又算是第三次改编。但此本的杂糅性可能比前两次要小，但也难免有所改动。此书宋代亡佚，直到清末才从日本得到《论语集解》的“正平本”，回到了中国。

到南宋，理学家朱熹（1130—1200）从《礼记》中抽出《大学》和《中庸》，合《论语》《孟子》为四书，并做集注。自明朝以至清末，科举考试，题目都从《四书》中出，所做文章的义理，也不能违背朱熹的见解，故影响很大。朱熹《论语集注》算是又一次对《论语》的改版吧。

可见，《论语》传本经过了几千年，且自汉迄宋，历代学者辗转写刊，加之后儒中不乏伪托羼杂移易补传者，使今本不同于古本原样，可以想见。所以今人欲考辨《论语》某字某句，是否出自孔子原话，几乎不可能了。

4. 例言

（1）我写《论语心究》的本意是想为普通读者，或那些阅读古书能力不是很强的人，提供较通俗的《论语》译解。并致力于对一些与现代汉字字义相去甚远的古汉字，挖掘其本义，给出易于理解的解译，使读者能有更多的解读思路。同时，读者从中也可收获古文字或古汉语的常识，有助于他们提高阅读古文的能力。

（2）本书的《论语》原文依据的是朱熹《论语集注》版，其断章句读在原文中不作改动。对不同于此版本或各家注解时对其文字有异议的地方，作者尽可能地简略记述其异同，以给读者比较与思考。

由于朱熹终究是个唯心主义者，他也会有意地利用注释阐述自己的哲学思

---

① 据说景帝武帝间，鲁共王坏孔府宅，于壁中得《论语》，原文为科斗文字，孔安国以今文训解，此为古《论语》。孔安国，西汉人，孔子十一代孙。有人认为，此说有假。

想，所以《论语集注》中存在不少主观片面的说法。加之他那时的考据之学、训诂之学的水平远不及后代，错处很多。虽然有些错误已经被大多数人所认识，但由于他对后代影响极大，“积非成是”之处仍然有之，故而作者对不认同的地方都将试着给予驳正，至于驳正的是与非还请读者评判。

(3) 作者大多没有针对原文直接或完整地给出译文，是因为很多情况下语意是不能通过别人的口说出来，否则可能会远离作者的表达意图。又由于“言无尽意”，在没有最适当的用词情况下，若硬是用白话翻译，难保不走失原意。古人言简意赅，其言往往只可意会很难言传，何况有些用句，很可能就是当时的成语或语言习惯。所以，大多数情况下，我只做解读，文意留给读者自己去意会。

(4) 本书不纠缠于句句考证，所用大多为古今学者的研究成果，为简约起见，有的不再注明出处。对于我个人提出的与众不同的观点，尽力加以详证。

(5) 对古义与今义相同或大家对其义没多大争议的字（或词），不做过多解读。但考虑到读者可能不易理解其义的字，或有利于读者提升阅读古文献能力的字，我也会给出其字义分析或解读。

(6) 书中出现的人名、年龄或某地在今日何处，有时出现不同说法的，作者选其可信者，其他说法不再征引。

(7)《论语》的词句，几乎每一章节都有两三种甚至十多种不同的释解。一方面，是由于古今人物引用《论语》者“断章取义”的结果。我们不必去反对“断章取义”的做法（这实在是难以避免的），但是不要认为其所取之义就是《论语》的本义。另一方面，更有许多是由于解释《论语》者“立意求高”的结果。对此，作者的引述方针是不炫博、不矜奇，对那些明显离奇的观点不加论列。但也不自是，不遗美，有些观点虽然和通译有所不同，若有值得再思考的价值，便也在论述中加以征引。另外，对某些流行的似是而非的解读，我也会毫不留情地加以论辩。

(8) 古今中外关于《论语》的著作可以说是汗牛充栋。仅日本学者林泰辅博士在《论语年谱》中所著录的便达三千种之多，此外还有他所不曾著录和不及著录的，又还有散见于别的书籍的大量零星考证材料。程树德的《论语集释》，征引书籍六百八十种，可说是很繁复的了，然而还未免有疏略和可以商量的地方。作者以前人已有的成果为基础，着手研究虽然比较容易，但限于学力和见解，一定还有不妥乃至错误之处。

(9)《论语》原是用黑漆写在竹简上的，各简片用丝绳、麻绳或细皮条编连为一卷（juǎn），称为一卷（juàn），卷内分篇章。本书中于各章的原文前标注的数字为（篇号·章号），目的是便于读者对照查看。其中章号，各版本略有差别，这里是按现在通行的《论语》为底本照编的，此差别于解读没有影响。

卷一 《学而》篇

此为论语首篇，共十六章。主要总述人之求学的必要性与好处，重点强调为学先做人的教化理念，其目标是即要修成君子之德性，并简要地于做人行事方面表述了什么是君子之德。此篇仿佛是孔子为其弟子入学时所作的学习总纲。其全文如下：

1.1 子曰：“学而时习之，不亦说乎？有朋自远方来，不亦乐乎？人不知而不愠，不亦君子乎？”

1.2 有子曰：“其为人也孝弟，而好犯上者，鲜矣；不好犯上，而好作乱者，未之有也。君子务本，本立而道生。孝弟也者，其为仁之本与！”

1.3 子曰：“巧言令色，鲜矣仁！”

1.4 曾子曰：“吾日三省吾身：为人谋而不忠乎？与朋友交而不信乎？传不习乎？”

1.5 子曰：“道千乘之国：敬事而信，节用而爱人，使民以时。”

1.6 子曰：“弟子入则孝，出则弟，谨而信，泛爱众，而亲仁。行有余力，则以学文。”

1.7 子夏曰：“贤贤易色，事父母能竭其力，事君能致其身，与朋友交言而有信。虽曰未学，吾必谓之学矣。”

1.8 子曰：“君子不重则不威，学则不固。主忠信。无友不如己者。过则勿惮改。”

1.9 曾子曰：“慎终追远，民德归厚矣。”

1.10 子禽问于子贡曰：“夫子至于是邦也，必闻其政，求之与？抑与之与？”子贡曰：“夫子温、良、恭、俭、让以得之。夫子之求之也，其诸异乎人之求之与？”

1.11 子曰：“父在，观其志；父没，观其行；三年无改于父之道，可谓孝矣。”

1.12 有子曰：“礼之用，和为贵。先王之道斯为美，小大由之。有所不行，知和而和，不以礼节之，亦不可行也。”

1.13 有子曰：“信近于义，言可复也；恭近于礼，远耻辱也；因不失其亲，亦可宗也。”

1.14 子曰：“君子食无求饱，居无求安，敏于事而慎于言，就有道而正焉，可谓好学也已。”

1.15 子贡曰：“贫而无谄，富而无骄，何如？”子曰：“可也。未若贫而乐，富而好礼者也。”子贡曰：“诗云：‘如切如磋，如琢如磨。’其斯之谓与？”子曰：“赐也，始可与言诗已矣！告诸往而知来者。”

1.16 子曰：“不患人之不己知，患不知人也。”

1 说“曰”解“学”求本义

“曰”字是古代在引用他人所说之言时的书面用字，也是古文中最常见的字，相当于现代文的“说”。而古文中的“说”犹现代之“悦”，用来表达“喜悦、快乐、高兴”的意思。

曰的甲骨文是，其下为口形，上面的缺口表征嘴角的张开状，其中的“乙”为音符，同时也象征人说话时发出的气流，“人将发语，口上有气”也。也有人认为，“乙”表征的是人在说话时舌头的上下动作。我认为，其整形为“口”，中间的“一”是张口后所见之齿，上方的“乙”象征开合动作的唇。所以，“曰”表征的是人正说话时的“口”之动作，强调说话的正在进行时，表明是实时的记录其所说之言。

古文中“说”与“悦（喜悦）”同用，这是为什么呢？我们先来看“兑”字，其甲骨文为，其下代表“人”，之上的“八口”是被夸张了的“笑口”之形，所以“兑”的本义是人的喜悦之像（笑是人类所特有的表情）。由于“说”和“悦”字的构成里都包含“兑”这个符号，因此在表明“喜悦”义项上，它们是相通的。“说”字在兑旁加一言字旁，意欲说明人在高兴时喜爱多言多语——我想这也是常人都有的感觉吧。而“悦”字在其旁加心，更是说明人的喜悦都是内心的自发表达。由此可见，“悦”字在表明人的喜悦之状时更加深刻，所以随着语言的变化与进步，现代都用“悦”取代了“说”。

其为甲骨文“学”字构型的一个典型代表（有的省略了下面的“介”；有的把上面的“乂”写成“爻”）。上面的两个左右对称结构的形状是“手”的字符，中间的“乂”应该是象征性的指示符（有人依据“爻”结构认为其代表《易》，表示学习的对象是《易》。这没有道理，因造字在前，《易》出现在后），

此指示双手在摆弄的对象。所以“学”的原始本义是“学着做某件事”，即指学习某项“技能”。在其下加“介（房屋）”符号用以强调学习的场所。金文字（周代早期的“盂鼎”文）中又增加了（子），表明学习者主要是“孩子”，也因此，不管学习者年龄长幼如何，都叫“学子”。随着社会的进步与发展，人们要学习的东西越来越多，所学的当然也包括书本“知识”。在要求文明的社会里，更会要求孩子学习“为人之道”。

因此，在读《论语》时理解“学”字就不能太狭隘了。其所学不仅仅只是“知识”还包括“技能”，如“六艺”，而且首要的是学为人之道。当“学”作动词时，表明是在学习所要学习的内容，而当“学”作名词时就是指“学问”。学问的高下就要看你所拥有的“知识，技能，为人礼数”等本领的多少了。而且，古人更加强调的是，做学问更要先学做人。

2　学至用时方知乐

《论语》开篇，作为私塾先生的孔子开门见山地指出，求学可以依次进入三个层次，其对应的好处是：（1）学能致用；（2）学高不孤；（3）学强修身。

1.1　子曰：“学（學）而时（時）习（習）之，不亦说（悦）乎？有朋自远方来，不亦乐乎？人不知而不愠（慍），不亦君子乎？”

孔子开言，首先讲求学问是为了致用——学而不惑，后得而能时用之，且用之有成，当然就高兴了。为学首为自用，能用自能心悦。

学习即知识或技能积累的过程是痛苦的，领悟其快乐往往要等到需要用的时候，尤其是在关键时刻。为了能得到这快乐的体验，平时的付出是值得的，所以孔子为初入校门的弟子画了一个美味的“芝麻饼”——学而时习之，不亦说乎！对此，通译本的翻译是：“学习了而时常温习，不也高兴吗！”如此之译就是典型的望文生义。如果这真是孔子的意思，那么孔子就是在睁眼说瞎话。我们都做过学生，回头想想，所有人都能把温习课本当成一件高兴的事来做吗？答案当然是否定的，所以这样说不合常理。文献中就有许多古人有关劝学的篇章，这也是事实，如唐代韩愈的《劝学》。再就孔子这句话的语义来体味，应该是劝学无疑。若古人都认为学习本身是快乐的，就无须劝之了。好比现在的学生爱玩手机，学校、老师想尽各种办法都制止不了，为什么？就是因为他们从中能得到快乐的体验。追溯得再远点，我们可看“教”字，并从其“管教”和“施教”词义出发，观其甲骨文结构，其右边的“攵”即指教鞭或戒尺之类（对“教”与“父”字的解读可参看本书中的相关部分）。可见，至少可以说在人类创造“教”字时，对学习者就需要“管”了。

所以，我认为通译理解错了。这里造成错解的原因，主要出于对“学”“时”“习”字的错误理解。

首先，这里的“学”，除了表示“学的过程”之外，还包括学成之后的“学问”（前面我强调过）。其次，“习”也应从其本义“实习、实践或用”来理解。“时”，也不能仅仅理解为“时常，时时刻刻”。在这里，“时”不是一个“时间段”的概念，而应该有类似“瞬时值”的概念。杨伯峻解说：“‘时’字在周秦时候若作副词用，等于《孟子·梁惠王上》‘斧斤以时入山林’的‘以时’，‘在一定的时候’或者‘在适当的时候’的意思。王肃的《论语注》正是这样解释的。朱熹的《论语集注》把它解为‘时常’，是用后代的词义解释古书。”杨说甚是。

如此说来，这句话的中心思想就是：学问在关键时刻，正好用上了，一定会很开心。

就人的心理感觉上说，求学过程在开始“学”和“习”的阶段，并非都有快乐的感觉，甚至在做不好的时候还会心生痛苦之感，所谓十年寒窗苦啊！我想，做过学生的尤其是当今的学生，更会有同感——学习很苦，想学好更苦。当然，不排除有这样的人，他能把苦苦的学习当作快乐来享受（至少开始不会有），但这毕竟是少数人的经验。作为一个结论性的真理，必须要具备普遍性，不能是用个别的特殊性来表达普遍性的结论。通常，知识或技能只有在熟悉或熟练之后，有用时方能体味到快乐。尤其，在“当且仅当”的关键时刻正需要某一知识或技能时，正好用上了，且又满意地发挥了出来，那才是最最快乐的！比如，那年我高考时，语文试卷中有一个文学常识的填空题：四书五经是指什么？在那个年代课本中根本没有这些课外常识，可正巧我之前在某本《论语》书的前言部分看到过它，所以我回答出来了。尤其，当我得知同学中没有几个能写出来的时候，我甚至有点得意了，至今想来心里还有乐滋滋的感觉呢。否则，我一定也是“学到用时方恨少”了。所以，如果把“时”理解为在恰当的某一“时刻”，且所学用之正“当（dàng）时”时，“悦”才会更有体会。

《论语》中记载有这样一则故事：时人流传公叔文子“不言，不笑，不取”，孔子对此不大相信，就向公明贾询问，后者回答说：“以告者过也。夫子时然后言，人不厌其言；乐然后笑，人不厌其笑；义然后取，人不厌其取。”（《宪问》）这是说公叔文子并非不言，不笑，不取，而是言、笑、取均能审时度势，故为人所不厌。对于“时然后言”的言语原则，孔子做了进一步的阐释：“侍于君子有三愆：言未及之而言谓之躁，言及之而不言谓之隐，未见颜色而言谓之瞽。”（《季氏》）可见，这里的“时”强调的就是恰当的“时机”，并非指连续的时间概念。再如，孟子曰：“君子之所以教者五：有如时雨化之者，有如成德者……”①。这里的“时雨”就是后来的成语“及时雨”，好比说在草木正当需要雨水的时候，天下雨了，所谓“好雨知时节”。在此若把“时习”与“时雨”相比较来理解，就正是我前面想表达的意思。

接着我们再从“时”的字义上看。“时”的甲骨文是形，其上是“止”，即“脚”，下面是太阳之“日”，其合意就是太阳停止的那一刻，这正应和了物理学上“瞬时值”的概念。

我国最早用以计时的“仪器”日晷，又称日规，它由一个划有刻度的晷盘和一个长晷针组成，利用太阳给晷针留下的投影，落在晷盘相应的刻度上来计时。晷盘上分出 12 个大格，以对应 12 个时辰，每个时辰两小时；一个时辰又分成 8 刻，每刻间距就代表了 15 分钟。再后来，分成了 24 个大格，对应了现在的一天 24 小时。就是说古人是用日影在盘上的刻度来计时的。由于每个“刻划”间存在间隔距离，正因为如此，“时”到小篆时又添加了表长度的“寸”符号，变成。由此可见，“时”的古文字②在古人心里开始是没有连续时间段的概念的。因此，把《宪问》中的“时”解释为“时时”，就是对孔子话语的误解。

其次，来研究“习”字。“习，鸟数飞也（朱子《集注》）”，引申为“实习、实践”。这里解释为“实践”比较恰当。有人译为“复习”也不合情理，因“复习”指的是处在学习的过程中为了记住或学会某件事，而不断地重复去做，这个重复做的过程是需要意志力的。当人需要意志力来支配一个行为时，通常会感到枯燥乏味。另外，“学而时习”句中的“而”，是表示递进关系的连词，所以这里“习”的状态应该是在“学”了之后的事，并不是在学的过程当中。学了之后且又牢固地掌握了它，这就成了你的“学问”。

习字的甲骨文是，上面“羽”是鸟的一对已经张开了的翅膀，是象形字。

---

① 《孟子》（尽心 上·四0）。

② 古文字与现代文字的分野，以秦为界限，秦以前的汉字称为古文字。

此处只画出鸟的翅膀，是在强调鸟正在飞的状态。其下加“日”表明时间是在有太阳的“白”天，所以，在小篆时“日”字符就讹变成了“白”。李斯[1]也许这样认为：鸟只有在白天才会长时间地“数”（多次的、反复的）飞，日落后百鸟归巢，所以他把“日”变成了“白”。可见，“习”字的本义是指“练习”，强调的是正在“做”或“用”。

此外，我们也不妨这样想想：古人在造这个“習”字时，也有可能就是指“太阳”这只“鸟”在不知疲劳地飞翔吧，不然鸟的翅膀为什么偏偏长在“日”上？这可从古人对太阳的很多别称来证明，如赤乌、金乌（三足乌）、踆乌、旸乌、灵乌、赤鸦、金鸦、飞乌……总不外乎鸟的特征。古人还没有达到现代人的科学观，他们看到长了翅膀的鸟在天上飞，又看到太阳每天东升西落，于是联想：太阳一定也是一种非同一般的神鸟。所以才有了“后羿射日”的神话故事。由此，古人在“仰观天象”后就造出了“習”字。太阳是如此的勤劳：出而作，落而息，日复一日年复一年，于是有了白天和黑夜、春夏与秋冬……“日行健”而成就了“天行健[2]”。故而古人对日产生了崇拜，所以创造出了许多有关“日”的神话故事。这样说来，“習”在古人眼里是一种勤劳的象征，认为“人”就应该要像太阳那样，不辞辛苦地为人类“做”播撒光明的事业，并以此激励人们“自强不息”！

3 学高能招远方朋

文中第二句“有朋自远方来，不亦乐乎!”，孔子想表达的是：学修其实是为了呼朋唤友，满足自己的心理慰藉——学成扬名，声传远邦；志播万众，友朋方聚。“往来无白丁”，能与志趣相投的知心朋友促膝谈心，举杯对饮，秉烛品茗，快乐啊！所以，学高不孤！这也是孔子告诉你的学习后可以达到的第二层境界。通译本译为“有朋友从远方来，不也高兴吗!”则是望文生义，尤其是对“远”字产生了片面的理解。

古文里面“朋”与“友”的意思是不一样的。“朋，同类也”，即指志趣相同者，且指有共同理想的人。其甲骨文为，示意的是两吊相同的“钱”结在

① 李斯：秦朝丞相，著名的政治家、文学家和书法家，协助秦始皇统一天下。秦统一之后，参与制定了法律，统一车轨、文字、度量衡制度。秦始皇死后，与赵高合谋立少子胡亥为二世皇帝。后为赵高所忌，腰斩于市。传说小篆是他创制出来的。

② “天行健，君子以自强不息”，出自于《易经》乾卦言辞。

一起，表示同类型的人。如“朋党”一词中的“朋”就取此义。“友”的甲骨文是，上下都是右手的符号。“友”字呈现的是两只右手相握[①]状，证明两者的关系比较亲近。所以“友”指的是关系（或情感）比较亲近的人，然而“朋”更多的是指两者的意识形态相近或相同。可见，“朋”字与“友”字所表达的含义是有区别的。现代汉语里“朋友”的意思包含了古“友”字与“朋”字的所有义项，是两者的合称，但更多的是偏向“友”。

一般情况下，朋友来了在情感上是一件值得高兴的事。但多数情况下还会招来“愁苦”，比如“用什么招待他？走了要不要回赠点礼物？”等，尤其是远方的朋友，还得想如何留宿。富的人家还好，可是对于家里很穷的人来说，那也是苦了！自己饭都吃不饱，哪有好的来招待客人，招待不好吧，心理上又过意不去……愁！

再看这里的“远”字。我认为“远”不能仅仅理解为空间距离上的远与近，而更应该理解为“心理”上或“认识”上的差距之远近，正如现代人的观点：人与人的最大距离是价值观的差距。当然，“远”也有情感上的远近之义，如，人们常说×××与我感情近，×××与我关系远等，来表达两者关系的亲近与疏远。该文的“远”就不能仅仅理解成空间上的距离之远。试着心究一下：假如你的学识使人敬仰，思想让人感觉认同，甚至愿意追随于你，你内心当然是无比快乐的了。如果你的学识无人了解，你的思想、理念、观点没有人认同，甚至人格还时刻遭他人攻击，那将是怎样的痛苦！“朋”之所以来，是因为你的思想让他们成了你的“同类”，物以类聚、人以群分嘛！“远方”千万不要用现代词义来理解，这里的“方”有“四面八方”的意思，喻指“远”来者范围之广或各色之人。

文中的“来”字也不要仅仅理解为现代意义上“来去”的“来”字。“来”字的本义是归顺，即“内心的臣服”。如果单是身体来了而心不在，哪天可能又去了，所以，如此之“身来”也是不足为乐的。因此，在这里用“来”的本义比较贴切：别人是发自内心地被你折服或对你崇拜，才“来”到你身边的，是“心”来而不仅仅是身体的“来”。正如影视明星被人崇拜一样，那些被粉丝们崇拜的明星们，心里肯定是美滋滋的。

另外再多说一点，在《论语》有的版本里把“有”写成“友”，为此很多人争得面红耳赤，各执一词。其实不管孔子当时说的是“有”还是“友”，今人理解这句话都不会有什么异议，所以也没有了再追究的必要。但造成这种情况的原

① “友”字在甲骨文中示意的是两只右手相握，所以才有现代礼仪中，用左手与别人握手是不礼貌的说法。

因，我想可能是这样的：首先，“有”与“友”的甲骨文很是相似，上面都是表示右手的符号。“有”字的甲骨文构型是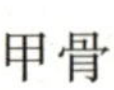，示意的是人手上拿了块肉，表明这人具有了吃的食物，在那“万恶的旧社会”，有肉吃的人当然是富有的了。“有”的本义是用以表示某一事物的存在之现状。设想一下，如果出土时的《论语》竹简，由于时代久远或有残损，字迹已分辨不清，那么就很难鉴别它是“有”还是“友”了。

4 学强可成君子身

“君子”一词的具体说明，始于孔子，在其之前，君子主要是从政治角度立论的，它本来意思是指“君”。“君”甲骨文字形从尹，从口。“尹”左边一竖表示笔，右边是“又”（手），像手拿笔，以表示治事。“尹”本义“治理”，加“口”后有表示发布命令的意思。由此两者合起来的“君”之含义是：发号施令，引申为治理国家。所以“君子”最早主要指“君主，君王或地方诸侯”等地位高的人。

由于君主一般是有教养、有学问或是备受人们尊重与爱戴的人，所以君子成了统治者和贵族男子的通称。到孔子时，他把君子一词又赋予了道德品质的属性，指“尚勇行义，品德高尚，勤学善思，诚实守信”等人格完善、才德出众的人。由于君子具有这些高尚的品质，所以后来也成了对人的“尊称”。

《论语》中的“君子”一词，有时指君王，有时指才德出众的人，有时也泛指“理想化的人格”品性。具体所指要根据语境来分析和判断。另外，我强调一点，《论语》中“君子”常与“小人”或“野人”（没有受过文明教化的人）对举。一般人认为，“小人”是“君子”的反面，我认为这不合理，“君子”的反面是“恶人”。孔子口中的“小人”应该是相对于君子而言没有达到君子品质的人。

“人不知而不愠，不亦君子乎？”这是孔子强调的学修可以达到的第三个层次：学习最终还是为了修身养性——学而知命，洞悉万物；愠而不怒，洁身自好；虽“曲高和寡”，然“独上高楼”“一览众山小”，亦可自得其乐也！好好学习之后必定能进入这个最高境界。这于人格而言，就是成就了君子之身名。

对这句话里的“人不知”，由于宾语的省略，人们在解读时，一直存在两可的选择：一是人不知“我”；二是人不知“知”（知识）。如皇侃对此句注说：“此有二释，一言古之学者为己，已学得先王之道，含章内映，而他人不见知而我不怒，此是君子之德也。有德已为所贵，又不怒人之不知，故曰亦也。”意思是说别人不知道自己的才德，不怒之。皇侃做的第二种解释是："君子易事，不求备于一人。故为教诲之道，若人有钝根不能知解者，君子恕之而不愠怒也。"意思是说，君子多能事，但不会对他人求全责备，在教诲他人时是不会因其愚钝而发怒的，多会给出宽恕。多数学者认同后者的解读。单独地看其后一解读，话是能说通的，因为君子当然能宽恕别人的愚钝，但不能说能宽恕别人愚钝的人就是君子。

本文孔子这句话的本意应该是取皇侃前一种解读。首先，从全章的文意看（三句话是连贯一体的），是对初欲求学者而言的，重在强调求学带来的好处，宗旨是劝人求学。而所谓君子不求备于一人的"教诲之道"，是针对已是君子者的所言，若是对未进入学门的人，如此之说为时过早。况且，"忠恕"是君子之德的总纲，而"教诲时不以对象愚钝生气"是具体情况下君子之德的一个小侧面，孔子之言一般都讲大义。

其次，认为"人不知"是"人不知知"，其主观的理由为孔子是教书先生，就是为解他人之惑的人，当他面对"不知"者时，当然不能有"愠"。其实，这样想是受了后面"君子"的误导，也接受了孔子身份的暗示，于是做了这样的推论：因为孔子是教书先生，先生不会对无知的学生有愠（怒）；孔子又是君子，所以做到"人不知知而不愠，就是君子了"——其逻辑是：

因为　孔子对无知的人不愠
　　　孔子是君子
所以　做到对无知的人不愠，就是君子

显然，这个推论是经不起推敲的。我们不妨做这样一个反证：既然"人不知知而不愠"是称"君子"的条件，说明一般人很难做到（因为成为君子是不易的）。心究一下，现实中多数人只会忌妒比自己知道多的人（比自己强的人），没见过会痛恨比自己差的人。别人无知我有知，我的竞争力就比他强，这对一般人来说高兴还来不及呢，哪还会生气？小人更高兴，恨不得别人都不行才好呢。可见，小人都能做到"人不知知而不愠"，何况君子乎？显然，把"人不知"翻译成"人不知知"也是不合情理的。相反，做到"人不知我"而不生气是很难的。我做得很好，也很有学问，别人不理解，或不知遇于我，一般人都会心生不快，修养差的人更会愤愤不平。所以，孔子才教导我们，要好好学习提升修养，有机会就报效祖国，没机会也不用抱怨，这展示了君子的智慧与大度。

在《学而》篇的最后一章："不患人之不己知，患不知人也"，与《宪问》篇的"君子病无能焉，不病人之不己知也"都是孔子自己说的话，其精神思想完全相同。由此，比较着来看其意就一清二楚了。

"愠"，指"有怒意"，但不至于怒不可遏。"昷"的甲骨文构型是，上边

似一被限制了自由的人，并放在了正在加热的器皿之上。可以想象一下这样的情景：随着加热时间流逝，此人的体温在慢慢上升，血压增加，最后热血沸腾，只得怒发冲冠了！愠，是在“昷”的右边加“心”说明此怒还只是停留在心里，没有爆发出来，似对某事有点“愤愤不平”状。

“尹氏曰：‘学在己，知不知在人，何愠之有。’”（朱熹《论语集注》），其说者易，但做者难。对一个修养不到家的人，尤其是自认为学识已经很高的人来讲，当感觉自己没有被别人认可时，就会迁怒于外。俗话说大智若愚，学问最终不是用来卖弄的，而在于提升自己的智慧与修养。有大智慧的人会比别人“站得高看得远”，心胸自然开阔，志亦高远，更不会斤斤计较于当下。人作为万物之灵，理应爱惜性命，纵使自己的学问无以“齐国平天下”也要活得坦坦荡荡、无怨无悔，更不用去怨天尤人。这才是孔老夫子眼里的谦谦君子之风范。

为进一步帮助读者理解古文，在此我简略地说下古汉语中的名词活用现象。“不亦说乎？……不亦乐乎？……不亦君子乎？”就语言结构和语气来看，此“说（悦）、乐”是形容词，那“君子”很显然应作“形容词”来理解。它是借用“君子”名词概念意义上“具备品格高尚、胸怀宽广、素养优秀、气质高雅……的人”，来形容一个人所具备的优良品质特性。或者说它是借用“君子”这个具体对象，来转喻抽象的精神上的品性。比如说“这人真垃圾!”，是由“垃圾”的本意引申出失去价值、有不良行为或言语低级、无可救药等含义，形容此人非常的差劲。类似这种名词活用为形容词的现象，在当今网络语言中更为常见。《论语》中这种现象也有多见，提请读者留意。

5　敬请孔子下神坛

从本章文字看，孔子并没有鼓吹学习是为了“济世治国”的大道理，而是强调“贵为自我”——自用、自乐、自修，旨在告诉人们求学问的好处。可见，孔子首先是一位地地道道的教育家。这开篇之言，仿佛是刚入学时，这位和蔼可亲的老师为我们上的第一节课，用他自己的亲身体验，告诉我们学习可以带来的好处，意在循循善诱地劝勉我们这帮弟子，从今起要好好学习，天天向上。

我们没有必要人为地抬高孔子，他只是一位爱学习、善思考、有思想的哲人，毕竟不是神。有些后儒们特别是宋儒们，为能更多地传达出自己的“理学、玄学、道学、汉学”等理念……常常是拉孔子的“大旗”做自己的“虎皮”，倾尽所能地抬高他们的先圣以把自己的思想附会到孔子身上。所以在他们解读《论语》时，有些地方为自圆其说，不得不兜起圈子来，搞得我们这些远离古代的后生们，望文生畏。现代社会更不是造神的时代，神化一个人相当于置之于高阁之上，其结果，不但不能拉近其与大众的距离，相反，若是“敬而远之”，最终反而脱离了人民，更达不到教化众生的目的。今天我们回盼经典，要怀着一颗平常之心，真诚地与古人对话，与先圣交流，否则孔子就会离我们越来越远。这里也有那些历代以“尊儒”的名义，来愚弄人民的统治者们所犯下的罪行。同样，全盘地否定和批判孔子也是在对中华文化的犯罪。要相信孔子的语言首先一定是通俗的，具有普遍意义的，不是所有的话都有玄关，可以说他讲的多为教学语言，毕竟是讲给学生听的。我们解读孔子的话时，首先就要把自己的心态置于“学生”的地位，唯有如此，方能更贴近孔子的原意。

当然，善良的人们神化孔子的目的，最初是让世人敬仰他，甘愿接受他的“教义”，其心是正的，愿望是可以理解的。无恶意的人们，贬孔反儒，那是因为他们还没有读懂孔子，或是接受了后儒们的“歪”说。解读论语，端正心态是求真的前提。

6 有子“孝悌”“犯上”说

有子，孔子学生，姓有名若，字子有，小孔子 43 岁，有说小 33 岁的。上一章是孔子对入学弟子上的第一节动员课，强调了求学的好处，及其可能达到的三个层次。下面是有子为他的学生上的第一堂“什么是仁之本”的课，并强调修仁要先孝悌。

1.2 有子曰：“其为（為）人也孝弟，而好犯上者，鲜（鮮）矣；不好犯上，而好作乱（亂）者，未之有也。君子务（務）本，本立而道生。孝弟也者，其为（為）仁之本与（與）！”

《论语》里对孔子的学生一般都称字，只有曾参、有若、冉求、闵子骞四人称子。可见，这些内容应该是他们的弟子或再传弟子提供或转述出来的，因为为表尊敬，弟子称自己的先生为子。这个信息也告诉我们，论语的成书有一个较长的经历，且出于孔子的三传弟子以至更后的几代，其内容也不免为多家所附会。修编到现在的本子时间跨度已达千年，这中间的文字由孔子时代的甲骨文、金文的古文字，转为使用新文字的小篆，很多文字的义项也有了较大变化，语言表达习惯也有了较大的改变。因此，在孔子后人对《论语》校勘过程中难免无有修葺，对句读也会有改动。比如，此句“其为人也孝弟，而好……”有的版本把逗号断在了“也”字之后，将“孝弟”二字归到下句。此外，还有的文字，由于字义的变迁也被再修者做了改动，如这里的“弟”字，在有些文本中就勘订成了“悌”。此外，从《论语》中还可以体会到：子曰的话，一般都很简省，且直入主题，也很少表述话语时的情景，因而很难揣摩出当时的语境，这给后人的解读也带来了麻烦，所以常有多解的情况。

这里先学习有子的第一段话所要表达的逻辑思想——其为人也孝弟（悌），而好犯上者，鲜矣；不好犯上，而好作乱者，未之有也。

“为人”，在现代汉语中是一个词，表明一个人做事的原则和对他人的态度。它基本上保持了原单字的意思。“为”的本义是“做”，其甲骨文为，是人手牵大象（或类似动物）进行劳作之意象。在《论语》中“为”多作动词“做”讲，很少当判断动词“是”讲，几乎不作为介词来用。本段话中的“也”都为语气助词，无实义。由此，也可以看出，有子话的表达形式非常接近近代古文，相对比较易于理解。

我们再来看一下“老”和“孝”字，甲骨文的基本构型：（老）、（孝）。它们都有一个象征老者的形象：弯腰长发。老，是老者扶杖状，表明其人年纪已长，行动需要拐杖来辅助。“孝”字是“老”中用“子”代替了拐杖，表明老人需要年轻人的帮助。反过来会意“孝”字的结构，是“年轻人在帮助年长的人”——这就是孝的本义。小辈要关心长辈，应多给予照顾、尊敬或顺服。人类造字，传说处在炎黄时代。那时人类还是群婚，子不能确定其父是谁。所以，今天把“孝”仅仅理解为对父母的孝顺，已经不是孝的原始本义了，清楚这点很有必要。

“弟”的甲骨文是，中间表示树枝，上面有一顺次缠绕的线条。其线条可以会意为“渐序递进”之义，即“弟”本为“递进”。比如，梯子的梯，在其旁加木，表示用木头做成的供人攀高的东西。后为区别，在“弟”下加走之而成“递”，只用于表示递进义。从另一面看，“弟”也可会意为一棵树枝上依次长出来的分枝，或是表达同根同源的亲缘关系，从而引申表示兄弟姐妹。当心中装有兄弟时，就是“弟”，指对兄弟的友爱。后来为区分其义项，故在其右加了表心的“忄”旁。所以这里的弟就通“悌（tì）”：尊兄爱弟的意思，但古时主要是指“弟弟善事兄长”义，即“悌”所表达完整的意思是，同辈中的小者尊敬长者。

文中的“上”，不要仅仅理解为“君上”或“皇帝”之类，应统指为处于“上位”的人，比如上辈（上人、长辈）、上司、单位领导等地位、年龄、权力比自己高的人。这样解释“上”字，子有的话就更具有宽泛性。

鲜，在古语中，几乎都是“少”的意思。本句的意思就是一个人如果有孝悌之心，很少会犯上，更不会作乱。其逻辑为：能做到孝悌，就不会犯上作乱。

7 唠唠叨叨说“道”字

“道”在《论语》中是极为关键的字，出现的频率也比较高。如何解读它也是最为头疼的问题。通常，但凡解读《论语》者只要看到这个“道”，就会附会上许多的概念，更有甚者，一厢情愿地把自己的一套“理论”趁机充数进来而高谈阔论。

道，较抽象的概念就是我们常讲的“道理”，比如一个人给你讲了“雨是怎么怎么形成的”之后，你肯定会说：“嗯，你讲得很有道理。”为什么呢？因为他把形成雨的“理”给你揭示出来了：水蒸发形成水汽，水汽上升变为云，云凝结化为雨——这就是雨的“道”。所以，“道”就是事物状态变化、发展、转换的自然规律。老子总结得好：道法自然——道的表现是取法自然的，但规律的表现形式，又是由事物的本质属性所决定的。本质属性在不同的附加条件下，又会呈现出不同的表现形式，所以老子又说：道可道非恒道[①]——事物的本质我们可以说出来（意思是能知道），但表现是多变的。现在你试着理解下面这段文字：

“对道的道理我说道了这么多，难道你对道的道理还不能道个明白吗？”

“唉！中国话里总是藏着许多道道，这让我们这些道业很浅的人，怎么能讲出个头头是道来。”

这里调侃一下。我只是想说，在现代汉语里，道字的义项非常多，为什么有这么多义项呢，后面听我慢慢道来。你在读上面这句话时，没有发现你是一个非常聪明的人吗？因为其中这么多“道”字，且意思不同，你居然看懂了啊。这个实验告诉我们，在我们读文章时眼里不能只看到字，还要有句子，要从整个语境中揣摩出语义。否则，断章取义，只会生出误解。

对“本立而道生”中“道”字的解读，后儒学者们就犯了这样的错误。其实这句话用在这里就是一个比喻，目的是引出后面话里所拥有的理论上的依据。

先来看“道”字的甲骨文构成（衜）。两边的符号构成“行”表行动所形成的道路轨迹；中间部分之上，是人的“首”（头），而且强调了“眼”；中间部分之下，是人的“脚”形符号“止”。通过会意，我们可以得出以下一些义项。

---

① 最初老子的原文是：“道可道，非恒道。名可名，非恒名。”在汉代为避文帝（刘恒）的讳，才改为“常”。

（1）路——朝着眼前的方向走，走的轨迹形成了“道路”。

（2）线状的轨迹——把“道路”之形物像化：就是一条线。故凡具有线状的对象就可用“道”来量化，如二道杠、横道儿、铅笔道儿、一道闪电、二道沟、三道门、四道墙、一道划痕、一道伤痕等。如果造就“这条线”的物是河水，则称“河道”或“水道”；若造线者是沙子，就叫“沙道”，如此推衍可滋生出许多这类名词。这是由路的外形特征而引申出来的。

（3）以上是表示有形的“道”。古“道”字之所以强调人的头，古人想表达的最根本的意图，正是那些在人的大脑中，所思维出来的方法、思路、想法，即一个人的意识形态。这就是以孔子为代表的儒家所说之“道”的概念。正因为此“道”是归属于意识形态的抽象之物，别人当然很容易地就能加入自己的思想，假儒们就是这样来篡改孔子的意思的。

（4）同样，如果主宰“道”的这颗“头脑”，不是一般人的，而是具有超智慧、能够掌控自然界一切、支配万物运动变化、权力至高无上的“天”之灵，那么这个“道”就是代表一切的自然之规律。如果这个规律是真正正确的，此“道”即为“真理”了。这就是以老子为代表的道家学说里的“道”的概念。

（5）另外，在古文字中“道”当动词来使用时，又与“導（导）”通用。可以设想一下，如果我们走的“路”是别人引领的，或者你在用你的方法指导他人做事，“道”就是“导”了。所以“導”要在道下加“手”。

8　因“为”字义起争议

有子第二句话的逻辑，他说——君子务（務）本，本立而道生。孝弟也者，其为（為）仁之本與（与）！

“君子”在前文部分作过讨论，其指代的对象比较多，有君王、品德高尚者、高修养的或受人尊敬的人等等。这里是指有德行并乐于求仁之人。“务（務）”的甲骨文字形是，表示专心致力于做某事。此处也有追求、必须、务必义。我们再来看“本”的甲骨文，它是在“木”的下面加一指示符，本义是指树木的根，引申表示某一事物存在的“根本”条件，没有这个条件，事物就没有了存在之前提，就像是树木没有了根就不能存活一样。“务本”合起来意思就是“全心全意做最根本的事”。“立”的本义是站立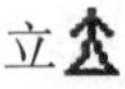，“本立”犹言“根本的条件成立了”，通俗地说就是“树有了根”。树有了根就能自然而然地生长了——这就是“本立而道生”（这儿的“道”就是植物生长的自然现象或规律，并不是后儒们所附会的什么“治国、做人的原则”之类）。子有是用“本立而道

生”的自然规律来支撑他的“君子必须务本”的观点。

“孝弟也者，其为仁之本与”之“为”的解读有两种观点，一是作动词（做），二是为介词（是）。依照第二个观点，本句话的意思是：孝悌是仁的根本。程子①对这一观点的否定说得非常之好，现录于下。

或问：“孝弟为仁之本，此是由孝弟可以至仁否？（如果说孝悌是仁之本，那么做到孝悌就进到仁的境地了吗）”曰：“非也。谓行仁自孝弟始，孝弟是仁之一事。谓之行仁之本则可，谓是仁之本则不可（说孝悌是行仁道的本可以，但不可以说孝悌是仁的本）。盖仁是性也，孝弟是用也，性中只有个仁、义、礼、智四者而已，曷尝有孝弟来（仁是指人的德行，孝悌只是它的行为表现，人的德行包含仁、义、礼、智，什么时候有孝悌的）。然仁主于爱，爱莫大于爱亲，故曰孝弟也者，其为仁之本与！”

正是由于后人把“为仁”之“为”字理解成了表判断的“是”，于是起了争议——此仁是“仁”呢，还是“人”？直到今天也还没有停止。一方认为，“仁”就是“人”，“仁”“人”通用，因为他们看到了这句话的逻辑问题：“孝悌”只能是“人的本性”而不能成为“仁的本性”。“仁”的道德范畴包含了孝悌，所以“仁”才是孝悌之本，人有仁心自然就能孝悌，但能孝悌的人未必就是仁者。所以说，孝悌乃仁之末，而不能说是仁之本。不然，就是本末倒置了。可惜的是，他们没能从逻辑上分析，只是就“文”证“文”（从其他文章中对“仁”字的理解，来论证此“仁”），没能中的，所以不能服众。那么，这里的“仁”到底是不是“人”字呢？我说这得要看有子想表达什么样的观点了。可惜我们不能唤醒他，当面问个究竟。既然他说是“仁”，那就是“仁”，后人不能为了自圆其说而篡改。

如果不想在逻辑上出现问题，应将“为”解读为“做、行或实践”，意思是“孝悌是行仁（或修仁）的根本”，而不是“仁”的根本。其实，我们回过头来看其上面一句“君子务本”，其中有“务”，就可感知有子所言“为仁”当是“务仁”。有子在坚持“孝悌是为仁之本”的前提下，旨在强调要想成为有仁德的君子，必须从“孝悌”做起。

总括有子全文，其逻辑形式如下：

因为　能孝悌，就会少犯上；不犯上肯定不会作乱
所以　孝悌是行仁之本（孝悌是行仁道最基本的，也是最根本的行为）
又因为　本立而道生（有根就会自然而然地生发）
所以　要想成为君子（有仁德的人）必须从“孝悌”做起

① 程子即二程中的程颐，北宋洛阳人。

9 孝悌原本是大爱

从甲骨文的结构中可见，在“孝”字的本义中，最初只是代表一种行为，并没有上升到伦理概念。“孝”作为一个伦理观念的提出应该产生在西周，这单从《论语》中孔子的语言里就可判断出来。在孔子的思想观念里，“孝”取的是其本义，孝悌的对象是泛指，而非仅仅指自己的亲生父母、兄弟姐妹，可以说有一种泛爱意旨。用孔子自己的话说就是“泛爱众，而亲仁”（这在解读其他内容时我再做比较说明）。

但是，孔子的一些假徒子徒孙们，在所谓继承孔子思想的同时，也在无限放大孔子的理论，甚至走样了。比如，他们于强调“孝”的作用过程中，使其内涵不断被压缩，最后把孝的对象具象到了亲生的父母。作为后儒家思想的最高代表者孟子，将孝悌发展成了伦理道德的中心，甚至使孝道进一步政治化，把孝的地位与作用推展到了至尊的地位，由此远离了孔子。墨子（名墨翟）很小的时候就接受了儒家的教育，但后来也许看到了儒学的局限，便自创墨家学说，提倡“兼爱”，可以说这是对儒家“孝悌”的彻底倒戈。

再比如《孝经》，历代帝王之所以推崇它，就是在将孝的对象具体化为孝亲后，以借孝（孝亲）言忠，即强调事亲是为了事君，最终要对统治者衷心，从而达到奴化统治的目的。这也是后人注疏《孝经》的主要目的。比如，唐玄宗就曾两次注《孝经》，并将《孝经》疏文列为学官，作为国子学的教育之书，可见对它的重视程度。其实，这些王子皇孙们自己做到真孝了吗？根本没有。那些帝王家为争夺皇权不惜兄弟残杀、父子倒戈的事件就是例子。多数学者的观点认为《孝经》是孔子自作，我认为未必，其实南宋时就已有人怀疑是出于后人的附会了，他们只是借孔子之名在宣扬忠君思想。

在元代把这种孝道推至顶峰的《二十四孝》中，所有故事里的主人翁所孝的对象，全是他们的父母（有亲生的也有养父母）。而且，为强调孝甚至走到了灭绝人性的地步，比如《埋儿奉母》中所讲的故事：东汉的郭巨在供养其母时，为不想让子与母分食，竟然要挖坑活埋掉自己的亲生儿子，幸亏在挖坑时挖出了一坛黄金，才免于这一悲剧的发生。我们想想，如果将这样的孝道作为美德来宣扬，这不是对人性的毁灭又是什么呢！由此也可以看出，孝的思想内涵在元代就被彻底地改造完成了，并被定义了下来：孝，善事父母者（《说文》）。然而，正是由于在这一不自觉的改造中，把原本具备“泛爱”的孝，硬是瘦身成了只有“亲亲”的“小爱”。

正因为后儒们死抱“由孝（小爱的孝）能推演出仁爱（具有爱民的大爱）”的逻辑不放，于是漏洞出现了。为表述方便，下面我们引用具有儒家思想代表者的朱子在《论语集注》中所引的程子之说“孝弟行于家，而后仁爱及于物，所谓亲亲而仁民也”来分析。

程子这句话的意思就是说：“在家里孝敬父母，敬重兄长，疼爱弟妹，而后由此之心就可以扩展到爱所有的人。”难道爱还有先后不成？表面上看，由“孝悌”推演到“爱民”逻辑似乎非常严密，但实际上这里存在着一个很大的疏漏——人作为一种高等动物能“爱亲护子”更多的是其本能的自然属性，就是连一般的动物都具有这种本能。而且“爱亲护子”这种本能，最原始的动力之源恰恰是出于自私（原始社会时是对种族的保护，有家庭后是对自家的守护），事实上这种源动力表现的强烈程度，正是这种自私程度的外化表达。可以说，自私是一切动物的天性，后儒的“孝悌”最多只是在这个天性之下，被人类社会合理化的结果。可见，做到护亲、爱亲即孝悌是容易的，而要让其能爱民就需要社会的道德力了，或个体后天的文化的教养，所以能“孝悌”未必能“爱民”。现实中屡见这样的人，见父母受欺负后，一怒之下成了杀人犯。若从后儒们孝的观点来看你能说他不孝吗？恰恰是孝过了头，因为他失去了对生命最基本的尊重，缺少泛爱之心。显然，把孝悌对象定义为父母后，“能孝悌就能仁民”的逻辑是不成立的。

有趣的是，程子的逆命题却是成立的：“爱民”必能“孝悌”。因为孝悌的对象父母兄弟是归属于民的，既然爱民，当然包括爱亲。爱民是大爱，孝悌是小爱，大爱包容了小爱。所以，我们只有积极倡导大爱，才是创建和谐社会的根本保证。从这一方面看，墨家的“兼爱”思想要比儒家的“孝弟”高瞻远瞩得多。同样，西方基督教里主张的“爱众生，众生平等”观，也要比后儒们的“孝弟”观更具有普适价值。

10　有子只是想当然

回到有子第一句话，其基本逻辑是这样：因为他孝悌，所以很少会犯上；由于他不犯上，所以不可能作乱。

现假设此“上”指自己的长辈，如父母。现在如果自己的父母与他人的父母因矛盾发生了冲突，那请问有子，作为双方的孝子，我们该怎么办？若维护了自己的父母，必将冒犯他人的父母；若不犯他人之上，又该如何体现对自己父母的孝？显然，孝的对象定义为父母时，有子的孝悌观是矛盾的，而且这样的孝悌观也失去了社会性的道德价值。可见，孝悌不能具体到亲生父母或亲兄弟，必须泛化，否则孝悌就是自利主义。

再假设这里的“上”为他国的君王，那么能否对他们犯上作乱呢？如果你说能，就违背了孝道；如果你说不能，那好，现在你的君王要你带兵去攻打别国，怎么办？因为你要不犯上，你必须去，可是去了你又犯了他国的上，这不同样也是“犯上作乱”吗！显然有子的这一逻辑也是一个悖论。由此可见，儒家的所谓忠君，只是忠本君，这在本质上是自私的。既然自私就不可能是大爱，更不可能做到泛爱，即不可能做到爱所有的人，或爱全人类。这是儒学忠君观的局限性。

有子逻辑出现问题的原因，正是因为“孝悌”与“不犯上作乱”的外延不是重叠的关系，也不是完全的包容，而是存在交叉。用数学上的概念表述就是它们的“域”存在交集，“孝悌”与“不犯上作乱”仅仅在道德的范畴有相同的区间，所以两者不存在“一一对应”的“函数”关系。“孝悌”有“情感”的空间，“不犯上作乱”更多的是人在意识形态上的价值取向所支配的“行为”空间。比如，父子俩由于财产发生矛盾甚至冲突后，都会有暂时的包容，最终会因为亲情和感情的存在而化解。对外就不同了，由于没有亲情，冲突有可能是不可逆转的。再比如，生活中最常见的现象，婆媳之间的关系总是比母女之间的关系要紧张，即便有“婆媳像母女”的关系存在，这也是有一定的社会公德压力在维系着的。

因此，光有孝悌，是不会保证社会没有“犯乱”的，维系社会和谐，保障人的权利，还需要法，单依靠“仁”是不能维护社会安定的。这也暴露了儒家学术的局限性，所以不可迷信孔孟思想能救世。

当然瑕不掩瑜，有子的话有他积极的一面。孝悌作为人的最低的道德要求，是必须做到的，同时也要树立大仁的思想，具备社会责任感。可以说，孝悌是一个人必须具备的最基本的道德品质。总体来说，不论学者们如何自圆其说，都只是为了抬高《论语》的道德力量，而对有子的逻辑错误进行掩盖，或是视而不见罢了。

今天我们创建和谐社会，有过分夸大道德力量之嫌，尤其是过分抬高了“孝”（孝敬父母）的作用力。从逻辑关系上来说，“孝贤”只是一个和谐幸福的文明社会下一个方面的具体表现而已。就是说，道德的价值力，不只是“孝贤”文化。孝敬父母，个人贤能，仅仅是小道不是大道，创建和谐社会应该积极追寻大爱的普适价值观。另一方面，在过分强调了子女对父母行孝的责任后，也于无形之中对子女实行了道德绑架，从而大大减弱了敬老、养老的社会责任，也淡化了政府养老的义务。一个文明、进步的社会形态，养老应该是全民义务，政府应当担负更多的责任。所以，今天我们不能过分地强调这种狭隘的孝道。要强调孝，也必须首先要将“孝”字的本义还原回来，孝天下一切该孝之人，敬天下一切可敬之人，最终强调对人的尊重，对生命的敬畏。

11 说“颜”道“色”话本义

“颜”字没有发现甲骨文。其金文为，它由“彦”和“页（首）”两部分构成。彦，金文，表示品德好的人，也用以形容一个人有文才，其上的“文”字（文指的是文身的人，有美的意思），“彡”表征其人发出的光泽，两者相合意指人品好，或由于人的气质佳而散发出来美感。“美士为彦”（《尔雅》），“美士有彣也”（《说文》）。页，甲骨文为，是强调了人的面部的图形，表示人之面首。由此，“颜”表示的是人的面部所呈现出来的表情，即人的脸色，所以有了“颜面”这个词。“颜”尤其用以形容女色。

“色”的甲骨文（），一般认为其从“人”与“刀”（或像一个人驮另一个人）。右边的人，在刀架在面前时，双臂下垂，两腿发软跪在地上——可以想象那该是怎样一副表情！概而言之，“色”就是人在不同情景下的面部表情（与颜同义）。当今之人还经常这样说：“你要再这样，当心我给你点颜色看看！”就是说他要把不友好的态度在脸上表现给你看，让你不舒服。人的态度可从表情上反映出来。也有人说，“色”是“断绝之义”，其观点有失偏颇，因为在“色”的甲骨文字形中没有一点儿“绝”的影子。俗话说，“色是刮骨钢刀”，如果色只是情之欲望，何有刮骨之理?

若把“色”的“表象”之义推广，指一切事物的呈现形式，就有了“形形色色”一词，即指事物的“外表”各式各样呈现出不同的种类。在佛家语言中，“色”就泛指一切物质的存在，如“色即是空”——世界一切物质的本性都是空无所有。

12 命令本自天上来

为“令”字的甲骨文，上部的A字符（亼），本是集合的“集”字（后来在汉字的结字中，它成了表“集合”的通用符了），表示“把众人集合在一起”。其下“卩”为一跽坐（一说跪）地上之人的样子。两者合之可会意为：“集合众人，发布命令。”当然发布命令是为让人接受命令，于是“令”又有了“受令”

义。也有人说，A字符是发布命令的“口”，或为使声音远传而加的播音筒；下面是一个有跪姿的人在接受命令。也有人说，A字符是“木铎形”，古人振铃以发号令。不管怎样解说，其共同点都包含“发布命令”的意思。令，当作为名词使用时就是“命令，法令”等义项。其后又引申指发布命令的人。由于发布命令的人肯定是有权力者（官人），所以古人又将其用于官名，如“令尹”“郎中令”“县令”等。可能是由于官人一定是有才学之士吧，“令”又被赋予了“好、善”的意思，如“令名”“令器”等，并由此用于尊称，如“令尊”“令堂”等。后面在解读“巧言令色”时，由于人们把“令”误解成了“好”义，从而造成了错解。

“命”与“令”的甲骨文为同一个字，只是在金文里增加一“口”成，表示命令由“口”里发出的，其“发布命令”的意思没有变。若此“口”是命令发布人的，命就是“接受命令”的意思；如果命令来自于“上天”（西方叫上帝），那就是“天命”，简称“命”。古人（不论中外）对世态万象，包括自身的生老病死的种种奥秘总想尝试解释，但受认识的局限，只得幻想出一个超能力的主。这个“主”就是“天”，自然界的种种奥秘都是他操纵的结果，甚至万物（包括人）都是他造的，人一生的贫富、寿数等都要受到他的控制，所以，人只能听命于天了。

然而，中国文化中的“天”与西方的“上帝”不同，上帝是人之主观存在的“神”，而“天”是中国古人对客观之“自然规律”的统称或泛指。天是道（规律），道法自然（规律取法自然）。从这个意义上说，中国的宗教观要比西方的有神论更具有唯物性。

上面是由说“令”而引出来的“命”，《论语》中出现的“命”字都应该从这个方向上去解读。

13　巧言并非是蜜语

巧言令色今天作为成语的意思，是表示用花言巧语虚伪地讨好他人。这一解读都是长期的积非成是的结果，巧言令色的本义原本并非如此。

1.3　子曰：“巧言令色，鲜（鲜）矣仁！”

都说巧言令色就是：“花言巧语，装出来的和颜悦色。”其实，一开始人们就曲解了。

我们先看“考（老）”的甲骨文，上面为“长发老人”，下面的是“拐杖”。拐杖是由木材加工而成的（已完成的或经过修饰的东西），于是“丂”渐渐成了一个象征符，同时也成了音符（kǎo）。如，其加“口”为“可”，加“工”就是“巧”字。“巧”字右边“丂”表示“被加工过的对象”，左边“工”是表“斧”之类的工具，因此“巧”的本义为“加工”或“修饰”，或表示“精心修饰加工过的”（如巧夺天工），由此衍生出“做工精细，手法灵活，装饰精良”义，并引申出“巧妙，美好，聪明”等义项。今人由于“巧”的“好”意在大脑中根深蒂固，而忽略了“巧”字的本义。

将巧言令色取“巧”和“令”的本义解，应该为“加工过的语言，表演式的脸色”（令，取“命令、受令”义。令色：由于接受了内心喜怒之命令，在脸上表现出来，这相当于“表演”）。经过加工的语言，并不都是花言巧语、甜言蜜语，也包括尖言毒语的恶言厉色（骂人也需要讲究技巧，声色并举）。讲“花言巧语”时，就会不由自主地面露“善色”；说“恶言毒语”时会不自觉地表现“狠色”。言为心声，不同的心理就会有不同口气的语言表达。花言是讨好，恶语能伤人，所以巧言令色总归是不厚道、不仁义的。

“巧言”在《论语》中共出现过4次（包括一次重文）。子曰：“巧言乱德，小不忍则乱大谋。”（《卫灵公第十五》）冲动是魔鬼，为达到最终的目标，过程中的小事要学会忍让，“忍”就是要控制自己的情绪不要生发，否则就会有过激的行为，或说出过分的话，从而有损于你的善良、忠厚、大度、包容等美好的形象——乱德。这从文中的“忍”字可体会出，孔子所言的“巧言”就很难是“甜言蜜语”之类的意思。

“鲜矣仁！”是一感叹句，为强调“鲜”，宾语前置了，等同于“仁鲜矣”。仁心是不用伪装的，应是内心的真实生发，否则“仁”的成分会大打折扣。“仁鲜矣”从字面上翻译就是“仁减少了”。孔子的意思是说，如果你用“巧言令色”的伪装去讨别人的欢心，或是恶语相加地去伤害别人的心，这在他人看来就是你的德行不好，也就等于你是在自毁人品。一个人，如果经常地巧言令色，那么这个人的“品德”分量就要被打折扣，从而降低了仁者的身份。孔子认为，做人应当去伪存真、诚信待人，切不可哗众取宠，或得理不饶人，甚至恶语相加，否则会有损自己的良好形象。“巧言乱德”啊！

有人说，这里的“仁”为“仁者”，意思是“巧言令色的人很少会是一个仁者”。“巧言”仅仅是“乱德”而已，还不至于成为判断一个人道德水准的标杆吧？巧言令色毕竟不是故意作恶，只是言语太过修饰或尖刻，不知忠恕，做不到宠辱不惊或包罗万象的气度罢了。

今天的成语“巧言令色”成了贬义词——讨好、巴结、谄媚而硬是善其色、美其言，并致饰于外，务以悦人。如果从“巧令”两字的本义“加工，表演”来理解，完全可以赋予褒义（至少可以是中性的）。比如说，对一个说书之人，抑或演讲者、演员（尤其是喜剧演员）等，就得用巧言令色方能娓娓动听，栩栩如生。如果板着面孔，正襟危坐，不饰言辞，满嘴白话，谁能爱听，尤其是对现代的年轻人。

当然，如果怀着阴谋，用巧言令色的手段掩盖欺骗之心故意讨好，置人于罔昧；或者挖苦嘲弄，无中生有，置人于冤屈，那么此人不但不仁，简直就是可讨伐之恶人了。

14　勿忘曾子教师身

曾子，名参（shēn）字子舆，孔子晚年弟子，小孔子46岁。他是孔子思想的最大传承者，并作《大学》（原为《礼记》中的一篇，唐宋时又单独抽出，变成了四书之一）。他的学生子思（孔子之子）作《中庸》，作《孟子》的孟子又是子思的学生。下文当属曾子作为老师对他弟子们的教导之言。

1.4　曾子曰：“吾日三省吾身：为人谋而不忠乎？与朋友交而不信乎？传（傳）不习（習）乎？”

“省”（xǐng）甲骨文为，在其结构中夸张了眼形，像是睁眼细看，示意为不一般地看。引申为自我检查、反省、内省等义。“三省”的“三”表示多次的意思，并非实指。古代在有动作性的动词上加数字，一般表示动作频率。而“三”“九”等字，又一般表示次数的多或数值的大，如“飞流直下三千尺，疑是银河落九天”。朱熹解读“三”是指下面曾子所说的自己反省的三件事（很多人附和），我认为这是巧合。我们心究一下，作为一个能自我修身的人，需要反省的何止于三件事，且也不可能仅仅是所说的三件事。何况反省是不需要规定时间的，随时随地均可及时反省，每做一事后甚至事前，都要反省。反省不是说一天过完了，要睡觉了，睡前把今天的所作所为反省一遍。所以，把“三省”理解为多次反省是恰当的。

谋，这里指与他人合作之意，或是替别人办事，也或是为别人献计献策。千万不要一看到“谋”字，就理解为要阴谋，或做不正当的勾当。如果真是这样，还真不能“忠”了，就是说不能愚忠！这是我们现代人更要重视的事。古代“忠”字义与现代略有不同，古文“忠”是指把事放在“心中”，尽心尽力做事且坚定不移。“忠诚，忠心”是它的引申义。与别人谋事是不是敬业了——这是曾子经常要自省的第一件事情。

曾子每日要自省的第二件事情：与朋友交［言］而不信乎——与朋友交往（交谈）是不是做到了说话算话（讲的都是真话）？

文中的交，不是“结交朋友”的“交”。“与……交”，此“交”为宾语，表明“与的状态”，所以这里应该取“交往”或“交流”义（并不是指结交新朋友）。“守信”针对的是“事”而言，“诚信”是指一个人的为人之品性。显然，这里“信”的取义受“交”的义项而定：（1）“交”取义为“交往”时，“信”就是“诚信”；（2）“交”取义为“交流”时，“信”就应取其本义——真实可信之言，即真心话。

《皇疏》本其“交”后有“言”字。且本篇第七章，“子夏曰：‘……与朋友交言而有信’”句，“交”后也用“言”字。这可以说明这里“交”为“交流”义的可能性很大。交言，当然需要语言来完成，“信”即为“人之言”。信，其甲骨文为“人+嘴”——指话是从“人”的口中说出来的，而不是由“鬼”说出来的。人话是可信的，而鬼话不足信。我们常说“他说的是鬼话”，意思是讲他的话不可信，是假话。如果人说出的话是一种承诺，那么说话就要算话，就是要说到做到，否则就是不“守信”了。“信”在表明“人之言”时，都为“已讲过的话”。比如，“写信”的“信”——把要讲的话“写出来”，写下来后就是“信”了。

传（chuán），甲骨文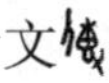的本义是“把东西递交给他人”。右边的手里正拿着一个“柬”西，向左边的人递过去，传的本义是“传递”。这里是传授知识的意思。句子中虽然没有说出动作“传”的发生者是谁（主语省略），但从“吾日三省吾身”可知，行为的主人就是“吾”：吾为他人谋，吾与他人交，后面当然是“吾予他人传”了。朱熹认为，“传，谓受之于师”即“传”者为“师”，此观点与语境不合。从说话的语气看，前两句动作“谋，交”的主语都是“吾”，唯独末句不然？如此前后文法不合。主语省略，概因曾子所言的对象正是在座的诸位弟子，不言自明。

此章是“曾子曰”，表明是曾子的弟子所记师之言（因尊之而称子）。可以想见，在说这番话时的曾子正在做老师，这些话是对着他的学生所说的话，这一点要特别注意。要知道曾子说此话的时候，他的老师孔子早已长眠九泉了，绝不可能起死回生再向曾子施教。另外，还应该想到曾子的“吾日三省”，不仅仅是在过去这样做，现在也天天如此，不然曾子就是言不由衷了。既然曾子当下在“省”，自然是“省”曾子当下的事。假如，曾子所言为他过去做孔子学生时的善行，现在不“省”了，那曾子何以言传身教呢？由此足以认定，曾子每日

“三省”的事，就是他现今每天都可能在做的事，所以此“传”当然就是“吾传”了。[吾] 传不习乎之——我对学生所传授的 [为人处事之道]，我自己是不是做到了呢？习，和“学而时习之”的“习”一样，包括“实践、用、做”之义。老师之“师”，是“榜样”是“模范”。身教胜于言传，“教师要求学生做到的，自己必须首先要做到”（教育家陶行知语录），这也是曾子所认为的。

曾子每日反复自省三件事（或三个方面）：处事作风——不忠乎？为人品格——不信乎？职业操守——不习乎？通译本译为：“我每天多次检查反省自己：为别人出主意做事情是否忠实呢？和朋友交往是否真诚讲信用呢？对老师所传授的知识是否复习了呢？”这完完全全是现代人，用现代字义，解读古人的文章，不可取。

15　治国基本三原则

孔子强烈主张的为政以德，即是他的仁政理念。一国之君（或地方诸侯或地方行政长官）治国的三个基本原则：得信（取信于民）；爱人（体恤下属）；用义（用民当时，以适其宜）。因为威重才能令行，所以只有先取威信于国民，才能行令如流，令行禁止。政令通畅了方能实施治国大略。治国事杂，无能依赖一人之力，需要上下一心，群策群力。这里的“上下”就是各级行政长官。“下”甘心听“上”，“上”必须付出爱心。民乃国之本，差使老百姓要注意时机，看是否合义，如果使之不当就是劳民伤财，国就会失去立足之根。那怎样才算是做到了这三个原则呢？于是，孔子如是说。

1.5　子曰：“道千乘之国：敬事而信，节（節）用而爱人，使民以时。”

孔子说，治理千乘之国要靠勤奋敬业于国事来取信于民，不要过度劳役下属以体现爱人之心；差使百姓要讲时令合时宜，万不可妨其生业。通译本译之：“治理拥有一千辆兵车的诸侯国，要严肃慎重、专心认真办理国家的正事，又严守信用；节约财政开支，又爱护部下和人民；按照农时的忙闲去使役人民。”这是典型的用现代人的思维在发布政令。

“道”字，前面分析过它的意思，这里“道千乘之国”的“道”，意思是指君王（或诸侯）把邦国的人民“引导”到一个什么样的“道路”上。所以，此“道”就是“导”，即“领导”“统治”“管理”的意思。

千乘之国，指代一个比较大的国家。乘（shèng），这里指古时的兵车，一车四匹马拉叫“一乘”，“乘”即“乘舆”，是名词。按“八百家出车一乘”，那千乘之国，也当属大国了。“乘”甲骨文是，“人”站在“木”之上，表示骑在某物之上的意思，如现在的乘车、乘飞机、乘船之“乘”；因其“人”居于上位，故有“驾驭”“凭恃”“依仗”某物的意思；由于在物之上，所以又有“上升”义；等等，都是由其甲骨文的构造意会出来的义项。

敬事，相当于敬业，即主观上给自己加压去做好每件事。“敬”字的甲骨文变迁过程是：，，，。开始的形态是竖起两只大耳的人形（有说是犬，因犬忠于主人，为之守夜、随猎追捕，常有警觉状，故有其态），表随时听从主人召唤，叫干什么就干什么，决不含糊。后又加“口”，寓意更明显。再后来于右添加上“攴（pū）”，是“手执杖或执鞭”的意思，用以表示敲打，有“自策”的含义。所以，主动并自我鞭策又死心塌地、甘心情愿地为其主子做事——这就是“敬事”。上位者不敬业，下位者必散漫。要想下位者死心塌地跟你做事，上位者必须自己首先要敬事。

敬事而信。如果国君能兢兢业业地为国做事，自然就能取信于“人民”（取得信任与威望）。这里的“而”应是表递进的前因后果关系，取得“信”是“敬事”的结果。这里意思是说为了取得“信任”，自己必须做到“敬事”。学者们都解“信”为“守信”，把“敬事”与“信”变成了并列关系，即将之理解成既要敬事又要守信。当然，要做好任何一件事都必须勤勉敬业，人无论在什么时候都要诚信。这些几乎是人人都知道的道理，似不值得孔子来强调。我认为，这里孔子强调的是为政者如何取得“信”（后面两句又说了如何表现爱，如何做到义），这是一般为政者所不明白的道理。因为孔子主张“为政以德”，他说：“为政以德，譬如北辰，居其所而众星共之。”（《为政第二》）所以在这里孔子是在宣扬他的仁政理念，而不是大谈具体的如何“导国”。他注重的是形而上者的道，而不是形而下者的器，所谓“君子不器”。这里所说的“信、爱、义”三者皆为仁之五德之一（爱、义、礼、智、信）①，正表明他此言所谈当为其仁政的主张。敬事、节用等都是具体做法，故不是孔子所论及的。

节用而爱人。解法同样。为了体现“爱人”之心，就要节制“劳人”之用。“节用”应该是指“节用人力”，意为不要过度地使唤“人”，使之身心疲惫，无感亲爱之情，否则会与你离心离德。上无仁爱之心，下必移情别恋。“节用”大多理解为“节俭”，即节用财物，将句中“而”做连接词用，不准确。要知道“节用”体现的是做事原则，而“爱人”是反映“处人”时的态度，即“节用”和“爱

① 这里说明一下，通常人们将“仁、义、礼、智、信”列为仁的五德。这里我将“仁”用“爱”替换了，理由在《里仁第四》第一节《细究儒学仁之本》里有论述。

人”表达的是不同属性的两个领域，把两者并列而言，似不合古人行文之法。孔子口中的“人”不是现在的人民概念，而是指地位较上层的阶级人群，简单地理解即为做官吃饷饭的人，相当于现在的公务员。民，才是指社会底层的老百姓。

使民以时。使唤（劳役）老百姓时要当时适义，不可闲也使之忙也用之，或不该使唤之时使唤，该用之时不用等，即胡乱差使。在过去的农耕社会，国家财富主要来源于农业。国之“使民”主要是兴农田修水利，如果用民不当时、不合宜，很可能会影响农业生产，从而劳民伤财，所以使民当以慎时。时，就是时机。把“时”仅理解为农隙之时，太概念化了。如果国家出现了突发事件，甚至危及国家存亡了，即使是农忙之时，该使还就得使，因为“适义”。所以，用民“当时”最为关键，不可不适时宜地乱使。

16　人民本非一家人

上节的文字中的“人”，我打上了引号，是为区别于后面的“民”。这里的“人”和“民”在孔子时代是分属两个不同阶层的。那时乃世袭分封制，人的社会身份是有等级的，所谓君君臣臣子子。君就是上层统治者，能称“人”的人，一般都是贵族阶层的人士，可以入仕为官者，而“民”则是社会最底层的人群，主要是指奴隶阶级。

“民”字的本义就是指奴隶，其甲骨文为，其示意的是一尖物被刺入眼中，意为被刺瞎眼的人。奴隶主通常为防止奴隶逃跑，会刺瞎他们的眼睛，或在脸上刺上记号，以示为自家的财产。所以，“民”代表的是地位最低下的人，或是失去土地和自由的人。因此，孔子口中的人是属于“劳心”者，而“民”就是那些“劳力”者。

孔子所处社会的状态，正是由奴隶社会向封建社会渐渐变革的时代，当时还有很多奴隶身份的人存在着，等级制使得高贵者永远高贵，低贱者永远低贱。孔子主张恢复“周制”（周王时代的政治制度），强力主张等级制度“君君，臣臣，父父，子子”，且要为其“正名”，否则会“言不顺，事不成”。

但是，看问题也要一分为二。孔子世界观的局限性，是由当时社会因素所决定的。孔子是过去的孔子，我们今天研究孔子，就是研究孔子的过去，要用历史的观点去还原真实的孔子。今人将他的理论古为今用，需要扬弃，但扬弃首先需要正确的判断与选择，而能否正确地选择，就取决于能否读懂孔子。所以，站在今天的立场上，过度地去批判孔子的所谓“腐朽思想”是盲目的，至少是不理智的。比如，孔子能在那个时代提出“举贤任能”，提倡“学而优则仕”（不论你原来地位如何，如果有学问知识，也可出仕为官），已经是非常进步的、革命性的思想了。

17　孔门自立孔家规

俗话说，没有规矩不成方圆。孔子作为私塾先生对刚入学门的弟子，在讲过求学的好处之后，又急忙地为他们制定了学习目标、守则，或是自己的教学原则，或谓之孔门的教育方针。

1.6　子曰："弟子入则孝，出则弟（悌），谨而信，泛爱众，而亲仁。行有余力，则以学文。"

对进入孔门的弟子，孔子为他们制定了这样的"学生守则"——尊敬师长，相互友爱，文明语言，诚实守信，树立爱心，争做仁者。在做到这些的前提下，再学习文化知识。

上面是我对本章理解的大意。这段文字，也就是后来《弟子规》的行文之源。人们受其解读诖误影响甚广，虽解读的大意相近，但多不胜贴切，且更多的是演绎。

在弟子入了孔门之后，那首先要学会处理好老师与弟子、弟子与弟子之间的关系——入则孝（悌），即尊敬老师，相互友爱；在校外，要知道孝敬长辈，友爱兄弟朋友，尊老爱幼——出则悌（孝）。谨而信——谨言慎行，文明礼貌，诚实守信。泛爱众而亲仁——树立社会责任感，培养爱心，立志成仁。学生在做到了这些之后，就要全力以赴地学习"断文识字"了——行有余力，则以学文。在这个"学生守则"或说孔子的教育方针中，充分表达了孔子的办学理念：先育人，后学文。钱穆《论语新解》："本章言弟子为学，当重德行。若一意于书籍文字，则有文灭其质之弊。但专重德行，不学于文求多闻博识，则心胸不开，志趣不高，仅一乡里自好之士，无以达深大之境。"其说甚切。

通译本译之："孩子们在家要孝顺父母，出门要尊敬兄长，做人要谨慎讲信用，广泛地与众人友爱，亲近有仁德的人。这样做了还有余力，就要用来学习文化知识。"其译文显然过于表面化，虽话的大道理没错，但这已不是孔子说的了。

弟（dì）子，旧时指那些入门做学徒的人（为学之人皆为"子"。其字的解读参看前文第一节），一个门派的人统称弟子。孔子是开创私塾的创始人，从某种意义上说进入私塾也算是进了一家之门派了，故亦称弟子。后来文明点的说法叫学生（求学之小生）。接受教育者一般起于少年或幼儿，所以后来“弟子”也指儿童、年轻的孩子。由于这里是孔子说的话，因此本文中“弟子”当解为做学生的弟子，并非仅指年龄小者。通译本译为“孩子们”不合本句文义。

按理，古时弟子是不分长幼的，无论年龄多大皆称弟子，孔子的弟子中相差40多岁者有之，似是两辈人了。可见孔子时代同门弟子间年龄差别很大的现象较为普遍，且父子（如曾子与其父曾皙）同拜一师者有之。弟子无论多大也要敬师为“父”（此父非现在意义上的父，指管教你的人，本书中后面有解说）。既然你入了“门”就要孝敬先生，疼爱同门兄弟；不在师门了，按礼也应该做到孝悌。“入”和“出”，这里并不是实指，只是古文行文的一种修辞手法：互文①。把其解读为“在家孝敬父母，出门友悌兄长……”总觉得幼稚。只在家孝，在外就不该对年长者孝敬爱护了？或是在外友悌兄长，在家就不了？这是不习古文而望文生训，抑或是“孝”之对象只能是父母的错误概念所使然。前面我讨论过，孔子的孝悌观本是一种大爱，由此“泛爱众”之言可窥一斑。孔子“孝”的概念不仅是对父母，对先生也该如此（所谓一日从师终生若父）。

谨而信。说话小心慎重，并讲真话，而且说到做到（即谨言慎行），信守诺言。这里的“而”表示并列关系，相当于“和”“与”；信，这里有诚实（讲真话）、守信（说过的话要能做到）两层意思。“谨”与“信”是同一价值的行为判断标准，可并列位置而言（不同于“节用而爱人”）。有学者说“寡言”叫作谨（如杨伯峻译为寡言少语），寡言不是谨的本义，是其引申义——说辞心慎者，必不敢多言，因怕祸从口出，故而言必寡省所致。

“泛爱众而亲仁”——扩大自己的爱心泽被更多的人，从而走近仁德。后人在解读时，都把它分解成了两句话，作独立解释，并将“仁”理解为“仁者”，不当。

首先，此话我认为不应在“而”字前断句，这不符合古文的语法常规，也从未见以“而”字开头的句式，即“而亲仁”不能独立成句。“爱众”与“仁”从道义上讲是包容关系，从语气与词义上都是紧密相关的。泛，即广泛，有扩展、泛化的意思。其次，这里“而”前后连接的是一种目的关系：“泛爱众”是为了“亲仁”。“爱众人”是一种具体的行为表现，而“仁”是一种精神的目标，所以，“爱众人”与“仁”不能并列。因此，“而”在此应该表达的是一种递进式因果关系。也因此，为了让其并列的逻辑关系合理，后儒们便把此句中的

---

① 互文，也叫互辞，是古诗文中常采用的一种修辞方法。古文中对它的解释是：“参互成文，含而见文。”具体地说，它是这样一种形式：上下两句或一句话中的两个部分，看似各说两件事，实则是互相呼应、互相阐发、互相补充，说的是一件事。是用上下文义互相交错、互相渗透、互相补充来表达一个完整句子意思的修辞方法。

“仁”解读为“仁者”，这样“爱众人”与“亲仁者”，就可以并列而言了。可是，这里明明白白说的是“仁”，即为孔子所倡导的“仁”（即孔子为弟子指定的人生目标），却硬被说成是“仁者”就是附会了，而且是找不到任何理由的“强盗”式附会。

我们再来看“亲（親）”字的解释，亲的本义为“近”。如果我们假设，某两者之间的距离能达到“想多近就多近”的地步时，可以想见，他们的关系已经是够“亲”密的了。“亲近”就是同义复指，因为“亲”就是“近”义。比如，“父亲”就是指最亲近的那个“父”[①]；“母亲”是你最近的那个“母”[②]。由于父母（现代文中的父母义）是最亲近的人，所以古代“亲”也指代父母。现在网络上都流行称网友为“亲”，可能是“亲爱的”的省略语，否则把什么人都叫“父母”应该不太合适。亲的金文为（没有发现其甲骨文）。左边的“辛”表音，也为意符。“辛”的甲骨文形是，有人说是刑具，我认为不一定。首先，这个符号被持有不同观点的人们解出了不同的字，其原因可能是在甲骨文中是一个代表性的符号，即义符。以我看，它至少是一个表示“向上，或位高”的象征符。上面加一点，表示处于高位。如“帝辛”是商帝的号，你想想用辛来命名帝号，辛的意义不会太差吧。“亲”字金文右边是大大突出了眼的人，而且非常近地盯在“辛”上。“辛”是地位高者，此人能如此近观，可见关系之近了。

“仁心”包含着“爱众之心”，所以能爱众，说明他已有了“仁”的基础，自然距离“仁”就“近”了。即能“泛爱众”者离有“仁”心不远了，因在“仁”的内涵中“爱”是基础的也是最根本的属性。况且心欲求仁者，自然就有了对仁亲近的愿望。

本章“学文”句里的“文”，最大可能性指的是“文字”（杨伯峻译为文献，应该不确切），从文的本义出发，“学文”即是认字。开始学习，当然是从认字开始。“文”在古文字里指的是“象形的文字”，而“字”是代表那些由“文”而滋生出来的文字。如“日”和“月”属于文，而由日和月组合成的“明”，就属于“字”。就是说“文”和“字”是两个独立的概念对象，并非是一个词，只是到了东汉的末年才合称起来，作为对文和字的一个统称。所以古代的“文”，还没有现代文意义上的“文章”“文学”或“文献”等意思，虽然当时已有“文学”的形式，但还没有这个概念。当然“断文识字”的手段，是离不开文章的形式的。至于孔子通过什么方式和手段来教他的学生“学文”的，就不得而知

① 父，在最早时并不是指父亲，父有好多，如叔父、姑父、姨父……亲，在古文中却常表示亲生父母。后文中将详细说“父”。

② 母，本义是喂你奶的女人。母也有很多，如伯母、姑母、姨母……

了，很大可能是《诗》，孔子说过“不学诗，无以言”。

句中的“余力”之“余”应该不能说是“犹言暇日”①（即指有空余时间）。孔子用的是“余力”字，如果是“犹言暇日”，直接用“余日”即可，何言“力”呢？所以，“行有余力”应该是说“有足够的行人礼节的能力之后”，把多余的“力”用在“学文”上。孔子犹言：“你力行‘学生守则’之后，再去学文。”也就是说，一个人要先学会做人，之后再去学文（孔子主要是为强调初入学之弟子当先学做人）。“此章明人以德为本，学为末”②，学做人是净心进德，学文是明智修慧。不然，孩子们养成了不良习性之后，再想用“文”教化他们就难了。可见，教育的首要任务是育人，而不是教知，这是中国古代教育思想的智慧之处。这一教育理念就是在今天也不能丢弃。

18　知识未必是学问

知识只是表明你对事物的认知的多少，而学问强调的是你对知识的应用能力，且学问的基础是做人做事的态度，它与知识密切相关，但知识的多少不代表学问的高低。

1.7　子夏曰：“贤贤（賢）易色，事父母能竭其力，事君能致其身，与朋友交言而有信。虽曰未学（學），吾必谓之学（學）矣。”

子夏，姓卜名商，字子夏，孔子弟子，比孔子小 44 岁。子夏在孔子死后，曾讲学河西，当时他的影响力也是很大的，所以《论语》也引用了他的话。在这里，论语的编撰者想借子夏的话，补充说明上章所表达的求学先学做人的道理。虽然这里是“子夏曰”，没有称“夏子曰”，但从语气上看，也像是子夏在对他的学生说。

本章第一句话的意思就是讲人处在不同角色下，该如何做。解读本章重点也是难点就在于对“贤贤易色”的理解上，历来学者们的分歧，也主要出在这里。这将放在后面另起一节分析，现在我们先来解读其后的一句话。

“虽曰未学，吾必谓之学矣”，通译本这样翻译：“这样的人即使是说他没学习过什么，我也一定要说他是学习过了。”译文你能读懂吗？反正我没懂。即使

① 朱子在《论语集注》中的解读。
② 邢昺《论语注疏》注语。

“他没学习过什么”，我也一定要说“他是学习过了”，正如说即使“是错的”我也一定要说“是不错的（等同于‘是对的’）”一样。这是什么逻辑？我想这是受了朱子解释的影响：“虽或以为未尝为学，我必谓之已学也。”心究一下：既然“未尝学”，又说“已学”，到底是学了还是没学呢？这句话本身就说不通。在朱子的解读中，他分别在原文“学”字前各添加了一个字，变成“为学”和“已学”。本是好好的句子，硬是被他“添”出了问题来。句中前一个“学”为动词，而后一个“学”本是名词，改成“已学”后，“学”就成了动词了。所以，译出来自然是一个错误的结果。

“虽曰未学”，此“学”结合文章的整体性来看，应指的是前一章“行有余力，则以学文”中的“学”。意思是“虽然说他还没有学文”，但是他已经做到了“入则孝，出则弟，谨而信，泛爱众而亲仁”，且还因为他“事父母能竭其力，事君能致其身，与朋友交言而有信”，所以，“吾必谓之学矣”——我必定说他已是一个有“学问”的人了。所以，后一“学”字是名词，作“学问”讲。

从这里可以肯定，在古人的“学问”观里包含：“知识+技能（为人处事的能力）”。学问不等于知识本身的多少，而更多的是决定于他懂得如何为人处事的道理。两千多年前的古人都知道育人先育德，可社会发展到今天，我们有时却偏离了这个立场，过多地注重了对知识的灌输，而忽略了道德的培养。我从教快三十年了，越发地感觉到现在的学生已经是越来越难教了。

19　人于社会三角色

子夏的这段话：“事父母……，事君……，与朋友交……”他告诉我们，人作为社会的人，具备三种角色——为人子，为人臣，为人友。如果把这三个角色所处的活动领域扩大，可分别对应出：（1）家庭、家族关系中的角色；（2）职业工作关系中的角色；（3）社会群体关系中的角色。或者，简单地这样说：人不外乎处在这样的三大关系中——家庭、社会、工作。在家庭中尽心尽责，敬老爱幼；在社会中诚实守信，友爱从善；在工作中恪尽职守，鞠躬尽瘁。这是儒家思想为我们提出的做人的基本道德标准。

“事父母能竭其力，事君能致其身，与朋友交言而有信”，是人在“家庭、社会、工作”三大关系中道德标准的列举。竭其力：竭尽所有的力量，即全力以赴之意。致其身：“致，送达义。致其身，如致命致禀气，谓纳身于职守。”[①] 意

① 钱穆《论语新解》。

思就是把整个身体都交给人家了，即鞠躬尽瘁。言而有信：这里的“而”字，表示承接关系，相当于“要”字；信，这里有“守信”义，也有其本义“讲出的话都是真话”，即诚实守信。

按基督教的观点，人到社会中来是为赎罪的，既赎罪就得劳瘁心身，受苦受累。人在不同的社会生活关系中，是要不断地转换角色的，而且每种角色还要做到儒家的道德标准，真是太不容易了，要做好真的是太辛苦。这就是“贤贤易色”所表达的意思。正确理解“贤贤易色”，首先需要搞清几个关键字的意义。

色，前面已讲过，表示“颜色”，指人的面部表情。这里的意思指人对某事所表现出来的“态度”。一个人某一时刻的表情态度，正反映着他当时的“心理身份”，即是由其时所处的社会角色决定的。比如一个老师，平时他的心理感觉就是平常人，但当他走上讲台时，就会不自觉地表现为一个老师的姿态，这是由于他走进教室之前心理暗示的结果。人有什么样的心理角色，就会有什么样的表情、态度、言行等，所以此处的“色”译为“角色”比较好。后儒们都解之为“女色”，即“男女之色”，认为“易色”就是“移色”，移去好色之心。这真有点以小人之色心，度子夏之腹了。孔子在《礼记》中讲“饮食男女，人之大欲存焉”，但凡生命离不开两件大事：饮食，男女。“食色，性也”，这是人之本性，是凡心。如果说为了学问不要女色了，太太（丈夫）也不要了，这是违背人性的。若果真如此，那想做学问的人，也只有先出家当和尚了。

这里“贤贤”的“贤”字，在古字义中有“劳累状”的形容词之意。昌迦禅师认为“贤贤”是加重语气的叠词，指劳累有加的勤勉状。如“大夫不均，我从事独贤”（《诗·小雅·北山》），此处的“贤”就是艰难、劳苦之义。看看贤的甲骨文：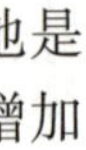（早期其下没有表示财富的“贝”），左边是一只竖起的大眼，即甲骨文的“臣”字，指听命于他人的人（这是“臣”的本义）；右边是一只发号施令者的“手”。中国的会意字很有点意思，字义的不同，往往要看你会意的角度是什么。对“贤”字，如果站在有支配权力的人之角度会意：他能调遣别人（被调的可能是他的奴隶），且拥有下人（或是奴隶）的人自然是奴隶主。既然他是奴隶主，自然也一定是“多财”的（因此，其甲骨文的后期，在其下又增加了一个“贝”，即钱的符号）。由此来看，他能把家业搞得如此之富裕，一定是一个“有才能的人”——这是贤的“贤能”义项。我们再从“臣”的角度想：因受制于他人，随时听从使唤，此人必定辛苦，当然要“劳累”了——这是贤的“劳累”义项。当然，站在“劳累”的正面想，贤也有“勤劳”的意思。

“贤贤易色”中的“易”取用其本义“改变，变换”，我认为比较贴切。为“易”的早期甲骨文，示意的是用手把一只杯中的水倒入另一杯中，由此

产生了“交换”义；倒水时由于水量会发生变化，故而引申出“变化、改变、变换”义项。后来“易”的构型不断删减：→，最后讹变为，小篆时就写成了上“日”下“勿”的结构型式。

综上所述，“贤贤易色”就是勤勉地不断变换自己的生活“角色”——为人子，为人臣，为人友。且当处在不同的角色时，要用不同的态度来对待。可见，做个好人的确不易，而且还真是很累。现在，我们站在这个角度来理解“贤贤易色”，那本章当在“色”字后使用冒号，形如“贤贤易色：事父……”子夏强调的是，人在社会中会有各种角色与身份，但无论处于什么地位都不能放弃自己的君子之德：讲孝，行忠，守信。

几乎所有人对“贤贤”的解释是：第一个“贤”作动词，表示“敬重，遵从”；第二个“贤”为名词，即指有学问且道德高尚的人，即解“贤贤易色”为：尊重有贤德的人，而看轻美貌的女色（通译本所译）。这样解释单纯从语义上也能说通，但我们结合上章内容看（对照上章我的解读）：“弟子入则孝，出则弟，谨而信，泛爱众而亲仁”，在孔子的这句“如何为人”的教导中，并没有提到要“贤贤易色”。可见，在儒家的为人学问中，“尊重有贤德的人，而看轻美貌的女色”并不是一个最基本的做人原则。杨伯峻译其为：“对妻子，重品德，不重容貌”，他硬是附会上了“妻子”，且将对待妻子的态度置于对待父母之前，显然是悖理的。更为值得注意的是，通观《论语》无一处讨论如何对待妻子的问题。

20　如何修为成君子

孔子教育的培养目标，可分为三个阶段：知礼学文—修为君子—积君子之德而行仁。下面是孔子对他的入门弟子，如何修为君子（这里的君子是指有学问、道德高尚的人）的指导方针——沉下心来学、交友相互学，并在实践中不断修正（知过必改）。其重点强调，学修君子首先必须树立恒心，戒除烦躁，更重要的是要坚定意志，即心志不可轻浮不定。

1.8　子曰：“君子不重则不威，学则不固。主忠信。无友不如己者。过则勿惮改。”

孔子本言的中心思想是学习首先要有坚定不移的意志力，树立固守自己信念的决心，万不可眼高手低、朝三暮四、心思不定，否则学习显得没有动力和钻劲，也不可能坚持到底，很可能就是半途而废；其次，内心要坚守忠诚守信的理念，与同门兄弟多交朋友，互帮互学，相互勉励，共同进步。当然，在实践中学生犯错是难免的，如果某些方面做得不好，哪怕是真的错了，也不要担心丢面子而害怕改正。人就是在这样不断地改过自新的过程中成长起来的，即在为学的过程中要不断地通过实践修正自己。如果以上三个方面你都能做到，就一定能完成学业，成为君子。

自古以来，对本章的解读就存在断章取义的情况，经常把一段完整的文章解释得支离破碎，找不到中心。比如，通译本的翻译是："君子举止不庄重，就没有威严，态度不庄重，学习的知识学问就不巩固。做人主要讲求忠诚，守信用。不要同不如自己的人交朋友。如果有了过错，就不要害怕改正。"整段话之间毫无逻辑，仿佛是东一句西一句的拼凑，或是说孔子像是在作诗，故意追求时空的大跨度跳跃。

至于孔子这段话中的各句，是不是在同一时间、同一地点或是同一场景下讲的，不得而知，也可能每句话就是一个孤立的事件。但不管怎么说，现在用不同时间的语录辑成《论语》的篇章之后，编撰者们选录的初衷肯定是想为其所要表述的中心思想服务的，不可能胡乱堆砌。另外，越远古的人语言越简省，可能是由于刊刻的麻烦，通常也省略表达语境的内容，所以难以还原本义。

下面我们在顾及文义完整性的前提下，做逐句地分析解读。我认为，这里是给初学者指出的其修学君子的劝诫。

21　学修首当戒轻浮

首先，孔子强调学修君子须做到：学要重。"不重则不威，学则不固"句中"不重"是前提条件，而"不威"与"学不固"同为这个条件下所造成的结果。按通译"不庄重，就没有威严"这话能说通，但"不庄重，学问就不巩固"怎么也讲不通。庄重是人的个性外在，而学问能不能巩固，要看他对"学问"的态度，如是不是乐意经常复习，愿不愿意用于实践等，好像跟一个人的外形庄重不庄重风马牛不相及。显然，"重"不可释为"庄重"，否则逻辑不通。

在这个（重）的金文造型中，绑在"人"（其中间的构型）双腿上的，就是"東"字，也就是我们现在常说的"东西"的"东"。此金文象征人身上被负载了重物。由此我们可以用心想象：由于身子沉，移动就会困难，故而有"稳定"感。"東"被绑在人腿最下端脚的位置上，目的就是为降低重心，重心越低越稳（可见，古人也懂这个道理）。由此，可以会意出"重"字的很多义项来，

如“稳重”“沉重”“厚重”“恒定”等，在用于表示人的精神状态或态度时有“庄重”“慎重”义等。

“重”在表示分量大时，字义与“轻”相对。这样，“不重”也可以解释为“轻浮、做事沉不住气，即没有恒心”，从而表现出意志力不强。我们做教师的经常会这样批评不爱学习的同学：“你学习太浮了，沉不下心来。”有志之人立志长，无志之人常立志。但凡没有长志的人，经常会重复性地“发誓”。久而久之，别人就会“不信”你了，从而也就没有“威信”可言了。走到最后，朋友也有可能远离而去了，如此终将做不了大事。所以，孔子才用这样的话来告诫他的学生。像这样来看“重”与“威”的确有关联，但毕竟没有直接关系，所以，“威”解为“威信”也不贴切。

“威”的甲骨文（图像横看），像“斧（其上的为“斧”的甲骨文）”置于“人”上之状。会意其形：由于此人慑于持斧者之威，而双腿发软并跪于地，且双手抱胸，形如女子之柔弱态，故后来其下改成了“女”字。“威”的金文，即把斧改为了戈钺（古代的一种形同长柄大斧的兵器）形，字义也加强了。现在，我们站在被钺胁持下的“女”方想，自己受到了“威胁”——这就是威的本义。从持钺者方面想，表明“我”有“威严”，有“威信”，因为“我”能震慑别人。可见，“威”表达的是一种“力量”，那种势压群雄、战胜一切的“力”，这就是“威力”。“不重则不威”意思就是如果你对学习没有恒定的信心，就不可能有坚定的意志和强大的求知动力。

固，有“坚固，牢固，巩固”等义，但也有“稳固，坚定，固守，安定，专一”义。所以，按上下文的语义判断，“学则不固”可通俗地解为：学习就不会有定盘心。由于他的“不重”，当学习遇到困难时就会信心动摇，选择退避，终将成不了大器。所以，孔子强调为学要“重”。

22 唯有忠信能交友

孔子是主张多交朋友的。本篇首章就说“有朋自远方来，不亦乐乎?”，看他都把“有朋”视作是人生的一大乐趣了，当然是主张多交朋友。可能，在孔子看来交友可以助己为学，因为朋友可以交流思想，互相帮助，相互促进，这对个人修为君子是有百利而无一害的事。所以，论语的编撰者将其置于本篇，我想就是想要表达这层意思。但现在的问题关键是如何才能交到真正的朋友?

所以，孔子说：“主忠信，无友不如己者。”对这句话的意思，历来人们的争议最大。首先，我认为本章不能在“主忠信”后断成句号。从语气上分析，

"主忠信"应该是"无友不如己者"的假设前提条件。对于"无友不如己者"所存在的分歧，统分为两种主要说法：一者解释为"不要与不如自己的人交朋友"；二者是对前者持否定观点下的解释（由于否定者的说法多种多样，不再单独列出，后面有提到），但所有的解读都有一些牵强附会。否定者附会的目的，我想他们是想摆脱前种解释下对孔子带来的不良影响。你想，孔子是那么的伟大，被奉为"圣人"，而且提倡"泛爱众"，肯定主张广交朋友，怎么可能说"不要与不如自己的人交朋友"这类不近情理的话呢？否则不如自己的人与谁做朋友？"已欲达而达人"（帮助别人），这也是孔子主张的君子所为，帮助朋友是应该的。如果朋友都比自己强，何来"帮助朋友"之说。扪心自问一下，如果每个人都拿"不与不如自己的人交友"为交友准则，谁还能交到朋友？有人戏言：皇帝该与谁交朋友？只能与上帝了。

"无、毋通，禁止辞也……勿，亦禁止之辞"①，是的，在古汉语中，"无、毋、勿"在表示否定义项时，是"禁止之辞"，但它们还是有语义上的差别的。"无"，主要强调的是"存在的状态"，与"有"相对，所以，"有、无"之后的宾语应是名词。由此，把"无友"之友当作动词"交友"解，显然是不恰当的。"不"在古汉语中，其后往往好跟动词（"毋"后，有时是名词，有时跟动词），因此，至少在这一点上，"无"和"不"是不能通用的。"无友"就是"没有朋友"，再明白不过了，那后儒们为什么非要把"友"说成动词呢？原因是错把后面的"不如"之文给现代化了——当成了今天的"不如"（比不上）义。

我前面说过，孔子的用文，除去表语气助词的常用字外，实词多为单音节词，即是一字一义，万不得用现代语法去望文生义。"如，从随也"（《说文》），"如"字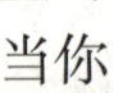在甲骨文里的意思是一个柔顺的"女"子，时刻在听从他人之"口"的召唤，其本义就是顺从，如"如愿、如意、如法炮制"等。"有律以如己也"（《左传·宣公十二年》），杜预注："如，从也。"所以，我认为这里的"不"后接的就是表动作的词：跟随，跟从。

"主忠信"，就是在你内心，把"忠信"当作行为的主宰。我们见到"主"字，能立马想到"主子，主人，主席"，即为拥有最高决定权的人。"主忠信"是说，当你在内心把"忠信"当作支配你做事时的"主子"时，无论你做什么事，都会用"忠信"为前提的。所以，当你讲忠信时，是不会没有朋友的，只有那些言而无信的人才会被孤立。因此，孔子这里强调交友要"主忠信"。

退一步说，如果非要把"无友"解为"不与……交友"，那么"如"也可解

① 朱熹《论语集注》。

为“像，同”。此话的意思可以是这样：不要与不像自己一样“主忠信”的人交朋友。这里“如”的比较对象之前提是“主忠信”。意思就是“交朋友要交像自己一样讲忠信的人”，这样也是说得通的，但毕竟有附会之嫌。当然，如此解读要比译为“不要与不如自己的人交朋友”合情理得多。

另外一种解读观点值得说一下，因为也有很多人认同，即如李泽厚所译“没有不如自己的朋友”。做这样的解读，首先是将“主忠信”划出其外单独成句；其次，把“不如”词义给现代化了。就此两点来看，此解有断章取义和望文生义之嫌。故其正确性也可疑。

“主忠信，无友不如己者”在《子罕·第九》中出现了重文，“无”变成了“毋”（不知何故。但“毋”其后也可以是名词，同“无”义）。由此也可想见，重文不是《论语》编者的疏忽，恰恰是引以为用，目的是想表达在本篇里自己的中心观点。再有，于重文的“子曰”部分有的并不完全相同（有人认为是孔子在不同时机下说的，未必）的现象。由此我提出一个疑问：后儒们在撰辑《论语》时，很有可能把孔子在不同时间内说过的话，引在了同一个“子曰”里，即可能存在拼接的情况。本章的“子曰”内容极有可能是提取了孔子不同时间所说的话，罗列于此，以表达作者想表达的思想。可是，现在已无法考证，没有充足的证据来论证这一观点。

本章上句，讲对待学要“重”，怎么忽然说到交友呢？我想编辑者之旨意主要是为表达人之学修的另一种重要的补充形式，即同学之间的互助互学。以我的多年教学实践来看，学生的行为养成，来自同伴的影响力是很大的。也许在他们看来，同门学子在互学的过程中，双方可互为对方修行君子的“实践”对象，能共修共进。现代学校采用班级教学的组织形式，以使学生相互学习，互相激发，就是这一重要目的的表现。

如何做到弟子之间互相产生好的影响呢？要先成为朋友。如何才能交朋友？用你的诚实守信之人格。若是把与同学相处的经验，推衍到社会，就成了为人处事之道了。

最后，孔子又提出了修为君子的第三种行为：错必究。“过则勿惮改”，“惮，畏难也”，就是“怕”的意思。古人讲“中庸”，就是说做事要恰到好处，好比说事正好做到了“点”上，如果“过”了这个点不好，但“不及”也不好。因为“过”或“不及”是针对那个最佳点的标准来判断的，用这个标准来衡量，“过”和“不及”都是有“过错”的，至少也是一种“过失”吧。人非圣贤，谁能无过！有过不怕，只要改过来就好。

不断改过修正，不断完善，最终成就完美人生。修正过失的过程，也是学习的过程。这就是孔子的观点。

23　追本溯源话“终”“远”

社会风气的优良与否，能间接地反映出政治制度的清明与否。求真务实，富裕民主的政治制度，必然会造就安定、踏实、厚道的民风。

1.9　曾子曰：“慎终追远，民德归厚矣。”

对本章的“民德归厚”的解读，分歧不大，但对“慎终追远”的解读，其分歧可分“守旧派”和“当代派”两种观点。

守旧派：“慎终者，丧尽其礼。追远者，祭尽其诚”，即认为“终”是“寿终”即“死”；远，指祖先。白话就是：“慎重地办理父母丧事，虔诚地祭祀远代祖先。”生者通过对死者的行为态度，告诉来生者，该如何对待你们的长辈，从而得以传承孝道，如此民德就自然敦厚了。他们用这种“慎丧虔祭”的形式，达到“行为教化”的目的。

当代派：慎重地考虑事情的结果，追溯一下已生发事件的前因，从而确保你做的每件事都能合乎礼节，顺应世俗的公德。人人果能如此，民德自然就敦厚了。慎终——谨慎做事，顾及后果，为你的行为负责。追远——审视过去的行为得失，总结经验教训，再反过来指导行动。有“前事不忘后事之师”的意思。

我们先来解读一下句中重点的几个文字，而后评说。

是“终（冬）”的甲骨文，示意绳结的两末端，本义是指终点，有“结束”义。而“冬”，又是一年四季的最后一季（四季的终了），所以“终”与“冬”两字同源。后来为区别“冬”字，在“终”的左旁加上了表绳子的“纟”。远古使用结绳记事，在其终点处打个“结”点，表明此事已完结，或已经有了结果。人死了，表明生命已经结束，所以“终”的“死亡”义是由其本义引申而来的，只是对死亡的一种委婉表述。

再研究一下“追”字。为“追”的甲骨文，是其金文，上面是一个表示“聚集”义的通用符号“”（也是“师”的甲骨文原形）。下面的“之”象征一个落单的人，在追赶他的队伍。金文加表“路”的符号“彳”后，使“追”的意义更加明朗了。被追的对象，在空间意义上，表明的是位置在追者运动方向的“前面”，即“追者”的身体是朝前追赶；在时间意义上，表明事件已经是在历史上“发生”过的，即“追者”的大脑是在向后追忆。就是说，当“追”作“追赶”讲时，东西在前，追者在后；当“追”作“追忆”讲时，是人在回忆过

去的事。

“慎终追远”从字面上解释，就是“慎重地考虑考虑后果，回忆回忆过去”。“终”与“远”，在这里应该是属于“时间”概念的范畴。如果我们每个人在对一件事做决定之前，都能慎重地对待可能的结果，再借鉴一下过去的经验，这就叫“远虑”。做到远虑就可以少犯错误，更不会做出违法的事来，人自然也就回归到了“本善”。人常常是“生于忧患，死于安乐”。

“归（歸）”，古人在其甲骨文中直接表达出来的意思是：用拂尘掸去身上的灰土。右边是一个拂尘，左边的符号同“追”字的上边符号，指聚集的灰尘。古代人不可能像现代人一样，生活在大地被水泥封装了的城市。他们在外劳作，衣服上必然沾上大量的尘土。因此，当他们回到家后，一定要掸掸身上的衣服。所以，“归”有“回家”义。“归”就事物自身的属性而言，就是“回到本来状态”。古代女人地位低下，且主要是做家务，所以，掸尘这个活，自然是由女人做了。由此，在古代妇女嫁到婆家，就算是“归”家了，这样“归”就有了“女人出嫁”的意思。后来增加表“走”动作的“止”，字义就更好理解了。

后儒们的解释：终，人死；远，指祖先，这都不是“终”和“远”的本义。但是，这种解释一直作为儒家讲孝的实践，并被沿用至今，想改变这一传统认识几乎是不可能的事了。但以我看，曾子在这里，可能是想表达：追求政治严谨、务实，就能使社会风清气正。他志在强调政治要清明，社会才能和谐务实。从“民德归厚”句看，显然曾子是站在国家角度来说这句话的。也许这样来理解曾子之言更有现实意义吧。

论语编撰者将其置于此，意欲表达：做弟子的在做事或修学的过程中要多思多想，正反比较，凡事不可草率而为，即要谨慎做事。曾子其实正是这样一个谨慎有加、小心过甚者。他自己说“吾日三省吾身”，并引诗“战战兢兢，如临深渊，如履薄冰”来形容他一生的谨小慎微。从这里也可窥见曾子其言之意，应该与他的为人之性是合拍的。若按守旧派的观点理解本章，那么其解释就与本篇主讲如何修学为人的主题思想不融合了。

24 周游列国意欲何

当年孔子领着一帮弟子周游列国，去的最多也是待的时间最长的地方，正是子禽所在的齐国了。每次子禽见到孔子时，孔子总是在向他人兜售自己的政治主张，鼓吹自己的礼教和仁政。而子禽不能理解其所作所为的目的与企求，于是向孔子学生子贡发出了这样的疑问：孔老夫子每到一个邦国，必定要做的事，总是宣扬他的仁政的治国理念，请问他是想求得什么呢？抑或是想给予别人什么？简而言之，就是孔子的企求是什么？

1.10　子禽问于子贡曰："夫子至于是邦也，必闻其政，求之与（欤）？抑与（舆）之与（欤）？"子贡曰："夫子温、良、恭、俭、让以得之。夫子之求之也，其诸异乎人之求之与（欤）？"

子禽，姓陈名亢，齐国人，可能是孔子学生（也有人认为不是）。子贡，姓端木，名赐，字子贡，又称子赣，卫国人，孔子早年弟子，比孔子小31岁。对子禽此问，通常的翻译是："他老人家一到那个国家，必然听得到那个国家的政事，求来的呢？还是别人自动告诉他的呢？"（杨伯峻译文）假使这种解读正确的话，那孔子周游列国的目的就是在开展"政治调研"了。如此，孔子就不再是大家所说的那个"明知不可为而为之"，竭尽大半生精力游说"克己复礼"，鼓吹"为政以德"的"孔老二"了。

我们对"夫子至于是邦也，必闻其政，求之与？抑与之与？"在语法上分析一下。此句"闻其政"与"求之"主语应是"夫子"（从各家的译文看，这点没有异议），又"求之与？抑与之与？"显然是选择型疑问句，之间有"抑（抑或，或者）"，"求（求得）之"与"与（给予）之"两者是"主语"行为的或选关系。就是说，"夫子"不是"求之"就是"与之"。所以，"夫子求之"和"别人与之"从语法上讲也是说不通的，更何况句中字面上也没有用以表示"别人"的字词。句末的"与"通"欤"（最后的"与"字也通"欤"），是表示语气轻微的疑问助词，相当于"吗、呢"。

"闻"的甲骨文，是一个强调了人耳，并有一"手"在做招风状，表示认真地、有意识地细听；站在另一角度会意，可理解为其中的"手"是说话人的，正用手挡在听者的耳边说悄悄话呢。可见"闻"有"口耳相传"的意思。到金文时，把耳放到了门缝间，即为，象征用耳"听来"的信息，甚至需要在门缝中偷听，即不是通过所谓官方途径得到的。当然，一件事通过这个人口相传，也是可以"闻名"起来的，所以，从这个意义上说"闻"有"传布，传扬"的义项。这里"必闻其政"之"闻"，应是使动用法①，即"使之闻其政"，让别人闻听，此有"宣扬"的意思成分。古汉语中有些名词和形容词，经常被活用为使动词，一旦被用于使动词后，后面就可带宾语了，此"闻"就属这一情况。

① 使动用法，指动词谓语表示主语使宾语"怎么样"的用法。有些名词和形容词活用为使动词，表示"使……"的意思。

孔子看到当时的社会民风不正，道德下滑，本国之君又不勤政，于是周游列国，传播自己的仁政理念。事实也正是这样，孔子之所以周游列国，为的就是想传播自己的政治主张，而不是什么想了解别国的政治思想。显然，本句中的“闻”不是指自己去“闻”，而是让别人“闻”听自己的致政之“道”的“理”，所以文中的“其”指代的是孔子自己而不是“国”。子禽由于对夫子此种行为不能理解，因此问子贡：他（孔子）是想给予人家什么呢？还是他有所企求呢？——这样理解，于文于理于史都是说得通的。

为帮助读者理解字义，以及后面学习的方便，再介绍几个文中出现频率比较高的字。

是，为不定指示代词；邦，旧指邦国。旧时是分封制，由君主分封给各诸侯的封地，就称邦国。“至于是邦”意为到达一个国家。政，本义为“致其正”，就是“通过外力的影响，使其归正或走上正道”。“政”字右边的“攴”即，是手拿棍棒或权杖之象（预示着统治者靠皮鞭来推行其政治主张），表示用以“致正”的外力。如果此外力来源于国家的行政命令或法律规定，那么“政”指的就是我们现在所讲的“政治”之义。

“求”，本义为“求取、索取”，如《史记·廉颇蔺相如列传》：以城求璧；《资治通鉴·唐纪》：就吾求寒衣。“求”的“要求”义是由“求取”转借来的：如果是他人“求取”于你时，对于你来说就是被别人在“求取”。客气点说你被“请求”了，说硬点你被“要求”了。反过来想：别人对你的“要求”也正是他人的“需求”，因此就有了“求”字的很多引申义项。本文中的“求”，当解为“企求”比较恰当。

“与”，本义是“给予、交付”。“赐也，通作‘與’。”（《正字通》）为“与”字金文，上下部分各表示一个人的双手，其构图是想说明：一个人正把一件东西（疑为猎物，远古时代的人是依靠打猎为生的，把猎物与人是最大的给予了）交给另一个人。同时，它也有“两人合力”做某件事的意思，所以“与”就有了“参与、共同、合作、党与”等义项。

25　子是雪中送炭翁

成语“雪中送炭”大家都明白是什么意思：冰天雪地的寒冬想烧火取暖，正愁无炭之时，你正好送来了。这可以认为，你所给予的正是他人急切想得到的。

我们从孔子的一生所作所为来考察，孔子周游列国的期望是让列国之君能推行他的仁政主张——对民约之以礼，导之以德（德者，温、良、恭、俭、让是也），使国富民强，民德归厚，最终实现社会和谐。对于一国之君，何曾不想把自己的国家管理得歌舞升平，使人民安居乐业呢？同时，国强民安的社会局面也更是人民的共同企盼。孔子“必闻其政”的企求或目的是为推行“为政以德”仁政理念，劝勉他国之君对民施以“温、良、恭、俭、让”的道德教化，而这个理念必然也是他国人民的心愿（至少孔子及其弟子们这样认为）。并且，在这个治国理念之下产生的好结果，当然也是每个国君所希望的。因此，从这些目的意义上来讲，孔子所给予的政治理念，也正是他人的所求；同样，他人想得到的也是孔子希望给予的。也就是说，无论处于谁的立场上，所“求”的与所“与”的东西是一致的，“与”与“求”自然就不存在什么差“异”了。所以，子贡反问子禽道：“夫子之求之也，其诸异乎人之求之与？”——夫子的企求与他人的渴求有什么不一样吗？其语义的结论就是孔子欲“求之”（或“与之”）的，就是别人欲“求之”的。打个比方说，有一施予者给饥饿者以食物。施予者“所与”的是食物，而此刻饥饿者内心强烈“所求”的当然也是食物，即“所求”与“所与”的同为食物，并且他们也有共同的希望所向，即饥者不再受饿。你能说他们的“所与”与“所求”有什么不同吗？这就是“夫子之求之也，其诸异乎人之求之与？”这句话所表达的意思。

如此说来，孔子每至于一邦“必闻其政”，就好比是雪中送炭。更主要的是他自信自己就是他国政治的送炭翁，是负了天命的，“天将以夫子为木铎”。比如，子畏于匡时，他就说过：“天之将丧斯文也，后死者不得与于斯文也；天之未丧斯文也，匡人其如予何？”可见，其有救世主的自信。

正因为子禽所问“求之与？抑与之与？”其“求”和“与”两者的本质是统一的，即孔子“闻其政”所想求得的结果，和孔子所想给予他人的东西以及他人想得到的是一样的，所以子禽的问题就不能是“选择题”了。就是说，子禽的问题是“假”命题，无法直接做选择性的回答，因此子贡反问之，重在阐释“求之”与“与之”的统一性，并没有正面应对子禽所问。

“夫子温、良、恭、俭、让以得之”，这里的“得”字，应与“闻”的用法相同，都是使动用法：“使之得。”字面意思就是夫子可以让他们得到“温、良、恭、俭、让”的美德。“温良恭俭让”原本是儒家提倡待人接物的准则或礼法，这里借来指代孔子提倡的周礼思想。“得”字的甲骨文为或，表示手拿到了“贝”，贝是古代的货币。其本义显而易见，是“得到、获得”，引申为获取、收获、取得、心得、具备等义。

“夫子之求之也，其诸异乎人之求之与？”句中的“夫子之求之”和“人之求之”中的前一个“之”是结构助词，相当于“的”（如我的，他的），用以定义“求之”的领属关系。“求之”不是指“求”来的方法，而是指所“求”的内容，就是前句中的“求之与？抑与之与”的“求之”。“其诸”的“其”指代的是句中主语夫子；“诸”在此应该是作形容词“各，各个”解。其诸，即指“夫子所欲求得的对象或具体内容”。把“其诸”理解为“表示揣测的疑问语气助词”是不合理的，因为后面有反问句形式“异乎……与（欤）?”（有什么不同吗?）子贡坚决地认为，孔子作为给予者与他国的授予者，都有一个共同的心愿：社会步入良性的轨道。

如果把子贡的回答译为：“他老人家是靠温和、善良、严肃、节俭、谦逊来取得的。他老人家获得的方法，和别人获得的方法，不相同吧?”（杨伯峻译文）其意思就是说，孔子之所以得以听到他国的政治情况是主动求来的，且依靠的是他“温良恭俭让”的美德，并肯定了孔子与别人获取信息的方法或手段不同。首先，这译文的结论与子贡的反问句所表达的语义结论相悖。再一个，我们依照后儒所作的解读思路，对照子禽与子贡的对话来看，子禽的问题是问孔子所闻其政“是孔子求来的，还是人家主动给的”？而子贡答之为“求来的方法与别人不同”……如此问答，风马牛不相及！《礼记》中的《经解》篇引“孔子曰：‘入其国，其教可知也。’”可见，在孔子看来，要了解一国的政治教化只要进入这个国家就知道了，何需求哉！事实上，正因为孔子了解各国的政治民风之状况，所以才去周游的。他的周游并不是为了调查社会问题，而是为传播自己的政治主张。

我还是那句话，我们今人读古文，应该首先把自己当作古人，回到他们的语境里去，而不应用现代语法、现代的字义去解析。并且，应首先把句中关键字的字面意义分析透，再结合语境找准关键字义。而不是按自己的成见，加进主观臆想，随意猜度。主观臆想后解读出来的文句虽然话也算能说得通，但毕竟不是原汁原味了，这在一定程度上也是对作者意图的一种篡改。之所以对论语的解读造成今天这样的现象，主要是先儒们，总想拔高孔子，使《论语》成为“教条”，以示之教化之功。而后代的人，要么望文生义，要么想让《论语》在当时同样具备德化之能，故而有意引申或曲解。

26 行孝不敲背面鼓

做弟子的对待父教理应心悦诚服，并立志不移，不能当面锣子背面鼓，口是而心非。所以孔子作如下提醒。

1.11　子曰：“父在，观（觀）其志；父没，观（觀）其行；三年无改于父之道，可谓孝矣。”

用现代的字义而望文生义地解读古文是一大忌讳，当然由于各人的学力不同，望文生义也是难以避免的。关键是我们要把解读出来的意思，用心推究一下，看话说得是不是合情又合理，是不是符合大众的心理感受，这不失为一个读古典文学的好方法。解读本章，关键在于对“父在”与“父没”的正确理解。

此章通俗之译为：“当他父亲活着，［因为他无权独立行动，］要观察他的志向；他父亲死了，要考察他的行为；若是他对他父亲的合理部分，长期地不加改变，可以说做到孝了。”（杨伯峻译文）这里问题多多，我们先对“父在”与“父没”做一理性分辨。

前文中我说过，一开始“孝”字所言的对象不仅仅局限于今天所谓的亲生父母，其朴素的概念是指所有可尊敬的长辈或老者。就是在今天“父”字仍然是冠之于很多对象之上的，如舅父、伯父。古代在动物群体上也冠之以父，如父马①。再如“以速诸父”（《诗·小雅·伐木》），古代对同姓长辈的称呼（同姓称父，异姓称舅）；“余弟安国平父，安上纯父。”（王安石《游褒禅山记》）此“父”是对有才德男子的美称（多附缀于字后面）；“父知之乎？”（《史记·张释之冯唐列传》这里的“父”是指“老先生”。再比如，我们常说的“江东父老”，等等，由此可见一斑。

常规意义上的“父”，在古代多指“有权管教自己的人”。“父”字的产生或来源于“教”字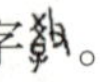。教，本义是“父”管教“子”学习或监督其做指定的某件事。由于远古群婚，子是没有（正确的说法，是无法知道）父亲的，所以，承担教育子女任务的就是母亲身边的男性年长者（即其舅，故称舅父）。符，原本是手持棍棒之像，后从“教”字中分离出来作“父”了，所以“养不教，父之过”。抑或是原本就是“父”字，而后再组合成“教”字，其可能性是很大的。不管怎么说，“父”原本不是指今天意义上的父亲，这是肯定的。由此便有了“一日为师，终身为父”之说。古有老师属“九族”之列，可见，“父”也包括“老师”在内。

由此可以想见，孔子口中的“孝”之对象不单指自己的父亲，也是肯定的了。这也更佐证了我前面关于“孝之对象”“父之概念”的说法。

再看“在”字，其本义表示“存在”。说“在”表示“成活”，即将“在世”理解为“人活在世上”是其引申义，并非本义。同“在”字一样，“没”表

① 指与雏、崽有直接血缘关系的禽兽中的雄性。

示“去世”也不是本义。“没”字的本义为“隐”，“被水淹没”，而不可见了。之所以把“死亡”表述为“没”，只是对人去世的婉转之辞而已。所以，我认为把“在和没”理解为“在面前”和“不在跟前”相对比较合理。

按旧儒之说：“父在，子不得自专，而志则可知。”①（把志解为志向）也就是说，父亲活着，儿子只能存“志”而不能行之，只有等老子死了以后，至少还要再等“三年”（“三”并不是实指，表很多年），才能按自己的心愿做事。用心想想：如此，社会能进步吗！如果儿子死在了父亲之前，做儿子的算是一辈子只能碌碌无为了。更何况，其志不得行且隐而不能露，请问你又如何观得见呢？如果这就是儒家之“孝”的话，儒学也太腐朽透顶了。多数人没有对“没”的死亡义起疑，概因是受了后面“三年”与“守孝三年”的暗示吧。

下面是南怀懂先生对此的评说。摘录如下：

讲到这里，我们要向前辈的某些儒者、理学家、读书人告个罪了，他们的解释，又是错误的。他们说看一个人，他父母还在的时候看他的志向，父母死了的时候看他的行为，三年当中，没有改变他父母所走的路线，这个人就叫做孝子了。问题来了，假使父母行为不端，以窃盗为生，儿子不想当小偷，有反感，可是为了孝道，就不能不当三年小偷去。这样，问题不就来了？如果遇到坏人的话，明明知道错，可推说：“孔子说的呀！圣人说的呀！为了做孝子，也只好做错三年呀！”这叫圣人吗？照这样讲，我就叫它是老鼠生儿的孝道哲学。为什么呢？俗话说：“龙生龙，凤生凤，老鼠生儿打地洞。”通吗？不通！这些问题，都出在过去的误解。当然，宋儒并不一定完全错，但像这种错的地方，我们要注意。所以古人说，读书要顶门上另有一只眼。中国宗教里有的神像，多一只眼睛，名为智慧眼。我们要用宗教家所谓的智慧之眼去看，就很容易了解了。

27 践行“父”教亦为孝

人的志向是藏在内心的，是在骨子里暗下的决心，一般是“观”不见的。古陶文（志），其上为“止”，其下为“心”，合意为“某止于心”，即“某件事只留在内心里”。若“某”指“一句话或一件事”等，“志”就是“誌”，通“记”，“志”就有了“记忆、记住、记录、记载、牢记”等义项；若“某”是

① 朱熹《论语集注》。

“欲为的大事、理想，或意志要实现的愿望”等，“志”就有“志向、志愿、立志”等义项；若“某”是“一个观念、意识，或对一个事物的态度看法”等，“志”就有了“立场、想法、看法、观点、态度”等义项。

据说，诸葛亮有观人的七绝之法：一曰，问之以是非而观其志；二曰，穷之以辞辩而观其变；三曰，咨之以计谋而观其识；四曰，告之以祸难而观其勇；五曰，醉之以酒而观其性；六曰，临之以利而观其廉；七曰，期之以事而观其信。诸葛亮之所以能用“是与非”来观其“志”，正因为“志”存有你的是非观念，即立场，抑或是对一件事的态度。

父在观其志（记）——父（施教育的长者，主要是指先生，现在的话就是老师。当然也可以是自己的父亲，父亲属于家教）在身边时，主要考察他认真地学下了多少知识或道理。这里“志”应该为“誌”字，通“记”。如果学而不记，心浮气躁，通俗地讲就是不好好学习、天天向上的学生，就是不“孝”——对师长不孝，对父母不孝，对社会不孝。即好好学习也是孝的一方面，我们做老师的经常好对不认真学习的学生这样批评：“你这样的学习态度(不好好学习，混日子)，怎么对得起生你养你的父母!”

父没观其行——管教他的父（或教育他的老师）走了（相当于子出师了），就要看他能否遵照老师（或父）所教诲的原则待人处事。其“行”不是指一般意义下的行动，而是强调是否能“学”而“习”之，即依照“父”之所教导的用之于实践。

“三年无改于父之道”，这里的三年，并非实数，表示长久之义，前文在“三省吾身”中已说明过。此“道”，可以理解为道理、做事的原则，或是做人处事的方法或法则等（“道”字的字义之解，可参看前文部分）。一个人如果能长期地履行先辈的教化，可谓孝了。于，这里应为介词，提示“改”的对象。有人解为动词，将“于父之道”解为“对待父之道”，不合文意。

先生所传之道，当长期践行。师之道虽非歪门邪道，但多少也有大小高深之分，由此也可看出“择师”的重要性了，所以孔子教导我们要“择其善者而从之”。至于为什么是“三年”不改，而不是一辈子，因为在古代，父师是要更换的。弟子要经小学、大学、太学……经常是现在的老师负责推荐下任老师。术业有专攻，不可能一个老师教你所有的学问。

这里再引用南怀慬先生的话，供大家借鉴。

“父在观其志”的这个“志”，古人的文字“志”为“意志”之意，它包括了思想、态度。我们都曾经作过儿子，都有这样的经验：当父亲、师长的面前，听到教训吩咐，口口声声称“是”，但背过身来，却对着同学、朋友，做一个鬼脸，表示不听。所以“父在观其志”这话，是说当父母在面前的时候，要言行一致。就是父母不在面前，背着父母的时候，乃至于父母死了，都要言行一致，诚诚恳恳，非常老实，说不接受就是不接受；如果做好人，就要作到底，父母死了，于三年之内，无改于父之道，说得到做得到，经过三年这么久的时间，感情没有淡薄，言行一致，一贯做法，这就是孝子。

不过，南先生对“孝”的理解，也没能走出汉儒们的境地，把“父”也局限于“父母”了，有点狭隘。“志”解为“意志”也算说得通，其总的解读比宋儒们的要好得多。

28 用礼无度难成事

“用礼”讲究“和”是最为重要的行为准则，先王在这一点上做得很好。但用礼也有一个度的问题，不足不行，过也不行。若是用礼无度即无原则性，当是无智之为，肯定达不到把事情摆平的目的，即无法化解矛盾而至于和谐。

1.12 有子曰：“礼（禮）之用，和为贵。先王之道斯为美，小大由之。有所不行，知和而和，不以礼（禮）节（節）之，亦不可行也。”

通译本译文：“礼的作用，在于使人的关系和谐为可贵。先王治国，就以这样为美，大小事情都这样。有行不通的时候，单纯地为和谐而去和谐，不用礼来节制，也是不可行的。”此译文读起来你不感觉怪怪的吗？且语义不明朗，逻辑混乱，似有不知所云之感。

首先，本章的断句，我认为不太合理。从语气上看，“有所不行……亦不可行”，显然前面是说一事，后面又说一事，才用“亦”。我认为原文断句应形如“礼之用，和为贵，先王之道斯为美。小大由之，有所不行。知和而和，不以礼节之，亦不可行也”。

“礼之用，和为贵”，这里的“之”为副词，用以强调宾语“礼”而使之前置。“礼之用”，人们都译成“礼的作用”，于字面解读也可说得通，但后有“先王之道”句，此“道”很明显是指“做事的方式、方法”。所以，把“礼之用”理解为“用礼”文义更通畅，也能使文义更深刻。“礼”是儒家强调的用以维护社会和谐，以及个人文明行为的规范或律条。这点是很容易让人理解的，但是如何有分寸地“用礼”，却很难拿捏，弄不好会适得其反。

（横看）为“礼”的甲骨文（同“丰：豐”），是一只高脚器皿中放置了好多供品之形。“豊（lǐ）”本是行祭祀的行为，或是宗教祭祀仪式上的一

种仪态，后在左侧加“示”旁，此义更显。《说文解字》就说：“礼，履也，所以事神致福也。”即举行仪礼，是为祭神求福。生活中的“用礼”，本意都是为了达到化解问题，求得和顺，解除心绪，形成共识等目的。比如，向别人行礼，就是想表达恭敬之心，赢得好感，亲近感情；向别人赔礼，也是为了消融过结，化干戈为玉帛；向别人赠礼，也就是为求欢心，或表达感谢之情等，皆为求“和”。

若把“礼”作为一物品来看，就是“礼器”；把“礼”作为一场祭祀活动来看，就是“礼祭”；将礼祭时的“态度”“仪态”或谦恭之心来作比对，“礼”就有“礼仪”“礼貌”“礼节”等义项；祭祀时由于“豊”中放有美食，供于神或天，所以礼就有了“礼物”“礼品”“礼金”等意思。

“礼”原来并没有等级制度和伦理道德方面的意义。在阶级社会出现后，人类开始有等级之分，宗教祭祀也随之出现了身份的限制和区别。于是，作为宗教祭祀仪态的“礼”，便开始具有了社会身份区分的内容，并逐渐转化为奴隶社会和封建社会的一种身份制度，或政治的等级制度。商周以礼入法后，礼成为法律的重要组成部分，最后，形成了法律为礼教所支配的局面。当把“礼”作为基本的道德规范时，礼就成了一种“辞让之心”的道德行为。

“和”字的甲骨文有，其上为聚集符（“令”字中有解读），下为捆在一起的能发声的吹管。后加“禾”表音成，再后来变形为（强调发声的“口”）。到了古陶文，把表发声的“管”也省去了，变成了。再经篆书，最后隶化成了今天的样子。（和）的成字，应该是源于“把能吹响的竹管汇在一起，形如笙的乐器”。多管出声须协调、统一，既各自独立又相互应合，才能“和”出悦耳动听的曲调。这应该是“和”字所表达出来的本义。《说文》：“和，相应也。”

“先王之道斯为美”，先王谓为文王、周公。之道，应是指用“礼”追求“和”所使用的方法或手段。美，好也。句意为先王做事的方法就依据这一美好的原则。

“小大由之，有所不行”，由于后面有“不行”二字，表明“小大”是行的对象，统指所有的事情——大事小事，简单事复杂事，有理的事无理的事，等等。“由”，金文为，原义是小苗从地上自由地生长，不加限制，故有“任由，自由，听凭、听任”等义项。“由”，亦泛指萌生，但这也是从本义延伸而来的，如“今在析木之津，犹将复由”（《左传》）。古文中“由”还有“用、任用”义，通“以”，比喻“君子无易由言”（《诗·小雅·小弁》）；“不能由吾子”（《左传·襄公三十年》）；“亿万舟楫，亿万垣墙，窒隙防淫，是必由之”（《天工开物》）。

由，在本文有“任由”和“用”两层意思。“由之”的“之”，指代的应该是前面的做事方法或原则；用礼以求和。正因为“礼”不是万能的，所有的事，一味地都用礼去讲和，在有些地方或场合是行不通的。例如，如果双方矛盾已集聚到不可调和的境地，或已转化为敌我矛盾时，就要付诸“力”了，比如，用武力或战争。

但对人用礼不够时，就显傲慢与骄矜，有失礼数，或事情不能达成目的；礼用多了也成了“谄媚”的曲意逢迎，反招羞辱。凡事都有个度，不及不行，过亦不行。程子曰：“礼胜则离，乐胜则流。”① 可见，死板地使用“礼”，达不到真正“和”的目的。只是一味地知和而和，也有可能失和。所以，有子接着又说：“知和而和，不以礼节之，不可行也。”——一味地为和而和，不受礼法的约束，亦是行不通的。此处的礼，应是指礼的法度，即礼的社会规范之标准，《礼》就是当时统治者对礼数制定的一个道德行为的标准。

朱熹《集注》：“范氏曰：‘凡礼之体主于敬，而其用则以和为贵。敬者，礼之所以立也；和者，乐之所由生也。若有子可谓达礼乐之本矣。’愚谓严而泰，和而节，此理之自然，礼之全体也。毫厘有差，则失其中正，而各倚于一偏，其不可行均矣。”此说在理。

《礼》是《仪礼》的简称，中国古代记载典礼、礼节的书，亦称《礼经》《士礼》。《仪礼》与《周礼》、《礼记》合称“三礼”。《仪礼》是儒家传习最早的一部书，成书于东周时代，原来就叫《礼》，汉朝人称之为《士礼》，到了晋代才称《仪礼》。

29 取法“礼”“义”之原则

真实或正确的话，本是应该要说出来或加以宣扬的，但在现实生活中，于不同的场合或情形之下，有些话虽然是真实可信的，但还是不说出来更好，即便是信言也要适义。恭，体现着一个人的文明程度，展现着一个人的修养大小，但行恭也要合礼法，否则会招来耻笑甚至羞辱。可见，“义”与“礼”是一个社会之人的言行准则。然而，准则有了但在实际运用时，应该如何判断其是否适宜、合礼呢？所以，下面有子给出了一个选择的原则：如果做不到完全符合，接近也是尚可的。

---

① 朱熹《集注》中所引程子语。

1.13　有子曰："信近于义（義），言可复（復）也；恭近于礼（禮），远（遠）耻（恥）辱也；因不失其亲（親），亦可宗也。"

对此章，杨伯俊先生的翻译是："所守的约言符合义，说的话就能兑现。态度容貌的庄矜合于礼，就不致遭受侮辱。依靠关系深的人，也就可靠了。"对照这个译文，读下来你是什么感觉？反正我是理不出什么要义来。我查阅过不少关于《论语》注解方面的资料，几乎所有的解读在形式上，就本章的最后一句结合全章的文义来看，显得不伦不类，似一个完全不合辙的补丁。前两句的解读，大多相似，而"因不失其亲，亦可宗也"的解读可以说是五花八门。如钱穆译为"遇有所因依时，必先择其可亲者，亦可依若宗主了"。还有更为牵强者，说"因"为"姻"，就是说"亲"是以姻而成的亲戚，认为只有这种"亲戚"才是可以依靠的。

南怀瑾认为，"因"是起因，大意是"由于某种原因对所亲近的人有所偏私，也是可以宗仰的"。他认为人绝对的无私和绝对的大公都是不现实的，所以在做事情的态度上，对自己亲近的人有所偏向，是可以理解的，亦是可以被尊敬的。南先生的解读也显不足。

总之，因为大家对"因、宗"两字的不同理解，才出现了分歧。所以正确理解"信、复、因、宗"是解读本章的关键点。朱子的《论语集注》影响力最大也最深，下面是他对此章的注解：

"信，约信也。义者，事之宜也。复，践言也。恭，致敬也。礼，节文也。因，犹依也。宗，犹主也。言约信而合其宜，则言必可践矣。致恭而中其节，则能远耻辱矣。所依者不失其可亲之人，则亦可以宗而主之矣。"约信，就是指承诺过的事。践言，意思是实践诺言兑现承诺。致敬，表示极端的恭敬。礼之节文，节制人的外在表现以合"礼"的规范。"文"与"质"相对，"文"是指人的外化表现，"质"为人的本来面目，即本质。朱子把"因"解为"依靠、依仗"；认为"宗"是宗庙，因宗庙是藏主之地，"宗而主之"意思就是把之当作神主而敬仰。后人附会朱解者为最多。

我不否定前辈们对此章的解析，下面只是提出我的看法，保留一下我个人的意见，供读者心究与取舍。

首先，我们从语气、结构上来分析这段文字："……，亦可宗也。"由于用了"亦"字，说明此处省略号的部分所说的"事"，与此话之前所说的"事"不是一码事，应该是"另一种情况"。所以"因不失其亲，亦可宗也"，与"信近于义，言可复也；恭近于礼，远耻辱也"不能放在同一个语境下相提并论。

其次，从字面及语法形式上看，“信……义，则……；恭……礼，则……”是对“信、义、恭、礼”（多是儒家所指的道德范畴内的概念名词），于一种假设行为条件下的推理描述，以论述信、义、恭、礼的行为关系。而“因、亲”并非儒家概念中的名词，显然，“因不失其亲，亦可宗也”不能套用前两句的语式来解读。下面我分句解释：

一、信近于义，言可复（復）也

“信”字于前文我已有解读。（信）其本义是“从人口中说出来的可信之言（人话，不是鬼话）。”信，主要是表示已经说过的，并非是正在说的，即讲过的真实的话。文中后面紧跟着有“言可复也”句，其中有“言”字，由此“信”取其本义“真实的话”比较顺畅合理。如果你说的是真心话，并坚守你所说的就是“守信”。比如，你在入党时宣誓：“……为共产主义奋斗终身！”（你都发誓了，当然算是真心话了吧）如果从此你一直“奋斗”，就是守信。如果你哪天“终身”了，虽然共产主义没有实现，但你还是兑现了你的“诺言”。所以，这里把“信”释为“约信”，只包含了“信”的一部分含义，不够宽泛。

《释名》：“义，宜也。裁制事物，使各宜也。”“義（义）”字的义项较多，在其本义的解读上也是各家各说，但都不太令人满意。“义”字其甲骨文，字形为上“羊”下“我”。首先，我认为其“羊”应是汉字构成中的“美饰”之符，并非指羊。（甲骨文“我”字）似“需要用肩扛的长柄斧钺之类的金属兵器”；（甲骨文“对”字）似“用手拿的短柄棍耙之类的木制兵器”。表示战场上兵力强大的“我方”，象征兵力弱小的应战的“对方”。古代氏族之间为争地盘发生战争是再平常不过的事了，在冷兵器时代，武器的好坏必然决定着战争胜败的定数。因此，由原始的“我方”就渐渐变成了“我”的代名词。“我”字头上“戴着美丽的桂冠（羊）”，当然是战争归来的英雄，是义战的勇士，受人爱戴，令人尊敬。这是美好的象征，正义的化身……这就是“義”，也由此可衍生出“义”的所有义项。义，后来也成了儒家的道德标准之一，“万事莫贵义”（《墨子·贵义》）。

此文中的“义”，朱子解释为“义者，事之宜也”比较恰当，“适宜”的事当然是符合道义的，是正确的。对的话应该宣扬，对的事应该宣传，对的誓言应该坚守，对的承诺应该不折不扣地去力行等，这就是讲义。此“义”应该不是武士道的那种“侠义”——不分原则地为朋友两肋插刀的义气。凭义气所做之事往往多不太适宜，这种“义”是不理智的，行义需要有社会价值的判断。

汉字经几次简化后，原繁体字的“復、複”及“答覆”的“覆”，都简化为“复”了（严格地说，应该是又还原回来了。因汉字在发展过程中，为区分不同义项，有一个繁化的过程）。“复”的甲骨文（横看），上面的大方框为“围城”，其上下的两个小口形，象征南北的城门，下面是倒“止”之足。其“止（足）”朝向是远离“围城”的，由此表达此足不是走入，而是往返地绕城郭行走。所以“复”的本义为来回、往返、重复之义。“復，往来也。”（《说文》）后加“彳”成，再后加“之”（表走的动作）成为。再由其“重复”义引申出“复现、复出、复制”等义。言可复——话可以重复地讲出来（一句话反复地讲，就是在宣扬）。有些话虽然是真话（可信），但在不适宜时也是不能再说出来的。我们用心来体味一下：假如自己的亲人得了绝症，医生把实情告诉了我们，然而，虽然医生之言真实可信，但我们往往不忍心告诉病人，甚至说谎话欺骗他。我们为什么会做出如此的善意欺骗呢？正是因为此时说实话怕影响病人的情绪，这对治病来说是“不义”（不适宜）的。所以，“信不近义，言不可复”——不是适宜的真话，也是不宜讲出来的。只有合义的真话，才适合说出来传播出去。

当然，如果“信”言是一句承诺的话，且此“话”不能再说（复言），当然这个承诺也就不宜去兑现了。所以，把句中“复言”释为“践言”也显狭隘。

二、恭近于礼（禮），远（遠）耻（恥）辱也

《尔雅》：“恭，敬也。”《说文》：“恭，肃也。肃者持事振敬也。”把“恭”解为“恭敬”等于没解，因：“恭，敬也；敬，恭也。”把恭解为“肃敬”是合其二的取巧之法，也等于没解释。

《论语·季氏》篇，孔子说君子有九思：“……色思温，貌思恭，事思敬……”由此可知，“貌”与“恭”对应，“事”与“敬”对应，就是说“敬”由“事”来表现，“恭”因“貌”而体现。什么是貌？貌就是用眼能看到的外表之形象，即形貌。以前老人常教导我们“站要有站相，坐要有坐相，吃也要有吃相（这就是相貌，不同于现代相貌一词的概念）”，否则就是不懂“世相”（南方方言）。所以，通过人的行为动作表现出的“恭貌”，可以映射出他对事的态度、对人的礼貌程度、修养的文明深度等。如果说，不论处在什么场合之下，你的“恭貌之态”，都能合乎礼法的规定，就可以让耻辱离你远去。远，在这里是使动用法，“使之远离”的意思，也可译为“避免”。比如，人在图书馆里不能保持安静，在教堂上不能表现肃敬，就是不恭；相反，在座谈会上不发言，在欢迎领导的队伍中表现麻木，也是不恭。可以想见，如此不恭肯定会让人讨厌和耻笑，甚至受到辱骂，所以人貌要恭。

为“恭”的甲骨文，上是龙形下为双手相合之态，合意为“打拱拜龙”，因龙乃神物，拜之需肃敬，要貌端行缓，动作规范合礼。篆书变成了形，上共（拱）下心，其省了拜的对象“龙”，但在其下添加了诚意之“心”，更加突出地强调了恭的心态。

有子说的“礼”，应是《礼法》之“礼”。它是等级社会的典章制度，规定了社会行为的规范、传统习惯等。所以，“恭”能否恰如其分需用“礼”来绳之（虽然不能做到完全的合“礼”，但至少要接近）。它也体现着一个人学问的大小。“不恭”为“无礼”，让人耻笑，若“恭”过了头就显酸腐、做作，让人作呕从而招来羞辱。凡事都有中庸之德，即事完全合“礼”适“义”就能致中庸。

三、因不失其亲，亦可宗也

虽然它们不能完全“适义”与“合礼”，但是，因为它们没有缺失与“义”和“礼”的接近，亦是可以按“其”效法的（作者的解读）。文中的“其”是指代上文的“信适义，恭合礼”这个行为标准。但是，因为在现实生活中很难判断“信”是否100%的适义，“恭”是否完全合礼，所以有子说只要“接近”就可以了。“亲”，取“近”义（前文有解读）；“失”，取“偏失”义。

“信适义，言可复；恭合礼，远耻辱”或许是先生的教导之言，但“弟子们”（很可能是有子的弟子）在践行中无所适从，于是有子做了“近（亲）”的解读：信近于义……，恭近于礼……

在“因”字的甲骨文中，“口”为“席”之类的东西，“口”里面的“大”字形，是人卧于席上的示意，原为“茵（床垫子）”的初文。因为人躺卧需要就席，所以“因”就有了“依靠”“凭借”等义。因为有所“依靠”所以可以持久下去，于是“因”也有了“沿袭”“承袭”义；由于沿袭着什么，于是就“事出有因”了，也由此引申出“原因、因素”“因为”“由于”之义；或表事物发生前已具备的条件“原故”“原由”。

“宗”，由甲骨文可以看出其为有祭祖灵台或案几的房舍，可知此房为宗庙。后加两点成“示”——祭祖的灵台，其义更显（“示”的本义就是：把某物放在案几上。之上的“一”指示为“物”，其下“小”形指带腿的案桌之类，中间的“一”代表桌面）。《说文》：“宗，尊祖庙也。”由于“宗”供有祖上的灵位，故可作“祖宗”的代名词；又由于“祖宗”是所崇敬的对象，那么祖上留下的家法或治家之道，都是必须遵守的、推崇的、效法的或师法的，于是，“宗”就有“取法”义项了。

“亦可宗也”，意思就是：也是可以取法的。取什么法？此法就是前面说的行事做人之准则："适义，合礼。"

本章置于此，是承接上章"礼之用"而言的，重在表达用礼时如何使之适义的判断性问题，由于具体行为是很难做到恰如其分的，所以使之接近就可以了。一个是理论上的要求，一个是实用时的取法。

30　好学罔闻身外物

好学者之志，不会因生活的窘迫而放弃。但凡志于学者，越是在艰苦的环境之下，就越发彰显其意志力。所谓废寝忘食、乐而忘忧，这也是君子之德的体现。

1.14　子曰："君子食无求饱（飽），居无求安，敏于事而慎于（於）言，就有道而正焉，可谓好学（學）也已。"

"君子食无求饱，居无求安"，其"无"和"不"字，虽都有表否定的义项，但程度是不同的。"无"，强调的是"存在"状态，而"不"于语气上在强调否定时比较坚定、坚决，没有商量的余地。"不求"所表达的语义似有主观上的有意排斥，在理解上给人以"可以求之但也不求之"的心理感觉。这里的"无求"相当于"无所谓求"，而不是强求，表现在对某事是"可有可无"的态度，即对物质不会苛求。但若是改为"食不求饱，居不求安"（"无"字替换为"不"）就会有这样一种心理认识倾向——吃，能饱也不吃饱（让自己挨饿），住，能安也要不安（让自己流浪）。如此未免迂腐，有饭不吃饱，有家不安住，就算是好学了吗？所以，有人在对此文作译时把"君子食无求饱（飽），居无求安"翻译为"君子食不求饱，居不求安"是错误的。

其实，孔子话的本意是做君子式的求学者，要能全身心地投入学习中，走进忘我境界——有饭吃就行，好的坏的不挑食；有家就可，舍大宿小或简陋与否无所谓，只要能安身即可——不刻意贪求物质的享受，追求奢华安逸的生活。君子重视的是精神生命的升华、人格的完美，即使生活窘迫，食不能饱，住不能安，也不动摇自己的信念与追求。孔子旨在鼓励弟子要罔闻身外之物，专心志于修为。

"敏于事而慎于言"，敏捷与笨拙相对。"敏于事"就是对事勤快、灵活，尽力把事做得完满，而且凡事要善于思考，从中发现问题或找出事因。意思就是"要会在实践中求学问"。慎，谨慎小心。"慎于言"，说话前经过慎重考虑，什么该说、什么不该说、怎么说都要想好了想清楚了再说，做到说话有根有据。要知道，说出的话是没法再收回去的，正如覆水难收。所以，慎言的过程也是需要动脑子的，当然这也是一种学习、提升学问的过程。处理事情的方法更是一个人学问的展现。

“就有道而正焉”，“就”字之义可由“京”和“尤”会意而出。“京”意为高，“尤”意为特别，由此可推出“就”的本义：向高处去，或向某一目标靠近。“就高也，从京从尤。尤，异于凡也。”（《说文》）为“京”的甲骨文，其形示意：在堆起的高台之上建立起来的塔亭，“京”字就具有了“高”义。金文时，又在塔壁上加了两横成，形同窗户，用以观敌情，察民形，仿佛是城墙上的眺望台，所以后来它成了京城的象征。比如“京城”就是对国都的口语化称呼。国之都当然是最大的城市了，也拥有最高的城楼。

“尤”，甲骨文是右手的一个手指上加上了一小撇（指示符）。有人说，这一撇表示长出来的多余之肉瘤，即“疣”俗称“瘊子”；也有人认为，其表示有六个手指头。总之，这不是一只正常的手，而是“异常的”“特别的”手。由于其不正常，所以与正常相比，就是一种“过错”，也是“多余的”“不必要的”。这些都是“尤”的义项。就=京+尤，用“尤”来表达其“高”，意味其高得不寻常，同时也表音。“就高”指用特殊的方法或手段到达更高处的意思。

“有道”多认为是指“有道之人”，果真如此的话，就该说“有道者”了。从“有”的甲骨文中我们知道，其本义是“手中有肉”，表示富有。但“有”也有“好”义。试想，有肉吃当然是“美好”的事情。所以，“有道”是具有“好的道”、“正确的道”之义。“道”，前面我说过，它是方法、道理、真理。人的学习非要向“人”学吗？向“好道”学不行吗？如经典著作、圣人圣言等，都可以作为提升学问的来源。所以，“就有道”被认为只是向“有道之人”学习，太狭隘了。如杨伯峻译之“到有道的人那里去匡正自己”，有误。“就有道而正”就是用好的正确的理论、道理或方法，来修正自己原来错误的认识，弥补不足，改进自己的学习方法、规范自己做事的原则，以增强学问。如“敏于事而慎于言”，就是一种“有道”，是说话做事时的一种好的准则或方法，或正确的指导思想。“正”，在这里也是使动用法：使之正，有“纠正”或“修正”义。“就有道”也有在追求“道”（道在这里有真理的意思）的道路上不断进取与攀登的意思成分。

孔子说，如果做到了前面这些，就“可谓好学也已”了。“好学”一般都解为现代词语的“好（hào）学”，即爱好学习。我说过，孔子那个时代没有像现代这样的词组概念。我认为，这里的“好”不能排除有“好坏”的“好

(hǎo)”义。“好学”也可以是好的、正确的、聪明的学习方法，即“勤于学”和“会学”的意思。当然，在此，也包含有“想学”“爱好学习”的意思，但不完全是。如“就有道而正”，就包含学习方法的选择问题。只要有选择，就存在方法的优劣之分、聪明与不聪明之别。

总括全文：君子，指有能力的人，聪明的人，想进步的人。“食无求饱，居无求安”，是说不要把精力放在“吃、穿、住、行”上，依据境况随遇而安，不刻意追求物质享受。人生处处皆学问，所以凡事要敏感，言语时要多思考，说辞要有根据，不能信口开河。

多用正确的道理或理论指导自己武装自己，厘正原先的错误认识，使自己的人格不断完善，精神不断升华，学问不断提高，最终归为仁者之列。如果说你能做到这些，表明你想学、爱学，也会学。

31　治玉形如修人品

不卑不亢的人格品质修炼如同治玉一般，需要长久的反复琢磨。宽厚学问更需要有举一反三的能力与智慧。这是子贡与孔子如下对话，送给我们的警示与启发。

1.15　子贡曰：“贫而无谄，富而无骄，何如？”子曰：“可也。未若贫而乐（道），富而好礼者也。”

子贡曰：“诗云：‘如切如磋，如琢如磨。’其斯之谓与（與）？”

子曰：“赐也，始可与言诗（詩）已矣！告诸往而知来（來）者。”

本章文义比较好解读，相对来说“谄”和“骄”字义理解稍显困难。

是“臽”的甲骨文，即“陷”的初文，是“人困入陷阱”的意思。谄=言+臽，对于此“谄”字可以从这样两个角度去会意：

（1）用不实的语言手段，加害他人让其落入陷阱，处于危境。这样“谄”就是“陷害”之义。

（2）因为自己有欲于他人，在说话态度上，因过于巴结而卑屈，从而使自己陷入被动的地位。这样“谄”就是“谄媚”的曲意迎合，以及“奉承”“巴结”“谄谀”等义。

骄：马雄壮，壮健，泛指高大雄壮。如骄肥（雄健肥壮），骄马（壮健的马），骄骢（壮健的骢马）。一人若有仗其“强大”的心理暗示，久之，会不自觉地习惯于这种优势的状态，于是会不自觉地表露出“骄气、骄恣”。如果骄气任其鼓胀，必将“骄傲、傲慢、骄矜”，而后自满，自高自大，最后“骄横、骄纵”起来。这些都是由“骄”的本义推演出来的含义。

贫穷往往使人好生自卑之心，但同时又生欲求富贵之愿望，于是往往使人不以正道求人，而无意识地谄媚和巴结位尊、权重、富有者。同样，富贵者呢，依其高位而自居，自尊之感油然而生，面有骄态也算正常。久而久之，人的这种习惯性的心理暗示，就会在人的气质上映射出来。所以，在自然的常规状态之下，“贫者好谄媚，贵者有傲慢”，这是定理。因此，贫穷做到无谄媚，富贵能保持无傲慢，是需要依靠人的主观上的“有意为之”来“保持”的。虽然说，能做到这点，就德行上来说已经“可以”了，但这毕竟是“有意”而为的，不是无意识下的自然表现，也非仁之德行的自然流露。所以，孔子回答子贡说：可以，但还不够，不如“贫而乐（道），富而好礼者也”。在皇侃本中，“乐”下有“道”字。从文字上看“贫而乐道，富而好礼”，其中“乐道”与“好礼”对举应该是合理的。郑玄注：“乐，谓志于道，不以贫为忧苦。”郑玄认为，乐道是志于道，应该说不确切。从其与“好礼”对举来看，“乐道”应该是“乐于坚守原则，不去做不合道义的事”的意思。

贫穷的人多会被贫穷所困，为摆脱贫穷，很有可能会违道（社会道义）而行，甚至会铤而走险做违法的事。“贫与贱是人之所恶也，不以其道得（去）之，不去也。”（《里仁第四》）所以，“贫而乐道”确实需要良好的道德修养来维持，能以乐而忘忧、忘贫，从而知乐而乐、坚守正道是难能可贵的。自己虽然贫，但不觉得穷，自然无有违道求富之心，从而能安贫乐道，当然就不会有谄媚之举。所谓人到无求品处高，“知足者富”（老子语）。所以，孔子认为能“贫而乐（道）”更好，富贵且丰饶而衣食充足的人，忧愁相比会少得多，故其快乐也会比穷人多。通常情况下，富贵者好倚财傲物，易生目中无人之姿。因此，虽然富贵，但若还能言之以礼，事之以节，当然更佳。若“礼则安处善，乐循理，亦不自知其富矣”，就是说，虽富但没感觉到多么贵，依然心态如常，自然也就无娇态。所以，做到贫而乐道，富而好礼，是一种高境界，需要有较高的修养才能做到。

据史载，子贡做生意，后来很有钱，成了富人。其先贫后富的人生经历，使其对贫谄富骄深有感受，但他仍坚守求道，行君子之愿，而尝用力于自守善德，并自觉做得很好，且自以为“无谄无骄”是人性的至善了，所以向孔子发问：“贫而无谄，富而无骄，何如?”他本期望得到老师的夸奖，但孔夫子只给他打了个良好（可以）的分数，并强调“贫而乐道，富而好礼”才算是至善。子贡毕竟聪明，听得先生之言立刻觉悟——人格的修炼如同治玉，只有不断地切磋与琢磨，才能日趋完美，即精益求精。于是，他用《诗经·卫风·淇奥篇》中的“如切如磋，如琢如磨”这句话，向孔子表明理解了先生的语义，并问“其斯之谓与?”——你的意思是不是这样?

切磋，言“治骨角者，既切之而复磋之”；琢磨，言“治玉石者，既琢之而复磨之”。二者意为“治之已精，而益求其精也”。

对于“如”字，前面已论述过其甲骨文的结构，其本义为“顺从”。但“如”字在古汉语中常作动作的连接词用，自身无实义，本文中“如”字就是起连接作用。“如切如磋，如琢如磨”，字面意思就是，切了磋，磋了切，琢了磨，磨了琢。其言外之意就是好了还要再好。

“诗言志，歌永言。”（《书·舜典》）古者常赋诗以言志。在《论语》中，孔子也爱引《诗》，他对自己的儿子就说过“不学诗，无以言”。可见孔子是非常重《诗》爱《诗》的。所以当听到子贡用诗来回应时，他显得尤为高兴，于是说：“赐也，始可与言诗已矣！告诸往而知来者。”——子贡啊，从今天起我就可以与你讨论《诗》了！因为告诉你一，你马上就知道二。《诗》都善用比、兴，没有一点悟性的人是理解不透的。

赐，子贡名，孔子对学生都称名。“诸”在这里用法同“之”一样。“往”，往事，表示过去的事，这里指已知的知识或事情。“来”，未来，表示没有发生过的事或将要发生的事，这里指未知的知识或事情。

32　知人重于被人知

老子说，“知人者智，自知者明”，能够知人是有智慧的，能正确认识自己的人更是高明的。现代社会一些人往往为了求得功名，不择手段、弄虚作假，甚至故意炒作，因为他们把出名与得利联系在一起了，所以总是怕人家不知道自己，至于自己能否知他人却不屑一顾，说到底这是一个人自私的表现，也是背君子之德的。

1.16　子曰：“不患人之不己知，患不知人也。”

“人之不己知”，为古汉语句式，相当于“人不知己”。此章是本篇开章“人不知而不愠，不亦君子乎”的呼应，旨在强调，学君子之道，志在自修自觉，而非为求他人知己，即不务虚名。

“凡人之情，多轻易于知人，而怨人不知已。”有些人功利心太强，总想如何出名，甚而沽名钓誉，这就是孔子口中的“小人”。或反言之，多欲“以名得利”者，是难成就君子之仁德的。

知人，其实更重要，“自知者明，知人者智”。用人要知人，与人友要知人，与人共事要知人……知人也是需要智慧的。浅薄的人总以为自己了不起，好高看自己，且自认为学识高超，常叹无力施展才华，从而常常会抱怨别人不理解自己。

《说文》：“患，忧也（忧虑）。”《广雅·释诂三》：“患，恶也（憎恶）。”《广雅》：“患，苦也（苦于）。”“患”为形声字，从心，毌（guàn）声，“串”即“毌（贯）”字。如果某事整日地“贯串”于心中，不是让你担心、忧虑的事或放心不下的事，就是让你心烦、苦恼、痛恨的事了。古“患”字有此（横向看）形，上面为两“臼”中间由一竖贯串，其“贯串”义更显。

“知”就是“智”的古字，后为区别“知道”与“智慧”义项，又造了“智”字。就是说古文中的“知”原本就涵盖了现在的“知”与“智”字的所有义项。清楚这点后，再读《论语》后面的篇章，应先把“知”还原为“智”字后再解读（在后面解读“知”时遇有“智慧”义项时再做详解）。

《学而》篇至此全部收尾，本章置于此，旨在提醒那些决心修学者：修德重于修识，学以致用是小道，学高招朋为小成，唯“无怨人不已知，恐患不知人”才是君子之大道。孔子主张，凡事当先求善于己身，当自身有过硬的本领或美德时，自然会有朋友自远方来。当然，要想使别人理解你，知道你，首先应该正确地了解别人，理解他人。只有做到知人在先，并能“己所不欲勿施于人”，“已欲达而达人”，“人知已”也就水到渠成了，不求名来名自扬。

卷二 《为政》篇

本篇共二十四章，主要论述了孔子的为政的理念——为政以德，并由此引出为政者应具备怎样的德行以及如何取得这样的德行等论述。全文如下：

2.1 子曰："为政以德，譬如北辰，居其所而众星共之。"

2.2 子曰："诗三百，一言以蔽之，曰'思无邪'。"

2.3 子曰："道之以政，齐之以刑，民免而无耻；道之以德，齐之以礼，有耻且格。"

2.4 子曰："吾十有五而志于学，三十而立，四十而不惑，五十而知天命，六十而耳顺，七十而从心所欲，不逾矩。"

2.5 孟懿子问孝。子曰："无违。"樊迟御，子告之曰："孟孙问孝于我，我对曰'无违'。"樊迟曰："何谓也？"子曰："生，事之以礼；死，葬之以礼，祭之以礼。"

2.6 孟武伯问孝。子曰："父母唯其疾之忧。"

2.7 子游问孝。子曰："今之孝者，是谓能养。至于犬马，皆能有养；不敬，何以别乎？"

2.8 子夏问孝。子曰："色难。有事弟子服其劳，有酒食先生馔，曾是以为孝乎？"

2.9 子曰："吾与回言终日，不违，如愚。退而省其私，亦足以发。回也，不愚。"

2.10 子曰："视其所以，观其所由，察其所安。人焉廋哉？人焉廋哉？"

2.11 子曰："温故而知新，可以为师矣。"

2.12 子曰："君子不器。"

2.13 子贡问君子。子曰："先行其言，而后从之。"

2.14 子曰："君子周而不比，小人比而不周。"

2.15 子曰："学而不思则罔，思而不学则殆。"

2.16 子曰："攻乎异端，斯害也已！"

2.17 子曰："由！诲女知之乎？知之为知之，不知为不知，是知也。"

2.18 子张学干禄。子曰："多闻阙疑，慎言其余，则寡尤；多见阙殆，慎行其余，则寡悔。言寡尤，行寡悔，禄在其中矣。"

2.19 哀公问曰："何为则民服？"孔子对曰："举直错诸枉，则民服；举枉错诸直，则民不服。"

2.20 季康子问："使民敬、忠以劝，如之何？"子曰："临之以庄则敬，孝慈则忠，举善而教不能，则劝。"

2.21 或谓孔子曰："子奚不为政？"子曰："书云：'孝乎惟孝、友于兄弟，施于有政。'是亦为政，奚其为为政？"

2.22 子曰："人而无信，不知其可也。大车无輗，小车无軏，其何以行之哉？"

2.23 子张问："十世可知也？"子曰："殷因于夏礼，所损益，可知也；周因于殷礼，所损益，可知也；其或继周者，虽百世可知也。"

2.24 子曰："非其鬼而祭之，谄也。见义不为，无勇也。"

1 君权之下无道德

我们要清楚，孔子主张的是君权制。他所鼓吹的"礼制"及"德政"或"仁政"等等，皆是归属于君权式政治制度之下的。

2.1 子曰："为政以德，譬如北辰，居其所而众星共（拱）之。"

以何种手段或方法行政，是为政的理念问题。行政理念不是政治本身，当然，政治包含行政理念。因此，孔子"为政以德"的主张不是谈论政治本身，而是关于行政的方法论。我们不能错误地将《为政》篇理解为议政篇。更值得注意的是，这里孔子说的"为政以德"不等同于传统意义上的"以德治国"（很多人这样解读）。"以德治国"的概念通常是指政府着力于通过提高人的内心觉悟和建设人的动机文明，来端正人的文明行为，主要通过榜样的力量来促进社会群体文明水平的提高。"以德治国"的着力点在于建设个体文明，即强调的是对国民自身道德素质的提升，简单地讲就是统治者对被统治者实行道德教化，或对其提出符合统治者要求的道德行为标准。而孔子所说的"为政以德"，主要针对的是统治者。他要求统治者应该做到"以德施行政治权力"，即孔子主张统治阶级或国之君要依靠自己的道德力赢得人民的拥戴。当然，为政者个人的道德力，最终也会影响被统治者的道德水平的提升，但他不是先求之于人，而是求之于己的。所以，“为政以德”与“以德治国”存在本质上的区别。如，通译本将“为政以德”译为“国君治理国家，用道德教化推行政治”是有违孔子本意的。我们心究一下，即便民能在道德教化之下有德了，若统治者仍无德，民何以敬之？

“政”字，其“攵”同“教”字的右旁之“攴”，是手拿权杖的象征（前面讲“父”字时已做过研究），有“管教”义。所以“政”的本义为：“用某种外力的推动，致其归正。”如果“致其归正”的“外力”是用于管理一个国家的一种手段，那这种手段就叫“政治”，它强调的是治理国家的一种“意识形态”。假如使一国归正的“外力”是统治者单方制定的“行政命令”，并用其强行地统治人民，就叫“独裁政治”；假如使其归正的“外力”出于“国民意愿”，即以人民的意志决定的政令，就叫“民主政治”。从“政”的本义出发，“政治”说到底是一个制度或体制问题。可见，“以德治国”和“以法治国”，不属于政治制度的范畴，只是“为政”的方法与手段，而且，无论在什么样的政治体制之下（民主也好，君主立宪也好，独裁也好），法治与德治都是必需的，因为需要相互补充。也因此，它们不能用来判断一个政治体制的差别，更无法用来判断一个政治体制的优劣或高低。

在孔子的思想里，有过分夸大道德对治国的作用力之倾向。孔子主张的君权制，本质乃是对国民的一种强权政治，因为君为上，君是一切政令的发布者（从“君”字的甲骨文本义可以明确地解读出来。对君字的解读可参看第一篇第6节）。然而，在强权政治之下是没有道德可言的。道德不仅仅只是对人的个体而言，在广义上，它是对一切事件是否合乎道义的一个价值评价。我认为政治本身也是有其道德性价值判断的，在强权政治下，民意不受重视，政治的出发点是君主以巩固自己的政权为最终目的。这对统治者而言可能是道德的，但对民未必是道德的。在强权政治之下，政治制度哪怕只是部分地不合人民的意志，即对民不义，那这个制度就不算是道德的。也许，孔子对君权的道德性没有主观的认识，所以他从不议论政治本身，但总是在强调为政者要有德行。这正体现了孔子思想的局限性，即便其有正能量的一面。也正因为如此，中国历史上历代统治者大多将孔子的“仁”之道德学说，片面地用于对民教化的强调上，而有意忽视对自身的道德要求。这在一定程度上可以说是把被篡改了的儒学当作统治人民的思想武器。

“为政以德”的解读，我认为可以有两种：其一，其义视同“以德为政”——以德施政令（这里的“德”不是对被统治者的要求，而是偏重于政令要有道德性）；其二，站在为政者一边所言，意为“为政者要有德行”。这里先取其一，后面一节取其二，分别解读。

"德"字甲骨文为，其右为眼之上加一直线之状；左为"彳"，表"行动"和道路。金文在其眼下添加一"心"成，由此会意：目不斜视，以正念之心行直道，做正事。其本义是"用正念处事为人"。"德"作名词时，可形容一个人的"品行"端正，有"德行"；当其德行的结果给他人或社会带来了好处时，就称之为"积德"；其德行对于受惠者来说就是"恩德、恩惠"，或"得福"了；受之恩德者必生"感恩、感激"之心。可见有德之人必有"仁爱"之心，必能"善行"其为（引号中皆为"德"之引申义）。由于"德"的义项中都隐含着"美、真、善"等意思成分，因此"德"又可以作为某一事物的美好属性的统称。

"为政以德"依照"以德施政令"的意思出发，也可以说是以"善性善行，普施恩惠，仁爱万众，心存感恩"之"意识形态"行政。孔子表达的意思，一方面，当政者要施德于民；另一方面，为政者要用自身的道德为模范，感化于民，从而实现对民道德教化的作用。总之，孔子的意思表达是先己有德，在此前提之下，再创立道德行为规范，行以《礼》律，使"民德归厚"。这与"以德治国"的出发点或推行方式是相反方向的，就这点而言孔子的为政以德，要比以德治国民主得多。

在孔子认为，用"为政以德"的理念去行政，则君仁民劝，人心归向。人心所向时，"譬如北辰，居其所而众星共之"——如同北极星居其辰宿，虽静而能使众星围之旋绕。这里强调的是国家的凝聚力（当然，他也强调了一国之君的道德向心力。这于下节我将从另一个角度去解读）。

北辰，北极星所处之位。中国人的天文观念里，天是以北辰为轴心（即地球的自转轴心线，指向北极）而旋转。因北极星处于极轴中心，所以地球上的人看北极星仿佛静止不动，而其他星星好像是围绕着它在转动。孔子用此喻义表明"以德行政"可以达到"所守者至简而能御烦，所处者至静而能制动，所务者至寡而能服众"① 的目的。就是说，树立以德行政的理念，可使众望所归、全民拥护，统治者不需要亲力而为，甚至可以"无为而治"——不需要过多的人为干预就能达到治国的目的。由此可将孔子的观点延伸为"以德行政，治国必易"。

"共"字，甲骨文为或，像左右两手合握打拱，或手捧一物。因为是"双手"协作做事，所以"共"字就有了"共同"义；又因其有"与人以物"的意思，故"共"字就又有了"供"义；如果认为它是"双手把物恭敬地给予他人"，"共"字就有了"恭敬"义（所以在表示"敬"的义项上，后来均写作"恭"）；假若把"共"字的甲骨文之形理解为"手拿礼节之符向人作拱手礼"，

---

① 引自朱熹《论语集注》。

则“共”就是“拱”——在把东西传给他人时，手必然是要抬起的。后来文字的发展，分别于“共”上添加不同偏旁，以分工表义，这才生出了包含以上各个义项的不同字来。

这里，文中的“共”字就是“拱”字。向别人“打拱”表示尊重对方，打拱的同时，往往要弯腰垂首，有甘心称臣之态，所以“拱”有“拥护”的意思。又因打拱时，需双手合拢，因此，“拱”又可取“环抱、环绕”之意。

2　为政当以德先行

上一节我们在解读“为政以德”时，是从“为政”的方法或手段为出发点，旨在强调统治集团必须制定合乎人民意愿和要求的政治命令或法律制度，简单地说就是政令要合道义。在理解“为政以德”时，如果我们把问题的重心放在“为政者”上，那么“为政以德”的重心就偏向了“为政者应当具备什么样的品质”问题。纵观《为政》全篇，我们可以看出其中心论点并非是讲“如何行政”的问题，更不是谈政治制度本身，而多是说“德行”——什么是孝，什么是君子，什么是小人，什么是智，如何学，“何为则民服”等等，都是针对个体而言的。所以，我肯定孔子的“为政以德”确实是在强调统治者个人的道德素质及其重要性，“为政”者要能依靠道德的力量形成向心力，而使群臣归顺。物体能围绕一个中心不停地旋转，是向心力在起作用。

我们不能受现代文化的影响，看到“政”字，就往“政治”上想。要知道“政”本义是表达用外力“使之归正”。如果我们把“为政”理解为“行施外力”，而这一外力源于道德的吸引，那就是“为政以德”了。

“为政者”的德行要比“为政”的德行更宽泛。为政者有德，其为政时的行为手段当然也会有德，即做事时会有一定的道德底线，至少不至于胡作非为。所以，为政之人必须要先行其德，这应该是孔子在此所强调的。比如，现今有的官员，从为政的角度来看也算有德（其“德”取义为“美好属性的统称”）：有管理才能，也能把地方经济搞得有声有色，即有为政的行动能力。而他的另一面却是损公肥私、贪腐堕落、买官卖官，或以势欺民、公报私仇，等等。你能说他是好官吗？显然不能！这是因为他虽有行政才能但无道德素养。更主要的是领导者个人的堕落必然会波及他的手下人，或其周围的人，从而带坏队伍的风气，最终将导致全社会风气的堕落，故其影响更坏。道德败坏者往往是才能越大，其做坏事的本领也越高。更为严重的是，贪官虽然是个人行为，但损毁的却是党在人民心中的威信。所以，“为政者”的德要比“为政”的德更重要，因为它是行为的原动力。源头污染了，河道再干净也是徒劳。

为人和善，谦虚恭敬，是做人的德，并不属于“为政”的德。若是仅仅做到为政有德，本人却“缺德”——不和善谦虚，不尊重下属，自私自利等等，是不可能做到“居其所而众星共之”的。可见孔子所言“为政以德”重在强调为政者自己的德行。

其实，不管站在哪个角度来理解孔子的“为政以德”，是作为一个统治阶级制定的国家政策、颁布法令、制定制度，即其施政的手段上，还是作为统治阶级内部具体的为政者个体，都是应该讲“德行”的，都应以人为本，以社会的道德标准为准则做事做人。我想不论在什么样的政治体制之下，政治制度本身及政治制度的制定者，都应该具备“德性”，尊重人性。孔子“为政以德”这一政治主张是有积极性和先进性的。

3 有德根于无邪田

撒什么种子出什么苗，种什么树就开什么花，开什么花就会结什么果，这是规律的必然。人之行为的美与丑一定是受制于一个人内心念想的善与恶，若德性根植于心田，则其必有德行。心无恶则德必善，“无邪”之田生长出来的自然是有德之苗。

2.2 子曰：“诗三百，一言以蔽之，曰‘思无邪’。”

孔子的为政以德，首先，要求以君权为核心的统治阶级，施政要重德行，树立以德惠民的政治理念。以现代概念理解就是指政府要讲公德，即要注重国家之公德，社会之公德，甚至是地球之公德。其次，要求当权者自身要有道德之仁心，并自觉接受道德的约束，不存私心杂念。一言以蔽之，孔子的为政以德就是要求统治阶级的为政或统治者个人的品质，都要做到“思无邪”！心底无私天地宽，有善德者必能众星拱之。这里是孔子托诗以言其志哉。

《诗经》实有三百零五篇，“三百”只是举其整数。“思无邪”一语本是《诗经·鲁颂·駉》之文：“駉駉牡马，在坰之野……思无邪，思马斯徂。”这里是孔子借它来总结所有《诗》篇的中心思想。一般解读者认为，在诗经《駉》篇中“思无邪”之“思”为语首词，无意义。但我认为，此“思”在原诗中无论有意还是无意，因为这里的“无邪”毕竟是用来总述《诗》之文学特征的，当然也都有了“中心思想”的意思。

我们知道凡文章（或文学作品）必有思想，读其文必然受其思想的感化，感化的结果好与坏，受文章思想的正邪所决定。正如读一本好书，能使心灵净化一样，所以孔子也说："攻乎异端，斯害也已！"

"思无邪"就是心无杂念，无歪想，无淫思，即"心正、思直、行端"，这正是"德"的本义（参看上章中对"德"字的解读）。"德"之古字可写为"悳"——正直之心。由此，也可以说，有德的根本是要"思无邪"。正因为《诗》无邪，所以孔子很是推崇，并认为《诗》有教化功效，且认为"不学诗，无以言"。于是孔子为"为政者"怎样提高自己的德行，开出了让思想无邪之良方——学《诗》。朱子说："凡诗之言，善者可以感发人之善心，恶者可以惩创人之逸志，其用归于使人得其情性之正而已。"孔子非常清楚这点：《诗》教就是德教。也因此，《论语》在"为政以德"章之下，引用了孔子这句话。当然，也有注家认为《诗经》中也有不少的"淫诗"（指表达男女之情的诗歌），那孔子为什么说它没有"邪恶"呢？从而引发很多争论。也许人们对诗的意境理解角度不同吧，但孔子对《诗》的评价不低，这也是事实。李泽厚先生受其影响，他解"邪"为"不虚假"。其实，"虚假"从广义上来讲也是一种"邪"，只是程度不同而已。

"思"字是会意兼形声字：从心，从"囟"（亦表声）。"囟"即人的脑子。古人认为人在"思考"时，是心脑一并用力的；人在头脑中的想法是发源于心的，这就是"思想"；心由所往，脑有所思，这就是"心思"。反过来说，"思"体现的是你内心的念想。"思无邪"就是说"内心不存在邪念"，用在文学作品上，就是指其"思想健康，学说纯正，是真心纯心地有感而发"。不过，若把"思"理解为"出发点"，即作诗的出发点没有"邪念"，那么"诗无邪"就容易让人认同了。就是说作诗的用意是善的，至于你从中读出"邪恶"来，那就是读诗者自己的思想问题了。比如，李零他认为"思"表达的是一种愿望。"思"有"想法"的意思，想法本身就是一种愿望。愿望，其实就是人之行为的出发点。所以，尽管人们对"思"的理解分歧很大，但归根结底，无论你认为它有义无义，是思想、想法，还是愿望，或出发点，解读出来的结论是一致的，即孔子对《诗》的总体概括性的评价是"无邪"。

"敝"，甲骨文为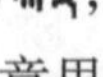，右边是手拿棍棒的"攵"，左边由表布的"巾"和散落的四点组合而成。意思是因布料的陈旧破败，当用棍敲打时，布片布屑就会掉下来。由此，"敝"字表达了一物的"破旧""衰败"；由于破旧，不值得保留，于是就要"抛弃"。因"敝"的破旧义项，后来也成了谦称，如"敝人、敝舍"等谦辞。"蔽"字，其上为艹（草），下是意为"破旧"的"敝"，用以形容其上面的"草"是杂乱的。两者合意表示"用乱草覆盖着"，即"遮住，遮掩"

义，由此引申为“掩饰，隐藏，蒙蔽及庇护”，甚至“欺骗，隐瞒”等义项。“蔽”字在“遮掩”的意思上通“盖”字义，于是“蔽”在古文中就有了“概括”义（本文中取此义）。

从某种意义上讲，文学作品是一个民族文化的重要载体。所以，用什么样的文学作品来自修或施教，对树立正确的世界观，或提升全民族的思想素质就尤为重要了。

以现在的话来说，一切政治问题、社会问题，都归结为人的问题，而人的问题都决定于思想问题。只要使社会中人的思想归于纯正，什么问题都会迎刃而解了。思想的教化是对人之灵魂的改造。然而，思想的教化要依靠文化来实现，所以一个民族的文化很重要，文化堕落了，民风就会随之堕落。而且，如果一个民族的文化消亡，这个民族也就意味着消亡了。中国历史上汉族曾多次被其他民族统治过，但由于汉文化一直保存着，所以民族未亡。历史上一些文明古国皆是因为其文化的消失而随之灭亡的。

为政者行德政，需要“思无邪”为前提。对于“民德归厚”，孔子也认为需用“道德”来教化。下面一节孔子告诉我们，用“行政命令、严刑峻法”，不如依靠“道德引导、礼制约束”的手段效果更好。

4 强权治标不治本

不同的教育目标或统治手段，规定了不同的国民之意识形态的形成，是强权政治下的屈服，还是道德教化后的自觉，结果会大不相同。一者只能治标，另一者可以治本。

2.3 子曰：“道之以政，齐之以刑，民免而无耻；道之以德，齐之以礼，有耻且格。”

“道之以政（德）”之“道”字，与“道千乘之国”的“道”一样，通“导”字，是“引导，领导，教导”的意思。这里将“道”理解为“统治”比较好。站在统治阶级的立场上，如何引导人民（改变人民的意识形态），也是治理国家的一种方法或手段的问题，所以“道（导）”就有“治理”的意思。“政”，前面说过是“使用某种力量致其归正”义，这里强调的是致其正所用的“外力”，其外力隐含有“行政命令”或“政治制度”的意思。这里的“德”，是指“道德标准”，是把国民引导到强权之下的唯命是从，还是引入公德之下的自觉自律，是道之以政，还是道之以德的分水岭。

“齐之以刑（礼）”，即“用刑（礼）齐之”。“刑”，在此是指政府（统治阶级）所制定的“刑法”和“刑罚”。礼，就是指儒家所倡导的“礼仪制度”。此“齐”本是“相等，同等”的意思，这里作动词，有“整治”义。“齐之以刑（礼）”，直白地说就是“用同等的刑法（礼法）来管制”，似有“用一个统一的标准来衡量、整治”的意思。

“齐”，从其甲骨文的形体看，像是三个完全相同的东西有秩序地放在一起（这里的“三”不是实指，而是多个对象的列举），所以其本义就是指“多个相同的对象放在一起”。由于对象都相同，所以可取“相等，同等，平等”义（如：与日月齐光）；又由于“三个对象”都是“集合”在一起的，所以“齐”就有了“齐全”的意思（如：把人召集齐了）；又因为各对象都是相同的，所以就显得“整齐”统一；又由于这些对象是统一的，所以“齐”字又有“一起”“共同”的义项。如果认为“齐”是把原来不整齐的东西给整得利索了，那么“齐”就是“整治”或“治理”的意思（如：修身齐国平天下）。

“民免而无耻”之“免”，其甲骨文是（“冕”之初字），像人头顶上盖了一层保护物，就如士兵戴了钢盔、建筑工人戴了安全帽一样。人如此加冠都是为了保护自己，以“避免”受伤害。当然，如果这个“安全帽”是别人给你戴的，“免”就是“免除”“免罪”“免刑”义了。在这句话中，“免”有“逃避”的意思，指逃避犯法而免遭受刑。

“无耻”，就是没有了荣辱之心。“民免而无耻”意思是指，臣民只是为了逃脱刑罚，回避政令，由于失去了道德价值的判断标准，无法知道自己的行为何是光荣，何是耻辱。他们之所以如此听命守法，只是因为害怕和畏惧，是被迫的屈从，而不是内心的真正臣服或是自觉向善的结果。与此同时，因为人们没有了道德标准，道德渐渐丧失。同时，法令又不能做到巨细无遗，于是缺德者便会有意钻法律的空子，设法逃避处罚，并且自鸣得意，毫无羞耻之心。最后，统治的结果正如老子所言“法令滋彰，盗贼多有”。

可见，“道之以政，齐之以刑”只能是让人民屈从。这就是强权政治的结果，只能治标不能治本。

“有耻且格”之“有耻”与上面“无耻”相对。由于对国民“道之以德”——采用了道德引领、教化或道德示范等手段；“齐之以礼”——制定了公认的礼法制度，所以人民有了道德价值的判断标准，从而能自觉地规范自己的言行，最终达到使人人能“自我约束，心悦诚服”的统治目的。这正是孔子主张“道之以德，齐之以礼”的理由。

“格”这个字的意思本来很多，在这里有人把它解为“来”，即“归服”的意思；也有学者解为“至”，还有的解为“正（纠正）”，更有的把格改写作“格”，解为“敬”。这些不同的解释都未从“格”字的本义上来还原，皆有附会之嫌。“格”，本字为“各”，甲骨文为，其上是一倒置的“止”，即朝下的“足”，其构型意指“足”向其下的“口”中走来。意思就是把自己定格在一个固定的位置上，形如各就各位似的。如此看来，“格（各）”应有“来”“至”义；后来加“木”旁，表示用木做的格子，所以凡多边形结构者，都可称“格”。如果把自己放在一个框架里，就是用以衡量自己的行为是否“规范”，是否符合“标准”，由此“格”可作为“制度，条例”讲；若对不合标准者而欲使之规范，“格”就有了“框正，纠正”“约束”义了；若是用一个条条框框的标准去衡量某一事物，就是“推究”等（这里加引号的词都是“格”的义项）。

“有耻且格”意思就是知道做什么事可耻，做什么事光荣，而且还能以道德的标准严格要求、规范自己。“格”在这里可取“自我约束”义。可见，道之以德，齐之以礼，能达到治本之功。

5　渐入佳境修学路

道德需要社会的干预或教化。一个人的道德程度的高低，也与他的学识水平相关，或与其受文化教育的程度相关。因此，对个体而言，自我修为是提升个人道德修养的必然要求。下面孔子用自己在学修实践中渐入佳境历程的描述，旨在对立志进德修业者进行感召。

2.4　子曰：“吾十有五而志于学，三十而立，四十而不惑，五十而知天命，六十而耳顺，七十而从心所欲，不逾矩。”

古人在整数和小一位的数字之间多用“有”字，如“十有五”就是十五。古代称学习经历有两个阶段：小学和大学，一般13岁或15岁之前为小学，主要是“识记”，即要进行“断文识字，洒扫应对，迎来送往之礼节”的教育，重点是吟诵诗文经书，不求甚解但求有记于心脑。之后即入大学（大人之学），“大学之道在明明德，在亲民，在止于至善”（《大学》）。此阶段重点修身立志，学成大器，得仕途求功名，为国为民立功业，即要求得治国平天下之德能。大学是为人之精神境界的提升阶段。当然，精神的提升是要用知识来武装的，所以，大学所学主要是对经文进行解读、认识、实践、积累，即所谓要读万卷书，需行万里路。

所以，孔子说自己15岁开始立志于求“大学”之道——十有五而志于学。30岁学有所成，建立了自己独立的人生观、世界观，形成了一定的认知能力，甚至有了自己的精神、思想体系——三十而立。“立”，本义为“站立起来”，能“站得住了”意为能“自立”“独立”了。这里引申为“有了自己的学问：价值观，世界观，道德观”。此“立”，也有“创立”义，或者可以通俗地说能凭借自己的本领在社会上“独立”生活了，并且能做到“心有定止，不随物欲变迁”（元代陈天祥《四书辩惑》）。到了40岁，把自己的学识与社会生活的实践相结合（社会即学校，生活即教育），对所有的事物（主要是人和社会）有了深刻的认识，几乎什么都弄明白了，不再有迷惑的地方了，所以“四十而不惑”。当然，不是每个人，非要到40岁才算活得明白，天分高者可能就早，天分低的也可能一辈子都弄不明白人生的意义。

孔子自己说他50岁时，更是知晓了人世间的一切道理，并明白了宇宙万物的变化是有其规律性的，即“知天命”了。“知天命”就意味着要“尊天命”（“天命”的解读，可参看“学而”篇中的《命令本自天上来》一节）。古人愚昧，认为操控世间万物兴衰荣枯、花落花开、风雨雷电、寒来暑往者，是存于上苍的能主宰一切的“天”之神。这就是所谓的“天命”。“天命，即天道之流行而赋予物者，乃事物所以当然之故也”[①]，按今天的科学观念来说，就是自然之规律。既然是规律就可以被人们所认识，规律一旦被认识，人们就可以依据规律推算出即将来临之事件的可能性，这就是所谓的“算命”。就是说，“不惑”只是对人类社会的认知，“知天命”已经上升到了对宇宙客观的认知。孔子说他知天命了，即认识到了事物的存在、发展都是有其规律的，事物之间也是相互影响、相互制约、相对相存的。当然，如果从孔子主张君子应积极入世的实际情况考虑，孔子说的“天命”可能也包含“自己所应肩负的社会责任和人生使命”这一内容。

“知天命”，也只是大智慧中“知”的阶段，如果对事物的发展趋向能有所预知（会算命），就算到达了人类学问的大智慧了。“耳顺”就是这种大智慧阶段的表现。孔子从“知天命”又经过10年的实践，到60岁其智慧从知天命已经上升到了“耳顺”的最高智慧阶段。

“耳顺”在此是引喻的用法，字面上是说“听一切事都不会感到不可思议，都能顺应自己的认知”，不存在“逆耳”的情况。因为他已“知天命”（掌握了规律，清楚辩证法）：无论是什么人说的话还是做的事，也无论是事态的变化还是发展，其背后都是有其前因的。凡事出于有因，后果依于前缘，有其因必有其

---

① 朱子《论语集注》。

果。人之见识深浅、情绪变化、远近厚薄的境况不同，所说之言和所为之事，都由其情所致。所以，只要你懂得了世间道理，所见所闻皆能入理，无不在你所料之内，从而眼顺耳顺也！“六十而耳顺”，说明孔子60岁时已是一个大智之人，知晓万理，洞悉宇宙了。

又过了10年的打磨，到了70岁时，孔子由“大智慧”的实践，不断积累出了更多的经验。经验集于内，可随时生发于外，甚至不用经过大脑，形如产生了机械记忆，具有了无意识之下的自然支配之能力。我们都有这样的体验：你在用筷子吃饭，比如夹一颗黄豆时，随手就来，根本不用去想手指怎么放，先动哪个手指，用力多大等。可老外不行，为什么？因为你长期的实践经验已经在你的手上形成了机械记忆，几乎不用经过大脑的考虑。正因如此，一个有大智慧和经验积累的人，自然可以做到游刃有余、随心所欲了，几乎不会有丝毫偏差——从心所欲，不逾矩。所以，“至于一疵不存、万理明尽之后，则其日用之间，本心莹然，随所意欲，莫非至理”（朱子语）。

皇侃《义疏》读“从心所欲”之“从”为“纵”，解为“放纵”。我认为不妥，“放纵”乃无拘无束，任意而为。放纵之下，“不逾矩”是不可能的。所谓“从心”，是按照心性而行，心性是修养而成的，既有修养于内就不可能没有规矩于外。“从”，就取其本义“跟从，跟随”，“从心所欲”就是“随心所欲”。“不逾矩”，就是不会逾越规矩。

孔子前面强调为政要以“德”为本，要先用《诗》的教化使之有“无邪”的思想，再经过“道之以德，齐之以礼”的驯化使其“有耻且格”。前面只是为政的基础和前提，如此就能把国家治理好了吗？不行！为政者还必须要有能力，能力从何而来？学习。只有不知满足的修学，提升自己的认知层次，从而提升才干，才能提高能力，因为工作能力正比于学问的高下。认知层次越高，能力越强，做事也会得心应手，随心所欲。最终可至无为而无所不治的境界。

孔子用自己的切身体验，告诉人们（主要是立志为政者）修学是一个渐入佳境的过程，每个阶段都是一个飞跃。他旨在鼓励为政者要有志向，不能不学无术，否则无法正确为政、智慧为政，更不能自觉以德行政。

6 孝义无异行有别

孝，是人性中最基本的道德要求，也是孔子所说的“仁”中的最基本要素。在儒家看来，“孝”是修行仁道的入门之路，所以《论语》接下来的几章又都谈到了“孝”：什么是真孝，怎样才算是孝，等等。然而，孔子还告诉我们，孝义无异，但因身份的不同，其行孝的形式、内容也存在差别。

2.5　孟懿子问孝。子曰："无违。"

樊迟御，子告之曰："孟孙问孝于我，我对曰'无违'。"

樊迟曰："何谓也？"子曰："生，事之以礼；死，葬之以礼，祭之以礼。"

孟懿子，姓仲孙，名何忌，号孟孙，是鲁国大夫，属为政者之列。"懿"是谥号。谥号是重要人物死后，根据其生前行迹、品行而为之所立的称号，以示褒贬。评定谥号的标准、方法、用字之规定叫谥法。谥法是什么时候兴起的，古今说法不同，有说起于周初，有说起于周末。谥法中说："温柔圣善曰'懿'"。

《左传·昭公七年》说，孟懿子之父孟僖子将死，遗嘱要他向孔子学礼。某日孟懿子可能是尊父之遗嘱，真的来向孔子学礼了。他向孔子请教怎样做才算是"孝"。孔子答之："无违。"根据现代汉语常识判断，此句不完整，正如大多数人认为的"违"是动词，其后省略了宾语，且根据其下文意推断，认为省的是"礼"。"《左传·桓公二年》云：'昭德塞违'，'灭德立违'，'君违，不忘谏之以德'；六年传云：'有嘉德而无违心'，襄公二十六年传云，'正其违而治其烦'……古人凡背礼者谓之违。"①。

此处我认为未必是省略，在很多古文献中"违"后就无宾语，多作为"过失""邪行""怨恨"等名词来使用。如"君人者，将昭德塞违（要发扬善德而杜绝邪行），忧惧或失之"。《史记·屈原贾生列传》："惩违改忿兮，抑心而自强（我压下怨恨和悲怀啊，抑其心而自强勉）。"再如《古诗为焦仲卿妻作》："十七遣汝嫁，谓言无誓违（总以为你不会有什么过失）。""违"字之后几乎皆无所谓"宾语"。这一现象，我想可以从"违"字的古文字义中找到答案。

"违（違）"字的金文，左"辵"右"韋"。中间的方框"口"为指事符，喻指合理的目标位置，或正常的道理，或社会普遍的道德规范等。其上下背向的"止"即为脚。"辵"，上下分别从"彳"和"止"，意为行走。由此两者合意表明：两人的脚相背而行，从而远离目标位置，所以"违"的本意就是"背离""离去"，即"远离常规而去"，或"违背"，即"背道而驰"。所以，"违"自身就有"违背社会常理和道德标准而行"的意思，具备名词的功能。

由"违"的"背离、离去"义可以引申出"相距""出走""避开""远离""离别"等动词概念；由"违背"又可以引申出"过失""邪行"等名词；由于"邪行"必会招来"怨恨"，因此，"违"又有"怨恨"之义等。"违"字的这些

① 杨伯峻《论语译注》。

义项在古文献中都可以找到例证。

当然，如果一定要说孔子的话中省略了“礼”，也勉强说得通，因“礼”代表的就是“当时社会所倡导的行为道德标准”，所以“违”字本身就包含“违礼”之义。

“孟氏、季氏、叔氏”三家是那时鲁国新兴封建政治制度的三股势力，其中孟氏的势力最大，是鲁国当时的实权统治者。因孔子十分推崇的“周礼”就是奴隶社会的礼制，所以，孔子对时下三大家族的“违周礼”行为很是反感，在《论语》中就有多处微词。古代的礼仪制度有一定的差等，天子、诸侯、大夫、士、庶人各不相同。鲁国的三家是大夫，但是他们有时用鲁公（诸侯）之礼，有时甚至用天子之礼。这种行为当时叫作“僭”礼，是孔子所痛心的。孔子在这里所做的几句答语，或许是针对这一现象发出的。孔子当着孟懿这位“统治者”的面，有些话不便明说，故只言“无违”。“无违”的对象范畴或许更广，如无违民利、民心，无违当政者的公责等。“言不尽，而意越深”，“无违”到底是什么，针对不同身位的人自有不同的所指吧。听其言者，自然也会因身份的不同而生不同的感悟。

我还是再强调一下，孔子口中的“孝”是大孝，非仅孝亲。“孝”是帮助，是扶持，是尊敬，是泛爱，这是“孝”字的结构中所蕴含的。所以在孔子看来，违民利，背民心，聚财僭礼等，都是另一种形式上的“不孝”，或为“大不孝”（更高层次或更广义上的“不孝”）。作为为政者，更应该有此“大孝”，因为他手里掌握着一国人民的命运（这也是《为政》篇中为什么加入“问孝”的原因所在吧）。为政者如若有此大不孝，自然就不能“为政以德”。

“人之欲孝其亲，心虽无穷，而分则有限。得为而不为，与不得为而为之，均于不孝。所谓以礼者，为其所得为者而已矣。”① 这是朱子所说的“孝亲”的一面。总之，对照人的身份，其该做的不做，或不该做的却做了，都是“不孝”。所谓以“礼”行事，就是要把一切该做的事做到恰到好处，合乎德之性。

“樊迟御”，子告之曰：“孟孙问孝于我，我对曰‘无违’”。“御”，即御车，指驾驶马车。樊迟为孔子驾车时，也许是为调节路途气氛，也许想就此时此境教导樊迟，也或许孔子自己感到刚才对孟懿子问题的回答很是满意，心情比较愉快，于是孔子主动地向弟子讲述了孟孙问孝一事。

樊迟，孔子弟子，名须，字子迟，比孔子小四十六岁。此时樊迟能为老师御车，其年龄最小也在十六七岁，孔子也应是六十多岁的老年人了。此时孔子已在“耳顺”之年，听之耳顺，使闻也耳顺，所以他对孟懿子的问孝，回答得简单而

① 朱子《论语集注》语。

又含蓄。然而，当樊迟问起“无违”的具体内容时，孔子回答的就很具体。为什么？请注意！这时问题的主体对象是其弟子樊迟了，樊迟所面对的无违之“礼”，当然与当政者的孟懿子所应遵从的“礼”之内容有所不同。孔子善于因人施教，同样问题的答案总是因人而异（就不同人问孝，回答是不同的，从接下来的后文可以看出）。所以，孔子这时所言的“生，事之以礼；死，葬之以礼，祭之以礼”，不可理解为是回答孟懿子“无违”时所省略的内容，而应当理解为是孔子对“樊迟问孝”时的回答（时间不同，地点不同，对象也不同）。这里可能是《论语》编撰者的行文安排，为避开“樊迟问孝”另开一章之故。因后面各章中接着写了许多人的“问孝”。前辈们在做本章解读时忽略了这一可能性，而把孔子对樊迟所说的内容错误地认为是针对孟懿子说的，所以硬作解读，故而难以让读者满意。

孔子此时已是老时将至，面对比自己小将近半百的樊迟，一时感怀而出此言：［孝的对象］活着时，按礼侍奉他们；死了，也按礼埋葬他们，祭祀他们。言外之意是你樊迟将来也应该这样对待你的老师我，现在嘛，就以礼给我好好赶马车吧。孔子应该不乏其幽默吧。

7　父母不唯忧子疾

所谓“孝顺”，当是顺应长辈的心思而为。“孝”为敬之，“顺”谓依其心气而不忤逆，使其开心。所以，要做到能顺长辈之心，得先知其所虑所忧，即首先要知其心，其行方能适其意。

2.6　孟武伯问孝。子曰：“父母唯其疾之忧。”

孟武伯，仲孙彘，孟懿子的儿子，“武”是谥号。谥法中谥号为“武”字的条项比较多，如“刚强直理，威强敌德，克定祸乱，刑民克服，夸志多穷”皆曰“武”。前面是父问孝，现在儿子又来问孝，问题一样，被问的对象也一样，都是孔子，但给出的答案却不同，足见孔子因人施教做得高明。

历代文化人对“父母唯其疾之忧”的解读有点杂乱。比较起来大体如下：

（1）“做爹娘的只是为孝子的疾病发愁。”（杨伯峻译）杨伯峻认为：“其”指代的是“子”。按其译文理解，这个“子”还必须是“孝子”，否则做父母的也不会为他的疾病发愁。这好像有违父母爱子无私的本性。

（2）“让你的父母只忧虑你的疾病。”（钱穆译）钱穆也认为“其”指代的是“子”，大体上与杨伯峻所说相近，但他重在强调：作为子女只有做到了能使父母只忧虑你的疾病时，才算是孝。哪怕他们担心你的学习、担心你的工作、担心你的家庭等，都不能说明你是孝子。此观点未免狭隘。

（3）“对父母能付出当自己孩子生病时的那种关心程度，才是孝道。”（南怀瑾语）。“其”也指代为“子”（用“自己”转借为“子”）。南怀瑾强调的重点是像父母对待自己一样对待父母，就是孝了。理虽然说得不错，但这仅是对“父母唯其疾之忧”的意译，更多地加进了译者自己的主观想象。

（4）通译本译为：“对父母，要特别担忧他们的疾病。”这里的“其”指代“父母”。“谁”对父母？译者的意思：这个“谁”就是“子”，文中省略了。但是比较原文“父母唯其疾之忧”之句子，主语显然是“父母”，所以此译不合文意。

（5）程石泉先生针对上述情况，认为句前少了一“事”字，即“事父母唯其疾之忧”（也认为“其”指代“父母”）。他的理由是：“事父母”一词屡见于《论语》中。石泉先生把“事”字一加，于文于理确实是说通了，但到底原文中有没有“事”字，也是不能肯定的。“父母”是名词对象，而“事父母”是特指一事件，可见“事”字是不能省略的，否则语义相去太远。如果本无少“事”而硬说其是错漏，等同于对原句的变相篡改。

“父母爱子之心，无所不至。”[①] 俗话说：“天下没有不爱子女的父母。”父母对子女岂会仅存“有疾”之忧！父母“忧其（子女）疾”更是本性使然，这与子女的孝与不孝好像关系不太大。比如，现实生活中，常见儿子进牢房了（犯罪算是不孝了吧），但父母还是在为其担心，经常去探望，见其面也会泪流满面而不是咬牙切齿。所以，父母担忧子女疾病这是常理，而且不光担心疾病，对子女的学习、工作、生活，以及他们的婚姻等，没有不关心的，因为这是做父母的天性使然。如果“做爹娘的只是为孝子的疾病发愁”，那可能是因为他们的“孝子”有常年的慢性疾病，且又是治愈不了的病（古时医术不发达，确实有些病不能治好，且因病致死的情况也比较常见，但这毕竟不是常态现象）。不然的话，子女没病还只担心他们的“病”，那岂不是天天在盼着子女得病吗？这不是子女病了，而是爹娘的大脑病了，并且病得还不轻呢。

我们做上面这番心究之后可见，依照常规来分析孔子这句话，是很难自圆其说的。问题出在哪里呢？

孔子在回答父孟懿子问孝时，年岁当在老年，加上孟懿子之子又问同样的问题，孔子在心理上也会感觉自己越发的“老了”。人老疾多，这是自然规律，想

---

① 朱子《论语集注》。

必此时的孔子肯定也是时常有“疾”的老人无疑了，并且也时常为此忧愁。所以，“父母唯其疾之忧”应理解为：“（年纪大了的）父母最为担心的就是自己的身体了。”这很可能就是当时孔子对自己切身感受的不经意之流露。“疾”，不单单是指通常意义上的“病”，这里还包括心境悲伤、精神低迷、孤独消沉等非正常状况下的心理问题。

抛开其他因素，单就“父母唯其疾之忧”这句话而言，“其”[①] 指代“父母”是无异议的，否则话说不通，但按句意直译又似乎与“孝”不搭界，于是造成了人们对“其”的指代之争。因两者之争不置可否，于是很多人中和之，认同“两解都通”！真是可笑至极，同一个“其”怎会指代两个不同的对象呢？古之无有。“两解”时，文句是通了，可文意却相反。

在此，解不通的原因，我认为是人们固守了一种思维模式——所答即所问。就是说，他们落进了“既然问的是孝，答的也应为孝”这种思维惯性，否则孔子不就是答非所问了吗？我说，这里还真是答非所问，是孔子的有意为之。要知道在《论语》中孔子于很多地方，都不是正面回答，常好用隐语，以示启发。这里孔子只是告诉孟武伯一个这样的事实：父母年岁大了以后，由于体质变弱，行动不便，容易生病受伤，这是他们最为忧虑的事（当然，上年纪后的老人，时常也会过分担心子女，担心那些本不该担心的事……这种过分担心也是老年人的一种心理问题），至于你这个做儿女的怎么去做，你自己看着办吧。

我们扩展孔子此话的用意，他是想间接地告诉为政者（或将要为政者，因为孟武伯是孟懿子之子，是为官之世家子弟，将来当政是必然的），为政必须清楚国家的危难，了解人民的疾苦，知道被统治者的所思所想、所盼所愿、所忧所愁。树立为国解难、为民解忧的政治抱负，是为政者的基本道德，否则就是对国不孝，对民不敬。还是那句话，孔子观念中的“孝”，是“大孝”。这个观念要牢记。

8　孝中不能无敬爱

现在又是孔子自己的弟子子游问孝了，发问的对象又变了，所以孔子的回答也不一样了。子游，姓言，名偃，字子游，吴人，孔子晚年弟子，比孔子小四十五岁。想必此时孔子的年岁也不小了。

---

① 也有人认为，“其”可以作为语气助词，如“极其重要”“何其之好”等。

2.7 子游问孝。子曰：“今之孝者，是谓能养。至于犬马，皆能有养；不敬，何以别乎？”

孔子这句话的意思是：孝，不是说仅仅是养活他，还要有恭敬心，否则与养狗、养马没什么区别了。“世俗事亲，能养足矣。狎恩恃爱，而不知其渐流于不敬，则非小失也。”（朱子《论语集注》）时下，社会上可能对“孝”多以为“能养”即是，所以孔子才出此言，意欲匡正。

这里有争议的是对“至于犬马，皆能有养”的理解。一说是犬马也能养活人（犬守御，马代劳，亦能侍奉人，故说犬马亦能养人）。人养活人，若不加以敬，便和犬马的养活人无所分别了。还有一说是犬马也能养活它自己的爹娘，人养爹娘时若无敬心，与犬马养它自己的爹娘就无所区别了。还有人说，犬马是比喻小人之词（刘宝楠《论语正义》引刘宝树说），认为小人之养定有不孝。这些皆不足为信，都是对“至于”解释不当所致。

“至于”不能当作现代汉语的副词，前面我说过在先秦时期，实词多为单音节，即一词一字。“至”的甲骨文为，上面倒着的“矢（箭头）”，落在了下面的“的（靶子）”或地面上。本义为“射中目标”，所以“至”字有“到达”“达到”目的的意思。由于箭射中靶子后，不能再前进了，可以说是达到了极点，也到达了“最好的”“最高的”“最大的”极点了，因此“至”也有了“极”“最”“过分”的义项。“矢”射向“的”的过程中，是速度的动能在把矢引向目的地的过程，于是“至”字就有了表达引出一个“对象”的意思。由此“至于”相当于“用……来讲”，“拿……来说”，就是“讲到”“谈到”“说到”等义项。

“至于犬马，皆能有养”可译为“拿狗马来说，大家都能养”。“有”字前面分析过，这里表示一种存在的状态，无实义，可以不译。我们知道人在饲养狗马时，只是提供食物就足够了，是无所谓用什么态度来对待的。如果对老不敬，“何以别乎”——与养猪养狗还有什么区别呢！所以孔子的意思是，赡养长辈就不是只提供食物的问题了，还需要有诚心的态度，要“和其言，悦其容，恭其敬”即要有“愉色”。做到“愉色”是很难的，所以，接下来的子夏问孝时，孔子答曰“色难”——常年有敬爱的态度很难。

9 行孝论心不论迹

前面孔子明确地说了，孝不只是能养，否则与养家禽没什么区别了。那区别在哪儿呢？是的，在态度。因为孝的前提是顺，所谓孝顺，即要孝之又要顺之。

2.8　子夏问孝。子曰："色难。有事弟子服其劳，有酒食先生馔，曾是以为孝乎?"

"色"在前文也研究过，这里取"人的面目表情"义。对待事物的内心态度往往在人的脸上会表现出来。"色难"，这里强调的是对待长辈的态度，要从内心真诚、恭敬地表现出来。这是非常必要的，当然也是很难做到的。正如我们常说的对待老人不要表现出不耐烦、甩脸色等等，都是讲的态度问题。如果只是做到"有事弟子服其劳，有酒食先生馔"——有事情，小字辈代劳；有酒宴，吃长辈剩下的（让长辈们先吃），如此又回到了"能养"层次了。

"曾是以为孝乎?"——做到了这样难道就是孝了吗?（按：曾，副词，用法同"岂"，表示反诘）显然，在孔子看来，"有事弟子服其劳，有酒食先生馔"仅仅是在"能养"的基础上，进步到了"善养"（不让受劳，给予善食）而已，还不算是孝。"善养"的行为只是"孝"的形式，而不是"孝"的本质。即便做到"善养"，也只是一种行为表现方式，其形式可能是真心的生发，但也可以是假意的伪装，或者是受迫于社会公德的压力而无奈为之。在这里孔子重在强调，"孝"除了要有善的行为之外，真心的态度是最为重要的，也是本质的。"深爱者，必有和气；有和气必有愉色；有愉色必有婉容：故事亲之际惟色为难耳。"（《礼记·祭义》）真诚的态度，能使被孝者于内心深处得以安慰，精神得到慰藉，即孝要使其顺心最为紧要，要让老人打心眼里舒服。俗话说"百善孝为先，论心不论迹，论迹寒门无孝子。"如果让长辈吃大鱼大肉、穿绫罗绸缎就是孝的话，那穷人家的孩子就没有一个是孝子了。然而，在现实生活中往往是穷家出孝子。因为穷，不能有好吃好穿，而内心惭愧，于是在态度上往往会表现得更加和颜悦色。相反，富家子弟认为整天有好酒好饭供着，认为在物质上已经做得够好了，往往就忽略了精神上的善养。由此，孝与不孝不能看外在的形式，要看发自内心而呈现出的和颜悦色之态度。做到这点的确很难。所以，孔子强调"色难"——最难能可贵的是孝心。

民间俗语"久病床前无孝子"，意思是说老人病重卧床时间太久，再孝顺再好的子女都有厌烦抱怨的时候。当一个长期接受别人照料的人（尤其是有慈爱之心的老人），自己也比较焦虑。因为，他一方面会为久病不愈而焦急，另一方面因牵累亲人而内疚。所以，在病人的潜意识中，其对于亲人的照料和孝心，也有强烈的排斥欲。因此，有时病人会有意识地想与亲人拉开点距离，以减少自己的内疚、依赖感，有时甚至故意闹腾。所以说，若小字辈们，无论是在什么样的处境下，始终能保持悦色，真的需要真诚的敬爱之心、体谅之心来支撑。一般人是做不到的。

这里连续几章都是问孝，但孔子的回答都不同，一来表现了孔子的问答艺术（常用隐语），二来说明孝的内涵之宽泛，不是一言以蔽之的。然而，程子曰[①]："告懿子，告众人者也。告武伯者，以其人多可忧之事。子游能养而或失于敬，子夏能直义而或少温润之色。各因其材之高下，与其所失而告之，故不同也。"程子认为，孔子之所以于不同的问孝对象，回答不同，是因为他是依据对象行为上的缺点或短处而言的，是有针对性的。我认为这完全是程子的一种想当然。现假设有一个孝子问孝，如若他真的没有什么不足之处，那孔子就不说话了吗？对此，钱穆先生辩解："或疑乃孔子因人施教，针对问者之短处与缺点，于是疑子游或能养而稍失于敬，子夏或对父母少温润之色，凡此皆属臆测。《论语》文辞简约，或当时问语有不同，孔子针对问语而个别为说，记录者详孔子之言，而略各人所问，遂若问同而对异。学者且当就文寻绎，知孔子言孝道有此诸说，斯可矣，不宜离此多求。"他是说，认为"孔子回答的不同，是因针对问者的缺点而异"，这种观点是没有道理的，是想当然的臆测。作者认为，孔子所答之所以不同，主要是因问者的身份与资质不同。当然，也不排除《论语》的编者有意的行文安排。

最后说一下"有事弟子服其劳，有酒食先生馔"句的解读问题。通常的解读是这样断句："有事，弟子服其劳，有酒食，先生馔。"即有事孩子代劳，有酒饭让父母吃（《论语通译》），并解"弟子：晚辈指儿女；食：指用粮食做成的饭食；先生：长辈指父母；馔（zhuàn）：吃喝"。首先，他们把弟子解为儿女，先生释为父母，窄化了孝的范畴，孔子的孝是泛指"晚辈孝敬长辈（孝该孝之人）"。所以，此解仅从这点上来说，就缺乏大义。

另外一种解读观点，我比较认同："有事，弟子服其劳，有酒，食先生馔。"按照古人行文的特点，此种句读比较合理。弟子就是弟子，先生就是先生，无须指代。"服其劳"之"其"，指代"事"，长辈的事由弟子代劳。"馔，郑本作馂，'食余曰馂'。愚谓今文虽作馔，义亦同馂……读当以'食先生馔'为句，言有燕饮酒则食长者之余也[②]。"文中，"有酒"之"酒"，不一定是实指"酒"，应该是指正式的酒宴之类。以前摆酒席时，妇女小孩是不上席的，而且确实是最后吃剩饭。"食"解为动词"吃"比较常见，而"馔"一般指具体的食物，解之为"吃"很少见，似不合理。

① 朱子《论语集注》中所引。

② 清·孔广森《经学卮言》卷四。

10 智者有隐状若愚

人在所尊敬者的面前，有时会显得拘谨，从而表现迟愚（尤其是敦厚内向之人），因生怕出什么差错。相信大家都有过这种感受。此外，还有所谓大智若愚者，因其有大智慧，凡事多有思考，每听一言、每遇一事皆会如此，不急于表达，由此反应延时，故有迟滞之象，似愚状。颜回在老师面前，就有这两种心态下的表现。

2.9 子曰："吾与回言终日，不违，如愚。退而省其私，亦足以发。回也不愚。"

回，颜回，字子渊，鲁国人，孔子早年的学生，最为孔子所深爱。比孔子小三十岁，四十一岁时早逝。孔子夫人姓颜，据此，孔子与颜回可能有姻亲。对于本章，通译本译为："我给颜回讲学问一整天，他都不提不同的意见，好像是很愚笨。［可是］课后我考察他私下的言行，发现他对我所讲的课能充分发挥，颜回并不是愚笨的。"这种解读，把"不违"理解为"（对老师的讲学内容）不提不同的意见"，如杨伯峻译之"从不提反对意见和疑问"，还有人理解为"顺从"。

"不违"，同前章孔子回答孟懿子的"无违"一样，其后也无宾语，这也证明在先秦"违"可以作名词用（前文有论述），并非语省。"违"自含"违礼"之义，在此，即有不违"为弟子"之礼义。老师在教导学生时，学生要守尊师之礼，认真听讲，不做无关动作，这也是做弟子的起码规矩。由于人们接受了朱子的"不违者，意不相背，有听受而无问难也"之说，皆认为"不违"是"不对先生的话表示异议"，或是"不对老师发难"。如此解读皆是在附会自己的猜忌，不准确。

由"愚"字的构成分析其意思是指"其心性像是没有进化到人的猴子"，猴子再聪明也比不上人的智慧，所以"愚"有"愚笨、愚昧、愚钝"等意思。"愚"字的金文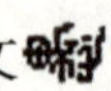（横看）由两部分构成：上"禺"下"心"。"禺"其上之形同"思"之上的"囟"，即人脑；前"手"后"足"并有尾，状似猴行，因猴行走时"手"可当"足"。高鸿缙的《中国字例》称："（禺）谓头是人非人，而有尾之兽也。全象其形，长尾之猴也。"从"愚"字的结构可推出其意义为：

“猴子的思想”或“像猴子一样思考问题”。猴子的思想与人比当然愚笨，但如果把别人看成猴子（畜生），就是对他人的“愚弄”了；另一方面，性格内向者，语言常常木讷，于是在众人面前就会显得笨钝，由此，“愚”也有了“敦厚”之义，如“故《诗》之失愚，《书》之失诬”（《孔子家语》），王肃注“愚”为“敦厚”。

“吾与回言终日，不违，如愚”，意思是说：“我”作为老师给颜回讲课时，哪怕是一整天（表明时间之长），颜回始终不违弟子之礼，表面上看好像有些愚钝。此章也许是颜回刚刚从学于孔子，但在孔子教他时间长了之后，发现其外愚而内慧，故而当着其他众位弟子的面对其表扬，以示激发或树为典型。“不违”实际上只是另一种形式的“孝”，是弟子对先生的恭顺与敬爱，如同孔子回答孟懿子“问孝”时的“无违”，“无违”是守礼下的自律，并非“愚笨”，所以孔子说“回也不愚”——颜回并不是愚笨。

由此也说明，孔子所指的“孝”，并非是后来人们所认为的狭义的“孝敬父母”之“孝”，而是“孝”一切该孝之人，当然也包含老师在内。

本章中的第二句话，我认为断句有误，不应在“发”字后断为句号。正因如此，才引得后人对此文的解读争论不休（因为杂乱，具体的情况不再罗列）。其文该如“退而省其私，亦足以发：回也不愚。”“退”字，本义为后退，表示“从当前的一种正式场合撤出来”，在这里就相当于今天的“下课”、课后的意思。省（xǐng），“视也”（《说文》），仔细察看。这里的“私”就相当于现代汉语中的“私底下”，即指非正式的场合。“亦足以发”中的“发”，就应该取其“发现”“启发”义。此句是说颜回的私下行为，给作为他老师的孔子足够的启发：原以为颜回“愚”，现在看来他“不愚”。或者说，孔子在平日的生活中发现，颜回并不愚蠢，而且还很爱学习。他听课时所表现的愚，是因为他在认真地听，是“默而识之”之故（论语中多次有孔子夸赞颜回好学的话）。做教师的总是特别喜欢认真听课的学生，这是自然之情理，所以孔子常夸颜回好学。

按原断句“退而省其私，亦足以发”来看，其形式上是一句结论性的话。但“发”后并无宾语，即结论没有，就是说句子成分不完整。由此，有人就对“发”字大加发挥，力求使句子完整，所以做足了附会之能。最普遍的观点认为，“发”是“发挥”，即说颜回在私底下能充分理解和发挥“我”（指孔子）的观点。

课堂上的“不违”是颜回的良好道德品质与做人修养的表现，是知礼，也是对先生的尊重与恭敬之心的体现，是另一种对先生“孝”的形式。听课时的“如愚”，更表明颜回的专注与内心向学之精神。

11　稂莠之性现于行

一个人的品格修养和学识是伪装不出来的，一投足一抬首，一挤眉一弄眼，无不足以观其性。喜形于色，言为心声，情随事迁，因此人之品性无不隐于言行之中。视其影可揣其情，观其色可度其性，察其言可知其志。所以一个人的品性稂莠必于其行中显现，何处能够隐匿？

2.10　子曰："视其所以，观其所由，察其所安。人焉廋哉？人焉廋哉？"

"廋"，义为"隐匿""掩藏""藏匿"。廋=广+叟，"叟"古字为"灾下又"，甲骨文是，其构型显示"手拿火把在屋下搜物"的含意。"广"表示范围之大，故"廋"字给我们的信息是"在一个很大的范围内搜索东西"，强调"搜物"之难。此物之所以难寻，是因其"藏匿"得太深，由此引申出"廋"的"隐蔽"义。

"人焉廋哉"，直译就是"人怎么能隐藏得了"。什么叫"人"隐藏？又不是在玩捉迷藏的游戏，所以这里的"人"是指人由其处理事的方式方法、行为的出发点，以及兴趣爱好等，或所呈现出来的"人之品性"。

从一个人的语言方式或行为方法中，可以看出他的学识水平、思想深度和思维能力以及道德修养程度。细心揣度一个人做一件事情时的出发点、理由或动机，就可知其心地是善良还是恶毒，不论客观结果怎样。同样，通过观察一个人的平时习惯，以何为乐，完全可以判定此人的脾气性格优劣、情趣品味的高下、涵养的深浅等。这就是孔子此话的中心思想，对"视其所以，观其所由，察其所安"的解读，我认为完全没有必要死抠字眼，之所以文中分言"视、观、察"和"以、由、安"皆因古人骈文①的行文方式，为的是追求声律与装饰感。

人们对"视其所以，观其所由，察其所安"的理解，其分歧主要存在于对"所以"、"所由"和"所安"的不同解读。如果非要解读，现述说如下。

"以，为也"，即"做"的意思，但不完全等同。"以"有"用……做""以……做"的语意。所以，人所"用"的、"做"的"依据"当然是"方法、手

① 骈文又称骈体文、骈俪文或骈偶文，古代汉民族以字句两两相对而成篇章的文体。因其常用四字、六字句，故也称"四六文"或"骈四俪六"。全篇以双句（俪句、偶句）为主，讲究对仗的工整和声律的铿锵。孔子时虽无骈文概念，但已具雏形。

段”之类。

“由”字前面解读过，本义为“对小苗不加干涉地任其自由生长”，有顺其自然之义。事物的自然发展是由其“内因”决定的，是有“缘由”的，所以“由”有表“原因、理由”的意思。“所由”就是所依据的理由，即其行为所依据的指导思想。

“安”，即“定”也，有“对……心安”义。人安于现状或不安于现状，是由人的志趣所决定的，能反映出一个人的性情。

编撰者辑此章置于本篇，旨在表达对为政者的警示：伪善是无处遁藏的。只有脚踏实地地修为德行，用真情，用敬意，用诚心去为民行政，才能得道多助。

12 温故知新亦良师

知识的获得不只是老师的灌输，教之者只是在引导下启发，更为上上者在于学之者自发，在于格物致知，即在对一事一物的细细琢磨、反复温习之中开悟——温故而知新。所以温故知新可以师之为法，即可作为修学时可效法的好方法。

2.11 子曰：“温故而知新，可以为师矣。”

“在温习旧知识时，能有新体会、新发现，就可以做老师了。”（杨伯峻所译）学高为师，德高为范。如果仅仅能“温故知新”就可以当老师了，那老师的条件也太低了吧。为人师表者，不在知之多寡而在德之高尚。这里的“师”不是现代汉语中的“老师”（“老师”是名词），而是指“效法”，应该作动词理解。杨先生的翻译也太现代化了点。

前面在讲“愠”字时，已对其右边的“昷”解析过，是“慢慢加热”的意思。“温”，就是为水慢慢加热，之后水就有了“温度”。后人称急火曰煮，慢火曰温。因此“温”可引申为：对某一问题的细细体味、慢慢琢磨，如“温习”。

“故”的本义是“过去的”“旧的”，也有“古”义。如“故事”就是“古事”，过去发生的事。再如“故友”就是很早以前的，与之家族之间有了交情的老朋友。有前因必有后果，由于过去存在的某种“缘故”，才有了现在的“结果”，“故”就有了“因此”“所以”之义。这里的“故”与“新”相对，指的是“过去的事”，即历史；也指“旧知识”，即自己已有的知识。

“温故而知新”显然是一个条件的递进句，“温故”是“知新”的前提，“知新”是“温故”的结果。就是说通过自己慢慢体会，对已知的东西做进一步的思考，就能得到新的感悟、新的体会，从而得到更新的认知，更可使以前留在大脑中的错误认识得以纠正。“温故”的过程就是对一事物重新思考、重新认知的过程。“温故”除了可加强记忆之外，更多的是一种感悟后的再思考；再思考后收获的是新知，是经验，可以启发心智，举一反三。可见，“温故”也是提升自我能力的重要手段和途径。这里孔子强调，学习不重在积累，而贵在发明。“学而不思则罔，思而不学则殆”，同样温故时也需要用心。

因“温故”可以“知新”，所以“温故”是一种良好的、聪明的学习方法或好的提升手段。因此，孔子认为，“温故”这种良好的学习之形式是值得师法的：效法和师承——“可以为师矣”。其师，有如前事不忘后事之师。

对本章，人们在解读时于“可以为师矣”上出了问题，且问题的关键就在于对“师”字的错误理解。要知道孔子那个时代“老师”不是现代意义的老师。我们应在分析“语境”的前提下，从“师”的本义出发具体分析，不要望文生义。这正需要“温古”了。“師”甲骨文为（即后来的聚集符，原始义为“军队”），后又增加了“帀”象征符（最早为“帜”义）成为，“军队”义更显。再后来，对其右的符号进行不同的意会，从而“师”有了更多的含义：

（1）把此象征符看作一面某家军的“幡旗”，在幡旗招摇下的是穿甲负戈、英勇善战的士卒，那么“师”自然就是一支强大军队的画像了。

（2）如果人格化右边象征符，将他看作一位顶天立地、具有英雄气概、统领着千军万马的将军，则“师”就有“帅”字之义了。

（3）再将这个象征符进一步地人格化，想象成具有“榜样力”的人，则“师”就是指导我们思想行动的一面“旗帜”。“旗帜”一词在当今的汉语中，仍可用来代指某个模范人物的精神表率作用。“榜样”是值得“效仿”或“效法”的。

设想一下：在一群人中有这么一个能给大家起着表率作用、可为楷模的人——那这个人一定是孔子概念里的“仁”者：他有超人的智慧、非常的道德，足可为众人学习的榜样，他就是我们的“师”！最早司马迁用“师表”一词，就是在强调“师”的表率作用。唐代的韩愈写了《师说》之后才有了正式的“老师”的称呼。在《论语》中，孔子说到“师”字还有“三人行，必有我师焉”和“当仁不让于师”两处。我认为这都不是“老师”义，至少不准确。前“师”有“值得我学习的人”之义，后“师”义为“学问比我们高的人”。其他处有表“狱官”的“士师”、弟子“子张”之师及“乐师”的“师”，也都不是“老师”的意思。这点值得特别注意。

另外，将“可以为师矣”译为“可以做老师了”，首先，译者把原句中“可以”解为现代汉语的“可以”了，没有道理。其“可”自身就具有“可以”义了。“以为”是“把……作为……”的意思。

13　君子不能只狗叫

依据“器”之本义，解“君子不器”当是“君子不狗叫”。如此说来，你肯定认为我是在讲粗话，然而话糙理不糙。如果非要把话说得文雅一点，“君子不器”就是“君子不能只说不做”。结合本篇“为政”主题，这里的君子当指“为政者”，意即“为政者之德当要实干，不能只是说说而已”。

2.12　子曰：“君子不器。”

“器”在此几乎都被解释为“器皿，器具”，“不器”就是“不是具备单一用途的器物”（即把“不”解为否定判断“不是”。古人一般不这样使用，若如此，当言“君子非器”），由此演绎出各自不同的翻译。朱子《论语集注》云：“器者，各适其用而不能相通。成德之士，体无不具，故用无不周，非特为一才一艺而已。”他认为成了君子的人应该是“全才”，是无所不能之通才。另一种演绎大体意思是：“衡量为政者（君子）的素质、水平，不能以单一的技能要求为标准。”事实上，再有本事的人都不能称之为万能的全才，如果说孔子眼里的“君子”是朱子所言的那种天才，那孔子劝导人们修为君子，就是痴人说梦，谁能成之？其实孔子口中的君子，更强调的是其修养，而不是具体之能事。人有所能必有所不能，孔子自己也说：“君子多乎哉？不多也。”——君子多能吗？不多能。他还说过：“吾有知乎哉？无知也。”（《子罕第九》）如果硬是要牵强附会，倒不如这样解读：“君子不是做某一具体事情的人，而应该是有很强领导能力的人或具备示范能力的人。他自己可以不必精于某事，但要会用人，用对人。”因为君子所修的是形而上的学问。

但不管怎么自圆其说，各家的解说多少都有点牵强，还是很难让人折服的。因为把“器”作“器具”解时，“器”就成了名词，做不了谓语，这样“君子不器”就是一个大大的病句了。

首先，“君子不器”从字面及其语法上分析，此话不像是省略。然而“器”又不能做形容词，所以只有一种可能：“器”的语义中含有“动宾形式”结构的意思成分。

“器”字金文形体是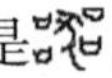，在“犬”的两边有四个“口”。人喧哗为“器”，犬吠为“器”。最早人们养狗，是利用狗见到生人会狂吠的特性来看家护院，而且狗忠于主人。因此人与狗的亲近度要高于家养的其他牲畜，所以主人比较“器重”狗。又由于狗在吠时需要大的肺活量，即气量大，于是就有了“器量”一词。狗能“器”，可用，且依仗的是其“口”，于是古人就把“有口的能用来盛东西的器具”称为“器”了，即“器皿”，再延伸就有了“器具”“仪器”等义项。

现在如果用“器”的本义套用“君子不器”，就是“君子不狗叫”。一般情况下，狗（特种狗除外）除了“用口叫”之外，是不能为主人具体做什么事的。就是说“狗”只会动“口”不能动“手”，即光说不干。“君子不狗叫”——君子不能像狗那样只说不做，或者说不能做这种低能的事，或者说不能只是口头上说得好，而行动上做得不好。这里的君子，当指君，即为政者或地方诸侯、大夫之类的当权者。

将“君子不器”义延伸到为政者身上，即为政要真心为百姓谋福利。从“孝”的观念出发，就是说为官要“孝”民，要做到真心诚意。为政时不要只是说说大话、空话，或是讲得好却做不到，更不能是说一套做一套，当面锣子背后鼓。这正是孔子接下来想要表达的意思：君子要“先行其言而后从之”。

14　既出之言当力行

君子的一个最基本的素养就是说话算话，说到就要做到，这就是“信”，无信不为君子名。所以，既然把话放出去了，就应当设法力行之以兑现。一言既出，驷马难追，若不能力行其言，必将有失君子的身份。

2.13　子贡问君子。子曰：“先行其言而后从之。”

“先行其言而后从之”，用白话会意就是“做了再说，说了就要去做”，但若细抠字眼来翻译这句话就可能出问题。

有人译为：“先实践要说的话，然后再说出来。”你用心想想，想说的事情既然已经做好了，还有必要再说吗？“既行其言，何所从？”（黄怀信语），由此南怀瑾解释为：“把实际的行动摆在言论的前面，等做完了，大家都会跟从你，顺从你。”① 此译显然没有尊重原文“先行其言”，要知道这里并不是“先行其

① 南怀瑾《论语别裁》。

行”。且南先生把“从之”的“之”指代到了“你”的身上，演绎得有点远，且语义距离“子贡问君子”更远，似有不当。另有学者认为，此句形如“先行，其言而后从之”，这样话是圆通了，但不合古之行文之法，有断章取义和强行附会之嫌。

“从”字的甲骨文构型是，为两人相随之状，其本义是“后面的人跟着前面的人走”，即为“跟从”“顺从”的意思。由“跟从”又可引申出“参与”“参加”“从事”等动词义项。但就孔子这句话来分析，“之”指代的应是“其言”，“从之”就是“从其言”，意为“从事自己说出来的话”。说白点就是话说出来了，紧跟着就要去做，“不要光吹牛皮不做事[①]”，似言“君子不器”——不要像狗那样只是叫叫而已。

“行”的本意是“道路”“行走”，但其引申义很多，其中由“行走”引申出“做、实际地做”，再引申为“行为、品行”，再由“行为”引出“言、说”义，读作 xíng。如《管子・山权数》：“行者（说的话），道民之利害也（道出了百姓的利害呀）。”这样看来“行其言”可理解为“把言论放行出来”，即“把话先说出来了”。所以，如果把“行”解为“说”，或意解为“把言放行出来”，或解为“放出××言论”，那么“先行其言而后从之”就可翻译为“既然把话放出来了，就该设法去兑现。不能只放空炮，不干实事”。

比如，生活中常有这样的人，在别人请他帮忙办事时，也不想想能否办成，就满口答应（先行其言）了，结果没给办成（而后不从之），从而失信了。还有些人，常常好事前立下“大志”（先行其言），可接下来又不能下决心去实践，即便开始也有行动，但遇到困难后又半途而废（后不从之），等等，这些都不是一个君子所为。是君子就要说到做到，要言而有信，否则会失信于人，失信于民。于为政当然也不可行。这里孔子可能是针对当权者而言，当权者发布了某项惠民政令后（先行其言），又不去兑现（不从），是“有信”者的最大忌讳，久之会失信于民。所以，对为政以德者而言，“先行其言而后从之”是最基本的道德要求。

作者还有一种解读思路，提出来供大家心究与参考。“先行其言，而后从之”——［假如你］先于他人说出了一种理论［观点或思想］，而后人能够依从你的理论用于实践，若是做到了这点，你就算是君子了（此君子就如同今天所言的伟人）。就是说君子者应当具备先见之明或模范的标杆作用。“而后从之”之后，不是指“先后”的时间状态，是指“后来者”或“后生”。简而言之，即言君子要有榜样的力量。

---

① 南怀瑾《论语别裁》。

15 “周”“比”何以分君子

由于君子有大德，且有先见之明，站得高看得远，他有别于小人的目光短浅。为政者当周而不比，以大局为重不能贪图私利。此章之言当有此意。

2.14 子曰：“君子周而不比，小人比而不周。”

以杨伯峻为代表的学者把“周”和“比”分别释为“团结”和“勾结”。此解实际是从“周”和“比”的本义引申出来的，未必完全是孔子这句话的本意，至少是不够全面的。

先说“周”字，甲骨文和金文分别是和。其在“田”字格内有很多表示指示符的“点”，金文加“口”后，意在强调其限定于一个“范围”之内。由此“周”字可以会意出这样两种意义——“在一定的范围里有许多的东西”及“把许多的东西置于一个范围之内”。以这两种意义为前提，对“周”的甲骨文分别会意，就可得到它的各种含义。

（1）在限定的范围内“容纳很多的对象”，自然显得“密集”，于是《说文》认为“周”的本义是“密”。由此引出“周”的“周密”“紧密”“牢固”等义；由“紧密”引申为“亲密”，由于关系亲密，当然要“救济”“援助”了。

（2）假若有许多东西被“归纳在固定的范围之内”，这就是“周”的另一个本义“包容”；由于能包容，就能“全面”“完备”，从而“周全”“普遍”，当然也就引申出“四周”“环绕”等语义。由周的“包容”义，又可以引申出“团结”义；也可由“周”的“全面”义，引申出“全局”“整体”等义。

再来看看“比”字与“从”字在字义上的差别。前面刚研究过“从”字，知其本义是“随从”“跟随”。“从”字中的两个人，由于后一个“人”，紧随前一“人”，故有“接近”“追随”义。追随者不是被逼的，往往是心甘情愿的，有想“亲近”的愿望。又由于这种亲近是善意的，所以“从”字有褒义词的概念。《说文》：“二人为从，反从为比。”“比”的甲骨文结构与“从”字相似，只是朝向相反。一般认为“比”的本义是“并列”或“相比”，由“并列”引申出“挨着”“靠近”和“等同”“一样”义；继而又引出“亲近”义。因“反从为比”，“比”的“亲近”义不像“从”是出于善意了，而是出于某种利害关系，或某一目的的，所以就引出了“比”的“勾结”义项。“比”字含有贬义概念。

同样，由于“比”字的“相比”不是出于善意，有“想把别人比下去”的私愿，其目的是打压别人，抬高自己。所以“比”又有“排斥”和斤斤“计较”于“个人利益”义。如，生活中常听到：“我哪点比他差，凭什么他能涨工资，我为什么不行?”“他虽然学历比我高，但他没有我的实践能力强。”这些都是“比”。

从“周而不比”句中可知，“周”和“比”是互文，且为一褒一贬。我们在了解了“周”和“比”的字义后，如何解释孔子这句话就取决于你怎样选择它们的字义了——若“周”取“包容”、“大局”或“团结”义，则“比”就对应的取“排斥”、“私利”或“勾结”。就是说君子有包容心态，能树立大局观念，且会团结大众，又不排斥异己，不斤斤计较于个人的利益，不会拉帮结派搞小团体。小人却正好相反。这应该是孔子这句话所涵括的大意，不应该把“周”和“比”具化到某一个方面，否则将流于狭隘。

朱子解：“周，普遍也。比，偏党也。”且“周”取“公”，“比”用“私”对解。“君子小人所为不同，如阴阳昼夜，每每相反。然究其所以分，则在公私之际，毫厘之差耳。”他认为小人与君子的分野，在于公与私的心念之别。这样解读过于小气，不能囊括君子与小人的所有对立性之差别。

16 学思相依无别离

有过学习经历的人，都不会没有这种感觉：学习的过程也是思考的过程，因为学必用脑用心（用心用脑，就是“思”字的本义）。同样，思考过程本身就是一个运用所学知识的分析过程，更是再学习的过程。就是说，学与思是有机的整体，学而不思或思而不学就会罔或殆。学与思是进德修业中的姊妹，中间没有界限，也无法绝对分开。

2.15 子曰：“学而不思则罔，思而不学则殆。”

其实，这句话用大白话讲就是光学不动脑子不行，只是空想不学习也不行。孔子强调的是人在修学的过程中，“学”与“思”要并行，不可偏废。解释这句话，就取决于对“罔”和“殆”的理解。

一般地把“罔”释成“糊涂”，把“殆”释成“危险”。学而不思会“糊涂”可以理解，但思而不学与“危险”有关则扯得有点远了。杨伯峻译：“只读书却不思考，就会受骗；只是空想却不读书，就会缺乏信心。”只读书不思考会受书中观点的欺骗，勉强可以说得通，但空想就会缺乏信心，逻辑上就说不通了。我们心究一下：能空想的人，往往正是由于其盲目自信所致，一人果若缺乏信心，他连想都是不敢想的。

“学”与“思”对于修身君子、提升学问来说是同等重要的两个方面，没有主次也不能取舍，若有取有舍，必然“罔”或“殆”。其实“罔”与“殆”有同义的义项——“困惑”“糊涂”“迷惘”“迷惑”“疑惑”等。同样，由于“糊涂”而不能正确地处理事情，结果当然有“危险”了。孔子这样行文完全是“美学”的表达方式，或说是骈文，没必要非得把“罔”和“殆”分出个子丑寅卯来。古人常以“罔”和“殆”对文，如《诗经·小雅·节南山》云：“弗问弗仕，勿罔君子，式夷式已，无小人殆。”（“无小人殆”即“无殆小人”，因韵脚而倒装）。

你想，光学（死学，学死了）不去思考，就无法理解，就不能厘清知识之间的关系，更不能深究知识内涵，不能形成自己的思想，当然是做不到活学活用，遇到问题自然也就茫然不知所措，于是生出“困惑”与“迷惘”也是必然的。同样，人若有所“思”，且“思”有所得，依仗的是一个人的“学识”。如果你是“草包”一个，就是牺牲掉所有的脑细胞，也不能想出什么结果来，最终还是“困惑”与“迷惘”。孔子所言的这两种情况，在现实生活中都是会给你带来“危险”的，因为你是“书呆子”或“大草包”，在解决实际问题时，想出来的方法未必正确，如果用一错误的方法去指挥你的行动，当然会带来“危险”。

“罔”的初字就是“网”，后来词义分开，在其内部增加“亡”作为声符，于是“网”的“迷惑”义项分离了出来，交给了“罔”字。闭上眼想想，如果你被一张“网”给罩住了，你再看外面的世界能不“糊涂”吗！同样，闭上眼再想想，若你被网罩住了，别人自然也就看不清你的本来面目——你是好人还是坏人，除了你自己心里清楚，别人无从知晓。这时，假设你是好人，而某个仇恨你的人在外人面前大造你的谣言，说你如何如何的坏，但由于外人看不清你，便听信了谣言，以为你就是一个大坏蛋，你说你冤不冤啊！所以“罔”还有“冤枉”的意思。后面的“君子可欺也，不可罔也”之“罔”取的就是“冤枉”义。

再来看看“殆”字，它由“歹”和“台”组合而成。“歹”本作“歺”（音è)，其甲骨文，上部似骨头破碎的裂纹，下部像死人的空骨，合意为“死人的残骨”。《说文》：“歺，列骨之残也。”凡从“歹”的字大都与死有关，如“死、殓、殁”等，后又引申为“不好”义。所以，以“歹”为部首的字又多与“坏”或“不吉祥”有关了，如“歼、殃、殂、殡”等。在含有“台”部首的甲骨文字中，其结构都为，用以表征“块状物”。如“胎”，左“月”为肉，右

“台”为“块状物”，两者合意表示“块团状的肉”，即指胎儿。再如“苔藓”之“苔”，意为“一块块似草一样的东西”。所以“歹+台=骨架上还有块状物（人体组织）”，是人“将死没死”的一种姿态。由此得到“殆”的本义为“人之将死”。试想，处在这种情形下的人当然有生命“危险”；“将死”之人当然也“几乎”“差不多”要死了；同样，处在这种情况下的人，不仅“迷糊”更是“神志不清”。因此，“殆”的意思除有“危险”义之外，还有“神志不清”和“几乎”“差不多”义。如“知此知彼，百战不殆”中的“殆”是本义：因为打仗使自己一方受伤而“将死”（打了败仗）。再如“消耗殆尽”：消耗得“几乎”“差不多”没有了。《论语》第十八章“多见阙殆”的“殆”就当“疑惑”解（说本王引之《经义述闻》）。《论语·徽子》篇“今之从政者殆而”的“殆”当“危险”解。

还有很多学者，把“殆”作为“怠”的通假字，取“懈怠”义。他们也知道“懈怠”与“思而不学”没有直接关系，所以解释为：“只思不学，思久无获，终将倦怠”，硬是把二者扯上了关系，这未免太牵强了。

学与思，是统一于进修学问过程中的两种表现形式，缺一不可，否则都会犯“糊涂”或生“疑惑”。

17　研学谨防入歧途

学与思固然重要，但是选择学什么更重要。可以想象，如果你学的东西是“有邪”的，那你学得越深问题会越严重，想得越多越危险。所以，志学须当慎选择，研学什么必须小心裁决，否则误入邪门，必受其害。现在，自信的孔子既然把你领进了孔门，替你做了正确的选择，那么他有必要提醒你，要注意学习方法，不要误入歧途，死钻牛角尖，否则也会受其所害。

2.16　子曰：“攻乎异端，斯害也已！”

这里对“攻”存在两种意思完全不同的解读：一者作“攻击”解，二者作“专治（专心志学）”解。杨伯峻先生也没有判定两者孰是孰非，于是他罗列了两种翻译：

（1）“批判那些不正确的议论，祸害就可以消灭了。”

（2）“从事于不正确的学术研究，这是祸害哩。”

“攻”字的金文，其左“工”表声，亦表意，指钻锲类工具；其右“攴

(pū)”，表形，系“手拿分杈的木棍”，或“手拿棒槌类敲击工具”的象征。若视“攻”为形声字：“手上的木棍”就是用以袭击他人的工具，则得其本义为“攻击”“攻打”，引申为“指责”“声讨”“抨击”等义项。若视“攻”为会意字：“左手拿切割刀，右手握石锤，似在加工物件”，则得其本义为“制作”“加工”，由此引申为“专心从事”或“致力研究”或“细心加工”等义。由于工件是通过“细心加工”制作出来的，当然就“坚固精致”了。

朱子《集注》：“异端，非圣人之道，而别为一端，如杨墨是也。”朱子认为“异端”是指杨墨等其他诸子百家之言。其实在孔子之时，还没有“诸子百家”之说（这是宋以后的事情），更没有佛学，且杨墨之说亦未产生，不过已有道家。但《史记》有记载孔子见老聃，归而有如龙之叹，可见，孔子是不会排挤道家的。所以朱熹这一解释站不住脚。“然孔子时虽无今之所谓异端，而诸子百家之说则多萌芽于此时代，原壤之老而不死，则道家长生久视之术也。宰我短丧之问，则墨家薄葬之滥觞也。樊迟学稼之请，则农家并耕之权舆也。异端虽训为执两端，而义实可通于杂学。”（程树德《论语集释》）。“考汉时以杂书小道为异端，前人考之详矣”，这里程树德批驳了朱熹的说法，同时也指出所谓异端就是指当时的“杂书小道”。既然有“杂书小道”的存在，所以在致力于学习时，就要多加思考、分辨，否则就要偏离中心，结果是有危害的。此亦可见“思”与“学”要相结合的意义所在。

当然，孔子所言的“异端”也并非就是“杂书小道”，我认为指“学”时的“偏执”状态比较合理，即学习时的“固执己见”。因为人在“偏执”的心理下读书，“正”书也能给读“歪”了。这也说明了“学”与“思”的重要性。钱穆也说：“……可见本章异端乃指孔子教人为学，不当专向一偏，戒人勿专在对反之两端坚执其一。所谓异途而同归，学问当求通其全体，否则道术将为天下裂，而歧途亡羊为害无穷矣。”一事必有两头，如一线必有两端。若专就此端言，则彼端成为异端；从彼端视此端亦然。用现在的话讲，做事如果没有全局观，仅就一端而为就叫走极端，极端之为必失中正。所以孔子提倡“中道”（即后来子思所提出的“中庸之道”），反对“偏道”。他认为凡事“得中（zhòng）”为上，“过”或“不及”为下。喻一物有唯一“重心”点，持此点必能平衡，得此点即为“中（zhòng）端”，非此皆为“异端”。“孔子平日言学，常兼举两端，如言仁常兼言礼，或兼言知，言君子则对小人，又如言质与文，学与思，此皆兼举两端，即《中庸》所谓执其两端。执其两端，则自见有一中道。中道在全体中见。仅治一端，则偏而不中矣。故《中庸》曰：‘执其两端用其中于民。’”（钱穆语）。钱氏之言中的。

在古典作品中常常有不同语气的“语气词连用”现象。这种连用，正如语法结构的“大层次包容小层次、大结构包容小结构”一样，也是在表明语调和语意的不同层次①。例如，《左传·僖公三十年》：“臣之壮也，犹不如人；今老矣，无能为也已。”这里“已”同“矣”，表示事态的已然，放在句末是指明句子的外层总调；其前的“也”表示事态的本然，以指明句子的内层基调。这样，“无能为也”的意思为“不能有所作为的”，末尾加“已”后就是“不能有所作为的了”。

按照上面语气词连用的现象来分析“攻乎异端，斯害也已”，语义就是：“‘攻乎异端’这是有害的了。”由此可推断，把“攻”解为“攻击”，从语法结构上来看，话是说不通顺的。因此，有人为了说通，把“已”当作动词“停止”解，则“斯害也已”——祸害也就停止了，且把“也”理解为现代语言中的“也就”，这就不是古人在说话了。

前面孔子说，“学而不思”或“思而不学”则“罔”“殆”；在此又说，“致力学与思”不能偏离正道，不要钻牛角尖或抱残守缺，否则是非常有害的了。语意自然通顺。

值得一提的是李泽厚先生的解读，现在认同的人很多。其译文：“攻击不同于你的异端学说，那反而是有危害的。”他并记之“（我）认为这可以表现儒学的宽容精神：主张求同存异，不搞排斥异己。”（《论语今读》）首先，儒学有没有这种“宽容精神”值得商榷，至少在《论语》中看不出孔子有这种宽容，倒感觉他坚定地在鼓吹自己的“仁道”思想。孔子还为“有朋自远方来”感到“不亦乐乎”呢——很多人因认同我的学说，皈依到我的门下，多高兴啊。其次，如果是真的存在与你完全相反的异端学说，若不去攻击它（即批判它，否定它），甚至反而去接受它，岂不是要混淆视听？之所以要创立自己的学说，正是由于有坚守的观点、思想，或欲传播自己的主张而使然的。一种学说如果失去了它坚守的东西，就不能称之为学说了。请注意，这里李先生说的不攻击（“不攻击”自然就是“包容”）的，不是与之相近或相辅的其他学术，他用的是“异端”一词。既然称其为异端，当然是指与之相对立的、不可调和的学术观点。真理（至少在作者观念里，认为自己的学术是具备真理性的）是不会包容异端学说的。孔子肯定认为他的学说就是真理，这从他的议论与行动中可以得见。

正确的学说之真理性有可能不完备，但真理肯定是所有正确学说的总和。学说若是包容正确的，哪怕是相近的其他学说，当然是应该的，也是必要的（体现了学说的宽泛性），但如果把与其相反对的或敌对的观点也囊括进来，就必定要失去学说自身的真理性。真理存在的意义就是要驳倒非真理性的谬误，或与之相

① 张世禄主编，复旦大学出版社《古代汉语教程》。

左的异端学说，以正确的思想指导人们的行动，否则要真理做什么？要思想做什么？都做一个植物人好了。所以，李泽厚先生的这一说法是有漏洞的。

至于旁观者视谁的学说为真理，那是旁观者的认识，但创建学说的人必定是要捍卫自己学说的真理性的，这是毋庸置疑的。

18 知所不知方为知

上面孔子讲了，由于攻乎异端是有危害的，所以接下来的关键问题是如何判断有没有走异端，或说学习方法是否正确，即需要真正地知道该怎样为学。所以，什么是知道或什么是不知道，本身就是一个根本性问题了。于是，孔子又解释了什么是“真正知道”。

人有所知，必有所不知，且知所不知，方能知其所知。然而，事实上“知”与“不知”的界线是不易明辨的，特别是初学者，若能辨之即为有智了。经过“学”与“思”之后，你若能知道哪些是你已经知道的，哪些是你所不知道的时，你就算是真的知道了。简单地说，所谓真正的知道就是在于你能“知道自己所不知道”的。孔子似乎在说一个哲学命题。

2.17 子曰：“由！诲女知之乎？知之为知之，不知为不知，是知也。”

由，姓仲名由，字子路，孔子学生，卞（故城在今山东泗水县东五十里）人，比孔子小九岁。

“女”即“汝”，“你”的意思，没有歧义。“是知也”之“知”有解为“智”的，有解为“知道”的。对“知之为知之，不知为不知，是知也”的翻译，大体有以下几种：

（1）知道就说知道，不知道就说不知道，这是明智的态度（通译本）。

（2）知道就是知道，不知道就是不知道，这是聪明的智慧（杨伯峻）。

（3）知道就是知道，不知道就是不知道，这是真正的知道（李泽厚）。

前两种的解读之区别在于，对“知之为知之，不知为不知”一个认为是聪明的态度，一个认为是聪明本身。把“知之为知之，不知为不知”作为“行为观”来说，就是“态度”问题；作为“认识观”来看，就是聪明不聪明的问题，所以两者并无本质上的差别。但两者译文于逻辑上看，有点说不通，因“知道就说知道，不知道就说不知道”确实是一个人对待知识的态度问题，但更多的是品质问题，即能否如实地表达实情。即便这是态度问题，也不能用“智慧不智慧”

来形容，更不是智慧本身，且“态度”也无法作为一个人对某事物知道与不知道的事实判断。可见，其译文是说不通的。

不过，李泽厚先生的译文，能使我们感受到他想表达的意思：什么是真正的知道。但他的这种语言表达显得不自然，以我说应该这样表述会更通俗：什么是真正的知道——知道你所知道的，也知道你所不知道的（这里不是指知道具体的内容）。对一门学问，如果你能清楚地知道哪些是你已经掌握了的，哪些你还没弄明白，说明你是真的知道它了（注意，只是说知道，并不是掌握）。想想我们自己在做学生时：如果对所学的知识内容，只是知道了部分，但还没搞清楚你所不知道的部分，表明你还没有全面了解它，从知识的完整性来看，当然不能说你已经知道它了，更不能说你已经掌握它了。

有一天，孔子的一个小学生和蚂蚱人（蚂蚱的化身）打赌。蚂蚱人说一年有三季，学生说有四季，争执不下，于是请孔子裁决。孔子看了看蚂蚱人，然后平静地对他们说：“一年有三季。”蚂蚱人走了之后，学生问原因，孔子说：“蚂蚱活不过秋天，所以对他来说一年就只有三季，你跟他争会有结果吗?”这就是“三季人”的由来。三季人虽然知道“春夏秋”三季，但根本不知道还有冬季的存在，当然是无知的，哪怕他对“春夏秋”研究得再清楚。而相比这个小学生，即便他分不清现在处在什么季节，但至少他知道一年有四季，也算是有知的。

所谓知道，从更高的层次来说，就是能明确地知道哪些是你还不知道的。如果你只是知道你已经知道的，但对不知道的还有哪些，说不出来，就不能说你是真知道。为什么这么说呢？再譬如说读《论语》吧，现假设《论语》讲的是“仁义礼智信”五德的概念、意义及它们的相互关系，即假设《论语》中有“仁义礼智信”五个要素。虽然你知道了“仁义”（理解得对与错是另一个问题），但你不知道其外还有“礼智信”，即根本不清楚《论语》中还有关于“礼智信”的内容，这能表明你知道《论语》了吗？不能。反之，你虽然只读懂了“仁义”，同时又很清楚你还不懂“礼智信”，可以说你读懂了，至少可以说你会读《论语》了（这样，后面你也会有了明确的学习目标）。一个完整体系的知识内容，要想所有方面都真正弄懂是不可能的，但必须知道它的知识构成，即包含哪些内容、有什么指导意义等，这样学习它才有意义。对一门学科的了解也是一种知识，虽然学要有专攻，但宽广的知识面也有利于专攻，有利于指导你的学习、生活、工作等。

由此可见，“是知也”之“知”不是指智慧不智慧的问题，“知之为知之，不知为不知”也不是讲对“知”的态度问题，孔子表达的还是学习中的问题。他告诉弟子：学习知识时什么叫掌握了——不在于你知道了什么，而更主要的是你能十分明白还不知道什么。当然，这里的知识不是宽泛的知识概念，应是指具体的某一项学习内容，比如某门课的某个单元知识等。当时孔子所问“诲女知之乎”时，“知之”的“之”必定是有所指的。

接下来，最大的分歧是对“由诲女知之乎”的解读，问题主要出在对它的断句的不同，大体有这么几种情况。

（1）“由！诲女知之乎！”——由！我教给你对待知或不知的正确态度吧！（杨伯峻）

（2）“由！诲，女知之乎？”——由！我所教的东西，你知道了吗？（南怀瑾）

（3）“由，诲女，知之乎？”——子路，我告诉你，你知道吗？知道的就是知道。（金纲）

（4）“由诲女，知之乎？”——子路教给你的，你们都知道了吗？（本书作者）

这里都把“由”单独成句，认为是孔子对由（仲由，子路）说的，唤其名，是为着重提醒，形如：仲由你听好了！而我认为这不太合乎情理，如此直乎其名，其口气于情理上也是对他人的不尊重。首先，这种行文断句在《论语》中别无二例。古人在表达对某人而言时，一般在其名后加助词“也”，如“赐也！尔爱其羊，我爱其礼”“由也好勇过我”（第十五篇《卫灵公》第四章“由知德者鲜矣”中的断句、解读也存在同样的问题）等，还有用“子语由曰：……”的形式来表达。其次，对古文断句时，我们不能想当然，除看它是否合文法之外，还要考虑它能否符合人们通常的阅读、朗读习惯（毕竟文章是给别人读的），更不能用你的解读结论来反推句读，否则就是附会。

“由诲女，知之乎？”——仲由教给你们的知识掌握了吗？如此解释，句子成分完整，语言通顺自然，且符合古之文法。

这样一来，孔子“知之乎”之问，显然就不是对子路而发的了，似对子路的弟子而言。我们不妨顺着以下思路想想：子路是孔子早年的弟子，且长期追随先生，更重要的是子路只比老师小 9 岁（当时孔子的弟子中还有比子路小 30 多岁的小小弟子）。我们心究一下：孔子有那么多学生，他一个人施教应该没有这么大的精力。就像现在的大学老师，除了教学之外还要承担科研任务，设助教是很正常的事情。我想，很有可能子路当时就担任孔子的助教。若果真如此，那么这里就是孔子对他的“小小弟子”们所做的“学习情况的一次访问检查”。我想并不是没有这个可能性吧。

我们尝试着想象这样的情景——

作为老师的孔子出差了，于是把学生交给了助教子路。几日后，孔子回来，想到应该去了解一下他出去的这段时间里，学生们的学习情况，于是来到教室，问他的小小弟子们："仲由大师兄教你们的东西，你们都知道了吗?"这时，这些小小弟子们不知如何应答。为什么呢？因为这个题目太难了，难在"知"与"不知"的答案选择上。实际情况是对子路所教的东西有的知道了，但有的还不知道，这时如果要是回答"不知道"吧，但有的已经知道了；要是回答"知道了"吧，可有些明明还不知道。正当学生们只是你看我，我看你，不知如何是好时，孔子猜到了学生的困惑，于是接着启发说："如果你们能知道哪些是已经知道的，哪些还不知道，就算是真的知道了。"接着学生就能回答了。

我们都做过学生，能想通：如果你学了一门课程后，能真正搞清楚你掌握了哪些，还没有掌握哪些，说明你学通了该课程。就怕你分不清哪些是你会了的，哪些是你还不会的。所谓"学问愈深，未知愈重"，这里的"重"不是指未知的东西在数量上的增多，而是对不知道的东西认识越来越深刻时心理上的一种感觉。所以说，你对未知的东西了解得越明晰，越表明你学问的深厚。"知之为知之，不知为不知"，这仍然是一个"学而思，思而学"的方法问题，是判断你对某一事物是知道了还是不知道的标准，而不是大家所说的"学习要虚心，不要不懂装懂"的态度问题。孔子的这种"知道"观真是太深刻了！

今天人们对于《论语》的解读，于无意之中多少受了"孔圣人"的影响，把他所说的每句话都上升到"礼""义"的纲常上去，于是有些解释不得不自圆其说。孔子开始就是个私塾先生，是后人把他推上了"神坛"的，所以不是他的每句话都是"最高指示"，但无可否认孔子是智慧的。大道理往往就隐匿在最朴实的语言里。这里，我们要用哲学的思维来理解孔子这句话。

19　求禄更须知不知

不明白的话不说，就不会有说错话的情况；不知道的事不做，就不会有后悔的情况。尤其是领导者，更不能胡乱说话或乱表态，因为你不是代表个人，所以谨言慎行是必须要坚守的，否则官位就不保了。但问题首先是，如何能清楚地判断出你所不知道的话和不明白的事？由此，反观上章"不知为不知"的问题，知道自己所不知道的领域是什么是何等重要。

2.18　子张学干禄。子曰："多闻阙疑，慎言其余，则寡尤；多见阙殆，慎行其余，则寡悔。言寡尤，行寡悔，禄在其中矣。"

子张，孔子晚年弟子，姓颛孙，名师，陈人，比孔子小四十八岁。

古代的“俸”和“禄”是两回事，“俸”等于现在的月薪，“禄”是食物配给，其禄位是可以永远继承的，所以过去重禄位。后来“俸禄”统指俸薪，当然古代只有“官人”才有俸禄。“干”有“做”的意思，“干禄”，通过做而求得俸禄，意思就是当官。“学干禄”，通俗地讲，就是想通过求学为仕。将来为仕了，就是参政为政。“学干禄”在某种意义上讲，就是学习为官之道。所以，当子张来向孔子学习如何做官时，孔子教导：多听多看，不知道的不要说、不要做，即便对知道的也要谨慎言行，即设法做到“言寡尤，行寡悔”，就能“禄在其中”——［在这种言行方式中］就可以保住禄位了。

何能“言寡尤”——多闻阙疑，慎言其余，则寡尤。

下面先解析一下“阙”字。“阙”字的本义为古代皇宫大门前两边供瞭望的“楼阁”，即“宫阙”。由于宫阙是建在门两边的，所以“阙”字有“门”，门内有“逆”（倒立的人形），“手拿带杈的兵器”（欠）。其合之表象为：在瞭望阁上“带兵器的人朝下观望”。由于后来的帝王陵墓或神庙前，都要建似宫阙一样的竖立的石雕，于是把这种石雕也称为“阙”了。不管是宫门前的阙，还是墓庙前的阙，都是成对出现的。这一对阙之间是有空缺的，所以“阙”就同“缺”义了（加之音也同）。这里“阙疑”的“阙”就同“缺”义，相当于“缺疑”——“使疑缺”（使动用法）。假使一面完整的砖墙，拿掉一块砖放到别的地方去，那么就“使墙缺”了。“使疑缺”就是把“疑”拿走，置于他处，所以“阙”在“缺”的义项上作使动用法时，就有了“搁置”的意思。

“多闻阙疑，慎言其余”——多听并把有疑问的情况放到一边去，剩余的情况（没有疑问的情况，因有疑问的已拿走了，余下的当然是没有疑问的）也要小心谨慎地讲。这样就不会说出自己还没太弄明白的话，即说错话的可能性就小了。因此，因言获罪的情况就不会发生，所以“言寡尤”。

“寡尤”之“寡”是“少”的意思。“尤”取“过错、错误”义。“尤”字的具体分析，可参看《学而》篇第30节。“尤”，系手（又）上多出一指头，表明不是正常情况下的人之手，是“特殊的”“突出的”“特异的”（“尤”的本义）。由于它不正常，所以就是“错的”，当然也是一种“过错”。由于是“有错的”，于是会让人“怨恨”和“责怪”（“尤”的引申义）。其“特别的”义后虚化成了副词，表示更进一步或程度极高，等同于“尤其”“更加”“格外”等。

“多见阙殆，慎行其余，则寡悔”，遇事要多看，把不明白的事先放到一边，余下来的事也要小心翼翼地做。这样就不会因做出过分的或违礼的事而感到后悔了，所以“行寡悔”。“殆”字前面做过分析，这里取“疑惑”讲，与“疑”同义。

多听、多看、多问也是一种获得知识的途径，是提高学问的方法之一，也算是好学了（好的、聪明的学习之法）。把不清楚的、不懂的先放在一边，就是对自己所明白的，也要谨言慎行，如此就会少犯错误。这对于立志求学，将来想要参政的人来说，是必须具备的基本素质。所以，这是《论语》编者把本章放在《为政》篇中的原因。

我们再结合上章“知之为知之，不知为不知，是知也”来理解，能做到“阙疑”和“阙殆”——把不知道的（即有“疑惑”的），从你所知道的当中正确地分离出来，放到一边去，这需要具备什么能力呢？那当然是你能清楚地知道哪些是你所不知道的。可见“知道”（即知识）是你人生立于不败之地的必要前提，为政更是如此。

上面说，为政需要知识能力，但知识毕竟不能代替行为本身，为政者如何做事才能服民，还取决于德行。接下来两章我们看孔子对为政者是怎么说的。

20 举直压狂民心服

任人唯贤，不任人唯亲，这是当政者最基本的用人原则，否则人民内心不会臣服，其理浅显。其实，当权者的妄为，并非是不知其善恶，而是权力无限制之下的放任。可以说不能举直任能也是社会的通病，古代有之，现代依然有之，这是特权之下的必然，仅仅依靠道德的说教是不可能根除的。

2.19 哀公问曰：“何为则民服？”孔子对曰：“举直错诸枉，则民服；举枉错诸直，则民不服。”

哀公，姓姬名蒋，当时的鲁国国君，定公之子，继定公而即位，在位二十七年。哀是其谥号。

鲁哀公问孔子：“国君怎样做才能使百姓心服而顺从？”孔子对曰：抬举正直的人，以打压邪曲的人，百姓就会顺服；反之，百姓不服。这里用“对曰”是因为“凡君问，皆称孔子对者，尊君也”，《论语》中出现“对曰”时，表示下对上的答复之辞。这里孔子强调的是，一个统治国家的君王，要想国民归服，首先自己要树立正气，以正压邪。提拔任用那些品德高尚、思想正直、不存邪念的有学之士，同时要打压奸臣，排挤小人，以仁政服人。这与孔子“为政以德”的观点相统一。

解读本章的关键在于对“举直错诸枉”的正确理解。

首先，我们从文章结句的形式上看，“举”与“错”相对而言之，其义应相冲。“举”的本义是“举起”，可引申为“抬举”“提拔”。我们知道“错”的基本义是“错杂”“交错”，然而，在凹下去的文字或花纹中镶上金、银，这种工艺形式，也称“错”，如“错金”等，有“放置”的意思。另外，古文字中“错”也指打磨玉石时的一种加工方法或手段，当动词用，就是“攻错”（打磨玉石），同“锉”义。《广雅》：“错，磨也。”打磨的目的是为“把高出表面交错不平的毛点，磨下去”，使之光滑。因此，“错”也有“打压”的意思。

但多数人在这里把“错”当作“措”，再解为“放置（置其上）”，这没有充分的理由。解“错”为“废置”也是牵强附会。如杨伯峻译之“把正直的人提拔出来，放在邪曲的人之上”，按此说法，如果同为两个做官的人，一者正直，一者邪曲，为使人服，即把正直者官位提一级，使之高于邪曲者。这看似公正了，可邪曲者依旧在位当道，并无因此受挫，这是什么政治？如果“错”取“打压”义，那就是说，对枉法者进行打击，或开除，甚至法办，这样做才算是清政。显然取“错”的“打压”义时，其语意更为深刻。由此看来，完全没有必要绕弯子，把“错”解为“措”，再将“措”解为“置”，真是多此一举。

“直”与“枉”词义正是相反的。“直”的甲骨文是为一眼上加一竖，义为“直视”，由此可以引申出“正直”“不弯曲”义；因其不弯曲从而引申出“正”“合乎正义的”义；又可引申指为人的“耿直”“刚直”，或“正直的人”等词义。“枉”的本义是“弯曲”“歪斜”，也可引申指有“邪念”“邪恶”或“心术不正的人”。

朱子解：“诸，众也。”但杨伯峻认为“诸”是“之于”的合音，因为“枉”“直”是以虚代实的名词，古文中的“众”“诸”这类数量形容词，一般只放在真正的实体词之上，不放在这种以虚代实的词之上。这种解译是对的，但在这里我认为“诸”就是语气助词，无实义。杨先生这样解读的目的，是想为支持他的“放在……之上”的翻译形式找理由。

此章孔子论为政，仍以德为重。喜直恶枉，乃人心所共有之价值取向。为君若能具备此德，人自服而化之。私人道德与政治事业，是如影随形、如响随声的。

21 行劝难使民敬忠

一个人对其所从业的事能否敬忠（兢兢业业，忠于职守），或敬忠的程度如何取决于他对此事业的敬爱程度。敬爱的程度除了其兴趣使然，更多的是要视其具备多大的职业道德之心。在家天下的时代，国是国之君的，民务事当为君谋事，所以民具备多少职业道德之心就取决于国君的态度了，即对国，对民的态度。因此，仅仅靠劝勉是无能为力的。

人才是国家的财富，但人的成才或成多大的才，有时不都是个体主观上的努力所能够实现的。即对人才的培养能到什么程度，多少人能得到国家的培养等，除与其人的资质有关外，还受制于国力对教育的支配能力。所以，在资源贫乏之下，举善而教是社会教育的必然常态。

2.20　季康子问："使民敬、忠以劝，如之何?"子曰："临之以庄，则敬，孝慈，则忠，举善而教不能，则劝。"

季康子，即季孙肥，鲁哀公时正卿大夫，是当时政治上最有权力的人。"康"是谥号。

学者们对本章的翻译，分歧也比较大，为便于说明先分别取有代表性的例解如下：

1. 使民敬、忠以劝，如之何?

(1) 要使人民严肃认真（敬）、尽心竭力（忠）和（以）互相勉励（劝），应该怎么办呢?（杨伯峻）

(2) 怎样使人民对我尊敬（敬）、忠实（忠）、而又（以）努力干（劝），应该如何办呢?（通译本）

在上面的两种解释中：

①"使"，都被解为"让、叫、致使"义。

②"敬"，一者解为"严肃认真"，即它的"敬业"义，表示对"事"的一种态度；二者解为"尊敬"义，表示对"人"的一种态度。其区别在于"敬"的对象不同，一个是"人"，一个是"事"。

③ 同样，他们对"忠"的解释也不同：一个是对事的"尽力""尽心"；一个是对人的"忠实、忠诚"。

④ 他们把"以"都当作了连词，且"劝"字一者被解释为"劝勉"（劝说勉励）。由于劝说或勉励是要有对象的，于是译文中增加了"互相"一词。一者被解释为"加勉，努力"义。

2. 临之以庄，则敬

(1) 你对待人民的事情严肃认真，他们对待你的政令也会严肃认真了。（杨伯峻）

(2) 你对他们能庄重，他们自会敬你。（钱穆）

杨伯峻的解读增字太多，偏离文意较远。钱穆解"敬"为"对人的尊敬"，偏离了"敬"的本义，因"敬"的本义是对事而言的。

3. 孝慈，则忠

(1) 你孝顺父母，慈爱幼小，他们也就会对你尽心竭力了。(杨伯峻)

(2) 你让他们都能孝其老，慈其幼，他们自会忠于你。(钱穆)

对“孝”的对象，学者们都认为是“自己父母”；对“慈”的对象，有说是指“自己的兄弟”，有说是“比自己小的人”，有说是“家里的人”，也有说是“全体的人”。

我认为，既然“孝慈”连用，它们所指的对象应该是一致的，要么是“家里的人”，要么是“全体的人”，不存在分指家人和外人。其实，正如我前面强调的，在孔子观念里，“孝慈”的对象是泛指“所有的可孝（慈）之人”，并非后儒们所说的只是指自己的“父母子女”。古代“父”是指能管教自己的“长辈男”，“母”是指能乳养自己的“长辈女”。

杨伯峻认为孝慈的对象是“君”自家的父母兄弟。我们用心想想，为君的只孝自己的父母，人民就忠了？关键是看他对民能否孝慈。钱穆认为为君的，要设法让民做到孝慈他们自己家的亲人，这样民自然就忠君了。钱穆的观点有问题。首先，君之问是如何才能让民“敬”“忠”“劝”，当然应该是指君如何做，而不是指让民如何做。其次，问题是又该如何才能让民“孝慈”？如此理解，这一“问”又回到了季康子问题的本身了，即等于没有回答。为此，通译本作译文时添加了“提倡”一词——你提倡孝慈，则……这与钱穆的观点一样。

4. 举善而教不能则劝

(1) 你提拔好人，教育能力弱的人，他们也就会劝勉了。(杨伯峻)

(2) 你拔用他们中间的善人，并教导他们中间不能的人，他们自会互相劝勉，加倍努力了。(钱穆)

二者将此句都断为：“举善而教不能，则劝”——推举任用善良的能人，教育能力、水平差的人，那么人们就会“相互劝勉”了。这在逻辑上也是说不通的。“举贤任能，教育不能”，与“民能相劝”几乎找不出一点直接的因果关系。要知道这里的“民”（对“民”的解读可参看第一篇《人民本非一家人》节），是社会最低层的人。当他们看到统治者“举善而教不能”时，能自觉“劝勉”吗？不可能的事。这与他们的利益没有直接关系，因为他们根本没有这个觉悟。如果真有这个觉悟，他们就不属于“民”的阶层了。

另外，对“不能”的人“教”，是当然的，但对“善”（有能有德）的人就不用“教”了？难道“善”是他天生出来的不成？事实应该正相反，对“有能力的人”更应该教化、培养、引导，这样才能让他们的“善”更好地服务人民、贡献社会。而对“不能”的人则要劝勉，要求他们安分守己好好求“善”，并勤劳做事等。对全民教化，同时培养重点专项人才，这才是一个正常社会的教育制度，社会才能可持续发展。

以上我分四点列举了多数人在对本章解读时存在的一些错误或不足。造成以上错误解读的根本原因，我认为是没有对季康子之问“使民敬忠以劝，如之何”进行正确理解。

对“使民敬忠以劝”，南怀瑾先生解读得比较好。他解“使民”为“用民”，“劝”为“劝说”“劝导”，“以”是“用”的意思。谁“使民”？谁又能“使民”？当然是像季康子之类的当权大夫了。

季康子是想问孔子：“在用民时采用劝导的方式，让他们‘敬业’并‘忠于职守’，这样做怎么样？”“如之何”与“如何”“何如”意思相同，根据语境的不同，具体翻译可以不一样：如果问题的题意是对一件事的评价，“何如”就是“怎么样”；如果题意是问“某件事应该怎么做”，“何如”就是“怎么办”；如果题意是问“某事项的定义”，“何如”就是“是什么”；等等。这里的“敬”和“忠”都应该取它们的本义，即对其所为之事的“敬业”和“忠于职守”的态度（对这两个字的字义解读可参看《学而》篇中相关的内容），因为把“使民”作“用民”解后，意思当然是让其做事了。

这里，季康子的问题是让孔子对“使民敬忠”用“劝”这一做法发表意见。而孔子对此并没有做正面的评价，只说出了他自己的一个观点。也许是因为孔子不好当着一国之大夫（实为国家实权派）的面，直接否定他的观点，也或许是孔子故意答非所问。在孔子看来，只有说教式的劝勉，是不可能让民敬忠于君之事业的，即敬和忠不是靠“劝说”所能为之的，必须要用自己的人格魅力来影响或感化民众。孔子还是在强调他一贯主张的“为政以德”，即为政者自己要用道德的示范力。

“临”为“接近”“临近”，也有“来到，参与，面对”义（临字的解读可参看《八佾》篇的24节），这里有“领导、带领”的意思。“临之以庄，则敬，孝慈，则忠”，其义就是参与人民的事（即有领导人民的意思），如果你态度端庄、认真，行为严谨，则人民就会敬业、做事勤奋，因为你是严肃认真的；如果你对年长者有孝心，且对弱者慈爱，并节用爱民，又能使之以时，则人民就会做事认真，并能忠于职守，因为你的大爱之心感染了他们。孔子是让季康子明白，要让人民敬业于你所指派的事，不是用“劝导”能做到的，而是要用领导者高尚无私、友爱大度的人格魅力来赢得。

“举善而教不能则劝”，我认为应该这样断句：“举善而教，不能则劝。”意思是说：“选举善才之人施以教化、任用，对于那些不够优秀之人，或不求进步的人再加以劝勉。”正如现代的大学教育，招生是择优录取，没有哪所大学会招收“不能”之人吧。这也是适应社会发展的需要，是国家对人才不同层次的需求所致。对那些能力差的、不能上大学的，可进行职业教育，再不行就进行岗位培训，即量其才力施行分层次教育和培养。当然，还要对不务正业者加以劝导、教育，对犯罪者施以法律惩罚。社会的实际情况是，对能者提供最大化的个人发展空间，才能更好地激发不能者的自觉努力，才能形成人人勤奋的良好风气，社会才会在良性的竞争之下得到发展与进步。相反，若是放任能者，不仅不能者不能得到更好的培养，而且能者也会受到心理上的打击，最终对社会发展也是一种摧残。可见，“举善而教”是国家发展强大的有力手段。

文中的“善”是针对德才之力的大小而言的，即指为官的能力与条件比较好。古代教育资源匮乏，人民不可能大范围接受教育（特别是“民”的阶层，他们处于社会的最底层，接受专业的培养教育根本是不可能的事。能接受普通教育就是天上掉馅饼了），教育只能是培养精英，且古代统治者对受教育者的期望就是将来能出仕为官，为朝廷服务的。所以，国家不可能对众多人数的“民”施行教育，这也是不现实的。

也许有人看到孔子对“为政”之论如此滔滔不绝、头头是道，想要反问孔子，那你为什么不去直接参政呢？下面看孔子是怎么回答的。

22　孔子思想参政观

当权者是政治的直接参与者、影响者，这毋庸置疑。但人民对国家的政治影响力也是客观存在的，只是不同的政治制度之下，其作用力的大小不同而已。尤其是知识分子对政治的影响力更是不能忽视，历史也证明了这点。孔子正以一个知识分子的身份，参与着改造人类精神世界的活动，从而影响着国家的政治走向。历史也证明，孔子对中国政治的影响已达上千年，其影响力之大之久是无人能比的。

孔子也认为他所宣扬的仁道思想，就是对政治的一种参与。“仁”的本心就是“孝”，因此弘扬孝道就是宣扬仁道，是对社会道德教化的一种主张，当然也是一种对政治的间接参与。这在孔子看来，可能要比直接的参政更有深远的意义，而且在孔子的理想中不只是想改造一国一邦，所以他没有选择直接参政。

2.21　或谓孔子曰：“子奚不为政？”子曰：“书云：‘孝乎！惟孝，友于兄弟，施于有政。’是亦为政，奚其为为政？”

对本章的翻译，杨伯峻先生最有代表性，其译文如下：

有人对孔子道："你为什么不参与政治?"孔子道："《尚书》上说，'孝呀，只有孝顺父母，友爱兄弟，把这种风气影响到政治上去。'这也就是参与政治了呀，为什么一定要做官才算参与政治呢?"——此译纯是自述己怀，可以说完全没有尊重原文中的字句。至少对"孝乎！惟孝，友于兄弟，施于有政"的翻译太牵强；对"奚其为为政"的解读更是想当然，如他所释，那句中的"其为"怎解?

首先，我认为他对本章"子曰"部分断句不当。南怀瑾先生的断句，我认为比较合理——子曰："书云：'孝乎惟孝、友于兄弟'，施于有政，是亦为政。奚其为为政?"

"孝乎惟孝、友于兄弟"，此处的"乎"是语气助词。其句意为"孝敬天下可孝之人，友爱天下兄弟姐妹"。这宣扬的乃应是大爱的孝悌观（"孝悌观"我在第一篇第9节有讲，读者可参考)，如果把"施于有政"归并其中，不仅文法不合辙，语义更讲不通。

"施于有政，是亦为政"——宣扬这种"仁道"（指"孝乎惟孝、友于兄弟"的思想意识）并延及于国家政治，这也是一种参政行为。句中"有"是表示一种存在状态的助词，无实义。"是"为指示代词，相当于"这、这个"。孔子毕生宣扬"仁"，并游说各国君主要施行"仁政""德政"，孔子认为他的这种行为就是在"为政"。所以，当"有些人"问他"奚不为政?"——怎么不出来为政(指出仕为官，直接参与政事)，孔子反问："奚其为为政?"——为什么非要像你们认为的那种做法（直接参与政事）才算是为政呢?两个"为"都是动词。"其为"中的"其"指代的是"或谓者"，"为"意思是指"或谓者"们所认为的"为政形式或做法"。

可见，弘扬仁道（文中所引"孝道"应该看作"仁道"的代称)、传播文化也是一种形式的参政，这其中知识分子的作用力更大。孔子一生大部分时间正是以这种方式来参与政治的。汉以后统治者选用孔子为代表的儒家思想来治国，更是孔子为政的最高表现形式。孔子的为政观，就是在今天看来也是有其积极意义的，全民参与是民主政治的必然，也正所谓国家兴亡匹夫有责，尤其是知识分子。

23 人若不信无一是

尽管人之美德体现在很多方面，如诚实、守信、孝敬、慈爱、忠心……但人若无"信"，在孔子看来其他所有的德行统统免谈，有一票否决权。可见，"信"在孔子眼里占据人之德根本性之分量。人若无信将如粪土。

2.22　子曰："人而无信，不知其可也。大车无輗（輗），小车无軏（軏），其何以行之哉?"

輗，音（ní）；軏，音（yuè）。古代用牛力的车叫大车，用马力的车叫小车。两者都要把牲口套在车辕上。车辕前面有一道横木，就是驾牲口的地方。那横木，大车上的叫作鬲，小车上的叫作衡。鬲、衡两头都有关键（活鐨），輗就是鬲的关键，軏就是衡的关键。车子如果没有了輗或軏，自然无法套住牲口，那车怎么能行走呢?

"人而无信，不知其可也"强调的是"信"在人之德行中的决定性地位，后面一句话是孔子用车无輗軏无法行走作类比，喻示"信"对人之德行的关键性作用。"信之于人重矣，犹舆之輗軏也。"（汉·刘向《新序·节士》）"信"其本义是"人说的话"，即"真话"，真话可以"相信"，可兑现（兑现承诺就是"守信"），能说真话的人是"诚实"的，是可以"信任和信赖"的。因此，"说真话"是一个人有"信"的前提。可以想象一下，一个人要是真的没有了"信"，还真是一无是处，其他的德行也肯定建立不起来。可见，"信"是一个人一切美好德行的根本，如果失去了这个根本"人也将不人"了。

本章文字不难理解，只是对"不知其可也"，由于各人对"可"的不同解读，因而译法也不同。如杨伯峻译为"不知那怎么可以"。钱穆译为"我不知还能做得些什么"等。我认为"可"应取"认可"义。"人而无信，不知其可也"——对于一个连说话都不讲真话的人，不知道他还有什么值得认可的地方了。就是说，如果一个人总爱说假话，做事不讲信誉，为人不守诚信，那他就是一个一无是处之人，如粪土一般了。孔子把"信"看作是做人的最起码条件，即便其他方面做得再优秀，没有"信"也不值得认可。

在《为政》篇，讲到"信"，有人感觉很突然，几乎与为政不相干。其实孔子所强调"信"是对为政者发出的警示。因为信是一个人所有行为的基本立足点，人若没有"信"，一切就免谈了，对为政之人而言，若无"信"就如马车没有了"輗軏"一样，寸步难行，为国也难能有治。

24　文化总归存渊源

任何一种文化的存在都不可能脱离其根源性。社会制度作为一种文化存在形式，无论如何变化、发展，必定是在继承基础上发展的，这是社会的自然规律。

2.23　子张问："十世可知也？"子曰："殷因于夏礼，所损益，可知也；周因于殷礼，所损益，可知也；其或继周者，虽百世可知也。"

"十世可知也"，从下文孔子的答案来看，可断定子张是问今后十代的礼仪制度能否被预知。子张问预知的意图，可能是想说能否制定出一个好的、完善的且能世世代代施行下去的制度来。孔子很肯定：可以，只要继承周礼，并适时加以修改，就能行用百代之久。由此可见，孔子也十分相信文化和制度的发展是传承的，不可能完全割裂掉，同时要与时俱进，在继承的基础上不断修正不足。

"也"字同"乎"或"耶"，表疑问。"世"，不同于现在一个"世纪"的100年，而是30年（"世"的古文字为"卅、卋"，表示"三十"），相当于俗语的"一代"。但这里的"一代"是指"一代人"的间隔年限，还是"一个朝代"呢？那么"十世"到底是指多少年，在这里就分出了不同观点。朱熹认为"王者易姓受命为一世"即"一个朝代"，朝代是有长有短的。大多数学者都取这个观点。

礼仪制度由夏朝创立，继而到殷朝，再沿袭至周朝。礼仪制度在沿袭的过程中，并不是完全照搬，而是在一些地方（所）做过相应的调整，或废除（损）或增加（益）。虽然历史是发展的，但总是在继承的基础上发展，文化的发展更是如此，不可能是无源之水。所损所益，也是与时俱进。由此历史观可知，周以后的朝代，也必是对"周"礼仪文化的继承。所以，孔子敢断言"即使百世之后"的社会"礼仪"要求，也是可以预知出来的。就是在当今如此进步、如此文明的社会里，尊老爱幼、爱岗敬业等一些"处世"的道德原则，也都是出自中国之《礼》。可见，孔子也是一位了不起的历史唯物主义者。

"殷（周）因于夏（殷）礼"，其"因"为"因袭、沿袭、沿用"义。"所损益"，"所"有"场所"义，这里指"礼仪制度"中的某些方面的内容；"损"为"减损""删减"义；"益"是"增益""添加"或"增加"义。"其或继周者"，"其或"为不定指示代词。

人们在解读"殷因于夏礼，所损益，可知也"时，都把"可知也"中的"可知"的内容理解为是"所损益"的部分，这是错误的。孔子的本意是强调，其虽然有所损益，但还是可以预知的，可预知的对象是整体，不是指个别。因为它是沿袭下来的，改动只是小部分，即便改动，它的总体精神也是不会改变的，所以，仍然可以预知。

朱子曰："天叙天秩，人所共由，礼之本也。商不能改乎夏，周不能改乎商，所谓天地之常经也。若乃制度文为，或太过则当损，或不足则当益，益之损之，与时宜之，而所因者不坏，是古今之通义也。因往推来，虽百世之远，不过如此而已矣。”尊重天道是礼制精神的根本，沿革是必然，也是与时俱进，这是“天命”。天道就是自然，自然就是规律，依此规律推衍，虽百世之远皆可预知。

所以，发展要尊重历史，尊重规律，要尊天重道（尊重自然），拍脑袋制定出来的政治制度必然是荒谬的。

25　勿谄他鬼崇吾志

反对该反对的，拥护该拥护的，即在思想上、行动上都应该分辨是非，爱憎分明，立场坚定，否则就如“非其鬼而祭”。有了正确的思想方向与行动目标，就要勇敢作为，否则就如见义而不为。孔子认为他的为政理念就是正宗，就是正义。本章之言是孔子在其《为政》篇中，对当时的统治阶级发出的最后的呼唤与呐喊：勿祭他人鬼，但崇吾之志。

2.24　子曰：“非其鬼而祭之，谄也。见义不为，无勇也。”

鬼，古代人死后都叫“鬼”，一般指已死的祖先，但也偶有泛指的。“祭”，这里指“祭奠”，祭是“吉祭”，“奠”称“凶祭”。人初死，陈设饮食以安其灵魂，叫作“奠”。祭鬼的目的一般是祈福。谄，谄媚，阿谀（“谄”字的详细解读，可参看《学而》篇第31节）。

孔子认为：“不是自己家的鬼神，而去祭祀他，这是在谄媚。眼见到应该为义出手的事情，却袖手旁观，这是怯懦的表现。”做人应该不卑不亢，见义勇为。

那么，《为政》篇末为何引用本章于此？看似有所不合，但细究之，深感寓意之精。因人与鬼是阴阳两隔的，存一天一地之差，于是在中国文化中，于人鬼常作正邪之比，如常言的“人话”（可信之言）与“鬼话”（胡言乱语）。“非其鬼而祭之，谄也”的另一层含义是：不要对“邪教”加以推崇，否则也会陷入邪道。言下之意，孔子强调他自己的为政观才是值得统治者推崇的，因为它是合义的、适宜的，如若不用就是见义不能勇为，大大的懦夫！——对自己的为政理念，孔子似乎到了自吹自擂的地步，也许是孔子对救世的迫不及待所使然。然而，孔子的自负，正是出于他对自己政治理念的强烈自信。

可见，置本章于《为政》之尾，《论语》的编撰者用意是非同寻常的。

卷三　《八佾》篇

本篇共二十六章，主要是孔子论礼乐之事，如何守礼及守怎样的礼，做事如何适礼，如何用礼，怎样正确对待礼，等等。全文如下：

3.1 孔子谓季氏：“八佾舞于庭，是可忍也，孰不可忍也？”

3.2 三家者以雍彻。子曰：“‘相维辟公，天子穆穆’，奚取于三家之堂？”

3.3 子曰：“人而不仁，如礼何？人而不仁，如乐何？”

3.4 林放问礼之本。子曰：“大哉问！礼，与其奢也，宁俭；丧，与其易也，宁戚。”

3.5 子曰：“夷狄之有君，不如诸夏之亡也。”

3.6 季氏旅于泰山。子谓冉有曰：“女弗能救与？”对曰：“不能。”子曰：“呜呼！曾谓泰山，不如林放乎？”

3.7 子曰：“君子无所争，必也射乎！揖让而升，下而饮，其争也君子。”

3.8 子夏问曰：“‘巧笑倩兮，美目盼兮，素以为绚兮。’何谓也？”子曰：“绘事后素。”曰：“礼后乎？”子曰：“起予者商也！始可与言诗已矣。”

3.9 子曰：“夏礼，吾能言之，杞不足征也；殷礼，吾能言之，宋不足征也。文献不足故也，足则吾能征之矣。”

3.10 子曰：“禘自既灌而往者，吾不欲观之矣。”

3.11 或问禘之说。子曰：“不知也。知其说者之于天下也，其如示诸斯乎！”指其掌。

3.12 祭如在，祭神如神在。子曰：“吾不与祭，如不祭。”

3.13 王孙贾问曰：“与其媚于奥，宁媚于灶，何谓也？”子曰：“不然，获罪于天，无所祷也。”

3.14 子曰：“周监于二代，郁郁乎文哉！吾从周。”

3.15 子入大庙，每事问。或曰：“孰谓鄹人之子知礼乎？入大庙，每事问。”子闻之曰：“是礼也。”

3.16 子曰：“射不主皮，为力不同科，古之道也。”

3.17 子贡欲去告朔之饩羊。子曰："赐也，尔爱其羊，我爱其礼。"

3.18 子曰："事君尽礼，人以为谄也。"

3.19 定公问："君使臣，臣事君，如之何？"孔子对曰："君使臣以礼，臣事君以忠。"

3.20 子曰："关雎，乐而不淫，哀而不伤。"

3.21 哀公问社于宰我。宰我对曰："夏后氏以松，殷人以柏，周人以栗，曰使民战栗。"子闻之曰："成事不说，遂事不谏，既往不咎。"

3.22 子曰："管仲之器小哉！"或曰："管仲俭乎？"曰："管氏有三归，官事不摄，焉得俭？""然则管仲知礼乎？"曰："邦君树塞门，管氏亦树塞门；邦君为两君之好，有反坫，管氏亦有反坫。管氏而知礼，孰不知礼？"

3.23 子语鲁大师乐。曰："乐其可知也：始作，翕如也；从之，纯如也，皦如也，绎如也，以成。"

3.24 仪封人请见。曰："君子之至于斯也，吾未尝不得见也。"从者见之。出曰："二三子，何患于丧乎？天下之无道也久矣，天将以夫子为木铎。"

3.25 子谓韶，"尽美矣，又尽善也。"谓武，"尽美矣，未尽善也"。

3.26 子曰："居上不宽，为礼不敬，临丧不哀，吾何以观之哉？"

1　死猪不怕开火烫

南怀瑾先生在《论语别裁》中于此处有一段关于"礼"与中国"文化"的表述。此说对理解本篇有一定的启发性，故录之如下。

"礼"是中国文化中最重要的一环，所以我们要了解中国文化，五经中《礼》这部书是不能不研究的，尤其因为它偏向于中国哲学思想的根本，同时包括形而上宗教哲学的问题。但本篇是以过去的观念而言，当然，我们现在讲的"文化"这个名词，与过去的观念不同。过去的观念，文化偏重于人文——人伦的道理，即是伦理的道德，政治的伦理与社会的伦理。现在"文化"这个名词的含义，包括了政治、经济、军事、社会、教育、哲学、宗教等等归纳起来，成为文化的总体。因此，对于"文化"这一名词，古今定义的不同，为了讲书的方便，应该先有一个认识。我们说《八佾》这一篇全篇的精神在于文化，是切合古代所谓"文化"的定义而言的。第一篇《学而》，是个人求学的宗旨；第二篇《为政》，也就是为学的外用；第三篇是把个人的内圣为学，乃至于外用的为政，综合起来的文化精神，放在《八佾》篇中，这是从一个故事开始的。

3.1 孔子谓季氏："八佾舞于庭，是可忍也，孰不可忍也？"

八佾（yì），古代天子（相当于中央政府的皇帝）在举行国家大典开始时的舞蹈礼乐，象征着国家的精神。据史载，"八佾"的舞蹈形式为：八个人为一行，这一行叫一佾，八行共有八八六十四人，只有天子才能用。诸侯用六佾（四十八人），大夫用四佾（三十二人），士用二佾（十六人）。这种形式是固定的，周礼对此有严格的规定，按礼不能逾越。

这里的季氏当指季平子的可能性大。孟孙氏、叔孙氏和季孙氏（鲁恒公的三系子孙，故称"三恒"。恒公有三子：庆父、叔牙、季友，其三子对应之后分别称孟孙氏、叔孙氏和季孙氏），称为"三家"贵族。春秋后期，他们三家掌握着鲁国的实政大权，大大削弱了鲁之国君鲁昭公的权力。后来鲁昭公不能忍受，抑或被逼到齐国，后又流亡到晋，最终死于晋国的乾侯。这或许是孔子所预言的季氏所能"忍心"做出来的事吧——逼走鲁之国君，独掌国之重权。

按礼，"四佾"才是季氏那个行政级别的人所能用的，现在他用"八佾"是"僭越（超越本分）"周礼的一种行为。于是孔子说季氏："是可忍也，孰不可忍也。"这里我选择了两种有代表性的译文，如下：

（1）这种违礼之事尚能忍心去做，那还有什么事不会忍心去做？

（2）这种违礼之事如果可以容忍，那还有什么事不可以容忍！

以上两解中对"忍"字各自的释义为"忍心（狠心）"和"容忍（忍耐）"。其表达的意思可以说是相反的，即"忍"的主体指向不同：能忍心做的事，其事件的发动者是本人；能容忍的事，其事件的主动者是别人。谁是谁非呢？

"忍"，其字结构为"上刃（刀）下心"。如果意会为"心中藏着刀"，即此人有"狠心"，什么坏事都能"忍心"做出来，则"忍"即为"忍心"义；假若认为"忍"中之"刀"是他人所扎，而自"心"又不欲反抗，"忍"即为"容忍"义。"忍心"与"容忍"义项，于同一个人而言，一者意为此人有"狠毒"之歹心，一者意为此人有包容的"大度"之善心。若本章中的"忍"解为"容忍"，那么孔子在说"是可忍也，孰不可忍也！"时，一定是怒不可遏了。想必，此时孔子一定是卷着袖口，面起狠色，紧握双拳，挥手一呼："走！讨伐这小子去。"然而，事实上孔子并没有行动（史中无见），于是另一部分学者就主张"忍"应当作"忍心"解。

但就文法或语气上来读，译为"这都可以容忍，还有什么不能容忍的！"更合文理。至于孔子为什么没有立即在行动上去讨伐，可能受制于季氏的权力，尽管季氏如此地厚颜无耻，任谁也奈何不了，但这不能成为孔子不能表达气愤的理由。正如我们常对社会上一些不合理的行为表现愤慨时一样，并不一定非要有行动。

事虽不能容忍，但因季氏得势，百姓乃是敢怒之而不敢制之。且事实上季氏确实是在继续忍心做着“僭礼”之事，下面又是一桩。

3.2 三家者以雍彻。子曰：“‘相维辟公，天子穆穆’，奚取于三家之堂？”

三家就是包括上面季氏在内的孟孙、叔孙、季孙，都是当时鲁国的权臣。“雍”，也写作“雝”，是《诗经·周颂》的一篇。这里指奏《雍》乐，为天子所能用的国乐，本该是周天子在祖庙撤除祭品之仪式时所演奏的诗歌。三家祭祀祖先奏《雍》乐也是僭礼的。“彻，祭毕而收其俎也”，就像是现在举行完家庭大宴后的撤席。“以雍彻”，撤席时演奏《雍》乐，与上章开席时所演“八佾”舞相呼应。

“相维辟公，天子穆穆”乃《雍》诗之辞，表达的是奏《雍》乐时的场景——两边是簇拥着天子的王公将相，代表人民意愿的天子庄严地站立于君臣中间，场面是那样的宏大肃穆。相，相互；维，维系；辟公，诸侯也。“辟”是“劈”的本字，原义为“施加刑罚”，引申指“法律、法度”，后又转指“君主”，因君主有“用法”的权力。“辟”这里指天子手下的诸侯或权臣。有人把“相维辟公”中的“相”解为“傧相”，指“助祭者”，此解不当。“相维辟公”等于“辟公相维”，为强调使主语后置了，意指诸侯或权臣们相互维系着，有秩序地排列着。因为人的地位等级关系，助祭者不可能和权臣同列。“天子穆穆”之“穆”叠加，是形容庄严、壮观、肃穆的场面。“奚取于三家之堂？”——怎么能在三家的庙堂之上取用呢？这种在庄严肃穆的国事大典之上所使用的国乐，三家怎么能忍心让其在自家的大堂之上出现呢?！真是大不仁也，所以孔子同“八佾舞于庭”时一样的气愤。

3.3 子曰：“人而不仁，如礼何？人而不仁，如乐何？”

《论语》的编者在这里用孔子对“三家僭越”礼之行为的态度，引出孔子的如此感叹之言。

季氏在家演“八佾”舞，违的是“礼”，三家宴席时“以雍”彻背的是“乐”。既违“礼”又背“乐”，显然不是君子所为，而且是明知故犯又明目张胆地在做违礼之事，此乃是小人之德行。对于一个不愿讲“仁德”的小人来讲，他还有什么事不忍心做的呢？礼乐制度对他们当然是无可奈何了。

所以孔子感叹——对于一个压根儿不想成为仁者之人（不欲存“仁”于心的人），《礼》《乐》又怎能奈何得了啊！正如一个无赖一样，如果他压根儿就不讲理，再好的道理于他当然就毫无约束力可言了。南怀瑾评说：“一个人没有中心思想，‘如礼何?’文化对他有什么用?文化是靠每一个人自觉自发，自省自悟的；文化不是法律，不能由他人来管的。所以‘人而不仁，如礼何?人而不仁，如乐何?’一个人如果自己不省悟，文化与艺术对他有什么用呢?”南先生于文化角度分析，也有一定的道理。不过，他把“人而不仁者”理解成为“没有中心思想的人”，意思相当于“无仁者”。对“人而不仁”可以简单地理解为“不仁者”或“无仁者”，但是不够准确。《论语》中孔子在表达一个“无仁心的人”时，都是直言其为“不仁者”，如“舜有天下，选于众，举皋陶，不仁者远矣”（《颜渊第十二》），“我未见好仁者，恶不仁者”（《里仁第四》）。“人而不仁”，其“人”强调的是“做人”，意思是“不想成为有仁性的人”，这与说“无仁性的人”是有差别的。“不想成为有仁性的人”是主观上的故意拒绝，而“无仁性的人”是无意识下的缺乏，前者有想做恶人的潜意识。因此，对“人而不仁”者，由于他在主观上就排斥礼乐的教化，所以礼乐制度对他当然是无能为力的。“三家”并不是不知其行违礼，而是压根就不把礼乐制度放在眼里：“我就这样做了！你能怎么的吧?”所谓死猪不怕开火烫，豁出去了。

本章杨伯峻（其他学者与其大同小异）的译文是：“做了人，却不仁，怎样来对待礼仪制度（音乐）呢?”如此就字面照译，话听起来就特别别扭。其实古文中形如“如礼何”，可转换为“礼如何”“何如礼”“如何礼”等表达形式，对其作译文时要根据文意来应变，不要千篇一律。尤其是人在表达感叹时，语序取决于其时心理上意欲强调什么、想表达什么样的感情，有时就会给人有“语无伦次”的感觉，所以我认为不要死抠字眼。这里可取“礼如何”——礼又怎样?（或“礼有什么用!”）比较通俗。也就是说，对骨子里不想成仁之人，“礼”对他来说是毫无约束力的。

此言，孔子原是针对什么人而说的不得而知，但《论语》编撰者录于此，想必是针对前面“三家”僭越礼乐之行为的斥责，言外之意骂其不求仁性，故意做僭越礼乐的事，带头败坏民风。

“孔子言礼必兼言乐，礼主敬，乐主和。礼不兼乐，偏近于拘束。乐不兼礼，偏近于流放。二者兼融，乃可表达人心到一恰好处。”① “一个时代的社会风气开始变坏，是由有权有势的人引导的”②。社会需要综合治理，需要德治，更需要

① 钱穆《论语新解》。

② 南怀瑾《论语别裁》。

法治。但是法，如《礼》法和《乐》法，能起到规范人的行为作用之前提，是取决于个体能否有自觉自律的意识。“外在形式的礼乐，都应以内在心理情感为真正凭依，否则只是空壳和仪表而已。”①《礼》和《乐》对内心向善者能有所约束，可是对一个政治无赖是无能为力的，因为他们反正已经是死猪了，自然不怕开水烫。显然，“礼”无法使所有类型的人归于“仁”的。可见，孔子想用礼乐制度来改造社会，只能是单相思了。

仁者能自觉受制于礼，而欲能成仁者却又需要礼乐来教化。“礼”与“仁”是相辅相成的：无仁就能不礼，无礼不能成仁。这可能就是孔子“推崇礼乐，倡导修仁”的根本出发点。

2　为礼无须演奢华

前面孔子强调人无论如何不能失掉求仁的本心，否则会无所顾忌，礼乐也奈何不了。既然讲礼了，就要守住用礼的精神实质，否则只追求形式不重内容，就会失去用礼的意义。

3.4　林放问礼之本。子曰：“大哉问！礼，与其奢也，宁俭；丧，与其易也，宁戚。”

林放，字子上，鲁人。有人说是孔子的学生，其身份众说纷纭。清代刘逢烜认为林放是季氏的世臣（即世袭下来的家臣）。由于古代管山林的官叫林衡，其林姓可能是以官为氏。也有人认为，林放是比干之后，逃难长林之下，遂姓林氏。有人依据林放问“礼之本”，认为他可能是为季氏掌祭祀的家臣。

“礼之本”之“礼”应该理解为动词更合原文语义，由后文“奢、俭”可见其是针对“用礼”时的形式而言的。就是说林放所问之意为：为（动词）礼的根本要怎样？“本”字前面解读过了，原是指树木的根。于孔子答语中的“宁俭”“宁戚”来看表达的语义是，用礼不要虚华，不需要做表面文章，应以实质为根本。

“大哉问!”是一个感叹句。其“大”同“太”，用以强调一种语气上的肯定，并非用“大”的本义，它表达的是所叹之事的“重要”性和“非常”性。正因大的“非常”或“不一般”性，所以古人常用于感叹中。在此，由于林放

① 李泽厚《论语今读》。

将问题问到了根上，触动了孔子的情弦，从而发此感叹。感叹的褒贬性由语境决定。结合语境，此处“大哉问”相当于“你这个问题问得太好啦！太有水平了！”有人取“大”的本义，将此解读为：“你所问，意义大了！”这多少有点望文生义，大可不必如此拘泥。

“与其A，宁（毋宁，不如）B”是古汉语中常见的一种句式，表达在两个假设“A和B”的前提之下，做出对B的选择。“与”是动词，有“做”的意思；“其”指代的是它后面表达出来的“事”；“宁”，“宁可”，表现出在“不欲舍而必有舍”的前提下，做抉择时的一种心理状态。A和B其实都不是满意的选项，它是一事物的两端，都不得“中”（“中庸”之“中”），一者过之，一者不足。若必做抉择，只得两者相较取其优。

“礼，与其奢也，宁俭”——“用礼”时与其奢侈，不如俭省。此“礼”有人认为是“祭礼”，与后面的“丧礼”相对应。我想不必太过计较，其实在施行任何礼时，物质上的“俭”总比“奢”好（这里的“礼”是“用礼”的意思）。“礼本于人心之仁，而求所以表达之，始有礼。奢者过于文饰，流为浮华。俭者不及于程节，嫌于质朴。然奢则外有余而内不足，俭则内有余而外不足，同嫌于非礼。外不足，其本尚在。内不足，其本将失。故与其奢宁俭。”① “仁”是本质，“礼”是“仁”的表达形式。“用礼”过于注重形式易失其本，太过简陋虽有不足，但不会失其本质。所以孔子对用礼的态度是“与其奢，宁俭”。

“丧，与其易也，宁戚”——举行丧礼时，与其形式简单草率（主要用于指人的态度或心情平平淡淡，不当作正事来办，敷衍了事），倒不如真心的悲戚哀伤（“戚”是“慽”的通假字，忧愁悲伤）。孔子在“用礼”时是注重形式的，但是只有形式没有内容时，倒不如不要形式。前面对“用礼”，孔子在形式上于奢和俭之间选择了俭，但如果俭到了“草率地应付”，那还不如保留内在的真心与诚意，即“用真心”（即“仁心”）。至少从仁心生发，不至于伤及礼乐，否则“人而不仁如礼何！”——人的仁心都不想要了，要礼的形式还有什么意义呢！

结合上章来看，在孔子眼里，“仁”是“礼”的本质需求。“仁”是内心之质，“礼”是外用之文。文质之间，孔子更注重质。

朱子认为：“易，去声。易，治也。”即他解“易”为“周到地办”，后来者大多附会之。“丧，与其易也，宁戚”，通译本译为：“治办丧事与其在仪式上搞得很隆重而完备周到，不如心里真正悲哀地悼念死者。”这样说来，“搞得很隆重而完备周到”也是“奢”的形式，如此文意就与上句雷同了，所以这种解读不合文义。

---

① 钱穆《论语新解》。

“易”的义项比较多，但本义是“变化”“改变”“交换”等（“易”字的详解可参见《学而》篇第19节）；如果认为“变化”是人为的，则“易”有动词“治”的意思；事物总是在“运动”（物理学告诉我们运动是绝对的，静止是相对的）“变化”（哲学告诉我们：事物总是变化的，不变是相对的）的，从这个意义上来说，“变化”是“容易”的；由于“容易”就变得“简单”起来了；过于“简单”就显得“草率”和“平淡”。在本该悲伤的礼仪（依据语义，此礼当指丧礼）中，若是说你心态“平淡，仿佛无事一般”，当然就谈不上你“心有悲伤”了。所以，这里的“易”字可作如是解：“简单，草率，轻率”等。众学者对“易”的解读可以说是五花八门，实在说不通了就说是通假，如“易通熙”“易借为侈”“易疑是具”“易为治”……尽使附会之能。

这里取包咸所释“易，和易也”的人比较多，译为“和悦”，即由与“戚”义反对而演绎出来的。此说读者可做参考。但我的观点：其一，“和悦”距离“易”的本义比较远；其二，在丧礼中表现出“喜悦”之色不是常态，更不是丧礼所允许的，所以“易”与“戚”不可能并列而成为丧礼形式上的两个选项之一。比如，老师们有时对那些不用心听课的学生说：“你与其不听课，不如回去看小说，省得浪费时间。”学生在课堂上不用心听课，不是纪律规定就能避免的，是他的主观问题。但我们不可能说“你与其在课堂上唱歌，还不如去操场上跳舞”，因为他要是真在课堂上唱歌了，老师早就把他赶出去了！

本章孔子表达的意思是若是离开了“仁”的本心，所有的“礼”就失去了意义。无论在何时、处于什么境地，其仁的本质不能丢。“仁”是精神，是本质，是内容；“礼”是外用，是表现，是形式。形式必须服务于内容。

3　诸夏无君孔子忧

孔子是周礼的忠实信徒，在他眼里，人不能一日违仁，一国更不能一日无君，无君则乱纲。本章之言，表现了孔子对鲁君被“三家”所逼而去国的深切忧患。

3.5　子曰：“夷狄之有君，不如诸夏之亡也。”

“诸夏”即指中原地区的各个诸侯国，所以称为“中国”，也称华夏。“华”即“花”，有繁华繁荣之意；夏有“大”意。可见，古人把中国名之为“华夏”有唯我独尊的心理倾向。以诸夏中原为中心，有“东夷、西戎、南蛮、北狄”之说。由于华夏之民有此独尊的心理，认为华夏域外之地皆文化落后、行为野蛮，因此，就本章出现了如下两种相悖的解读观点。

（1）——夷狄纵有君，仍不如（比不上）诸夏之无君。“亡”，义通“无”，意思是“无君”。

其意思是：夷狄这些地方由于没有华夏文明的灿烂文化，不知礼乐，虽有国君，但仍是不仁之地；而我们诸夏虽然没有君主，但由于继承了周的文化，乃是礼仪之邦。持这一观点的人认为，虽然文中没有提及“不如”的是什么，但依据《论语》本编所论内容来看，当为“礼乐”。“礼乐”归根到底是属人文文化的范畴。其对此又作了如下理由的表达。

鲁国的昭公、哀公都曾被逼逃到国外，形成某一时期鲁国无君的现象。依据《左传》，在孔子出生前十年或十一年，即鲁襄公十年，鲁国三大家族（三恒）便曾“三分公室而各有其一”，已是政权的实际掌控者了。后来鲁昭公，于昭公二十五年出外居于齐国，到三十二年死在晋国乾侯，鲁国几乎七年没有国君。当时，虽政权早已不在鲁昭公手里，但国内照常安定，是因为中国有礼乐文明。所以，孔子发出如是感叹时，想必正是鲁君居外之日。此叹表达出了孔子“重中国贱蛮夷（褒夏贬夷）”之情。

然而，孔子所感叹的到底是不是如上所说呢？也有很多人加以否定。他们认为，当时鲁国权臣当道，僭越礼乐，逼走国君。君臣之道乃是礼中的大节，如果国无君主，其他更何足谈及！夷狄不管怎样至少还有国君（君臣之道还在）。如果诸夏再无君下去，原本的礼乐文化有可能退废，迟早会落入狄夷的野蛮之境。所以孔子如是感叹：“诸夏不如夷狄（褒夷贬夏）。”照此意理解，其译文就是：

（2）——夷狄且有君主，不像诸夏君主都没了啊！

国无君，礼乐就失去了根基。诸夏仅存的一点周礼文化将不复存在了，文化如果消失了，这个民族必将泯灭。孔子有救世主的心愿，心愿难圆故生此叹。或者说，孔子因华夏被逼而无君，心有所寒——即便文明落后的夷狄尚且知道国要有君主，文化一向发达的中原反而无视天子，难道不感到羞愧吗？

从上面的分析来看，可知两种观点的对立点为：（1）褒夏贬夷；（2）褒夷贬夏。而且两种解读似乎都很有道理。然而事实是，两者只能选其一，该如何取舍呢？这个问题到今天，也还在争论。下面，我们一起来讨论。

首先，我们从语境上来分析。结合前后文的4章：“季氏舞于庭”“三家以《雍》彻”和“人而不仁如礼何”及下章“季氏旅于泰山”等，可知它们的语义皆言“不仁”暨“僭越礼乐”之乱象。本章既处于其间，必也针对季氏之僭妄。盖孔子鉴于三家目无鲁君，逼走君主，越用天子之礼乐，故悲叹——诸夏连君都不要了！这里体现的是孔子对此现状的担忧，以及对三家所作所为的嘲弄与鄙视。

A1　他有钱，“不如（比不上）”我有钱。	A2　他有钱，“不像”我没钱。
B1　他有钱，“不如（比不上）”我没钱。	B2　他有钱，“不像”我有钱。

其次，我们再从“不如”取义上分析。A1 和 B1 解释为“不如（比不上）”；A2 和 B2 解译为“不像”（参看上表）。表面上看它们好像没有什么不同，因单就字面意思说“不如”和“不像”义近，但若是语句中的结构情况不同时，含义却大相径庭。比如，我们比较一下下面两个句子（注：在理解这些句子时，我们忽略说话者“话中有话”的情况）：

显然，B1 和 B2 句不合说话的习惯，且语义也讲不通，而 A1 和 A2 句却自然通顺。由此我们得到这样的结论：

① 他有钱，“a”我有钱。　当 a=“不如”（比不上）时，话可说通；

② 他有钱，“a”我没钱。　当 a=“不像”时，可说通。

现对照“夷狄之有君，不如诸夏之亡（‘亡’，即无，“没有”义）也”看，句型同 A2 或②。显然，这里的“不如”应取“不像”义，若取“不如（比不上）”义，话听起来很别扭。句后加“也”以示感叹，故用白话讲形如：“夷狄有君，不像我们没有啊！”听起来要顺畅得多，其语义表达也很清楚。

最后，我们再将“不如诸夏之亡”中的“不如”，从字义上来解读。首先，要强调的是（前面我说过），古文中尤其是孔子的话中（汉以前属于古文字），多为单音节词，即几乎没有像今天的词语（尽管语言的发展后来形成了词，那也都是从字义的引申中演变来的），如果看到“不如”就将其等同于现代文的“不如”，那就是望文生义了。

“如”字的本义是“顺从”“跟随”（“如”字的甲骨文解读，可参看《学而》篇中的第 22 节），由“从，随”可引申为“到……去”。由于是紧紧跟随、如影随形，其形似被跟随者，故可作“像”讲，此时的“不如”同于“不若”；当“如”取“跟随”义时，则“不如”就是“跟不上”，由于跟不上，两者产生了差距，从而引申出“比不上”义。由此可见，古语“不如”的“比不上”义，是随着语言的应用，逐渐引申发展并渐渐固定下来的，最后成了词组。

从以上的三个方面分析的结果看，很明显，本章中的“不如”，不能作为今天的“不如（比不上）”义来翻译。《论语》中不少“不如”连用的情况，有些也取今天的“不如”义解，但二者并不是直接相等，是由“如”同“若”字时，意译出来的。这也是古之“不如”，渐渐衍生出今天的“不如”词组的原因。我们千万不能把古文中的“不如”直接等同于今天的“不如”，解读古文时要特别留意。

在“夷狄有君，不像我们没有啊！”的感叹中，能充分感受到，孔子对鲁国无君的担忧之切！如果说孔子对祖国的无君感到自豪的话，他还会去他国游说自己的治国主张？正是因为他感觉到祖国政治衰退（邦无道），且君之无能，权力又落入了僭越礼乐的三家之手……所以孔子失望，于是才生发出这种悲观之叹。

4 “泰山”未必是泰山

我们知道《论语》的编撰距离孔子的去世有较长时间，且经多人之手。从孔子时代的金文到汉代的篆字，于《论语》的传抄过程中，错简在所难免，因此造成有些句子无法解读。这种情况肯定是存在的。这里的“泰山”可能由此致误，从而使此章成了谜题。

3.6 季氏旅于泰山。子谓冉有曰：“女弗能救与？”对曰：“不能。”子曰：“呜呼！曾谓泰山，不如林放乎？”

冉有，名求，鲁国人，仲弓之族，孔子弟子，比孔子小二十九岁，时为季氏的管家（家臣）。林放即本篇第四章中“问礼之本”者。

历代多数人在解读本章时，都提出过“文字有误”之疑。其主要的分歧在于对“曾谓泰山不如林放乎”的解读。为表述方便，我们分两方面讲述。

（1）关于文中“旅”字

古注认为，此“旅”应为“祣”或“臚（胪）”字，是为通假。郑玄引《汉书·班固》“大夫胪岱，侯伯僭时”，认为就是指“季氏旅于泰山”。《传》：“祭山曰旅。”朱子解“旅，祭名”，后人附会之。古人认为泰山有神灵，可通天，能向上天传达人间的祈祷，于是历代的帝王好去泰山祭告天地，即所谓“封禅”。后来泰山只有天子可祭，季家作为权臣已经没有这个权利了。但季氏现在要去泰山“祭祀”，是僭越天子之礼的。季氏已习惯于做一些“僭礼”之事，但这次是僭越天子，所以孔子更不高兴了，于是就想让时为季氏家臣的冉有出面制止。

要知道，当“旅”通假为“祣”时才是“旅祭”义。但这里“旅”就一定是“祣”吗？不一定，因为我们无法得知原文。假定原文就是“旅”，而非“祣”，那“季氏旅于泰山”并非就一定是“祭祀泰山”了。

“旅”字属会意字，其甲骨文，由表示“旌旗”之义的“㫃”（yǎn）和“从”（二人；在金文时，成了三人即“众”）构成，表示“众人集聚在旌

旗下”，示意“军队”或“结队出行”。后来作为军队的编制单位，“军至五百人为旅”（《说文》）。由于军队常于东奔西走，之后引申为“旅行”“出行在外”。“旅”本身应该没有“祭祀”义，可能是由于去祭山，必定列队远游，形如“军旅”，所以有“祣”义，故而有通假之说。从字面上看，“季氏旅于泰山”是说季氏带着许多人，打着幡旗浩浩荡荡向泰山进发。至于去做什么，无史可考了。

（2）“曾谓泰山”之“泰山”

“曾谓泰山，不如林放乎”，这里的“泰山”多数解家同朱子一样，认为是指“泰山神”，且认同朱子在《论语集注》中的解读：“言神不享非礼，欲季氏知其无益而自止，又进林放以厉冉有也。”其意思是：孔子这样想——神是不会接受不合礼的要求的，想让季氏知道这样做没有好处，从而自己取消祭祀活动，又同时借表扬林放以示责备冉有。

杨伯峻这样翻译——季氏要去祭祀泰山。孔子对冉有说道：“你不能阻止吗？”冉有答道：“不能。”孔子道：“哎呀！竟可以说泰山之神还不及林放［懂礼，居然接受这不合规矩的祭祀］吗？”

南怀瑾先生对本章的解读，相对来说还算比较圆通，大意是：季家带些部队假称要去泰山打猎，实为想造反，到泰山去祈祷泰山神的保佑。孔子知道季家的政治野心，于是对冉有说，能不能救季家，否则季家造反失败了，全家性命难保。南先生对“曾谓泰山，不如林放乎”的说法是：如果季氏求泰山神保佑他造反成功的话，那泰山之神也太不懂礼了，而林放知道问礼之本，证明懂礼。所以孔子说：“啊呀！难道泰山之神还不如林放知礼吗？”

但不管如何自圆其说，这些解读均让人费解：一者，泰山是山名，林放乃人名，无可齐比；二者，若此“泰山”真是指泰山神，孔子何不言明？文中两个“泰山”（前一为“季氏旅于泰山”之“泰山”）不是同一个对象，岂不是让人产生歪解！

难道“泰山”真的不是泰山？

台湾学者程石泉认为此“泰山”乃是“求也”，即是冉有之名讹误（正如孔子称颜回为“回”也，称仲由为“由”也，同例）[①]，并正之为：“曾谓求也不如林放乎？”我认同。前有林放问礼，孔子大赞，现冉求为季氏家臣，孔子让其阻止季氏“旅泰山”而不能，冉求却表现出对季氏的僭礼无动于衷，孔子不免有此失望之感叹。

金文（大篆）“求也”形为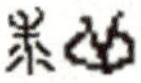，与“泰山”之形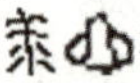很相似，可能由于

① 冉有，即冉求，故孔子称之为“求也”。

古简残损，在传抄的过程中产生错误所致。

我认为，这里就是属于文字不详，硬是作译的话，结果必然要去附会加联想。鉴于文句内容省略或有错文，作者亦难自圆其说。至于你，认可何家之言，自己心究吧。

5 争让之间皆君子

君子行事当处处以礼为之，即便是比赛时的竞争，也要拿出君子的风度。争也君子，让也君子，当仁不让更君子。

3.7 子曰："君子无所争，必也射乎！揖让而升，下而饮，其争也君子。"

"射"，本为"射箭"，是孔子时代学子们所学修的六艺之一。这里描述的应该是指周礼所规定的"射礼"。(1) 大射：天子诸侯大夫，选善射之士升进时使用。(2) 宾射：贵族之间，朝见聘会时使用。(3) 燕射：贵族平时娱乐时使用。(4) 乡射：民间习射艺。《论语集注》："揖让而升者，大射之礼，耦（"两个人"的意思）进三揖而后升堂也。"朱子认为，孔子用大射之礼"言君子恭逊不与人争"，但"争也君子。"

"君子无所争，必也射乎！"一个品格高尚、心胸宽广的人，不要在任何事上与人相争、斤斤计较，"君子周而不比"，但有时也须"必也"，比如"射乎！"——比如射箭比赛时！"必也射乎"不能像有些人翻译的"只有射箭时才争"那样理解，否则就背离了孔子的思想。君子不可无所不争，但并非凡事不争。这里所说的"无所争"是针对无原则性的事情而言，一旦涉及原则性的事，还就得有所争，孔子说过"当仁不让于师"的话，这是一种"见义勇为"。"与世无争"实为"避世"的消极观，《论语》中的"道不同不相为谋"，就表现出了孔子对"隐士"的不赞同，可知孔子应该是不赞成"与世无争"的人生态度。所以，"争"与"不争"应当看针对的是什么事情。孔子周游列国长达 14 年，鼓吹他的治国理念，且明知无为而为之，不就是想"有所争"吗？

"揖让而升，下而饮。"升，应是指"升阶"，不能是朱子说的"升堂"（肯定不能在家里比射箭）。可能比赛射箭时，射手要站在一个高出地表的台面上，靶子在前方，观众坐在后方。选手出场后，先"揖让"，而后"升阶"。就如现在的武术精神，赛前两人先作辑行礼，言下之意："对不起，失礼了。"结束后，再次抱拳致礼，言外之意："胜者：承让！败者：领教！"只是不对饮而已。正所谓友谊第一，比赛第二。

孔子在此倡导的是中国文化中的礼让精神，即便有所争也当以礼而行。这里深层次的表达是，对竞技而言，要“胜者勿骄，败者勿馁”，正如今天奥林匹克运动所倡导的精神。

6　素中原本多彩色

朴素之下往往隐藏着五彩缤纷的世界。现代光学告诉我们，在看似空无一色的白光里，却杂糅着红、橙、黄、绿、蓝、靛、紫。但无论什么颜色的光，其本质都具有“波粒”二相的朴素性。可见，朴素背后往往就是纷繁。礼就具备这样的朴素性。

3.8　子夏问曰：“‘巧笑倩兮，美目盼兮，素以为绚兮。’何谓也?”子曰：“绘事后素。”曰：“礼后乎?”子曰：“起予者商也！始可与言诗已矣。”

为方便大家理解后面的论述，我们先来看看“素”字的含义。“素”，（横看），小篆为会意字，上部为“垂”字，下部为“系”（丝线）字。“素”本义指未经加工的具备“原始本色”的、未染色或未修饰过的“丝织品”。因其是未修饰过的，所以“素”引申指事物的“本性、本质”；由此又引申指构成事物的基本成分、带根本性质的部分，如“元素”“素材”。后又由其“本色”义引申为“一向、向来”，再引申为“朴素”或“纯朴”义。由于棉麻丝之类，其本色为白，故“素”又用以指“白色”，《说文》：“素，白致缯也。”（缯，古代对丝织品的总称）

“巧笑倩兮，美目盼兮”出自《诗经·卫风·硕人》第二章，全章录入于此：“手如柔荑，肤如凝脂，领如蝤蛴，齿如瓠犀，螓首蛾眉，巧笑倩兮，美目盼兮。”可见，文中并无“素以为绚兮”句，由于朱熹将此句纳入其内而读之，故云“此逸诗也”。此章正确的句读应该是“‘巧笑倩兮，美目盼兮。’素以为绚兮，何谓也?”即“素以为绚兮”不应归在诗内。我认为，《论语》编撰者于此只选《硕人》末尾两句，权作全诗章的代表，是为省文之故。“素以为绚兮”可能是当时人们在解读此诗时的评语或结论性的语言，也或许是孔子在讲解《硕人》时所给出的中心思想。对此，子夏不甚理解，所以发此问。子夏问的不是全诗怎么讲，而是“素以为绚兮，何谓也?”——怎么理解。

朱子在解读子夏的问题时，没有考虑《硕人》第二章的全文，且又把“素以为绚兮”归并为诗句本身，于是解析：“倩，好口辅也。盼，目黑白分也。素，粉地，画之质也。绚，采色，画之饰也。言人有此倩盼之美质，而又加以华采之饰。”他把“素以为绚兮”理解为“在美质的基础上再加上装饰就更美了啊”，并说“子夏疑其反，谓以素为饰，故问之”——子夏怀疑意思反了，应是“用素来装饰”，所以问孔子。朱子自己就理解对了吗？

我们仔细地品读原诗可知，全文皆是言女子的天生丽质，并无一字表明，这些美女的美是通过涂脂抹粉化妆出来的——一个沉鱼落雁的年轻女子，用状如樱桃的红唇玉齿，加以甜蜜的俏皮微笑，并用一双会说话的大眼睛向你暗送“道是无情却有情”的秋波，甚至还加点诱惑性的挑逗……闭上眼睛想想，这种美谁能抗拒！自然的美丽，胜过一切天然的雕琢。美更是一个人的气质决定的，它征服人的是气场，而非表面化的东西。若有西施的天然姿质，淡妆浓抹总相宜；若是东施，越化妆恐怕是越恶心。

天生丽质，是本质的朴素之美，无须修饰却自有风姿绰约，这就是“素以为绚兮”——凭天生的丽质展现绚丽多姿，即用自然的资质呈现五彩缤纷。“兮”为语气助词，无义。“素以为绚”就是“以素为绚”。细析原诗，“素以为绚兮”正合《硕人》的中心思想。是子夏不明“素以为绚”其后所隐含的深意，故问孔子的。

杨伯峻先生忠实地继承了朱子的解读，其完整的译文，请看下节的末文。

7　浓妆难敌素颜美

“绘（繪）”，本义指“五彩的绣品”。《说文》：“绘，会五彩绣也。”《小尔雅·广训》：“杂彩曰绘。”“绘”字由表丝线状的线条“纟”和表示“相会合”的“會”两部分构成。由此可会意出：用多彩的丝线作针绣（多色的彩线混合成图形），或是用多彩的线条作修饰（多色的线条绘成装饰图纹）。

结合文意来看，“绘事后素”的“绘事”，指的是在身上用颜色做装饰，即化妆（“事”作动词），并不是后儒们认为的“绘画”义。朱子认为孔子是用“绘事后素”做比喻，来解释“素以为绚”——“先以粉地为质，而后施五采，犹人有美质，然后可加文饰”，即画画前先在画布上涂一层白色，然后再用五彩画画，就像是人在本来美丽的脸上施粉化妆一样。

“绘事后素”是“绘事后于素”之省语。化妆的美（或妆饰）落后于天生丽质（素，即自然的本色，本质的即是与生俱来的）；或是说，装扮出来的美排在自然美的后头；再或者说，丽质先（优先）于妆饰。出自自然的美是真实的，装饰出来的美丽终究是虚伪，是作秀。盖凡天生丽质者，无须假借于任何人为的修饰，其绚丽多彩自然而生。妆画得再好看，终归是来自人为的掩盖，最终敌不过天生的、朴素的、纯真之素颜丽质。“人工雕琢的美与自然的美相比，永远只是一种低级的美。”① 素颜美是其“质”，而化妆是“文”。仿照孔子“礼，与其奢也，宁俭”，可谓“美，与其文，宁质”。

子夏由“诗”发问何谓“素以为绚兮”后，并于孔子“绘事后素”的解答中，立刻联想到了“礼”，于是疑问：“礼后乎？”显然，这是个省略句。省略了什么呢？为什么可以省略呢？我们把上面三句连排：“素以为绚兮”“绘事后素”“礼后乎”。很明显这是个承前省略句，省略的是“素”，相当于“礼后（于）素乎？”子夏想表达的意思是礼的背后也应该存有朴素的“本质”，且礼是后于其质的。

因礼发乎情，止于义（义者，宜也）。所以，礼之本质，应源自本身的真实情感，不是做作的掩饰。这正是“礼”的精神所在，否则为礼而礼就是虚情假意了。结合本篇前几章的内容分析，其“质”应该指“仁心”，否则“人而不仁，如礼何？”

子夏由“绘事后素”联想到了“礼后于素”，做到了“举一隅而以三隅反（举一反三）”，这让孔子很高兴，于是感叹：“起予者商也！始可与言诗已矣”——子夏啊，你能从“我”（予）的话中受到启发（起），从现在开始可以与你谈《诗》了。得天下英才而教育之，一乐也！

《论语集注》：“起，犹发也。起予，言能起发我之志意。所谓起予，则亦相长之义也。”朱子认为“起予”是“起发我（激起我的发明）”，或是相互起发“而教学相长”。朱子所理解的，应该有问题。我认为“起”应作“于……有所起（对我的话能有所发明）”。你想，孔子应该是知道这些道理的，不需要其弟子来启发，否则他怎会用“绘事后素”类比，来启发子夏呢？

本章的重心最后落在“礼后于素”上，前面的文字都是引子，是铺垫。其中心思想，是说礼与仁质（质是人的仁心）的问题：礼为仁的外用，礼后于仁（礼在仁之后），即仁是礼的根本（礼相当于人的化妆，仁相当于天生丽质）。“人而不仁，如礼何？”正与前文相应和。

最后，附上杨伯峻先生对本章的翻译，以便读者比较。

子夏问道：“古诗说：‘巧笑倩啊，美目盼啊，再用素粉来增添她的美丽啊。’这三句诗指的是什么呢？”先生说：“你看绘画，不也是后始加素色吗？”子夏说：“不是说礼是后起之事吗？”先生说：“开发引起我心意的是商了。如他

---

① 杨润根《发现论语》。

那样，才可和他言诗。”——反正我是没有读懂这个译文所想表达的是什么中心意思。

8 文献不足难述礼

孔子可谓周文化和周礼的拥趸，对周礼推崇有加，几乎到了盲目崇拜的境地。而孔子称自己为何崇尚周礼的理由是周礼内容充实丰富。

3.9 子曰：“夏礼吾能言之，杞不足征（徵）也；殷礼吾能言之，宋不足征（徵）也。文献不足故也，足则吾能征（徵）之矣。”

杞（国名），夏禹的后代，周武王时候的故城即今日河南的杞县。杞其后因为国家弱小，依赖别国的力量来延长国命，屡经迁移。宋（国名），商汤的后代，故城在今日河南商丘县南。其国土最大的时候，有现在河南商丘以东、江苏徐州以西之地。战国时为齐、魏、楚三国所共灭。

《论语集注》：“杞，夏之后。宋，殷之后。征，证也。文，典籍也。献，贤也。言二代之礼，我能言之，而二国不足取以为证，以其文献不足故也。文献若足，则我能取之，以证君言矣。”后人于此章之解读皆似同朱子说，无大异议。杨伯峻先生的译文是：“夏代的礼，我能说出来，它的后代杞国不足以作证；殷代的礼，我能说出来，它的后代宋国不足以作证。这是他们的历史文件和贤者不够的缘故。若有足够的文件和贤者，我就可以引来作证了。”

我对于此说有不同观点。

这里的“征”字皆为“徵”（并非“征”的繁体）字，古文字中此两字不等同，只是简化后“徵”（zhēng）取消，以“征”代之（“徵”读 zhǐ 时保留，表示古代的五音之一）。“徵”是会意字，由表示声名显赫的“壬 tǐng”和表示行迹隐秘的“微（省减几）”组成——让本来“隐秘”的东西“显露”出来，这是它的本义。由其本义引申作“征求、召集”（也指以国家名义召集人员或收集财物），也有“寻求、寻找”义；由于它的“显露”可见其“现象、迹象”，再引申出“征验、证明”义。

“夏（殷）礼吾能言之，杞（宋）不足徵也。”就是说，当时的杞、宋两国虽然分别是夏后氏、殷后氏的后裔之国，但他们在礼俗上已经远去夏殷之风。所以，无法再从杞、宋之礼，求证出完整的夏殷之礼。虽然对夏（殷）礼“吾能言之”（我多少能讲出一些），但终因“文献不足”，否则“吾能徵之矣”（我是能完全地整理出来的啊)。“杞(宋)不足徵”之“徵”,解为“求证”比较贴切,意思是说不能有足够的依据从杞(宋)礼之“象”求证出夏(殷)礼之“本”。“足则吾能徵之矣”之“徵”,应取其本义:通过表象把“隐秘”在其后的本质“显露”出来。

“吾能言之”毕竟不是“吾能述之”。如孔子的“述而不作”,此“述”的本义是“沿着原来的道路向前走”,取用“表述”义时,旨在表达事物的本来面貌,不加发挥。而孔子这里用的是“能言之”,表明“只能言其大概,不能述之全貌”,否则后面孔子不会说“文献不足故也,足则吾能征之矣”。再试想一下,夏距离孔子至少千年了,资料都不全了,他怎能说得出来呢?

此文,似与本篇的 14 章“周监于二代,郁郁乎文哉!吾从周”当连文。“周礼是借鉴和继承了夏殷(商)二代典章形成的,而且文字资料丰富,所以我继承周礼。”孔子对周礼有如此高的认同感,是因为它的丰富。

“文献”的“文”与“献”各有其义。“文,典籍也;献,贤也。”大致正确。古代朝廷确实是把德才兼备的贤人称为“献臣”,但“献”作“贤人”讲是它的再引申意。“献”,甲骨文,由“鬳(音 yǎn,即“甗”字,一种炊具)”和“犬”组成,意为蒸煮犬作为进献宗祖的祭品,所以本义是“献祭”。由于“犬”一直是人类的忠实朋友(“犬”字解读可参看《为政》篇第13节),用犬作祭品表示人类拿出了自己的最爱,也表达了无限的忠诚,于是把对朝廷忠心,且能贡献出自己全部才能的臣子称为“献臣”。“蒸犬”作“献祭”,是最好的东西,也是最有价值的东西,这就是说“献”是把最有价值的东西呈现出来。“文”是有价值的“文字”资料,“献”是有价值的“实物”资料,于是有了“文献”一词。依据我的解读,读者不妨心究一下,怎样理解本章意思比较合情理。

9　行祭毕竟非演戏

祭祀注重的是心诚,不在形式,如果没有诚意,只是程式化地走过场,那规格再高的祭祀活动也是毫无价值的。禘祭是国之大典。它毕竟不是在舞台上表演话剧,否则即便表演得再好,也吸引不了孔子的眼球,因“礼,与其奢也,宁俭;丧,与其易也,宁戚”。

3.10　子曰:“禘自既灌而往者,吾不欲观之矣。”

“禘”,由帝王参与主持的各种大祭的总名。“禘,王者之大祭也”,主要是在始祖庙里对祖先的一种盛大祭祀活动。“王者禘其祖之所自出，以其祖配之。”“祖之所自出”指的是其始祖，即诞生他们的祖先天帝（古人认为，他们的始祖都是天帝所生，所以要谛天帝）。对“禘”的说法不一，基本说法如是：（1）“吉禘”，每当旧天子死后，新的天子把旧天子之牌位请入大庙，上自始祖，下及历代之祖皆合而祭之，称禘；（2）“禘祭”是指国家每五年举行的祭祀大典。

本文中的“禘”多数学者认为指的是“禘祭”。“禘祭”本为“帝”王才能主持的国家级的重大祭祀活动，而鲁国是郡国，本是没有资格禘祭的，只因周成王的赐准，才得以维系。孔子的“不复梦见周公”之周公，是距离孔子时代500多年前周文王之子、周武王之弟、周成王之叔的周公旦。周公旦甘愿弃帝位让于其侄，并辅佐之，于是得封地于鲁国，是为鲁国国君的始祖。周公死后，周成王以周公有大勋劳，赐鲁国可以用最重之大祭来祭祀。鲁君禘祭时的地点当在周公庙（因鲁之始祖是周公，禘的地点当为周公庙），其上供有天帝之祖（因天帝是“始祖所自出之帝”。祖，这里就是指牌位）、始祖（即周公牌位）。

据史，古代祭祀祖先时，要用活人装扮成受祭者，坐在其灵位前以示象征（此人称之为“尸”）。祭祀时用香草（郁）和黍禾酿成的酒（郁鬯），献于“尸”前让其闻，以使“尸”能使神祖降临其身，闻后再把酒浇在地上。此过程就叫“灌”。

“自……往”，似“从……之后”义；“既”，动作已经完成或过程已结束。“不欲观”，意思是不想看了。孔子说：“［鲁之君臣］在举行禘礼时，自既灌之后，我就不想再往下看了。”孔子为何“不欲观之”呢？各言其因者很多，大体如下：

（1）鲁非王国，是在“僭用禘礼”（杨伯峻观点）。此说欠妥，鲁禘是周成王赐准了的；如果是僭礼，孔子定当开始就会“不欲观”，何以“自既灌而往”“不欲观之”？

（2）形式不对，认为是“坏了先王之礼”。就此文句来看，孔子并没有说后面的行为如何如何，且“自既灌”就不往下看了，他怎知形式有乱？这也是解者的异想。

（3）祭祀时各个环节所用器物有背先礼。此亦是解者想当然。

（4）“既灌后”，出现了血腥场面。史说：君灌为一献，夫人为二献，接着“君出迎牲视杀”……此说亦不能成理。孔子不愿去“告朔之饩羊”，且说子贡“尔爱其羊，我爱其礼”。孔子重礼，没有说过“祭祀不忍杀牲”的话。

（5）其节文不外表彰鲁之功德，实乃“羌无故实，徒事铺张”（程石泉观点）。认为孔子是反对礼之奢侈的，由于“徒事铺张”，所以不欲观。孔子是说过“礼，与其奢也，宁俭”的话，但这里也不能看到鲁之“禘祭”是如何的奢修。此说也不合理。

(6) 古注说：鲁文公在禘祭时，跻升其父僖公于闵公之前。僖公虽为闵公之庶兄，但他是继承闵公当国君的，今升于闵公之前，是谓逆祀，故孔子不愿再看，以示不满。此解更荒谬，鲁文公时孔子没有出生，如何有“不欲观”之说！

(7) 过程草率简单，敷衍了事；或“既灌”后，鲁之君臣浸以懈怠，诚意已散（朱熹的观点）。此解大概能合孔子的心意，因孔子主张“祭如在，祭神如神在”，心诚为上，且说“丧，与其易也，宁戚”。所以，孔子对这种仅仅存在形式化的祭祀活动只看了个开头，就实在看不下去了。其实，“草率”只是表象，况且从其描述场景来看并不草率，所以，依我看，让孔子不想看下去的深层原因，是其只徒有其表而无其质，即“表演”。行祭毕竟不是演大戏。

古代中国祭祀活动非常频繁，民间百姓于家中几乎每日祭（于正堂几案上常年置祖位），还有月祭（如告朔，每月初一）、年祭……光国祭就有五典：禘、郊、祖、宗、报。现在看来，古之祭礼繁杂，且等次有别，不得僭礼，否则是“不可忍”的。孔子竭力维护着的这种上下有别的礼制，实为孔子腐朽的一面（也许在孔子的时代，其维护礼制是正义的，但今天看来是倒退的）。他要“克己复礼”的“礼”毕竟是距离他有500多年的周礼。

10 国君理当知禘礼

刚说过，禘祭之礼本是帝王主持的大型仪式活动，其程式、意义和态度，王之君是当然应该知道的，否则也不该有治理国家的资格了。

3.11 或问禘之说。子曰：“不知也。知其说者之于天下也，其如示诸斯乎！”指其掌。

“或问禘之说”，按文意，应该是有人问关于禘之仪式的过程、形式、方法或目的等，就是说该仪式具体是怎样运作的，其意义在哪里之类（或问的起因可能是“孔子不欲观”之，故反问之）。“之说”意思有点像现代汉语所讲的“这个有什么说法？或有什么讲究吗？”之类。把“说”译为“来由”，理解成“人问禘的来由”似有不当，这从孔子后面回答的语气和语义可体会出他不是针对“来由”的，而且孔子的话中似乎还有点怨气与责备。怨气的由来可能是因主事的帝不知禘礼，而有不合礼的行为表现。禘，是帝王要亲自参与的，是至高级别的祭祖仪式，不是一般人所能做的，是乃“不王不禘之法”。既然是帝王要亲自参与的，作为帝王当然必须首先清楚禘礼时的态度，以及要遵守的规矩、形式或流程之类，否则就很容易“违礼”。人“问禘之说”，孔子答不知，那孔子是真不知还是假不知呢？我估计，有发泄气愤或不满的情绪表达在其中。

朱子说：“有人问禘之说时，因禘是‘鲁之所当讳者’而为之，孔子‘故以不知答之’。”他的意思是说，禘本是先王之法，鲁僭用其礼，孔子因反感而故意回答不知道，其实是知道的，又说：“圣人于此，岂真有所不知也哉？”——这个问题对一个圣人来说，哪有不知道的道理？可见，朱子是多么抬高孔子。但孔子未必真知道，他自己说：“我非生而知之者，好古，敏以求之者也。”想想也是，禘礼是距他500年前的周王所制，且为帝王之法，鲁又非王都，本无禘之权，更主要的是孔子极为反对僭用其礼，维护礼之等级，他不太可能去有意学习禘礼。而孔子所认为的“知”是“知之为知之，不知为不知”——知道是包含能清楚地说出还不知道的，即所谓的完全知道。所以，在这种“知道”的定义下，孔子说他不知，可能是一半知一半不知。非说他是圣人，无所不知，是盲目尊儒，也是主观想象。当然，孔子虽然不是完全知道“禘礼”，但他明白礼是有中心思想的，即敬心、诚心，要“祭如在，祭神如神在”。所以，不论孔子是知还是不知，已没有意义，关键是孔子知道礼的本质。

可能是如今帝王们已经忘记了禘的本意，而草率为之，或只是做面子上的表演，已失了诚意只剩下了空壳，且已经到了使孔子“不欲观”的地步，于是激起了孔子心中的不满。所以当有人“问禘之说”时，他有点赌气地说“不知也”——不知道！可能还嫌不够解气，就又指着自己的手掌感叹道：“知其说者之于天下也，其如示诸斯乎！”——知道禘之说的人，那可是任行于天地之间的帝王，他对这个道理应该是了如指掌的。“之于天下”就是走遍天下的意思，“之”在这里不是助词，应取其本义，作动词“行走、到达”解。一人若能随意走遍天下任何地方而不加限制，当然不是一般人。孔子言下之意是知道禘的人，应该是那些操控着天下的人。帝王不正是掌控着国家命运的人吗？孔子没有直言天子、帝王，是心有不满，有怨气——禘及其礼的意义如此重大，关乎国之荣誉、社会秩序……帝君若不知此，成何体统？如此“如礼何？”——用礼还有何用！

“示”字，甲骨文（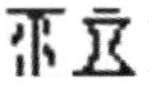），上为（上字），下是垂物之象，意为上天之意志的“垂示”——垂下来的象征，故有“展示”“展现、呈现”的意思。比如，“展示”就是指把东西展开（原来是藏着的，或用东西包藏的，或用箱子封装着的），放置在人能看到的地方。“示”亦是在祭祀的“台面上”置以“祭品”，表示祭祀的形式（其下“小”指示桌子的腿；其上“一”表示桌子的面；最上面的一个短横为置于桌面上的供品）。由此，后来“示”也引申为“放置”

的意思。人类祭天祀神的目的在于向上天或神灵祈求，垂以示范，以得行事之法。所以，对“示”字的两说，其意义是统一的。在汉字中但凡有“示”字符的都与祭祀相关。本文中的“示”字可取“放置，置于”或“展示，示现”讲。“其如示诸斯乎”，“其”，指“禘之说”；“如”，“好像”义；“诸”为“之于”合音；“斯”，“其”也，指代的是孔子所指的自己的“手掌”；“乎”，表感叹的语气助词。该句意思为：“这个就如同在手掌中啊。”一个东西握在了你的手里，表明它已被你所掌控了。若把“示”理解为“展示出来给你看”，则该句应理解为：“这就如看自己的手一样。”人对自己的手是看得再清楚不过了，即“了如指掌”。

朱子说：“盖知禘之说，则理无不明，诚无不格，而治天下不难矣。”他把“之于天下”理解成了“治理天下”，这里的“之”怎么也联系不上“治理”。此解只能说是对孔子此言背后用意的揣度，不是直接的翻译。但大多数后人都照着朱子的话来直译了。如杨伯峻译之为：“知道的人对于治理天下，会好像把东西摆在这里一样容易吧!”这里，可能是因为有“者……也”而断错了句子（按：“也”字在古文中经常被当作无意义的语气助词，“者”在这里显然是“人”义，已经是实指了，不应再与后面的“也”组成判断句式），再或是把“之于”机械地理解成为“对于……”。退一步讲，就算这样解不错，可所问的是“禘之说”，而答之是“治国如何如何的”，其上下文意距离也太远了点吧？不明其文，还要强解，就会出问题。再如，还有人（如南怀瑾）这样演绎：“孔子认为这是一个最基本的文化精神，大家都应该知道的（按：“礼”可以说是最基本的文化精神，但具体到“禘”并不是基本的，因为它只有帝王主持参与，且多数人连参与的资格都没有，所以不能说普通的人应该知道），既然知道的人不把它当回事，或大家真的都不知道，我知道有什么用呢？那么我也说不知道了。”南先生说孔子明明知道却说不知，是在用“反激式教育”方法，所以孔子接下来又说：“对于天下任何人来说，想知道它就像看自己的手掌一样清楚明白。”若如南先生所说，既然“禘之说”天下任何人都知道，哪来“或问”乎？

帝王、国君当知国之大典之礼，是礼也！这才是孔子想表达的意思。

11　祭之不诚如无祭

祭祀时，要用诚意，把被祭的对象想象为就在你的身边一样，如果做不到这一点，祭了就跟没祭一样，还不如不祭，就是祭了也等于白祭。孔子重礼，但更反感形式上的装模作样。

3.12 祭如在，祭神如神在。子曰："吾不与祭，如不祭。"

朱子在《论语集注》中引程子之说，曰："祭，祭先祖也。祭神，祭外神也。祭先主于孝，祭神主于敬。"他把"祭如在，祭神如神在"中的"祭"与"祭神"理解为两种祭祀行为，并不合理。又说"愚谓此门人记孔子祭祀之诚意"，意思是说门人记下这句话，重在表达孔子对祭祀重诚意。后者所说是对的。

孔子于《礼记·中庸》谓："鬼神之为德其盛乎矣。视之而弗见，听之而弗闻，体物而不可遗。使天下之人斋明盛服以承祀。洋洋乎如在其上，如在其左右。"所以，孔子主张祭祀应出于至诚，视如鬼神就在自己身边。"祭如在"意思是不管你祭谁，祭谁就把谁当作在你跟前一样，仿佛你是同他一道在参与祭祀活动：一个施祭，一个被祭。比如，你在祭神时，想象着神就在你的左右即"祭神如神在"。显然，"祭神如神在"是"祭如在"的具体特指，旨在举例解释"祭如在"的要义。不能如朱子所理解的，是两种祭祀形式。

"祭如在"——祭祀时祭祀的对象仿佛就在眼前，可事实上并不在，而非要"如（好像）在"，于是只能用心去想——旨在强调祭祀重在用心。显然，本章的主题思想就是讨论祭祀时的诚心问题。如果你祭神时，心想，反正神不在我跟前，又看不见，于是就敷衍一下了事，如此就是心不诚，或没有用心。所以，孔子说："吾不与祭，如不祭。"——我如果不能做到如此诚心的祭祀，就跟没有祭祀一样。

《论语集注》："言己当祭之时，或有故不得与，而使他人摄之，则不得致其如在之诚。故虽已祭，而此心缺然，如未尝祭也。"朱熹是说，当自己因故不能亲自参与祭祀时，让他人代为祭祀，就不能表达诚心了，所以虽然祭了，但身心都不在，就如没祭一样。由于他把"吾不与祭"理解为"我不能亲自参与祭"，又为了使"如不祭"话能说通，于是想当然地加上了"使他人摄之"（让他人代劳）。理似乎是通了，可是，距离文意远了，这是在做增字解经。况且在文中一点也看不出有让他人代祭的意思表达。虽然对朱子之说有很多古人找出很多理由，支持"让人代祭"的说法，但都难以令人信服。好比说开会，某领导可能临时有事不能参加，找人代表，这种事是有的，但不能说这里就是。孔子强调的是"诚意"，做不到"祭如在"都不行，更何况是连你自己的"人"都不在场呢，更不用说让人代祭了。所以，朱子的解读毫无分量，也毫无意义，更是曲解了孔子。杨伯峻译成："我若是不能亲自参加祭祀，是不请别人代理的。"他也感觉到朱子所解不是这回事，又赶紧说"如不祭"译文是意译。《论语通译》本译文："我如果不亲自参加祭祀，[而由别人代祭，]那就如同不祭祀一样。"总之，他们都是在坚信文中的"不与"就是"不参与"的意思，所以只好如此附会以自圆其说。

我们静静地心究一下，前面明明是讨论祭祀该如何如何的诚心，要“祭神如神在”，既然已经“不能”亲自祭祀了，更何谈“祭如在”呢？再从语法上讲，“不祭”就是“不”了，哪来“如同不”？话讲不通的。

造成多种错误解读的另一个原因，我想主要出在断句和句子的省略上。现在我们做不同假设下的断句分析。

(1)“吾不与（之），祭如不祭”——我不能做到祭如在，祭了也如同没祭。“与”，本义是“给予”（“与”的字义分析，可参看《学而》篇第24节），这里取“做”或“拿出”义。“吾不与”应该是“吾不与之”的省略，“之”指代前文的“祭如在”式的诚意。

台湾学者傅佩荣取其句读形式，但他把“与”解译为“赞同，赞成”义，译之：“我不赞成那种祭祀时有如不祭祀的态度。”这应该比较接近孔子话的意思。

(2)“吾不，与祭如不祭”——我不能做到祭如在，就是参与祭了也如同没祭。“与”，取“参与”义，“吾不”也是一种省略句。“吾不”是针对上文“祭如在”而言，形如：“你要这样！”回说：“我不！”——“不”，表示对前言的一种否定，是承前省略的语句形式，完整表达就是“我不这样”。

(3)“吾不与（其）祭，如不祭”——我不能做到“祭如在”，如同没有祭。“与”，是“与其”的省略，“与其祭”指前文所言的“祭如在”的那种祭祀态度。

以上各解虽思路不同，却能殊途同归，都趋向于同一个结论——我不能做到祭如在，祭了也如同没有祭。这才是孔子所言之本义。

《论语歧解辑录》的作者，把“与”解为通假字“豫”，释义为“喜悦、乐意”，译之“我心里不喜欢祭，还不如不祭”，其意思的解答是有点接近原义了，但把“与”通“豫”解显得太牵强，也没有道理。

“祭如在”可能是那个时代社会上普遍认同的祭祀之态度观，孔子也赞同。《论语》的编撰者将孔子这句话辑于此，是针对其上一章“禘祭”时孔子“不欲观”而言的，表明“不欲观之”是因为人们没有做到“祭如在”的真心诚意，这也是有人在“或问禘之说”时，孔子不高兴的原因。

12　媚灶虽私不为过

敬畏天地是对自然法则的尊重，是智慧的处世哲学。那种天不怕地不怕，即所谓的战天斗地精神，是愚蠢的，终将会受到自然的报复。中国文化自古都是主张对自然的“敬爱”。敬爱的体现并非是一时一事的表现，而是上天对你的恒久考验。临时抱佛脚，最多只能博得上天一时之怜悯。旧时农业文明的社会“风调雨顺”应该是人们的最高企求。

人类为求得最大愿望，有所偏私也是常情，只要不失礼于至高至尊的天地，也不算是大过，孔子也表示可以接受。

3.13 王孙贾问曰：“与其媚于奥，宁媚于灶，何谓也？”子曰：“不然，获罪于天，无所祷也。”

王孙贾，卫国的大夫，握有实权。此问当发生在孔子旅居卫国之时。

“媚”，本义为“谄媚”“巴结”。这里有在两个被祭祀对象之间，更为偏向某一方的意思，即有过分敬畏、讨好某一方的意思，但并不存在褒此贬彼，就是说人们对奥灶都有敬之，只是对灶更为“巴结”一点。这一点要重视。

通常，人们认为这里的“奥”和“灶”，分别是指“奥神”和“灶神”（俗称家神、灶王爷）。在中国民俗中，人们认为天地万物皆有神灵，除天、地之神（天老爷、土地爷）外，山有山神、河有河神，掌管着刮风打雷下雨的是风神、雷神、雨神，主宰一屋的是家神，管伙食的叫灶神，掌管一家之贫富的为财神……几乎一物就有一神在主宰，把一切物像都人格化地附上了灵性。于是在古人的心里，几乎对每一事物都会存有“敬心”。出于这份敬心，人们会在为事、成物或毁物时，都在心中祈祷一下或举行相应的仪式。如在南方农村，新房子将建成时，要搞“上梁”仪式，在上主梁（房子正屋中间最上边的那根木横梁）时，其上挂有红布，上面的人用绳提拉主梁的同时，嘴里还念念有词。有时遇到能讲的，说的那是一套一套的，听之还真是一种享受。放鞭炮更是不能少的。最后，把亲戚送来的、染有各种颜色或印有图案的上梁礼物，如馒头、米糕、糖果之类向下抛，一边抛一边高喊吉语。下面的人（本村的或是邻村的人，只要方便一般都要来的，主人希望来的人越多越好）在使劲地抢，同时，还应和着上面的人的喊话，常常是大叫“好！好!”或其他一些起哄的话，说是“请家神”。总之，把气氛闹得越热烈越好，这样“家神”就会以为人们是在为他的到来准备热烈欢迎之仪式，于是“家神”就更高兴。他越高兴，房子的主人家将来也就会越兴旺，因为家神会更多地保佑这个家。与其说这是迷信，倒不如说这是一种文化，是人们精神生活的一面。旧时的人们正是在这种精神的寄托之下，能够安居乐业，能与天地和谐共处。也正是因为人们对神灵的这种敬畏，才守住了做人的道德底线。现在的一些人倒不迷信了，但很多丧失道德的事却层出不穷，正是因为他们缺乏这种敬畏之心。

以前大凡农家起屋朝向一般是正南偏东。有人说只有天子宫殿、宗庙是正南向的，民房不允许朝向正南，也许是这样，但我认为未必。民房的朝向，一是受制于地基的位置情况及风水说，另一个是要考虑光照量。事实上，家门朝南偏东，所受的年平均光照量最为合适。冬天太阳从东偏南方向升出来，于西偏南方向下落，对大门的日照量最大；夏天时，太阳几乎从正东升起，在西偏北方向落山，家门朝南偏东，其光照充分又可避免西晒。按照八卦方位图（如下图示），南方属火，“起屋面南方，冬暖似火房”。农家居屋通常是三间（二间者，灶房与堂屋共用），起灶一般在东南角，西屋为卧室，通常卧室的西南角都起一个粮仓（主要是稻仓），因为室之西南角的墙面受光照多，此处比较干燥，粮仓中粮食不易受潮而霉变。今天在南方偏远的农村还保留着这样的习惯。

“奥”的篆书𡪉，其上为“米仓”之象征，下为双手形的“共”，即“供”（“共”是“拱”的本字），两者合义就是“对米仓的供奉”。所以，依我看，“奥”本是指“粮仓神”。对于以农业生产为主的社会，家里粮食满仓即为富裕的象征，仓廪实而家富有。加之室之西南角正是“坤位”，“坤”有大地、生母、养育、柔顺等诸多意义，在后天八卦循环中还有死而复生之义，故为人敬礼鬼神之朝位。由此，人们把“粮仓神”奉为家神，即家之主神，是极有可能的。由于粮仓置于室之西南角，所以作为“粮仓神”的“奥”字就有了西南角一说（《释名·释宫名》：“室中西南隅曰奥。”）。又因古时室内不开窗或窗口很小，光不易进屋，“奥”所在的位置是“室内深处”，更是黑暗，是为“幽深”之处，由此也引申出“精深”之义，于是这些词义今天都被“奥”承担下来了。

再从“与其媚于奥，宁媚于灶”看：“灶”，是做饭的地方，转指灶神；“奥”，是“粮仓”，转指“粮仓神”，所以此俗语将“奥”与“灶”并列而言之，是再合理不过的了。

但按理来说，“奥”是为“灶”提供原材料的，若“奥”不向“灶”提供米粮，“灶”再有能耐也是难为无米之炊。所以，从这意义上说，人们应该是“媚奥胜于媚灶”才对，可社会上偏有“与其媚于奥，宁媚于灶”之说，自然是难以理解的，因此王孙贾才向孔子发问“何谓也?”——为什么这样讲呢？由王孙贾问话的口气可以想象“与其媚于奥，宁媚于灶”，应该是当时社会的流行语，也是世俗的主导行为标准，而且王孙贾清楚，孔子也肯定听说过这句话，所以，才会问之“何谓也?”这个问话不可能是王孙贾为了讥讽或暗示孔子而随口自编出来的。

孔子答曰："不然，获罪于天，无所祷也。"——不这样，就会获罪于天，若获罪于天，向谁祈祷也没有用了。显然，孔子对所问之说法是认同的，至少是没有否定。"不然"就是在现代汉语中，仍然保留了这个意思，即"不这样的话""如果不这样"。可是，古今几乎所有的论语注释者，都把"不然"理解成了反对语义，认为是对王孙贾问话的拒斥："不能这样!"或"这样做不对!"等，是没有道理的，单就文字上来理解这句话也是讲不通的，可以说是典型的曲解。

退一步，假设孔子说的"不然"意思就是"不能这样做"，是对"与其媚于奥，宁媚于灶"做法的否定，那么，孔子肯定的又是什么？是"与其媚于灶，宁媚于奥"，还是"既不媚于奥，也不媚于灶"，或是"只媚于天"？如果认为孔子的观点是"只媚于天"，显然不符合孔子的思想：敬畏神灵，无论是灶还是奥，都是可敬之神。《礼记·王制》："天子祭天地，诸侯祭社稷，大夫祭五祀。"五祀，文献记载虽然不一，但都包含灶神。要知孔子是从周礼的，所以，从这个意义上说"不然"理解为"否定"含义也是不合理的。人们之所以要这样理解，主要的是因为不相信孔子能认同之，即认为孔子是讲"中庸"的，不会主张祭祀时过分讨好哪一方。这样理解孔子没有错，可要知道这句话毕竟不是出自孔子之口，不能代表孔子本人的观点。即便孔子没有明确反对或认同，他也是站在普通人的立场上表示认同，是在"有总比无好"这一无奈状态下的认同，这从孔子的回答语气"不然，获罪于天……"中可体味出来。孔子也叹息过"中庸之为德也，其至矣乎！民鲜久矣。"（《雍也第六》）——做事讲中庸是极好的，可民间能这样做的已经很少见了啊。可见，孔子认同"与其媚于奥，宁媚于灶"确实是无奈之举：不管怎样，至少民还能想到要"媚奥或媚灶"，只要不获罪于天就行了吧。

在我国，祭灶神、送灶神、迎灶神，是一项在民间影响很大、流传极广的风俗，直到今天有些地区还保留了这种风俗。旧时，差不多家家灶间都设有"灶王爷"神位。人们称灶王爷为"司命菩萨"或"灶君司命"，传说他是玉皇大帝封的"九天东厨司命灶王府君"，负责管理各家的灶火，被作为一家的"保护神"而受到人们的崇拜。家中的"灶神"最是厉害，连吃饭穿衣、说话办事等都要管。尤其可怕的是一年到头，灶神不但对家里人的行为要管，就连在心里起了好念头，或动过歪脑筋，他都会记录下来，到一年终了，就会上天报告好坏。民间传说，灶王爷上天是"专门"告发人间罪恶的。大罪要减寿三百天，小罪要减寿一百天。在《太上感应篇》里，还有"司命随其轻重，夺其纪算"的记述。"司命"即是灶君，"纪"是指十二年。对于"大罪要减寿三百天，小罪要减寿一百天"的法律，灶王爷是可以"机动掌握"的，他一张口就可以更改成"减寿十二年”了，你看可怕不可怕！在我们南方，从腊月二十三小年开始就算过年，一直持续到大年初三，老话讲：“腊八、祭灶，年下来到。”又讲：“二十三糖瓜黏，打发灶王上了天。”灶王爷每年腊月二十三到天上述职汇报，正月初四回来，所以这天人们会弄块麻糖、糖瓜或糯米饭给他吃，要用糖把灶王爷的嘴黏住免得他说坏话，只愿他“上天言好事，下地报吉祥”。从文化的传承来看，“媚于灶”确是当时社会上的普遍观念。

人都有偏私之心，这也是不可避免的，人们之所以“媚于灶”多于“媚于奥”，传说灶神能随着炊烟升天（奥神不行），因而通过他之口能代人“媚于上天”。人们“媚灶”是为祈祷上天，以求上天的恩赐，使人间风调雨顺。风调雨顺就能粮食丰收，主管粮仓的奥神自然也就高兴了，奥神富有了，灶神也跟着富贵了……这是个良性循环关系。毕竟“民以食为天”啊！可见，“媚灶”的根本还是为“媚天”。反之，“不媚灶”就会获罪于天，真的获罪于天了，媚谁都没有用了。孔子以一个普通人的平常心态，站在尊重社会风俗之立场，来认同“与其媚于奥，宁媚于灶”，也是合情合理的。孔子也是基于敬畏天地的大视角来思考这一问题的，“媚灶”虽说有所偏私，但终究不算大过。

其实孔子对鬼神是“敬而远之”的，重在表达敬心的诚意而已，是为礼俗社会价值而主张的，更不是为求得什么庇护。如孔子病时，季路请其祷，孔子不悦反质问季路：“有此乎？”且孔子强调不管祭祀谁，都要有“祭如在”的诚意。无论是“媚于奥”还是“媚于灶”，只要不失诚敬，如何表达对自然的尊重，都是可以接受的。敬爱天地无须祈祷，如若无诚意之心，祈祷谁都是徒劳。

古人在敬神时，讲究个周到，且一个都不能少，否则只要有一个在捣鬼，家里就不兴旺，也因此古代祭祀的活动很多，要祭的对象也多。而且民间还有句俗语叫“大神好敬，小鬼难缠”。拜家神是企求平安兴旺；敬灶神、奥神是为企获粮谷满仓，衣食无忧；供财神欲求财源广进……中国的文化中讲的是大敬，敬天敬地敬鬼神，即对自然的敬畏。即便偏私，最终也还是表现为对天地的大敬，毕竟不失敬畏之心。所以，孔子并不否定。

然而，对本章的解读，人们都落入了一个自以为是的猜度之中。

朱子说：“喻自结于君，不如阿附权臣也。贾，卫之权臣，故以此讽孔子。”意思是说，王孙贾用此发问，是为嘲讽孔子的。因为王孙贾认为，孔子在齐国，只知道巴结齐王，而于他们这些重臣不屑。似在讽刺孔子，不懂“县官不如县管”之理，提醒孔子这样下去于自己是没有好处的，应该多多媚于我们这帮握有实权的臣人。

同时，朱子在《论语集注》引谢氏语曰：“圣人之言，逊而不迫。使王孙贾而知此意，不为无益；使其不知，亦非所以取祸。”意思是说，王孙贾原不知道这话的意思，问于孔子，孔子回答得谦逊而不让人难堪。孔子用“获罪于天，无所祷也”的道理告诫他，知道这个理是大有好处的，即便不理解，也不至于引祸上身。朱谢两人的解读，分歧也很大。

又一说，王孙贾是在代孔子谋划，并不是想让孔子媚于己。贾因孔子曾见卫灵公的宠姬南子，疑孔子想靠着南子的关系求仕，故隐喻孔子不如与当朝大臣们搞好关系。

还有一种解释是，由于当时的社会风气，人们对于祭祀已无诚意，多为走个形式而已。“与其媚于奥，宁媚于灶”是流行的俗语，意为“与其浪费时间或金钱搞祭祀，还不如想想怎样填饱自己的肚子，顾好自己的嘴巴”，因灶神是直接为人类带来食物的神。孔子不赞成此说，所以反驳。

以上是有代表性的几种观点，而且参与其中争论的学者也是纷纭，我就不再细举了。总之，人们对“奥、灶”的喻指是争议纷纷，莫衷一是，但共同的观点是他们都认为孔子的“不然”是对问题的反斥而不是顺同。至于王孔对话背后的用意如何，我也不好妄断之，读者不妨再多心究一下。不过，就本篇讲礼的中心思想而言，此章文字当不像后儒那样解读，否则距离讲礼之用太过遥远了。

13 孔子何依要从周

孔子的整个思想意识，都是想让社会回归于周礼，认为“一日克己复礼，天下归仁焉”。其对周礼情有独钟，多有褒奖，《论语》中较多见。

3.14 子曰：“周监于二代，郁郁乎文哉！吾从周。”

“监”的甲骨文为，右边是一个人睁大眼睛在往下看（臣，竖目），左边是个器皿；金文又在器皿上加一小横，表示器中有水。其寓意为一个人弯着腰，睁大眼睛，从器皿的水中照看自己的面影。古人以水为镜。“监”，即为“鉴”的初字，本义为“照视”，这里引申为“借鉴或参考”义。“二代”，指夏商。“郁（鬱）”本指带香味的丛木，郁郁相叠，形容草木茂盛，这里借用表示丰富。通读本解“文”为“文采”；钱穆认为“文”指礼乐制度文物，又称文章。他们对于“文”的解读我认为有误。

“文”字，甲骨文是，为文身的人，初义通“纹”，即图像的线条化之形。线条化的图案具有装饰性，故而称为“文饰”，文饰有美之属性，于是“文”有

了“美”的含义。另一方面，中国文字是象形文字，由象形的线条图形构成了“文”，再由“文”滋生出“字”，后来“文字”成了所有汉字的统称。在本篇第8节对“文献”作过解读，读者可参看。

这里“郁郁”是用来形容多的，很丰盛的样子。显然，这里的“文”就不能是表示“美好”或者“文采”之类的形容词了，形容词不能用于修饰形容词。“郁郁乎文哉”为感叹句式，相当于“文郁郁”，“乎、哉”皆为语气助词。故其“文”当是指“文字资料”，“郁郁乎乎哉”白话就是文字资料真是丰富啊！由于资料富足，所以礼可“征之矣”，故孔子“从周”。“从”字，前文已讨论过，这里是“尊从（尊敬遵从）”，也有“跟从、服从、顺从、继承”意。

单从孔子这句话来分析，“周监于二代”一句中没有主语，也就是说这句话不是完整的。其原因，要么是孔子不会说话，不懂语法；要么是这句话被后人断章了。即便如此，还要强解，于是人们就强推“礼”来充当主语。“礼”从何来？是从这句话的语气中猜测的，或是在《论语》中从孔子对“周礼”的崇尚，加之“吾从周”之言，来推测的。奇怪的是对这个推测，几乎没有人提出过异议，表明都认同了。

那省略的主语之“礼”在哪呢？我们把其与第九章“夏礼，吾能言之，杞不足征（徵）也；殷礼，吾能言之，宋不足征也。文献不足故也，足则吾能征之矣。”置于其上读一读，语气、文理、文义是如此的相和。原来主语的“礼”是承前省略了：夏殷商之礼，杞宋始虽承之，但因增删已面目全非不足征（徵）了，而且文献也不足。然而，周礼也是承继二代发展起来的，且资料富足，所以成了孔子“从周”的理由。故而我认为本章当与第九章合为一章。

14 问是“过问”非下问

我有一种这样的感觉：在解读《论语》时，开始总是想客观地去评价孔子（力争不被他所影响），甚或想拿出批判的态度，但是一旦进入了孔子的思想，会不知不觉地被其所同化，无意中又回到了孔子的立场上，成了孔子思想的认同者，甚至是维护者，转而成为其吹鼓手……孔子不愧为伟大的思想家，但伟人也不是事事完美。对本章的解读，我想人们都犯了这样的错误，把孔子当作了完美者而将其神化了，于是将这里孔子的“过问或干涉”美化成了不耻下问。

孔子自己说“德不孤，必有邻”　（具体的解读参看《里仁》篇第15节）——人的德行不是一个孤立的表现，必然有与之相伴的其他表现形式。一个人的德行往往有双面性，如坚守原则是优点也是美德，但若过了度，就变为固执死板、不近人情，甚至会抱残守缺。

3.15 子入大（太）庙，每事问。或曰："孰谓鄹人之子知礼乎？入大庙，每事问。"子闻之曰："是礼也。"

"大"，音 tài，有些版本认为就是"太"字。太庙，太祖的庙，古代供奉、祭祀君主祖先的庙，开国的君主称太祖。因周公（姬旦）是鲁国最初受封的君主，所以，当时鲁国的太庙应是鲁周公之庙。鄹，鲁邑名，在今山东曲阜。孔子父叔梁纥，尝为其邑大夫，所以，这里的"鄹人之子"就是指孔子。

朱子云："此盖孔子始仕之时，入而助祭也。"可能孔子当时担任鲁司寇，在大典之前进入大庙辅助祭祀活动的准备工作。

对"每事问"之问，人们出于对孔子的推崇，褒奖孔子的好学，从而解读为"不耻下问"之问。朱子在《集注》中引尹氏语曰："礼者，敬而已矣。虽知亦问，谨之至也，其为敬莫大于此。谓之不知礼者，岂足以知孔子哉？"意思是说孔子什么不懂！他虽知亦问是表明他对祭祀之礼的莫大之敬，说孔子不知礼的人，是对孔子的极端不了解！这充分表现了汉儒们对孔子盲目崇拜的心理。汉儒们还说，孔子知道之所以问，体现了他的谦虚。"知而犹问，即此是礼。"（钱穆语）——知道还问，这就是礼。明明知道还要装着不知道地去问别人，简直就是虚伪。"孔子到了周公庙，每件事情都发问。"（杨伯峻语）——我们心究一下：如果孔子对每件事情都"发问"（按："发问"有"责难"的意思），那孔子也太凶恶了，没了一丁点儿君子风度。不要忘了，"问"也有"过问""干涉"的意思。

"或曰：孰谓鄹人之子知礼乎？"从"或曰"的口气中可探出，此反问之句表达出了极端的不高兴，且语言表现得也极不尊重。"鄹人之子"几乎是用了"骂人"的口吻。将心比心地想一下，一个人被别人请教时，一般是不会生气的。人大多都有"好为人师"的心理，被人请教时总会生出这样的心理暗示：他是看得起我，我知道的比他多，等等，于是不自觉地会生出喜悦之情。相反，当自己在做事情时，如果某人总是说你这个做得不对，那个做得不好，对你指手画脚的，同样会产生这样的不平心理——哦，我什么都不对！就你对，于是就生出了气愤。

可能是因为孔子对礼的态度过于认真，对细节过于讲究，于是对助祭者提出了过高的要求。作为一名主祭者，总是事事过问，挑三拣四地找毛病，助祭者当然不高兴，这是很自然的。俞樾在《古书疑义举例》中说"是礼也"为反诘之词，我比较认同。就是说，孔子对入太庙祭祀非常在意，态度认真，生怕哪里想不周到，所以每事都要过问。当人们为此议论他时，他表现得有点不高兴，就反诘之“是礼也”——这就是礼！孔子自己也许是这样想的：我之所以如此，旨在强调对祭祀时的处处周全，认真处理细节，体现的是诚心的敬畏，这本身就是礼的一部分。祭祀之礼是一个过程，不仅仅是最后的形式。所以，孔子为他的行为力争，正是他的这一强烈观念所驱使。

人非圣贤，谁能无过（大小、多少而已）！孔子也说：“若圣与仁，则吾岂敢！”（《述而第七》，下同）他也承认自己有过，并说：“假我数年，吾以学《易》，可以无大过矣。”我们只有客观地理解孔子，才是对孔子最大的尊重。为了神化孔子而就不顾一切地掩盖其不足，甚至将不足也粉饰为美德，这不但不是抬举，而是在丑化。

15　道理越深话越浅

所谓道理，应该是放之四海而皆准的，不能局限在一个很窄的特定范围之中，否则就不能算作道理。而且，道理揭示得越真实，话反而越是浅显易懂。

3.16　子曰：“射不主皮，为力不同科，古之道也。”

“射不主皮，乡射礼文”，朱子认为，这里的“射”指乡射之礼，且说“射不主皮”是“乡射”之礼中规定的。本篇第七章“君子无所争，必也射乎”，其“射”指射礼，由下句的“揖让而升，下而饮”可作判断。但这里，孔子显然是在强调一个“古之”道理：“射”能否“主皮”是因“力不同科”。此“射”就是“射箭”，若强称“射礼”，还是体现了人们“无礼，无仁，不成论语”观念的固守之成见。既然是“古之道也”就应该有普遍的真理性，不能仅仅局限于“射礼”之内。所以，朱子解“射”为“乡射”毫无根据，且话也说不通。事实也告诉我们，越是真实的道理，话越是简单明了。

“革”字是象形文字，其金文像一张被剥下来的展开平铺的兽皮。其本义就是兽皮，后引申为用革制成的东西。由于革是经过加工改造以后的兽皮，于是引申出“变革、改革”的意思。再来看“皮”字的金文，把其构型与“革”字的金文比较：是其一半，在于其下加有一手。可见，“皮”是未被剥下的（是剥开的，是革的一半，代表未被剥下的）兽之表面，是用手可摸到的。可见，“皮”的本义为“兽的表皮”。由此引申，用以表示物之表层，比如我们常说的“树皮、墙皮、封皮”，并非是指皮革。“革”与“皮”有一定的关系，但不是等于。

“皮，革也，布侯而栖革于其中以为的，所谓鹄也”[①]，由于朱子解“皮”为“革”，为自圆其说，引出了“布侯”，并想象布侯上蒙革，硬是用“把子”作中介将“皮”变成了“革”。朱子的解读真有点多此一举。

“射不主皮为力不同科”——射出去的箭，能不能插入物之表面，立住（不掉下来），是因为力的大小不同。这是一个再简单不过的道理了。“主”，“主宰”义，“主皮”就是对“皮”有“主导作用”，控制了“皮”。意思就是说，箭已深深插入了被射的主体，立住了，不掉下来。“科”，指“等级”“类别”，用其本义。这里的“不”，可依照其下的“力不同科（力量的不同）”意译为“能否”，文理会更通顺。

“古之道”——自古就有的道理，现代汉语也还这样说。其意思并不是“古代就存在的道理”。古，于时域来讲，是指现在的以前；就一个事物来讲，“古”通“老”，通“旧”。“古之道”说白了就是“旧道理、老道理”，就是说这个道理早就被人认识了的，不再是新道理。既然是人人都知道的道理，当然就成了简单浅显的，再明白不过的道理了，说通俗点就是：连小孩子都知道的道理。

钱穆译为：“比较射艺，不主要在能射穿皮革，因各人体力有不同，这是古人的道理呀！”杨伯峻译为：“比箭，不一定要穿破箭靶子，因为各人的气力大小不一样，这是古时的规矩。”我们知道，比赛时，并不是看谁射得深，而在于是否击中把心来比较射艺的高下。我们分析其译文“比射艺，不在于能否射穿皮革，因为力气不同”。比射艺时确实是不在于能否穿革，这话没错，但在于的又是什么呢？句中没说，显然其话没有表述完整。话都没说完，能说这是一个道理吗？如果非要说是否能“射穿皮革”，那也只能是针对射出去的“箭”而言。可见，文中的“射”，不是什么“射礼”，而是指射箭本身。射出去的箭，能不能插入目标物（或插入多深），立住不掉下，决定于箭射的力度大小——这是浅显易懂的道理。如果孔子真是欲以此来表述一个道理的话，话都不完整，这个道理你能接受吗？

如果非要说这句话是孔子用来讲“礼”的，那孔子也是用“射箭能中的就可（射中把子），至于插入多深是由力量决定的”来作比喻，旨在告诉人们：用礼是有一定的目的性的，重在心诚，至于能否做到至善之境，决定于一个人的资质。正如看一个人的人品如何，要看他做事是否符合社会道德，是不是走正道，而不必太在乎他对社会的贡献大小，因为每个人的能力不同，所处的环境不同，机会也不相同。

---

① 朱熹《论语集注》。

16　誓死负隅守周礼

内容必须要借助形式来表达，比如基督教中人们祈祷时用手在胸前画十字，佛教行跪拜礼时要焚香，祭祖时要立牌位，等等，都是在假借一种形式而已。假借形式更多的是为创设一个气氛，以示进入诚心之境。孔子不去“告朔之饩羊”，也是为强调这种形式的意义，同时也表现了孔子坚定地守卫周礼之顽固心情。

3.17　子贡欲去告朔之饩羊。子曰：“赐也，尔爱其羊，我爱其礼。”

“朔”和“望”，用以表月相。月初，因月缺称“朔”；月中，因月圆称望。朔，由“逆”和“月”构成，本义为“月倒”。“逆”的本字为“屰”，其甲骨文构型是（倒立的人）。“月，屰”合义表征“月亮倒立过来”。

阴历的每月之初，月亮运行在太阳与地球之间，从地球上看月球为其黑暗的背面（与正面比），此时月亮好像是倒过来了，所以称“朔”。随天数的推移，月球渐渐偏离太阳与地球之间的位置，月球暗部在减少，亮部渐渐扩大。到月中，月球全部变亮，此时月球、地球、太阳形成“对望”的位置，月亮也好像转过了身子，正过来了，让我们看全了她，故称“望”。天数再推移，到月末，月球走到了地球的后面（地球在太阳与月亮之间），日光被地球完全遮挡，从地球上看不到月球了。在这过程中，月球亮部渐渐减少，仿佛渐次被蚕食，月变残了，故称“残月”。前半月，月亮由“新月”逐渐长成“望月”；后半月，月亮又由“望月”，渐次被蚕食成“残月”。如此周而复始，平均周期大约是29.53天。“朔月”乃月的初始之象，故“朔日”指月初。又因“朔”时无月光，阴到了极点（中国文化有阴阳之说，月为阴，日为阳），给人有寒阴之气，同北方之象，故“朔”又用以指称“北方”。

古制，诸侯在每月之初，来到祖庙杀羊行祭，主政者要代表国家向天地祖宗禀告所作所为，以此表明每月听政的开始。这就是“告朔”之礼。“告朔”时，必以羊为牺牲品；结束时，把生牲（这里就是生的祭过祀的羊肉）分给参与助祭的士大夫，此羊即为“饩羊”。“饩（餼）”，本义指在招待客人时，送给客人的粮食。

《春秋穀梁传·文公六年》有云：“天子不以告朔。”表明大概在哀公时告朔礼已废。可见，时下人们已不重视告朔之礼了。“鲁自文公始不视朔，而有司犹供此羊，故子贡欲去之。”（朱熹《论语注》）鲁文公已经不亲自参加告朔了，且又不听政（听政叫作“视朔”或“听朔”），但管理祭祀的有司，还养着用来“告朔”的羊，于是子贡认为已没有必要了，“惜其无实而妄费”，故“欲去告朔之饩羊”。然而，孔子不赞成，对赐（子贡的字）说：“尔爱其羊，我爱其礼。”——你是出于爱惜羊的角度着想的，而我是源于对礼之精神的亲爱。朱子这样揣度：“然礼虽废，羊存，犹得以识之而可复焉；若并去其羊，则此礼遂亡矣，孔子所以惜之。”意思是说，孔子之所以不愿“去饩羊”的担忧是：虽然告朔之礼废止了，但若饩羊还在，人们不至于完全遗忘，早晚还有恢复的可能。若去其羊，告朔之礼恐怕会真的逐渐消失了。

孔子确实是“周礼”的顽固守卫者，并深虑因礼失而国大乱，所以鼓吹克己复礼。孔子的这种固守旧礼的思想是有悖于社会文明的进步与发展之规律的，因为历史永远不可能回到完完全全的过去。

17 君守礼义臣事忠

父爱子孝，母慈子贤。“君使臣以礼，臣事君以忠”，即言君守礼义，臣方能事之以忠。事君尽礼，未必不是谄媚。

3.18 子曰：“事君尽礼，人以为谄也。”

钱穆译之：“事君能尽礼的，世人反说他是谄。”杨伯峻译之：“服侍君主，一切依照做臣子的礼节做去，别人却以为他在谄媚哩。”几乎所有人于此章的解读都大同小异，多认为这里的“也”通“邪”，表反诘。就是说，时人对事君尽礼不能理解，反以为是谄媚，故孔子奋而反诘之；并解释说，孔子说这个话时，可能是在鲁国，并且是针对当时鲁国所出现的情况而言的。因时下鲁国三家强势，公室势力削弱，各权力者皆附会三家，然孔子依然按礼事君，时人见孔子如此之为，而生发议论说孔子谄媚。孔子眼见礼制殆废，已是心痛，加之时人对尽礼事君的无知嘲讽，听后有怒，故加以反诘。总之，后儒都认为孔子坚守以礼事君，哪怕是招致误解而受讽刺，也在所不惜。

持以上解读观点的学者，其前提是认为“事君尽礼”在孔子看来是必需的，所以才有反诘之说。如果我们不把文中的“也”当作“邪”来看，即认为孔子所说是一般的陈述句：“事君尽礼，在外人看来是谄媚。”如此，“事君尽礼”不是“谄媚”观点下的附会。就真的是“谄媚”了。在我看来，“事君尽礼”就是

"谄媚"，即孔子不是在反诘。

首先，文中"也"作"邪"讲，并没有根据，所有的理由都是想当然，都是在错误地坚守"事君尽礼"，不是"谄媚"观点下的附会。这更多的是受了孔子一贯赞"礼"的言语影响。

其次，在下章的定公问"臣事君，如之何?"时，孔子已明确地答之"臣事君以忠"，而不是"事君尽礼"，也不是"事君以礼"。请注意，"事君以礼"是应该的，凡事以礼而为，这是"礼制"规矩，但"事君尽礼"未必正确。两者虽一字之别，意思却不同。"以礼"是用礼，"尽礼"是尽其所能地用礼（有不择手段之嫌)。"尽礼"可以说是"唯礼而礼"，当唯礼而礼时就有可能失之中正，如此一不小心就会落入"谄媚"的境地。孔子也说："礼，与其奢也，宁俭。"

再一个值得注意的是，"事君"的"事"不是指在君的身边照顾、服侍之事（若是君主身边的佣人，尽礼也许是应该的)，而是指君的下属为其谋事之"事"，即"事君者"，指的是"君之臣"者。为人谋事讲的是忠（为人谋而不忠乎?)。古代"忠"字之义与现代略有不同，它是指把事放在"心中"，尽心尽力地做且又坚定不移。孔子强调"事君"要能"致其身"，你想事君都要求忠到至死不渝了，"臣事君以忠"当然是孔子特别主张的。子路问事君时，子曰："勿欺也，而犯之。"（《宪问第十四》）——"不要［阳奉阴违地］欺骗他，却可以［当面］触犯他。"（杨伯峻译）"当面触犯"君主是礼吗?"犯其颜色而直谏"（钱穆译之)，为真理而"直谏"虽然背君臣之礼，但这是尽忠。忠是仁的一面，它更多的是属于仁的范畴（为义死谏，是仁下的忠)，而礼是仁的外用，且"礼后于仁"。礼与忠的内涵有交集，但不重叠，所以事君以忠，不等于事君尽礼。"以礼"可以，但"尽礼"太过，所以孔子是不赞成"事君尽礼"的。因此，认为孔子此章之言是反诘，没有太多的道理，更何况孔子自己都说"事君以忠"非"事君尽礼"(孔子下章所言)。

"事君尽礼"就是"谄媚"。因为按礼，臣对君不能言其过，不能犯其颜，即依"礼"来事君，当君有过而不能正之，且为不犯龙颜又不得不迎合时，这不是谄媚是什么?所以孔子主张事君当"忠"不应"尽礼"，否则有"谄媚"之嫌。心究一下：如果大家都认为你是在讨好、拍马屁，能算是一个忠臣吗?

所以，接着有人反问孔子，那你说事君该当何为也?下面定公的问题与其类似。

3.19　定公问："君使臣，臣事君，如之何?"孔子对曰："君使臣以礼，臣事君以忠。"

定公，鲁之君主，名宋，谥号定。襄公之子，继其弟昭公而立。鲁定公时，孔子担任过司寇，代理过宰相。昭公曾被季氏三家逼走国外，客死他乡。定公欲维系君臣关系以保政权，所以问孔子：“君应如何使唤臣子，臣又该怎样侍奉君主?”君于臣称使，臣对君称事。

孔子回答：“君使臣以礼，臣事君以忠。”——君王用臣要以礼相待，臣子事君要讲忠诚或忠于职守。有人认为，孔子的回答之所以先言君使臣，后言臣事君，是因为定公在使臣时不能做到“使臣以礼”，由此孔子想提醒定公，自己要首先做到“以礼”，臣才能“以忠”，即孔子是在对定公进行劝诫。如此认为，我想是解者们想得太多了，很是牵强。

其实，孔子这里讲出了人在社会中和谐相处的一种辩证关系：上对下用礼，下对上才会用忠；正如父慈子孝，兄友弟恭；朋友之间也如此，你施以真心，我报以诚意，也只有你情我愿方能合而为谋。生活中有些人，总是先要求别人应该怎样怎样，而不反省自己做得怎样，这也是一种自私的表现。

18 哀乐有度贵中庸

中庸之为德也，凡事有度有节是为极致，过或不及皆失之中正。“君使臣以礼，臣事君以忠”，以礼以忠当不失中正。所以，接下来孔子以《关雎》之乐譬之：其中有乐有哀，但却是“乐而不淫，哀而不伤”，恰到好处。这也代表了孔子审美的中庸之道。

3.20 子曰：“关雎，乐而不淫，哀而不伤。”

《关雎》为《诗经·国风·周南》之首篇：“关关雎鸠，在河之洲。窈窕淑女，君子好逑。参差荇菜，左右流之。窈窕淑女，寤寐求之。求之不得，寤寐思服。悠哉悠哉，辗转反侧。参差荇菜，左右采之。窈窕淑女，琴瑟友之。参差荇菜，左右芼之。窈窕淑女，钟鼓乐之。”对此，传统的解读观认为，全篇描述了男子由“相遇”窈窕淑女的怦然心动，到“相思相求”寤寐思服之苦，再至想象中的“相合”之幸福情景。短短几句话，把一个青年男子的春心表现得波澜曲折，有苦乐哀怨，有兴奋伤感，但“思无邪”！

《诗》本是配《乐》的，但诗存乐亡了。《关雎》在表现“苦乐哀怨”时，是那样的恰如其分——乐不淫，哀不伤。孔子认为《诗》和《乐》都有教化作用，并在《论语》中都给予了赞美。

“淫”字，本义“侵淫随理也”（《说文》），即随其脉理渐渐浸渍。就像一块质地松软的木板，放置在很潮湿的地方，湿气沿木板的纹理渐渐浸润上来，使之含水量过多，时间久后木板就会慢慢腐朽。物含水少就会过于干燥而开裂，但过多就会腐朽。由此，“淫”有“过多、过度”义，而“过度”又会使人“昏乱、迷惑”。乐而不淫——快乐高兴不至于过度而忘乎所以或放荡不检。

“哀”字金文，结构为衣中藏一人痛苦时的“口”之形。当人内心里有悲哀之情，但还没有悲痛到不能自制时，总会想法掩饰住，或转身回避或用手帕作挡，此时的悲痛之态就叫“哀”。“伤”字，本义指某种因素造成主体“损害”或“受损坏”。哀而不伤——哀怨悲痛但不至于伤身。钱穆说：“哀乐者，人心之正，乐天爱人之与悲天悯人，皆人心之最高境界，亦相通而合一。无哀乐，是无人心。无人心，何来有人道？故人当知哀乐之有正，惟当戒其淫伤。”

以上是依照传统观念对《关雎》之诗所做的解读。说实话，这种解读我自己都怀疑它的合理性。接下来我还是想和读者一起来心究几个问题。

首先，原《诗》（汉之前称《诗》，而不是《诗经》）早已失传，我们现在所见之《诗》，是汉朝毛亨、毛苌注释的《诗经》，因此又称《毛诗》。《毛诗》很可能是根据民间《诗》的口口相传的语音，而流传至今，其所用之文字是不是原《诗》中的文字，不能肯定。就是说，诗句中的字音可能是对的，但所用的文字未必都是当初的，即别字肯定是存在的。比如，这里的“关关雎鸠”之“关关”意思是用来表达雎鸠的叫声的，既然是表鸟叫声，那依据古文字的特点和规律，其字当有“口”与“鸟”形，所以我的观点是这里的“关”应是“嚾”字（横看，是强调大眼与口的鸟形，即为鸠鸟之像），从口，雚(guàn)声。再比如“参差荇菜，左右流之”，其中的“荇菜”有解为“浅水性植物”的，有理解为一种草类植物的，并未告知，具体是什么，各解读者都是将“流”解为不同意思下的附会。根据《诗》比兴的手法，于其后所引出的“辗转反侧”来看，“左右流之”应该是表现其“左右摇摆”的意思，这与“辗转反侧”才相应和。这样想，“流”可能就是别字，也不可能是表示采摘的意思。总之，我们不能用现在的《诗经》字面的文字来解《诗》，否则一定有误解。

其次，在孔子时代及之前，《关雎》都是作为皇家举行祭祀大典时的开首之曲加以演奏的，因此我认为《关雎》的内容一定与祭祀有关，可能是描述祭祀时的场景，或以此曲创设庄严肃穆的氛围（如对于文中的“荇菜”，《毛传》就认为这是一种祭祀时的用品）。这样想来，《关雎》很难说是用来表达男女爱情内容的诗歌。这里问题最大的是对“窈窕淑女”的解读可能存在错误，一来“窈窕”两字最初并不是用来形容女子的，从“窕”字来看，其上“穴”表达与居住有关，其下的“兆”显然与占卜有关；二来在古文中对“女人”一般不直接称“女”（“女”通“汝”，作第二人称“你”讲），女未嫁时称“子”，出嫁后称“妇”。“窈窕淑女”之中的“女”应是指身体摇摆似柔弱“女”者（“女”，本义是十分听命的人，或指柔弱者）。这里的“淑”，当为“叔”，其甲骨文为（横看），其形是一“人”加一“S”形的意符，其意表达的是人在“扭动”，即有舞蹈的意思。我的观点是“窈窕淑女”并不是用来形容女子的美丽与贤德，而是指祭祀时的祝人。“君子好逑”中的“君子”就是君王，“好逑”意思是穿着美丽的裘（“逑”字当为“裘”）衣，即喻指穿着典礼时的正装。

总之，我认为，孔子对《关雎》给出的这个评价一定是站在其“乐”的角度上说的，绝非针对其《诗》之文字。即便《关雎》是描写男女爱情的诗歌，那孔子也很难是针对其诗文有感而发的，因为这似乎不合情理，为什么这样说呢?

第一，如果《关雎》真是大家认为的那样，不能说其文不淫。作为主人翁的君子看重女子的还只是外貌、身材，而不是内涵。并且，你想君子为得到淑女而寤寐求之，可以说是竭尽所能了，既琴瑟友之又钟鼓乐之，大行讨好巴结之能事，给人有不追求到手誓不罢休的感觉，完全似一个浪荡公子哥，在死皮赖脸地纠缠。

第二，我们想想，对窈窕淑女不只是君子好求，是正常的男人都好求，是谁规定的窈窕淑女只能让君子追求？表现爱情为什么用“雎鸠”起兴，而不用“鸳鸯”呢？用鸳鸯作比爱情可以说是中国文化中最通俗的表现形式了。

我这里只是提出个人观点，仅供读者参考，没有强加于人的意思。

19　心灰意冷无奈何

可以说孔子一生都梦想有朝一日能克己复礼，但礼崩乐坏的事实终究让他心灰意冷。无可奈何花落去，孔子也只能既往不咎了。

3.21　哀公问社于宰我。宰我对曰：“夏后氏以松，殷人以柏，周人以栗，曰使民战栗。”子闻之曰：“成事不说，遂事不谏，既往不咎。”

哀公，鲁君，名蒋。宰我，名予，字子我，鲁人，孔子早年弟子。

“社”，本字原为“土”，甲骨文“土（社）”有等构型，像平地上的一堆泥，也指代“土地神”。在甲骨卜辞里社字都作。郑玄所注《今文孝经》：“土地广阔，祭祀无法遍及角落，均收集五方土石，封之成堆，受祭之封土即为社。”土地神的产生是人类进入农耕时代的社会产物。土地是人类赖以生存的资源，所以将其供为神灵。

“且”即为“祖”字前身，甲骨文形（是男性之象），金文也作。它在

男权时代用以表征男性之高尚，也是古人男性生育观念的体现。人们认为，胎儿是父的种，母只是提供其发育的场所，所以人类的延续都是“且”之功。对祖先崇拜是对生育崇拜的迁移，祭祖实为祈祷部落或家族的壮大与绵延不息。“且（祖）”由金文渐变成，即为“士”——大男人，也为雄性标志。

奇怪的是“土（社）”的形竟然与“且”同形。所以有学者认为，“社（土）”字是母系时代生殖崇拜的产物，其乃女性之阴的象形。土者，地也，《庄子·达生》谓：“天地者，万物之父母也。”《白虎通·社稷》：“土生万物，天下之所主也。”地生万物，母生人灵，生殖崇拜实际上是祷求家族兴盛，人丁兴旺。进入农耕社会后，男性成了主导，人们对“母”的崇拜，转为企求土地肥沃，农业丰收的对“土地”的崇拜。又概因“土”“且”皆为可祭之主，必作神主牌位，神主牌子形似。同时它们都可“生物”，保物之续延，此处可归为一义，故而“社与祖”金文同形了。由于“土（社）”与“且（祖）”金文字形同，且都是可祭之神主，故后各加“示”旁以别之。“祀于内者祖，祀于外者社。”（《礼记·祭法》）

就“社、祖、且”的金文之形，与社主牌位之像来看，文中的“社”应该是指社主的牌位。有人说“社”是指立社所栽的树，未必可信。结合宰我之答言，“哀公问（社）”意思是问社主的牌子是用什么材质制作的。若理解为宰我是问立社庙时栽种什么树，距离“哀公问社”字面义有点远。

宰我在回答了“夏后氏用松木，殷人用柏木，周人用栗木”后，又补充了一句，可能是当时社会中流传的话：“使民战栗。”——周之所以用栗木，其目的是为了让人产生恐惧心理（宰我之所以补充一句“使民战栗”，可能是想表达对政治文化的一种看法，或是对现今礼乐文化败落的不满）。“栗”，本义为栗树或其果实，后假借表示因冷或恐惧而浑身发抖，此时“栗”可写为“慄”。“战栗”，“恐惧”貌。旧时的礼制规定，死者埋葬后，在家设祭坛，用桑木做神主，一年后再改用栗木做神主，于是后人便把宗庙神主通称为“栗主”。

孔子听了宰我回答哀公的话后，表现出了一种无可奈何，甚至是心灰意冷的情绪状态。我们从孔子的话中能感觉到：“成事不说，遂事不谏，既往不咎。”——既成事实的事就不要评头论足了；已经做了但没有成功的事，不要再劝勉了；既然是过去的事了，也就不必再追究了——完全是一种与世无争的态度，再也看不出原来那种“明知不可为而为之”的孔子了。为什么这么说呢？

孔子周游列国，最终为的是恢复周礼，推行自己的仁政理念，不曾想颠沛流离几十年，到头来不但没有恢复社会秩序，礼乐文明反而走到了崩溃的边缘，这让晚年的孔子难免心灰意冷。我们将心比心地想想也是，哀公十年，68 岁的孔子（孔子是 73 岁去世的）才回到鲁国。“哀公问社”时，孔子已是 70 多岁了，可以说是行将就木之人。可想而知，这时的孔子对恢复周公礼制的信心肯定是很低很低了，已不可能有太多的奢望，因此对这时的孔子而言，人们于礼能做到形式上的存在就已经够满足了。所以当他听到“哀公问社”之事，多少有一些安慰吧。毕竟哀公还能想到社主，想到祭社，已经很不错了，至少证明礼制精神还没有完全丧尽。至于神主之牌用什么材质，尽管按礼制有一定讲究的，但在今天这个社会状况之下已经变得毫无意义了，有总比没有强，毕竟牌位也只是一种象征而已，材质的寓意无论代表什么，已不重要了。也因此，在听了宰我答之“周人以栗”后又补充说“使民战栗”时，孔子仿佛无奈地自语道：“算了吧，那些事就不要再说了，有社主总比没有好。错也罢，对也罢，好也罢，坏也罢，过去的事就让它过去吧，不要太计较了。”

很多人在解读本章时，认为是孔子在责备宰我，如朱熹：“孔子以宰我所对，非立社之本意，又启时君杀伐之心，而其言已出，不可复救，故历言此以深责之，欲使谨其后也。”意思是说，宰我回答的“使民战栗”并不是立社主的本意，反而开启了哀公的杀心，但宰我话已说出来了，又不能收回，所以孔子狠狠责备宰我以示后人谨慎。朱熹又引尹氏语曰：“古者各以宜木名其社，非取义于木也。宰我不知而妄对，故夫子责之。”意思是说，取什么木材做社主，是根据当地适宜的木材选择的，并没有什么寓意，可宰我胡乱回答，所以孔子责备他。如果你仔细品读孔子的话，可见他完全不是针对宰我的，也根本没有责备的口气，倒像是孔子的感叹。也有学者认为，宰我回答得有根有据，因为社常常是处决犯人、违命者或战俘的场所，如《尚书·甘誓》曰：“不用命，戮于社。”《礼记·大司寇》曰：“大军旅莅戮于社。”所以，用不同的木对受戮者生震慑作用，即使之生“悚（松）、迫（柏）、慄（栗）”之情。总之，说法不一，但我感觉所有说法都不合此文情境。很明显孔子的话与哀公的问题没有直接联系，所以理解为孔子是由此事触发而生出的感叹更合情理。感叹的深层原因，是当时社会的礼乐精神已丢失，如今还有人关心社主之木何为，已经很不错了，劝宰我不要再求全责备了，满足吧。

这里让我们看到了一个失落的孔子，一个无可奈何之下中庸的孔子。

20　大器方能容大德

所谓海纳百川有容乃大，有大德才能有大容，所以无容者必无仁德之性，无仁德之性自然难以“温、良、恭、俭、让”。“静以修身，俭以养德”，“不俭难能成就大德，无大德者必小器”。所以，“器”的大小，能体现一个人的“才气、本领、眼光、学问、德行”等的多少。

3.22 子曰："管仲之器小哉！"或曰："管仲俭乎？"曰："管氏有三归，官事不摄（攝），焉得俭？""然则管仲知礼乎？"曰："邦君树塞门，管氏亦树塞门；邦君为两君之好，有反坫，管氏亦有反坫。管氏而知礼，孰不知礼？"

管仲，齐大夫，名夷吾；曾助齐桓公一匡天下，称霸诸侯。

朱子《集注》："器小，言其不知圣贤大学之道，故局量褊浅、规模卑狭，不能正身修德以致主于王道。"意思是说，管仲虽然帮助桓公成就了诸侯霸业，但毕竟没有成为一介君主，皆因其器小。大概当时社会上的人多称赞管仲"大器"，因而孔子给予否定。管仲的"大器"既然被孔子否定了，于是有人接着又问道："管仲俭乎？""管仲知礼乎？"但同样，也被孔子否定了。因为在孔子的思维逻辑中，不礼为不仁，无俭乃是无德，所以无仁德者不能算是大器。

"静以修身，俭以养德"，既然俭能养德，那么俭也能映射出一个人的德行。"俭"不仅仅是指生活上的节俭，在儒家文化里"俭"的含义很丰富，比如，说话不啰唆，不夸夸其谈；生活不奢华，不贪图富贵；对他人宽容，不吹毛求疵等等皆属俭。言多易生祸，且好授人以柄，所以要言"俭"；行事放纵，讲排场易招是非，所以要行"俭"；劳民就会伤财，人多易浮于事，所以要用"俭"；等等，所以俭能养德。孔子说："管氏有三归，官事不摄，焉得俭？"——管仲娶三房且有三个住处，官事不收敛，他凭什么能称得上俭？

文中"三归"可能确实有所特指，但究竟具体指什么今天已很难考证，所以异解颇多。一说是藏泉币的府库；二说是三处家庭；三说是国君一娶三女，管仲也娶了三国之女；四说是有多处用于收租的房产。据史力争者认同第四说的为多数。现假设我们抛开所谓的史说，单就字面来解"三归"，当为"三个住处三个老婆"。因"归"的本义为"女人出嫁到婆家"，古称女出嫁为"归"，是谓婆家才是女子最终的归宿之处（"归"字的详细解读可参看《学而》篇第23节）。

"摄（攝）"，其字本义为"牵曳""引持""执持"，并由此引申为"拘捕""辅助""治理"及"吸引"义；在古文中有假借为"代"的，即取"摄"的"代理""兼理"等语义；此外，"摄"在古文中还有"收敛"义，如"摄心，摄意"（收敛心神）、"摄想"（聚精会神地思念）等。朱子在《集注》中说："摄，兼也。家臣不能具官，一人常兼数事。管仲不然，皆言其侈。"他解"摄"为"兼职"，说管仲家管事的家臣众多，一任一事一职，不兼任，可以说是人浮于事，所以别人都说他太奢侈。我认为解"摄"为"兼"不准确，应释为"收敛"。"官事不摄"就是说，他所管之事不收敛，不收敛就是"奢"，既然奢侈何能说"俭"？

当人又问"管仲知礼乎"时，孔子又说："邦君树塞门，管氏亦树塞门；邦君为两君之好，有反坫，管氏亦有反坫。"——邦君建塞门，管氏（又不是邦君）也建塞门；邦君为了两国友好，为国宴所需设有反坫，管氏（不是邦君）却也设置反坫（这不是明显的不守规矩吗?）。“管氏而知礼，孰不知礼?”——如果说管氏知礼的话，又有谁不知礼呢?

“树”在此为动词“树立”，有“建造”的意思。“塞门”，以古人的解释是：用以间隔内外视线的一种东西，形式和作用可以同今天的照壁相比，或称为女儿墙。“照壁”这种房屋构造形式，一般有钱的家庭都有此结构，民间也是常有的，应该不算背礼的行为。我认同台湾程石泉先生的“字误说”——“臺（台）门”误错成了“塞门”。孔颖达注疏说：“两边筑土为基，上起屋曰台门。诸侯有捍卫之重，故为臺门，而大夫不得为也。”意思是说诸侯之君王，由于需要卫兵保卫，所以要在其寓所门前筑建守卫台。又郑玄注《郊特牲》云：“臺门、旅树，而反坫，大夫之僭礼也。”所以，大夫树台门筑反坫是违礼的行为。“台门”今天误为“塞门”，可能是“臺”和“塞”字形相近造成的结果。

朱熹：“坫，在两楹之间，献酬饮毕，则反爵于其上。此皆诸侯之礼，而管仲僭之，不知礼也。”反坫即为“返坫”，古代设于堂中，供家祭或宴请时专放置酒具的土台子，后来改为木制的，相当于现今的酒柜或茶几之类的家具。这是当时诸侯君主在宴请他国国君时才有权使用的东西。管仲只是大臣，理应是没有资格建反坫的，即有违君臣之礼。所以，孔子说管仲也不知礼。

管仲虽有事功，但仁德有不足，为官不俭，又僭越帝礼。不知礼又不能用俭，故难说其有仁德之本性，所以孔子否定管仲大器。

21　表现多变宗不变

作品的艺术性，需要依仗创作者的个性参与得以表现，没有个性就没有艺术性。如一名乐师既有大师之名，必有异于常人的独特之处。但是，再强烈的个性也总离不开音乐基本规律，即万变不离其宗的法则。宗是规则，是恒定的本质性，正如礼是一切行动的准则一样。

3.23　子语鲁大师乐。曰：“乐其可知也：始作，翕如也；从之，纯如也，皦如也，绎如也，以成。”

大师，即太师，乐官名。“鲁大师乐”是鲁国的乐官。孔子以鲁大师的奏乐，言说无论他的演奏水平有多高、技艺如何娴熟，但始终摆脱不了开始、经过与结束的程式。

孔子热爱音乐是可以想象的，“孔子在齐闻韶，食而不知其味”（《述而第七》），且深知乐理，“吾自卫返鲁，然后乐正雅颂各得其所”（《子罕第九》），更深信乐教之价值“兴于诗、立于礼、成于乐”。也许是音乐的和谐之美，让孔子联想到社会的和谐，这正合孔子对当时社会改造的理想之愿望。

下面列出“子语鲁大师乐”和“乐其可知也”的几种译文：

（1）孔子告诉鲁太师官说：“演奏音乐的道理是可以知道的。”（通译）

（2）先生告诉鲁国的太师官说：“乐的演奏之全部进程是可知了。”（钱穆）

（3）孔子把演奏音乐的道理告诉给鲁国的太师说：“音乐那是可以晓得的。”（指过程）（杨伯峻）

第一，他们都把“语”解为“对……说”，即告诉。

第二，“乐其可知也”：一者为“音乐的道理”是可以知道的；二者“演奏的过程”是可以知道的。

首先，孔子是懂音乐不假，可作为一个太师乐，不可能是音乐盲者，还不至于要孔子来告诉他音乐原理，或演奏乐曲的形式过程吧。朱子附会说：“时音乐废缺，故孔子教之。”孔子真是无所不能的天才了，天才到乐官都要他来教了？尊孔的后儒们在子入太庙的“每事问”中赞扬孔子“明知故问”的谦虚好学，转而于此，孔子又变成了“好为人师”者？这有点不合情理吧。

其次，“语，论也。”（《说文》）“论难”曰“语”，“论”是谓“辩论、议论、谈论”义。这里应取“评论”义比较适当。

“乐其”中的“其”指代后面所说的内容，此处可用“此”替换其，即“乐此”。正如“乐此（其）不疲”之“乐此”，是“对……爱好”或“很乐意……去做”等义。“乐其可知也”意思是说“他所喜欢的音乐形式我是知道的”。

朱子：“从，音纵，放也。”他把“从”通假为“纵”来解，后人随之解为“放纵，展开”。我们看整句话：前有“始”，后有“从”，最后“以成”意思很明确，就是“开始……接着……完成”，表达的是一个完整的过程。“从”字取本义“跟着”自然通顺，何必从“纵”绕弯呢？

《集注》引谢氏语曰：“五音六律不具，不足以为乐。翕如，言其合也。五音合矣，清浊高下，如五味之相济而后和，故曰纯如。合而和矣，欲其无相夺伦，故曰皦如，然岂宫自宫而商自商乎？不相反而相连，如贯珠可也，故曰绎如也，以成。”他解“翕”为“合也”，解“纯”为“和也”，解“皦”为“明也”，解“绎”为“相续不绝也”，解“成”为“乐之一终也”。后人附会朱熹之解者众。

“翕如也，纯如也，皦如也，绎如也”，当时可能是对音乐评价的平常用语，但是到底应当怎样正确地解读，现在已很难还原。由于人们对“翕、纯、皦、绎”字的不同解读，从而得到不同的翻译，各家歧解我不再罗列了。下面我就汉字的构成义作解析，在本句中作何理解，读者自己揣摩与心究吧。

“翕”，是由“合”与“羽”构成的会意字：“两翅相合”，从而表示“闭合、收拢”。若将“翕”会意为“两翅相配合”，那想象一下：只有两只翅膀协调配合，鸟才能飞得高、飞得稳、飞得快，故其可引申出“和好一致、协调、关系密切、关系融洽”等义。

“纯”，为形声字，“纟”为形，“屯”为声，本义指丝，引申为同一种颜色的丝织品，又引申出“不含杂质的、纯净的”等义。由于“色纯，无杂色”又可表示“单纯、专一”，因此又进一步引申表示“美好、善、佳”。当形容做事干净利落的时，“纯”又可指对某项技术或操作的“精通、熟练”。

“皦，玉石之白也”（《说文》），引申为“清晰、清白”“明亮”“分明”等义。

“绎（繹）”，也是形声字，本义指“抽丝”，由此引申为“连续不断、绵延不绝”等义，由“抽丝剥茧”之比喻可引出“推寻、思索、探究”等义。

孔子懂得音乐，但毕竟不是大师。学有专攻，孔子自己曾说“吾有知乎哉？无知也”，但他聪明，能“叩其两端”而思。当孔子听了几次鲁太师的乐此不疲的这种奏乐方式后，便揣度出了他的音乐“风格”或“套路”，于是才有了文中的这个评价。

这里，孔子之言想表达的宗旨是：再高明的音乐大师，虽有自己的个性特点，但演奏音乐的基本规律是万变不离其宗的。就是说，乐的质是固定的，但表现形式由于演奏者个人技能、水平或风格的不同，会有不同的表现，即质不变而文可多形，所以守质是关键。

22　子乃天道承运人

“天将降大任于斯人也，必先苦其心志，劳其筋骨，饿其体肤，空乏其身，行拂乱其所为，所以动心忍性，曾益其所不能。”孔子畏于匡时说：“文王既没，文不在兹乎？天之将丧斯文也，后死者不得与于斯文也；天之未丧斯文也，匡人其如予何？”表现出了他替天行道的自信。其弟子子贡也说孔子：“固天纵之将圣，又多能也”。

3.24　仪封人请见。曰：“君子之至于斯也，吾未尝不得见也。”从者见之。出曰：“二三子，何患于丧乎？天下之无道也久矣，天将以夫子为木铎。”

一般来说，“仪”为当时卫国的边疆之邑，用现在的话说就是国之边界的小镇。又有古人说，“仪”是处于陈国与卫国之间的叫“浚仪”的地方，并不属于卫国。也有人认为封人，姓仪。本章所述之事，当发生在孔子生病期间，且这时孔子正处于返回祖国的途中。封人就是掌管这里的封疆之官。

根据文意猜测，当时孔子与其弟子们归国途经仪地，老师有病了（据史可考证，孔子生此病之后不久就去世了），可谓正处落魄之境。弟子们想想自己的老师，几乎是终其一生之精力，传播仁道精神，却无人采纳，社会动荡如故，世风依旧恶化……现无功而返，不免人人情绪消沉。

正值此时，此地的封人请求见孔子，自然受到阻止。于是封人说：“君子之至于斯也，吾未尝不得见也。”——凡来到我这个地方的贤者，还没有过我所不能见到的。也许，封人还说了一些其他理由或再三请求吧，孔子的随从弟子，还是向老师引见了他。这里的君子当指德行高的人，或是名人。“之至于”的“之”，这里取本义，作动词，指“走、行走”；“至于”，就是“到达……地方”。

封人见完孔子出来后，对弟子们说：“你们这帮傻小子啊，何必如此垂头丧气，担心世道衰落而无药可救呢？上天知道天下无正道已经太久了，所以你们的先生，就是他指派而来的人世间的救世主啊。”物极必反，否极泰来，所以“乱极当治”这也是自然规律，封人深晓此理，故有此劝。可见，此封人亦非等闲之辈。

关于“二三子”，后儒都说“二三”表示约数，等同于“各位”，是指代当时跟随孔子身边的弟子们。此说总的来讲没错，但不准确。“二三”，在这里是序数词，表示排在“二三位”。“二三子”等同于“小子”，有强调“后辈”即“年轻人”的含义。同时还含有一点点贬义的昵称，用通俗的话讲类似于“无知的年轻人”“傻小子”。正如现代人说的“有点二”之“二”。“一”如果是指正常人，“二”就比正常人差那么一点。就像南方方言中的“二百五”“十三点”，用数字来形容傻一样。在封人的眼里，这些弟子不知否极泰来、绝处逢生之理，不知自己的老师就是上天降临的救世主，当然是“一帮傻小子”了。

“丧”，朱子解为“失位去国”，就是说没有在自己的国家得到“位子”（指“当官”），还有人认为是指“文化的衰落”等，我认为不对。从封人最后一句话可以看出，“你们不用担心没有办法改变天下无道的现状，孔子就是你们的引领者”，显然是在提醒其弟子们，不要担心没有了救世之机会。可见，这里的“丧”是指“办法没了”“没希望了”，即有“丧失”的意思。

“木铎，金口木舌，施政教时所振，以警众者也。”（朱子《集注》）“铎”，是一种大铃，类似于一个倒立的小桶，上有手柄，桶中悬挂一个可晃动的小杆（因形如人的舌头，故称为“舌”）。当手拿柄摇晃时，舌击铃身而发出响声来。

据说，古代在宣布教令或有战事时，响铃以示警惕。还有在牧民那里，于领头羊的项上挂上这种铃，头羊的铃声可引领群羊跟着走。这里是以此为喻，说孔子将能起到为国家发布政令的作用，以匡正天下之乱。

孔子是承运天道的使者。

23　善质方能呈美文

文学的艺术作品能否具备尽善尽美的感染力，取决于它的内容。形式是内容的表达，不具备“真善美”本质的形式，再好也是无病呻吟。形式与内容上的高度统一，才配称为尽善尽美的艺术。言如心声，形如心画，作品如人品，不同才能、不同个性的人，创作出来的作品也会不同。艺术品的雅俗，也取决于创作者的心境与品格。

3.25　子谓韶，“尽美矣，又尽善也。”谓武，“尽美矣，未尽善也”。

据《史记·孔子世家》记载：孔子35岁时，鲁昭公受迫于季氏等三家的排挤，逃离鲁国，时鲁国乱。适时孔子也来到齐国，并于齐第一次“闻《韶》”便被深深吸引，故而“三月不知肉味”。本章之言当为孔子此时对《韶》《武》所做的评价。

朱子《集注》云：“韶，舜乐。武，武王乐。美者，声容之盛。善者，美之实也。舜绍尧致治，武王伐纣救民，其功一也，故其乐皆尽美。然舜之德，性之也，又以揖逊而有天下；武王之德，反之也，又以征诛而得天下，故其实有不同者。”朱子用评人之德行来评述其艺术作品的美善，是极其深刻的，因为任何艺术作品的创作都是作者心性与品格的间接表达。

《韶》和《武》皆乐曲名。传说《韶》也叫《大韶》，是上古虞舜时的一组乐舞。其主题表现了“舜绍尧之道德”（“韶”为“绍”，继承义），即舜接受尧帝的禅让继承帝位，而使天下大治，故其乐之音调、舞之阵容之类，俱形美于其外（尽美）。其质（蕴于内者）更有一种太和之气，故称其为“尽善”。

《武》也叫《大武》，周代用于祭祀的“六舞”之一，是表现周武王战胜殷纣王的一组乐舞，用以歌颂武王伐纣而救民于水火，致天下民乐之功德。孔子可能认为，武王伐纣虽顺应了天意，也深得民心，但毕竟使用了血腥的战争之暴力手段得到的王权。所以，从人性“善”上来讲，《武》不如《韶》，因此说武“美”，但未“尽善”。

美丑是内容的呈现形式，它受制于内容本质的善恶。善的本质，其表现于外就一定是美好，但美的背后不一定就有善。只有美与善的统一才会至善至美。

24 做人当守基本德

本篇的最后，似是全篇中心思想的总括，《论语》用孔子的话告诫人们，要守住做人的最基本之德行，否则不配做人。尤其是对统治者而言，其德行甚至能影响到一国之民风。

3.26 子曰："居上不宽，为礼不敬，临丧不哀，吾何以观之哉？"

"居上"者，指长者，或有权力者，或是处于被人所应尊敬的尊位者。但大多数学者，把"居上"只解读为有统治地位的国君或大夫，有失偏颇。"宽"，一般解为"宽容、宽厚"，不全面，它缩小了"宽"所表达的语义。宽在这里不光是指居上者对下如何的宽容、宽厚，还有更多的所指。"宽"的义项在对人或事的要求上有"放宽要求、放松管制"等意思，比如居上者若是为政者，就含有"宽徭役""宽征（减轻或缓征赋税）"等意思。

"为礼"，这里的"为"应作动词"做、行"。"为礼不敬"就是指在做礼或行礼时，即当要用到礼时，只有形式而没有真诚的恭敬之心。

"临（臨）"字，由"卧"（有"下"义）和"品"（"物聚"的指示意符）构成，它预示"俯视看物"，或"从上面来到下面之中"，故其本义为"俯视，监视"，或"来到，到来，遇到、碰到"，由此也引申出"参与""接近、面对"等义。"临丧"只释为"吊丧"有点狭隘，因有善心者，不只遇有丧事当面"吊丧"时才生有悲戚之心，就是听到也应如此，体现的是其怜惜之心、慈悲之怀。

"吾何以观之哉？"用现代的话讲，相当于"让我怎么看他啊？"。这里的"观"有"看"义，但不是通常意义上的"看"，相当于"看法"，有评价的意思成分。我们现在的口语中还常说："这种事你也做得出来？你让我怎么看你啊。"意思就是你让我怎么评价你，有"看扁你"的意思。

本章通译本（几乎所有学者之译文与此意相近）译为："居上位，待人不宽厚；举行仪礼时不恭敬；参加丧礼时不表示哀悼，我如何看得下去呢？"尤其是把"吾何以观之哉"解读得太过刻板。这里还要注意一点：句首虽言"居上"，但后面所言的"为礼……，临丧……"不能错误地理解为其所针对的也仅仅是"居上"者，否则更是曲解了孔子的原意。其实，孔子在此只是想表达为人者，不论你处于何种地位或境遇（当然更包括执政者），都要以仁心为出发点，对待所有身边的人或发生在身边的事。这里仅仅是事件的有限列举，因不可能尽言之。

行宽、礼敬、丧哀，体现的是一个人道德之修养，是最起码的仁性的表现。如果连基本的公德都不能做到，这还算人吗！（文中孔子说此言时，也是明显带有气愤口吻的）这也是孔子一直在鼓吹守礼、为仁、进德修业的原因。该篇以此作结束之语，也是《论语》编辑者所想表达的思想观点。

本篇首言“三家背礼”，再言“居上不宽”，可使读者联想到三家僭越礼乐的所作所为，才使得鲁之民风每况愈下，变得越来越糟糕。孔子曾在季康子问政时答之曰：“子为政，焉用杀？子欲善，而民善矣。君子之德风，小人之德草。草上之风，必偃。”（《颜渊第十二》）可见上位者之德对民风的影响力之大。

卷四 《里仁》篇

本篇共二十六章，意在论仁——仁的功用、修仁的好处，以及内心有仁与无仁者的差别、道德表现，并通过感叹表达对“仁”所主张的态度，及对仁道难行的伤怀。全文如下：

4.1 子曰：“里仁为美。择不处仁，焉得知?”

4.2 子曰：“不仁者不可以久处约，不可以长处乐。仁者安仁，知者利仁。”

4.3 子曰：“唯仁者能好人，能恶人。”

4.4 子曰：“苟志于仁矣，无恶也。”

4.5 子曰：“富与贵是人之所欲也，不以其道得之，不处也；贫与贱是人之所恶也，不以其道得之，不去也。君子去仁，恶乎成名？君子无终食之间违仁，造次必于是，颠沛必于是。”

4.6 子曰：“我未见好仁者，恶不仁者。好仁者，无以尚之；恶不仁者，其为仁矣，不使不仁者加乎其身。有能一日用其力于仁矣乎？我未见力不足者。盖有之矣，我未之见也。”

4.7 子曰：“人之过也，各于其党。观过，斯知仁矣。”

4.8 子曰：“朝闻道，夕死可矣。”

4.9 子曰：“士志于道，而耻恶衣恶食者，未足与议也。”

4.10 子曰：“君子之于天下也，无适也，无莫也，义之与比。”

4.11 子曰：“君子怀德，小人怀土；君子怀刑，小人怀惠。”

4.12 子曰：“放于利而行，多怨。”

4.13 子曰：“能以礼让为国乎？何有？不能以礼让为国，如礼何?”

4.14 子曰：“不患无位，患所以立；不患莫己知，求为可知也。”

4.15 子曰：“参乎！吾道一以贯之。”曾子曰：“唯。”子出。门人问曰：“何谓也?”曾子曰：“夫子之道，忠恕而已矣。”

4.16 子曰：“君子喻于义，小人喻于利。”

4.17 子曰：“见贤思齐焉，见不贤而内自省也。”

4.18 子曰："事父母几谏。见志不从，又敬不违，劳而不怨。"
4.19 子曰："父母在，不远游。游必有方。"
4.20 子曰："三年无改于父之道，可谓孝矣。"
4.21 子曰："父母之年，不可不知也。一则以喜，一则以惧。"
4.22 子曰："古者言之不出，耻躬之不逮也。"
4.23 子曰："以约失之者，鲜矣。"
4.24 子曰："君子欲讷于言，而敏于行。"
4.25 子曰："德不孤，必有邻。"
4.26 子游曰："事君数，斯辱矣，朋友数，斯疏矣。"

从本篇开始，进入了孔子思想的核心问题——仁。仁是什么，修仁的意义在哪，如何修为才能达到仁的境界，等等，孔子都会一一有所述。

但是，在我带领读者心究该篇之前，我们对孔子所言之仁，应该有个总体认识，否则不能正确理解孔子的观点。所以开讲前，先讲讲我对孔子之仁的认识或理解。

1 细究儒学仁之本

仁，是儒家学说的核心思想。这是大多数人的共识，所以，欲要深入理解孔子儒学的精髓实质，必先弄懂其倡导的"仁"之本质含义。虽然儒学形式不完全同于佛教、道教，但它们都曾兴盛于中国本土。对中华民族来说，即便文化的表现形式不同，但因都是滋养于同根文化，骨子里的精神之髓是一致的。所以我想从释家之"佛"道家之"仙"到儒家之"仁"，于文化的字典中，查找点新知吧。

一、比较儒释道的宗教性

除外来的佛教，中国有没有本土宗教？这个问题一直都存有争议。人们对宗教的定义，也没有统一的说法，而且我国对它的定义，不同的历史阶段也各不相同。但有些基本特征是统一的。

首先，宗教是人类社会发展到一定历史阶段出现的一种文化现象，属于社会意识形态。就这一特征来看，道家、儒家及其他诸子百家都具备这一特点。

其次，宗教作为一种意识形态，它使人坚信现实世界之外存在着超自然的神秘力量或实体，主宰着自然和社会、决定人世命运，从而使人对该神秘力量产生敬畏及崇拜之心，并从而引申出信仰认知及仪式活动。从这个特点来看，中国没有本土宗教，至少没有像西方定义的那种宗教，因为没有一个固定的神灵。道家、儒家所推崇的老子、孔子不是真神，只是人的化身。即便他们都是被崇拜的对象，但也没有主宰着自然和社会的力量。何况他们的教主地位，是后人推选的。而且孔子不言鬼神，不能说孔子假借神力传教，即便他承认天命的存在。

第三，宗教的组织有专门的神职人员、有相对固定的活动场所及宗教活动。在这点上，道教至少有道观，道观内有道士，而儒家更没有庙宇，也没有专职传教员。所以两者相比，道教勉强可以算宗教，儒家则与宗教不沾边。不能因为中国文化受儒家文化影响最深，就认为中国人都是儒教徒了。要知道在中国一种文化的影响力，往往是其政治历史背景所决定的，在一定程度上可以说是政治影响文化。

中国历史上，特别是在春秋战国时代，社会正处在奴隶制向封建制大变革的时期，政治动荡，战争连连，乱世之下民风每况愈下，人类的灵魂在流浪……这时像孔子这样的先贤出现了，苦苦寻求人类精神归宿。诸子百家就这样诞生了，表现出了文化繁荣的景象，可谓百花齐放百家争鸣。一种文化没有绝对的优劣，只有相对的合理，还要看为谁所用，何时所用。只是到了汉代，由于朝廷的独尊儒学，才使得中国文化唯儒学影响最大。

另外，宗教还有一个共同点，都强调了修行之人死亡后的最终归宿，在这点上儒家根本就没有。孔子对鬼神的态度是“敬而远之”的，对待死亡也是“不知生焉知死”，避而不谈的。他虽重视祭祀，但只是通过仪式表达对“礼”的诚心，毕竟礼是仁之用，并非是想借助鬼神之力助其成仁。儒家强调的“成仁”，是通过自修而非神助，且“成仁”是求为“至圣”者名，以流芳百世。这更不同于西方宗教，西方宗教之修行最终是为升入天堂，与上帝同生活，以摆脱人世间的苦海，可以说这是一种避世观。而孔子强调的是积极的入世观，“成仁”是为民乐。

所以，无论从宗教的形式、内容还是共性特征上讲，可以说我国本土没有真正意义上的宗教。佛教，开始虽是以宗教形式由印度传入我国的，但渐渐被中国的文化所同化，最终也成了中国文化的一个组成部分。这样看来，在我国历史上，所谓的宗教顶多算是一种文化现象，因为它也涉及了宗教所必然涉及的哲学、政治、思想、道德、文化等领域。

因此，我从儒释道的文化现象来作比较，欲从中找到孔子所给予“仁”的精神思想，并解读“仁”这一汉字的意义内蕴。

二、佛教修行成佛

在佛教中，修行的最高境界是成佛。佛，指修身圆满的人。佛教的创始人释迦牟尼（梵语音译）就是佛，中国民间称其为如来佛——从如实之道而来开启真理的人。“释迦”为姓，原是一个叫“能仁”的部落名；“牟尼”意是“寂默”等，即超乎常人之人。释迦牟尼合义就是释迦族的圣人。

佛，取自梵语“佛陀”——“智慧者”“觉悟者”的音译，虽是音译，但取其“佛”字者一定是一位深知中国文化的智者，因为“佛”这个汉字本身的构成与会意的内涵，充分揭示了“佛教”教义的终极目标，以及修行者的最高境界——修成“大慈大悲、大智大慧”的觉悟者。成佛，就是要成为一个超智慧的人：明白人世间的一切道理，无有迷处，且能把一切看透；世界仿佛是一个大的透明体，如同空无。至此，就可摆脱世间的一切之苦，从而得乐。

“佛”字中有“人”，意味着佛乃常人修行所化成。人化成佛后，即会视物如“弗”。“弗”，义通“不”，表否定，“弗物”即“无物”，内心视物有若如无，似置身于空无的境地——万事皆空也。

“弗”，在甲骨文中为，后简化为，状似用绳把箭杆与矫直的工具“箳”（为一竹条的夹具）绑在一起，以使其变直，故其引申义可泛指矫正。矫正的过程，就是否定过去之非是的过程，于是“弗”有了否定的意思。修佛的过程正是断俗根、去痴迷、忘妄想、远贪婪的过程，矫正到无贪迷、无妄痴的觉者，即除枉曲归于正直。

佛，即为超出一般人的“高人”。

三、道教修身成仙

老子创立了道家文化。集其中心思想之作《道德经》被后人奉为道教的“圣经”。道教讲超凡脱俗，主张道法自然，无为而治。修道之人的终极目的便是得道成仙，并以长生不死之身升天而去。神仙就是道教理想中的修真得道、永世不亡之人，他们神通广大，可呼风唤雨，能上天入地，变幻多端，能力超凡。

“仙（僊、仚）”字，结构中有“人”，也意味着他是凡人所化，并非上帝天造。其右边的“䙴”篆书写为（横看），中间是强调了“头”的人，上下各有一双“手”，其意象为把人向上托起，使之上升。仙人，就是渐次升高之人，即“高人”。“仙”的古字，也有写为“仚”的，金文为。《说文》：“仚，人在山上，从人、从山。”由于其人在山上，是谓“站得高，看得远”，能把世间万物尽收眼底。于是在道士眼里，“仙”没有说不明的事，没有道不清的理，可谓彻头彻尾的大智大觉者。

难怪庙宇和道观都选择在大山名岳之中栖身了，因山高近天，可使“天地人”三才相贯融，以上达神灵。原来佛道两派教义，都殊途同归地暗示出佛与仙乃超凡入圣的高人！

四、儒学修为成仁

对于儒家学说，之所以有人不承认其为宗教，除前言所表达的原因外，也可能是因为其没有找到像释道两家教派那样明显的修行的终极目标“佛”与“仙”。似乎儒家修为的理想是“仁、义、礼、智、信”之“五德”并列，它们于儒家内含的义理中不曾有交汇之处，像是不能有统一的终点。

我认为，儒家同佛道两家的文化本质几乎一样，从相似性来看，也可称之为教派。其教派修为的最高理想就是“仁”，且“五德”皆可为仁所兼容。

1. “仁”字本义的正确解读

“仁”字早在孔子之前就有，这已是不争的事实。古文献中“仁”的取义几乎都是用以称赞“为人的品格与德行”。“仁”的部分观念，最先并不由儒家所提出，但后为儒家所吸纳、改造与推扬。儒家看中“仁”、选择“仁”，并不完全出于偶然，应该有其历史的、文化的原因。

许慎在《说文》中说：“仁，亲也。从人、从二。”并由金文之形得出：“古文仁或从尸。”后人用其说，并由“二人形同一人”之想象得出“仁者‘爱人’”之说。正是由于人们错误地把“仁”定义成了“爱人”，即“爱人之心”的小道，“仁”自然不能涵盖“义、礼、智、信”等道义了。所以，不能找出儒教的终极理想，就是很自然的事了。

多数人认为，“仁”没有甲骨文，作此表述者当时可能没有看到。《殷墟书契前编》第二卷第19页第一片甲骨，有一卜辞“癸未…方于仁□马廾丙…夕在自午卜”，其“仁”字形为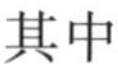，金文写作。人们错把其中的“”形解成了数字“二”，从而得出“仁，为二人”的错误解释。有人从金文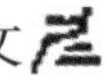之形状得出“仁从尸”，视为“尸祭”，从而得出“仁”原本是指“虔诚的祭祀”，也很牵强。文字的发展必有继承性，结构形式稍有改变，不等于字义有所变化。

在甲骨文中用以表数字的二、三、亖，其横画都是等长的笔画，但仁在甲骨文中其两横不等长，上短下长，这正是“丄（上）丅（下）”之中的“上”字的甲骨文“”。所以，“仁”字（或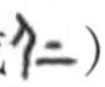），应为“上人”。

古有“夫、仧（zhǎng）”之字，同“长”字，所以“长”也就有了“特长”，即“长于常人的地方”之义，于某种意义上讲也有“人上人”之义。它们同“仁”字一样，字义是会意出来的。“仁”的古字还有“忎”的写法，即“千人之心”。此人如能活在大众人的心里，想必也是一位受人爱戴的圣人。这正与“仁”的本意相应和。

2. 孔子借“仁”附义

一个汉字意义的变迁或扩展，也都会随文化发展或生活中的实际应用需要而不断被赋予新的内涵。“仁”，起初的含义也许并不是现在这样，但如同佛教引用“佛”字表达其教义、道教借“仙”字表达其思想一样，孔子假“仁”附以他的思想义理。孔子借“仁”表义，也许正是出于“仁”字的这个“人上之人”的蕴含，可以会意出更高的精神思想吧。

何谓人上之人？思想比人高，境界比人高。比别人站得高，自然也就看得远，于是就有大智慧，可洞悉万物之理，做事有理性判断不会冲动——有智；具有超凡的包容之心，行侠仗义之豪气，但又有理智的分寸——讲义；能明是非、断曲直、通世情、雅举止、言文明——懂礼；必会心存浩然正气，好仗义执言，言必行，行必果——守信。

仁者，如若佛仙，皆为超凡脱俗之辈，且都是俗人行修而化之，最终归“高人”一类。由此，儒释道三家，殊途同归了。可见，无论哪种文化现象，最终的修为目的都趋于“超凡脱俗”。

如果我们能用这个义理来解读孔子倡导的“仁”，自然就可以理解人们以前对“仁”所赋予的一切含义。“仁”的思想在孔子以前就存在，只是到了孔子的《论语》，才把“仁”的内涵扩延并加以充实，使其变得有血有肉起来。可以说，“仁”是孔子创立儒学的道德最高标准，是为修为儒学的人们树立起来的最终理想。但凡“理想”都是极限，只有无限接近但不可能完全达到，所以，孔子从不轻易许人为“仁”。活着的人只有近仁，不会成仁，只有“升天归西”才给以定论。所以，孔子的“仁”，只授予像舜尧或周公之流的先圣们。也正如佛、仙之类，只有化生成佛，化生成仙，才是真佛，才叫真仙，即便是对活着的人称之，也会要加一定语“活”，谓之“活佛”“活神仙”。

所以，对照佛教和道教的教义来看儒教，就能想通孔子对“仁”所赋予的精神之魂了。同时，这也佐证了对“仁”的这种解读，是合理的，也是合情的，更与“仁”这个汉字所蕴藏的哲理相统一。

五、仁的现代汉语表述

通过前面的论述，我们明白了儒学之“仁”的精神内涵。如果我们把原来人们观念中仁者“爱人”之“爱”，作为“一德”，归入原先的所谓“五德”之内，就是：“爱、义、礼、智、信。”（这里我强调一点：“智”作为“五德”之一，主要是偏向它的“理智”义项，即做事不冲动，有理性）在《论语》中只有“仁”，没有仁德、仁道、仁心、仁性等词语，这是我们现代人对“仁”所用的译词。《论语》中前三篇提及过“仁”，但都没有涉及“仁”本身，《里仁》篇主要是研究“仁”的，所以，在学习本篇之前，有必要厘清解读时所使用的相关词的意义。

（1）德性（德行）——“德”字，在现代汉语中主要指道德。“德性”主要是指一个人的道德品性（对“德”字的解读，可参看《为政》篇第1节）。但在古汉语中“德”可作为一事物的美好属性的统称，如上面说的“五德”之“德”。儒家所说的“德性”具体是指“具备五德之品性”。然而，中国文化中的道德观，恰恰主要是从儒家文化中继承下来的。所以，“德性”一词古今义是统一的，可解为：人的道德品性，主要是针对人的本性而言（现代汉语词典中解释：“德性”同“德行”，也就是说这两个为同义词，首选“德行”）。它属于价值性判断：如德性好还是不好。生活中经常有人说“有德性，没德性”，表面上看不是价值判断，但你体会一下，当我们说“这个人有（没有）德性”时，事实上意思还是表达“这个人德性好（不好）”。德性好坏的临界点是“人性”，人性之下称“兽性”。

古人认为，人心是体，性是心的用，性发于外表现出的就是情，以此“情”而为所呈现出来的行为方式即谓“德行”。“德性”与“德行”是镜像关系，由“德性”可预知其“德行”；由“德行”可反观其“德性”。一个人有没有“德性”要看他的“德行”，修德即是修其“性”。所以，人的德性可以从做事的情绪、结果呈现出来。正如孔子所说：“视其所以，观其所由，察其所安。人焉廋哉？”

（2）仁德——就是对“爱、义、礼、智、信”五德的统称，或是具备其中的某项或某几项。它属于存在性判断，即有还是没有。比如，守信、知礼等都是有仁德的表现。

（3）仁道——其义取决于“道”字的义项（“道”字的分析可参看《学而》篇第7节），大体含有“仁的道理”“仁的方法”“仁的思想”“仁的观念”等义项。如“修行仁道”（可简称“修仁”），指通过不断的学习、实践使具备仁的过程。另外，因“仁”有五德之美，“仁道”也可以指“正道”（“道”，有“道路”的意思），它与歪门邪道相反对。

（4）仁心、仁性（佛教中也有类似的词，要注意）——一直以来，人们都把“仁”错误理解成了“爱”，所以说“仁心”时，多理解成了“爱心”。还有人把“仁”通“人”，于是“仁心”等同于“人心”了。严格地说，按儒家“仁”的概念来看，这两种解读是不全面的。按古人的“心，性，情”观念看，“仁心”相当于把“仁”的思想，装在心里，正如一件工具放在了仓库里；当把“仁心”从仓库里取出来准备用时，它就成了“仁性”，有了使用的冲动；当用出时，就成了“仁道”——用仁的方式做事了。

对“仁”的解读，是一个大课题，这里只能做大体的介绍。说这么多，作者主要是想说得更通俗点，论述得十分准确做不到，因个人水平所限。主要目的是便于读者理解《论语》中有关“仁”的表述之含义。

2 明智最是心居仁

“仁”，既然被儒家树立为修为君子的最高理想目标，当然也就成了为人的道德标准、处事的行为指南。所以，用“仁”的理念来武装自己，让你的心灵浸润在仁德里，是一个人的智慧选择。这是《论语》于本篇开宗明义的教导。

4.1 子曰：“里仁为美。择不处仁，焉得知？”

朱子《集注》云：“里有仁厚之俗为美。择里而不居于是焉，则失其是非之本心，而不得为知矣。”意思就是：居住的地方有仁厚的风俗是美好的，如果不选择有仁之风俗的住处，就会失去你是非观的本心，就不能算有智慧的聪明人。朱子把“里”解为居住的某个“地方”（名词），或说“邻里”；解“择”为“选择”；解“处”为“居住”。但也有人认为，“里”作动词“居住”讲。我认为，以朱熹为代表的后儒们的解读，有失偏颇。

有代表性的通译本翻译为：“居住在有仁德的地方才是美好的。如果不选择有仁德的住处，哪能算得上是明智呢？”当然非要这样说，话也通，住在仁者堆里当然是好，近朱者赤嘛。但其前提必须是，社会中仁者的数量要远远地多于不仁者，不然哪有这个地方呢？如果真有这种地方，那我们心究一下：既然仁者到处都是，孔子还值当如此苦口婆心地劝勉大家修仁吗？可见话通理不通。

南怀瑾先生在《论语别裁》中对此做出批判：照过去的传统，一般三家村学究们解释“里仁”的意思，就说孔子的意思是如果买房子或租房子应选择“仁里”。换句话说，要住到好人堆里去。如果真是这个意思，那么坏人堆里就没人住了吗？而且哪个地方是好人堆？哪个地方是坏人堆呢？台北市有个“仁爱”路！那么除了仁爱路，没有地方住了？所以三家村学究们的解释是大有问题的。

为把问题说清楚，下面我们分别论述：先说“里仁”，再说“择不处仁”。

一、里仁

（1）“里”，金文上部是“田”下部为“土”，有田有土，也就成了有人居住的地方了，正如“乡里”之“里”。先秦以“五家为邻，五邻为里”，因此后来，“里”引申作为“居民的组织单位”。把“里仁”之“里”作为动词看，可以译为“居住在仁里”。但关键是“谁”住？朱子认为是“人之身”。那我要问了，居住其中者为什么不可以是“人之心”呢？即让心居住在仁里。“身”居仁里不现实，但主观上愿意让“心”居仁里，是容易做到的，因它不会受外界环境影响。“我欲仁，斯仁至矣。”

(2)《尚书·食货志》：“在野曰庐（在田野的住所叫庐），在邑曰里（在城内的住所叫里）”。“里”，有表示“一定范围内”的意思，由于其“里”有表范围的概念，所以又引申为“长度单位”。同为古汉字的“裏”，由“衣”内含“里”可会意出“衣里”“身体内部”“内部、里面”等义项。因此，在表达“一定范围内”的意思时，“里”通“裏”。汉字简化后“里”字替代了“裏”字。从“里”通“裏”（按：原文中的里就是裏也是有很大可能的）这个角度看，“里仁”就是“内心里有仁”；若“里”作使动用法，“里仁”就是“使仁居留在内心里”。

(3) 南怀瑾先生从“里”包含有“居”义为出发点，解“里”为“自处”，认为“里仁”就是“一个人如何处在仁的境界”，即“我们随时要把修养、精神放在仁的境界里”。这样理解也是合理的。

总之，无论从哪个角度来说，都可以推翻朱子的“里仁”之解。“里仁为美”可意译为“把你的精神之魂寄居在仁的境界里，是最美好的”，或简化为“让内心存仁最好”。用仁武装自己的灵魂，当然也是最有智慧的选择。仁的多少决定了你智慧的大小。

二、择不处仁

有人解“择”为“宅”。由于后儒们把“里仁为美”错解成“在有仁德的地方居住”，所以孔子以后的古人，有可能在引用孔子这句话时，为使话能说通，就将其改成了“宅不处人”，但不能由此证明“择”就是“宅”。“择”本义就是“选择”，这里是指“在处理事情或分析问题时采用什么样的手段或用什么样的指导思想”来做抉择。

“处”，本义为“中止、停止，停留”，表示让事件“处于一种状态下”或“停留在某个位置或观念上”。由此，也可引申出“决定、决断”“治理”“办理，处理”等义。在下章“富与贵是人之所欲也，不以其道得［处］之，不处也”句中，孔子也用了“处”字，其句意是，富贵是人人都想得到的，但若是用不正当（或不合道义）的手段得来的，我是不要的（或不接受，或不想拥有，或不愿享受的）。可见，“处”在孔子那里有“接受，享有，享受，拥有”等意思。“择不处仁，焉得知？”——［选择］不想拥有仁（不让自己处在仁的境界里），怎能算是有智慧呢？再简单一点说就是：“不想里仁，是不聪明的”，因为“里仁为美”，这么美好的东西你都不想要，太傻了吧！这里的“择”可以不译，因为它表示的是“内心倾向性的态度”，在后面的“不”中已经表达出了其选择时的否定态度。

“焉得知”权且简单解为“称得上，或算得上智慧呢”。“知”，通“智”（前文说过，《论语》中的“知”皆为“智”，“智”涵盖“知”义）。但结合下章分析，这里的“得”也含有其本义“得到”的意思，故“焉得知”也可译为“怎么能得到智慧者的称号呢?”即将“知”理解为“智慧者”的名分。

整章的大意是：内心充满仁德是美好的，如果不让仁居留于你的心境，是不明智的选择。所以，要想成为一个君子、一个有智慧的人，就要先修行仁德，用仁武装自己的头脑，以仁为航标引领你的人生。智者的选择是让内心充满仁性，可见，“里仁”是多么的美好与重要。

所以，接下来孔子讲了“里仁”的好，并有所规劝。

4.2 子曰：“不仁者不可以久处约，不可以长处乐。仁者安仁，知者利仁。”

首先，我认为，本章之文要承合上章来读，不要断开。

这里的“不仁者”接上章来解，就是“择不处仁者”或“不能里仁者”语义的省略，意思是“不能把心处在仁的境界里的人”，也可以说“不求仁德的人”（翻译时看你要强调什么）。后面“仁者安仁”之“仁者”其义，正与“不仁者”相反，即“想里仁者”就是指愿意“择处仁者”，或者是“想把心处在仁的境界里的人”。

在这里，人们都把“不仁者”直接理解成了“没有仁德的人”，有点问题。“不能把心处在仁的境界里”与“没有仁德的人”意义上是有差别的（读者自己心究一下）。此外，“不仁者”理解为“没有仁德的人”，暂且不说他割断了与上文的联系，单就“不”字来看，“不仁者”不完全等同于“无仁者”，“不”与“无”虽都有否定义，但有时用法不同。“无”，大多用来表示事物的存在状态，其后一般跟名词，而“不”后跟动词或形容词，还有个别副词。把“不仁者”译为“没有仁德的人”，话虽也说得通，但不合题意。孔子的“仁”是儒家修行的最高理想，在孔子眼里几乎没有人可称得上是“仁人”的。既然仁者很少，孔子在这里大谈仁者怎样怎样，不就成了空谈吗？显然，孔子是在强调修仁或追求仁的好处，旨在鼓励人们重视仁，信仰仁，从而追求仁。

再次，从本章的行文句式上看“不仁者不可以久处约，不可以长处乐”与“仁者安仁，知者利仁”句。很明显，孔子用的是骈文（骈偶文），就是说“仁者安仁，知者利仁”是相对称的，构成形式应该是统一的。根据其对称性，对应的词之属性应该相同。按照这个原则，“知者利仁”的“知者”对应“仁者”，也应该理解为“想让自己成为有智慧的人”，即将“知”与“仁”理解为动词。

“处约”和“处乐”，同“处仁”的解法相同，都意味着“处于某种生活状况之下”。“约”，“简约，简朴”，这里指生活“穷困简朴”；“乐”，本义“快乐”，这里与“约”相对，应指生活“优越安乐”。“不仁者不可以久处约，不可以长处乐”——不能“里仁”的人，不可能长久地心安于穷困简朴，也不能长久地心平于优越安乐。这是因为“择不处仁者”，在骨子里没有“仁”的境界，于是就有可能会心随境迁。他们为摆脱贫穷，或想长久拥有富贵，都可能会不择手段。人能否安于一种生活状态（简约也罢，安乐也罢），完全取决于内心的境界。若内心充满“仁”的境界（里仁者是也），就不会受外界的影响。比如，果实中的核，里面的那个心也称之为“仁”（俗称“果仁”），果树因为有了它，能自然长出新的果树来，这是由它的基因所决定的。同样，人若有“仁”，仿佛人有了良性基因，外界的力量再大，也无法改变他的本性。比如颜回，一箪食，一瓢饮，在陋巷，不堪其忧，也不改其乐。这就是“里仁”力量在支撑他。

本章孔子强调的是，心里有仁的好处，所以劝人修仁：给你的心灵在仁里安个家。因此，孔子接着补充道：“仁者安仁，知者利仁。”——如果你真想成为仁者，就让心安稳地住在仁里吧；如果你很想拥有智慧，就好好地用仁为你服务吧！（作者意译）。因为仁能安求仁之人，仁能益欲智之心。我为什么这样解读呢？理由如下：

这里由于用骈文的形式（理由上面说了），又承前省略，才使得文字如此简约，也给后人的误解创造了条件。原文应该是这样：“仁者安（处于）仁，知者利（处于）仁”（这里的“于”是助词，无义）。这里的“安”和“利”是意动词：以……安定，用（靠）……得益。

可见，本章必须与上章相连贯，否则很难厘清孔子的意思。下面为证其他解读的错误将另起一节。

3　仁可安心亦智人

上面说到，如果我们把第二章的文字与第一章孤立出来，单独分析，其结果可能会令人费解。

“不仁者不可以久处约，不可以长处乐。”朱子解释为：“不仁之人，失其本心，久约必滥，久乐必淫。”他说，无仁之人，易失去人的本善之心，久困生乱，久乐生淫。后人基本上继承了他的这种说法，译文时把“不仁者”解为“没有仁德的人”。单独来看，理是没有问题的，但问题却在下一句中表现出来了。

“仁者安仁，知者利仁。”朱子解释道：“惟仁者则安其仁而无适不然，知者则利于仁而不易所守。”“安其仁而无适不然”意为：“有仁德者安心地待在仁里且感到很舒服。”孔子刚才还说了：“仁者能久处约，长处乐。”意思就是说仁者在哪里都能安处。既然哪儿都能安处，处仁岂不是更好吗？当然是安心舒服了。显然，朱子这样解读“仁者安仁”显得苍白无力，远离了孔子的本意。

朱子释：“利，犹贪也，盖深知笃好而必欲得之也”，就是说，“有智慧的人认为仁是个好东西，于是拼命也想得到它”。照这个逻辑说来，孔子完全可以不用劝大家修仁了，先让人“求智”就行了，因为只要你聪明了、智慧了，自会拼命地去找“仁”了，用不着如此苦口婆心。看来朱子也误解了孔子“知者利仁”的意思。

各家对“仁者安仁，知者利仁”的翻译，表面上看差不多，但细究其语义的确大相径庭（当然对此的异议异解很多，但一些奇议离题太远，已被证伪不列在内）。为能得出比较合理的结论，现把接近本义的说法（选取的都是比较有影响的译者）罗列如下：

（1）有仁者安心于对仁德的修养，有智慧的人有利于仁德的修养。

（2）有仁德的人才能安心于实行仁道，有智慧的人才能善于利用仁道。

（3）有仁德者修行仁德感到心安，聪明人知道有利而实行仁德。

（4）有仁德者自能安于仁道。聪明人知仁道有利而求仁道。

以上翻译统一的是“仁者：有仁德之人”，“智者：有智慧的人（聪明人等）”；分歧主要在“安仁”和“利仁”上。为看起来更简洁，我们把相同词义归类，使一致化，把“仁德，仁道”算为一类，统取“仁”；把“修养，修行”取“修”字为代表；“实行”取“用”义。比较的结果如下。

安仁	（1）安心于修仁；（2）安心于实行仁；（3）在修仁中得以安心
利仁	（1）有利于修仁；（2）善于利用仁；（3）知道有利而修仁

安仁：（1）与（3）两项意思相近，去掉（3）；利仁：（1）与（3）两项意思相近，也可去掉（3）。结果如下：

安仁	（1）安心于修仁（“仁”作动词解）；（2）安心于实行仁（“仁”作名词解）
利仁	（1）有利于修仁（“仁”作动词解）；（2）善于利用仁（“仁”作名词解）

上节说过，这里是骈文（骈偶文），因对称性可知“仁者安仁，知者利仁”中“安仁”和“利仁”，其词的属性应该相同。这样得到对此句解读比较合理的有两组：

A（“仁”作动词解）	仁者安心于修仁，智者有利于修仁
B（“仁”作名词解）	仁者安心于用仁，智者善于利用仁

先看A句，“仁者安心于修仁”，如果说已经是仁者了还得要安心修仁，似乎是修仁只是为了心安，是为修仁而修仁，这又违背了孔子的本意，因为孔子鼓吹修仁是为了外用，养心只是修仁的附加产品而已。此外，聪明人有利于修行仁这是肯定的，但孔子鼓吹修仁不是光针对聪明人的，而是志在鼓励所有的人。所以，这样说，没有意义，由此可知A句不太合理。

再来看B句，“安心于用仁”，就是说“用仁”的时候，才能“安心”，不用时心就不安了。仁是一种修养的品性，不是工具，也不是方法，就是用时也只是作为意识形态出现的。虽然“智者善于利用仁”能说通，但就整句话来看，B句也很勉强。

这样看来，解读它只能按照我上节的方法，否则很难自圆其说。即原文当为：“仁者安（处于）仁，知者利（处于）仁。”（“处”，因上文而省略了）再把“安”与“利”作意动词解，把“处于仁”用“里仁”替换，可译为“仁者以里仁而安定，智者因里仁而得益”（强调“里仁”的好处）。这样话就通顺了。现在要看“仁者”与“智者”怎么翻译好了。如果译为“有仁德的人，有智慧的人”，那么，已经是有仁德的人了，在哪里都能安定，已经是有智慧的人了，什么手段都可获智，非得在“里仁”吗？可见，如我上节所译是合情合理的，即：想“里仁”的人以“里仁”而心安（因为“里仁”是你所愿），想智慧的人因“里仁”而增智（因为“仁”中有“爱义礼智信”之五德）。

简单地理解“仁者安仁，知者利仁”，即为“仁能安心，仁能智人”——这是对里仁之好处的概括性总结。

4　唯有修仁成好人

接下来，孔子还是接续前面，再次强调修仁之功用——要想成为一个好人只有修仁。

4.3　子曰：“唯仁者，能好人，能恶人。”

对本章的解读，异议很大，大家亦是为此争得面红耳赤。程石泉先生干脆说：“惟因该篇有错简错字，故不得其解。”

朱子《集注》引游氏语曰："好善而恶恶，天下之同情，然人每失其正者，心有所系而不能自克也。惟仁者无私心，所以能好恶也。"意思是说，喜欢善而讨厌恶，是天下人的共性，然而一般人由于偏私，好失之公正，唯有仁者因为无私心，所以能做到公正地喜爱某人，厌恶某人。后人的解读大同小异（太离奇的不再计较了），如通译本给出的译文："只有有仁德的人，才能［公正得当地］喜爱某人，憎恨某人。"《孔子批判》的译文："只有仁者能够爱人，能够恨人。"这似是说，只有仁者才能做到"爱憎分明"。归纳起来说，他们都是解"唯"为"唯独、只有"；解"好恶"为 hào wù，皆取去声，即"喜欢，厌恶"义。

首先，现代文明告诉我们，"爱憎"是很难做到分明的（除非以个人利益为出发点，但既是仁者当不会以私利去"爱憎"），因爱憎要想做到分明，其前提必须首先要分清"好人"与"坏人"。然而，"好人"与"坏人"的界限本身就不能分明，否则就会落入非黑即白的片面思维之中。非黑即白、非此即彼的思维就是把生活、社会中的一些现象和事物看成要么全对，要么全错两种状态。在这种思维指导下，会把问题片面化、绝对化，它相当于对事物进行简单的画线：非友即敌、非好即坏、非美即丑、非此必彼……这是一种病态的思维模式，是有极大危害的。

其次，我们再从文法上来心究。

"唯……者"为古汉语中表判断的语法形式，重在强调肯定语气的判断。此"者"为语气助词，有时可以省略。所以，在这里不能把"唯"与"仁者"分开解读（就是说，"唯……者"句式是完整的），否则就可能出现断章取义的情况。这里的"好恶"就是"好坏"或"善恶"义，不读去声。孔子这句话的意思是能否修仁是决定一个人是成为善人，还是成为恶人的唯一途径。

"唯仁者，能好人，能恶人"之所以让人误解，主要是这种句式构成，同时具备古汉语的两种语法现象，所以被很多人忽略了。

1. 并列语，它是古代汉语的一种比较常见的语法现象。用并列语还原本句就是：

唯仁者，能好人；唯仁者，能恶人……(A)

2. 古代汉语中还有一种常见的省略现象：探下省——句子结构中的某一成分，因下文将要出现而加以省略。例如："躬自厚□，而薄责于人，则远怨矣。"（《论语·卫灵公》）句子中"厚"字之后省略了下文中的"责"。再如："富与贵是人之所欲也，不以其道得□之，不处

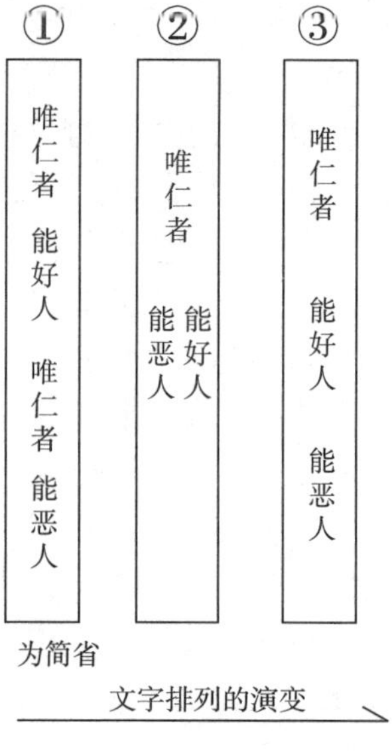

也；贫与贱是人之所恶也，不以其道得□之，不去也”（《论语·里仁》此下一章），句中两“得”字之后分别省略了下文中的“处”和“去”。

如此，再用“探下省”的规则还原（A）句，最后得到该句的完整形式就是：

唯好仁者，能好人；唯恶仁者，能恶人。

“好（hào）仁”：立志于仁；“恶（wù）仁”：舍弃于仁。句中“唯……者”构成判断句式，不要将“者”理解为“……的人”，否则很容易把思路带进死胡同。于是，根据孔子的这句话，可分别得到两个结论：

（1）好仁（立志于仁）——能使之变成好人。

（2）恶仁（舍弃于仁）——能使之变成恶人。

现在把下章与本章内容合在一起说：“唯仁者，能好人，能恶人；苟志于仁矣，无恶也。”总的意思就是，对仁的态度不同，可成为好人或沦为恶人；如果立志于仁，就会去恶存善，不会成为一个坏人。也即，一个人将成为好人还是恶人，取决于他对待仁的好恶态度。孔子在此想表达的观点就是：欲想成为一个好人，唯有修行仁德。他是在强调“欲仁”的好处。

孔子在他的儒学中，把“仁”定义为修行的理想目标——人上之人，之后，自然地“仁”就成了孔子用以衡量人的道德标准和能力标准。所以，在孔子的观念里，能否修行仁德，决定了一个人将来是成为好人还是恶人的分水岭（这里的好人与恶人是在价值趋势上的判断，或是就人于某件事情态度上的分辨，是相对的，而不是绝对的）。

孔子依然是在强调“里仁”的好处。

4.4　子曰：“苟志于仁矣，无恶也。”

本章也应与上章相接，被后儒们割断后，解读就更易被断章取义了。朱熹在《集注》中引杨氏语曰：“苟志于仁，未必无过举也，然而为恶则无矣。”意思就是：“如果立志于修行仁德，未必没有过错，然而做坏事是绝不可能的。”这是典型的望文生义、断章取义。

杨伯峻译为：“假如立定志向实行仁德，总没有坏处。”

南怀瑾说：“一个人真有了仁的修养，就不会特别讨厌别人了，好比一个大宗教的教主，对好人固然要去爱，对坏人也要设法改变他、感化他，最好也使他进天堂，这样才算对。所以说一个真正有志于仁的人，看天下没有一个人是可恶的，对好的爱护他，对坏的也要怜悯他、慈悲他、感化他。”南先生的解读距离孔子的意思比较接近了，但不够准确。

本章在《汉石经》上的文字是“苟志于仁矣无恶”，没有“也”字。我们可以把“无”当动词看，作使动用法理解，即“使……无”，这样该句可译为：“如果致力于修行仁德，就能使人之恶性化解掉”，成为善人。这也是修行仁道的又一功用：化恶为善。所以，修仁可成善人，这与上章文意切合。

如果人人立志修行，则“好人存之，恶人去之”，民风必能回归于礼乐之和谐，这是孔子的理想。孔子鞠躬尽瘁一生，游说他的仁道，目的就是要在当时已经礼崩乐坏的境遇之下，用他的儒家思想勉励人们修仁，去恶扬善，以创造新的文明的和谐社会。

5 无仁何以称君子

“仁”是孔子用来衡量君子的一个主要标准，既是君子则“仁”当为长久属性，不只是一时一日如此，否则就不能称其为君子。

4.5 子曰：“富与贵是人之所欲也，不以其道得［处］之，不处也；贫与贱是人之所恶也，不以其道得［去］之，不去也。君子去仁，恶乎成名？君子无终食之间违仁，造次必于是，颠沛必于是。”

对本文中第一句的两个“得”字，历来都在争论。一般认为后一个“得”字为错字，应改为“去”。当然这个观点比较容易让人接受，对一般人来说这样解读好理解。但是，它破坏了古文行文的对称之美（这里用的是排偶，节律齐整，结构相同，语义相关的排偶句互相映衬），不能因为解释起来麻烦，就不顾事实。这是对读者的不负责任，也是不道德的。其实，这是古汉语中的一种省略现象——探下省。前面我已解释过了，此两句中“得”字之后分别省略了“处”与“去”。探下省是有前提条件的，即不至于对文意造成错解。

“处”，前文也有解释，本义为“停留”在某处，这里意指“处在”富与贵的环境里生活。为了使文思通顺，“处”也可理解为“享受或接受”的意思。“恶”，“厌恶”。“去”，原义为“离开某地到某地”，指“离去”，这里是“避开、摆脱”的意思。

“不以其道”，意思是不用正当的方式。“道”意谓“正道”，指正当的、符合道义的方法或手段，不是歪门邪道，此“道”有“方法”的意思。依照孔子本人的思想，此道当是“仁道”。正如前文所言：仁者安仁——追求仁道的人，因仁而安处，不会因欲求富贵而贪得无厌，也不会为摆脱贫困而不择手段。

孔子所说的“不处富贵、不去贫贱”不是绝对的不要富贵，关键是要“得之有道”，看是否合“义”。“不义而富且贵，于我如浮云”；“富而可求也，虽执鞭之士吾也为之；如不可求，从吾所好”（《述而第七》）。孔子的儒学，并没有主张做苦行僧。

再看第二句：“君子去仁，恶乎成名？君子无终食之间违仁，造次必于是，颠沛必于是。” “去”，在这儿可解释为“除去、拿走，去掉”等义。 “恶（乌）”，相当于“何”，是疑问副词。“君子去仁，恶乎成名？”——君子如果没有了仁（仁的精神或境界：不光是德行，还包括理智），怎么能叫君子呢？“成名”有人理解成了现代语“成为名人”，这是错误的。“名”，是指“君子”这个名称、名分或称号，而非“出名”之“名”。“恶乎成名”直译相当于“凭什么承受君子这个称号呢”。“君子”，在论语中，有不同的指代含义，有时指君主、君王，有时又指德行高的人，或是超出常人智慧的贤人，这里指追求上进志于求仁，且有学问和智慧的人。

朱子解：“终食者，一饭之顷。造次，急遽苟且之时。颠沛，倾覆流离之际。”“造次”，匆忙、紧迫、仓促、急迫，仓促慌乱。“颠沛”，本义是“跌倒、偃仆”，此处引申指“穷困、受挫、流离困顿”。

“必于是”：一定是这样。“是”，在古文中不是用来表判断的，而是作代词“这、此、这个”等。这里指代“无终食之间违仁”这一行为，意思是说“君子无时无处不会丢掉仁，无论是在造次时还是颠沛时”。“终食”是“一天一天的”一种比喻的说法。“终食”：一天的饭吃完了。一天三餐吃过了，表明一天终了。“终食”意指平常的生活状态，“造次”“颠沛”意指非常的生活状态。求仁之心不可一日无有。

6 难得一见两类人

孔子竭尽心血传播仁道，却不曾想多数世人却不为心移，更何谈用功于仁了，连讨厌不仁的人都难得一见，想想怎不让人心寒？是人心的懒惰，还是自己的无能？孔子怎不感慨！最后，孔子得出的结论是：因为没有人愿意在修仁上下力气。

4.6 子曰：“我未见好仁者，恶不仁者。好仁者，无以尚之；恶不仁者，其为仁矣，不使不仁者加乎其身。有能一日用其力于仁矣乎？我未见力不足者。盖有之矣，我未之见也。”

本章“我未见好仁者，□□□恶不仁者”，其“恶不仁者”之前省略了上文的“我未见”。这属于承前省略现象：句子中的某一成分因上文已经出现而加以省略。也有人认为，这种形式不叫省略，而是古汉语中的“并列语”（我认为“省略”比较准确。这是古文中一种类似于“共语”的现象。就是说，“好仁者”和“恶不仁者”共用一个主谓语，即都共用“我未见”）。这种现象在现代汉语中也是经常出现的。有很多人没有这样理解，造成了对本章的误读。

其一，错把“恶不仁者”的行为对象当成了“好仁者”，即认为原句是“吾未见好仁者恶不仁者”（中间不断句），按其意思是说“我从未见过性好仁德的人憎恶不仁的人”。那么，依此句义，直白的表达就成了：“好仁者”应该憎恶“不仁者”。下面我们对此来心究一下。

首先，我们在情理上心究。既是“好仁者”，当是追求仁心即崇尚爱心的，自然不会随意地去憎恨某人。“不仁者”只是不想成为仁者而已，只要他不有意为恶，就不应该遭人憎恨。更何况仁者非一般人所能企及，无仁之人当为大多数，否则孔子就不用如此苦心劝勉了。所以，仁者的泛爱之心不可能不囊括“不仁者”（大多数人）。当然，仁者不喜欢“不仁者”是可以的，但不至于到“憎恶”的地步。如果是憎恶了，肯定不愿与之接触，如此仁者的“已欲立而立人，已欲达而达人”之心，何能如愿？要知道孔子口中的仁者，有感化周边人趋善的心志。可见，依照孔子对“仁”的定义，仁者是不应该憎恶“不仁者”的，更何况是“好仁者”了。

其次，我们从行文上心究。《论语》中有很多类似于“我未见……”式的语言表达形式，如，“我未见力不足者”（4.6），“吾未见刚者”（5.11），以及“吾未见能见其过而内自讼者也”（5.27），“吾未见好德如好色者也（9.18）”，等等。从这些例句可以看出，所“未见”的若是单个的对象成分，结尾无“也”字（前两个例句），但在用以表叙某一事件时，句末用“也”字（后两个例句）。按这个原则，“吾未见好仁者恶不仁者”的表达形式，其后当有“也”字，而句中却无。再结合下句来看，“好仁者，无以尚之；恶不仁者，其为仁矣，不使不仁者加乎其身”，显然孔子是把“好仁者”与“恶不仁者”，放在了并列位置上来说事的。而现在“我未见好仁者恶不仁者”中“好仁者”是人，“恶不仁者”是人的行为，两者不能并列对等。可见，如此断句不合孔子的行文常规。

此外，持上面观点的人的另一理由是：说孔子“未见好仁者”不合事实，并以孔子所说“回也，其心三月不违仁”的话，提出质疑：颜回难道不是“好仁者”吗？孔子怎会不见？是的，这没错，但我们要分析，孔子是什么时候、什么情况、在什么心情下说这句话的。事实上，孔子也的确多次说过这种与实际情况不符的话。比如，孔子说过“吾未见刚者”（《公冶长第五》），“刚者”肯定不如“仁者”少吧，难道也从未见过？还有“已矣乎！吾未见好德如好色者也”

（《子罕第九》），难道颜回不好德吗？再有，孔子还说过“圣人吾不得见之矣！得见君子者，斯可矣！”（《述尔》），即能见到君子就知足了，更何况是仁者了。可见孔子在表述“我未见”时，不是事实上的未见，而更多的是心理上的一种感受。也就是说，这是一种情感上的表达，而非事实上的表述。

我们同样再拿颜回为例，在哀公问“弟子孰为好学”（《雍也第六》）和季康子问“弟子孰为好学”（《先进第十一》）时，孔子回答道：“有颜回者好学，不迁怒，不贰过。不幸短命死矣！今也则亡，未闻好学者也。”在颜回去世之后，孔子甚至说，“好学者”今天都见不到了。难道除了颜回，世上就没有好学之人了？肯定不是，不然孔子不会教育出七十二贤人来了。总之，我们由此可以想见，孔子在说“未见好仁者”时，肯定是心情悲观、失落之时，他这句话也正是在颜回死了之后说的，其悲观失望之情可以想象。其实，孔子之所以这样讲，也许只是为了强调问题的严重性，当前或在他身边已经看不到“好仁者”了，其主旨是对所言对象的激励和期盼。我们心究一下，你自己在说话时，为强调严重性或心情不好时，不是也会说一些过激的话吗？

其二，有人根据下文意思（自己臆断出来的）说这里有错简，少了“我见”。对此，大家也是一直争论不休。《礼记·表记》引孔子曰：“无欲而好仁者，无畏而恶不仁者，天下一人而已矣。”孔子把“好仁者”与“恶不仁者”并而言之，且说他们是同一类人，可见，孔子说“未见好仁者”，当然也包括“未见恶不仁者”了。“恶不仁者”虽比不上直接的“好仁者”，但至少也有所恶，总比“不仁者”强。孔子在此叹惜：这样的人也都见不到了！我想，引起孔子如是感叹的原因，是当时社会上“好仁者”太少太少的缘故吧。

因此，孔子最后说：“有能一日用其力于仁矣乎？”——有这样的人吗？哪怕只是用一天的时间，把精力花在修仁上？没有！所以孔子他老人家着急，可见其欲以仁道救世之心切。

(1)“好仁者，无以尚之。”《广雅·释古》：“尚，高也。”“尚”本义为“高出”，又通“上”。“尚”字的金文是尚，由此有人说“尚”为形声字：上“八”为形，下“向”为声。其实“尚”是会意字：下面的“向”是“有窗户的大房子”之像，其上的“八”为指示向上的示意符——已是很高的大房子了，上面还要再升高，当然更“高”了。既然高，也就是处在“上位”了；“上位”之人就不得不叫人“崇尚”；如果某种风气流行于世，且处于风口浪尖，当然就是“时尚”，因“时尚”而成“风尚”被“尊崇”。由于“尚”之上虽还在升高，但若现在说它已经最高了，还有点“为时尚早”，这时“尚”就成了副词，相当于“还”。

“无以尚之”之“之”，多认为指代的是“好仁者”，即“好仁”的人，译为："爱好仁德的人，没有人能超过他。"话要这样讲是讲不通的，且自相矛盾。假设"你"和"他"都是"好仁者"，按照这个逻辑就是说：你不能超过他，他又不能超过你。这不相当于"用最好的矛去攻击最好的盾"吗？情理之上也说不通："爱仁者"都没有人能超过他了，那么已经在修行仁的人或已经是仁者之人，又该处在什么位置上呢？可见，这种解读是有问题的。

首先，"好仁者"应是指"爱好修行仁道的人"，这样理解比较顺。"仁"，在此不是名词，应是指"行仁"或"修仁"之行为。所以，"之"指代的是他"修行仁德"这件事。"无以尚之"——没有哪件事的重要程度能在"修仁"之上。就是说，爱好修行仁道的人，没有把哪件事看得比修行更有必要的了。"尚"，取其本义："高"或"上"。

（2）"恶不仁者，其为仁矣，不使不仁者加乎其身。"——恶不仁者，他之所以护卫仁，是不想让"没有仁性"的坏名声沾染到自己身上。"其为仁矣"中的"为"可取"帮助，卫护，维护"义，不能理解成"做"。虽然"恶不仁者"，对于修仁不能用功，精神境界不算很高，比不上"好仁者"，但至少距离"好仁者"不远了。孔子悲叹：不见"好仁者"，就连"恶不仁者"都难见了，更显其对人们能够修仁的渴望和对社会文明衰退的悲伤。

（3）"有能一日用其力于仁矣乎？我未见力不足者。盖有之矣，我未之见也。"本文句式，也是一种"并列语"（并后文）形式。正如："有不吃饭能活下来的人吗？我没见过光喝水能活的人。也许有吧，但我是没见过。"意思是指前面所列举出来的两个并列事件，都表示"也许有，但我没见过"。由此，本句可作如下翻译：有人能花一天时间，把精力用于修仁的吗？可能有吧，但我没见过；我没见过，一个人真的努力了还不能达到目的，也许有吧，但我没见到。

这里问题最大的是对"我未见力不足者"的解读。人们都把"力不足"直接当作现代汉语来解释了，所以不够准确。按照古文形式解读"力不足"，不是"力量不够"的意思，"力"在此不是名词，应作动词"用力"讲，是上句中的"用其力"之简省，意思指在修仁上肯花大力气，或投入更多的精力。"力不足"应该是"力而不足"的简省，直接解读就是：用力而不能"满足"。所谓"满足"当然是指"达到目的"或"实现心愿"了。

"足"字的甲骨文，金文。上部为"口"是指事符（有说像"膝"），下部是脚趾朝上的一只脚。所以"足"的常用义指"人脚"，也指动物以及各类器物之"脚"。另外，在的构型中，"口"作指事符象征目的地，下面的"止"若取"停止"义，则两者合义就有"在目的地处停下来"或"达到目的"（"脚"止于此）的意思，由此引申出"足"的"完成"义。例如，《老子》第二十八章："为天下谷（处于天下的下流），恒德乃足（永恒的德行才会得以止

足、停止），复归于朴（回复到质朴）。”《左传·襄公二十五年》：“言以足志（言语用来完成意愿），文以足言（文字用来完成言语）。”

再如，对“满足”一词，我们可以想象一下这样的情景：假设你用桶接水，水已经快满了，但你不停止（继续接），说明当前的水量没有达到你的心理需求，你还不“知足”不“满足”。如果你看水够了后及时“止”下来，说明你心里“满足”了，当然接水的事情也“停止”了，你也完成了任务或实现了心愿。

当然，如果我们硬是用现代词义将“力不足”解释为“力量不够”，也与我做的这种解读意思相接近了，因为“力量不够”，事自然也做不成功，这是一定的。即这两种解读的最终结论是一样的——只要肯努力没有做不成的事，没有实现不了的心愿。可见，我的解读结论更直接，更好理解，也更合文理。你心究一下，针对前一句“有能一日用其力于仁矣乎?”，从语气上来比较一下：“我未见力量不够的”和“我未见只要用功没有实现不了的”，哪个更有反驳力？很显然是后者。

孔子的本义就是：只要肯用力（用心）修仁，总是会成功的。正如孔子言：“仁远乎哉？我欲仁，斯仁至矣。”（《述而第七》）“一日克己复礼，天下归仁焉。为仁由己，而由人乎哉?”（《颜渊第十二》）

7　难得皆因心无欲

上一节我对“我未见好仁者”一章的解读，是站在维护传统的认知观之下，所做的符合大多数学者思路的解读，也算是对大众的附会吧，毕竟我不想背上离经叛道之名。下面，我想大胆地说说我的另一解读思路，不是猎奇，只是想激发读者更多的思考而已。

对本章的解读，之所以大家都各执己见，皆是因为陷入了后儒们的泥塘，结果是水越搅越浑。我们不妨完全从旧说中跳出来，重新解读。

首先，我对原文作重新断句，如下：

子曰：“我未见好仁者恶，不仁者好。仁者无以尚之恶；不仁者其为仁矣，不使不仁者加乎其身，有能一日用其力于仁矣乎？我未见力不足者，盖有之矣，我未之见也。”

“我未见好仁者恶，不仁者好”是依据前一章“唯仁者，能好人，能恶人。苟志于仁矣，无恶也”的语义推断的。再依此，断出后面的句读。

以我的解读，孔子话的意思是我没有见到过偏爱修行仁道的人会是恶人，不想修行仁道的人会是好人。因为有仁道的人是不会崇尚恶的；那些没有仁道的人之所以做一些有仁性的事，只是不想背上无仁道的名声而已，他有全力地花一天的时间来修过仁吗？[肯定没有过，不然他就不是“不仁者”了]。我从未见过用力做事（这里指修仁）而不能成功的，也许有吧，但是我从来没有见到过。

“我未见好仁者恶，不仁者好”，是对“唯仁者，能好人，能恶人”之结论于反方向上的肯定与强调（这句话的解读，可参看前章我做的解释）。“有能一日用其力于仁矣乎？”是孔子对“不仁者”偶尔为仁时的一种反问，意思是说：“你只能偶尔为仁，你能连续地力行仁道吗？”正因为他们不能做到如此，所以孔子说他们是“不仁者”（不想成为仁者），因为欲为仁者是“无终食之间违仁”的。“我未见力不足者”是更进一步强调，只要“心欲仁，斯仁至矣”。不想修行仁道的人，之所以不能成为仁者，皆是由于他们内心里根本就没有过这种渴望。

“仁者无以尚之恶”句中的“之”的作用是宾语前置的标志，即“无以恶尚”——不会把恶当作高尚的东西来认可。“以……尚”是“把……作为高尚的事情来看待”的意思。

“不仁者其为仁矣，不使不仁者加乎其身”中的“其为仁矣”之“为”，可取“做”义，“为仁”即做一些有仁性的事情。“不仁者”之所以要做一些看起来是好的事情，或偶尔表现出来一点仁心，只是想向外人证明自己是仁者，不至于落得个不仁不义的坏名声，毕竟他们也知道仁者是受人爱戴的。就是说，“不仁者”也想披上仁者的外衣（这种人在现实生活中也是常见的）。孔子对这种心不欲仁而又假装仁者的人，是嗤之以鼻的。所以，孔子反问，你既然想充数仁者，那你有一天时间用功修过仁吗？没有。于是孔子感叹：“我未见力不足者。”——我从来没有见过，努力了却不能实现理想的情况（力不足：“力”作动词解，“足”当“得到满足”解）。只要你真心想成仁者，用功修行就一定可以实现！这里的孔子还是在强调人欲求仁的好处。

孔子说过：“仁远乎哉？我欲仁，斯仁至矣。”凡事无心所求，便不得有成就。

8 观过能知仁几何

人之品性高下、德之大小，皆能于举手投足、为人处事中显见，有仁德的人因能约之以礼，事不二过。相反不是一个十足的仁者，有过难免，因此，过的多少能间接地反映出其人的仁之有几何。

4.7 子曰："人之过也，各于其党。观过，斯知仁矣。"

"过犹不及"，过与不及一样，都是指没有把一件事情做到恰如其分。"过"不完全等于"错误"，这里把"过"译为"错误"有些过了，译为"过失"比较恰当。因为过失与错误是两种性质的问题。

"党"字本不等于"黨"字，因为它们原本是两个不同的字。"黨"，古代作为地方的组织名称：五百家为一黨，此也是乡黨之黨。"黨"，其上的"尚"表音（也是房子的象形）；下面的"黑"表义：其下的灬是"火"，中间为"土"，上边为"网"，"黑"有把"土"罩在"火"上的意思。土在火上，烟熏火燎，就"黑"了。"尚+黑"是说"房子的土墙受烟熏变黑了"，意指住人的地方。

党=尚+儿（人），会意为"崇尚或追求一定志趣或偏好的人"，简单地说是指"有某种思想的人"或"有心性的人"。这种"同类"性情的人所结成的帮派就叫"党派"，其行为称为"结党"。由于"党"心中存有"个人化的心境"，行事易失中正，故难免"偏私，偏袒"。如"君子不党"之党就有"偏私"的意思。

"人之过也，各于其党"，也就是说一个人做事的结果造成什么样的过失，其性质是由其心性或境界归属于哪一类所决定的。这里"党"兼取"类别"和"心性或境界"两义。

"观（觀）"字甲骨文为（横看），其形为突出两只大眼睛的鸟，可能是猫头鹰的象形，因为鹰善于在高空观察，且目标距离很远的东西也能看清，所以古人用这个字表示"观察"义。由于通过仔细观察，对一物的了解就会深透，因此"观"可引申表示对事物的"认识"或"看法"。又因为有个人的看法，表明对此有了一定的"观点"。"观过"就是仔细地观察和研究他人的过失，以期找到其过失的内在因素。这样，通过"观过"就能知道他内心"仁"的分量，当然也就知道他归属于哪一类人了。

多数人认为，这里的"仁"同"人"。如杨伯峻译："仔细考察某人所犯的错误，就可以知道他是什么样式的人了。"话单独这样说没错，通过此人所犯的错误，当然可以知道此人品质上的好与坏。但孔子所言的"过"并不完全是指错误，更多的是指"过失"，过失只是"是否中庸"的问题，并不是错误，当然更不是犯罪。这是其一。其二，过失并不一定是故意为恶所致，而很多时候是因其修养、学识或智慧的不足所造成的。"仁"，不仅包容了道德评价，也有其智慧的多少，即所谓"五德（爱义礼智信）"。再一个，本篇主要是记述孔子论仁的内容，所以，把"仁"等同于"人"解，显然看轻了孔子此言内涵的分量。

孔子表面的意思是，通过做事中的过失，可以了解一个人的思想、知识、智慧及德性的多寡。由此，这也从另一面教导人们，要积极地修行仁道，这样就会少有过失，修仁可以超乎常人而归于完人，最终可成为止于至善之仁者（人上人）。

9　生命不敌道义价

生命诚可贵，得道价更高。孔子视得道如生命。孔子创立了儒学，可以说是仁道的创立者，同时也是仁道的践行者、探索者、倡导者和鼓吹者。

4.8　子曰："朝闻道，夕死可矣。"

"早晨得知真理，要我当晚死去，都可以。"（杨伯峻译）这样翻译可以说通，但对"道"的解读不够完全。

对"道"（）字，我在本书的前面已作过详细解读（读者可参看《学而》篇第7节）。"道者，事物当然之理。"（朱熹《集注》）这仅仅是道的形而上之"真理"的一面，但"道"字更多的是指人们头脑中的思维（从"首"），这个才是大道，它无形但又无处不在——非常道（老子语）。同时它还包括形而下的"法则、原则，方法、手段，道路、路线（从"行、止"）"等，这是有形的、具体的、看得见的"道"——道可道（老子语）。但"道"又在永恒中变化，探索"道"，既要动脑（从"首"），又要动脚（从"行、止"），务必理论与实践相结合。"行、止"，不是盲目地走，而是需要清醒的头脑领导着走。"道生万物"，故为"天下之母"。"道"为万物玄机，充满着宇宙的精灵，为万物运动规律的主宰。

整部《论语》中孔子所言几乎都在讲"仁道"，即"仁"的体、相、用。孔子是知道"仁"的道理的，但"皆实理也，人知而信者为难"（朱熹《集注》引程子言），道理使人知道容易，但"深信"并能"践行"为难，得道成仁更不易。可以说，孔子自己也为此躬行实践，但至死也没有承认自己成仁。

所以，这里孔子所说的"闻道"，不光是知道其"道理"，而且还指获得了成仁的"捷径"之法，即进入道体而能随心所欲。"得道"者"得到"——达到了人生修行的终极目标——死，当然不足惜。孔子用此假设之言，旨在强调"道"的价值之至高无上。正如钱穆先生所议："道，人生之大道。人生必有死，死又不可预知。正因时时可死，故必急求闻道。否则生而为人，不知为人之道，岂不枉了此生？若使朝闻道，夕死即不为枉活。因道亘古今，千万世而常然，一日之道，即千万世之道。故若由道而生，则一日之生，亦犹夫千万世之生矣。”

“道”为老子所创，此“朝闻道，夕死可矣”倒像是出自老子之口。由此也可看出，孔子的思想受老子的影响之大。孔子所发出的感叹，表现出他对道的强力渴求，有誓死的决心。同时，言下之意，也说明得道成仁之难，故孔子所以劝勉修仁之道矣！

4.9　子曰：“士志于道，而耻恶衣恶食者，未足与议也。”

“士”（甲骨文）字，原指强悍的男人，后指一般有自由地位的读书人，或小官吏。“耻”，以……为耻。“恶衣恶食”，指吃的穿的都很不好。“恶”作名词或形容词解，是“坏或坏的”的意思。

议=言+义：人在一起讨论“义”（义，也表音），“义者宜也”。“议”，就是在一起“研究讨论”怎样做才合时宜；因“义”又指人做事的道义，所以，“议”也指“用语言宣讲道义”、“发表观点”或“评议是非”。由于在一起讨论时，大家的观点开始不统一，每个人都能提出自己的“意见”，意见不一致时就有了“议论”，之后再“商议、商量”，如果商量出来的办法都被认可了，就要签订“协议”，等等，这些都是“议”字的含义。

“未足与议也”——不值得与其谈论什么道义不道义了。这种对“恶衣恶食”都感到可耻的人，与他谈“道可道，非常道”简直就是对牛弹琴嘛。你想想，孔子视道如生命，岂能让你如此小视乎！不耻“恶衣恶食”仅仅是小道之德，小道不能守之，大道何足与议之？

朱熹曰：“心欲求道，而以口体之奉不若人为耻，其识趣之卑陋甚矣，何足与议于道哉？”此说是。

10　君子临事义比之

人之行为标准，具细之举者多，但孔子告诉我们一个总的做事准则——道义。无论做什么，只要符合道义就可以。“道义”简单地理解就是“大众社会的道德标准”。

4.10　子曰：“君子之于天下也，无适也，无莫也，义之与比。”

“之于天下也”在《八佾第三》“知其说者之于天下也……”中出现过（第

三篇第10节），本义为“走遍天下”。如以前有一句流行语“学好数理化，走遍天下都不怕”，其“走遍天下”有“行事于天地之间”的意思。“之”，甲骨文，其本义有两个，其一为“止于某处”（上为“止”，形；下“一”为意符，指某一固定位置）；其二为“沿某一方向朝前走”（上为“之”，形，即足，表动作“行走”；下“一”为意符，指固定走向）。

无论你处于什么境地，也不论在什么时候，做什么事情，只要是符合道义的，没什么适合不适合（即道义是检验一切行为的标准）——这是孔子本章之言的本义，也是他主张的做事原则。

“无适也，无莫也”，此句的争论焦点主要在对“适、莫”的不同理解上。总括起来有三种情况，罗列如下以便于分析：

（1）解“适、莫”为“厚、薄”——对人用情无亲疏厚薄，不要有亲有远。

（2）解“适、莫”为“敌（“适”读为“敌”）、慕（“莫”读为“慕”）”——对人无所谓为仇，也无所谓欣慕。

（3）解“适、莫”分别为“主（专主不变）、没有”——对事无可无不可，没有一成不变的。

如果照上面这些解读方式来推演，完全可能得出许多相对的解释。若大家都如此地照着自己的臆想来解读，岂能有一个统一答案？所以，还应该从“适”和“莫”的古文字义中去寻找答案。

“适（適）”，本义为“快速前去，前往”，引申指女子出嫁。因女子出嫁曰“归”，是其最适宜的归宿，故引申出“相合，合宜”义，由此再引申出“舒服”义。后来虚化作副词“刚刚，刚好，刚巧”等。

“莫”，甲骨文结构是，中间的“日”被四周的“艹（草）”淹没了（这里的草，可能就是古人口中的“若木”，古有“东有扶桑，西有若木”之说），看不见了，所以，“莫”原为“暮”的本字。有了“暮”字之后，“莫”字就只承担“否定性的不定代词”的任务，通常取“不”字的意思（由于日看不见了，就如同没有了、消失了等，从而引申表达否定义项。“莫”还可解读为“不可，没有什么，没有什么事、人或物”等，作不定代词）。在不定代词之后，正常情况下是要带宾语的，但“否定性的不定代词”之后的成分省略也是很常见的语言现象。比如：“你好不？”完整地讲应该为“你好不好？”尤其是在口语中，说话时的双方心里都能明白，为话语简练，就简省了。《论语》中孔子所言，多为其弟子在当时记下的孔子口语，故省略现象很常见，不足为怪。

根据上述规则，“无适也，无莫□也”之“莫”后省略了上句中的“适”。这种省略形式也被称为“紧缩式兼语省略”。照此，原句即为“无适也，无莫适也”——没有什么合适的，也没有什么不合适的。孔子这句话这样来理解简单明了，所以没必要像后儒们那样故弄玄虚，而且“合适不合适”，自然也就涵盖了他们所谓的“厚、薄”“敌、友”之说。

“比”，甲骨文为，是两个人（也许就是两个相同的对象，并非一定就是指两个人），并排放在一起，当然指“比较”一下了。“比”的“挨着，靠拢，为邻”甚至“勾结”义，都是在这种结构下会意出来的引申义。由于两“人”靠得太近了，所以显得“亲近”；如果是两个坏人亲近就成了“勾结”。“从”字和“比”字，前文我做过分析（读者可参见第二篇第 14 节）。什么是“义之与比”？就是拿“义”的法则与“做事的后果”对照一下，看看是不是适宜。“义者宜也”，时宜事宜。

比如，《孔子批判》译之：“君子对于天下的人，没有厚，也没有薄，唯对主张仁义的人亲近。”此译义本身就扞格不入，“天下的人”当然涵盖所有的人，自然包括了“主张仁义的人”，再言对此亲近，不就是对其有厚吗？可见译文前后矛盾。

本章也许是针对君王而言的，但无论是针对什么人，在广义上看，孔子表达了一种道理：只要肩扛道义的大旗，走遍天下都不怕——这是道义的力量，也是道义的价值所在。

11　君当重德轻财利

德行的高下，呈现于一个人的行为过程之中，或存在于其行为结果的价值里，而行为是一个人内心企求的外化之像。当然，行为的善恶自会有好坏的结果报应。

4.11　子曰：“君子怀德，小人怀土；君子怀刑，小人怀惠。”

孔子所处的社会时代正是奴隶制的晚期，封建社会的转型已成定局，当时的士之阶级已有“志在修己立人”之倡导。修己则以“君子”为理想人格，立人则以入官治人为职业。孔子的“小人”与“君子”，不是指人格上差等之别，乃是指其习性上的分野，即指德行、智慧、境界上的差等，不存在对人格上的褒扬与污辱，只是用此对举，以比较说事。当然，孔子心中的理想人格，是好君子恶小人的。

文中的“君子”，应该指的是“君王”。后两章“能以礼让为国乎”及“不患无位（当指君位）”也有所体现。如此，这里的“小人”就不是指乡野之人的农夫了，而是与“开明”的君主相对举的“闭私”之君王。当然，本章仅从德行的角度来理解君子与小人的差别，也可解读出一定价值意义，但可能就不合孔子当时说此话的针对性了。

“怀（懷）”，由“心”与“褱”构成。“褱”的寓意为“把东西藏在衣襟里”。“褱”加“心”后（懷）指“包藏着某种思想的心胸”，以及“包藏心思，或是念想，或思念”等；这里当作“内心所抱定的理念”讲比较符合原文语义，也可简单地译为“关心”、“念想”或“看重”等。

“君子怀德，小人怀土”，通常人们将“怀土”译为“怀念乡土”，这是望文生义。这里君子与小人既为对举，那“德”与“土”的含义也应反义对举，而“道德”与“乡土”很难有这种对应关系存在。“怀德”就是指注重自己的德行，意思是指国君在已经拥有国土之后，意欲如何能有道德地统治天下，即以德为政。“封土为社”，故“怀土”亦谓“怀社”，意思是指心里只想着如何扩张自己的疆土或封地。君王所封土地的多少，标志着他所拥有财富的多寡。因此，小人之君总想着如何扩大自己的领土，甚至为达此目的不惜牺牲人民的性命发动战争，来换取他的统治领域，根本不会顾及自己的统治有没有公德性。可见，君子与小人之君的区别在于：一者重视德，一者重视财；一者看重精神，一者看重物质。这里的“小人”是针对君主的身份而言的，即喻指没有君子德性的君主。“小人”若是指乡野之农夫，他若真能“怀土”（怀田地），恰恰是体现了他的美德呢。因此，将“小人”理解为“乡野之农夫”，其理是说不通的，将“怀土”译为“怀念乡土”也是站不住脚的。

“君子怀德，小人怀土”表述了君子与小人的本质差别之一。他们的本质差别之二是“君子怀刑，小人怀惠”——一个注重道德的典范作用，一个讲求财利的引诱效果。

此句一般译为：“君子关心法度，小人关心恩惠。”朱熹《集注》云：“怀刑，谓畏法。怀惠，谓贪利。”这样解读有点牵强，且照此“刑”与“惠”也不能构成文义上的反对关系。

首先，看“惠”，其金文为（横看），其结构为“叀（专）+心”。“叀（zhuān）”，纺砖（纺纱的转轮），代表纺织；“心”，表示“用心做”，引申为“善良、温柔、勤劳”。古人造“惠”字的本义是赞女子心灵手巧（因纺织是女人做的事）。古人称善于理财者为“贤”，称心灵手巧者为“惠”。“惠”作名词用时，有“善意，好处”义。“惠”的常用义是“给予好处”，如小恩小惠、施惠于人、优惠等。再如“爱民好与曰惠”（《周书·谥法》）；“夫慈者不忍，而惠者好与也”（《韩非子·内储说上》）；“分人以财谓之惠”（《孟子》）等。“惠”都是“给予”出去的“好处”（得到好处是“受惠”）。由于能给别人好处，表明有与人为善的心地，故“惠”又有“仁爱”之意。本文中的“怀惠”意思是：“总是想着向他人施以恩惠，以笼络人心”。有学者认为“怀惠”，意思是总是想着如何获得“实惠”，即有“贪财”的意思，这与“惠”的本义不符，于全文解读也不合拍。

其次，“刑”本义是“施刑”，可以指“刑法”或“法度”。但我们扪心自问一下，一个道德水准正常的人，会整天想着“我违法了没有”吗？当然不会的。因为我们知道，自己的道德虽然谈不上有多么高尚，但至少不会去想做什么不道德的事，更没有要去犯罪的想法，所以不会整天担心所做的事是不是违法，反而是“小人”更会“怀刑”。如果一个人真的整天担心有没有“违法”，说明他心里有鬼，否则又何必时时刻刻“怀刑”呢？孔子说过：“君子博学于文，约之以礼，亦可以弗畔矣夫！”君子以礼节事，一旦事已背礼即会停止，不至于走到触犯刑法的地步。所以，君子无须日日怀刑！从另一层意义上讲，刑法不可能列举出所有不道德的行为条款，很多行为虽不合礼但不一定违法。所以，以礼约之就足够了。

我认为这里的“刑”不能作“刑法”理解，而应将“刑”作“型”看，即此“刑”是“型”的通假字，乃“典型”之“型”。治国之君当“刑于四海”（《孝经》），即为四海之民当典型、树典范。俗话说：“上梁不正，下梁歪。”“子欲善，而民善矣。君子之德风，小人之德草。草上之风，必偃。”（《颜渊第十二》）君子树型，下民必效，上行下效，民风必将归厚。

君子式的君王由于能“怀德”和“怀型”，故能追求典型的示范作用，且能力求为政以德的理念，用人文精神领导人民，注重道德教化。而小人之君呢，只会于民施以“小恩小惠”，借人之物欲来统治国家，只求暂时的安宁。加之“怀土”，于是只顾及个人的统治领域，不讲道德，不讲精神教化，不管人民的疾苦。显然，“怀惠”非长治久安之计，是乃求安的下下之策，这与“怀德”相比，是歪道，是小人之道。于是，孔子总结道：“放于利而行，多怨。”

4.12 子曰：“放于利而行，多怨。”

“小人”“怀土”是为了富贵而聚财（疆土广，其位贵，其财富），“怀惠”是为求安而舍财，可见其皆为财利而行之。所以，孔子说：“放于利而行，多怨”——放于利而行，怨恨会越积越多。如此解读其文意与上章十分契合，我认为本章就是紧接上章而言的，不应割断成两章来解读。

“放”，为形声兼会意字，从“方”从“攴（pū）”，“方”表声兼表义；“攴”为手拿棍棒的象形。我们知道“方”的含义有“方向，方位，方面，方形”等常用义，还有“地方”即“某一范围内”义，如“方圆”就是表“范围”的。“方+攴”=“把这个范围内的人，驱赶到别的地方去”，这就是“放”的“驱逐，流放”之本义。反过来想，“这些人或物被放走了”，就等于说不要他们了，也就是“舍弃、放弃”了他们。再站在被流放者的角度想：我被放了，相当于“解除约束”；如果放的是犯人，那就成“释放”了。所以，“放”又可引申出“放任，放开，放纵”之义。

“放利而行”，就是“不受约束地用利”（“放”，有“放纵”的意思）。比如“铺张浪费，劳民伤财”或“割地赔款，卖国求荣”等都是用“利”，会遭国怨；“巧立名目，苛捐杂税”或“贪墨败度，任人唯亲”也是用“利”，会遭民怨……凡此种种皆曰“放利而行”，必遭国怨、民怨、人怨、天怨。朱熹《集注》引程子言曰：“欲利于己，必害于人，故多怨。”朱子之说仅仅是小怨而已。

这里的“怨”字，有专家认为是指自己“生怨”。如钱穆解释道：“若专在利害上计算，我心对外将不免多所怨。”这不合文义。因为这里的“君子”当指国君，天下都是他的了，何“怨”不能得到释怀呢？

12 礼让为国东流水

推行礼制精神一直是孔子所梦寐以求的，不曾想今天自己的梦想已经成了幻想。尤其是统治者几乎完全丧失了礼让精神，无论是对国事还是国民，这不能不再次触发孔子的感叹。

4.13 子曰：“能以礼让为国乎？何有？不能以礼让为国，如礼何？”

对“能以礼让为国乎何有”句，现存在几种不同的断句，断句不同，理解自然也不同。

（1）在“乎”后断为逗号。把“乎”当作语气词解，将“何有？”译为“有什么困难呢？”（人民文学出版社《论语通译》）

（2）在“乎”后断为问号（朱熹的断句格式）。如杨伯峻照此译为：“能够用礼让来治理国家吗？这有什么困难呢？”

（3）程石泉据《后汉书·刘恺传》和《汉书·烈女传》中皆引为“能以礼让为国，于从政乎何有？”，故认为此句省了“于从政”。

第一种断句，显然忽略了“能……乎”构成“反问句”的事实，轻易地说“乎”为语气词，没有太多的根据。然而，如若按照第二种断句，“能……乎？”就构成了“反问句”，但其反问的结论却是“不能以礼让为国”，这显然违背了孔子主张礼让的观点。这样来看杨伯峻的译文，就毫无逻辑性了，语义表达也很模糊。

程石泉先生的推论貌似正确。《汉书》中之所以如此引用，实则因为在汉代人们已是受了前人错误解读的影响，先入为主了，所以，不能用《汉书》中的引用来反推《汉书》之前的论语，这也是不足为信的。

通译本对其全章的翻译是："能够以礼让［的原则］来治理国家，那有什么困难呢？［如果］不能以礼让治国，如何能实行周礼呢？"如果照此译所解，那孔子的话就是在强调"治国当以礼让为本"了。可是，要知道在《为政》篇中，孔子已明确指出，并一再强调："为政以德。"何况"礼让"只是"用德"的一部分，仅仅"礼让"是治不了国的，因为治国还需要"节用""爱人"，要懂得"使民以时"，治国者更需要有"怀德""怀型""不放利而行"等君子之德。所以，如此解读会混淆孔子的为政理念。再一个"那有什么困难呢？"这个"不困难"指的又是什么呢？顺着译文的意思猜测，应该是指"实行周礼"不困难。依此看来，孔子强调"以礼让为国"的目的，就是"实行周礼"了。然而，我们心究一下："礼让"只是"周礼"的一个应用，只有用了"周礼"后，"礼让"才能实现，即实行"周礼"是前提，"礼让"是结果。可见，通译本的解读，在逻辑上有点本末倒置。

综上所述，我认为此句应断为"能以礼让为国，乎何有？"这样与下句"不能以礼让为国，如礼何？"文法相统一，同时文意也能相连贯。孔子在本篇中，首先说"仁"的功用，但"好仁者"鲜见，于是生感叹；接着拿"君子"与"小人"对举，言说"君子为国"应依何德……但现实中"君子为国"不能用"礼让"（"礼让"亦为君子之德之一），于是引起他的再次感慨万端。

"乎何有"与"如何礼"（"如礼何"也可写为"如何礼"，其语义不变）之"乎"和"如"，放在句首作语气助词，用于强调感叹。"礼让为国"的基本意思是指君主为国事用礼制的谦让精神。孔子在这里，先是否定了现实中凭借礼让精神治国的存在（乎何有?），间接地批评统治者自己不愿意被礼制所规范。现在统治者自己都"不能以礼让为国"了，礼的精神又能在哪里呢？还谈什么礼又有什么意义呢？即便他们宣传礼制，也仅仅只是单方面要求臣民们守礼（而把统治者自己放在礼制之外），这可能吗？于文中的口气体会，孔子对统治者们的虚伪是愤慨的。上梁不正下梁歪，礼乐制度的破坏往往是统治者们自己造成的。

依照我前面的理解，则全文可译为——能用礼让为国的［君主］，哪里还有啊？［如果］［君主］不能做到礼让为国，礼又体现在哪里呢？

本章中的"礼让"，有学者认为是指"帝位的禅让"。他们依据下章的"不患无位"，认为此"位"当指君主之位，所以把本章的"礼让"理解成了"帝位的禅让"。尧、舜、禹禅让君位被孔子称为圣人，伯夷、叔齐兄弟对君位也是相互礼让而不就，也深得孔子推崇。他们的礼让之风与春秋之世的诸侯互相攻伐形成了鲜明对比，因此触动了孔子，引发感叹。学者们还认为这里的“为国”不是治国，意思是指禅让时“交出治国权，接受治国权”这种“传递”国位的形式。

上面的这种理解思路，也有一定的道理。虽不能说它错，但由于太过实指，减弱了本章所言旨意的力量。

礼让精神，从广义上来理解，应该可以包括“禅让”的行为，只是这种礼让显得更高端、更大气而已。所以，从这个思路想，礼让所概括的行为更宽泛，没有必要具体到确指的某种行为上来，否则弱化了文义。

一个具备“礼让”精神的君主，是不会整日担心自己的君位是否牢固，而是时刻操心怎样才能对得起自己这个职位，又凭什么能占据这个职位？所以孔子又说了下面的话。

4.14　子曰：“不患无位，患所以立；不患莫己知，求为可知也。”

孔子说：“［君子］不应当担心职位的有无，而应忧虑凭什么拥有这个职位；不必担心别人不认同（拥护）自己，而应求取能让别人认同自己的功业。”这句话没有指定主语，孔子对谁讲的不知道。于是，有人说是面向所有对象的“劝学”；有人说主语是“君子”，即孔子指示君子应当怎样做人；也有人说这里的“位”是指“官位”；等等。如果单独看这句话，主语是谁都能讲得通，但我们要揣摩《论语》编撰者把此章置于此处的用心。本章之前的各章讨论的对象都是国之君，特别是上一章“礼让为国”谈的是为国礼让的精神，紧接其下的本章又提到“位”，所以，这里“患与不患”的行为对象指向“国之君”应该是比较合乎《论语》编撰者的用心的。

13　孔子之道曾子说

固执地推行仁道，恢复礼制造就了孔子，但现实只能让孔子继续固执下去。孔子只能对着他的高徒感叹：一以贯之——将我的道路不变地走到底！

4.15　子曰：“参乎！吾道一以贯之。”曾子曰：“唯。”子出。门人问曰：“何谓也？”曾子曰：“夫子之道，忠恕而已矣。”

“参”，即曾参，就是“吾日三省吾身”的曾子。

这里问题又出在“道”上。“道”字的意解确实比较多，不过根据上下文的文意分析是可以明确的，但人们往往会故弄玄虚，任意附会，最后连这个“一”也被弄得玄乎起来了，甚至很多人专门写长文，研究这个“一”字。依我看是有点误入歧途了。

《里仁》全篇几乎都在讨论“仁”：“仁”的功用、修仁的好处，以及内心有仁与无仁者的差别、道德表现。通过感叹，孔子还发表了自己对仁的主张态度、对仁道难行的伤怀等。可见，这时孔子所言之“道”，就是指他提出的那些“观点、立场、态度”或是他一直坚持的理想道路等。“一以贯之”，白话意思就是“一贯这样”，从来没有改变过。正如“一心一意”之“一”，就是指态度观点等始终保持为“一”，从没变为“二”过。“参乎！吾道一以贯之”，这种口气可以让人感受到孔子那种坚守“君子修仁之道”“推行仁道，恢复礼制”的信念，以及不达目的誓不罢休的决心。

我们知道，“忠恕”本身并不是孔子所言的“道”，孔子的“道”是“仁”，“忠恕”只是“仁”的子项而已。这里是曾参在老师走后，为应付那些师弟的追问，临时对老师的“思想观点”所做的一个更为通俗的概括而已，可以说是孔子之“道”曾子评说。当然，这也是曾子眼里所理解的孔子。

孔子说过：“夫仁者，己欲立而立人，己欲达而达人。”其所表达的就是“恕”道，虽“恕”是仁者所能为的，但代替不了“仁”。“恕”，表达的仅仅是对他人的态度。“如心”为“恕”，意思就是“将心比心”，正如孔子自己所言：“己所不欲，勿施于人”，即以己之心推及他人。

谋事讲忠，“忠”原指把事放在“心中”，尽心尽力做事且坚定不移。“忠”的“忠诚、真挚、诚恳”之义，是后来所增，这里没有此义。后人对《论语》中的忠，大加演绎，纯是用现代之文度古文之义。

“忠”对事言，“恕”对人言。孔子所谓的“仁”，只是内涵比“忠”“恕”更宽泛（“忠”“恕”只是仁心的一面），但“忠”“恕”也不外乎于事于人的态度、原则、方法，从这个角度讲，曾子的概括虽不十分准确，但也算大体正确，且比较通俗，不是那么神乎其神，便于门人理解。

我们再从另一个角度想，“做一个文质彬彬的仁者，当一个约之以礼的君子”正是孔子自己的“欲立”，而“推行仁道，恢复礼制”是孔子的“欲立人”，这也正合“己欲立而立人”的“恕道”。同时，在礼崩乐坏的春秋时期，孔子依然如此一以贯之地固执地坚守着这个“恕道”，不正是表现出了他的“忠道”吗！也许一般人所理解的“忠恕”之道只是针对个体的人，而孔子的“忠恕”观，可能是站在国家与民族大业之上的，是更高层次上的“忠恕”。

从这个意义上说，曾子将先生的“仁道”简单总结为“忠恕”之道，是合情合理的。应该说曾子是了解自己老师的，事实上曾子的确也很好地继承了孔子的思想。

14 依何晓谕鉴小人

一个人对一个事物持什么样的看法，在于他所处的立场是什么，因所依据的准则或观察事物的角度不同而不同。是从“义”上还是“利”上来晓谕事理，是区分君子与小人的标杆之一。

4.16 子曰：“君子喻于义，小人喻于利。”

将本章译为：“君子懂得的是义，小人懂得的是利。”（杨伯峻译）不太合文意，或者说表达得不够深刻。

“喻”，通常的意思是“知道，明白”，“喻”也有“比喻”义——受某种事物的启发而知晓某一道理。或者说，通过类比来晓谕某一事理。比如，教师在教学时，时常用到比喻，就是通过列举学生易于理解的事例加以引导与启发，帮助学生理解问题。再比如，寓言的文学形式就是通过一些小故事，让人们明白一个道理。“喻”的“明白”义，一般用在“通过口说的方式让其知晓”的情景中，所以在这个用法上，“喻”同“谕”。“喻”也引申为“开导，晓喻（按：晓喻与‘晓谕’通用）”。

文中“喻于义”，意思就是在“义”的事理中，晓喻做一件事情的原则或方法；或是说用“义”作为标杆，去评价事情的合理性。“喻于利”，意思就是在“利益”的前提下，晓喻做一件事情的原则或方法；或是说用对于自己是否有益的价值标准，来评判事情的好坏。

在处理事情时，所选择的原则或标准是“喻于义”，还是“喻于利”，是君子与小人的分界标。有这样一则报道：路边躺一老太，一好心司机把其送进医院，并垫付了医疗费。可是在老太醒来后却赖上了司机，硬说是他撞伤的自己……不过事情最终通过打官司，得到了澄清。对于这一则新闻：

“喻于利”者这样想：做好事花了钱赔了时间不说，还受冤枉，真是引火烧身啊。于是他明白了这样的道理：好事不能做。

“喻于义”者这样想：虽然做好事有时会引来麻烦，但与救人一命相比毕竟事小，如果这位老太就是你母亲，别人也不管，你做何感想？所以他同样也想明白了一个道理：不管后果如何，合道义的事，该做的就应当去做。

对于同样一件事，不同境界的人来理解，得出的结论完全相反，为什么呢？显然这是由于他们所站的角度不同，一个站在个人利益角度，一个站在社会公德的角度。或者说，他们所依据的价值标准不同，一个标准为是否有利于自己，一个标准为是否有利于他人。总之，晓喻的结论不同，实质上是因为他们的思想境界不同。“君子喻于义，小人喻于利”——君子从义的角度去晓喻事理，而小人从利的角度知晓事理。可见，认识世界的不同价值标准，是区分君子与小人的天平。由此，孔子是想告诉我们，作为一个仁者的君子，凡事要取法于义，即用“义与之比”，而不能用“利与之比”，否则就是一个小人了。

上面说，做事要喻于义，即用义理指导你的行动，要向义取法。接下来，孔子说，做人要以贤者为榜样、为仿效的对象，向他们看齐，即修行也要取法贤人。

4.17　子曰：“见贤思齐焉，见不贤而内自省也。”

看到贤能的人，就向他看齐，想学得同他一样的贤能；见到不贤的人，就在内心自我反省：“有没有同他类似的毛病”。本章与《卫灵公第十五》孔子所言“见善如不及，见不善如探汤”，同为启发弟子律己向善之语。此章置于此的目的，是讲修仁的方法之一：向贤者学习，效法贤者。

胡氏曰：“见人之善恶不同，而无不反诸身者，则不徒羡人而甘自弃，不徒责人而忘自责矣。”（朱熹《集注》引）。此说甚切。

15　何如方为真孝子

敬孝父母，是仁之初见。有子说过：“孝弟也者，其为仁之本与！”尽管此说夸大了孝的功用，但足见儒学对孝道的看重。如何才能算作对父母孝敬呢？孔子有话说。

4.18　子曰：“事父母几谏。见志不从，又敬不违，劳而不怨。”

“几”，本义表“微”，隐微。在表示对一事的肯定意思时，其义为“虽少但有一点”，如“几见”意为“极少见到”。文中的“几谏”表示婉转地轻微地加以劝谏，用以区别于直接地、粗暴地反对或对抗。

“志”，金文是（“志”的详细解说可参看《学而》篇第 27 节）。其上

“止”下“心”，合之表示“某止于心”或“心意所向”，引申为“志向、理想、决心”及“想法”等义。后来“止”讹变为“士”，但本义没变。“见志不从”相当于“见其志不从己谏”，这里的“志”是指父母的“心思”（即不想听子之劝谏），而不是指子女“自己”的心意。所以，译为“看到自己的心意没有被听从”（杨伯峻译），是不正确的。

“又敬不违”，这里的“又”表示“更进一层”，有“更加”的意思成分。“不违”在此处指不违抗父母的志愿。意思是说，父母虽然不听劝谏，但做子女的仍然不违逆之，反而表现得更加尊敬。当然，这仅是指无关原则的事而言，如果真是大是大非问题，还真不能不违，否则就是“大不孝”了。孔子也说过，“小杖受之，大杖走之”，可见孔子所言的“见志不从，又敬不违”是有前提条件的。如果一味不违，就难免迂腐了，孔子毕竟还说过“当仁不让于师”的话。

劳（勞），本义指夜间劳作（打着火把在出力），这里应该指“劳心”，即指心累。劳心生愁，愁而不解易生怨。所以“事父母能竭其力”，劳而不怨，是孝道所使。

既孝父母，且当父母需要依靠你而生活时，做子女的就不能甩手不管。所以，孔子又说了下面这句话。

4.19　子曰：“父母在，不远游。游必有方。”

“父母在”之“在”，都译为“在世”，即父母还活着，不够准确。我认为理解成“［年老的］父母在［身边］”即“父母跟自己生活在一起”更切实际。“在”与“不在”用以表示人是不是活着，实际是对人死亡的一种婉转表达。另外，在汉语中特别是在口语中，“在”之后的句子成分，通常存在省略现象。如，教师进教室叫一名学生，通常会说：“某某同学在不（在）?”显然，这里的“在”或“不在”，不是问“某某是不是在世”，而是“某某同学在不在教室?”（因说话的场地是在教室，所以省略了地点状语“教室”）。再比如，你朋友来家里做客，见开门的是你爱人，不是你老王，自然会问：“老王不在?”意思当然不是问你家“老王死了没有”，而是疑问“老王是不是在家”，其“在”之后的“家”省略了。之所以可以省略，是因为对话双方不会因为省略成分而误解。因此，把“父母在”肯定为“父母在世”，过于武断。

即便在古代，多子女是普遍情况，父母之子也不可能都在父母跟前。守在父母跟前，这是“小孝”。有志之士要志在修己立人，修己是为成君子之德，立人当以入官治人为职，治国安民是孔子提倡的“大孝”。因此，行大孝者，入朝治国安邦之人，必定要游走四方。如果仅仅是“父母活着”，就“不远游”了，好像不通情理。如果父母正年轻呢？难道孩子出去上“大学”也不行了？即便父母年老了，如果还有除你之外的其他子女照顾，远游也未尝不可，毕竟好男儿志在四方。否则，就与孔子积极的入世观不相切合了。如果依照后儒们的解读“父母活着，就不远走”（即所有的孩子都必须守着家），这若真是孔子的意思，那我倒想问你，那些与孔子一同去周游列国的弟子，难不成全是孤儿？

不过，我们反过来心究一下：如果你的父母年岁已高，且又跟你生活在一起，即在你身边，并全指望你的照顾，你能不顾他们去远游吗？不是特殊情况当然不能，否则这相当于弃亲，是大逆不道的事，以《礼制》言就是犯罪了。另外，“不远游”之“远”不只是指空间上的远近，更应指时间上的长短。如若虽游不远，但长时间不回家，我想也是对父母的不孝。所以，“父母在，不远游”——［年老的］父母在你身边，不要远游。这应该是孔子想要表达的意思。“游”在古代主要指游学、游宦、游仕，或远方从师等。结合孔子的思想，这里说到的“游”，可能就是指“闲游”。

然而，孔子在明确说了“不远游”后，又说了“游必有方”。于是，人们都这样理解——在迫不得已的情况之下，硬是要去“远游”的话，那也要跟父母说清楚去哪里“游”。这样理解能合情理吗？很值得心究。

朱熹解释“游必有方”：“如己告云之东，即不敢更适西，欲亲必知己之所在而无忧，召己则必至而无失也。”意思是说，子须远游，则必定要告诉父母游之方位，父母有事时就能招之即来。朱子解其“方”为“方位”。钱穆对此解释说：“古时交通不便，音讯难以通达，若父母急切有故，召之不得，将遗父母终天之恨。孝子顾虑及此，故不远游。”钱先生的意思与朱子相近，但我总觉得这样说有点牵强。

为“方”的甲骨文，其上的是表示可自由转动的装置之符号；垂于之下的之形，象征能受风向左右的浮标。两者合义表示能测量方向的风向标。由此可知，“方”的本义就是“方向”；又由“方向”引申为“一边，一面”，“地方，区域”；再由“地方”引申为“大地”；由于在古人观念里天圆地方，于是由“大地”再次引申表示“方形”；从而又引申为“方正、正直”等形容词。再由“方正”引申出“准则、常规”等名词；用“准则”去行事就有了“方法、办法”等意思。有学者解“方”的甲骨文义为“小草刚长出小芽”，有“刚刚开始”的意思，值得商榷。

这里将“游必有方”的“方”，理解为“方法，办法”（解为“准则、常规、规矩”也可），好像文理更通畅，更合理一些。就是说，“子”如果必须远游，就得依照合乎常理的办法，把父母安顿好、把事安排好了再走。

然而，不管解“方”为“方位”还是“方法”，都是认为“游必有方”是

“不远游”的语境转移，即其形式是：“……不能远游，但不得已要远游时，则必须……”。对于这种解读，我也不好武断地给予否定。不过，我们不妨依照古汉语中的“共语”现象来还原这句话，即“父母在，不远游；父母在，［远］游必有方”。

前面一句：“如果年长的父母在身边，不要远游。”毫无疑问这是一句忠告，应该不会有异议。后一句依正常的语境来解读，将其理解为“年长的父母在身边，如果远游‘必有方’”，好像也没有问题，且感觉更自然。读者不妨细细地心究一下。如果这句话没有毛病，那么其所想表达的意思就是“不听忠告，会造成的后果”。此外，“必”在古文中取义为“必然，必定”更为常见。

那么，接下来的问题就是怎样解读“方”字了。这里我提供两种解读思路，供读者心究。

第一，《论语·宪问第十四》有“子贡方人”句，此“方”被认为通“谤(bàng)”，即“指责别人的过失”义。如果这儿也解之为“谤”，那么“游必有方”的意思就是：“［远］游必会招来指责。”这样解读，在文义上看，也有一定的合理性。

第二，在道教的方术中，有“女人命硬，会方夫”之说，“方夫”或说“克夫”。据说有“方夫命”的女人会影响丈夫的寿命、官运、财气，甚至给丈夫带来灾难。“方夫”的“方”，就有“克（剋）、背、逆、负”的意思，即丈夫本来的好运被女人逆转了、打压下去了、给背过去了、给倒过来了，似说本是“正”命，结果成了“负”命。然而，在古汉语中，“方”的这些字义大多被人遗忘了。再比如，《书·尧典》有“方命圮族”说，《史记·五帝纪》有“方命毁族”言，《孟子·梁惠王下》有“方命虐民”句，这些“方”皆释为“逆”义。“方”为什么会有“逆”义呢？可能是从“方”的甲骨文之形，有倒垂之像会意出来的。

如果句中取此方的“逆”义，那“游必有方”就是：“［远］游必然会违逆［父母之命］。”如此，全章可意译为：年纪大了的父母如果在你身边，需要你的照顾时，就不能远游。如果非置他们于不顾而远游，必定会给他们带来不好的命运。

既然孝敬父母，就要守在他们身边，让他们的后半生因你过得更幸福。就我个人的心理取向，比较认同后面这种解读。

接着，孔子继续指出，“孝”还应该不违“父”教。

4.20　子曰：“三年无改于父之道，可谓孝矣。”

此章句于《学而》篇中出现过（参看《学而》篇第 27 节）。《论语》中有好几处都出现过重文现象，一般都认为是错简，或无意而为。我想未必如此。《论语》虽然是集言成文的，但每篇都有中心思想，我认为为表达主题，重文是有意而为之的。另外在《论语》中，孔子之言也有被拼接与拆解的现象，可能是论语作者为辑文的需要而有意安排的。

《学而》篇中，此文是借以表达“大孝”观的，所以我在《学而》篇中解“父”为“能管教自己的年长者”，也包括“老师”。现在，此文置于此，我想，《论语》作者只是想表达对待自己父母的教诲不要违背之意。“不违”者即为“顺”也。

4.21　子曰：“父母之年，不可不知也。一则以喜，一则以惧。”

孔子说：“父母的年纪不能不时时记在心里：一方面因［其高寿］而喜欢，另一方面又因［其寿高］而有所恐惧。”（杨伯峻译）钱穆解释为：“喜者，喜其寿。惧者，惧其来日之无多。”这应该符合文义。

因着父母的年龄改变，应变自己的态度，是谓“顺”。这里，我认为要将本章与上一章“父母在不远游”结合起来理解：做子女的能不能远游要视父母的年岁情况而定，所以子女要清楚自己父母的年纪及身体状况。如果父母年岁已高，或身体不好，子女就应该多担心他们，更不可远游。如此情况之下还硬是去远游，不管父母，必遭讥责，甚至会给他们带来灾祸。

16　讷言缘由是守信

君子不妄言于口，是耻躬行将不能及。说到做不到，对于一个有自尊心的文质彬彬者，将是一种耻辱。所以，感觉没有把握做到的事，就不要轻易说出来，此所以君子讷于言者也！然而，不能因有讷于言在先，就后惰于心而不为，这样终将一事无成，故君子须敏于行者也！孔子告诫君子之所以不随意放言，皆因为守信的不易。

4.22　子曰：“古者言之不出，耻躬之不逮也。”

“古者”，不能从字面上直译为“古时候的人”，这样译可以说是不贴切的。现在的我们，也经常这样说“古人说……”，实则在说这种话的时候，此“古人”于说话者的潜意识中，是有心理指向的：已故去的贤人或名人。你用心体味一下：当在说“古人……”时，内心想的更多的只是将其作为说理的依据，以强调自己所说的观点是有根有据的，不是凭空想象。就是说，当抬出“古人”来说话时，总是想为自己的观点加点分量，让听者更加坚信。文中这个“古人”当然也是一个假想中的贤能者，也或许是孔子心目中君子的替身。

“言古者，以见今之不然。”朱熹认为，凡说古人如何如何者，是因为今天已经看不到了。用这个观点来看，孔子此说，就是对当时世人好“言行不一”之风的感叹。可见，孔子欲改世人陋俗之心，切切然！

古者“言之不出，耻躬之不逮也”，白话文意思，就是“话之所以不说出来，是因为他们以说了做不到为耻”。这里将“耻”看作意动用法：以……为耻。其实，做不到说的那样，就是失信。失信当然不是君子所欲为的。《说文》：“躬，身也。”“躬”本义表示整个身体，但常用作自身代词“自身、自己”等，由此引申为“亲身、亲自”。对一个有正常荣辱观的人来讲，说了做不到是一件可耻的事情。“言之不出”中的“之”有指代后面所要表达的“原因”之意向，有类似于现代汉语“之所以”的意思成分。（这种用法通常是“名词+之+否定动词”的结构形式，“之”相当于指代其后否定的原因）。

“逮”，篆书结构为。一般认为，“逮”是形声字：从辵（chuò），隶（dài）声，不是很准确。“隶（）”，是手拿“羽毛或动物的尾”之象形，加上表“走”的“辵”构成。所以“逮”字表达的是“通过追赶抓住了猎物”，故其本义为“赶上，及、到”和“捉拿、逮捕”等。“不逮”的意思就是“行动没有赶上如话所说的那样”。孔子这句话的意思与“君子欲讷于言而敏于行”同理。

“言之不出”，几乎所有学者都将其解释为“话不轻易地说出来”。这应该是意译，严格地讲不准确，因为句中毕竟没有表达“轻易，随便”等语义的字。

轻诺者必寡信，轻易者必多难。感觉可能做不到的事，不要轻率地说出来，因为行动难于语言，事情说说容易，做起来难。当然，一旦把话说出来了，或已经做过承诺了，具有君子之德的人就会积极兑现（因为不兑现就是言而无信，从而落入君子的反面，成了小人）。

孔子心目中的“古者”就能做到言而有信，故其失约的情况是很少发生的。所以，孔子的结论是：古者，以约失之者鲜矣。

4.23 子曰：“以约失之者鲜矣。”

这里的“以约”，我认为是针对上章中的“言之不出”而言的。“约”，就是针对“言”的，即为“约言”。“以”，作动词解，“以约”可理解为“做过语言上的约定”，即“承诺过的话”。孔子是想表明：不是所有的话都不说，该讲的还得讲，该承诺的也得承诺，只是要“慎言”，不可信口雌黄、乱夸海口，否则“说了做不到”是可耻的，有好浮夸之嫌。总之，不要言而不为或言过其实，否则做不到时会可耻于心、失信于人，这有损君子之名。

本句承接上章理解，意思是：古之君子唯恐自己不能做到，故不轻易地把话说出来，可一旦承诺了，失约是很少有的。因为不失约言也是君子之德。

多数学者都将本章与上章割裂开来解读，如通译本译为：“对自己的行为有所约束时，出现过失的情况是很少的。”杨伯峻译为：“因为对自己节制、约束而犯过失的，这种事情总不会多。”朱熹《集注》引谢氏语曰：“不侈然以自放之谓约。”引尹氏语曰：“凡事约则鲜失，非止谓俭约也。”他们均将“约”解为“约束”，且杨伯峻解“以”为“因为”，我认为不合文意。其皆因断章取义之故。其实，我们再于下一章的“君子欲讷于言而敏于行”，也能体味到，本章的“约”指“约言”的可能性是极高的。

当然，硬将此语断章取义，做他们这种解读，理也是能说通的，但可能会远离孔子所欲表达的思想。不过，从广义上来理解，“约束”是针对所有言行的，不轻易给予承诺也是对自己语言的一种约束。所以，解“约”为“约束”或“约言”本质上没有矛盾，只是表述的语义内涵的大小不同。

无论做什么事，只要不随便，认真对待，过失总是少的，因此，最为关键的是如何用心把事做好，即要“敏于行”。所以，孔子又说了下面这句话。

4.24　子曰：“君子欲讷于言而敏于行。”

君子所追求的或所欲求的是在言语上的内敛，在行动上的敏捷。正如孔子所言，君子“敏于事而慎于言”（《学而第一》），因“为之难，言之得无讱乎？”（《颜渊第十二》）事一般说起来轻松但做起来难，所以，说话时要慎之又慎，如果不能做到“先行其言，而后从之”就会有损君子之名分。孔子对一个人的言与行的要求，其观点是统一的，不论其表达的方式如何。

这里，人们通常将“欲”作“要”解，如此语义表达不深刻。因用“要”时会让人生发“必要、必须……”等认识，好似别人对你的要求。而这里的“欲”更多地是强调君子自身的一种心理欲望或冲动，即表达主观上的追求，所以取“欲求”比较准确。

讷=言+内，即“内言”。当“讷”表达主动行为时，义为“纳言于内而不表”，即把话藏于内心不表达出来，即所谓“内敛”；当“讷”表达被动行为时，指“言于内而难表”，就是肚子里有话而不善于表达，有说话困难、语言迟钝、反应慢等义，即为“木讷”。“内敛”是修养，“木讷”是本性使然。依据孔子观念，这里的“讷”应取前义，即“不轻易地说话”。按“讷”与“敏”的反义对举，这里“敏”应有表达积极主动的意思成分。

《集注》引谢氏语曰：“放言易，故欲讷；力行难，故欲敏。”其言在理。

17 德行非孤必有伴

一个人的德行绝不会只是单一地表现于某一个方面。其一，德与不德视评价者的立场、位置及针对的利益主体不同而不同。其二，德行的评价，是由各具体的行为表现来支撑的，如“仁爱、守信”“讷言、敏行”“忠恕、孝敬”“见贤思齐、耻恶衣恶食”等。所以“德不孤”。德行的表现必有与之相伴的诸多其他方面的品质。

4.25 子曰：“德不孤，必有邻。”

此处通常都译为：“有道德的人不会孤单，一定会有［志同道合的人来和他做］伙伴。”（杨伯峻）首先，他把“德”看成了“德者”，若果真如此，当言“德者不孤”，而事实上这里并无“者”字。可见，原话就是针对“德”而说的，并非“德者”。其次，他将“邻”释为“伙伴”，纯是由“邻里”联想出来的。皇侃注：“邻，报也。”认为有德之人行德之后，必定会得到善报。这也是在自圆其说。可能是由于“德不孤”不好理解，所以又有很多译者认为，此“德”指“修德之人”，因修德者不可能独自修以成，背后必有师友相辅助。此解离题更远，不足为信。

可见，这里的问题在于其所言之“德”针对的是“德”自身，还是针对“德者”。

“德”字的详解可参看《为政》篇第1节。由于“德”的义项中都隐含着“美、真、善”等好的品质特征，因此“德”可以作为一事物的美好属性的统称。如大家认为的儒学之“五德”者，其德就是指仁性所表现的五个好的方面——“仁（爱）义礼智信”。

“孤”，本指少年时失去“父”的人，而“父”是有权力管教“子”的人。所以，“子”若无人管教了，就是“孤”。后来才特指父母双亡者，并由此引申为“单独”“单一”义；由“单一”再引申表示“少”的意思。如古代王侯或帝王自谦为“孤”，意为少德无助之人。

“邻（鄰）”，为形声字，“粦”表音，“阝（邑）”表形。本义为古代的一种居民组织，五家谓“伍”，又谓之“邻”，引申为“邻里”“邻居”。《释名·释州国》：“邻，连也，相接也。”《小尔雅》：“邻，近也。”故而邻又引申指“接近的”之义，再引出“亲密，亲近”义。如：邻好（睦邻友好），邻和（邻国或邻居相和好）。由于有“邻近的”，当然就不是单独存在着，于是在古文中“邻”也就有了“众多”之义项，比如，邻熟（谷物丰收，结实累累）、邻邻（众多的样子）。

在“德不孤，必有邻”中，“孤”与“邻”相对举，一者表示“少”，一者表示“多”。其意思就是“德不是单一的存在，而是有众多的组成形式”；或者说，人的德行或美德，不是孤立的某一方面，而是体现在行为的方方面面；再或者说，人的德行具有相反相成、相伴相生的对立统一性。我们想想看，有时我们夸大一个人的优点，往往也能看到与之相对的缺点。比如，宽宏大量、包容，是优点、美德，但若过度了，就成了一味迁就、纵容；秉公执法、大公无私、不徇私情、坚守原则是优点，也算是美德，但若过度了，就变为固执死板、不近人情、抱残守缺等。能言善辩易生诡辩，灵活多变易生机巧，诚实厚道易生呆板；再如，乐予好施易失节俭，活泼好动易失稳重，探微求精易失宏观；等等，都表现出了“德有邻而不孤”的情形。

“德不孤”，见于《易经·坤卦》的《文言传》中“……君子敬以直内，义以方外，敬义立而德不孤……”“敬以直内，义以方外”——用敬畏严肃、勤勉敬业的态度来把持内心的真诚与正直，用正当合理、公正仗义的方式来规范外在的语言与行为。若能做到内心修养对人对事敬畏敬业，则内心必定正直，心无邪念，自然就能坦坦荡荡，就能包容万物（德宽）；若对外言行，也能做到仗义执言、秉公无私，为人自然忠诚厚道（德厚）……一个人“有敬有义”足见其德宽厚，所以“敬义立而德不孤”——做到既严肃又正当，他的德行就不再孤单。不孤单，就是丰厚，就是多，丰厚就使得德之乃大，即其所包容的德行更宽广。“敬而不謟，直内也。非义而不合，方外也。敬义不孤，德之大也。可执一而当之，事至而决之，何习而后为乎。”（《周易上经乾传第一·子夏易传》）可见，“德不孤”是古人的常语，解之为“有道德的人不会孤单”是望文生义。

“德”，历来被古人用来表述事物美好之属性，比如，“地势坤，厚德载物；天行键，自强不息”。“厚德载物”是“坤”之德，“地”之德；“自强不息”是“乾”之德，“天”之德；“敏于事而慎于言”是君子的内修之德；“仁者其言也讱”，表现的是仁者的口语之德；“己所不欲，勿施于人”，体现的是管理者的使民之德……同样，对于人之德行的表现更不是单一的，它还体现于人的众多方面，比如，敬老爱幼、助人为乐、爱岗敬业，言而有信、仗义执言、秉公办事等，都是人之“德”的外化表现。所以，“德不孤，必有邻”，“德不孤立，必以类应”（《集注》语，这里的“类”不取“同类的人”义，当谓“同类的德行”）。

本篇在这里引用“德不孤，必有邻”，重在说明“言”与“行”的关系。人的表现，不外乎“言”与“行”，所以人的德行表现也不外乎言与行。然而，言与行的德行表现，是相互映衬的，不是某一面的孤立表现，就是说一个人不可能是口无德而行有德，或是做事有德行而说话无德行。有无德行，不只听其言，还要观其行。

18 凡事用术必招辱

事君当忠诚，为友重信用。诚实守信是每个人对自己身边人的希望，同时也是他人对自己的愿望，因为任何人都不愿与言行不一者打交道。我们心究一下：你愿意你的同事、部下、朋友……对你玩心眼，用心术吗？所以，子游对我们说了下面的话。

4.26 子游曰：“事君数，斯辱矣，朋友数，斯疏矣。”

此章通常译为：“子游说：‘对待君主过于烦琐，就会招致侮辱；对待朋友过于烦琐，就会反被疏远。’”（杨伯峻译）通译本译为：“子游说：‘侍奉君主，［如果］频繁地反复提意见，就会招致羞辱；对待朋友，［如果］频繁地反复提意见，就会造成疏远。’”总的说来，他们翻译的意思差不多，都把“数”注音为 shuò，表示同样的动作，相当于“频繁、屡次、屡屡”。做这种解读的人多少都受了古人的影响。如朱熹在《集注》中引程子语曰：“数，烦数也。”引胡氏语曰：“事君谏不行，则当去；导友善不纳，则当止。至于烦渎，则言者轻，听者厌矣，是以求荣而反辱，求亲而反疏也。”又引范氏语曰：“君臣朋友，皆以义合，故其事同也。”而且，持这一观点的人，好用“子贡问友”时孔子说的“忠告而善道之，不可则止，无自辱焉”（《颜渊第十二》）为论据，认为在劝诫他人时，当发现对方不听劝时，就赶紧停止，如果还是说个不停，就会招来羞辱。所以，后人多解“数”为“烦数”。但是，“忠告而善道之”只是讲在对他人进行忠告时，不可则止，并不同于事君之事，也不同于对待朋友的态度问题，所以，我认为这个论据是不可靠的。

照杨氏的说法，话也算能说得通，但总觉得别扭。《学而》篇中，子夏说过

“贤贤易色，事父母能竭其力，事君能致其身，与朋友交言而有信”。你想，事君都能做到不顾生命了，还怕什么受辱吗？孔子也说：“志士仁人，无求生以害仁，有杀身以成仁。”（《卫灵公第十五》）这都有杀身成仁之决心了，就更不会因怕受辱而不事君以忠了吧。对待朋友更应如此，若明见其友有错或行为失当，因为怕受到疏远就不再劝诫了，岂不有失诚心？难道要眼看着朋友掉进火坑，才算是仁义吗？理说不通啊，否则，对朋友的真诚关心，就成了虚情假意。

现提出我个人的两个观点，叙述如下：

1. 不妨把“数”读为 shù，此时“数”代表“量的数目、个数或几个”之义。

古有言：“一女不嫁二夫，一臣不事二主。”事多君，这是耻辱。“斯”，是代词，“这、这个”义。朋友多了，由于感情分散，加之精力有限，很难做到对每个朋友都亲近，必然有相对疏远的，这也是很自然的事情。此文放在全篇之末，旨在晓谕人们，修仁要专致，行义要全心投入，不可心中无定主而朝三暮四。

2. “数”，在古文中还存在如下几个义项。

（1）道数，方法。如：“故为国之数，务在垦草。”（《商君书》）

（2）技艺。如：“今夫弈（博弈的技艺）之为数，小数也。”（《孟子・告子上》）

（3）策略，权术。如：“以计求便，以数取利。”（汉・王充《论衡》）

（4）礼数，仪节。如：“今嬖宠之丧，不敢择位，而数于守适。”（《左传・庄公十八年》）

（5）特指方术（如占卜之类），古时指方士求仙、炼丹的方法，也指医、卜、星、相等技术。如：“数有所不逮，神有所不通。”（《楚辞・卜居》）又如：数家（精于术数的人），数术（术数）等。

此外，“数”可作“道理”“规律（必然性）”讲，也可作“算术（数计算的方法、手段）”解。另外，汉语中有“心数”一词，其“数”取的就是“计谋”义。

由上可以看出，“数”通“术”，有“方法、手段”的意思。其作动词用时，就有“玩心术、要心眼、使手段、搞阴谋”等讲法。如此说来，“事君数，斯辱矣，朋友数，斯疏矣”可解读为：“事奉君主玩心术，就会招致侮辱；对朋友要心眼，就会被疏远。”这样解读似乎更通俗也更合情理，且其道理也是显而易见的。

所以，我们凡事要以礼用义，讲忠心和诚心、搞阴谋玩手段都是小人之作。“己所不欲，勿施于人”；“君使臣以礼，臣事君以忠”；“主忠信，无友不如己者

（骨子里讲忠信，你身边不会没有朋友）”等，都是孔子的观点。巧言令色鲜仁矣，玩心术要小聪明，走的不是正道，最终会自食其果。而且，生活中但凡好玩心计的人最终遭算计的往往是自己，所谓聪明反被聪明误。

另外，文中“事君数”与“朋友数”构成对举，考虑到“事君数”是动宾结构，将“朋友数”之“朋”，可理解为动词比较符合文意，即将“朋友”取“交朋友”义。因此，我认为杨先生译“朋友”为“对待朋友”应该不确切。

由此，也让我产生一种怀疑：六艺之“礼、乐、射、御、书、数”中的“数”，不一定是指通解中的“算术”或所谓的“九数”——方田、粟布、差分、少广、商功、均输、盈朒、方程、勾股。都说孔子教六艺，而且精于“数”，可是总览孔子所述之文，概无一例言“数”，倒是都在讲述“做人、行仁、求学”之“术”。况且孔子还单为《易经》写了《易传》，更何况孔子原也是助祭，所以没有理由不相信孔子不讲“方术”。方术起源于原始社会的巫史，相传有“明堂羲和卜史”等官吏专门观天文、察时变、纪吉凶，用卜筮来传达天的意旨，并用祭祀来消灾祈福。殷、周之际出现的阴阳五行思想，到战国时已广泛流行，《周易》和讲五行的《洪范》都在这时成书。很难想象孔子能不受其文化的影响，不然他也不会写《易传》。读者不妨也心究一下，看看如我所言有没有值得你更多思考的地方。

玩心术动心数，归根结底都是不诚实、无德行的表现，即人还是应该以“里仁”（内心讲仁义）为尚，否则生活中会处处招来耻辱。

卷五 《公冶长》篇

本篇共二十八章，主要通过评述历史人物的贤能得失，或用事例论述人应该具备怎样的德行。全文如下：

5.1 子谓公冶长，“可妻也。虽在缧绁之中，非其罪也”。以其子妻之。

5.2 子谓南容，“邦有道，不废；邦无道，免于刑戮”。以其兄之子妻之。

5.3 子谓子贱，“君子哉若人！鲁无君子者，斯焉取斯？”

5.4 子贡问曰：“赐也何如？”子曰：“女器也。”曰：“何器也？”曰：“瑚琏也。”

5.5 或曰：“雍也，仁而不佞。”子曰：“焉用佞？御人以口给，屡憎于人。不知其仁，焉用佞？”

5.6 子使漆雕开仕。对曰：“吾斯之未能信。”子说。

5.7 子曰：“道不行，乘桴浮于海。从我者其由与？”子路闻之喜。子曰：“由也好勇过我，无所取材。”

5.8 孟武伯问：“子路仁乎？”子曰：“不知也。”又问。子曰：“由也，千乘之国，可使治其赋也，不知其仁也。”“求也何如？”子曰：“求也，千室之邑，百乘之家，可使为之宰也，不知其仁也。”“赤也何如？”子曰：“赤也，束带立于朝，可使与宾客言也，不知其仁也。”

5.9 子谓子贡曰：“女与回也孰愈？”对曰：“赐也何敢望回。回也闻一以知十，赐也闻一以知二。”子曰：“弗如也！吾与女弗如也。”

5.10 宰予昼寝。子曰：“朽木不可雕也，粪土之墙不可杇也，于予与何诛。”子曰：“始吾于人也，听其言而信其行；今吾于人也，听其言而观其行。于予与改是。”

5.11 子曰：“吾未见刚者。”或对曰：“申枨。”子曰：“枨也欲，焉得刚？”

5.12 子贡曰：“我不欲人之加诸我也，吾亦欲无加诸人。”子曰：“赐也，非尔所及也。”

5.13 子贡曰：“夫子之文章，可得而闻也；夫子之言性与天道，不可得而闻也。”

5.14 子路有闻，未之能行，唯恐有闻。

5.15 子贡问曰：“孔文子何以谓之文也?”子曰：“敏而好学，不耻下问，是以谓之文也。”

5.16 子谓子产，“有君子之道四焉：其行己也恭，其事上也敬，其养民也惠，其使民也义。”

5.17 子曰：“晏平仲善与人交，久而敬之。”

5.18 子曰：“臧文仲居蔡，山节藻棁，何如其知也?”

5.19 子张问曰：“令尹子文三仕为令尹，无喜色；三已之，无愠色。旧令尹之政，必以告新令尹。何如?”子曰：“忠矣。”曰：“仁矣乎?”曰：“未知，焉得仁?”“崔子弑齐君，陈文子有马十乘，弃而违之。至于他邦，则曰：‘犹吾大夫崔子也。’违之。之一邦，则又曰：‘犹吾大夫崔子也。’违之。何如?”子曰：“清矣。”曰：“仁矣乎?”曰：“未知。焉得仁?”

5.20 季文子三思而后行。子闻之，曰：“再，斯可矣。”

5.21 子曰：“宁武子邦有道则知，邦无道则愚。其知可及也，其愚不可及也。”

5.22 子在陈曰：“归与！归与！吾党之小子狂简，斐然成章，不知所以裁之。”

5.23 子曰：“伯夷、叔齐不念旧恶，怨是用希。”

5.24 子曰：“孰谓微生高直？或乞醯焉，乞诸其邻而与之。”

5.25 子曰：“巧言、令色、足恭，左丘明耻之，丘亦耻之。匿怨而友其人，左丘明耻之，丘亦耻之。”

5.26 颜渊、季路侍。子曰：“盍各言尔志?”子路曰：“愿车马、衣轻裘，与朋友共。敝之而无憾。”颜渊曰：“愿无伐善，无施劳。”子路曰：“愿闻子之志。”子曰：“老者安之，朋友信之，少者怀之。”

5.27 子曰：“已矣乎！吾未见能见其过而内自讼者也。”

5.28 子曰：“十室之邑，必有忠信如丘者焉，不如丘之好学也。”

1　择婿重德不重才

择婿不同于选才，择婿重德，才能次之，唯求家庭平安，不为世累。由此可见，孔子也存凡人之心，且择婿不论其富贵与否，更彰显了孔子的超凡脱俗。

5.1 子谓公冶长，“可妻也。虽在缧绁之中，非其罪也”。以其子妻之。

公冶长，姓公冶，字子长，孔子弟子。《孔子家语》说他是鲁人，《史记》说他是齐人，其名也存在争议。正史中关于他的记述很有限，但其他杂学中说他懂鸟语，由此传出这样一个故事——有一次一只鸟对他说：“公冶长，公冶长，南山有头羊，你吃肉来我吃肠。”结果公冶长将羊弄回家全吃了，忘了鸟的话，于是得罪了鸟，鸟就想治他，一次又对他说南山有头羊。公冶长又去了，却发现了被害的死人，由此吃了官司坐了牢。传说虽不足信，但至少传达出两个信息：一是公冶长是性情中人爱玩鸟且玩成了行家，正所谓“近水知鱼性，在山识鸟语”；二是公冶长可能受冤坐过牢。也许是孔子认为他本质不坏，且又有生活情趣，于是把女儿嫁给了他。当然孔子选公冶长为婿，肯定是因为其有可取之处的，但理由绝不是因他曾经坐过牢。当然，由此也反映了孔子不以一时之荣辱取人的胸襟和品格。

“妻”，在这里是名词作动词，“嫁给……做妻子”。“绁（絏、緤）”，意为用绳子捆；缧＝纟+累，“纟”是指线状的绳索；“累（纍）”是“重叠（堆积）”或“连续（屡次）”之义。所以，“缧绁”的本义就是指用绳子捆了一层又一层，只有对罪犯才会如此地捆。“在缧绁之中”，就是“身负刑具”，指坐牢了。“子（）”，本指小孩子，古代“子”可以指男孩，也可以指女孩。在父母眼里再大的“子”也是孩子，所以在此孔子所说的“子”，就是指自己的女儿。

在这里，各注家的解读虽争议不大，但我总觉得还是有个值得大家去心究的问题。“虽在缧绁之中，非其罪也”句，常被通译为“虽然坐过牢，但不是他有罪”，即将“虽”作现代汉语中的连词“虽然”解了。然而，就字面上看，该句并没有表达“曾经坐过牢”的字句（除非原文有误，或有错简，否则，就是人们在想当然尔）。照字面讲，“虽在……之中”显然是一个进行时态（并非过去时态），表明孔子说此话时，公冶长还在牢中，就是说公冶长还在牢狱中时，孔子就把女儿嫁给他了。这样说显然不符合情理，你想，要嫁女怎么也得等其洗清罪名出狱之后吧。所以，这里的“虽”字值得我们心究。

“虽”字在古汉语中作连词用时，其主要用于表达一种假设，相当于“即使……（也）、纵使……”。照此，原句可译为：“即使在缧绁之中，也非因为他有罪。”这样说来，公冶长是否坐过牢也是一桩悬案了，但做这样的解读我认为应该更合情理。

再看下文，孔子评价南容“邦无道，免于刑戮”，因此把侄女嫁给他了。可见，在这里是孔子对公冶长作此假设“即使在缧绁之中，也非因为他有罪”，意思也是间接地说明公冶长能“免于刑戮”。之所以能“免于刑戮”，是因为他们能“约之以礼”，有君子之德。选女婿毕竟不是选人才，所以重德行是首要的，这是孔子想告诉人们的。

5.2 子谓南容，“邦有道，不废；邦无道，免于刑戮”。以其兄之子妻之。

南容，孔子弟子，名縧（又作韬），字子容。有说南宫适（论语中有出现）就是南容，有争议。史说孔子的生母是继室，其娘留有一脚残的哥哥叫孟皮。此时孟皮可能已去世，所以孔子当家把侄女嫁给了南容。

邦有道，是说国家重道义讲正气，民风正派，正理易通，歪理难行（邦无道则反之）。无用称“废”，正如说“废物”就是无用的东西。人“不废”意思是说此人可以为社会所用。这里也可将“废”作被动词来理解，“不废”就是不会被“废弃”，不会被废弃当然是要“用之”。“刑戮”是指杀身之祸。

孔子主张“天下有道则见，无道则隐”，能见（“见”通“现”）需要才华，能隐须知进退哲学，南容正合此道。无论邦有道还是无道，皆可完身处世，必能平安生存。由此也可窥见孔子的凡人之心，无世俗之念，更能取人唯德是观。择婿不在乎他是否大富大贵，是否出身于名门望族，家庭只要能平安一生，不为世累，就是大幸。

有意思的是，在《选进第十一》中又有“南容三复白圭，孔子以其兄之子妻之”之言。难道孔子之兄有两个女儿，且都嫁给了南容不成？肯定不是。那孔子到底是因南容什么优点，才把其兄之子妻之的呢？真实情况外人不知。可见，《论语》的作者们显然有假托孔子以言己志的嫌疑，就是说《论语》中，篇章的安排是作者们的有意而为，是有想表达某个中心思想之意图的，并非胡乱堆叠，重文也是有目的的。这也证明前面我所表达的类似观点的正确性。

2 用中方现君子德

德性是一个人的修养隐藏于内的心性，以德性行于世事谓之用德，用德的积累化为自己的功德，建立功德应该才是君子追求的人生价值。所以，君子之德在于用，且于用中显现出德性。同样，有事功者必有君子之德（按：“德性”在现代汉语中同“德行”。这里强调的是德之性）。

5.3 子谓子贱，“君子哉若人！鲁无君子者，斯焉取斯”？

子贱，孔子弟子，比孔子小四十九岁，姓宓，名不齐。子贱曾经在单父（单父在鲁东）做领导，民心归附，政绩显著。《吕氏春秋》有记：“宓子贱治单父，弹鸣琴，身不下堂而单父治。巫马期以星出以星入，日夜不居，以身亲之而单父亦治。”子贱在家弹琴唱歌，足不出户，国家大治。而巫马期治国虽也能有治，但却要披星戴月，夜以继日，亲力亲为。巫马期不明其理，于是发问，子贱回答：“我之谓任人，子之谓任力；任力者故劳，任人者故逸。”可见，子贱善于用人，深得老师孔子的“无为而治”的理想精髓，做到了“事其大夫之贤者，友其士之仁者”，故孔子赞之。

举贤任能正是君子之德所能为，所以宓子贱得到了孔子的赞许。同时，孔子认为宓子贱之所以能无为而治，是用对了人，被他所任用的那些人一定是有君子之德能的，否则单父何能无为而治？君子之德于为事之中可以得见。由此孔子认定，鲁国是不缺君子之人的，所以他坚定地说：“君子哉若人！鲁无君子者，斯焉取斯。”——君子啊像这样的人！如果说鲁无君子，那宓子贱（斯）怎么能（焉）取得如此成绩（斯）呢？那是因为他有君子之才的辅助。这里并不一定是孔子直接夸子贱是君子，而是指他的这些做法具备君子的智慧。“智”也是仁之五德之一。

通常本章都译为：“这个人（指宓子贱）是君子呀！假若鲁国没有君子，他从哪里取来这种好品德呢？”他们把“斯焉取斯”之后一个“斯”，指宓子贱身上所具备的“品德”。做这样的理解，其所表达的逻辑思想是：如果说鲁国无君子，那宓子贱就不可能有君子之德，因为君子之德是从别的君子那里取来的，现在既然子贱有君子之德，自然就能证明鲁是有君子的。也就是说，孔子在这里用宓子贱的有德来证明，说鲁国无君子是错误的。我认为做这种解读，不合逻辑，是乱解。首先，文中（包括史书）并没有描述宓子贱是个怎样的君子，所以，认为“斯”指代宓子贱的“品德”没有充分的根据。即使史说宓子贱有治邦之能事，只能说明他有智慧，善于用能人。其次，假设“假若鲁国没有君子，他从哪里取来这种好品德呢”这句是正确的，那么按此逻辑就会得到：“一个人的品德只有从另一个君子那里才能取得”之结论。显然，此结论在逻辑上是说不通的。当然，孔子是说过“见贤思齐”也是修为君子的方法之一，可同时还必须要做到“见不贤而内自省”才行，所以，君子之德主要还是靠自修，不可能在他人那里直接取回来。因此说，上面那种翻译是有问题的。

“君子哉若人！”是谓语前置的感叹句式，此“君子”是名词转作形容词，所以不能理解为“像这样的是君子”。用白话直述就是“类似这样的人太君子了！”“若”，表示“如、像，类似”。“若人”，依据句义就是“类似宓子贱这样的人”（这样的人，可以是宓子贱，也可以是被宓子贱用于治国的人）。“鲁无君子者”之“君子”，应接前句，我们也不能将其理解成通常意义上的君子，而应该将其理解为“具备君子之德能”；此“者”字当作语气助词，与下句构成反义疑问句。

“斯焉取斯”，前一个“斯”就指代宓子贱其人，后一个“斯”指代什么有分歧，多数人认同为“优良品质”。其实，它指代什么应该与孔子发此感叹时的事件有关，即孔子赞宓子贱（或被其所用之人）君子之德所凭之物，可文中没有显示，所以多为猜测而已。从孔子语气上猜测，“斯”指代宓子贱（或被其所用之人）的“所作所为”，即他们取得的“成绩”，可能性最大。因为一个人德行的体现在于其功德，即据君子之德所做出的业绩。一个人有功于社会是其德能外用的结果。另外，“斯焉取斯”句中有一个关键字“取”，有人解为：“取法、学习”，译为“他的（优良品质）又是从哪里取法来的呢？”上面我说过，一个人的优良品质，不是从某个人身上所能取回来的，而是需要自己长期修为的。所以，将“取”解为“取法、学习”理讲不通。“取”，这里解为“取得、获得”，即他取得的是（做某事的）成绩，这样话就能顺畅了。

当时可能有人叹惜，鲁的文化在败落，人的德行在颓废，已经找不到具备君子之德的人了，于是孔子基于鼓励后生坚持修君子之德的目的，就拿宓子贱无为而国治之事来说理。同时用宓子贱通过使用君子之才，才得以治邦的事实，间接证明鲁是不缺乏能人的，表明社会还没有走到无可救药的地步。这是孔子的自信，也是孔子欲使他人自信的美好愿望。

以上三章，孔子直接或间接地对公冶长、南容、宓子贱三位学生的为人或人品，做了评价。这时赐（子贡）也想听听老师怎么评价自己，于是也向老师询问。

3 仅为能用非君子

有才并非一定有德，君子之名是靠德行来维护的，而不全是依仗其才。“大学之道，在明明德，在亲民，在止于至善”①，仅仅能用并非可以称得上是君子。

5.4 子贡问曰：“赐也何如？”子曰：“女器也。”曰：“何器也？”曰：“瑚琏也。”

子贡问孔子：“老师，你看我赐是怎样的人？”“女”，通“汝”，你。“瑚”和“琏”，是在宗庙中用来祭祀的较为贵重的礼器。“瑚琏”可以说是礼器中品

① 《大学》开篇语。

格最为圣洁的重要器物了，具有“神”的灵气，是“高、贵、清”的象征。也有学者考证“瑚琏”当为“胡辇”，即指一种“大车”。不管“瑚琏”具体为何物，反正就应该是指一种比较高规格的器物吧。

孔子用“瑚琏”作比，是夸赞子贡的才高质正，是一个专业性的人才。不过器毕竟只是具备某项功用的物而已（“器”字前面解读过，本义是狗叫，这里引以表明“器”只具备某项具体的功用。在孔子这里，“器者”是进入不了君子榜单的），其质高而“文”不足，故不能称其有“文质彬彬”的君子之德。

孔子于《论语》中对子贡多有夸赞：言语好（“言语：宰我，子贡”，“侃侃如也”《先进第十一》）；为人通达（“赐也达”《雍也第六》）；善思考，能举一反三（“赐也，始可与言诗已矣！告诸往而知来者”《学而第一》）；会做生意能赚钱（“赐不受命，而货殖焉，亿则屡中”《先进第十一》），但终究没有许其“君子”之名。可见，在孔子看来，仅仅能器者非谓君子。

子贡多才又多能，而君子之名在德，在好学，在喻于义，在讷于言而敏于行，在守仁道，等等。所以，孔子不予子贡君子之名，但喻其为重器。可见，修仁成君子的不易，且君子之名主要体现在形而上的意识形态之中，多能不算君子。

君子修己立德，为民表率，而非仅仅自己能用。大学之道在亲民，在止于至善。故君子重于用美德引领、达人，而非在自达。

4　用佞御人罔于仁

仁德注重的是宽厚、忠恕，不是用来争强好胜的。依仗利口御人常常会遭人怀恨，而且也会淹没自己的仁德。所以，孔子明确表示，此法不足为取，这从本章的句意可以体会到。

5.5　或曰：“雍也仁而不佞。”子曰：“焉用佞？御人以口给，屡憎于人。不知其仁，焉用佞？”

雍，孔子弟子，姓冉，字仲弓，比孔子小二十九岁。

“佞（nìng）”，口利，强嘴利舌，口才好。“佞”，最初是作为一种美德而得到人们推崇的，据说是因为孔子不提倡“佞”，所以，此种口才之能，也“传染”上了贬义，与花言巧语、善于狡辩画上了等号。“佞”的通常意义是形容人的善辩。因善辩者也算是一种聪明，所以“佞”也有“有才智”的意思（但往往用于自谦)。佞=“二女人”(有古代学者认为,“佞”本同“仁”。“佞”,是“仁女”,可能是用来表达女人之德的)。俗话说“三个女人一台戏。”就是说女人话多且口利,尤其是在争吵时,更是口若悬河,巧舌如簧,甚至恶语相加(古人意识里女人多是卑贱的)。

“御”,本义为驾驭马车。“御”与“禦”本是两个不同的字,“禦”是“抵挡”义,后简化成“御”。《集注》:“御,当也,犹应答也。”朱熹把“御”作“禦”解,我认为不当。“御人以口给(jǐ)”,意思就是依靠一副伶牙俐齿控制别人,即“御”取“驾驭”义,能驾驭别人当然就是处于上风,是主动者、控制者。我们心究一下:当你被别人仅仅依靠语言而不是用道理,打压下去了,你一定是“口虽无言而心不诚服”的。此时,你必会因心有不甘而生恨气,久之你就会讨厌之,也有可能因此而生发出憎恨之心……是不是这样呢?

由此推演,可得到“不知其仁”两个方向的解读思路:

(1)当一个人的行为使得他人讨厌、生憎恨时,表明此人行事不仁(世上没有无缘无故的恨,也没有无缘无故的爱)。显然,“用佞”对内心欲“仁”的君子来说,是愚蠢的行为,是不聪明的。“不智其仁”,这种做法对自己修仁是一种不智慧的方式。“不知其仁”的“仁”,作动词解;“知”即为“智”(《论语》中多解“知”为“智”。“智”涵盖“知”意,“知”是“智”的前提,“无知”自然“无智”,既智则知)。“求仁无需用佞,用佞于仁不智”,这也许就是孔子此言的本意,是表达对冉雍不用佞的肯定态度。

(2)当一个人的行为使他人讨厌、生憎恨,那此人再好(有仁),别人也看不到,或是忘记了他的好(仁)。可见,“用佞”会有损自己“仁”的名望。“不知其仁”,即不知道他仁还是不仁。这里“仁”作名词;“知”取“智”里的“知道”义。

两种思路不管取哪一种解读,“不知其仁”,总体来说,与“御人以口给”和“屡憎于人”表现的是递进的因果关系——若“御人以口给”就会“屡憎于人”;若“屡憎于人”就“不知其仁”了。显然,孔子用了一个完整的逻辑推理,说明有“仁”就可以了,不能“用佞”,否则有损于自己仁者的形象。

我想说的是,原文断句存在错误。以上是理由之一,我们再看下面的理由之二。

“不知其仁,焉用佞?”,多直译为:“不知道他(仲弓)仁不仁,为什么要有口才呢?”凭心而言,你能理解这话的意思吗?上下句之间几乎没有瓜葛,更不存在逻辑上的关系。杨伯峻也认为这样说不通,于是解释说:“不知其仁——孔子说不知,不是真的不知,只是否定的另一方式,实际上说冉雍还不能达到‘仁’的水平”。假设杨伯峻说的就是孔子的意思,那么这个话直说就成了“冉雍还没有达到‘仁’的水平，为什么要有口才呢”？就是说，“如果冉雍已经到了仁的水平，就必须要有口才了”。显然，这在逻辑上讲不通，也更无道理。

理由之三：从整段话的语气来看，孔子所言是对“雍也仁而不佞”的反驳，且两次使用“焉用佞”，用以肯定地强调“仁不需用佞”。第一个“焉用佞”是直抒胸臆，接着说理由“御人以口给，屡憎于人，不知其仁”，最后再次亮明观点“焉用佞”！这样于语气、于文义、于常理都自然和谐。

综上三点，我认为正确的句读应该是：“焉用佞？御人以口给，屡憎于人，不知其仁。焉用佞！”有人说冉雍有仁德，但是没有口才，孔子听后反驳说：“何必要耍嘴皮子呢？靠语言驾驭别人，常常会遭人憎恨，对修仁（或仁者的名声）不利。何必要耍嘴皮子呢！”

此章有或人之问，可见时风之尚佞。而孔子称雍也简，又回也如愚，参也鲁，此三人皆孔门高足弟子，皆不佞。“知孔门所重，在德不在佞。”（钱穆语）

5　漆雕开淡泊明志

学而优则仕也是孔子的主张。孔子既然使子开为仕，当然是认为他有为仕之才，但子开用自谦的方式拒绝了，表明其有淡泊明志之气节，有不为世俗所左右之精神境界，所以孔子悦。

5.6　子使漆雕开仕。对曰："吾斯之未能信。"子说。

漆雕开，本名应为漆雕启，字子若，又字子开；孔子弟子，比孔子小十一岁。有说他是鲁国人，也有说他是蔡国人，因史料所限，难以定论。对此人之名，前人也多有争论，《史记·仲尼弟子列传》说：“漆雕开，字子开。”但古人命名，一般没有名和字相同的情况。所以，阎若璩在《四书释地》中说“上一开字本启字，汉人因避讳所改。”此说可信，因“启者开也，故字子开”（《汉书·古今人表》）。

由此，对“吾斯之未能信”之“吾”字，很多人认为这里有误，本字应是“启”。从古人的语言常规来看，弟子在先生面前不能直言“吾”，多用名或字。当然，是“吾”还是“启”，对理解文义没有影响。

“仕”，指旧时有文化，可出来为国家做事的人，即做官。“吾斯之未能信”——我对出仕（出来当官）还没有足够的自信心呢。“吾斯之未能信”是“吾未能信斯”的倒装形式（“之”是用来将宾语前置的助词）。对一般人而言，如果能出来做官，是巴不得的好事，现在孔子让漆雕开出来做官，而他却推说不自信自己的能力，感到“无可以治人之力”——没有领导人的能力。既然孔子让他出来做官，想必他定有可仕之才，然漆雕开婉言拒之，可见他不泥世俗，志存高远，有“不安于小成之器”的理想，将来必有大成。所以，孔子听了弟子的回答后内心无比喜悦。哪个老师不希望自己的学生有远大之志，有出息，有超凡脱俗的精神境界呢！

“说”，同“悦”；“信”，本义为“出自人口之言”即说人话，因人言是“可信”之言（此两字前文有解读）。自己可信自己，就是“自信”。古今也有学者认为“信”是“伸”的通假字，“通达”义，即说漆雕开认为自己还不够通达，不够出仕资格。也有人解“信”为“知晓”，即漆雕开自认为对出仕为官之道尚未明晓，因自谦使孔子喜悦。可是，无论认为自己不够通达，还是未明为官之道，归根结底都是自谦，说自己不“自信”，所表达的也是谦虚。不自信就是不相信自己有为官的能力，其能力当然涵盖通达等，所以各解读思路下的结果，并没有本质上的冲突。但将“未能信”释为“不自信”外延更宽泛，可取。

按此文“子使漆雕开仕”，说明孔子当时有任人为仕的权力，由此推断孔子之说应在鲁定公执政，他时任鲁司空司寇之时，孔子时年 51 岁左右。

6 子路无有驾桴才

《论语》中多有孔子的感叹，表明在他实现人生理想的征途中没有少受挫折与打击，还曾一度失望至极，欲漂洋过海，移民他乡。但感叹过后的孔子依然为其不可为之事，足见其矢志不渝的斗志。

有一天，孔子在感叹中提到了子路，不想子路当真了。本无真心跨海越洋的孔子，只得找个半真半假的理由搪塞，说子路有勇无谋，又不会驾桴，所以出不了海了。

5.7 子曰：“道不行，乘桴浮于海。从我者其由与?”子路闻之喜。子曰：“由也好勇过我，无所取材。”

“桴”由“木+孚”构成。“孚”字，本由金文（音 fū，上手下子）和（音 fú，上下各有手，中间为指事符）两字演化、合并而来的。

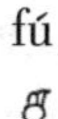即古文“孵”字，“孚，卵孚也，从爪子。谓以爪反覆其卵也。”（《文字蒙求》）上面是表手的“爪”，下面是“子”，用手抓起子（“子”代指小孩子，

有时也泛指人）的象形。所以，“孚”在古文中就通“俘”字，意为俘获、俘虏。而是由“上爪（手）下手及中间的象征物”三部分构成的示意字符，意指把物品抓（浮）起来。如“浮”字的意思就是“水把物品悬浮起来”。

“桴”，本义指“被悬起的木”。由此，从“桴”字的“构造”上来解读，就有了下面几种意思（本文中，取其“木筏子”义）：

（1）“桴”义，即“房屋的二梁”。“凡五架屋（即有五根或三根梁组成的起尖房子），正中曰栋，亦曰阿，次曰桴，亦曰梁。”（《字林》）因房屋的梁是横架在两墙之间而悬空着的，且为树木之材，故取“桴”字。

（2）指“小的竹、木筏子”。“大曰筏，小曰桴，乘之渡水。”（《广韵》）因“筏”“桴”都是漂浮在水上的木质小船，故“桴”字又可表木筏子。

（3）表示“击鼓的槌”。这里也是由“因槌是拿在手上，悬在空中，被上下舞动的木棒”而引申出来的义项。

“从”，跟随。“其……与?”构成疑问判断句。“从我者其由与?”——能跟着我的人恐怕只有子路了吧。

“道不行”仅从字面上看有不定解，主要取决于对“道”的不同解读（前文对“道”字作过解析，其取义很多）。我把三种可能的解读列出来：

（1）如果把孔子这里所说的“道”，解为“世道”，“道不行”就是世道不行了：社会动荡、民风不正。于是孔子想“乘桴浮于海”，不在这个是非之地呆了，一走了之，离开这里，到有开明贤能君主的地方去。

（2）把“道不行”理解为孔子毕生为之所传的道，推行不下去了。就是说，当孔子感觉他所倡导的仁道的理念，不能被世人所接纳时，他就“乘桴浮于海”——此处不容我游说，那就去别处传道，无论如何也不放弃自己的奋斗目标！

（3）或许孔子这样想：如果自己所倡导的道义，已经被世人接受，自己毕生游说的任务完成后，无须再行自己之道的那一天，我就和比我勇敢的弟子子路“乘桴浮于海”，游山玩水去，再或是去拯救他国之民。

以上三种解读思路，似乎有点道理，但具体孔子心目中的想法是哪一种，已不得而知。后人的想法只是对孔子心思的猜度而已。然而，多数人都取第一种解释，认为是孔子的一句牢骚或情绪低落时的叹惜。朱熹在《集注》中引程子的话曰：“浮海之叹，伤天下之无贤君也。子路勇于义，故谓其能从己，皆假设之言耳。子路以为实然，而喜夫子之与己，故夫子美其勇，而讥其不能裁度事理，以适于义也。”意思是说：孔子感叹此地天下没有明主，无法实行道义，便假设如果离开这里，恐怕只有子路能跟我同行了。然而，子路听后当真了，心想老师把自己当作了最知心的人，很高兴。于是，孔子赞美子路有勇气的同时，又讥讽他头脑简单不知道揣摩，把自己的戏言当真了：“由也好勇过我，无所取材。”——子路勇气超过我，却不知道对我的话进行揣摩，把这句玩笑话当真了。朱子解“材”为“裁”，即“判断，揣度”义。

人们对“无所取材”的解读存在分歧，主要是在对“材”的理解上。

多数人认为，“材，与裁同，古字借用”，就是上面朱熹《集注》中所引程子的话。“材”借用为“裁”，于古文献中很难找出其他例证，可信度本就很低。若“材”当动词“裁”讲了，那“取”又该作何解？再一个，子路的总体个性的确是勇大于谋，但若是他把老师的玩笑之言当真，那子路就不是无谋了，简直就是傻蛋。子路毕竟是孔子的高足，智商不至于如此吧。

另一些人把“材”解释为“才能”之“才”，是说子路除了勇之外没有了其他才能。有人还说，“材”通假语气助词“哉”，把“取”解为“可取之才”（“才”是“材”的古字，本义就是“木材，有才能”的意思）。但若这样解读，就否定了子路的所有才能，只剩下勇了，这与事实不符。下一章孔子就说：“由也，千乘之国，可使治其赋也。”可见其才能不小。

还有人认为，“材”就是“木材”，用以做“桴”（即“舟”）之“材”。说子路有勇，但无法取得造船的木材。我认为，这种解读于语句解释不通：前言好勇过我，讲的是人的品格之“勇”，后面说不能取得造船的木材，语境跨度是不是太大了点？

“才”（即“材”之古字，或谓“才”与“材”为同源字），甲骨文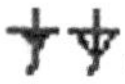，是草木初生的象征：一横指示地面，下形表其根（初生植物先长根，故根长苗短）。因其“初生”意象，就有了“刚刚”开始“正在”生长的寓意；因正在生长，故其“必然”“一定”能长大；又因其是初生，所以现在它还“很小、很弱、很短、很少、能力差、程度低”等，于是“才”字就被人们赋予了以上相关的副词（前面加引号的词）义项。此木虽是初生，但只要坚持下去必能成“材”、必将有用，所以“才”也表示“有能力，有才能”。“材=木材”寓意为“木的才能”——以木为原材料可加工成物品（今文“材”字的“材料”义是泛化的结果。泛化后“才”和“才能”义项被分离了出去）。可见“材”的原始字义中就有“才能”的意思。

因此，我将本文中的“材”作“才能、本领或专长”解。“由也好勇过我，无所取材”，从语气上看应是转折句，前面肯定其“勇”，后面否定其“才”，但否定的不是其所有之“才能”，而是“所”所指向的事——乘桴浮海所需之才能。

全句意指孔子评价子路，勇气可嘉，但做“浮海”之事，其能力不够，故不是“浮海”的最佳人选。“道不行，乘桴浮于海”本是孔子的无奈之叹，又加之无合适的人选，更是增加了遗憾之慨，暗示出孔子此说只是兴叹而已，终不能行。事实上，孔子也没有这样做过。

7　只言子才不与仁

仁是孔子设定的修行目标，一种道德的最高理想境界，所以不能达到，只能接近，即为人之修道的极限。想想也是，如果已成仁了，那接下来的目标、方向又在哪里呢？因此，孔子从不许活着的人是仁者。

5.8　孟武伯问："子路仁乎？"子曰："不知也。"又问。子曰："由也，千乘之国，可使治其赋也，不知其仁也。"求也何如？"子曰："求也，千室之邑，百乘之家，可使为之宰也，不知其仁也。""赤也何如？"子曰："赤也，束带立于朝，可使与宾客言也，不知其仁也。"

前已介绍孟武伯是鲁国的大夫，当时握有实政大权。在这里，他向孔子询问其几个弟子"仁乎？"孔子都答以"不知其仁也"。人们解读本章的最大争议点，就在孔子为何答其"不知"之上，且"不知"表达的到底是何语义？

首先，我们揣度一下孟武伯问仁的用意。孟武伯作为一国之大夫，其目的是选才为己所用，这是最大可能性的事。再从孔子后面的回答之言看都是讲的："某某，可使……"其"可使"当然是指被当权者使。因此，可以断定孟武伯问仁，就是想于孔子的弟子中选拔人才。

在孔子的多处话语中，他都表达过：仁者与才能无关（"仁"的主要体现是"德"）。所以，当孟武伯第一次问"子路仁乎"时，孔子答"不知道"。为什么孔子如此作答？一来，孔子不轻予仁者；二来，子路即便现在不是仁者，但不等于将来不是，问题问得不明确；三来，孔子深知孟武伯想要的是人之才而非想取其德，故孔子懒得正面回答这个问题；四来，为慎言，孔子不想与他谈论弟子的德行。"不知道"其实是既不肯定也没否定，孔子明显是在搪塞。按理说，孔子不可能不了解他自己的弟子，不然也不能说出"可使……"之类的评语。

以上四种因素都可能有，只是权重多少的问题，但我认为还有一个最重要的因素决定着孔子真的不能轻易说知道，是什么呢？我们心究一下：孟武伯选人为其所用，当然最终要委以官职，即要做君之臣（或长官的下属）。那么，至于出仕后，他们能否具有作为下属应有的仁德，孔子当然无法预知。就是说，他们将来能否做到“为政以德”，自然是无法知晓的，所以只能回答“不知其仁也”。同时，“古者言之不出，耻躬之不逮也”，这也使得孔子不能轻易出言许诺，毕竟这是他自己的弟子，关乎自己的声誉问题。

孟武伯“又问”，就是硬问，非要让孔子给出答案不可。于是孔子只好就三个弟子各自所具有的专长做了介绍：

子路，可以在一个大国（千乘之国，有一千辆四匹马拉的战车，是一个大国或强国的代称）执掌军事。“可使治其赋”——可以让他治理国家的兵赋。赋=武+贝，“武”表军队，“贝”就是钱，合义表示用于军事开支而向人民收取的税。

“邑”，甲骨文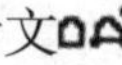（横看），上方“口”表示一定范围内的城池，下为席地而坐的人，象征生活在家里的人。两者合义为“有居民的城镇”，后引申为国都、封地、城市，后来用以对县城的别称（“邑”，后来为汉字的一个部首，并变体为右耳旁，故从“邑”的字多和地名、邦郡有关）。“邑”，又分为“公邑”和“采邑”。“公邑”是直辖于诸侯的领土属地。“采邑”是由诸侯分封给所属的卿、大夫的领地。文中“千室之邑”指居有一千户人家的城邑（“千”是虚指），当指“公邑”。“宰”，作动词讲时指管理、使役奴隶，后来也指奴隶主家中的奴隶总管（家宰），再后来指封建社会的官名。文中的“宰”表示地方的主管长官，即“邑宰”。

“束带立于朝，可使与宾客言也”，意思是“穿着礼服，系上袍带，站在朝廷大堂之上接待宾客”。古人平居时则是缓带，低至腰间，遇有礼事时，则要束带在胸口，且高而紧。宾者，指大客，如国君上卿等。客者，指小宾，国君上卿以下者。孔子是说，公西华有外交之才，可束带在朝，与宾客相应对。

接下来，孔子在子贡面前又评价起了颜回，以激发其修仁之志。

8 子以颜回激子贡

可能是前面孔子刚说到他的三个弟子仁不仁的事，触发了他的怀旧之思，自然想到了他最为得意的弟子颜回，并以颜回的好学示于子贡，让其自比，从而使子贡自觉不及，以达到激励子贡力学之志。

5.9 子谓子贡曰：“女与回也孰愈?”对曰：“赐也何敢望回。回也闻一以知十，赐也闻一以知二。”子曰：“弗如也！吾与女弗如也。”

“女与回也孰愈?”——你与颜回相比，哪一个更“愈”?“愈”，是用于比较的程度副词，但句中省略了比较的内容。根据下文的“闻一以知十”来看，比较的当是谁更好学，而且孔子多次称赞过颜回的好学。

本章从字面上来翻译并不难，分歧在于“吾与女弗如也”中的“与”字上。杨伯峻认为，“与”作“同意，赞同”解，其译文：“孔子对子贡道：‘你和颜回，哪一个强些？’子贡答道：‘我么，怎敢和回相比？他啦，听到一件事，可以推演知道十件事；我咧，听到一件事，只能推知两件事。’孔子道：‘赶不上他！我同意你的话，你是赶不上他。’”

台湾南怀瑾与程石泉等学者都把“与”字作连词“和”解，而为什么主张白话解读论语的杨伯峻先生，在此非要将“与”解为动词呢？他自己也没有说理由。我们用心体会一下：如果你向一个你认为不是很优秀的学生，提出类似孔子的问题，学生回答了“我不如他”之后，我们通常是不是会说：“是啊，我和你都不如他”？我想凭我多年做教师的习惯，肯定会这样说的。因为这样，一来体现了“我”的谦虚，二来也是给这个学生以暗示与鼓励——你虽不如他，但你也不是很差，也许是他太优秀，就连老师都不如他呢。这样，既指出了学生的不足，又不会伤他的自尊心。如果是“你不如他！我同意你的看法，你的确不如他！”——多叫人伤心啊！除非你的确想采用“挫折法或激将法”的教育手段。

然而，孔子在学生眼里是“诲人不倦”，“仰之弥高，钻之弥坚；瞻之在前，忽焉在后。夫子循循然善诱人，博我以文，约我以礼”（《子罕第九》），孔子如此循循善诱，是断不会对学生说如是伤心之言吧。可见，杨伯峻的解读不太合情理。

下面轮到宰我被老师品头论足了。

9　是同情还是责备？

宰我在孔子眼里到底是怎样的人，各解家认识不同，解读的结果自然也不一样。那这里孔子表达的是责备还是同情呢？各家观点不一。

5.10　宰予昼寝。子曰：“朽木不可雕也，粪土之墙不可杇也，于予与何诛。”子曰：“始吾于人也，听其言而信其行；今吾于人也，听其言而观其行。于予与改是。”

宰予就是宰我，孔子曾赞其口才好。昼寝[①]，就是白天睡觉（有说是天已亮

① 也有人认为，此“昼”是“画（畫）”字的错字，“昼寝”就是“白天在寝室的墙上乱画”，所以遭到了孔子的责备。此说应不可取。

应该是起床的时候了，但宰我还在睡觉，即睡懒觉）。朽木，内里腐朽了的木头，似乎一碰就散，想在其上做雕刻是不可能的了。粪土之墙，相当于是被污水浸淫、土虫蝼空的泥巴墙，粉刷都粘不住了，更谈不上做装饰了。杇，就是木板做的瓦工用于粉刷墙面的工具，俗称“抹子”，这里是名词作动词用。

“于予与何诛”中的“与”是语气助词，此时可与“也”互换①，相当于“于予也何诛”——对于宰我，我又能责备他什么呢。这是叹惜问语。“始吾于人也，听其言而信其行；今吾于人也，听其言而观其行”——以前（“始”，表示过去的某个时间），我对了解一个人的方法或态度，是听他说的我就相信了他做的（信其言行一致）；今天我听他说的同时，还要观察他的行为（疑其言行不一），“于予与改是”（同“于予与何诛，相当于“于予也改是”）——从宰予这里我改变成这样了。可能，由于宰予善言辞往往说得比做得好，在深知宰予的行为后发现其言行不符，于是孔子改变了他原来“听其言而信其行”的习惯，有了“听其言而观其行”之观察人的方法。

有一天，宰我白天睡觉，孔子看到了说：“朽木不可雕也，粪土之墙不可杇也，于予与何诛。”古人都认为，这里是因孔子看到宰我白天睡觉，认为他懒惰，于是非常气愤地训斥，骂他是朽木，是粪土之墙，以此比喻其不可教也。接着，文中又一个“子曰……”，争议来了：有学者认为，此“子曰”为衍文是后儒所加；有说是因为此话与上句不是同日之语，故加“曰”以区别。

我倒是认为，问题不在于有无第二个“子曰”本身，而是在于此曰是针对谁说的。而如果两个“子曰”不是在一个时间说的，那这两句话所针对的就可能不是同一事件。这样，单看此句“朽木不可雕也，粪土之墙不可杇也，于予与何诛”，并不能肯定是责骂，从“于予与何诛”的叹惜问语中可窥一斑。南怀瑾先生就认为古人曲解了②。他说，这里是孔子看到宰我因身体不好，白天在睡觉休息而发的叹息：“人的身体不好，正如朽木很难成就大器啊，对于宰我有什么可责备的呢。”南先生的看法值得重视。

文中后一个“子曰”：“始吾于人也，听其言而信其行；今吾于人也，听其言而观其行。于予与改是。”显然，这里孔子讲的是听“其言”是否可以信“其行”的抉择问题，似与宰我白天睡觉没有太多的联系。因此，有人就认为，此处应分两章。可能由于此处的说话内容都与宰我有关，编撰《论语》者把两段文字先后放在了这里（这种安排在《论语》中多见）。所以，我认为南怀瑾的说法，凭心想想是符合孔子身份的。孔子善于喻物言理，长于诱导，如果当真是孔

---

① 王引之《经倦释词》谓：“与字与也字可互用。”

② 南怀瑾《论语别裁》上册，复旦大学出版社，1990 年 4 月，216 页。

子的责备，那这种责备简直就是对学生的辱骂和讽刺。就是在今天，辱骂和讽刺也是师德所禁止的，更何况仁义宗师的孔夫子呢？

汉王充在他的《论衡·问孔》中表达了对孔子的不满：“问曰：昼寝之恶也，小恶也；朽木粪土，败毁不可复成之物，大恶也。责小过以大恶，安能服人？……以昼寝而观人善恶能得其实乎？案宰予在孔子之门序于四科，列在赐上。如性情怠，不可雕琢，何以致此？”他认为，这是孔子对学生的求全责备，且责之过甚了。

如果将“子曰：‘始吾于人也……”单独列为一章，理解为对于一个追求仁的人来说，不能只是停留在口头上，要有行动。同理，评价一个人也不能只看说的，还看他做得如何。正如孔子不主张“用佞”一样。本章具体该如何理解，读者可作心究。

10　心存嗜欲难为刚

所谓刚者：富贵不淫，贫贱不移，威武不屈者也。有欲者皆因有贪求富贵之心，故任以人之所欲而为必失其志，必亡尊严。所以，有欲者难刚。

5.11　子曰：“吾未见刚者。”或对曰：“申枨。”子曰：“枨也欲，焉得刚？”

申枨，姓申名枨，有说申棠、党、傥，字周，鲁国人。他是不是孔子弟子有争议。

“刚”，现在的意思是“坚硬、刚强”，与“柔”相对。这里应取其古义：坚强不屈——坚守原则，不屈外界之力。“刚”的甲骨文（金文），左边是网，右边是刀：网刀——能网住利刃而不破，可见其结实、牢固、坚强。金文结构更明显：网下有一斧钺，外边还有大刀，都无法破其身，可见其强硬。刚者不阿，孔子曾谓“刚毅木讷，近仁”（《子路第十三》），刚者与仁者很接近了，可想而知，做一个刚者也不是容易的。

孔子说未见刚毅之人，这时有人接话说：“申枨不就是刚毅之人吗。”孔子反驳道：“申枨这个人欲望重，怎么算得上是刚毅之人？”人之情皆有欲，欲不节制，又不以礼约之，则私欲必甚，若用其所欲必能夺其志，从而有欲者不可能做到真正的刚。程子曰：“人有欲则无刚，刚则不屈于欲。”无欲则刚，朱熹于《集注》中引谢氏语曰：“刚与欲正相反。能胜物之谓刚，故常伸于万物之上；

为物揜之谓欲，故常屈于万物之下。”能屈于万物之下，自然就无言有刚。

11　自以为是必自我

“己所不欲，勿施于人”是孔子的忠恕观，并非一般者所能为之。然子贡自以为做到了，且表现得很是自信还四处宣扬，不想一日传至老师耳中，却给予了否定。但凡自以为是者必存“自我”独尊之心，故而不可能做到“勿施于人”。

5.12　子贡曰：“我不欲人之加诸我也，吾亦欲无加诸人。”子曰：“赐也，非尔所及也。”

“诸”，“之于”的合音。“尔”，你。“我不欲人之加诸我也，吾亦欲无加诸人。”——我不想别人把他的意志（思想、想法、观点等）强加给我；同样，我也不会把自己的意志强加到别人身上。子贡此说与孔子的“己所不欲，勿施于人”（《颜渊第十二》）意思相同。

可能是子贡在得到老师的“己所不欲，勿施于人”的教诲后，自认为自己做到了，且在老师面前夸海口，本想得到老师的肯定，结果却是被泼了一盆冷水：“赐也，非尔所及也。”——我说端木赐啊，这不是你所能做到的。至于孔子为什么这样说子贡，不知出自何因，但很多人还要强解，于是有了很多附会之说。

子贡曾问过孔子：“有一言而可以终身行之者乎？”子曰：“其恕乎！己所不欲，勿施于人。”（《卫灵公第十五》）这告诉我们“己所不欲，勿施于人”是“恕”道，而且很难真正做到，至少在孔子看来依现在子贡的德行，是做不到的，不然他也不会要求子贡“以终身行之”。在《颜渊》篇中，仲弓问“仁”时，孔子却说：“出门如见大宾，使民如承大祭。己所不欲，勿施于人。在邦无怨，在家无怨。”可见，“己所不欲，勿施于人”确实是仁之大德，非仁者所能做到。因此，当子贡自信地说出“我不欲人……”后，难怪孔子说，“这不是你所能做到的”，毕竟孔子没有承认过子贡为仁者。当然，孔子从未许过他的弟子中的哪位是仁者，即便对他最为钟爱的颜回也只称其为君子，这也许是孔子激励弟子于修仁时永远不要有满足心之良苦用心吧。

另外一个可能的原因，是孔子看到子贡如此地自以为是，只是想杀杀他的傲气，故意言此。也许在孔子看来，但凡自以为是者，就注定了他不可能做到不施于人。因为在自以为是时，他肯定自认为自己是绝对正确的。一个人一旦有这种潜意识时，必定有强烈的让人接受自己观点的愿望，岂能不施于人？独裁者之所以独裁，就是自信自己是绝对正确、绝对权威的，在骨子里不把任何人放在眼里，有着强烈的自以为是、唯我独尊的潜意识。

因此，在听子贡之言后，孔子给予了否定。

“人之加诸”，人所凌加的，不只是不愿意做的“事”，也应该包含“意志”“观念”“信仰”等。如果只是认为“加诸”的仅仅是不愿意做的事，就有点狭隘了。

12　子路闻道恐难行

孔子之所以被后生称为圣人，自然有其不可企及的东西。用心想一下，如果一般人都能企及孔子，那今天被奉为至尊至圣的就不再是孔子了。

5.13　子贡曰：“夫子之文章，可得而闻也；夫子之言性与天道，不可得而闻也。”

“文”，古义通“纹”，即纹理、花纹，后拓展为“文饰、装饰”义，于是又引申指事物的“外在形象”。在汉字中，“文”就是指那些象形的字。这里的“章”字通“彰”，即“表现”。许慎分析金文的“章”字并于《说文》中写道：“章，乐竟为一章。从音从十。十，数之终也。”他认为“章”的本义指“音乐的一曲”，那是他没有看到“章”的古文字而臆想的。“章”字的金文为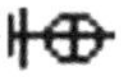（横看）（“章”字解读于本篇19节中也有论述，可参照），其意象为横杆上垂挂着的帘幛。古解“章”为“赤白相间的花纹”或“红白相间的丝织品”。由此可窥，“章”本义应该是指印有（或刺绣）图案的，有一定长宽的纺织品。可以想象一下：在一块织品上做上文饰就是一个章（音同“张”，如同一张。古汉语中存在音同意近的现象，此时“章”有“张”的意思）。如果“章”上是文，则就是“文章”了。如果写文章，用了几个章，那每个就叫一章，或是一个篇章。由于古代无纸，画或文章往往刊刻在兽骨或动物的皮上，那么一张就叫一章。今天我们用文字写出来的东西之所以称“文章”，就是因为它是用“文字所表达出来的”的缘故。其“文章”义，是由章的本义，引申发展而来的。我们可从带有章的组合字的字义中体会到它的本义。如“幛”，义为“上面题有词句或绘有图纹的整幅绸布”，这里“巾”用以强调“织品”；再如“障”：其左“阝（阜）”为山坡，“章”为垂挂着的帘布，合义为“像屏布一样的山坡”挡在面前，当然就是“屏障”了。

“文”取“纹（图案或文饰）”义。“文章”——图案文饰绘在大布上，并张开着且高高地悬挂在那里，这当然就是“纹”的展现。由此，“文章”就有了“外在之表现”的意思，即事物所彰显出来的有形之像。“文章，德之见乎外者，威仪文辞皆是也。”（朱熹《集注》）意思是说：“文章是一个人的德行的外在表现，包括形象、仪态、举止、言辞等。”在此弄清这个问题很有必要，不然就会把“文章”错误理解为孔子所写的文章了。

性=生+心，其义即指天生于人心里的那个东西，它决定着人之一生的命运。“性”就如同DNA一样，按古人的观点，它是来自上天的旨意，即“天道”。在中国人的传统观念里，上天就是世界的主宰，万物的一切皆听命于它。从这个角度说，人之性是统一于“天道”的。朱子《集注》：“性者，人所受之天理；天道者，天理自然之本体，其实一理也。”何晏注：“性者，人之所受以生者也。天道者，元亨日新之道也。深微，故不可得而闻也。”他大概的意思是说，“性”是人出生时就具有的天命，是天理的安排，是天道的自然。“天道”注定了日复一日的变化规律，由于其深奥精微，所以不可捉摸。由此可以说，“性”是归属于“天道”的，于人叫“人性”，在天叫“天性”。

这里“文章”与“性与天道”对举。“文章”，是外像化的已固定下来的东西，即可见的形而下者；“性与天道”，是无形不可见的东西，即形而上者。一者有形，一者无形；一个是外像之文，一个是内蕴之质。有形之文易效，但无形之质难仿。所以子贡对孔子发出了如此感叹。

“得而闻也”“敏而好学”，使用这样的句式大概是那个时代人们的语言习惯。其“而”字前面所想表达的是后面行为的一种强调，或强调行为的“方式”“态度”，或强调行为的“结果”等。“敏而好学”之“敏”是好学的表现形式或积极的态度；同样“得而闻”之“得”，是强调“闻”的结果，即因“闻”而得到。这里“得”表示由“闻”取得了“收益”，如会了、懂了、掌握了等。

“夫子之文章，可得而闻也”——夫子的举止、神色、行为等，所有表现于外的德行，包括诗书礼乐、修齐治平等学问，是我们可以听到、看到、学到的。“夫子之言性与天道，不可得而闻也”——而夫子所论述的有关“人性”与“天道”之理、自然规律的学说，是我们所不能理解和掌握的，更谈不上会用了。

若是把“闻”解释为现代汉语的“听，听到”，把“言”理解为“说”，由此将该句解释为：“夫子的文章是我们能听到的，但夫子关于性与天道的话是我们所听不到的。”就显得太狭隘、小气了，也是现代人的望文生义。《论语》中孔子谈“性”与“天道”的内容很少，但不等于孔子“罕言”之。孔子赞《易》可窥其天道观，在《文言》《系辞》《彖》《象》各传中都有孔子之言。

“夫子之言性与天道”中的“言”，不是常义中的“说”，而是指孔子对于“天道”的论述、观点、思想，相当于“言论”的意思。“不可得而闻”是说“不是轻易能学会的，或是能理解的”。整章的意思是子贡感叹他们的老师学识、才能、思想超凡，常人是无法超越的。

列于下章的“子路有闻，未之能行，唯恐有闻”，我认为应与本章连读。将其断章后，即不放在这个语境下来解释，结果就很牵强，甚至可以说是可笑的。

5.14　子路有闻，未之能行，唯恐有闻。

朱熹在《集注》中说：“前所闻者既未及行，故恐复有所闻而行之不给也。”意思就是说：“子路听到某一道理，在还没有能够做到的时候，唯恐又听到新的道理。”后来的人们也都照本宣科了，还极尽附会之辞，但于我心里总觉有堵。我们心究一下：如果此解果真如此，那子路完全没有必要跟随孔子求学这么长时间了！你想，当他听了孔子的第一节课“人不知而不愠，不亦君子乎”后，就该毕业了，因为就子路的“好勇”个性来看，要想完全做到“人不知而不愠”，真不是三年五年所能实现的。学问，尤其是做人的学问，有的学问不是知道后立马就能去实践的，因为它需要存在前提条件（比如，孝敬父母，如果他是孤儿呢）。如果真的认为自己做到了，然后再去学下一个道理，那人恐怕两辈子都毕不了业。这毕竟不是做数学题，这题会了再去做下道题那么简单。事实上，对好学的人求知是如饥似渴，恨不得一日得道，怎么会唯恐有闻？可笑。子路真是这样的话，那简直是死板透顶、愚蠢至极了。假设《论语》想把这种思想作为孔圣人的教诲，传播万方，恩泽生灵之魂，真是罪过啊。

刘熙在《释名·释典艺》中说：“《论语》，记孔子与弟子所语之言也。”总体说《论语》里记录的都是孔子与弟子所言之内容。如若“子路有闻，未之能行，唯恐有闻”单独列为一章，那记录的是谁之言？此语单列一章，就很突兀。

将此章与上章“……可得而闻也……不可得而闻也”的内容和语气相比较看，应该是相融的，是出自一人之口。我的意思是，此章应与上章是连文，都为子贡所说。再者，其上上章“子贡曰：‘我不欲……”与其下文“子贡问曰：‘孔文子…”等接连几章，也都是“子贡曰……”。由此可揣测，《论语》的编撰者们在这里，完全有可能连续摘用了子贡之言。所以，本章“子路有闻……”为子贡之言，是完全有可能的。

这样分析，子贡前面说“夫子之言性与天道，不可得而闻”——我是不能理解和掌握老师的天道学说了，接下说“子路有闻”——子路有所听懂并知道了（学到了一些），但“未之能行”——最终他没能用于实践，所以“唯恐有闻”——子路所惶恐不安的也正是对孔子的天道有闻了，却做不到啊。“唯恐有闻”是子贡的再次叹息（闻了而未能行，似心有余而力不足），并不是说子路害怕再听到孔子的教导（他怕的是不能践行，即做不到如孔子那样）。“唯”，语气叹词，这里不是“只、只有、唯有”的意思。

可见，孔子所言“性与天道”，就是得闻（只是知道或听懂）了，若无孔子的德行也是难以做到的。因为“性与天道”毕竟不是言说（即动动嘴皮子）的事，是要通过自己灵魂感应并发挥于体验或实践之中，需要“默识而心通”，即所谓“上达”的。就连孔子自己在五十时知天命，直到七十才能从心所欲，何况子路呢？所以，子路所“恐”的，正是没有先生所具备的道业，虽有闻大道但力不从心。

13 何以能得“文”谥号

古代帝王、贵族、大臣等死后，根据他生前的品德、事迹，被赐予的表示褒贬的称号称谥号。《逸周书·谥法解》说：“经纬天地曰文，道德博厚曰文，学勤好问曰文，慈惠爱民曰文，愍民惠礼曰文，锡民爵位曰文。”“文”本是“纹理”义，引申表示外在好形象、好行为等，正如现代的文明一词，用以表示一个人的好修养。

5.15 子贡问曰：“孔文子何以谓之文也？”子曰：“敏而好学，不耻下问，是以谓之文也。”

孔文子，卫大夫，名圉。“文”是其死后所得的谥号。《周书·谥法》中有云：“学勤好问曰文。”子贡问孔圉为什么被称“文”时，孔子的解释依据正是此《谥法》所云。

“敏”，多释为“聪敏：聪明，敏捷”（形容词），指其天资好。我认为不确切。“敏而好学”之“敏”，强调的是“而”字之后所代表的行为（这里是“学”）之态度、方法、方式或结果。所以，取“敏感”义比较确切，体现了对待学习的一种主动的心理倾向，即对学习敏感，表明对学习的态度非常积极、主动，能勤于思考。不论天资如何，总是积极主动求学，而且不耻下问，其精神可喜可嘉，所以才谓之“文”。

敏而好学，不耻下问，是修仁得道所必须的个人素质。

14　子产为政用四德

孔子主张“为政以德”。君子是有德者的替身，君子之德在内修是谓德性，在外用是谓德行。为政以德即是用君子之德性施行于民，以积其功德。

5.16　子谓子产，“有君子之道四焉：其行己也恭，其事上也敬，其养民也惠，其使民也义。”

子产，郑国大夫公孙侨。郑与周为同姓之国，子产又乃郑穆公之孙，可谓子国之子，故称之为公孙，其谥名公孙成子（“成”为谥号）。子产是郑国有名的宰相，口碑极佳，在郑简公、郑定公时执政二十二年，施行过许多改革措施，对郑国有很大贡献。那时，于晋国当悼公、平公、昭公、顷公、定公五世，于楚国当共王、康王、郏敖、灵王、平王五世，正是晋楚两国争强、战争不息的时候。郑国地处要冲，而周旋于这两大强国之间，子产却能不低声下气，也不妄自尊大，使国家得到尊敬和安全，的确是中国古代一位杰出的政治家和外交家。子产曾被孔子称为“仁人”“惠人”。

孔子在此评价子产为政时，做到了君子德行的四个方面——操行谦恭，事上敬业，护民以惠，使民有义。“有君子之道”，是指子产为政时采用了具备君子之德的方法或手段。“道”，这里取“方法、办法或手段”义，不能是有些解读者所译的：他具有君子的四大美德。这里说的是君子之德的外用（即德行），而非君子之德的本性（即德性）。当然，子产能做到君子之为，自然也具备君子之德性，不算小人。

“恭”（其解读参看《学而》篇第29节），其上为“共”（与他人合作做事），其下为“心”，本义有做事“谨慎、用心、态度端正”等。“恭”对他人，表示恭敬、谦逊，有诚意；“恭”对自己，表示行事认真不马虎，且严于律己，是自己内心的肃诚。

“敬”（其解读参看《学而》篇第15节），与“恭”字义相近，也可用于对“他人”或“自己”，但更多的用以表示一种做事的态度。

“惠”，金文结构是（横看），上为“叀”（“专”，纺砖），下“心”（用心），可用于表示“善意，好处，实惠”（具体的解读可参看《里仁》篇第9节），其常用义是“用财物给予好处”。“养民惠”，给所管理之民以实惠，就是说能给老百姓带去利益。子产所实施的政治制度，能促使经济繁荣，对于社会百

姓能得到安养。其因“因民之所利而利之……惠而不费”（《论语·尧曰第二十》），于是人民必将感恩于他，甘愿接受他的差使。同时，子产在差使国民时，并不是劳其命而伤其财，而是合理、适时、应法，即合其时宜地驱使，故谓其“使民也义”（“义”者，“宜”也）。句中几个“也”字是语气助词，无义。

行己恭则民能敬；事上敬则能尽忠；养民惠则国能安，使民义则天下归厚。这也正是孔子主张为政以德的理想形态。

15 与人为善必获敬

交友用的是诚心、爱心，不是手段，否则不会长久。“朋友数，斯疏矣”，可见交友不是用心数，而要用真诚善良之心，这样友谊才会历久弥坚。如果你是领导者，对下属与人为善，自会赢得他们为己敬业的态度。

5.17 子曰：“晏平仲善与人交，久而敬之。”

晏平仲，齐国大夫，名婴，夷维（今山东高密）人，历任灵公、庄公、景公三世，曾任宰相，是当时著名的政治家，“平”为其谥号。

朱子《集注》引程子语曰：“人交久则敬衰，久而能敬，所以为善。”意思是说，一般人交往时间长了，对人的敬意就没有了。如果能长久地保持对他人的敬意，就可以称为“善”。朱子认同程子的观点，认为“久而敬之”的“之”是指与其交往的他人。如钱穆译为：“晏平仲善于与人相交，他和人处久了，仍能对那人敬意不衰。”杨伯峻依据皇侃《论语义疏》本中作“久而人敬之”，认为文中省略了“人”字，即“久而敬之”的“之”应该指晏平仲。他译之为：“晏平仲善于和别人交朋友，相交越久，别人越发恭敬他。”

上面钱杨两位学者的观点正好相反，一者说“晏善于交往，时间再长也始终尊敬对方”；一者认为“由于晏善于交往，所以对方对他尊敬”。先不评谁是谁非，我们再看，他们对“善”字的解读都一样：“善于”，即“擅长于……”。但我认为此“善”字，解为“擅长”不妥当。

善于与人交往，只能说明晏平仲具备与他人搞好关系的艺术，或有过人的手段而已。子曰，“朋友数，斯疏矣”（以术交友必疏远），即依靠“术”让所交之人敬重自己，我想是孔子所不齿的。子曰“巧言令色，鲜矣仁”，并强调“主忠信，无友不如己者”。交友讲的是“诚信”和“仁爱之心”，依仗的是大度包容、善解人意、助人为乐、讲奉献不求回报的品行。只有凭借自己的能力和智慧为他人和社会带来利益的人，才能赢得别人永久的尊重与敬仰。仅仅使用与人相交的手段，是不可能得到他人的永久尊敬的。我们稍用点心思想一下，就能想通。

从另一个角度讲，与人为善，交而有信，是儒家的最基本的道德要求。当朋友之间失去了最起码的尊重，友情自然就没有了，何能久之？没有了尊重何谈友谊，谈何交往。与人相交，尊重是前提，不管你是善于还是不善于，这是必需的基础条件。说“人交久则敬衰”是对一种现象的误解——有深交的人之间，表面上看起来，不如新友那么具备礼节性（其实礼节性是一种生疏心理的表现），好像随便了。但这绝不是因为相互失去了尊重，恰恰相反，这正是感情至深的原因。我们心究一下：当两者感情已经达到不分你我之时，对待对方的态度如同对待自己一样，其实这时的尊重正是最大的尊重（放在自己心里了）。就像人们对待自己的亲人一样，你会天天像对外人一样处处小心翼翼吗？不会。你对家人失去敬重了吗？没有。所以，说“人交久则敬衰”本身就是毫无逻辑的。

所以，我认为“善”字在此应为古汉语中的意动用法，“善与人交”意思是“用善心与别人交往”，这里把“与”作连词“和，同”讲；或者把“与”作动词“用或拿出”解，“善”作名词，也可解释得通。这两种解读的结果意思相同。善心，即善意之心，与之相交是出于对他的好，而不是为自己的利。用善心自然就表现为慈爱、理解、谦让，有大爱者才具备“吃亏是福”的胸襟。“日久见人心”，相处时间越长，越见得真心，也就越发地敬重对方。这是很自然的道理。

“敬”的本义前文有说，是“对人对事的一种尽心的态度”。对人时，“敬”就是“尊敬，尊重，敬重”义；对事时，“敬”就是“敬业，尽心，谨慎不怠慢”等义。本文中“久而敬之”的“敬”，为什么不从对事的角度来理解，释为“敬业”呢？这是完全有可能的（而且可能性很大）。我们再想想，晏平仲是什么身份？是大夫，是宰相，他所交往的对象主要是他的那些为政者的下属。因为他用善意（或善心）与人交往，故而下属们自然会越发地为他效力，对自己的工作也会更加的敬业了。我认为，这才是孔子说这句话所要表达的意图所在。如此解读，连续三章（本章，加上前两章）文理连通，皆言为政者以德行政的好处及意义。

孔子对孔文子的评价重在好学的品质，为后人树立了典范（君子怀刑）；对子产的评价重在为政能使君子之德，使民于义（君子喻于义）；而对晏平仲的评价重在他的善爱之心，对下使善，下为其敬业（君子怀德）。这三人都是国之重臣，孔子之所以拿这三人说事，重在说为政当以德行，即间接地鼓吹他的为政以德理念的好处。

接下来又说到三位大夫（臧文仲、令尹子文、陈文子），作为为政者却不能智行（无智当为无仁），是用其做反面教材，以示与上面三人之德对比言理。

16 无智焉能称其仁

在《里仁》篇的第1节中，我们研究过了孔子所言之仁，其中包含五德："爱，义，礼，智，信。"五德不全者不谓仁。不爱不义，无礼无信者，断然不能算作仁者。同样，无智（无智者，做事有损其仁；这里的"智"更多的有"理智"的意思），也非属有仁。孔子认为的智者不是简单地指聪明人，而是能以礼约行，与人为善，言恭近义等，即为人处事能做到以理智而行（理智也需要智慧来支撑）的人。就是说，孔子判断人的智与不智，其标准是看其人所为之事能否近仁，或事的结果是否有德：于人有德，于世有德。所以，在孔子眼里无智就是无仁，凡事不利其仁者皆为无智之为，只有能"里仁"才是智慧的。

由此，也可从一人为事之中知其智，明其德，晓其仁。

5.18 子曰："臧文仲居蔡，山节藻棁，何如其知也？"

臧文仲，鲁大夫，姓臧孙，名辰，字仲，其生活的年代早于孔子一百年左右。"文"为其谥号。臧文仲也算是政治上有建树的人，可能当时社会上对他的评价是有智慧之人（文中的"知"通"智"），但孔子以其"居蔡"和"山节藻棁"一事为例来反诘。因为"居蔡"是违礼背义的，违礼就不能称其有仁，若所为之事不利其仁即谓无智之举。由此也可见，孔子所讲的"智"，是归属于"仁"之德的。"智"不是指一般意义上的聪明，而是指能否理智行事，即要看其所做之事的后果是否合义、适礼。"君子之于天下也，无适也，无莫也，义之与比。"（《里仁第四》）适义是一切行为的指南，也是衡量行为结果好坏的试金石。无智之举自然难以做到完全适义。

古代人迷信卜筮，卜卦用龟，筮用蓍草，且用龟认为越大越灵。"蔡，大龟也。"蔡，本是春秋时的蔡国（今河南省上蔡、新蔡一带），此地出产一种被称为"玳瑁"的大乌龟，是当时天子用以占卜测事、断凶吉的神龟。"居蔡"之"居"，有说是作动词，"藏"（收藏）的意思，有说是"畜养"。由于蔡龟是活物，收藏它，自然就是"畜养"，既养之就得给它居的地方，所以称为"居蔡"，因此解"畜养"是合理的。

按"礼"讲，臧文仲是鲁国的大夫，没有"居蔡"的资格，然而，他不仅养蔡，还"居蔡"（为蔡单独造建一个屋子。"居"，本指居处、房子，这里为名词作使动用法），这是僭越君礼的。更为不理智的是，他不光“居蔡”居然还把养蔡的居所装饰得雕梁画栋（这本是天子宗庙的规格）、豪华气派（如此间接地说明臧文仲与民争利，劳民伤财）。《礼记·明堂位》记：“山节，藻棁，复庙，重檐……天子之庙饰也。”作为一个国之大夫，多有僭越君礼之举，且“不务民义，而谄渎鬼神如此”①，显然不是明智之举，所以孔子反问道：“何如其知也？”（相当于“其知何如也”）——他的这种智慧（其知），算哪门子智慧（何如也）？

朱子《集注》：“节，柱头斗栱也。藻，水草名。棁，梁上短柱也。盖为藏龟之室，而刻山于节、画藻于棁也。”

5.19　子张问曰：“令尹子文三仕为令尹，无喜色；三已之，无愠色。旧令尹之政，必以告新令尹。何如？”子曰：“忠矣。”曰：“仁矣乎？”曰：“未知，焉得仁？”“崔子弑齐君，陈文子有马十乘，弃而违之。至于他邦，则曰：‘犹吾大夫崔子也。’违之。之一邦，则又曰：‘犹吾大夫崔子也。’违之。何如？”子曰：“清矣。”曰：“仁矣乎？”曰：“未知。焉得仁？”

这里子张分别就令尹子文和陈文子两人的一种做事行为为例，请孔子评价他们是否达到了“仁”的境地。然而，孔子的回答皆为“未知，焉得仁？”——“未知”后的句读，依解读人观点的不同而不同，断为逗号、句号、分号的均有。现代人解读最具代表性的杨伯峻先生，断为“分号+破句（折）号”，其译文为：“不晓得；——这怎么能算是仁呢？”

显然，杨伯峻所认为的“未知”，是指孔子的“不晓得”（因孔子回答的是“不晓得”，当然是指“我不晓得”。在注释中他还强调说孔子“不是真的‘不知’，只是否定的另一方式），他把“未知”的主体指向了“回答者”（孔子）。然而，对比句式“不入虎穴，焉得虎子”，再结合本文语境来体会，“未知，焉得仁？”显然是一个条件复句，不能割裂。杨先生如此解读，有望文生义之嫌。他先是把“未知”的主体错指了，接着造成“未知”与“焉得仁”不能成句，结果是错上加错，为自圆其说又不得不用“分号+破折号”。

这里“未知”的主体，毫无疑问应分别是指文中的“被评价者”令尹子文和陈文子。孔子就子张所列举的二人之事，分别给予了“忠”和“清”的评价，但孔子认为：由于他们的行为“未知（智）”，所以不能得“仁”的称号。那么，孔子说他们“未知”所指的是什么呢？或者说，所凭借的依据又是什么呢？

① 朱熹《集注》语。

“令尹”，楚国的官名，相当于宰相一职。令尹子文，姓鬬（斗）名穀（谷）字於（于）菟，子文应是其封号。他与臧文仲为同时代人（早于孔子一百多年），是当时楚国有名的贤相，在楚国也是一位传奇人物，国际声望很高。《左传》中记载，子文于鲁庄公三十年开始做令尹，到僖公二十三年让位于子玉，间隔二十八年。在这二十八年中，子文可能有过几次被罢免又被任命的经历，但无正史记录此事。在多次的罢免又任命过程中，子文都很淡定，表现得宠辱不惊，且每次还很负责任地向接班者办理交接事宜。孔子学生子张就子文“几起几落”的表现，让老师做点评，孔子就此事论此人，许其为“忠矣”，但终究没有许其为“仁”。我们前面讨论过，“仁”在孔子眼里不是一个客观标准，而是一个修行的“目标”，是一种境界。评价一个人是否为“仁”，不是用一时一事来考量的。所以，他从不轻许“仁”，在此也不例外。再加之，他“几起几落”无喜色无愠色，只是表明他能听上位者之言而已，只能说明其忠，无法证明其仁。

孔子所说的“未知”并不是说他没有知识、不懂道理、不会用人等有具体的某件事，而是就其全部来看，他能不能做到有“大智慧”（当然，这种“大智慧”包含了做事适礼、合义、当时）；同时，内心能否有坚定的修行“成仁”的信念，把“仁”作为人生的最高理想和目标加以追求，且时时不违其“仁”——“造次必于是，颠沛必于是”。更为重要的是，为政之人要用仁，即用仁之德性为政，即便你有仁性之德，但在为政中不知道用仁，就是一种不智慧的表现。“未知，焉得仁?”——不智慧能，称得上仁者吗?“未知”之“知”与前面一样也为“智”。用“知”正确地、科学地，并充分发挥主观能动性地去做事情，就是一种“大智慧”。

孔子的“仁”是一种内圣的道德修养，更是一种主观的自觉意识，需要时时刻刻地用于生活实践之中。

根据《左传》的描述，令尹子文的出生过程也颇具神话意味，并谓：“鬬穀於菟为令尹，自毁其家，以纾楚国之难。”“纾”，“解除”义，是谓倾尽家产以解救国难，后“毁家纾难”便成为成语了。可见，历史上对令尹子文的评价还是很高的，就其道德、学问来看绝非等闲。就具体的事来说，子文算是“忠”的，但他毕竟没有把“仁”作为主观的自觉意识（未智），用于他的为政行动中，所以不可能到达“仁”的至高境界。

崔子，齐国大夫，名杼。齐君，指庄公（姓姜名光）。陈文子，亦齐大夫，名须无。“弑”，古代在下位的人杀掉在上位的人叫作“弑”。这里说，陈文子在崔子杀了齐庄公后，因不愿意与其同流合污，放弃地位财产离开了齐国。因同样的原因，他辗转过几个国家，但两年后还是返回了齐国。因其“违乱求治（离开乱国，求居安邦），不污其身，清矣。而所之无可，骤称其乱（所到之处不好时，都认为是乱邦，又离开)，不如宁子之能愚（宁武子邦有道则知，邦无道则愚)，蘧生之可卷（蘧伯玉：邦有道，则仕；邦无道，则可卷而怀之)，未可为智也。洁身而不济世，未可为仁也。”① 李充之言，言之有理。孔子所说陈文子“未知”，也有可能包含了这种行为的不“智慧”，毕竟，陈文子因邦乱而去，只为不污其身，其清只能算是一种自私式的“清高”而已。当然，孔子绝不是仅就此一事而说其不得“仁”的，仍然可能是说陈文子没有把“仁”作为主观的自觉意识（未智)，所以注定不可能到达“仁”的境界。

“三仕为令尹”：三当令尹之官；“有马十乘”：当时贵族以四马驾一车，十乘，有马四十匹，盖下大夫之禄；“弃而违之”：“违”，背离、离去义，指弃其禄位而去。

17 季文子无须三思

正如“德不孤必有邻”一样，本是行事之善法，过之不行，不及也不行，所以，做事要因人而异，因时制宜，要善变通，死守之就是固执己见了。可能是季文子生性对事就多虑，若再对他要求“三思而后行”就太过了。孔子的智慧就在于他能针对不同的人施行不同的言教。

5.20 季文子三思而后行。子闻之，曰：“再，斯可矣。”

季文子，鲁大夫，名行父，“文”为其谥号。

“三思而后行”中的“三”当不为实数，表示多，有“反复地想”的意思；再，第二次的意思，其后省略了“思”（承前省略)；“三思而行”今天已是成语，是褒义。它强调的是做事前要慎重，不要草率，同时也提醒人们遇事不要操之过急，要从长计议，正如“运筹帷幄之中，方能决胜千里之外”所言。“三思而后行”，此成语虽由此出，但其义已衍，故于本处不可取其现代成语之义。

但据“再，斯可矣”的孔子之言，有人解说：“三思而后行是太过谨慎了，遇事如果考虑再三就会犹豫不决，所以孔子是反对‘三思而后行’的。”这样解读未免臆断了。当然，凡事总有个度，过度了也会朝反方向发展，如果一遇事就一而再再而三地反复思想，就会落得患得患失、首鼠两端、畏首畏尾的境地，从而错失良机，一事无成，所以该当机立断的事就要当机立断。

① 皇侃《论语义疏》引李充言。

不过，值得注意的是，孔子在这里所表达的观点，我认为并不是一个普遍性的观点，不能脱离本文的语境来理解。孔子强调的“再”是针对季文子其人的做事习惯而言的，我们在解读孔子这句话时不要忽略了“季文子三思而后行”这个前提。

季文子，其人历任鲁文公、鲁宣公，至鲁成公、鲁襄公时的正卿，史称之“无衣帛之妾，无食粟之马，无金玉重器，忠于公室者也”。季文子能历四主任正卿，得忠于公室之赞，得“文”之谥号，必有圆通善变、谨小慎微、敏思多虑之能，由此取得社会对其做事能“三思而后行”的美誉是很有可能的。“再，斯可矣”是孔子针对季文子获得的这个过誉之言所做的价值否定，就是说，对季文子这个人而言，“三思而行”孔子认为太过了。孔子的“再，斯可矣”并不是一个宽泛的标准，不是针对所有人而言的，而是特指季文子说的。一般解“斯，为语气词”。我认为斯作指示代词“其，此”讲，指代季文子——对季文子来说，二思就可以了。

据《左传》云：“季文子将聘于晋，求遭丧之礼以行。其人曰：‘将焉用之?’文子曰：‘备豫不虞，古之善教也。求而无之，实难。过求何害?’”意思是说，季文子将出使晋，在出发前，充分想好了万一遭遇丧礼该怎么处理。其他人不理解他的这一行为，就问：“这会用得着吗?”他说：“预先准备好不会误事，这是先贤的教诲。如果需要时没有，就麻烦了，何况事先考虑充分点也没什么害处。”可见，季文子虽事公忠诚、执事谨慎，但未免有“过求”之嫌。我们心究一下：出差途中所遇不测之事甚多，你能将所有可能发生的事都准备到吗?可见，其人太过多虑了。孔子是针对季文子遇事想得太多的个性，而说这番话的。

有一种说法，说孔子这话的意思是“他季文子，能做到两次思考就算可以了”，言下之意是说，别人都认为季文子做事能“三思而后行”，但孔子不认同他能做到“三思”，能“二思”就不错了，即在孔子眼里季文子是做不到“三思而后行”的。这个结论显然与史书中所描述的季文子行事风格有所不符，所以，这种解读没有存在的理由。

还有一种观点认为：在孔子的眼里，“三思而后行”不够，还应“再思考一次”。这也是一种想当然的说法，其把“再”理解成了现代汉语的词义“再来一次”的意思。所以，此解也很可笑。况且，你要知道这里的“三”并非实指，它本身就代表“多”，再来一次，还是多，所以此说没有意义。

《论语》中孔子所言，在有明确的所指对象时，都是有针对性的，千万不要泛化。泛化的结果，会使其失去了普遍性的意义。正由于这种泛化思维的存在，为使之圆通，解读时多数人往往就开始自圆其说了。这里就存在这种现象。

18 “不可”当是不可以

孔子有积极的入世为道的主张，他自己就是一个明知不可为而为之的斗士，其骨子里应该是不赞同“卷智藏明，佯昏同愚”的处世哲学的。如果说孔子赞许“韬晦佯愚”是可效法之智，那么智慧的孔子为何不为之？以至于如丧家之犬四海游说呢？其“愚”，恐怕是孔子不欲及也。他虽认同“有道则见，无道则隐”，然毕竟“隐”与“装愚”不同。又有人拿大智若愚来类比，说装愚是智慧。错！大智若愚是说此人不张扬，不表现自己的智慧，它是其内心修养的外在表象，其“愚”不是装的，而伪装恰恰是因主观意识的强制所为。

5.21　子曰：“宁武子邦有道则知，邦无道则愚。其知可及也，其愚不可及也。”

宁武子，卫国人，姓宁名俞，有说其为庄公之子；文公、成公时的大夫。史说文公之时有道，成公之时无道，就是说宁武子邦有道无道时都事过君，且都能全身远害，是谓其有智。因其在邦无道时能佯愚而避害，也是一种聪明，所以世人都赞其智慧，而孔子针对此人却发出了“其知可及也，其愚不可及也”的警世之言。

“邦有道”，意指国家政治清明，社会安定和谐。“知”，通“智”。“愚”，本指人的不聪明或蠢笨。人的智愚，本是客观不变的，不会因时因地而变化，它也与邦道之有无不相干。所以，这里“智”是指表现出自己的智慧，并把这个智慧之能发挥出来为国效力，即用一种积极的态度入世为仕；“愚”是指把智慧隐匿起来，故意表现出愚笨，简单地说就是装傻，即用一种装糊涂的智慧避免乱世之祸加于自身。

现在的问题是：明明聪明为什么要装愚笨呢？其目的当然是想在乱世之中保全自己，以免因自己的过分聪明而遭人嫉妒与排挤，从而失去自己现有的地位。站在这个立场上来说，这种“装愚”实质上就是一种“智慧的表演”，它的的确确是韬光养晦、明哲保身的政治大智慧。然而，孔子认同这种智慧吗？

平心来说，这种装愚，对个人而言可以免于是非，保全自身，但于“邦”无益，于民不利。尤其是对一国之大夫，如此之“装愚”就是对自己责任的逃脱，假如人人如此效行，邦之无道必将永远了。所以，“邦无道则愚”不是直道，更不是正道，也不是贤人君子之道。孔子教导“君子谋道不谋食……君子忧道不忧贫”，赞成“道不同，不相为谋”（《卫灵公第十五》）。孔子毕其一生宣扬他的仁道，当然不会去推崇这种装傻的“智慧”。被清朝名士郑板桥奉为座右铭的“难得糊涂”，只不过是他官场失意时的感叹而已。当然，对于一具体的事件，我们完全可以用智慧去避开暂时的冲突，但绝不能把“装愚”作为追求个人品质的标杆而去效法，否则那些“敢于直面人生”的勇士，就成蠢材了。

因此，如果用“他那聪明，别人是可以赶得上；他的那种装傻，别人可就赶不上了”来解读“其知可及也，其愚不可及也”，是背离孔子的道德观的。孔子所能容忍的最低道德标准是“直道”，他主张“以直报怨”，讨厌匿怨，“匿怨而友其人，左丘明耻之，丘亦耻之”。同时，他还教导：“笃信好学，守死善道。危邦不入，乱邦不居。天下有道则见，无道则隐（而不是装傻）。邦有道，贫且贱焉，耻也；邦无道，富且贵焉，耻也。”“装愚”的本领的确能够很好地摆脱乱世之侵扰，但毕竟缺少正直、刚毅、见义勇为等圣贤之品性，孔子怎么会赞成或鼓励人们，去学习或模仿这种“装傻”的智慧呢？

我认为，这里人们造成错解的问题，主要出在对“可及”和“不可及”的理解上。

“及”，甲骨文是“一只手抓住了前面的人”之像，本意为“赶上、追上，达到、等到”等。“其知可及也”——他的智慧可以去学习模仿。这里“及”为动词，“可及”实为“可以及”，意思是“可以去追上他”。“其愚不可及也”——他的那种愚不可以去学习和模仿的。“不可”，实为“不可以”，而不能理解为“不可能”。这里误读孔了的原因，还是望文生义的结果，按现今已是固定词语的“不可”来理解了。这里的“不”是强调对“及”之行为的否定。

当时社会上，可能对齐国前大夫宁武子的做事风格，多有褒奖：不光有智慧还能玩弄智慧（装傻），无论他身处盛世还是乱世，都能游刃有余。孔子讨厌这种社会风气，以玩弄智慧为时尚，于是他告诫人们：宁武子的智慧可以去效法，但他的那种所谓愚是万万不可以去比及的啊！

19 此归当归本义归

解读经文不能想当然，更不能望文生义，要让自己进入语境，心究其合理性，因为合理的一般也会合情。

5.22 子在陈曰："归（歸）与！归与！吾党之小子狂简，斐然成章，不知所以裁之。"

孔子在陈国[1]说："回去吧！回去吧！我们那里的学生们志向高大得很，文采又都斐然可观，我不知道该怎样去指导他们了。"（杨伯峻译）这是今天人们对此章所认同的通译。在其通译中，我们可以找到其所隐含的观点如下：

（1）"不知所以裁之"的主语为"吾"，即说话人孔子自己。解裁为"翦裁"，译为"节制、指导"。

（2）"吾党之小子"是指当时在孔子家乡鲁国的（没有跟随孔子的）门人（学生）。把"党"解为"古代地方户籍编制单位"。

（3）释"狂"为"进取"（古籍中很难找到这种解读）；"简"为"大（引申为'大道'）"。"狂简"：进取于大道。"斐然成章"："斐，文貌。成章，言其文理成就，有可观者。"（朱熹解）他把"狂简"与"斐然成章"同取褒义。

（4）整个语义，表现出了孔子对他在鲁之后生的赞美，而不是训诫。

按上述观点作解，言下之意，孔子在陈国时，仿佛无比兴奋地说：我要回老家！我家乡的弟子们个个志向远大、文采斐然，又都取得了可观的成就，以至于我都无法教导他们了。啊！赶快回家了，再没有必要如此四海流浪、竭力游说了——我自豪！我骄傲！

可见，依照这个思路描述出来的孔子，简直俗不可耐，哪有一点儿圣儒之像？似是孔子对自己的教育成绩感到了无比自满与骄傲。然而，孔子矢志不渝地鼓吹他的仁道，并要求人们不能一日无仁，在孔子看来修仁无止境，怎么可能有自满之念呢？如果孔子自己感觉到对他的这帮弟子无能指导了，回去又能怎样？难道是想放弃他们吗？再一个，如果说孔子的弟子个个如此贤能，为何孔子所赞者无几？我们心究一下，就会清楚，上解是背离孔子本意的。

与上面观点相反对的，我也可归纳出如下四点：

（1）"不知所以裁之"的主语为"吾党之小子"，主语系承前省略。

（2）"吾党小子"，统指孔子的一帮门人，并非专指当时没有跟随孔子的在鲁之弟子，即把"党"解为"由一定关系结成的小集团"。

（3）释"狂简"为"轻狂"：把事情看得过于简单，认为自己什么都能做到，且行事不计后果，有贬义；"斐然成章"：很有文采，指有成就，有褒义。

（4）整个语义，表现出了孔子对后生的训诫，而不是赞美。

---

① 陈，国名，姓妫。周武王灭殷以后，求得舜的后代叫妫满的封于陈。春秋时拥有现在河南开封以东，安徽亳县以北一带地方。建都于宛丘，即今天的河南淮阳县。春秋末为楚所灭。

按此解，言下之意，孔子在陈国仿佛无比担心地说：赶快回老家！我的弟子们个个轻狂不已，对大事掉以轻心，虽然文采斐然，但却不知道如何约束、裁取自己。所以我要抓紧回家了，好继续去教化他们，不然再这样流浪下去，我的弟子们都要让我给毁了——我悔恨！我着急！

如此看来，孔子的弟子们没有一个是让孔子放心的，好像个个都是头脑简单，且做事轻狂；虽然表现出了极高的才华，但却不知抉择取舍等具有双重人格的人。

综上所述，对本章的解读，无论多少人怎样引经据典、圆通曲证，都没有走出死胡同。进入死胡同的根源在于被“归”字错误引导了。所以，我们不妨跳出来，从其文字的本义出发做新的思考。先把“归”字解读一下。

（1）“归”字，其本义并不是“回家”，而是“事物回到它的本位”。“归”的繁体字“歸”，字面之义：女子出嫁。在古人的意识里，妇女只有嫁到婆家后才是她们的最终归宿，算是归其当位了。“归（歸）”，其甲骨文，左侧为“聚集符”，是“堆”的本字；右侧是“帚”，用以掸扫灰尘的工具。两者相合，象征男子在外劳作后，带着身上的尘土回到家，女人（妻子）为其掸尘的画面（“归”字的解读于《学而》篇第22节也有解读，读者可参看）。“归，女嫁也。从止，从婦省。”（《说文解字》）“阜”，为声符，表音，“止”为足，表示走的行为，“帚”本是“婦”的省略。

“归与！归与！”是孔子的感叹，是他在急切地希望弟子们从“狂简”的偏激脾性上，回归到本真又中正的心性上来时，而不自觉地对上天的祈祷与呼唤。当时，孔子可能从他的弟子身上，发现了一些偏离了常规的行为。虽然他们学到了一些知识，有了一定的学问，但由此也生发出了自大与自满的心态，往往把很多事情看得过分简单，于是做起事来轻易草率，不用心思。孔子因“恐其过中失正，而或陷于异端”（朱熹《集注》），故而心生不安与担忧。

由于文中有“子在陈”，又加之“归”字，自然地让人们误认为孔子有急切回家之心。然史实表明孔子在陈时已60岁（哀公三年），他在说了此话后一年多才去陈往蔡。又一年自蔡到叶（有叶公问政），时在陈蔡之间被困粮绝，后被楚人相救。不久再由楚返卫（途中又遇隐者）。直至鲁哀公十一年（是年，孔子已68岁）季康子才派人迎孔归鲁。孔子于55岁出国游说，前5年间还多次返鲁，唯说此言后又辗转多国长达8年之久（间隔最长），最后也还是被迎归国的。可见，说孔子当时归乡心切是没有道理，也毫无根据的。

（2）“斐然成章”，其“斐”虽表“文貌”，形容“有文采，多指文章写得好”，但这只是它的引申义。其本义指“不同的花纹、文采有条理地组合在一起而表现出来的很美的样子（斐然：五色相错的样子）”。其字从“文”，表示与文饰、彩饰有关（因“文”之本字为“纹”）。

“章”的原始意蕴是指“由多彩的元素有机地编排起来，而形成的一个有形的组合体”（同“幛”义。“章”字解读可参照本篇第12节）；如用音节谱写出来的称为“乐章”（由此，有人认为“章”由“音”和“十”组成，故而说其本义为乐章，非也）；又比喻由各样文字撰写出的东西叫“文章”（一段文字也叫一章）；君臣上书给天子的叫“奏章”；能盖印出纹理画样的叫“图章”；等等。反过来，“章”就有了“花样、花纹”的含义了。在古文中，“章”也用以指布匹上的纹理。当“章”所表现的“纹”非常美丽、引人注目时，就是“彰”字了（“章”在此意上通“彰”）。

“斐然成章”，从本义来理解相当于是用很美丽的文采有条理地编织成的东西（类似花布一样的）。正如再好看的布，也要经过精心合理的裁剪，才能加工出漂亮的衣服一样，人的德行也是同样如此，若不知道合理地裁剪自己“狂简”的习性，是难以成君子的。

所以，“斐然成章，不知所以裁之”，是孔子对他的一些弟子不能从现有的“狂简”中回归于“中行之道”上来时，所做的一个比喻之说。本章文字中的“归”字当以本义解读，才能还原孔子其言的本意。后人对本章的歧解较多，这里就不一一剖析了。

20　亡恶方能归佛心

佛教修行，以成佛为最终归宿：断俗根、去痴迷、亡妄想、远贪婪、离嗔恨……置心于空无的境地。抛却旧恨新仇，一切归零，身无挂牵，自然会了却所有人世间的恩怨与情仇，无怨无悔。伯夷和叔齐做到了。

5.23　子曰：“伯夷、叔齐不念旧恶，怨是用希。”

本章的解读也存有分歧。如钱穆译为：“伯夷叔齐能不纪念外面一切已往的恶事，所以他们心上亦少有怨。”其中心思想是：“不纪念过去发生在身上的怨恨事，自身心里的怨恨就会减少。”通译本译为：“伯夷、叔齐不纪念过去的仇怨，别人对他们的怨恨也就少了。”并认为孔子话的主旨：“不纪念过去得罪过自己的仇人，别人对自己的怨恨就会减少。”统而言之，他们一者说“忘恶事，自怨少”，一者讲“忘仇人，他怨少”。从逻辑上讲，两者都有道理。然而，符合孔子意思的只能有一种。

孔子说过，“人不知而不愠，不亦君子乎”！君子是不会在意别人对自己的看法或态度的，“君子病无能焉，不病人之不己知也”（《卫灵公第十五》）。如果说，君子不念旧恶，是为了不遭怨恨，那么这就是对君子名分的损污。伯夷、叔齐，是殷朝末年一小封国之君孤竹君的两个儿子，一个是老大，一个是老三。其父君死后，两人互让君位，只得中子得继。后二人又逃跑至周文王的辖区，殷亡后又因耻食周粟而饿死于首阳山中。孔子也由此称其“不降其志，不辱其身”（《微子第十八》），并赞其“古之贤人也”，又谓其“求仁而得仁，又何怨”（《述而第七》）。可见，在孔子眼里，此二人已远非君子之名，已近仁的境地。所以，他们根本不会在意他人的怨恨。伯夷、叔齐不念旧恶，并非他们主观的有意而为，是其修养心性的无意之因致心中无怨之果。

再看“怨是用希”。孔子主张“恕”，并曰“己所不欲勿施于人”。仁人君子要“躬自厚而薄责于人”，“能近取譬”即能将心比心。你欲想别人对你无怨，自己应该先无怨。子又说“君子求诸己，小人求诸人”（《卫灵公第十五》），君子总是对自己严格要求，小人才会要求别人。由此看来，“怨是用希”之“怨”，首先针对的是自身是否有存怨之怨，非指他人对己的怨恨。“怨是用稀”即为“怨希是用”——其怨之所以稀少，是因为他们“不念旧恶”。这里的“是”指代“不念旧恶”这种行为态度。

有人解“是用”为“因此”，不能说是错，但不是其本义。“因此”是“是用”的转借之义。“此”，还是指代上文的“不念旧恶”的行为。所以，这里没有必要转译。此“是”就是指示代词“这样”，指“不念旧恶”的态度。“是用”应该连用，意思是“这样做”。由于伯夷、叔齐做到了不念旧恶，所以他们内心存怨很少。“希”通“稀”，“少”义。

“不念旧恶”，旧恶的概念应该放宽，指过去所有的不快，包括仇恨、委曲、误解等，这才是君子的心胸。所以，钱穆的解释比较合理。

21 行德也须守中庸

德之性用于外谓德行，即用德。用德之时也要讲中道，即用直心，若是为显己德而曲意迎合，就会失之真诚走向虚伪。所以，孔子主张直道。

5.24 子曰：“孰谓微生高直？或乞醯焉，乞诸其邻而与之。”

微生高，姓微生，名高，鲁人，在《庄子》《战国策》中又称“尾生高”。

当时，人们称颂他是个正直、爽泰、坦率且守信之人，但孔子认为其有名不符实之嫌。传说他相约一女子于桥下，女子虽久不履约，但他仍守信不移。值河水暴涨，宁抱柱死守，也不离去，最终溺水而亡。可见，他的这种直爽、守信已经到了迂腐的地步。后世的戏曲《兰桥会》就是据此情节所编的。

“醯”，醋也。朱熹注云，人来乞醯时，其家无，故乞诸邻家以与之。夫子言此，讥其曲意殉物，掠美市恩，不得为直也。程子曰：“微生高所枉虽小，害直为大。”范氏曰：“是曰是、非曰非、有谓有、无谓无，曰直。圣人观人于其一介之取予，而千驷万钟从可知焉。故以微事断之，所以教人不可不谨也。”

孔子屡言“直”与“直道”，在孔子眼里“直”的大体之义就是“本真”——一是一，二是二，不违隐己心。别人做菜没有醋了，来向你借，你也没有，转而从邻居家借来给他，说明这人有热心肠。但对于借醋这样的事，你如果没有，直接告之好了，别人自然会另乞他人。非要自己先借来，再转借给人，未免小题大做、故作姿态了，如此或是出于巴结讨好或是在沽名钓誉，反失之诚心而有虚伪之嫌。我们这样设想：你没有，邻居家如果也没有，邻居又到他的邻居家借，又没有……如此下去岂不迂曲？所以，孔子就此事而言其失之“直道”是合理的。因为这种事也不是其他人所无能为力的，所以无须救助。若真是有什么必须出面帮忙的事，助人为乐也是仁之精神。

孔子只是就事论事，并没有否定微生高“乞诸其邻而与之”的行为，只是说微生高太过迂腐，对君子之德的理解偏离了中庸之德，成了书呆子。这不是孔子所希望看到的修行君子的结果，他当然不赞同。

同样，孔子反对巧言令色，还是因为它有失直道，不守中庸之德。

5.25 子曰：“巧言、令色、足恭，左丘明耻之，丘亦耻之。匿怨而友其人，左丘明耻之，丘亦耻之。”

“巧言令色”于《论语》中多次出现。在《学而》第13节中对“巧言令色”已作过解读——经过巧妙加工的语言，故意做出表演式的态度。这里的“巧”与“令”都是形容词作动词用。文中既然把“巧、令、足”并列对举，可想而知“足”在此必然也是形容词的使动用法，由此，“足”译成“使……足够多”比较合乎文义。“恭”多得非常充足了而不是“正好”，当然就是“恭敬得过分”了，简单地说就是把恭敬做足了。表现出“过分的恭敬”自然有失中正，偏离了“直道”。子曰“巧言令色，鲜矣仁”，自然“足恭”也是“鲜仁”了。

这种做足了的“言，色，恭”的行为，由于偏离了仁的直道，做得太过了，所以“左丘明耻之，丘亦耻之”。丘，是孔子的名。左丘明，丘氏名明，因其父任左史官，故称左丘明。左丘明，东周春秋末期鲁国都君庄（今山东肥城市石横镇）人，年长孔子约40岁，是当时的史学家、文学家、思想家、军事家，被后人誉为“文宗史圣”“经臣史祖”等。孔子、司马迁均尊他为君子。

正如孔子因微生高“乞诸其邻而与之”而否认其“直”一样，对“匿怨而友其人”——把对一个人的怨恨隐藏起来而表现友好的态度。因为这种友好也是假装出来的，与孔子主张的“以直报怨”相左，孔子当然会“耻之”了。

我还有一种观点，即“足恭”不作为一项，而是作为“巧言令色”的结果，意思是说：用巧言令色做出来的恭敬。“足”，作“促成”讲。这样理也能讲通，故呈于此供读者心究。

22 理想社会夫何如

言为心声，由言可知其志。对于同一件事情的看法，因各自的知识、思想、情趣、观念的不同也会不同，但于不同之中可鉴其人。颜渊、季路及孔子本人，各自表达了他们心中的理想社会的模样，从中可体味出他们的思想境界，亦可分辨出其仁德修养的高下。孔子在此也为我们创设了一个理想的现代社会形态。

5.26 颜渊、季路侍。子曰：“盍各言尔志?”子路曰：“愿车马、衣轻裘，与朋友共。敝之而无憾。”颜渊曰：“愿无伐善，无施劳。”子路曰：“愿闻子之志。”子曰：“老者安之，朋友信之，少者怀之。”

“侍”，服侍，就是陪从在尊长身边。《论语》中单用“侍”字时，指孔子坐着，弟子站着；用“侍坐”时，指孔子与弟子都坐着；用“侍侧”时，指弟子陪同孔子或立或坐（多人时有站有坐）。这天，颜渊、子路（季路）在孔子身边侍立着，可能比较清闲吧，孔子对他俩说“盍各言尔志”——何不各自说说你们的志愿呢?

（1）子路抢先说“愿车马衣轻裘，与朋友共。敝之而无憾。”——愿意有车马乘坐，穿又轻又暖和的皮衣，而且拿出来与朋友共同享用，就是用坏了、穿破了也不抱怨。此为通译本所译。杨伯峻译其为：“愿意把我的车马衣服同朋友共同使用，坏了也没有什么不满。”当然，他们的翻译意思没有错，但都没有遵从原文。

按阮元的《论语校勘记》所说，“衣轻裘”中的“轻”字是后人误衍的。我认同此说。“车马衣轻裘”，单从文辞上来讲，也是语法不通的，“车马”是名词，“衣轻裘”是动宾结构。这里的“车”与“衣”是名词作动词用：坐车、穿衣。“车马衣裘”——坐着马车，穿着皮衣。话通顺自然。

“共”，其甲骨文为，是两手捧一物的形象（“共”字的详解可参看《为政》篇第1节）。如果这两只手是两个人的（或是不同人的），代表两者共同拥有，“共”就取“共同”义；若其双手系一人的，“共”就同“供”字。当供物于神就是“供奉”，若供物给他人就是“供给”。“共”字，这里应指“共同去做”的意思，用以修饰后面的“敝之”之行为。我认为，文中“共”后不应该断为句号，应为“愿车马衣裘，与朋友共敝之而无憾。”若把“共”作谓语动词，并在此后断句，话读起来不顺，也不合古人行文讲究韵律的风格与习惯，尽管对理解文义影响不大。

所以，本句这样意译比较符合文意：但愿能与朋友共享马车皮衣，坏了破了也不遗憾。可见，子路有“有难同当、有福同享”的豪气，也有点“共产主义”的理想。子路的理想社会是“财富极大丰富，人民安居乐业，而且是人人以朋友方式相处的和谐社会”。

（2）颜回接着讲“愿无伐善，无施劳”——愿意不夸耀自己的好处，不表白自己的功劳（通译本译文）。“伐”，解为“自夸，夸耀”；“施”，解为“表白”；“劳”，解为“功劳”，并谓颜回是“无伐善以修己，无施劳以安人”。这种解读也是在望文生义。

这里孔子是让他们俩谈谈自己的“志向”，如若颜渊此言之义如通译本所说，“无伐善，无施劳”只是个人素质的修为而已，不算其“志”。前有子路言“朋友”，后有孔子言“老者、朋友、少者”，显然，其“志”体现的是对全社会形态的一种愿望。颜回所表之志当亦应如此。

“夸耀”和“表白”分别是“伐”与“施”的引申或再引申义，本义各为“砍杀”和“实行，执行，或把一物加于另一物之上，如施加”。而“劳”的本义是辛苦或勤劳（勤劳者，势必比别人付出更多的艰辛，当然“辛苦”了）。“劳”字取“功劳”义讲，是“因为‘辛苦’后定会取得‘好’成绩”所引申出来的义项。

“善”不遭受杀伐，“恶”就不会漫延；没有强加的劳役，人民就会自食其力，各得其所。或简言之：“没有战争的杀戮和皇权的劳役，就能社会安定，人民自由。”这才是颜渊的社会理想。

（3）孔子所表述的“志”是“老者安之，朋友信之，少者怀之”——老者养之以安，朋友与之以信，少者怀之以恩（朱熹《集注》）。老年人能安度幸福的晚年，青少年能得到全社会的关怀与爱护，人与人之间都有朋友般的信任与平等。这就是孔子三千年前为我们所描绘的“中国梦”啊！

现把三者的志向归纳起来表述如下，以示总结：

子路的理想有点类似“共产主义”，社会财富共同拥有，共同享受，人民没有贫富、贵贱之别；颜回的愿望是国泰民安，人民和平共处，没有战争，远离杀戮，人民能免受劳役之苦。然而，孔子的社会理想更概括，更有广度和宽度：老人能安度，孩子被爱护，人人诚信友爱——这将是一个以人为本，充满爱与宽容的理想社会——平等友爱，自由和谐，尊重人性。

23 子为自我作点评

为师之道当言传身教，这是教育观的共识；“学高为师，德高为范”，这是做教师的资格，也是教师的自我坐标。孔子之所以被后人誉为教育家，不是没有理由的。

5.27 子曰：“已矣乎！吾未见能见其过而内自讼者也。”

“算是没得救了啊，我还没看见过，发现自身有过错时能从内心深处自我反省与责备的人呢。”这好似孔子在看到世人“巧言、令色、足恭”而不能自耻时的感叹。想必孔子自己是能做到“见其过而内自讼”的人，如果没有切身之感，不会发如此感叹。

朱熹注之：“已矣乎者，恐其终不得见而叹之也。内自讼者，口不言而心自咎也。人有过而能自知者鲜矣，知过而能内自讼者为尤鲜。能内自讼，则其悔悟深切而能改必矣。夫子自恐终不得见而叹之，其警学者深矣。”此言甚是。

本章文字，似乎与下章内容相应和，好像是同时之言。

5.28 子曰：“十室之邑，必有忠信如丘者焉，不如丘之好学也。”

因为孔子看到周围的人很少“能见其过而内自讼者”，所以发出了“焉不如丘之好学也?”的怀疑之叹。

孔子口中的“学”，不是我们现在讲的“学习”，“学”作名词时是指“学问”，作动词时是指“求学问”。如“虽曰未学，吾必谓之学矣” （《学而第一》），前一个“学”是动词，后一个“学”就是指学问。没有文化的人（因为他没有上学）不等于没有“学问”。学问一方面指“知识”，另一面也指如何做人处事的“常识”或是“人文修养”。此章中的“好学”意思是“能主动追求个人的道德素养”，当然也包括求知识。

对本章，人们都是站在“崇圣”的角度来解读的，如通译本译文：“在十几户的小村里，一定有像我孔丘这样讲忠信的人，（只是）不如我这样好学啊！”我想，谁都不会承认孔子是一个孤傲的人（否则不合孔子的圣人之名），对吧？那好，为彰显孔子的圣人之德，认同“都不如我（孔子）这样好学”之说，那请你心究一下：说出这种明显地带有骄傲自大心理倾向之话的人，能是一个圣人吗？这样的解读是欲褒之耶？欲贬之耶？所以，此解不能让人心顺。

为此，我首先认为，此章断句有误，应该是“十室之邑，必有忠信如丘者，焉不如丘之好学也?”，旧版有这样断句的，程石泉先生就认同，但程先生说：“焉为‘而’字，视同为‘而乃’。”这点我不认同。因为句末有“也”字，结合“焉……也、乎?”显然构成的是疑问句式，而非陈述句。“焉”在此应为疑问副词，相当于“焉能、焉会”，表示承接上文得出结论。句末“也”用以表达“疑问语气”。既然是“疑问”，其所疑之事当然是“可能有”也“可能没有”，或者“疑问为什么不能这样”。比如，在一个坐满人的公共汽车里，突然有一个人出来抢劫，但没有人出来制止，对此你可能会发出这样的疑问：“车里肯定是有正义之人，为什么没有人站出来制止呢?”按理来说，既然有正义之人存在，就该有为此出手的人，可事实上没有，于是你才有疑惑。孔子在这里，针对“十室之邑，必有忠信如丘者”——既然有忠信如丘者，就该有如丘一样的好学者，可现在没有……于是同你一样，也会产生出类似的疑问——焉不如丘之好学也?

《论语》里讲“忠信”者，应是“好学”者，否则其忠信之德何来？既然肯定有“忠信如丘”的人，那这些人怎么会“不如丘之好学”（不像孔丘我这么爱好追求学问）呢？——这才是智慧的孔子。如是说，既没有肯定十室之邑“没有像我这么好学”的人，也没有否认十室之邑“有像我这么好学”的人——反正我是好学的！如此，既十分推崇了孔子的好学进取，又丝毫感觉不出孔子有骄傲自大的情绪。做这样的解读岂不善哉?

本篇主要通过古今人物的贤否得失，论述人应该具备怎样的德行，但最终宗旨还是要激励人们，把修行仁德作为自己一生的追求目标。因唯有专心自修，才能完善人品，提高学问，增进智慧。美质可得，但须治学而成。所谓“玉不琢，不成器。人不学，不知道”。学可以至圣人，不学不免为乡人。所以，本篇至此终了，用孔子的“焉不如丘之好学也?”作结语，《论语》的编者旨在告诫我们要像孔子那样好学，才有望成为孔子那样的圣人。

卷六　《雍也》篇

本篇共三十章。全篇主要是针对一些名人做评价，或对人之所为进行评述，也包括对孔子自己的言行，以直接或间接地来论述仁道观。全文如下：

6.1 子曰："雍也可使南面。"

6.2 仲弓问子桑伯子，子曰："可也简。"仲弓曰："居敬而行简，以临其民，不亦可乎？居简而行简，无乃大简乎？"子曰："雍之言然。"

6.3 哀公问："弟子孰为好学？"孔子对曰："有颜回者好学，不迁怒，不贰过。不幸短命死矣！今也则亡，未闻好学者也。"

6.4 子华使于齐，冉子为其母请粟。子曰："与之釜。"请益。曰："与之庾。"冉子与之粟五秉。子曰："赤之适齐也，乘肥马，衣轻裘。吾闻之也，君子周急不继富。"

6.5 原思为之宰，与之粟九百，辞。子曰："毋！以与尔邻里乡党乎！"

6.6 子谓仲弓曰："犁牛之子骍且角，虽欲勿用，山川其舍诸？"

6.7 子曰："回也，其心三月不违仁，其余则日月至焉而已矣。"

6.8 季康子问："仲由可使从政也与？"子曰："由也果，于从政乎何有？"曰："赐也，可使从政也与？"曰："赐也达，于从政乎何有？"曰："求也，可使从政也与？"曰："求也艺，于从政乎何有？"

6.9 季氏使闵子骞为费宰。闵子骞曰："善为我辞焉。如有复我者，则吾必在汶上矣。"

6.10 伯牛有疾，子问之，自牖执其手，曰："亡之，命矣夫！斯人也而有斯疾也！斯人也而有斯疾也！"

6.11 子曰："贤哉，回也！一箪食，一瓢饮，在陋巷。人不堪其忧，回也不改其乐。贤哉，回也！"

6.12 冉求曰："非不说子之道，力不足也。"子曰："力不足者，中道而废。今女画。"

6.13 子谓子夏曰："女为君子儒，无为小人儒。"

6.14 子游为武城宰。子曰："女得人焉尔乎?"曰："有澹台灭明者，行不由径。非公事，未尝至于偃之室也。"

6.15 子曰："孟之反不伐，奔而殿。将入门，策其马，曰：'非敢后也，马不进也。'"

6.16 子曰："不有祝鮀之佞而有宋朝之美，难乎免于今之世矣!"

6.17 子曰："谁能出不由户? 何莫由斯道也?"

6.18 子曰："质胜文则野，文胜质则史。文质彬彬，然后君子。"

6.19 子曰："人之生也直，罔之生也幸而免。"

6.20 子曰："知之者不如好之者，好之者不如乐之者。"

6.21 子曰："中人以上，可以语上也；中人以下，不可以语上也。"

6.22 樊迟问知。子曰："务民之义，敬鬼神而远之，可谓知矣。"问仁。曰："仁者先难而后获，可谓仁矣。"

6.23 子曰："知者乐水，仁者乐山；知者动，仁者静；知者乐，仁者寿。"

6.24 子曰："齐一变，至于鲁；鲁一变，至于道。"

6.25 子曰："觚不觚，觚哉! 觚哉!"

6.26 宰我问曰："仁者，虽告之曰：'井有仁焉。'其从之也?"子曰："何为其然也? 君子可逝也，不可陷也；可欺也，不可罔也。"

6.27 子曰："君子博学于文，约之以礼，亦可以弗畔矣夫!"

6.28 子见南子，子路不说。夫子矢之曰："予所否者，天厌之! 天厌之!"

6.29 子曰："中庸之为德也，其至矣乎! 民鲜久矣。"

6.30 子贡曰："如有博施于民而能济众，何如? 可谓仁乎?"子曰："何事于仁，必也圣乎! 尧、舜其犹病诸! 夫仁者，己欲立而立人，己欲达而达人。能近取譬，可谓仁之方也已。"

1　当仁不让正师言

冉雍（字仲弓）在孔门弟子中以德行著称，孔子对其有“雍也可使南面”之誉，这是孔子对其他弟子从来没有过的最高评价。孔子临终时在弟子们面前夸奖他说：“贤哉雍也，过人远也。”冉雍曾做过季氏私邑的长官，主张“以德化民”，但是在季氏“仕三月，是待以礼貌，而谏不能尽行，言不能尽听，遂辞去，复从孔子。居则以处，行则以游，师文终身”。在这里，他还提出了“居敬行简”的为政理念，并巧妙地修正了孔子“为政不能以简”的不足之处，得到了孔子的肯定。

6.1 子曰："雍也可使南面。"

南面，通俗地讲就是脸朝向南边。由于中国古代的宫廷、县衙等建筑都是面向正南方向的，衙门里的主事官爷在坐堂听政时，必是坐北向南，所以此坐向被称为尊位、正位。由此，"南面"成了临民为官的代称了。临民主国者称为君，但不是说南面者都是国之君。因此，把"可使南面"译为"可以做一国之君（天子诸侯）"是错解。再说，孔子时代的国君之位是世袭的，孔子又是周礼的忠实信徒，不可能说出冉雍可以当"皇帝"这样大不敬的话来。其实，孔子的本意只是称冉雍有为政的领导之才，并非就是说他必须去当官。

"可使南面"，这里的"使"应当作"出使"讲，意为"可以出使某一地方或某一部门的行政长官"。

6.2 仲弓问子桑伯子，子曰："可也，简。"仲弓曰："居敬而行简，以临其民，不亦可乎？居简而行简，无乃大简乎？"子曰："雍之言然。"

子桑伯子，其身世情况不详。有人认为，他就是秦穆公时的子桑（公孙枝）；但多数人认为，子桑伯子就是《庄子》中所说的"子桑户"，鲁国人，与孟之反、子琴张为友。子桑户，又称桑雽、桑扈。朱熹也在《集注》中说："子桑伯子，鲁人，胡氏以为疑即庄周所称子桑户者是也。"后者的说法比较可信，因为他若不是鲁国人，冉雍不会拿子桑伯子说事。

一种解读认为，有人问孔子凭冉雍（字仲弓）的能力，能做什么样的官，孔子答为"可使南面"。冉雍得到老师的认可后，就问孔子，子桑伯子能做官不（或官做得怎样，既然对子桑称"子"，可能他已是大夫之列）？孔子回答："可也，简。"——可以呀，因为他办事简约。就是说，孔子是认同子桑伯子可以临民为官的，而且认为"简"正是他可以为官的优势。持这种观点的人认为，孔子是赞同"用简可以为政"的。

接下来，我们看冉雍回老师的话："居敬而行简，以临其民，不亦可乎？"通译本译为："为人严肃认真，能严格要求自己，又办事简要，用这样的方法对待他管理的人民，不也是可以的吗？"此译合义（按：这里"居"与"行"对言，"居"不能解为"居在家里"，其有"据"义；"临民"，一般是针对上位者所言）。冉雍此言直接用白话表述就是：只要居敬而行简，不也可以临民吗？我们从说话的语气上来体会，冉雍显然是对孔子所言的反问，意思是"简"也可以做官，只要"居敬而行简"就行。从这个反问来看，他对孔子的"可也简"

所表达的语义，并不认同，而是反其义以问之，其所表达的结论就是：“用简可以南面。”现在既然冉雍是反问，表明孔子的“可也简”，其语义表达的应该是“用简不可以为政”。再从后面孔子的回话“雍之言然”（冉雍，你说的是对的）来看，显然，孔子对冉雍的反问也是认可的，并间接地承认自己的观点错了。

由上面的分析可见，这里的“可也简”三字，所表达的正确意思并不是肯定，而是否定。由此说明，此处有错简（文字有误），即“可”字有误。

在本篇第八章，季康子问政，分别就“仲由、赐（端木赐）、求（冉求）可使从政也与?”提问孔子时，孔子分别答曰：“由也果，赐也达，求也艺……于从政乎何有?”这里的仲弓（冉雍）之问形同，其所言之形式皆是“被问者的名+也+果（达、艺）”，由此推断此处的“可也简”之“可”，当为子桑伯子的名“户”字。程石泉先生认为，错字的原因是篆字户（）与可（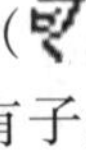）形近。刘向在《说苑》中就说“可也简”之“可”应该是“户”，并写有子桑伯子的一段故事，说他“不衣冠而处”，孔子认为他“质美而无文”。“质胜文则野”，简者易野也。又，此文中把“简”与“敬”对举（居敬而行简），即“简”与“敬”义反。“敬”，表达的是对事的“认真态度”，所以这里的“简”就是简慢、怠慢，如同“狂简”之“简”义。而“简”不是孔子所看好的个性行为。所以“户也简”——子桑户行为简慢。因其简慢不一定能做好官。语义自然是对“依简可为官”的否定，因此冉雍的反问就顺理成章了。

当然，冉雍表达得也很辩证，故补充道：“如若居简而行简，无乃大简乎!”（这里应该用感叹号，而不应用问号）——心存“简”行事还“简”，那就太“简”了。冉雍做如此补充之言，是为了给老师找个台阶下——您说得也不完全错——当然了，若是居简行也简，也是不可以的。还是冉雍会说话，所以孔子并没有觉得尴尬，还称赞道：“雍之言然!”——确实如冉雍所说的。

不说冉雍德行如何，就冲他的这个说话的智慧，“雍可使南面”一点不假。

2　重学不取无义财

为仁无有不礼事，重学不取无义财。适义之财受之当然，但物欲不可常驻于心，否则做人难为刚。由一个人对待物质的态度，可窥其仁心，亦可见其为学之诚。这里孔子就人之所欲，比较评价了三弟子之德。

6.3　哀公问：“弟子孰为好学?”孔子对曰：“有颜回者好学，不迁怒，不贰过。不幸短命死矣！今也则亡，未闻好学者也。”

此章内容与《先进十一》“季康子问弟子孰为好学”基本相同。

“迁”，迁移；“贰”，相当于“第二次”。“不贰过”，意思是同样的过错不会重复再犯。“不迁怒，不贰过”——“怒于甲者，不移于乙；过于前者，不复于后。”（朱熹《集注》语）

“不迁怒，不贰过”，是孔子夸颜回好学的一个理由。通常意义上的“好学”，是指学习努力、认真等，而“不迁怒，不贰过”显然是指人的品德、修养及做事的态度。由此足以证明，孔子口中的“好学”之所“学”者，实为人之德行、学问，不是我们现在所认为的仅仅是知识或某一方面的技能，而更多的是仁德。“学以至乎圣人之道也。”（朱熹《集注》中引程子语）

颜回是三十二岁（有说三十一岁）死的，孔子比他大三十岁，所以孔子说他“不幸短命”，并加“死矣”表感叹，表现出孔子对颜回的惋惜之情。“今也则亡，未闻好学者也。”——今天则没有了，还没有看到像颜回这么好学的人啊。此“闻”不只是“听到”，还包括“看到”“见到”。这句话中的“亡”字，不是“死亡”，而是“无”。

这里表现了颜回淡泊名利，力学进德只追求精神满足。孔子赞之表明他认同了颜回的人生价值观。

6.4 子华使于齐，冉子为其母请粟。子曰：“与之釜。”请益。曰：“与之庾。”冉子与之粟五秉。子曰：“赤之适齐也，乘肥马，衣轻裘。吾闻之也，君子周急不继富。”

这里的“冉子”，是冉雍还是冉有，有不同观点。程石泉先生认为是冉雍，他说孔子于《论语》中对冉有多责备之辞，殊乏褒扬之意，且斥其为“非吾徒也……鸣鼓而攻之”，所以孔子的弟子们不可能尊称冉有为冉子。然而，程石泉没有注意到，本章孔子对“冉子”也是颇有微词的，这从下面孔子的语气中可以感觉到。郑玄注谓“冉子”为冉有，应该是合理的。

子华，即公西赤或公西华，赤为其名，华为字，鲁国人，孔子弟子。其有外交才能，孔子曾说：“赤也，束带立于朝，可使与宾客言也。”孔子能使子华出使齐，当为鲁定公时（当时孔子为相）。

子华要出使齐国，冉有考虑到子华走后其母的生活，于是向孔子提出为子华的母亲请求点粟（粮食）。孔子同意，并说“与之庾”——给她一庾。不知何故，冉子背着孔子给了五秉。孔子有点生气了，但没有直接批评，只是说“吾闻之也，君子周急不继富”——我所知道的，君子帮助人也只是雪中送炭（救人之急），而不会锦上添花（已经有了还要增加使之更多）”。“周”，周济。

朱子说：“釜，六斗四升。庾，十六斗。秉，十六斛”。“釜”“庾”“秉”

皆为古代的量器，其计量单位到底是多少有争议。总之，“秉”的计量要大于“庾”。正因为给的太多了，孔子才不高兴的。不高兴的理由是：“赤之适齐也，乘肥马，衣轻裘”——赤到了齐国后，可以乘肥马、穿衣轻裘——吃穿都不用愁了，物质应该是很富足的，君子帮助别人是周急不继富啊。冉有如此做法有点过了，故孔子对此有愠。

“乘”，为动词。“衣”，与“乘”对举，所以这里是名词做动词，作“穿衣”讲。“继”，本义为把断了的丝接续上，故而有接续不断的意思，在此取“增益、添加”义。这里的“富”也不是指经济上富有的人，而是“富足”（多了，富余了）义。

6.5　原思为之宰，与之粟九百，辞。子曰：“毋！以与尔邻里乡党乎！”

原思，孔子弟子，名宪，鲁国人（有说是宋国人）。“原思为之宰”中的“之”，现代人都按朱熹在《集注》中所说“孔子为鲁司寇时，以思为宰”，认为“之”代孔子，译为“原思为孔子家做总管”。这可能与史不符。孔子于五十二岁始出仕，为鲁中都宰，次为司空司寇，五十六岁就下野了，且古书上也无言他封有采地，所以不可能有拥有家宰的权利。因此，这里的“为之”应连读，“为”是动词，作“做或当”讲；“之”是语气助词，无意思。

“原思为之宰，与之粟九百，辞。”——原思做某地的主管时，给他九百担（文中无量词，不写量词，想必古人不言量词时必指一通用的单位。这里权且译为“担”，无论取什么单位，文意不变）粮食的俸禄（抑或是俸禄之外的赐予），他推辞。于是孔子劝他“毋以与尔邻里乡党乎?”——不可以分送给你的那些邻里好友吗?孔子的意思是劝他收下，如果自己不想要，可以送人，何必不要呢?肯定中还带有一种商量的口吻。如果是后儒们所解读的：“不要不行！拿给你家乡的人吧!”那么孔子简直是在下命令，不合他的儒雅之气。子曰：“邦有道，贫且贱焉，耻也；邦无道，富且贵焉，耻也!”既然孔子赞同原思出仕，其邦不算有大道，至少也不至于无道。原思可能是应孔子教诲，欲保持廉洁不辞贫贱，所以他“辞”。而孔子却拐着弯子劝他收下：你要嫌多可以送人嘛！这样看来，孔子并不迂腐。人并非定要排除物欲，他讲的是“君子爱财，取之有道”，该得到的，就不要推辞。

“毋以……乎?”构成反问疑问式语气句式，相当于“不可以……吗?”先秦文章中“毋”用法很多，现虽没有人把“毋以……乎”归为一种先秦行文的语法形式，但它与后来的“能毋以……乎”“得毋以……乎”语法形式有相似之处，说不定这两种语法形式是“毋以……乎”的一种语言形态的演变呢（我暂且一说，读者可体味一下）。按我的理解，句子中在“毋”后不应断句。

连续三章内容用孔子的三位弟子的德行，为我们表达了孔子对物质与精神关系的态度。颜回，一心追求学问，对物质看得太淡，常常“一箪食，一瓢饮，在陋巷。人不堪其忧，回也不改其乐”（本篇第11章）。颜回，可能正是因为物质的匮乏，长期的营养不良，“不幸短命死矣”，孔子叹惜。但其精神可贵，所以孔子赞其：“贤哉，回也！”原思对待额外的赐予，坚定地辞之，不为所动。然而，孔子却并不赞同原思不受赐予，可见孔子并不是绝对要求君子排斥物质需求的，只要取之有道可以不拒，只是不要心存过度的贪欲。冉有在子华物质已经富足的情况之下，还为之继富，孔子表现出了反感，可能在孔子看来，冉有内心对物质的欲望有些过深了吧。

这里，《论语》作者的用心，是想通过对待物质的态度，来评价孔子及其弟子的德行与品格，从而告诫他人：不要贪求不义之财，要重学重德重修为。

3　金子总有发光时

孔子一方面主张尊君、君臣父子有别的等级观，在其极力鼓吹恢复旧礼制的态度上彰显出保守的一面；另一方面却倡导学而优则仕，举贤任能，不论出生富贵贫贱，又表现出他开明的一面。这就是孔子儒学理论上的矛盾性。

6.6　子谓仲弓曰：“犁牛之子骍且角，虽欲勿用，山川其舍诸？”

仲弓即冉雍，其父名“冉耕字伯牛”。犁牛[①]，本义指用来耕地的牛，正因孔子此言中出现的“犁牛”一词，正巧同于被评论者冉雍之父名中的“耕牛”，所以引来了人们的许多联想。

一部分学者认为，孔子是完全针对仲弓，用犁牛作比，以言其父身贱，故而劝说冉雍不要因为出生贫贱而放弃自己的志向。如《史记·仲尼弟子列传》说，仲弓的父亲出身很微贱，仲弓却是“可使南面”的人才，因此孔子说了这番话，意思是说只要有本事照样可以出仕为官，与家庭出身无关。正如普通的耕牛如果其子长得周正、健壮且有赤色的皮毛，照样可以作为牺牲祭品。即便用祭的人不想取其为牺牲品，被祭的各路神圣也是不会拒绝的。另一部分人认为，这里是孔

① 犁，何晏和皇侃皆训之为“杂文”，认为其与表示赤色的骍对举。犁牛即谓杂色的牛。恐不准确，刘宝楠认为不当，他主张解为“耕牛”。

子评论仲弓之辞，并不是与仲弓的当面之言，否则“岂有面其子而以犁牛喻其父之理”？（如此应为无礼）所以，“此章乃是泛论古今人而特与仲弓言之，不必即指仲弓也”（认为孔子这里是泛论而非有针对性）。还有学者认为，因孔子谓仲弓“可使南面”，且又为季氏宰，这可能是仲弓问于孔子“焉知贤才而举之?”时的孔子之答言，或是“仲弓于选贤举才取择太严，故孔子以此晓而广之耳”。

孔子此语是否真的是针对仲弓之父名而言，只有孔子自己心里知道，外人只能是猜测。当然，讨论这个问题与本章文义的解读没有关系，孔子只是用比喻说理——用人视才德唯观，以批评唯出身论。按礼，用来祭祀的牺牲（牛、羊等牲畜）必须长得好看，还要符合其他要求，比如大小、色质等，更主要的是，牺牲多是要单独畜养，一般牲畜是不能用的，更不用说是耕地的牛了。然而，孔子却能提出，即便是耕牛出身，只要自身符合条件就能用于牺牲。在那个时代，孔子说出这一主张是需要很大勇气的，这也体现了他的革命性。

通译本将其译作：“孔子谈论冉雍，说：‘耕牛生的小牛犊，长着整齐的红毛和周正的硬角，虽然不想用它［作牺牲的祭品］，山川之神怎么会舍弃它呢?’”

“骍”，本指赤色的马，后泛指赤色的牲畜。据说，周朝以赤色为贵，所以祭祀的时候也用赤色的牲畜。“角”，这里不应该当名词来解。你试想一下：无论什么样的牛生来都会长角的，所以牛有没有“硬角”（还真没见过长软角的牛），不可能作为可以或不可以用作牺牲的条件。我们常说“有棱有角”意指方正或周正（不歪不斜），指人时用以表示此人有个性。又如“名角”“角色”通常是指有个性且有突出表现的不一般的人。所以，“角”在这里是形容牛长得合规合矩，比例协调，有特别之处，喻之于人表示具有比较出众的才德。

“山川其舍诸”之“其”为副词，表反诘，意义同“岂”“难道”。“诸”，是“之乎”两字的合音字。将其译为“山川之神怎么会舍弃它呢?”是受了语境的暗示，有想当然之嫌。这里的“山川”，我认为是对自然界的一种指代之意。孔子的言下之意是世俗的人们虽不想用他作为牺牲的牛（因为出生低贱），但只要有这个才（不论你有什么样的出身），总有能发挥你作用的地方，正如说“是金子总会发光”一样。钱穆论解：“周礼，用骍牲者三事：一祭天南郊。二宗庙。三望祀四方山川。耕牛之子骍且角，纵不用之郊庙，山川次祀宜可用。”此说有点自圆其说。你想，无论是祭祀谁，都是牺牲，不可能分别作言，“虽欲勿用”——有的人不想用耕牛之子作牺牲，自然也包括用于祭祀山川之神的牺牲。“虽欲勿用，山川其舍诸”表达的言外之意就是即使他不用你，总有人会用你的。

4　仁心贵在恒久远

因人毕竟有怜悯之情、同情之心，故偶尔为仁也是可能的。但一时之用仁不算有仁，只有将仁永恒地融化于你的心灵深处，并时时刻刻于方方面面的行为中表达出来，才可谓其有仁。所以，孔子在此强调，仁心贵在恒久。

6.7　子曰："回也，其心三月不违仁，其余则日月至焉而已矣。"

此章照字面直译：只有颜回可以做到三个月不违背仁心，其他人只能做到一天或一月不违仁心而已。

在孔子眼里，没有仁心的人，就如行尸走肉。所以，他强调："君子无终食之间违仁，造次必于是颠沛必于是。"（《里仁第四》）这里，虽说"三月"并非实指，泛指时间之长，但不管是指多长时间，总还有个限度的，而孔子强调的是对仁心要无终食之违。因此，有人认为，这里的"三月"可能是字误。如程石泉先生认为"三月"是"素"的错简。他说，"三月"是合书（甲骨文的一种文字书写形式，且竖式书写），甲骨文作""，与篆文""（素）因形近而误。

《论语》中有"三月不知肉味"句，其"三月"代指时间之长是显而易见的，看来"三月"之义已是约定俗成了。所以，在这里，我认为程石泉先生对此有点太过认真了。皇侃解释之："既不违仁，则应终身。而止举三月者，三月一时，为天气一变，一变尚能行之，则他时能可知也。亦欲引汲，故不言多时也。"皇侃也认为，"三月"不是实指，而是形容时间之长，尽管他的解释有点附会。其实，这里孔子只是用"三月"对"一日"比较言事，是行文的方法，喻颜回守道之久之恒，因此无须较真具体时数。"日月至"，由字面理解就是一日或一月想到了做这么一下，几乎只是形式，不能恒久。

5　取仕更重个性才

尺有所短，寸有所长，若能取其所长（其长不单指才能，还包括优良的品质和个性优势）皆可为用。取仕，关键是要选对人，会用人，用对人，即让其相应的基本才能与个性优势得到最大限度发挥。因此，康子欲从孔子的弟子中选拔干部时，便向孔子咨询，于是针对所问的三个弟子，孔子就个性特长，做了极为概括性的评价。

6.8 季康子问："仲由可使从政也与？"子曰："由也果，于从政乎何有？"曰："赐也，可使从政也与？"曰："赐也达，于从政乎何有？"曰："求也，可使从政也与？"曰："求也艺，于从政乎何有？"

季康子此问，当是他邀请在外周游列国多年的孔子回鲁，欲以其助己为政之时。季恒子时，孔子曾为鲁国大司寇。定公十三年春（时年孔子55岁），齐送美女至鲁，君臣迷恋歌舞，多日不朝，孔子去鲁适卫（仲由即子路也随之出游列国）。鲁哀公十一年，齐师伐鲁，冉有（当时为季康氏家臣）率鲁师与战，获胜有功（可见冉有亦多能之人）。当年季康子派人迎孔归鲁，有人认为，是出于冉有之求（当时冉有是其家臣）。此问时值孔子去鲁已有14年之久，是年孔子已68岁。

"从政"，指参与国事，可简单地理解为出仕为官。因冉有当时已为其家臣（家臣不能上朝面君参与国事），又问"求也，可使从政也与"？可见这里季康子所言"从政"确指参与国事。朱熹注云："从政，谓为大夫。"太过实指，且毕竟季康子不是国君，自己也只是大夫之身，当无权授予大夫之职，尽管实权已落入三家之手。

"于从政乎何有？"字面直译就是："对于从政还能需要什么呢？"言外之意：对于从政没什么问题。在《文言复式虚词》中楚永安释"何有"说："作为惯用语，'何有'经常与介词'于'同时使用，作'于……何有''何有于……''……于何有'表示对人对事物没有什么难以做到的，一般译为'有什么难的呢？''算得什么呢？'"具体的译法要看文义而定。

朱熹注云："果，有决断。达，通事理。艺，多才能。"并引程子语曰："季康子问三子之才可以从政乎？夫子答以各有所长。非惟三子，人各有所长。能取其长，皆可用也。"（此三子：仲由即子路，赐即子贡，求即冉有）。但我认为朱子所注"果、达、艺"不是很确切，此应不是就广义的才能而言，而是就个性上的描述（当然从大而统的方面看，良好的个性也是才能的一面）。如"果"和"达"显然不仅仅是一个人的才能属性，而更多的是一个人个性上的表达。"果"，指个性刚毅，行事果断；"达"，即通达，善于变通，不死板。这样来看"艺"就不应该释为"多才"（才不是通常意义上的才能）而应理解为"灵活"，即常常有独到的想法（因为"艺"通常是用来形容有个性特点的东西）。通俗点讲，"艺"也可以指圆滑，即长于投机取巧、钻空子、善于表现等，或者是通常所说的聪明。人在具备一定知识基础之上，个性的优势（也就是现代意义上的"情商"高）往往是成功的关键，所谓"个性决定命运"。

据史，卫庄公元年（前480年），孔俚的母亲伯姬与人谋立蒯聩（伯姬之弟）为君，胁迫孔俚弑卫出公，出公闻讯而逃。子路在外闻讯后，即进城去见蒯聩。蒯聩命石乞挥戈击落子路冠缨，子路目眦尽裂，严厉呵斥道："君子死，而冠不免。"他毅然系好帽缨，从容就义。由此可见子路性格之"果"。

赐，即子贡，曾任鲁、卫两国之相，是孔门七十二贤中最有作为者，且列言语科之榜首，是春秋时期了不起的外交家和商人，曾经经商于曹、鲁两国之间，富致千金，为孔子弟子中首富，被后世奉为"儒商鼻祖"。孔子曾称其为"瑚琏之器"。他利口巧辞，善于雄辩，且有干济才，办事通达。司马迁作《史记·仲尼弟子列传》，对子贡这个人物所费笔墨最多，其传记就篇幅而言在孔门众弟子中是最长的。这个现象说明，在司马迁眼中，子贡是个极不寻常的人物。我们循着司马迁的这个思路，再细细阅读《论语》等书，便可看出子贡这个人物非同寻常。他的影响之大、作用之巨，是孔门弟子中无人所能企及的。他成绩优异，文化修养丰厚，政治、外交才能卓越，理财经商能力高超。由此也可见子贡的通达与灵活善变。

在《论语》中，孔子对冉有有过肯定，也有过批评，甚至指责，可见其多变的个性。冉有带兵打过胜仗（有军事能力），帮助季氏进行田赋改革，聚敛了很多财富（有经济头脑），等等。可见其确实多艺。

《论语》中有多处季康子问政于孔子的记录，应都发生于同一时期。当时鲁国的实际当权者已落入季康子之手，他在欲用孔子之前，借此问想更多地了解孔子的政治心态：如何用其弟子，为政的态度、想法、理念等。但最终，孔子没有被季康子所用，可能是孔子的治国态度不合其愿。比如，季氏将伐颛臾，孔子曾力劝冉求阻止（《季氏第十六》）。所以，在季康子眼里，孔子当个政治顾问还是可以的。

6　人各有志当尊重

孔子设私塾于儒教，初衷当为培养出仕者，但人各有志，其中也有不愿为官的，这里的闵子骞就是其中之一。孔子虽为可仕者设教，但若弟子不愿出仕他也不强迫，体现了孔子对其志的尊重。比如，子使漆雕开仕时遭拒，他不气反悦。

6.9　季氏使闵子骞为费宰。闵子骞曰："善为我辞焉。如有复我者，则吾必在汶上矣。"

闵子骞，孔子弟子，名损，比孔子小十五岁。相传他是有名的孝子，其德行与颜渊并称于世。孔子也赞之："孝哉闵子骞！人不间于其父母昆弟之言。"（《先进十一》）可见，闵子骞也是有德之人，其不欲仕也可能是因"父母在不远游"的缘故吧。

"费（旧读 bì）"，为季氏赐邑（君所分封的收税地域之小城），在今山东省费县西北（故城在平邑县东南七十里）。据说，当时季氏的封邑之总管（相当于县长），可能是不满季氏，经常与其做对，于是他就让人来劝闵子骞去费做主管。闵子骞不愿意，就对来人说："善为我辞焉（请你好好说说帮我推辞掉），如有复我者（如果再来劝我），则吾必在汶上矣（我就离开这里去齐国）。""汶"，水名，今山东省的大汶河。当时汶水在齐国之南鲁国之北，流经齐鲁之间。"汶上"即汶水之上：汶水北面——对水而言，北向的一面是面南的，面南者即为"上"。汶水的北边是齐国的境地，所以"在汶上"意思就是正在向北去的路上：离开鲁国去齐国，即鲁国季氏所管辖不到的地方。其拒不任费邑宰的态度可谓坚决。

具体是什么原因使闵子骞不愿意为费宰就不清楚了，后人所说的也都是猜度而已。首先，此季氏是桓子，抑或康子，不能肯定。后儒们认为，此季氏当为季恒子（此时子路为其家宰），孔子还在大司寇之位。孔子联合"三恒"（鲁国三家权臣孙、叔、季）"坠三都"（三都即三家对应的邑地。时三家之家臣，在封都建立自己的权势以对抗三家，甚至制造叛乱。孔子利用三家与家臣的矛盾说服三家联合对其打击，但终以孟孙氏反悔导致失败而告终）。当时季氏的费都是阳虎、公山不狃主宰，他们就据此地经常叛乱。此文中所言季氏让闵子骞做费宰，当在"坠三都"期间。孔子当初欲使冉雍为费宰，但终不知何因没有实现。当时还是季恒氏家臣的子路曾建议孔子，让子羔出使费邑主管（《先进十一》第25章"子路使子羔为费宰……"），孔子坚决反对。而今季恒氏直接找闵子骞为费宰，闵子骞拒绝。但此事结果怎样，史无明文。

可能是闵子骞见自己的老师不为季氏所用（即老师与季氏貌合道不合），加之他有强烈的孝心（按：尊师之道也为孝），心不违师之道，故而坚决辞之。闵子骞不同于子路和子贡，甘为季氏家臣，可见人之志向心性的不同。本篇皆言人之德行，故而《论语》编者把此文置于此，以示人各有志者。

7　析"牖"解得千年谜

人非草木孰能无情，孔子虽被称为圣，但人之情同理。弟子有病亲临探视，并执子之手，叹其命运不幸，惜生之情切切然！然孔子探视其弟子冉伯牛时是“自牖执其手”，为何如此，几乎成了一桩千年谜案。

6.10　伯牛有疾，子问之，自牖执其手，曰：“亡之，命矣夫！斯人也而有斯疾也！斯人也而有斯疾也！”

伯牛，姓冉，名耕，字伯牛，孔子弟子，鲁国人。史说其比孔子小七岁。孔子任鲁国司寇时，他任中都宰，也是有德行之人，其德行与颜回、闵子骞并称。

对本章文字，人们争论最多者为“伯牛”之疾实为何疾？多从“自牖执其手”——“从窗外握他的手”，猜测其疾乃传染性重病（不然孔子不会隔窗慰问），且有将死之像（不然孔子不会感叹：亡之）。多数人认同他是“麻风病”，并说得有理有据，但反对者也是言之凿凿，谁都服不了谁，因此其至今还是一个谜。

其次是对“亡之”的“亡”是作“无”还是“丧”解存在分歧。一说：“亡”，丧（死）也，因其疾不得治，故此人将死。如对“亡之，命矣夫!”，钱穆认同孔安国所注，译其为：“丧失了此人，这真是命啊!”杨伯峻译为：“难得活了，这是命呀!”他俩都解“亡”为“丧”，就是“要死了”。又一说：“亡”同“无”，无之，谓伯牛无得此病的道理。

友人有病前去探望是善举，常情之下多会给予安慰，即便是真的“将死”，也不可能当面说“死”之类的话（除非这个人真的是傻子）。心究一下可知，钱杨两先生的解读有问题，不合情理。更为荒谬的说法是，孔子会把脉（孔子真是无所不能的天才了），当握着伯牛的手后，知道人已经不行了，所以说“要死了啊”。要知道这里“子问之”之“问”，当是“慰问”义，孔子定不是去治病的。

在古文中“亡”都作“无”解，很常见，应无异议。但若把“亡”理解为“无”——“指伯牛无得此病的道理”那就与语境不合了。此处的“亡之”显然是人处在失望时的一种不自觉地叹惜，正如人在突然情急之下喊出“天啊!”“我的妈呀!”之类的感叹语。“亡之，命矣夫!”——唉！没办法，这都是命啊！这绝不是迷信，就是现在的无神论者，在情急之下也会生发此叹，这是人在无奈时悲伤之情的不自觉流露，是无意识的。孔子之情也无异于常人。“斯人也而有斯疾也!”——这样［有德行］的人也会生这样的病啊！且连述两次，充分体现出了孔子的痛惜惋怜之情。

“自牖执其手”都译为：“从窗户握住他的手。”问题来了，我们用心想想，一个病重之人，一定是躺于病榻之上，伸手与窗外的人握手，这可能吗？除非窗户很低与床一般高，且又正好在病人的头部位置，同时墙又必须很薄，窗户还要足够大……这些条件要同时满足几乎是不可能的。况且，从窗户慰问病人的情形，更是前无古人，史无一例。如果真是后儒们据此所想象出来的“伯牛得了‘麻风病’，孔子之所以不入户临面探视，是因为怕被恶疾所染”的话，那么，不论你穿越什么样的障碍物与其握手，其后果与当面握手是一样的。因为“麻风病”是接触传染的。孔子在此既言命，又何惧人为？

朱熹云：“礼：病者居北牖下。君视之，则迁于南牖下，使君得以南面视己。时伯牛家以此礼尊孔子，孔子不敢当，故不入其室，而自牖执其手。”果真如此吗？无据可证，想必也是想当然尔。孔子毕竟不是君，加之伯牛也是有德之人，还不至于僭越君礼以过尊孔子。即便如此，孔子也断不会受之。另外，后儒有注之“牛有恶疾，不欲见人”——因伯牛得了传染病，不想见人，所以孔子只好隔着窗户与其握手。这也是一种想象而已，不足为信。我认为，造成人们如此猜想的根源在于对“牖”字的错解。

先秦时并没见“窗”字。“窗”的本义是指“开在屋顶上的用以透光通气的洞口，即今天的所谓天窗”，并没有现代窗户的概念。解“牖”，为“穿壁以木为交窗也”，是孔子时代的后人所解，不足为信。“牖”，从“片”从“户”和“甫”。“片”是“锯开的木片”；“户”是门（門）之半；“甫”，甲骨文为“”，似田中有草之状。由此可知，“牖”的原始义是指“用草藤木棍之类绑扎起来所做的门”，且是单扇的门。后来，人类居住的房子开了窗户，且多用木条之类做窗棂，从而“牖”就用以指代窗户了。伯牛所居之屋，连正式的门都没有，只是用乱柴草扎起来的，由此说明时下伯牛之贫（或是像后儒所言，伯牛有恶疾，怕传染他人，另搭一草屋置身其中？也有这个可能吧）。心究一下，如此好德行的人今天处于如此贫病交加的境地，当然会令人心生痛惜之情。孔子也是人，当然也会生就如此的心情来，于是在不自觉中发出了“亡之，命矣夫”的叹惜。

“自牖执其手”：从半扇柴草的门进到屋里（想必屋子是简陋无物，黑暗潮湿的）并握着他的手……如是，方显孔子为师之道的爱生之情、惜才恨命之心。孔子的后生择其文字，置于《论语》之中，必是欲彰先生之德吧。

8　无形却有精神场

仁者寿，不是说仁者身体生命的长久，而是其德行如同磁场，一直在无形地磁化着人类的灵魂。几千年后的今天，这种精神永久地留存于中华文化里。颜回留给我们的就是这样一种精神磁场。

6.11 子曰："贤哉，回也！一箪食，一瓢饮，在陋巷。人不堪其忧，回也不改其乐。贤哉，回也！"

子曰："君子固穷，小人穷斯滥矣。"（《卫灵公第十五》）又曰："士志于道，而耻恶衣恶食者，未足与议也。"（《里仁第四》）然，颜回"一箪食，一瓢饮，在陋巷，不改其乐"，是故孔子赞其"贤哉"！"贤"的原义指有才之人，尤善理财，或指能干肯吃苦者（"贤"字的解读可参看《学而》篇第19节）。由于"贤"有"好"的意思，所以，后来"贤"也指有德行者。这里的"贤"是名词作形容词，这一现象经常出现在古文的感叹句中。

"箪"，古时用来盛饭食用的一种编织的竹器。"箪、笥，盛饭食者，圆曰箪，方曰笥。"（郑玄《礼记·曲礼》）"食"，饭也。"瓢"，瓠也（瓠，俗称葫芦。一瓠剖为二就叫瓢。南方好用其作舀水的勺）。"一箪食，一瓢饮"——只有一箪饭，一瓢凉水。"人不堪其忧"——旁人都不堪这样的处境而为他担忧。"回也不改其乐"——而颜回自己却仍保持快乐的心情。"贤哉，回也"——真是太贤德了啊！颜回（此为感叹句式，其"贤"当作形容词）。

"人不堪其忧"一般都解读为"别人都忍受不了这种穷困的忧愁"（杨伯峻译），应该说不准确，或者说这种解读在语义表达的分量上不够重。做这种解读时，他是把句中的"其"指代为"颜回"，将"忧"认为是颜回的"忧愁"，"忍"作"忍受"解，其语意是"换作别人是不能忍受这种忧愁的"。我的观点是，应该将"其"指代为"颜回当下的生活现状"，将"忧"理解为外人的"担忧"，"忍"作"忍心"解，其意思是说："人们不忍心见颜回受这种苦，并为颜回担忧。"连外人都替他担忧而不忍心了，可他自己还快乐着。这样理解会更突显颜回异于常人的贤德、大度、宽广之心胸与情怀，即其"安于仁"的心态。我想，这也是孔子内心所想表达的意思。因为如此才更值得感叹。

孔子说："不仁者不可以久处约，不可以长处乐。仁者安仁，知者利仁。""富与贵是人之所欲也，不以其道得（处）之，不处也；贫与贱是人之所恶也，不以其道得（去）之，不去也。君子去仁，恶乎成名？君子无终食之间违仁，造次必于是，颠沛必于是。"（《里仁第四》）颜回既贫困如此，甚至旁观者都不忍见他所处的恶劣处境，为其担忧，而他自己却处之泰然，不怨天忧人，不改快乐无忧的心态，仍然积极地面对生活，修养身心。能有如此之境界，是由于他"不迁怒"又"其心三月不违仁"，所以才得到夫子再言"贤哉回也"之深叹。

可惜，孔子最看好的弟子颜回只活了32岁。这是不是与他长期营养不良有关呢？（《史记·仲尼弟子列传》中就说："回年二十九，发尽白，蚤死。"早年生白发应该与他的营养不良及劳心有关吧）在唐玄宗时，颜回被尊称为"亚圣"

（清朝时改封“复圣”，孟子为“亚圣”），他的早逝，也证明圣贤仁者的真实性命并非一定长寿（所以，前文将“仁者寿”解为仁德的人长寿，是毫无道理的），但其精神绝对是永垂不朽的——仁者寿！颜回的这种为追求仁德的精神磁场，一直在无形中磁化着有志者的心灵。

9　子为冉求巧画像

但凡不用力于求成者，总能找到千般借口、万般理由。心若不欲，再容易的事也不能成功，所谓“进，吾进也，止，吾止也”。“匹夫不可夺其志”，自己的志向是任何人也剥夺不了的，所有的放弃，那都是因为自己的放弃。

6.12　冉求曰：“非不说子之道，力不足也。”子曰：“力不足者，中道而废。今女画。”

这里冉求（冉有）是以“力不足”，为自己的不用心力求仁道找借口。然而，孔子用“力不足者，中道而废”给冉求的狡辩予以了无情揭露，并说冉求的所为就是这样一幅不光彩的自画像。孔子看人非常之准，往往能用极简的语言把人物性格刻画得入木三分，且一句“今女画”似乎让冉求无地自容。

文中的“说”同样是通“悦”，高兴、乐意，爱慕、热爱等意思。前一个“道”字指孔子一以贯之的“仁”之主张；后一个“道”字指道路、路途。“女”，即汝（你）。

冉求曾为季氏之宰，虽善于政事（《先进第十一》），但为人不免于“艺”（这个“艺”于“个性化”的义项中，引申有“圆滑”义），且又好为季氏聚敛财产。可能是老师想用颜回安贫乐道的榜样，来教导他，然而冉求辩解道：“并非我不喜欢先生的道，而是因为我力不从心啊。”于是孔子反驳道：“力不足者，中道而废。今女画。”对孔子的这个回答，我认为古今之人的解读，都没有真正表达出孔子的本意。概括各解家之说，具有代表性的有如下两种观点。

（1）“如果真是力量不够，走到半道会再走不动了。现在你却没有开步走。”（杨伯俊译文）他解“画”为“停止”，似依“画上圆满的句号”意境所引出。

（2）“力量不够的话，是走到中途［力量用尽不得已］才废止而停止，但现在你是给自己画了一条截止的界限。”（通译本译之）此处解“画”为“画地以自限”，这也是大多数人的观点，似是由形如“画地为牢”之异想而得出的结论。

既然他们对“今女画”之“画”解读有分歧，那下面我们先来说说这个“画”字。“画（畫）”，其甲骨文为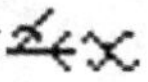（横看），其字所表现出来的形象是一只手握笔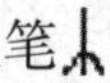，在画线条、纹饰。由此会意：

（1）当把“画”看作动作时，其本义就是绘画，指绘画的动作，即“劃（划）”字（后来为区分名词“画”，又造了表动作的“划”字）；

（2）若把“画”看作画的结果（即做名词用），“画”的本义就是指绘画出来的作品，如图画、油画、国画等。

由此分析可知，前述两者（杨氏与通译）对“画”字的解读，都不是出其本义的，而是曲意附会。况且，除此之外，在先秦的古文献中再也找不出“画”字的这两种义项：“止”和“画限”。按《尔雅·释言》云：“画，形也”，即将此“画”用作动词，就是“画形”，把事物的形象“刻画”出来。

下面我分两种思路来解读“力不足者，中道而废。今女画”。

（1）如果把“力不足者”解读为“力量不够”，那么“力不足者，中道而废”就是孔子用走路做比解释什么是力量不够的情形，即走路走到半道，由于力量的耗尽，而不能走完全程。“废”，作废，相当于前功尽弃。此说指：不成功是由于客观的原因。

冉求说他之所以不追求先生之道，是因其“力量不够”，孔子作为他的老师，就用“行路”来比喻说明什么是“力不足”的情景，接着就要求冉求去实践“求道”，看是不是会出现“中道而废”的情形，即孔子让他把“力不足者，中道而废”的情形用实践演绎出来。“今女画”之言正如说：“不要找理由说你是心有余而力不足了，你现在就做着试试，看看到底是不是力不足。”“今汝画”之“画”作动词“画形”讲——再现情景。怎样才能再现这个情景呢？——现在就去实践！

这里，孔子是用一个老师的身份在严格要求弟子：要竭力求道，哪怕是真的因“力不足”而使之“中道而废”的，也要去试试看。可能冉求在孔子看来并没有去真正实践求道，故发此言。

（2）将冉求所言“力不足也”与孔子所说的“力不足者”之“力”，分别作解：前者所言之“力”取名词义，即“力量，力气或能力”；后者“力”作动词解，用力（或用功）。

在冉求辩解不能践行先生的“道”是因自己的“力量不够”时，孔子给予了严肃的反驳，但他并没有对冉求的理由予以直接否定，而是来了一个智慧的反转：你不是“力量不足”，而是“用力不够”，正如一个人赶路，由于用力不够（实指没有长足的信心或毅力），中途停止了，即“中道而废”。“废”，“停止、中止”的意思。这里的停止，是由于主观上的原因。

“今女画”——今天的你就是这样的情形！“画”，就是表现出来的“样子”，即“画”取“图画”义，名词。

按照这种解读，于孔子看来冉求曾也力求过“道”，但由于不能坚持，故而是半途而废了。人能否成事主要在于有无其志，不在其能力大小。这里是孔子批评冉求修仁缺少毅力，不能坚持。孔子一直都强调“修仁在己”。

我们不妨把冉求与孔子的这段对话，想象成这样的情景——

一天，孔子见到冉求，严肃地批评他说：“冉求！你以前跟我求学仁道，修为君子还算认真，可现在为何不求上进了？（冉求作为季氏家臣，为其聚财，在孔子看来背离了自己的所授之道，所以要‘鸣鼓而攻之’）你这是为什么！”（孔子虽然对冉求的某些能力有肯定，但对某些做法一直很不满）

冉求嬉皮笑脸地说：“我敬爱的先生，我并不是不喜欢您的道，但实在是心有余而力不足啊。”

孔子说：“你不是力气不足，而是用功不够，所以半途而废了。你现在的表现就是这个样子的！”

我们在日常的学习或做事的过程中，都有这样的同感：如果缺少意志力，往往事做到一半就放弃了，所以总不能成功。这并不是说我们没有这个能力，而是做不到认真地坚持。这可能就是孔子所说的“力不足者，中道而废”吧。在孔子的眼里，现在的冉求所表现出来的情形，正是这种缺少意志力于中道而废者的典型画像，所以他才对冉求说：“今女画！”

如上（2）解读，我认为比较合乎事实。因为在《论语》中，孔子对冉求多为指责，如“舍曰欲之，而必为之辞”（《季氏第十六》），并谓其“非吾徒也，小子鸣鼓而攻之，可也”（《先进第十一》）。现在冉求自谓“力不足”，也正合孔子“我未见力（用其力）不足（不能达到）者”之叹。然而，今天再见冉求不仅依然如故，还为自己的不努力辩解，孔子能高兴吗？不批评他那才怪呢，而且是严厉的批评，似有嘲讽的口吻，一句“今女画”几乎让冉求无地自容了。

程石泉先生也说：“‘今女画’者即言汝（按：指冉求）之言行活活地表现出‘遵道不力，半途而废’之典型。”其解甚切。我们也可以说，这里是孔子为冉求作了一幅“力不足者，中道而废”的画像吧。

还有人认为，“画”当“文饰”解，意思是说，冉求的“力不足”是在为自己找借口，文过饰非。这里不说“画”作“文饰”解距离“画”字的本义有点远了，就算这样解读不错，那孔子再言“力不足者，中道而废”相当于是对冉求所言理由的重复，有什么意义呢？直接说“今女画”不就得了。从孔子回说的语气揣测，此言必定是对冉求理由的反驳，不可能是将冉求之语的重复。

（3）下面我想给出我的另一个解读思路。在《里仁》篇第六章中有“我未见力不足者”之说，对此我解“力不足者”为“力而不足者”，其意思为用力而不能实现心愿（其详细解读，读者可参阅《里仁》篇第6节的内容），即将句中的“足”取义为“达到”或“实现”（由“满足，知足”义的引申）。再结合（2）中解“力”为“用力”的基础上，则“力不足者，中道而废”意思就是用力之所以不能成功，是因为中途的放弃。“废”，这里取“放弃”的意思。“今汝画”的解读同（2）。

这样来理解“力不足者，中道而废”，表明孔子斥责冉求的原因，是其主观上的不作为，即如孔子所言的“人而不仁者”（不欲求仁的人）。

上面三种解读中，（1）的结果显得孔子批评得不够有力度。（2）和（3）结论相似，只是孔子批评的着力点不同，前者强调的是缺少毅力，后者强调的是主观的不作为。解读相对合理的是（2），但（3）能表达出孔子批评的力度。

10　何为方是君子儒

在任何职业中，从业者之间除了有能力水平的大小差等之外，肯定也有德行的高下之别，即才与德的差异。往往对执业者的评价，人们在心理上更注重其德能，才能的大小则放在第二位。孔子的“君子儒”和“小人儒”就是对从儒者的德行评价。

6.13　子谓子夏曰：“女为君子儒，无为小人儒。”

本章照字面直译很容易，无须多释。然自古以来，人们争论的焦点是，孔子所言“君子儒”和“小人儒”具体指向上的不同，不外乎君子与小人的差别，即在“君子”身上，应附加上哪些美好的、能反映人之美德的形容词（小人反之）。在《论语》中，孔子对“君子”“小人”的分野之说已是很深刻了，后人再附加上任何形容词也比不过孔子对“君子”“小人”之差别刻画的深刻。由于何谓“君子儒”，何谓“小人儒”，孔子从未下过定义，所以弄得后儒们想入非非。

这里，首先要清楚或要肯定的是孔子所言的“君子”“小人”并不是指人格上的好与坏、高贵与卑贱，也不是行为上的对与错，而是指道德、修养、学识上的高下或多少之分。其次，最为关键的是要弄清楚此处“儒”的内涵是什么，是孔子时代的具体职业，还是后人所赋予“儒”之文化的精神？或是今天人们观念里的儒？

儒者，本是从“巫、史、祝、卜”分化出来的人，也称术士。儒，在孔子时本指主持办理喜事或丧事礼节仪式的一种专门职业，即赞礼者（也称“相”），其被作为学派称之，是后人的事。“儒，术士之称。”（《说文》）从“儒”的结字看为“人需”：人之所需。古时，主持礼节的人（尤其是主祭者），其地位是很受人尊敬的，因为祭祀可以说是人们生活之所必需。中国文化自古就承认鬼神（道家言道，即形而上者）的存在，天地万物皆有灵，灵是一切存在的主宰，所以主张人要敬畏神灵。因此在中国古代社会，祭祀活动非常频繁，儒人也成了社会最需要的受人尊敬的职业人。可以说，孔子就是这样的职业人，起初设教授儒之术也是因社会所需。儒人也需要文化、学识和修养，故所授内容也不断扩展、分类并有了“六艺”之说。正因儒人具六艺之能，转而可以求仕。再应求仕之需，儒又转向任教，“师儒联称，遂为在乡里教道艺之人。故孔子为中国儒家之创始人，亦中国师道之创始人”（钱穆语）。再后来，孔子所设教的思想影响越来越大，逐渐被世人称为孔子学派。孔子的儒家思想，在其弟子及再传弟子的不断发扬光大之下，成为今天的儒家学术，即“儒家学派”，儒者也被泛化成了“学者”。同时，“儒”也被附属上了更多的抽象精神与文化内涵。比如，今天我们说一个人是儒者，已不再是祭祀之助相，而是形容此人举止文明、气质不凡，有修养有学识，能行君子之德的文化人。“儒雅”一词，已经成为具备以上品格之人的现代标签。

我的观点是，句中的“君子”与“小人”，已不再是名词，而是用来形容“儒”之高下、优劣的形容词；“儒”作名词，指所从事的职业（孔子自己不可能说他的学术是儒学，儒学是后来人对其的称谓）。孔子话的意思，正如说“你要做一个优秀的老师，不要做一个平庸的老师”，两者的差别在“优秀”与“平庸”上，而不是在作为职业的“老师”上一样。“君子儒”与“小人儒”的分界在于“君子”与“小人”即好与差的分别上，主要是指在德上的差别。

至于孔子为什么要子夏“做君子儒”，即其根据是什么，于《论语》中不得而知。可能是在当时于孔子看来，子夏跟他学儒时，只偏重于如何为儒，不知道对自己的德行进行修为，于是有此劝说。

今天，人们对“君子儒”的解读，大都也只是猜度而已，对有些解说可做参考以为启发，但不要盲信。比如，钱穆解之：“孔子之诫子夏，盖逆知其所长，而预防其所短。推孔子之所谓小人儒者，不出两义：一则溺情典籍，而心忘世道；一则专务章句训诂，而忽于义理。子夏之学，或谨密有余，而宏大不足，然终可免于小人儒之讥。”他的意思是，这里是孔子针对子夏的不足所做的告诫，并认为孔子所讲的“小人儒”不外两义：一是一味沉溺于典籍之中，而不顾世道之情（简单地说就是：抱残守缺）；二是只研究古文章句，而忽略其义理（简单地说就是：书呆子）。说子夏的学识是“谨密有余，而宏大不足”，所以孔子说他是小人儒。显然，钱穆把“儒”理解为“儒家学术”了，于此强调两者于学术上的差等。应该说，解读偏向了。更有相当一部分人，将孔子的这句话理解为“你要给君子当老师，不要给小人做老师”，或是“你要教君子，不要教小人”，或是“给贵族做师儒，不要给小民做师儒”，等等，有点不靠谱了。孔子自己还说过“有教无类”的话呢。

子夏与子游在孔门四科中，同列文学之科，曾为魏文侯之师，同时田子方、段干木、吴起、禽滑鳌、曾申、公羊高、穀梁赤皆曾受业于他（《雪堂丛刻》）。近人陈玉树在《卜子年谱》（子夏又名卜商）中说，子夏年至108岁，并谓子夏于鲁元公之时曾撰《论语》，可见子夏并不缺少学问。

我的观点是，孔子还是重在劝说子夏，好好修为君子之德，不要光想着怎样做一个助祭者。因为孔子设教，不论教做儒也罢、教六艺也罢，他总的指导思想是教书要先育人，这在《论语》中可窥见一斑。也就是说，对孔子的这句话，不要想得太多，否则不免附会，其实就是提醒子夏修学任何一项职业，都应修德在先，且句中的“君子”与“小人”是名词作形容词，“儒”是职业名称。

11 德才兼备何之谓

真正的人才应该是指德才兼备者，有才主要表现在为事的与众不同，有独特的方法、手段；有德恰恰是指能遵守公共的规则、社会普遍的行为规范。即一个能体现个性，一个能守住共性。

6.14 子游为武城宰。子曰：“女得人焉尔乎？”曰：“有澹台灭明者，行不由径，非公事，未尝至于偃之室也。”

子游，姓言名偃，这里子游自称偃。武城，鲁国的城邑，时子游任此地主管。澹（tán 淡）台灭明，澹台为其姓，其名灭明，字子羽，武城人，其后也成了孔子弟子。《史记·仲尼弟子列传》中说：“澹台灭明，少孔子三十九岁。状貌甚恶，事孔子，孔子以为材薄。既已受业，退而修行。行不由径，非公事，不见卿大夫。孔子闻之曰：‘我以言取人，失之宰予；以貌取人，失之子羽。’”可见，子羽其貌不扬但有才德。

“女得人焉尔乎”：“女”同“汝（你）”，焉尔，犹云“于此”（尔有此义）。有一次孔子见到了子游，就问他在武城有没有得到什么“人”。子游回答“有啊，一个叫澹台灭明的人。”但“女得人”之人，是指什么性质的人？几乎所有的解读者都译为“你在那儿得到什么人才了没有？”（杨伯峻译）即把人作“有才能的人”来理解，是否准确我认为有待讨论。再一个，对“行不由径”之“径”的解读也有分歧，但不外乎由“小路”引申而来：（1）捷径；（2）正路之外的邪路（由此有“走后门”“邪念”等之说）。

若“人”指人才，那么子游言子羽“行不由径，非公事未尝至于偃之室也”，必是用以判定其有才的“理由”。我们用心体会一下：“走路不抄小道，不是公事，从不到我的居室来。”（杨伯峻译）这只能说明其人比较正直，做事光明，无枉己殉人之私心。这体现的是人的德行，而非行政的才能。退一步说，即便是指其才能（这样“径”就不能取“邪路”说，否则更谈不上才），若真是“走路不插小道”，那么，如果明明有捷径（取“径”为“捷径”说，捷径能快速地到达目的地）不走，非要绕大弯子走所谓的大路，亦足见其遇事不善变通之固陋，由此能说他是一个治国安邦的人才吗？

“径（徑）”，本义指只能步行不能走车的小路（即大路旁边分岔的小路），意即“径”就是只能供人行走的路。“行不由径”如果单从字面上直译是“走路不从人走的小路上走”——不走人走的路，那就是走“马路”？好像更不合规矩。于是，多数编译者都把“径”当“捷径”来理解。“径”是小路，而“捷径”是强调“近的（短的）”小路，两者中“径”作为“人步行的小路”其本义虽没有改变，但“径”毕竟不等于“捷径”。“径”就是“径”，不论你是“长径”还是“短径”。

上述所论，对“径”字不论取哪种解读（捷径或邪路），都不能与表现一个人的“才能”大小有关系。

其实，这里的“行不由径”是一种比喻，并不是指真的走路。人在步行时不可能“不由径”，人毕竟不像鸟能飞。但如果你真能做到“行不由径”，那你肯定就不是一般的人了！比如说，对某件事的处理方法，大家都依照常规而为，但你不同，你善用独特的、不同寻常的办法，且能事半功倍。你想想，若是一个人办事能做到这点，即善于变通，说明什么？说明他是非常难得的人才啊！

所以我说，该文应断句为“行不由径。非公事未尝至于偃之室”，即前后两句话分别表达了两层意思（两句话不能并作一句话来理解）：前说澹台灭明是个人才（做事有独到）；二是说澹台灭明是个光明磊落、作风正派的有德之人。德才兼备才算有用之才。光有才而无德，不会做出有功业的事，相反做坏事更具破坏力；只有德而无才，必然无为，无为即无功。“女得人焉尔乎？”——你在此地得到才德之人了吗？即句中的人，不能仅是有德之人，更应包括有才之人。

上一章，孔子强调做任何事要先重德，本章文意表达，要在有德的基础之上还要有才，即德才兼备。所谓才，应具备不同常人的思维能力或方法。

12 君子尚谦不自夸

不自伐其功，不自矜其能，即低调做人也是君子之德。本章在言说孟之反撤兵时的故意殿后，表明君子有崇尚谦卑不居功自傲的美德。

6.15 子曰："孟之反不伐，奔而殿。将入门，策其马，曰：'非敢后也，马不进也。'"

孟之反，鲁大夫，名侧，字之反（《左传》作孟之侧，《庄子》作孟子反）。《左传》中说，在哀公十一年，齐国攻打鲁国，冉求（樊迟辅助）带鲁军于右翼迎敌，作战有力。过了很久才迎战的孟孺子（孟之反可能是其辅将，史中无说）所帅之左师，却一战即溃。其军撤退时争先奔走，而孟之反则有意留在最后，以殿后。（有说：当时如果没有孟之反的殿后，恐左军有覆没之险，所以孟之反的殿后是有功的。不知可信否）但他将进城门时，故意鞭策自己的战马（"马"理应是指拉战车的马），并说"我完全不是故意要殿后，我也害怕，只是因为我的马跑得不快而已。"所以说，孟之反不夸己功，孔子赞之。

"伐"，夸耀，自己吹嘘自己为自伐，这里指自夸己功。"伐"字的本义原为"砍杀"，其甲骨文：用"戈"之类的兵器砍"人"的头。若砍杀的不是人头而是别人的长处，则可引申为"打压"或"贬低"；"打压"或"贬低"他人的优点、善良、勇敢等，间接地表现出来的行为，就是对自我的表扬、吹嘘、夸耀等。中国汉字中有很多字可解读出相反的意思，这也是一个很有趣的现象。这是因为汉字中的象形，当你以不同的角度去会意时得出的解释会不同，有时会得到两种相反的语义。比如，"支"字，其甲骨文构型为，是"手"拿"木"。对此，我们这样会意，手拿木棍是为保护某人，则"支"就是"支持"；若会意为手拿木棍是为把某人从此驱赶出去，则"支"就是"支开"。

"殿"，殿后，即行军时走在最后面。"殿"为军制，亦为作战时的一种陈法，行军在前者谓军先锋，而陈列于最后者称为殿军。《广韵》："军在前曰启，后曰殿。""奔"，原义指"快速地跑"，即"急跑"，在古文中描述打仗失败时的撤退，也称"奔"（失败时的逃命，当然跑得快）。"奔"，甲骨文为，其上部为"大"（人）奋臂奔跑状，下部有三"止"（即"趾"），因在快速奔跑时两只脚就会幻影出多只脚，用以强调速度之快（这里的"三"表示多，不是确指）。

古人看出了这种现象，并能应用于造字中，足见其智。现代的动画片中就应用了这一手法。“策”，本义为“鞭子”，作动词是“鞭打”之义。

看来，孔子比较赞赏孟之反的这种居功不傲、为人低调的品质。这也是孔子所赋予君子之品格。结合前两章看，本章的寓意是为人之德还在于你虽有才，但还要表现谦虚，更不能因才而居功。

13　难免究竟是何之

俗话说“人怕出名猪怕壮”，“枪打出头之鸟”。现实中往往是平庸的人反能平安，有才能、有个性者反倒常常容易受伤害。

6.16　子曰：“不有祝鮀之佞，而有宋朝之美，难乎免于今之世矣！”

通译本注：“祝鮀，姓祝，名鮀，字子鱼，卫国大夫。”“祝”，本是主事宗庙的官名，所以，我认为“祝”应是其官称，祝鮀是人们对他的尊称。孔子《论语》中曾称许其以治宗庙（《宪问第十四》）。朱子《集注》：“佞，口才也。”“佞”，前文我有解：“仁女”（按：在定州简本《论语》里作“祝鮀之仁”），或“二女人”也。因女子好多语，善巧辩，故“佞”多解为“善巧言”之义。于第《学而》篇第12节中，我解读“巧言”为加工过的语言。“善巧言”就是擅长于美饰其言，所以，说一个人有“口才”一般情况下是褒义；但若取贬义解，“佞”就相当于“花言巧语”，故古人常把好“曲意迎合”“阿谀奉承”者称为“佞人”。

据史，鲁定公四年（即卫灵公二十九年），祝鮀经大夫子行敬子推荐，作为灵公随员，同赴周天子的代表刘文公组织召开的盟会（时有大小十几个国家参加了，盟会主议伐楚之事）。盟誓时，要把蔡国安排在卫国之前（有尊蔡贬卫之嫌），于是祝鮀力争“凡数百言，历数卫之先康叔有德于周室”，争回了卫国的尊严。由此可见，祝鮀擅长外交辞令，能言善辩，通晓历史典籍，可谓机智善佞。

宋朝，宋国的公子朝，曾因貌美闻名于世。《左传》中记述其与襄夫人宣姜私通，并参与发动祸乱，出奔到卫国后，又因美貌私通于卫灵公夫人南子，从而备受恩宠。

对于本章的解说，一直以来多有争论，且至今未决。现把主要不同的解读分类列述如下。

（1）按字面直译。如杨伯峻（钱穆观点亦同之）译为："假使没有祝鮀的口才，而仅有宋朝的美丽，在今天的社会里怕不易避免祸害了。"这里，他把"而"作转折连词。但事实上，宋朝不有佞才仅有貌美，也是得宠了，并无"遭灾"（即他免祸害了，并不是"不易避免"）。显然，此说与史实不符。孔子当然不会罔史而言之。钱穆为掩其非，评说："盖本章所重，不在鮀与朝，而在佞与美。美色人之所喜，然娥眉见嫉，美而不佞，仍不免于衰世。或说：'美以喻美质，言徒有美质，而不能希世取容。'此则深一层言之，不如就本文解说为率直。孔子盖甚叹时风之好佞耳。祝鮀亦贤者，故知本章不在论鮀、朝之为人。"孔子当然不是论为人，而是以事喻义，这是肯定的。

（2）以上取"而"为转折连词似有不适，所以，多数人训"而"为"与或和"，作并列连词用。如王引之于《经义述闻》中释云："而，犹与也。"即言"不有祝鮀之佞，与不有宋朝之美。"皇侃引范宁云："祝鮀以佞谄于被宠于灵公，宋朝以美色见爱于南子。无道之世，并以取容。"因此，孔子有此之叹。这在后来也成了权威性的定论。据此，通译本译之为："如果没有祝鮀的能言善辩，没有宋朝的美貌，是难以在当今之世免遭灾祸的。"如此，话也是能说得通的。但是，还是有人提出异议："而有"毕竟不是"不有"。因此，有古人也提出了如下"而"是"不"致误之说。

（3）篆文"不"字作，甲骨文为，与"而"字的形十分相似，由此原文中的"不"因形似，人们在传抄时错讹成了"而"字。如程石泉先生持这个观点。

（4）古棣等在《论语批判》中提出了这样的观点：首先，文中的两个"有"字都是"友"字的通假字，即取"友爱"义。"不有"，就是"不爱"；"而有"，即为"而爱"，其"而"依然起转折性连词的作用。他们将原文译为："卫灵公不爱祝鮀的才能，而爱宋朝的美色，卫国就难以避免走上今天这个世道了（指父子争夺君位）。"

卫国父子争夺君位的事情是这样的：卫灵公受夫人南子的计谋之惑，将已是太子的蒯聩驱逐至晋国。灵公去世后，南子推立蒯聩之子辄为君。可蒯聩以太子之名再借助晋国支持者的势力，积极谋取复君之权，于是出现了父子争国之内乱不已的世道。卫国形成当时的内乱局面，都是因南子作祟，并不是宋朝的直接所为。何况宋朝的受宠，是凭其美貌征服南子，又因卫灵公宠爱南子，而间接所得。所以，不能说"卫灵公爱宋朝的美色"是造成卫国内乱的原因。另一方面，祝鮀实为卫大夫，也算是受灵公所用了，也不能说是"卫灵公不爱祝鮀的才能"（即便真的内心不爱，但事实上还是重用了）。更何况，文字上并没有言及"卫灵公"，也无法明确"难乎免"的就是"父子争夺君位"之乱。显然，上述之解在逻辑上也是很难成立的，很有附会之嫌。

(5) 由此，还有观点认为：此言是孔子专对卫灵公所说，即说灵公若不得祝鮀之佞才，而专有宋朝之美貌，将不得免（免灾）。如此话也说得通，但是否定的是孔子专为卫灵公所发，也不能有充分的根据，只是想当然耳。文中毕竟没有“孔子谓灵公”等字样。且“将不得免之”的是什么？所以，此解也难以取信。

(6) 作者的观点。孔子讨厌“用佞”，或曰：“雍也，仁而不佞。”子曰：“焉用佞？御人以口给，屡憎于人。不知其仁，焉用佞？”（《公冶长第五》）且对巧言令色者亦颇多反感。孔子周游列国待时最长的是卫国，也想在卫国有所作为，但始终没有得到卫君任用，胸存大志而不能作为，可想而知孔子是多么的失落。我们将心比心地想想：擅长外交辞令、能言善辩，又长于阿谀逢迎的祝鮀，与俊美而无雄才，只善于讨女人欢心的宋朝二人，一个因口才受用为大夫，一个因貌美得宠为命官。孔子再联想到自己的境遇：虽有治国大略，却不敌“巧言”与“令色”者受用，其愤愤不平也是人之常情。于心不平之下，从而生出如此感叹——“不有祝鮀之佞，没有宋朝之美，难乎免于今之世矣！”——如果没有祝鮀的善言巧辩，没有宋朝的貌美善淫，看来是很难在这个世道加官晋爵了啊！

这里我主张两个观点：

其一，文中“而有”当为“不有”，即我赞同“而”为“不”之误。其文形如：“不有……，不有……，难乎免于……！”是孔子失落时的悲世之慨叹。

其二，“免”字，若是作“避免”“免除”“免遭”解，那文中显然缺少表达“避免”的对象之宾语，即避免的是什么？没有。“于……”句法上是表示“免”之事件所发生的时空状态，作状语。由此，“免”所表达的应该是一种行为方式。再一个你怎么能肯定“难避免”的一定就是“祸害”呢？文中并无表“灾祸”之义的字。看来，此亦为妄想而增益之。

其三，退一步说，假设“难避免”的就是“祸害”，那按此逻辑，社会上那些没有口才和美貌的人，都是在遭受灾祸了？也就是说，过平淡生活的老百姓都是在“受罪”了。所以，孔子所感叹的肯定不是人如何才可免灾之类，而是因为看到有人仅凭口才或美貌即受到重用，相反，那些有真才实学、行为正派的人反而不得其志时，再联想到自己处境而发出的对世道的不平之愤。

所以，我认为这里的“免”应是其本字“冕”。“免”，古字本为“冕”（帽子。后来“免”的本义由“冕”代替，“免”才引申表示“免除”义：由除去帽子会意而来），这里指“封官加冕”。“难乎免（冕）于今之世”——难于在今世为官。

本章置于本篇中，表达的意思是选用人要以德才为主，不能以貌取人，以利舌断才。

14 出屋谁能不由门

正常情况下，人进食只能从嘴里进入，而且体内废液也只能从消化道排出，这是消化系统的必然之道。正如人进出其家，不可能不走门一样，不走门难道翻窗户不成？那是小偷入室行窃。因此，要想治理好国家必须用人才，没有他法。这也是很自然的道理。

6.17 子曰："谁能出不由户？何莫由斯道也？"

通译本译为："谁能外出不经过屋门呢？为何没有人由［我所指出的］这条道走呢？"这里他把"何莫"解为"为什么没有"（莫：无，没有）；"斯道"解为"这条路"，即孔子所主张的以克己复礼为中心的治世之道。我认为其对"何莫由斯道也"的解读有误，对"道"更是歪曲。

"何莫由斯道也？"此"何"作为疑问代词前置了，相当于"莫由此道何也？""莫"，义同"不，非"；"斯道"指代的是上句中所言的"出户"之道（此"道"乃"道路"义）。用白话讲就是："不经过这条道路你还能怎么走出去？"它是对前句"谁能出不由户"的一种强调，意在加强"出不由户"是必定不可能的事。显然，孔子是在用比喻说事。"户"字甲骨文字形，像门（門）字的一半，《说文》："半门曰户。"即其本义指"单扇门"。一扇曰户，两扇曰门。古时民房因屋小门也小，且为简省常是单扇的门，双扇门的房子一般是有钱人家的，或官府。"出不由户"之"户"指的是门。

人们在解《论语》时一见"道"字，只想到是孔子所言的"道"，且往往附会上个人的想象。"道"的含义很多（前面多次论及），这里应取其本义"道路"解，即人所行走之道路。如果说"何莫由斯道"之"道"，确实是孔子所言的自己所主张的"道"，至少他上百号的弟子们是走"斯道"的（事实上，孔子的思想当时还是很有影响力的，不然不可能有如此多的弟子），不能说"没有人"走。即便是孔子对己道之主张不能全面推广所发的叹息，也不会说"没有人云云"这种不实之言。再退一步，如果孔子确实这样说了，那只能说孔子是一个十足的狂者，是一个武断至极、自负透顶的人——试想，如果真是一个人都不能认同你的主张，说明你的主张（思想、理念）确实有问题，若还是一意孤行、自以为是，就是地地道道的狂妄者了。

其实，孔子此言想表达的言外之意是人之所行，是必有其行为规则的，谁都不能独立于人世之外而独立独行，其必将受制于道德人伦的制约。违背社会之公德，必将人人口诛笔伐之。即反言：遵道守礼是和谐社会对人的必然要求。

最后，我们结合《论语》本篇的中心思想心究一下，《论语》作者，将此章置于此的用意是什么呢？接上章内容来理解，前面是孔子在卫国的不被重用之叹。之所以感叹，是因为在孔子看来，治理好一个国家需要的是有真才实学之人，没有人才你能治理好国家吗？所以，他用“出家必须经过户”打比方，强调治国必须用能人（德行才能都好的人）的道理。

15　修隐本直成君子

适当的自私是人类爱心的前提，修养是保持社会文明的基础，但如果修养变成了有意的修饰就是虚伪。一个人之所以被称为君子，那是因为他能把私爱之心（也包括希望求得别人给予爱）推己及人地扩展开去，从而仁爱大众。人之所以修为就是因为要提升自身的修养与学识，隐去自身原始的野性（也可说是人的与生俱来的直性），使之文质彬彬。

6.18　子曰：“质胜文则野，文胜质则史。文质彬彬，然后君子。”

“质”，就是人的本质特性，是先天所禀赋的人之本性（即道家所说的本我或人性）。如人之本性是爱亲人胜过爱他人；饥饿时好与人争食；有过时“父为子隐，子为父隐”等，都是人的本质之性，也即是人性的本真。其实人也是动物，自然地有动物本性。这样说，可能有人会愤怒：我们是高级动物！是的，正因为我们高级，才有了文明的教化，教化的结果首先使我们学会了如何纹饰自己，由于人与人之间的相互纹饰，才让我们树立了社会荣辱观。由此，社会对个体人的行为就产生了道德的评判。道德评判的标准随着人类的文明程度不同而改变。所以说，人的“质”是自私的，充满占有欲的，总体是粗鄙简略的，如同未被驯化的野人（如同野兽）。就是说，过分放纵本质上的自私与自利，就会表现出兽的“野”性。然而，人也需要有适当的自私心，因为有它才能有对亲人的爱，有对同类的同情心，也才能分清公私。没有人能做到真正的无私，若真能做到了，就成了机器了，自然也就没有了人心，甚至走向无人性的一面。所以，孔子强调人需要质只是不要过分，这也说明孔子是充满人性的。

“文”，本指线条式样的纹饰，后也形容华丽之貌；“文”，用于形容人，则有文采与有修养或表现为有文明礼貌之态。如说话言语文雅，行事举止礼貌有度等。“文”可以“化”人，“文化人”就是指受“文明”“教化”过的人。被“文”“化”过的人，就会脱去本质的“野性”，“文”是人后天之习得。当然，如果“文”过了头，就会偏向虚荣、虚伪的一面，从而会表现出“过分掩饰，故作文雅”之态。此态就如同“史”者。

“史”，本义是古时宗庙里主掌礼仪的祝官，因祝官需懂各种礼仪，当是受过文化教育的人。古人重祭礼，在各类祭祀仪式中都要严守规程，形式庄严，且一招一式必须有板有眼、一丝不苟。当然主持仪式的祝官，更是要举止端庄、仪态恭敬。就此看来，“史”者善于故作姿态，似有一种装模作样的虚伪之文雅。所以，“文”胜“质”时，就会如“史”之故作文雅，表现酸腐了。由于“史”多有文化知识，又多兼职“文书”之事，所以后来“史”又用于“史官”之称了。

“彬彬”，《汉书》中又作“斌斌”；有解“斌斌，犹班班，物相杂而适均之义”；许慎把“彬彬”又解为“份份”，云：“份份，文质备也。”意指“文”与“质”各有所分，各有所当，文不胜质，质不胜文，且文质相得益彰。孔子认为文质彬彬才是君子的气质，也即人只有做到了文质彬彬，才配有君子之名。“彬彬”后来又泛指人举止文雅，如“彬彬有礼”。

人之“质”是与生俱来的，而“文”则需要后天的修为。孔子的意思是说人之“质”（人之本性）需要“文”的形式来表现（否则就是野性），而文又不能脱离质之基础，不然会走向虚伪（质从某种程度上来说也是诚实）。即“文”“质”是相辅相成的，“质”与“文”的表现要恰到好处，这也是成为君子的必要条件。有人解“野”为鄙野；解“史”为史官，欠妥。文中“野”与“史”对举，词性应该一致，所以“野”取“野人”确切。这里孔子是用不同“人”之属性的类比说事。

人之“质”，即本我的直接表现，就是孔子所说的“直”。人性的“直”，虽不是恶，但具有原始的野人之性，所以这于文明的人之社会中“直”是需要有所隐的。欲隐之就要修文（孔子主张修仁），所以，接其下一章孔子又说了这样的话。

6.19 子曰：“人之生也直，罔之生也幸而免。”

《三字经》中有“人之初，性本善”，多数人错误地认为这是孔子说的，其实这是孟子的观点。由于孟子是孔子思想的继承者和发扬者，于是人们常把孟子和孔子的观点混为一谈。孔子倒是说过“人之生也直”——人之初生的本性是“直”。

“直”就是不加隐饰地表现出其本生的“质”，即让本性的“真”自然流露出来，“不加掩饰”就是“直”。这种自然流露往往表现出“野性”（所以，孔子说“质胜文则野”“直而无礼则绞”）。这样看来孔子的观点是“人之初，性本直”。

荀子主张的是人“性本恶”。他举例说，如果一个母亲生了双胞胎，当其中一个孩子要吃奶的时候，另一个孩子会又哭又闹，争奶吃，可见人性是恶的。我倒认为，这不是恶，而是“真”（或谓“直”），因为“恶”是在有意识的前提之下，故意做出损害他人利益的行为，且并不一定非要自己得利。其实，如此小的孩子不可能具备“恶意”，其行为纯粹是出于本能。小孩子争奶吃只是动物的本能条件反射，是“真”（直爽）而非“恶”，争奶是其“真”的“直接”所表现出来的行为。小孩子长大了以后，受过“礼”的教化，才能形成“善恶”观。有了“善恶”观后，如果再与兄弟争食，才能称其为“恶”。

墨子说，人性像白丝布一样，把他染成黑便成黑色，染成红色即为红色。即他认为人性无所谓善恶，善恶是后来的染色。这与和孟子同时代的告子观点类似，人的本性既不好也不坏，人性好比木头，用规一量可做成圆形，用矩一量又可以做成方形。墨子和告子，之所以说人性“本无善恶”，正是因为在人之初生，并不存善恶之念，故不好贴上“善”或“恶”的标签。如此看来，孔子的“人之生也，直”或说“人与生俱来的本性是直”，说得更科学更深刻。“生”，指初生，这里指与生俱来的本性。

“人之生也直”，句中的“直”和“生”，人们几乎都解读为“正直”和“生存”，在我看来是错误的。“正直”不等于“直”。我将人性的“本直”分为三类：“善直”“恶直”和“中直”。“善直”是指人性本善的一面，如同情心、爱怜之心等；“恶直”是指人性中天生的自私心，如贪财、贪食，包括爱亲胜于爱他人等；“中直”即中性的直，不能肯定其善，也不能肯定其恶，要视其道德标准所依附的立场性而定。如“父为子隐，子为父隐，直在其中矣”（《子路第十三》）此直当为“中直”，于人性价值判断是善，但于社会价值判断为不善，至少是没有大义。而“正直”意味着有勇气坚持自己的正确信念，而所谓的正确信念，是站在人类社会正义的高度来判断的，它体现的是社会的价值，代表正义。可见，正直是一个道德标准。如“夫达也者，质直而好义”（《颜渊第十二》）的“好义”之“直”就是正直。孔子所说的“直”是“本直”其中有善有不善，有道德的也有非道德的东西。正因如此，人才要接受道德的教化，去恶存善。如此，“人之生也直”之“生”应解读为“初生”，句义即“人之初生是本直”。

因此，杨伯峻译为“人的生存由于正直，不正直的人也可以生存，那是他侥幸地免于祸害”，是望文生义。事实上，人在为人处事时若是太过正直，往往会受到伤害。我们用心想想，历史上那些因主张正义而蒙冤的亡灵，不都是因为他们太过正直了吗！“直而无礼则绞”，人过于锋芒毕露易伤人，伤人必伤己。“己所不欲（自己不想受伤），勿施于人”，这也是孔子的主张。所以，正直的人能免于祸害恰恰是很难的。可见，杨氏译说，与现实不符，且也是没有根据的，想必这也不是孔子的意思。当然，良好的社会所认同的价值是“正直”没有错，但这是相对于玩弄“阴谋”而言的。儒家的观点是在保证诚心实意的前提之下，做事讲究变通，讲究方式方法。可以说，以孔子为代表的儒家学术是“讲人道，尊天道”主“中庸”的。所以，这也造就了中国文化对人的行为最是主张内敛。

那么，什么是“罔之生”呢？人都解此“罔”为“诬罔，虚罔”，认为是指“不正直的人”。“罔”的“欺骗，蒙蔽”义是后来由其本义转借过来的。“罔”的本义是“网”，“亡”表声。后来造“網”表示其本义，“罔”则被借用来表示“无”的意思了，由此才引申为“欺骗、哄瞒、蒙蔽”，同“诬”。

“罔”的甲骨文为（网），假设人被“网”住了，就看不清或看不到外面的真实事件，于是会“糊涂”（“罔”有“迷糊”的义项），同时外人看他也是看不清楚的。当你看不清事物的本来面目时，很易被“蒙蔽”，或被别人“欺骗”。比如，如果你故意制造假象（用另一个表象去“罔”住真相）就是在“欺骗”了。中国的汉字很有意思，同一个字，如果站在不同的角度去“会意”会得到不同意思，这就是汉字中的一字多义的原因。

这里“罔”应取其“网”字的本义，即把某对象或其对象的属性“罩住”，不让其表达出来。因“人之生也直”，那么“罔之生”就是网住“直”，不要让人性的本“直”表现于人之社会，否则易生“绞”。那怎样才能“网直”呢？即不要让“质胜文”，也不要使“文”胜“质”，这就需要通过后天的学习与修为，接受“文”之教化，使“文质彬彬”，最后就可成就君子之才德。当你具备了君子的才德，就有可能得到“宠幸”而“加冕”为官了。所以，本章中的“幸而免”并不是得以“侥幸”而“免于”祸害之意。此“免”也应是其本字“冕”——加冕封官，同本篇第十六章中的“难乎免于今之世矣”之“免”义（见前解）。

由于人的“本直”虽然是“真”的，且初生不好用善恶分别之，但若任其随同人成长，等人有了善恶观后，“本直”的善性和恶性就存在了。所以，“罔”其“直”中的恶就成了社会道德的必然要求。

16　施教至上使乐之

前面说，人要修为才能成就文质彬彬的君子，这里孔子是说如何引导人们去主动修为君子——引导并激发他们对求道的兴趣与爱好，最终使其成为他们内心的快乐需求。这也是教育者的智慧追求，更是为学者的至高境界。

6.20 子曰："知之者不如好之者，好之者不如乐之者。"

孔子说："君子博学于文，约之以礼。""质胜文则野。"所以，人需要受文之教化使之"文质彬彬"，方能成就君子。孔子是一位教育家，"教师之为教，不在全盘授予，而在相机诱导"[①]。好的教师不只是教学生掌握知识，而重在诱导使受教育者学会学习，即有自学的能力和方法。知识的传承如果仅仅是靠教师灌输、学生接受，结果会越传越少。比如有些"专家"所说"要传授给学生一杯水，教师要有一桶水"，按此逻辑推演下去，那等到学生再做老师时，传给他的学生只能是一酒杯水了。"师不必贤于弟子……""青出于蓝而胜于蓝"，所以，善教者要引导和激发学习者对学习的兴趣与爱好，从而由爱好而升至对学习知识感到快乐，使其乐此不疲，从而变成内心的主动追求。这也是一个好老师所必须具备的能力。

孔子不愧是一位伟大的教育家、思想家，其"知之者不如好之者，好之者不如乐之者"，正是他对我们这些做教师的所倡导的一种科学的教育理念。他告诉我们："只教给人（学生）知识，不如引导他对知识本身产生兴趣来得好；然而让他由爱好知识，发展到在求知中尝到快乐更好。"看看那些如此自强不息，深入探究的科学家们，哪一个不是因为他对知识探索的乐趣使然！

当然，通译本（几乎大家都认同）译之为"［对任何事业，］知道它的人，不如爱好它的人，爱好它的人，不如以实行它为快乐的人。"如此解读也不能说没有道理。可是，我们不要忘了孔子是"传道授业解惑"的老师，言由心生，想必他说的这句话，很可能是他多年的教学实践之感悟吧。我用我做老师的心来体会孔子的话，有深切的认同感，更有五体投地的佩服感。

在我的感受里，我认为在这里把"知，好，乐"当作名词的使动用法，来解读本文中孔子的这一语录会更有价值，也更有分量。"之"指代"受教育者"（如学生）。由于本章缺少主语，按照通译本来理解，即文中对"之"指代的是什么不能明确，所以不得不猜测：有说是"对于任何学问"的，有说是"对于任何事情"的……总之，不同的人会有不同的指向。但是，如果解为"使之知，使之乐"，那么"使之"的对象自然就是受教育的"人"。这样主语明确，结论唯一。

---

① 叶圣陶语。

作为教育者，对被教育者使之知之，不如使之好之，更可贵的是使之乐之，最终将求知转化为受教育者自乐、自觉、自发的行为。这也体现了教育者的教育水平之高，也是其最高智慧引导的结果。

17 因人有异语亦异

施教要讲求方式方法，且要重于引导，激发内心的求知热情。但引导与启发的方式方法也要因人而异，灵活多变，不可墨守成规。

6.21 子曰："中人以上，可以语上也；中人以下，不可以语上也。"

本章是延续上章的观点进一步阐述：教育要根据受教育者的能力或智商，采用不同的教化手段或方法。孔子的意思是说：作为教育者要因人而异，因材施教。对于那些超过一般人智商的人，可以用更科学、精练的语言或更快捷的方法手段来施教，而对于低于一般智商（严格地讲，应该是指学习能力比一般人低）的学生，要用更通俗易懂的、直白的表述，用启发式的语言加以引导。如果采用同高智商人一样的方法就行不通了。就像那些科普知识类的书籍，因为是给一般人读的，所以行文要通俗，不宜用太多的专业术语，否则是很难读懂的一样。教育的语言或传授知识的内容也要看对象，万不可千篇一律，否则达不到高效教育的目的，即要以人施教，因材施教。

以上是我以一名教师的心理，来心究孔子这句话的。如果照字面直译："中等水平以上的人，可以告诉他高深学问；中等水平以下的人，不可以告诉他高深学问。"（杨伯峻译）这样说就有一个问题：对于一开始就是无知的人来说，什么知识、学问都是新的、深的。知识有深浅，而学问没有高下之分，只有多少之说。按直译所言之理来讲，学问只能传给水平高的人，那请问水平高的人的水平又是怎么得来的呢？还不是要从低水平起不断地接受新的知识才能取得吗。所有的人生下来都是无知的人、零水平的人，你我都一样，我之所以不如你，只是因为你受教育的时机多、条件比我好，又接受了更专业的教育罢了。可见，杨氏所译在理上是说不通的。因此，很多人解读时把"中人以上、以下"理解为"才智"或"天资"上的差等，应该是正确的。通译本译文："对有中等水平以上才智的人，可以讲高深的知识学问；对有中等水平以下才智的人，不可以讲高深的知识学问。"现在的问题是："语"是不是就是指"讲高深的知识学问"呢？

朱熹在《集注》中云："言教人者，当随其高下而告语之，则其言易入而无躐（音 liè，超越义）等之弊也。”并引张敬夫语曰：“圣人之道，精粗虽无二致，但其施教，则必因其材而笃焉。盖中人以下之质，骤而语之太高，非惟不能以入，且将妄意躐等，而有不切于身之弊，亦终于下而已矣。故就其所及而语之，是乃所以使之切问近思，而渐进于高远也。”意思是施教者，要因其资质差异分别告“语”之。此解比较贴切原文所言之意，但“语”是什么表述得不明朗。

上章孔子说施教“使之知，不如使之好，更不如使之乐”，可以说是施教的最终目标。本章应该是讲施行言教的方法问题：对不同资质的人要采用不同的施教方法。“语=吾言”，即“我”言，字义中强调了“我”，“我”在说话，“你”就不能说了，似乎含有强迫他人接受自己观点的语义成分（比如在辩论问题时，双方都想说服对方）。所以，《说文解字》注：“语，论也。语者御也。”又说：“一人辩论是非谓语。”还说：“与人相答问辩难谓之语。”可见“语”的本义是“谈论、议论、辩论”。你体味一下，“答问、辩难”是不是与教师和学生在课堂上的情景很相似？现代汉语里“语”的语义主要表达的是“对……说或讲”，这里有讲解或解释道理的语义成分，似于“讲课”义。将“语”，解为“告诉”不够准确，“语上”，告诉“上”，那“上”又是指什么呢？文中无交代。前面将“中人以上（下）”之“上下”，解为比较量词，而“语上”之“上”为何就成了“高深的学问”？前后矛盾，故此纯是想当然耳。我认为，这里的“上”与前“上”义同，皆为“程度上的比较而言”。所谓“语上”“语下”，主要是指针对不同的人“说什么样的话”的分别。正如老师上课，对不同的学生对象，如小学生、高中生还是大学生，所用的课堂语言当然要不同一样。对小学生，语言要通俗，不能堆叠过多的形容词，或过多的专业术语，要多用生活中或他们能感知到的事例类举来说理，等等，否则他们听不懂，这就叫“语下”。反之，对待已有很多知道或懂得很多道理的大学生就要“语上”。这属于施教时的方法问题，而不是针对施教内容说的。

这是孔子作为老师实践后的经验之语录，《论语》中孔子针对不同人的同一个问题，回答经常是不同的，这也许就是孔子的因人施教法：因人其质的不同而“语上”或“语下”的结果吧。这也是后人赞之为教育家的依据之一。

18　重民敬神轻得失

为人当为人事，为官当务民义，敬畏天地鬼神那是对自然的尊重，是对规律的尊重，明白了这点才算是智慧。但作为一个有高尚品格的人，还更应该有先人后己的德行。这也是孔子提倡的积极入世观，或其入世为功的态度。

6.22 樊迟问知。子曰：“务民之义，敬鬼神而远之，可谓知矣。”问仁。曰：“仁者先难而后获，可谓仁矣。”

这里樊迟问孔子怎么做才算是“明智”（“知”通“智”）之举，和能体现“仁德”之心。

孔子答“问知”道：“全心全意地做有利于民生的事，对已逝的祖先神明表现出诚敬的态度就可以了。如此可以称得上是明智了。”今天的聪明人都知道，不脚踏实地行动，但求鬼神，是不会有好收获的。而为民尽义，是对社会的最好福报，这也是明智之举（可以说是仁之智慧）。“仁”有五德“爱（仁）义礼智信”，有“智”方能有资格称“仁”（五德中缺少一样都不能称有“仁”）。孔子评价令尹子文和陈文子时就说“未知焉得仁”，人不能做到智慧，也注定做不到仁。

孔子答“问仁”道：“先付出艰难，后想到收获。做到了这个可以算是有仁德了。”道德高尚的人，总是先人后己，正如范仲淹所说：“先天下之忧而忧，后天下之乐而乐。”为人民做到“吃苦在先，享受在后”，这才是一个伟大的人，一个高尚的人，一个有仁德之心的人。

其实，孔子间接地讲出了智与仁的关系问题，智是仁之德之一，无智不能称仁，而想成仁者之名，就要为而有智。“务民之义”与“敬鬼神而远之”是有智慧的表现，而“先难而后获”又是仁者的智慧之举。

孔子有拯救世界的雄心壮志，他传教游说，无不体现他的这样精神。抛开他的救世是为维护奴隶旧制不说，但就今天而言，他这种思想主张也是有积极意义的。他主张积极入世，不赞成避世做隐士。这里，我是从孔子的这种世界观为前提来解读本章文义的，从某种意义上讲，我这是在用孔子的心，去究孔子之言。

我们把“务民之义，敬鬼神而远之”两者合起来理解（即不要分解成两层概念来解读），可知孔子这句话的意思很简单：作为一个社会的人，应该把精力放在为人道上，对神道只要有敬心即可。“敬鬼神”只是一种仁心的态度；“近之”或“远之”，是指人心对“鬼神”所企盼的一种心理依赖程度。孔子不主张在务人道上对“鬼神”有太多的依赖，“鬼神”毕竟不能替代人为。对神的敬而不盲信，也是需要智慧的。

孔子在季路问事鬼神时，他答道：“未能事人，焉能事鬼？”（《先进第十一》）可见孔子是关心人事，即重人道轻神道的。这与孔子提倡的积极入世观一脉相承。“务民之义”——全心全意地做有利于民生的事，体现的是一个人对社会的责任感，是务实。敬鬼神只是精神上的对万物的尊重，体现的是一个自然人对自然世界的敬畏之心，是务虚。孔子所言的鬼神，就如道家的“道”，他是形而上的东西（形而上者谓之道，形而下者谓之器），存在于物质之外的“灵性”世界。道家认为，道是客观存在的，是永恒的，是器（指物质的世界，人也是物）的主宰。所以，人要尊道，因道法自然，故人要敬畏自然。从“敬畏自然”的态度上来看，儒道两家的观念是统一的。孔子对鬼神的“敬而远之”，在某种意义上讲，是具有唯物主义思想观的。企求神灵于事无补，这也正切合现代文明的思想。但我们又不能不有所敬畏，否则，人就会失去道德的约束力，而为所欲为。你我不得不承认孔子十分睿智，以及有主张入世为仁的大道德。

也因此，孔子说，务人道，敬天道（天道即神道）是明智的。在《颜渊第十二》中，“樊迟问知。孔子曰：‘知人。’”两者结合来看，孔子回答的内容虽不同，但意思有共同点。“知人”有“知人事”之义。知人事才能务民之义（合民意的事）。能知人之所需、人之所思、人之所想，当然是需要智慧。

对于理解“先难而后获”，应采用同“务民之义”所表达思想观念相一致的观点为出发点。若解释为“先付出力量，然后才有收获”（其强调的是个人先苦后甜）则前后文义不合拍。

对本章的解读分歧很多，主要体现在“务民之义”和“（仁者）先难而后获”上。现我把具有代表性的不同解读罗列如下。

（1）把心力专一地放在使人民走向“义”上/仁德的人付出一定的力量，然后收获果实（杨伯峻译）。

（2）专心致力于［倡导］人民应该遵从的仁义道德/有仁德的人，首先付出艰苦的努力，获得的结果放在后边全不计较（《论语通译》）。

此两解的观点基本相同，取“务”之本义：从事于，致力于，即一心一意做某事。解“义”为孔子所主张的“仁义”之“义”。从译文来理解，此言当是对从政者所说。樊迟在孔子说此言时，是否已是从政者（或即将从政），无从考证，所以，说他是对从政者而言没有太多的可信之依据。对“先难而后获”的解读，前后文义不太统一，这是因为对它作解时，将重心放在强调个人修为上。

（3）促使民众快往“义”的道路上走/有仁德的人，先做艰难的工作，然后考虑收获（《论语批判》译）。

此解亦似向为政者所说。解“务”为“趣（急走）”，取了“务”的再引申义，有点绕弯子，但大体的中心意思同前。如此解读似乎没有必要。他取“之”的“至”（到达）义，与“务民之义”的语言构成形式脱节。

（4）专用力于人道所宜/难事做在人前，获报退居人后（钱穆译）。他认为“义”，宜也，“民之义”即对民有利（适宜）的事情。其解我认为是合文意的。

同样，在《颜渊第十二》中，樊迟问仁时，子曰：“爱人。”所谓“爱人”，当以他人利益为先，即先人后己。这与“先难而后获”观点一致。这里的

"难"，不只是困难，还有"受苦受难"义，意即要有为民甘愿受难之心。

19　喻物以释仁与智

如果说，喜爱山水就能是孔子所谓的仁者了，那么但凡是个正常的人似乎都可谓是仁人志士了，因为只要有喜怒哀乐情绪的人，谁不爱那美丽的大好河山？如果说，会快乐就智慧，那傻子更有智慧，因为傻子比正常人要多出一个傻笑。

其实，本章为让人们能更深入地理解"仁"与"智"的抽象概念，孔子只是借用山水之像，对它们做了个形象化的比喻而已。

6.23　子曰："知者乐水，仁者乐山；知者动，仁者静；知者乐，仁者寿。"

此章解读，古今争议很多。各家之言，为自圆其说可谓绞尽脑汁，曲意附会，让读者不明是非。

通译本（几乎是所有人的共同观点）译为："聪明智慧的人爱水，有仁德的人爱山。聪明智慧的人活跃，有仁德的人沉静。聪明智慧的人常乐，有仁德的人长寿。"且注前两个"乐"的读音为 yuè（音"岳"），"喜好"义；最后一个"乐（lè）"，快乐义。从古至今，许多的解家，无不从山水的物理特征上极力寻找其相通性，以设法解通"智慧的人为何乐水，有仁性的人为何乐山"，虽极尽穿凿附会之辞，但依然是漏洞百出。

如果孔子所说之意果真如此，那可以说孔子是一个毫无是非判断能力的人，往重里说是在睁眼说瞎话：你不曾见到，如今的五一、十一长假，去游山玩水的人是人潮如织、人满为患吗？几乎只要是一个正常的人、有一定生活情趣的人，无一不是爱山乐水的。你能从他是否爱山或爱水，分出谁是智者谁是仁者吗？而且，不光智慧的人会快乐，一个真正的傻子会更快乐，不知愁苦只知傻笑。如果从会快乐来判断他的智慧，那傻子更有智慧！再比如颜回，孔子多许其为仁，但却不幸短命早死了；又比如被孔子称为殷之三仁者的微子、箕子、比干，并没有得到纣王善待。真是"仁者长寿"吗？我想，孔子不会说出如此低能的话来，这都是我们这些后生强加给孔子的。

首先，这里的"知者乐水，仁者乐山"中的"者"并不是"某某人"的意思，而应作语气词，不是说智者（有智慧的人）或仁者（有仁德的人）如何如何。依我看，孔子的话译成白话应是："智慧若（如，像）水，仁德若（如，像）山。”这是孔子就前章中樊迟所问的“知”和“仁”在其本性意义上的一种“比喻化”的解读而已。

我认为这里的“乐”是“若”字的错讹所至。甲骨文的“樂（乐）”与“若”分别为和，两者极有可能由于形似（音也相近），加之竹简污损，而把“若”误传抄成了“乐”。

其次，在孔子眼里“知”是小智，“仁”是大智，且先“智”而后才能为“仁”（前面我解读过“仁”乃“人上之人”，其德、智高于常人）。所以，“仁、智”切合“山高水低”的物理特征。自然界中山水常依，且山能固水，水于山中则泉出……这种山水相依而存之象，恰如仁智之和，故言“智若水仁若山”也。又由于“水动山静”，山刚而水柔，故孔子言“智动而仁静”也。

李泽厚说：“用山、水类比和描写仁、智，非常聪明贴切。作为最高生活境界的‘仁’，其可靠、稳定、巩固、长久有如山；作为学习、谋划、思考的智慧，其灵敏、快速、流动、变迁有如水。”“知者乐水，仁者乐山；知者动，仁者静”表达的是仁智之性——智慧像水，灵动；仁德似山，恒静。“知者乐，仁者寿”表达的是仁智之用——智慧可以给人带来快乐，仁德可以使人名垂青史。“然仁知属于德性非由言辞可明，故本章借山水以形容，亦所谓能近取譬。”（钱穆语）李泽厚和钱穆先生解读得都很透彻，他们只是没有明言此“乐”当为“若”而已，可于他们的解说言辞中无不是把“乐”当作“若”来理解的。

水蒸成气，气集为云，云腾至雨，露结为霜，地面之水因势而流，能激荡成花，回旋出声……无不有动感的快乐之像。有智慧让人好思考，善联想，每遇悱愤，因智而启发，似有令人恬然开朗之宽畅。所以，智慧是灵动的，且能给人带来快乐。也因如此，很多人也总爱玩点小聪明。

山静如珠，巍然不移，无论风吹雨浊，电击雷震，总能安之若素，无不有静默之情。所以，山能长寿，故有寿比南山之喻。山的这种伟岸之态，若如大德之仁者的宽广胸怀；山的这种永垂不朽，又似仁者留给人们的精神食粮，万古长青。所以，孔子说“仁者寿”也，即“仁”的唯美之性是亘古不变的，仁者可依托其仁德而流芳百世，万寿无疆。“仁者寿”是指其精神的永恒之德，而非言仁德者的生命之长寿。

钱穆先生用天人合一的观点，解读孔子以山水作譬仁智，其言甚美：“《论语》中似此章富于艺术性之美者尚多，鸢飞戾天，鱼跃于渊，俯仰之间而天人合一，亦合之于德性与艺术。此之谓美善合一，美善合一之谓圣。圣人之美与善，一本于其心之诚然乃与天地合一，此之谓真善美合一，此乃中国古代所倡天人合一之深旨。学者能即就山水自然中讨消息，亦未始非进德之一助。”

20 “一变”之梦难成真

理想如果超越或脱离了现实，就只能是幻想，但幻想的结果如梦一般终究是要破灭的。孔子劳其一生而不得其志，正是因为他思想太过理想化。

6.24 子曰：“齐一变，至于鲁；鲁一变，至于道。”

孔子最敬周公，甚信其所创立的礼仪制度，几乎终其一生而致力于兴周礼。孔子曾仕于父母之邦的鲁国，志在“张公室”，欲堕三都以剪除季氏三恒之势。然不幸鲁之君黯弱，不足与谋，因此去鲁游说诸侯，以求试己之能，推广周制（或说“仁道”），曾自许“如有用我者，吾其为东周乎”（《阳货第十七》）。但终究不得志，如梦一场。不过，他的思想却流传千古，这也许是孔子不曾想到的，倒正应验了他自己所言的“仁者寿”。

孔子所处的时代，在他看来，齐强鲁弱，但是齐国急功近利，从简尚功喜夸诈，施行霸政，距离周公之王道甚远。而鲁国是周室之附国，相对重礼教、崇信义，周公的礼制犹存，近于孔子理想中的王道，但还没有“至于道”。所以，孔子有此说。他希望“齐”先变到“鲁”，“鲁”再变到周公时的“王道”，最终全人类的社会礼仪制度，都进入他所希望的周公旧德时代。其实，在春秋前期管仲执政时，齐国已经基本完成由奴隶制向封建制的转变，由原来的奴隶主贵族的部族国形式变成了封建政治国。然而在鲁国，由于旧势力的强大，还较多地保留了周文王制度的传统，但也经历着向封建制转移的重大变革。如鲁宣公时的“初亩税”，实际上承认了土地的私有。历史的发展是不可逆转的，只是当时鲁还没有完全脱离周礼之制，而齐走得更远一点。所以，孔子认为要恢复周礼，齐要先变回鲁，再由鲁变回到周之旧制。因此，孔子在鲁国实现周制无望之际，首先想到的是到齐国寻求机会，因为齐国与鲁国乃“兄弟之国”。这里“至于道”之“道”当是指周礼的旧制。

齐如何变到鲁，鲁又怎么变才至于道呢？孔子说要“一变”！

今人，把这个“一变”解读为现代文的“变一下”，完全错解了孔子的意思。我们知道“变一下”并没有指明变的方向，如果向更糟的方向变呢？那更会远离“道”了。其实孔子所说的“一变”，是“归一之变”，归到他“一以贯之”所主张的“仁道”。九九归一，一是万数之归。万物“一”统，才不会存在“不三不四”。孔子所推崇的统一之道正是他的“仁道”（他的观念里，周之旧制是有仁道的）。所以，这个“一变”，孔子给它规定了“变”的方向。

本章之言，似孔子内心的理想化，或是其意志的独白。但历史终究不合孔子所愿，这就是历史发展的必然：社会的进步永远不会回到原来的位置。孔子想回到旧制，而其旧制所依附的时代，是奴隶制下的意识形态，可当时的社会正处在奴隶制向封建制转型的历史发展的必然时期，所以，这注定了孔子理想失败的命运，最终他的“一变”只能是一场梦而已。因此，怀才不遇的孔子并由此发出如下无助之叹。

6.25　子曰：“觚不觚，觚哉！觚哉！”

“觚”，为有棱边的圆柱体形的金属器，底与上口偏大，中部狭小，有四棱、六棱、八棱不等，状似瓶。上圆下方，比拟天圆地方之说。但也有人说“觚”是酒器，也有人说是制器（标准器）。

朱熹在《集注》中说：“不觚者，盖当时失其制而不为棱也。觚哉觚哉，言不得为也。”意思是说，孔子所见到的当时的觚，不再有棱，已不是原来的样子了，所以感叹“觚已经不是原来的样子了，觚啊！觚啊！”朱熹又引程子语曰：“而失其形制，则非觚也。举一器，而天下之物莫不皆然。故君而失其君之道，则为不君；臣而失其臣之职，则为虚位。”意思是说，孔子看到觚不是原来的样了，于是举觚隐喻当时社会风气的变坏，君子不为君子之道了，做臣子的也不尽为臣之职了，即“君不君，臣不臣，父不父，子不子”。总之，朱子就认为，这是孔子在借觚之形状的改变，感叹社会公德的每况愈下和为政者的不得其道等。

另外，还有不少学者认为，这是孔子劝人们不要沉湎酒食之意。“觚”和“孤”同音，“寡少”的意思。只能容酒两升（或者三升）的叫“觚”，孔子是叫人少饮，不要沉湎之意。可能当时的“觚”实际容量已经大大不止此数，由此孔子发出感慨。当然，也有很多学者认为，这里文字太简，无法知道孔子为什么发此感叹，所以，不好强解。

这里，我想强解一下，恰当与否由读者去心究吧。

从现在出土的“觚”来看，几乎都有棱，因此说“觚不再有棱”的情况不确实，此说纯属异想。另外，其形高像瓶，不像是用来饮酒的器具，可能是礼器。如果照一般人的翻译：觚已经不是觚了。那既然已说其是“觚”，又说其不是“觚”，那依何而言其为“觚”哉？所以，我认为“觚不觚”之“不觚”，应当理解为“不能发挥其作为觚的功能”义。前面说孔子曾自许“如有用我者，吾其为东周乎”，但终究无用，且其理想“齐鲁一变而至于道”也破灭了，所以这里孔子喻自己为礼器“觚”（本有治天下之才），却不能物尽其用，于是悲叹“觚哉！觚哉！”——我啊！我啊！

这是孔子对自己复周礼无助时的感叹。

21 宰我问中设陷"井"

宰我不污孔子所封"语言大师"之称谓，常发奇问且能置人于尴尬之境，甚至连自己的老师也不放过（这里就是一例），引得孔子对他是批评有加。但孔子总能机智地避开，有时故意答非所问。

6.26 宰我问曰："仁者，虽告之曰：'井有仁焉。'其从之也？"子曰："何为其然也？君子可逝也，不可陷也；可欺也，不可罔也。"

历来，人们对本章的注疏之争，一直没有停止过。之所以争议，是因为各家所言看似有理，细究起来又觉得无理，再想想之后总觉得自己更有道理，于是公说公有理、婆说婆有理。现罗列几条，以助你梳理思路。

何晏《论语集解》引孔（孔安国）语曰："宰我认为仁者必济人于患难，故问有仁人堕井，将自投下从而出之不乎。欲极观仁者忧乐之所至也。"即孔安国认为："井有仁焉"的"仁"作"仁人"讲，是说"一个仁者掉到井里了"。宰我的问题是：当一个有仁心的人知道一仁者掉到井里后，应该不应该也跟着跳下去救？

对孔注，皇侃提出质疑，其在《论语集解义疏》云："或问曰：'仁人救物，一切无偏，何不但云井中有人，而必云仁者耶？若唯救仁者，则非仁堕井，则仁人所不救乎？'答曰：'仁者能好人能恶人，其虽恻隐济物，若闻恶人堕井亦不往也。'"皇侃基本同意孔注，只是不解为何偏说"仁人"而不直接说"人"，难道救人还要先分清好人还是坏人吗？

由此，俞樾认为，"仁"是指"仁道"，而非具体的人。他在《群经平义》中说："宰我之意，谓仁者勇于为仁，设也于井之中而有仁焉，其亦从之否乎。孔注仁人堕井之说，殊有未安。"意思是说，求仁者不是勇于求仁之道吗？如果井中有仁道（仁的道理，形如得以成仁的秘籍），那么是不是要跟从到井下去学呢？

于是，钱穆在《论语新解》总结道："井有仁焉：或本仁下有者字。或说：此仁字当作人。又一说：仁者志在救人，今有一救人机会在井中，即井有仁也。不言人而人可知。又分别井中之人为仁人或恶人，则大可不必。"刘聘君也说"有仁之仁当作人"。

可见，历来人们争论的首要焦点在"井有仁焉"上：是人（善人或者恶人）掉井里了，还是"仁的道理"在井里。对宰我的问题，前者认为，仁者要不要下井去救人；后者认为，应该不应该下井去求仁道。然而，我们结合孔子的回答，“君子可逝也，不可陷也；可欺也，不可罔也”，于语气上看，跟要不要下到井里去救什么人，或学什么道，几乎没有任何联系。再体会“何为其然也”之口气，孔子好像对宰我的问题很是生气。再者，宰我问的是“仁者……”而孔子说的是“君子……”。所以，在解读这段对话时，我们不能不考虑到这些现象的存在，而一味地附会。我们心究一下：当一个人向你提出了一个荒唐的、不可能发生的问题，或是违背常理（尤其是违背你所认为的理）的问题时，你除了生气外，要么不作回答，要么据理反驳其问题的不可能性。此时的孔子正是处于这样的一种心理状态之下。

我认为，宰我问题里用了隐语（打了个字谜）：“井里人”——谜底为（“刑”字）。也许，宰我不忍在老师面前直接说仁者“加刑”之类的不敬之言，故而用廋词（宰我毕竟是孔子的语言科高才生，善言辞）。

“井有仁焉”之“仁”，不是指“仁之道”，应该是“仁者”（即仁人，这也是多数人的观点）。这里的“焉”可以作为“者矣”的合音来解读，如同“井有仁者矣”——井里有一仁人，或言“‘井里人’是仁者”。

孔子时代的春秋以金文为主，所以在解读《论语》时，不能脱离这个文字环境。“刑”字的甲骨文和金文是，金文中还有一些这样的字形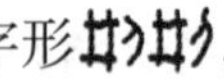，或说是“人移到了井之外”①（也许是由于在范模上刻刊不便而为之）；或说是“井之外加刀”，强调的是施刑的手段等，但“井人”的意思没变，其意没有脱离“刑”字。从字的构型来看，正是“井里有人”之象，更俨然是“赴向刑场的”囚车或“站笼”②。

“刑有仁者矣”——仁者将被处以死刑（这里“刑”为动词）了，“其（求仁者）从之也？”——求仁者要不要跟着去受死呢？这才是宰我的问题。孔子其实没有正面回答，他首先用“何为其然也！”（意在强调不可能有这样的事情）否定了宰我的问题，接着又从侧面论证：这种事情在君子身上是不可能发生的，因为“君子博学于文，约之以礼”，不可能做违法犯罪的事而加身于“刑”（下一章：“君子博学于文，约之以礼，亦可以弗畔矣夫！”是孔子否定宰我问题的

---

① 有些人认为“刑”没有甲骨文，其实甲骨文中也有形，但多数人认为它是“囚”字。概因在解读卜文时，把“刑”字当作“囚”字也能说得通的缘故吧。如在《殷墟书契前编》第4卷，第24页第1片和第29页第4片就分别出现了字，其中24页第1片的卜文：“辛丑卜，㱿，贞：灵妃不。”在此理解为“囚”或“刑”歧义不大。

② “站笼”又称立枷，是枷号的一种发展后的形式，于清朝开始正式作为法律惩治手段。这种特制的木笼上端是枷，卡住犯人的脖子；脚下可垫砖若干块，受罪的轻重和苟延性命的长短，全在于抽去砖的多少。有的死刑犯会被如此示众三天后论斩，有的则被活活吊死。

进一步强调)。如果真有这种事情发生的话,那一定是被“陷害”(陷也)或“冤枉”(罔也)的。于是孔子大义凛然地说“君子可逝也,不可陷也;可欺也,不可罔也!”——对一个君子来说可以为仁献身(“逝”,一去不复返,是死的一种婉曲之言),但绝不接受陷害(被动地去死);可以容忍欺骗(“欺”,被欺的是自己),但绝不忍受冤枉(“罔”,网住我的真面目,别人只见加之我身的假象。被欺的是不知情的旁观者)。一般解“逝”为“往”,意指前往井边去救人;解“罔”为“愚弄”。古代“逝”字的意义和“往”字有所不同,“往”而不复返才用“逝”字。“往而不返”,回都回不来了,又如何前去“视”或者“救”呢?原文中并无“往”之后的关键动词,无论是孔注的“视”还是朱子解的“救”,都是他们从“仁人堕井”这个前提推想出的合乎逻辑的结果罢了。唯俞樾将“逝”解读为“摧折”的意见值得重视,这与“逝”的“死亡”之义相符。“罔”为后起之字,其字源就是甲骨文中的“网”字,后来其下加“亡”是用来表音的。《说文》“庖牺所结绳以渔。从冂,下象网交文。”可见罔字作动词时意为“被网罗”。网住我的真面目,别人只见加之我身的假象,于是欺骗了旁观者。正如别人诬蔑我犯了罪,但我清楚自己无罪,最后硬是强加罪名于身,这就是“冤枉”。我们可以设身处地地想想:自己被冤枉要比被欺骗内心痛苦得多,因为被欺骗了早晚会清醒,但冤枉很难洗清。从“可逝也,不可陷也;可欺也,不可罔也”的语气上来体会:“陷”比“逝”更甚;“罔”比“欺”更难让人接受。所以,孔子这句话的意思就是君子可以明明白白地去死,但不接受陷害;能容忍欺骗,但难以忍受冤枉。

上面是我从“井里人”似“刑”字金文构型之字谜的观点来理解宰我问题的。或许我们可以对“井”字直接做如上解读。

对本章解读时,人们都忽略了“井”字本身,没有怀疑过此“井”是不是就是现代人用以取水的井?“井,法也。”(《易经·井卦》)这里的“井”字,读音为“刑”。“祀白马禹井。井者,法也。以为禹葬以法度,不烦人众。”(《越绝书·记地传》)我的观点是,此“井”本义应该就是现代的“刑”字。“井有仁焉”就是“刑有仁者矣”——对有仁德的人施刑。之后的解读同上。

当然,也有学者(如清代的沈涛)坚持认为“井有仁焉”之“仁”不是指仁者,而是宰我假设“仁之道”在井里,问孔子求仁者是不是应该下到井里去求道?如果这样认为,那孔子的怒斥其大意是:“哪来有这种情况!你不要欺骗愚弄别人了。欲成君子的人,为求仁道有赴死之决心,但不能因此陷害他;也有可能会被欺骗一时,但绝不可以让他去受冤枉。”对此,读者不妨也心究心究。

这样看来,后儒们在解读时,都不知不觉地落入了宰我所设的陷“井”了!

接下来的一章,就是孔子补充解释他讲“何为其然也”的理由。

6.27 子曰："君子博学于文，约之以礼，亦可以弗畔矣夫！"

我认为，本章文脉与上一章是关联的，不应该分离出去解读。首先，从语气上看有"感叹"或"强调"意味："矣夫！"生感叹的缘由很可能就是宰我上面提的问题。其次，这是一个省略句，"弗畔（不叛）"什么？显然"畔"在此是及物动词，其后的宾语是不能省略的，否则"语焉不详"。结合上章来看，这句话中的"弗畔"应该是承上省略，这样想来"弗畔"的事就是指上文意思中的"法律"或"公德"，因为只有违反了法律才会落入受刑的境地。显然，本章之言是孔子想进一步强调：君子有文化，受过良好的教化，能自觉地用礼来规范自己的行为，不可能违法，以否定宰我所问问题的可能性。

杨伯峻译为："君子广泛地学习文献，再用礼节来加以约束，也就可以不至于离经叛道了。"他认为"弗畔"的是"道义"。这应该是杨先生的想当然了。

22 行止之间有中庸

一个智者的行止法则，是应该有自己的判断，绝不会因世俗而动摇，否则就会落入俗套。君子坦荡荡，小人长戚戚，子路对孔子见南子表现不高兴时，孔子斩钉截铁的回复之言，深深地表现出了一个能坚定自我原则的孔子。

6.28 子见南子，子路不说。夫子矢之曰："予所否者，天厌之！天厌之！"

史载，南子为宋国的美女，卫灵公的夫人，其行为淫乱，名声不好。"子路以夫子见此淫乱之人为辱，故不悦。"（朱熹《集注》）朱熹也只是想当然。子路对自己的老师去见南子到底为什么不高兴，后人不得而知。更为关键的是，孔子为什么去见南子，由于文中没有文字表达，历史上也没有明确的记载，所以也不得而知。由于现在不能明确地知道个中原因，于是很多学者寻经问典，极尽想象与猜测。所以，在这里我也只能就字面意思来理解。

"说"通"悦"（我在首章有解读过）。"矢"，有说是"誓也"，也有讲"指也"（指天发誓）、"正也"（纠正）、"陈也"（陈述）等。"矢"的本义指"箭"，由于箭是笔直的，特别是射出去的箭，走的是直线不会拐弯抹角，所以"矢"有坚定的、肯定的、毫不含糊的意思，如"矢口否认"之"矢"。"夫子矢之曰"有发誓的意思成分，但更多地用以强调孔子说话的坚定性，这从后文的"天厌之！天厌之！"也可体会到——要是做了我认为不该的事（予所否者），就让老天爷来惩罚我吧（天厌之）！

“圣人道大德全，无可不可。其见恶人，固谓在我有可见之礼，则彼之不善，我何与焉。”（朱熹《集注》）人只要坐端行正，做该做之事，不应受别人的意志左右。行事重在权衡，知行而行，知止而止，切不要把事做绝，要致中和。这正是中庸之德，所以下章由此而发。

6.29　子曰：“中庸之为德也，其至矣乎！民鲜久矣。”

时人都以为南子行为淫乱，连正常的会见都认为不可（包括孔子得意的弟子子路，对见南子都不悦），行为走上了极端，不能中庸。所以，孔子说“中庸之为德也”——用中庸的法则做事是好的，“其至矣乎！”——这是至高无上的行为法则！“至”，极也。

“中”，不偏不倚，无过无不及，指行为得当，即恰当。“庸”，平常的，有顺其自然的意思。程子曰：“不偏之谓中，不易之谓庸。中者天下之正道，庸者天下之定理。”可见，用“中庸”作为做事的出发点，当然是上善的明智法则。这里的“德”不是现在的“道德”，而是指事物的一种“好的属性”。因为“中庸”是用来表达做事时的一种所依据的法则，并不存在“道德”标准的判断。

《礼记·中庸》中有“中庸其至矣乎！民鲜能久矣”。据此，程石泉先生认为文中“鲜”后应该有“能”字。“民鲜能久矣”——人们很少能够这样做（指用中庸的方法处理事情）已经太久了。“鲜”，少也。

通译本译此为：“中庸作为一种道德，是最高尚的了！人们缺少这种道德已经很久了。”中庸只是行事的指导思想，是做事所要坚持的原则，归为方法论的范畴，怎么能属于“道德”呢？如果承认中庸是最高尚的道德，那仁算什么？孔子所鼓吹的最高道德水准明明是仁啊！如此解读无论从哪个方面讲，都说不过去。“中庸之为德”中的“为”，不能解为“判断词”，应取本义作动词“做”讲，表示行为。请注意：这里是“之为”，此“之”有“的”义，并不能解为语气词。

23　比之己欲达他人

君子修行出于自我人格的完善，仁者以德行感染帮助他人以求共达，而一个圣者在于他有利民救世之功。子贡心大乃有成圣之志，但孔子抑之，叫他依照仁者之标准做就可以了。其实，这也是在间接地评价子贡：子贡能做到仁者就算很了不起了。于是，孔子规劝子贡，欲行仁道当以自求之心以达他人之志。

6.30 子贡曰："如有博施于民而能济众，何如？可谓仁乎？"子曰："何事于仁，必也圣乎！尧舜其犹病诸！夫仁者，己欲立而立人，己欲达而达人。能近取譬，可谓仁之方也已。"

子贡问道："假若能广泛地给予人民利益，又能周济众生，怎么样？可以说是做到仁道（仁者的利人精神）了吧？"孔子答道："何事于仁，必也圣乎！"——还能做到什么事算是仁道，这一定是圣德了！"尧舜其犹病诸！"——尧和舜恐怕都难以做到这样！"夫仁者，己欲立而立人，己欲达而达人。"——仁者，帮助别人成就自己也想成就的事业（自己的事业有没有建树没关系）；辅助他人实现自己本想实现的理想（自己的人生理想是否能通达无所谓）。"能近取譬，可谓仁之方也已。"——凡是能以自身作比，将心比心推己及人，可以说是实践仁道的聪明之举了啊。

"施"，施舍。尧、舜，是传说中的上古两位帝王，也是孔子心目中的圣人。"夫"，文言中的提挈词。"犹病诸"之"犹"：可能，或者，恐怕；"病"：本是指人身体出现了小问题，这里指担心于文中所言之事做得不够好或不能完全做到；"诸"："之于"的合词。

"方，术也"（朱熹《集注》），即把"方"解为做事的"方法"（后人都附和），我认为不当。这里"方"应取"大"义，指"好的，高明的"方法、手段。"己欲立而立人，己欲达而达人"，一般都译为"自己想要立身，就要帮助别人立身，自己想要通达，也帮助别人通达"。这样译难以让人理解，什么叫立身？什么是通达？立身，本指身体能站住，有可立足之地，意指人在社会上能够生存下去，但孔子所说的"立"显然不是这一层意思，而是意味着事业有所建树。"通达"，本指四通八达，路子广大，什么地方都走得通。所以，在此我意译"达"为"实现了理想"。

孔子说，"仁远乎哉？我欲仁，斯仁至矣"，可见在他看来为仁并不难，只要有推己及人之心就可以做到。从孔子的"何事于仁，必也圣乎！尧舜其犹病诸"来体会，其言外之意是说子贡的"博施于民而能济众"立志太高，几乎不能做到。孔子似在规劝子贡不要好高骛远，欲要行仁只要从切近处想，能将心比心地帮助他人就算很了不起了。"近取譬"意思就是从自己身边或自己可为的事做起，行仁事不是为博取圣名，言辞中带有点批评的口气。

本篇主要是对一些名人的评价，或对人之所为的评价，也包括对孔子自己的所作所为的评价，直接或间接地来论述孔子的道德观、人才观、行为观等。

卷七 《述而》篇

本篇共三十七章，全篇主要是通过对孔子的自述之言或其为人之事，或是别人对孔子行为的评价，来陈述儒家思想，呈现修为君子之法。全文如下：

7.1 子曰："述而不作，信而好古，窃比于我老彭。"

7.2 子曰："默而识之，学而不厌，诲人不倦，何有于我哉？"

7.3 子曰："德之不修，学之不讲，闻义不能徙，不善不能改，是吾忧也。"

7.4 子之燕居，申申如也，夭夭如也。

7.5 子曰："甚矣吾衰也！久矣吾不复梦见周公。"

7.6 子曰："志于道，据于德，依于仁，游于艺。"

7.7 子曰："自行束修以上，吾未尝无诲焉。"

7.8 子曰："不愤不启，不悱不发，举一隅不以三隅反，则不复也。"

7.9 子食于有丧者之侧，未尝饱也。子于是日哭，则不歌。

7.10 子谓颜渊曰："用之则行，舍之则藏，唯我与尔有是夫！"子路曰："子行三军，则谁与？"子曰："暴虎冯河，死而无悔者，吾不与也。必也临事而惧，好谋而成者也。"

7.11 子曰："富而可求也，虽执鞭之士，吾亦为之。如不可求，从吾所好。"

7.12 子之所慎：齐，战，疾。

7.13 子在齐闻韶，三月不知肉味。曰："不图为乐之至于斯也！"

7.14 冉有曰："夫子为卫君乎？"子贡曰："诺。吾将问之。"入，曰："伯夷、叔齐何人也？"曰："古之贤人也。"曰："怨乎？"曰："求仁而得仁，又何怨。"出，曰："夫子不为也。"

7.15 子曰："饭疏食饮水，曲肱而枕之，乐亦在其中矣。不义而富且贵，于我如浮云。"

7.16 子曰："加我数年，五十以学易，可以无大过矣。"

7.17 子所雅言，诗、书、执礼，皆雅言也。

7.18 叶公问孔子于子路，子路不对。子曰："女奚不曰，其为人也，发愤忘食，乐以忘忧，不知老之将至云尔。”

7.19 子曰：“我非生而知之者，好古，敏以求之者也。”

7.20 子不语怪，力，乱，神。

7.21 子曰：“三人行，必有我师焉。择其善者而从之，其不善者而改之。”

7.22 子曰：“天生德于予，桓魋其如予何？”

7.23 子曰：“二三子以我为隐乎？吾无隐乎尔。吾无行而不与二三子者，是丘也。”

7.24 子以四教：文，行，忠，信。

7.25 子曰：“圣人，吾不得而见之矣；得见君子者，斯可矣。”子曰：“善人，吾不得而见之矣；得见有恒者，斯可矣。亡而为有，虚而为盈，约而为泰，难乎有恒矣。”

7.26 子钓而不纲，弋不射宿。

7.27 子曰：“盖有不知而作之者，我无是也。多闻择其善者而从之，多见而识之，知之次也。”

7.28 互乡难与言，童子见，门人惑。子曰：“与其进也，不与其退也，唯何甚！人洁己以进，与其洁也，不保其往也。”

7.29 子曰：“仁远乎哉？我欲仁，斯仁至矣。”

7.30 陈司败问昭公知礼乎？孔子曰：“知礼。”孔子退，揖巫马期而进之，曰：“吾闻君子不党，君子亦党乎？君取于吴为同姓，谓之吴孟子。君而知礼，孰不知礼？”巫马期以告。子曰：“丘也幸，苟有过，人必知之。”

7.31 子与人歌而善，必使反之，而后和之。

7.32 子曰：“文，莫吾犹人也。躬行君子，则吾未之有得。”

7.33 子曰：“若圣与仁，则吾岂敢？抑为之不厌，诲人不倦，则可谓云尔已矣。”公西华曰：“正唯弟子不能学也。”

7.34 子疾病，子路请祷。子曰：“有诸？”子路对曰：“有之。诔曰：‘祷尔于上下神祇。’”子曰：“丘之祷久矣。”

7.35 子曰：“奢则不孙，俭则固。与其不孙也，宁固。”

7.36 子曰：“君子坦荡荡，小人长戚戚。”

7.37 子温而厉，威而不猛，恭而安。

1　子借老鼓自比之

鼓的声调比较单一，只用它是不能演奏一首曲子的，所以孔子用鼓声的这个特点，比喻他的“述而不作”之性。一说老字，马上给人一种陈旧保守的感觉，也因此孔子用老比喻他的“信而好古”之情，故孔子自譬“老鼓”。

无比推崇周礼是孔子“信而好古”的集中体现，且“自认为”他只是将从古人那里取信来的知识、智慧、心得不加篡改地加以陈述，并没有糅入自己的观点。不过，孔子的这个“自认为”未必是实情，这应该是他的谦虚之言，不然何来儒学？

7.1 子曰：“述而不作，信而好古，窃比于我老彭。”

杨伯峻译文：“阐述而不创作，以相信的态度喜爱古代文化，我私自和我那老彭相比。”他解“作”为创作，解“信”为相信，且认为老彭是孔子的一个较亲近的好朋友。学术界对本章“窃比于我老彭”的解读争议最大。

“述而不作，信而好古”——直述前人之言不添作，取信于前人的思想道德与文化，好用上古之事说理。这是我的解读。“述”，是指向别人传述或谓转述知识、道理，这里指转述前人学说；不作，意思是不杂糅进自己的观点。此“作”（音“捉”），有不讲道理胡作之意（正如南方方言“你就作吧”之“作”），也有点造作的意思。“作”解为“创作”不准确，且“创作”是褒义词，不符合孔子表达谦虚时话的原义。不过，依据孔子的实际情况看，他的一生没有少创作过，如他至少注解过《易经》等，所以我认为他所说的“不作”，更多的是指不胡乱添加、删减原作的意思，即没有篡改。然而，要将古人的智慧心得加以陈述，并解释明白让人听懂，必须要用自己的理解，用最易使人明白的话表述出来，这从某种意义上讲，就是一种再创作的过程。我们做过教师的都能想通，在为学生讲课前肯定要备课。备课就是对教学内容的重新组织的过程，这就是一种创作，毕竟不是直接抄书。孔子强调，他的“讲述”只是忠实于前人或古代圣贤之思想，不篡改原意，不妄加自己主观的价值判断，不用自己的思想去束缚后人而已。对前贤思想的不胡作，是因为深信他们。当然了，“不作”只是孔子自己的认为，这里做解读，最主要的是要用孔子的心来究孔子的意思，因为这是孔子在说话。

“信”，多译为自己“相信”义，应该不完全。“信”，在这里不只是自己真心相信，另外应该还有一层“取信”的意思，就是说，好用古人（或古代）之事，以取信某一道理。说直白一点就是，在对别人讲道理时，好用上古之事作为论据。孔子作为教师，自认为他在授教时不是用自己的个人观点来表达事理，其所传述的都为古代先贤们的理论、思想，且好用过去历史上或发生在圣贤者身上的事实作例证。当然了，只有先相信之，才会取信之，也只有信之才能做到好之，既好之必会博学而详尽之，如此才能更好地转述之。既然好古，必会恶今之陋习，所以孔子鼓吹周礼，看不得当世之乱象，也因此才有他后来的游说。孔子对自我的认识的确到位。从《论语》中看孔子说的话，借古说事者甚多，可见孔子的自我评价除谦虚之外也算是实事求是的。

由于他自认为只是在转述而不自作，所以孔子自嘲地说：“在内心里我把自己看作是一个只会彭彭作响的陈旧老鼓。”——“窃比于我老彭。”“窃”，私下、私自，指在自己心里暗暗地自比。

对于“老彭”，自古以来众学者都认为是人名，但所指是谁，众说纷纭。朱熹说，老彭为“商贤大夫，见大戴礼，盖信古而传述者也”。包咸在《论语集解注疏》中说“老彭，殷大夫”；也有人说老彭为老子、彭祖；又有人说，孔子既言说“我的老彭（我老彭）”，其人一定和孔子相当亲密，未必是古人；等等。我们就拿通译本认同的“老彭为彭祖”来心究一下吧。对于“彭祖”的描述，多为传说——其人姓篯名铿，是颛顼（五帝之一，此帝也多为传说）之孙陆终氏的后裔，仕虞、夏、商三代，至殷王时已767岁。传说此人善烹饪，尤精养生之术……封于彭城（今江苏的徐州），故又名彭祖。历史上是否真有彭祖其人，也是不一定的，即使有，他也是以精烹饪、善养生而名扬青史的，好像与孔子所说的“述而不作，信而好古”相去甚远。可见，用彭祖与孔子作比有点风马牛不相及了。

当然，我不能完全否定“老彭”为人名的可能性。但从句子上看“窃比于我……”，显然，其意思是“私下把我比作……”义，其欲比喻的对象应该是“物”或“物象”，而非“人”。由此，我认为这里的“老彭”不应该是人名。

“彭”，甲骨文为。其字本义是指能发出“彭”声的“鼓”（形即“壴”，陈列乐器），也指“鼓”所发出的声音（其右旁的“彡”是表发声的示意符）。“老彭”即谓“老鼓”。由于鼓声单调，不能奏出复杂的音节，所以，只转述不创作的人，就好像是只会发出“彭、彭、彭”单调之音的鼓。“老”，本义为“年长”，由于年长就会“陈旧”，因此也引申为“很”“非常”义。比如，东北人说“这人老有才了”，意指这个人“很”有才。再比如“老师”一词中的“老”就是“非常、很、不一般”的意思，所以“老”也是尊敬之称，如山东人就好用“老师”来称呼他人。再如，我们常将尊敬的人称“×老”，如王老、张老等。

孔子自认为“信而好古”和“述而不作”，于是自比为“老鼓”，也可见孔子的幽默情调。

7.2　子曰：“默而识之，学而不厌，诲人不倦，何有于我哉？”

孔子私下比己为老鼓，可能是这样扪心自问的：想想我也是，除了一门心思地学习，并自得其乐而不厌倦，然后述而不作地教育学生，除不知疲倦之外，我还能有什么呢？我也只是会发出彭彭作响的老鼓啊。

“默”，本义为“不出声”，犬（狗）本是善吠的动物，但其在真正是“黑”的夜里是不会叫的，所以汉字“默”用犬的这一特性来表达“无声”义。（也有人认为，“默”表达的是犬在黑的夜晚不能被看到。这个没有道理，在黑夜里什么东西都不可见，唯言不见犬乎？）“默”在这里表达的意思是私下里默默地学习，反比于大张旗鼓地学，生怕别人不知道自己如何用功学习似的。这里表达的意思是比别人用更多的时间来学习，有暗地用功的意思，再苦再累都默默忍受着，不会向别人述说自己的委屈。就如我们在上学时，常有表面看似不太用功的同学，成绩却很好，于是我们好说他是“背地里用功”的人。“识”（音 zhì）：记住，牢记，这里指潜心思考，仔细辨别，记存于心。

“厌（厭）”，本义是“吃饱了以后，不再想吃”的心理反应，故引申为“满足，厌烦”。“厭”有“压”意，由“犬、肉、甘”三部分合起来会意：好吃的肉吃到肚里后，有了压迫感，当然是吃饱了，吃饱了食欲就得到了“满足”，也不想吃了，再见到食物时就会有排斥心理，即产生了“厌烦”感。

“何有于我哉？”——（除了能做到这些）我还能有什么呢？这是孔子的自谦。有人译为：“这些事情我做到了哪些呢？”言下之意，孔子是在反省自己。然而，孔子曾评价自己说：“若圣与仁，则吾岂敢？抑为之不厌，诲人不倦，则可谓云尔已矣。”又自谓：“多闻择其善者而从之，多见而识之，知之次也。”（《述而第七》）由此来看，孔子对自己“默而识之，学而不厌，诲人不倦”之行为是自信的，不用反省。还有人译为：“做到这些对我来说有困难吗？”言下之意是“这对我来说是小菜一碟”。孔子确实自信自己能做到“默而识之，学而不厌，诲人不倦”的，但如果是孔子自己这样说，就显得太不够谦虚了。这与孔子的为人不符。“若圣与仁，则吾岂敢”彰显了孔子的谦虚之美德。可见，这样翻译也违背孔子的本意了。

其实，本章之言，孔子是自谦地解释自己之所以述而不作，是因自己好古，只会默而学之，诲人不倦而已，其他事做不到了。

7.3　子曰：“德之不修，学之不讲，闻义不能徙，不善不能改，是吾忧也。”

上面孔子自谦自己没有多大创作才能，但还是修德进学，有正义之心和求善之志的，还不至于不讲人之德行。所以，孔子说：“不修养品德，不讲求学习；明知道（听到）该做的却不去做，有缺点或过失不能改正，这些都是我所担心的（生怕做得不够）。”

“讲”，并不是“讲话”之“讲”，应是“讲究”“重视”之义，这里指特别注重对知识的学习行为。“讲”字的用法，正如南方人好说“这人不求上进，只讲吃、讲穿，不讲学习”之“讲”字的用法和意思。“闻”，本义是“听”，听到了就会“知道、明白”，所以此“闻”有“明白”“懂得”义。“义”，宜也。符合公德，且于人于社会有益的事就是“义”。适宜的事当然是应该去做的事。“徙（xì 喜）”，本义是迁移，这里指迁从，使自己所做的事接近“义”，所以“徙”在此有“做”“实施”“执行”等义（有很多学者认为这里的“徙”当为“從”，解为“随从”，但“从”不能有“做”义）。“忧”，本是“心不定，担忧、忧虑”义，这里所要表达的意思是“自己生怕做得不够好，心里总是不踏实”。

孔子自谦的只是自己的能力，但对德行是自信的。当然对“德”也无法自谦，因为其自谦就成“无德”了。在现实生活中，我们可以看到一个人对自己的才能可能自谦说“无才”，但没有一个人会自谦自己“无德”。可见，孔子也是同我们一样的人。

2 在家无须演申士

人在生活中会扮演不同的角色，当你走出家门后，你的角色就会不停地发生转变。如坐公交时你是乘客，进商场时你是顾客，上班时你是员工，讲课时你是老师，审案时你是法官……只要走出家门，就像是演员登上了舞台，就已经开始表演了。一旦回家，所有的社会角色都会被清零，所以，有人说家是港湾。如果你回到家还带着社会角色，只能说你是一台机器人了。

7.4 子之燕居，申申如也，夭夭如也。

有说“燕”通“宴”，《说文》云：“宴，安也。”燕何因能宴？是因为音同吗？没有根据。朱熹解：“燕居，闲暇无事之时。”他把“燕”通“闲”，所以后人都解“燕居”为独自闲暇无事的时候的安居、家居。我以为不恰当，燕居与闲暇无事没有一点联系。其实“燕居”义同“寒舍”，是对自己家的谦称。我们知道燕子“飞入寻常百姓家”去筑巢，有“燕子居人”的家一般都是平常的房子，所以“燕居”成了古人自谦“家”的代名词。“子之燕居”——先生回到自己的家里。这里“之”为“至”义。

一般（如通译本）解“申申”：衣冠整齐，容貌舒展安详；“夭夭”：脸色和悦，斯文自在，轻松舒畅。这也不恰当。“申申”和“夭夭”里都没有“衣冠整齐”及“脸色和悦”之义，更何况“衣冠整齐”了还能舒展，“斯文”了还会自在轻松？你想想是不是这样。

“申申”和“夭夭”都只有“舒畅放松，自由自在”义。尤其是“夭”字，其甲骨文为，其上为“头”，身体有左右摆动之态，中间一横是上下舞动的手形。可见，“夭夭”仍是手舞足蹈之像。“申申”和“夭夭”在这里用来形容人在自己家里时的自由自在、无拘无束的放松之态。

“礼”是维护社会公共秩序的道德规范，“仪”的行端坐正之律是个人修养的表现或对他人的尊重，然而回到自己的私宅，失去了个人在社会中的角色定位，也就没有了社会的礼仪约束。人的精神放松了，自然之本态就会显现，于是就归位到了自由自在……这是身心的放松。若是在家还“衣冠整齐、斯文庄严”，那人过得也太累了！若照此说，人只有等到睡在棺材里时才会有自由了。我想孔子不会如此假斯文，如此刻薄古板吧。否则，孔子真的不是人了，也就没有一丁点儿可亲可敬了。

3　志已衰时梦也无

《论语》中有很多孔子发出的类似这种失望式的感叹，或是失落，或是无奈，或是哀丧，其所表达的大体的情感是相通的，只是触发感叹的喻体不同而已。这里是借梦不到周公而感叹其志之失落。

7.5　子曰：“甚矣吾衰也！久矣吾不复梦见周公。”

朱熹《论语集注》对此章注之如下：

孔子盛时，志欲行周公之道，故梦寐之间，如或见之。至其老而不能行也，则无复是心，而亦无复是梦矣，故因此而自叹其衰之甚也。程子曰：“孔子盛时，寤寐常存行周公之道；及其老也，则志虑衰而不可以有为矣。盖存道者心，无老少之异；而行道者身，老则衰也。”意思是说，孔子年轻气盛时，时刻想推行周公之道，因日有所思，便夜得其梦，然现在衰老了，复周公之道已是力不从心，所以孔子发出不能再梦到周公之叹。

周公，姓姬名旦，是周文王（姬昌）的儿子，周武王（姬发）的弟弟，周成王（姬诵）的叔父，也是鲁国国君的始祖。传说周公是西周政治礼乐典章制度的制定者。他辅佐周成王行德政，安天下，是孔子所崇尚的先圣先贤之一。

对本章，很多解读者有不同的断句形式，但不论如何断句，其表达的意思大体相同，所以也没有争论的必要。这里，孔子感叹的是他欲推行周礼却迟迟不能实现，而且深感困难之重重，如今又身老体弱，心有余而力不足了，故而心灰意冷，几近失望或失落。至于孔子是因体衰不能梦见周公，还是有意不梦；也或者此“衰”针对的是体之老至，还是其意志力的萎靡等，我想对于表达他的失望之情都没有什么分别吧。

但是，有一点应该是肯定的，造成孔子失望之心的，是他力推仁道及恢复周之礼制时的阻力使然。阻力来自外部，是世风逐渐衰败的不可阻挡性的趋势；来自内部，是人们对修仁的淡漠之心。孔子这里的感叹，是借用自己的失望之情表达世人不重仁道之现状。所以，孔子接下来希望人们（至少是受教于他的弟子们），对人生不能没有一个明确的追求目标。

4　人之所行须有依

孔子告诉我们，无论做什么，或采用什么法则或标准生活，都应该给自己的人生走向确定依据，不能盲而不知所向。如下之言正是孔子为我们标记的用以指明人生的路标，或说是孔子培育弟子的终极目标，抑或是对社会公德的最高期盼。

7.6　子曰：“志于道，据于德，依于仁，游于艺。”

本文语义比较通俗，易于理解。对于“志、据、依、游”的解读不可死抠，毕竟只是古人的行文方法。简单来说，本章的意思就是：无论做事为人都要有“道”（原则）、讲“德”（标准）、重“仁”（情理）、求“艺”（法度）。也不要把它们分裂开，独言其一，其实它们是对立统一的，因为对任意一种行为来看，都存在原则性、情理性、道德性和艺术性（或方法性）。

我认为，这里的“艺”不能具体到“六艺”上，而是指做事时的好的方法、手段，或依据的准则和法度［“艺”有“准则、法度”义项，如“用人无艺”（《国语·越语》）］。而“六艺”只是才艺的具指。同时，文中“道、德、仁”都不是实指（当然也有人非要认为是实指，那是没有道理的），“艺”自然也不会是实指。

通译本译文：“以道为人生志向，以德为行为根据，以仁为事实凭借，以六艺为行动范围。”前三句这样解读也未尝不可，但依照“以六艺为行动范围”来体会这句话的意思，意味着人的活动只能是在“六艺”的范围之中了。更进一层说，就是“以道为人生志向，以德为行为根据，以仁为事实凭借”都是在为“行动六艺”服务，仿佛“六艺”就是人生的最高追求了。你心究一下，这理能说通吗？“六艺”只不过是具体的技能，如果照这样说，那“仁、道、德”的内涵也太狭窄了，要知道孔子的“仁、道、德”是指人的精神修养，是一切行动的指南。

朱熹的《集注》有：“道，则人伦日用之间所当行者是也。德者，得也，得其道于心而不失之谓也。据者，执守之意，得之于心而守之不失，则终始惟一，而有日新之功矣。仁，则私欲尽去而心德之全也。游者，玩物适情之谓。艺，则礼乐之文，射、御、书、数之法，皆至理所寓，而日用之不可阙者也。盖学莫先于立志，志道，则心存于正而不他；据德，则道得于心而不失；依仁，则德性常用而物欲不行；游艺，则小物不遗而动息有养。”朱熹也把“游于艺”从整章中割裂出来了，并说“艺”就是“六艺”，且认为“游者，玩物适情之谓”，把“游”当作今天的“游戏、游玩”来解，其实这里的“游”字类似于“游刃有余”之“游”，表达的是具体做事时的方法手段之娴熟。

广义的“六艺”是指礼（礼节）、乐（音乐）、射（射箭）、御（驾车）、书（写字）、数（算术）。我认为“数”不应是“算术”，整个《论语》中没有一处可见孔子教授过学生算术，此“数”就是“术”，即指做事的方法、技巧、手段（此观点我于前文中有表述，这里重提旨在强调）。

“志于道，据于德，依于仁，游于艺”作为人生之航向，是无懈可击的，但真正做起来并不是容易的，这仿佛是对一个德才兼备者所言。所以，用这一目标对照自己，我想任何人都不可能做到完美无缺吧，孔子也一样。所以他接下来说，他的一生也未尝没有出现过差错，而心生悔意。

5 人生未尝无悔时

人无完人，孰能无过，孔子也不例外。所以，这里孔子是用自谦来教诲他人。

7.7 子曰：“自行束脩以上，吾未尝无诲焉。”

“束脩”一词自古解释多有分歧。孔安国以为弟子奉师之贽礼，为一束干肉。郑玄注云："束脩谓年十五以上也。"李贤谓"束脩"本意是"束带脩饰"也。如《后汉书·伏湛传》曰"杜诗上疏荐湛曰：'湛自行束脩，讫无毁玷。'"又洪适《隶释谒者景君墓表》曰："惟君束脩仁知。"再如《幽州刺史朱龟碑》云："仁义成于束脩，孝弟根基本性。"其中"束脩"，都是指年龄，非干肉之谓。再如《礼记·檀弓上》云："古之大夫束脩之问不出竟。"其"束脩之问"意指"束身修行"。可见，这里将"束脩"解为"干肉"应该是附会。

"修"与"脩"本是两个不同的字，汉字简化后"脩"被"修"替代了。"修"是"修饰"义，而"脩"意指"修长"或"条状物"。由于"脩"右边的结构是上"手"下"肉"（如同"有"字，其下的"月"为"肉月"），所以有"条状的肉"之意，故古人把"束脩"错认为"捆在一起的肉条"也可以理解。我们知道人的"头发"也是人"肉"生发出来的，现代知识告诉我们头发也是"肉（蛋白质）"。现代词中的"修发"本字应该为"脩发"。这样看来"束脩"本意就是"把头发扎起来"，"束"原本也是"捆绑"的意思。古代有行束脩礼之说，少年大约在十五岁时（有说十三岁），把头发盘起来，表示已经成年，正如现在的"成年礼"。

本章通译本译为："［只要］愿意亲自带上十条干肉［作为薄礼］的人，我从来没有不教诲的。"所以通译本把"自行"解读为"亲自送来"，有些牵强。"自……以上"显然是指"时间范围"的概念，且把"行"理解为"送礼"，也不合"行"字的字义。况且"十条干肉"也应该是不小的分量了（至少穷人家是很难出得起的），说是"薄礼"也不恰当。

所以，有部分学者译为："从十五岁以上来求学的，我从来没有不教导他的。"此译从语法上来说应该是讲得通的，但从情理上讲，还是难以让我认同。古代只有"大学"和"小学"，小学即"小人之学"，大学即"大人之学"也。"束脩以上"者为成年人，孔子说只要你是成年人我没有不教的。看来孔子只教"大学"，不教"小学"，这从孔子的弟子们的年龄上看，也的确如此。不过，真若是做如此之想，孔子有点不近人情了，如果是小学生来请教，孔子就真的不愿意教了吗？或是拿不起十条干肉，只能拿九条的也不教了？所以，我认为以上无论哪种解读，都不能算是完美，似乎难以让人心顺。或许我们应该再仔细心究一下。

从本篇的全文来看，全篇主要是通过对孔子为人处事的描述，或是别人对孔子行为的评介，来陈述儒家思想的。如果把本章与从孔子自述自己为人处事的角度来理解，或许我们可以这样解读："自从我行了束脩礼后，我（所做过的事或说过的话）未必没有过失。""悔"在古文中有"过失"义。成人前，人的学识都不成熟，过失的事人人都可能有，这属于正常，但成人后应该少了。孔子自己还说："加我数年，五十以学易，可以无大过矣。"再伟大的人一生无过几乎是做不到的，没有做过一件无过失的事，也是不可能的，能"过则勿惮改"就是进步了。任何人在"志于道"的过程中，不全是"完全正确"的，所以孔子自谦"有悔"也完全可能，也与他的德行相吻合。

孔子说此话的目的是现身说法，劝勉人们要以"志于道，据于德，依于仁，游于艺"作为人生追求目标，其过程中虽有小过，做不到止于至善也属正常。就说他自己（孔子）吧，就是在成年之后，也有因做不到十全十美而后悔的事（能使自己后悔的事，当然是有其过的）。孔子只是想进一步强调，无论遇到什么困难，都不要退缩或放弃自己的人生目标。

这里我把文中的"诲"当"悔"来解，我有两点理由：

首先，看"吾未尝无诲焉"句，译为"我从来没有不教诲"，因"教诲"是动词，所以译文前用"不"字。可原文为"无诲"，"无"字之后通常为名词，"悔（过失）"正是名词。当然，"无"在古文中有否定义（但更多地用于表达事件或事物存在的状态），但通常"无"和"不"的用法是有区别的（本书其他地方我也解释过）。另外，句中的"未尝"用于否定词前，构成双重否定，为使语气委婉，其义应为"并非，未必"。所以，把"未尝无诲"译为"从来没有不教诲"，显然也不合原文语气。

其次，或许"诲"与"悔"两字的读音非常接近而致误。也许，后儒们认为孔子这样的伟人，其人生不可能有后悔之事，故将"悔"字篡改成了"诲"字，并不是没有这个可能。此存个人观点，供读者心究吧。

这里，孔子说，在志于学的道路上，其过程中有过错不怕，只要不放弃不退缩，必能修成正果，并自比而言之。孔子也自言"十有五而志于学"（《为政第二》），接下来的"不愤不启……"就是他志于学的表现，仍然是在自比言理。

6 孔子治学有异功

言教不如身教，劝学不如示范。孔子常以己身揭示，以教导他的弟子们如何求学、修身。正因为孔子有异于常人的治学之功，才会有他今天的成就。他的求学之砺，今天仍然是我们的师范。

7.8 子曰："不愤不启，不悱不发，举一隅不以三隅反，则不复也。"

此章都说是孔子对弟子进行"启发式"教学的方法。杨伯峻是这样解释和翻译本章的："这是孔子自述其教学方法，必须受教者先发生困难，有求知的动机，然后去启发他。这样，教学效果自然好些。"其译文："教导学生，不到他想求明白而不得的时候，不去开导他；不到他想说出来却说不出的时候，不去启发他。教给他东方，他却不能由此推知西、南、北三方，便不再教他了。"杨伯峻的解读，也代表了绝大多数学者的观点。

"举一隅不以三隅反"——不能做到举一反三，就不再教他了（"则不复也"）。这种解读，是首先把"孔子是一位伟大的教育家"当作思维定式的结果。我们做过教师的都知道，人的天资是不等的，并不是所有的学生都能做到举一反三。如果按孔子所言而行，天资不高的人那就都要退学了，因为连自己都说是"有教无类"的孔圣人，对学习者不能做到举一反三都不愿教了，那还有谁愿意做他们的老师呢？可事实上，我们今天还面对着更多的不能举一反三的学生，还在继续做着老师，也没有因此而开除过学生。

在叶公问孔子于子路时，子路不对，于是孔子对子路说："女奚不曰，其为人也，发愤忘食，乐以忘忧，不知老之将至云尔。"可知，孔子就是这样评价自己的好学的。事实上，"发愤忘食，乐以忘忧"的确是孔子作为学者的人格品质。我认为，本章之言是孔子自述自己如何勤奋刻苦求学，而不是在说他是如何善于施教的。"不愤不启，不悱不发"，这是孔子总结出来的学习经验，或是对自己刻苦的形容——只有当求知达到"愤悱"时，才能得到启发而生心得。"愤，懑也；满，盈也，充也"，装得过"满"至一定程度自然会被胀"启"。"悱，抑郁于心而不能表达"，压抑过火了必然要爆"发"。所以，"愤启悱发"是自然现象（规律，也即必然），是极其自然的道理。因此说，这里的"启发"不是指外力的作用（就是说不是依靠外人来启发的），而是自身的"愤悱"之结果。当然了，作为老师能利用"愤启悱发"原理去施教，也必能体现其教学的智慧。

教材中都是这样说的：有一天牛顿在苹果落在他头上时，突然受到"启发"而发现了"万有引力"定律。我们可以想象，牛顿发现万有引力，绝不可能仅仅是一只苹果的落地，如果是这样，发现万有引力的就不一定是牛顿了。之前"为什么苹果从树上掉下来，而不是向天上飞去"这个问题，必定是让牛顿冥思苦想过，以至于到了"悱愤"之境，是苹果砸开了他的"启发"，于是最终才有了"牛顿第一定律"。就是说，启发的根源是牛顿内心的"悱愤"之情，即牛顿启发了牛顿。

我们都扪心自问一下：做到"学其一而得其三者"，也不是容易的事情。它与我们的智商有关，以及对"其一"的所知必须深透之后才能做到。更必须是在深入专心的思索之下，再凭借其厚积的知识底蕴，加上发散的思维，才能做到的。举一反三之能，更需在思之悱愤之时。

“不复也”之“复”是“复加”的意思，由“复”的“重复”义引申而来。孔子说他在做学问的时候非常发愤，学懂了一点还不行，直到学通学透为止，否则不会放过，在没有搞懂它之前，绝不会再去研究别的问题。“不复也”，南怀瑾先生解读为“不回来”——回不到自己智慧的本有境界。他的意思，如果学习到不了举一反三的境地，你就不能算有智慧，简单地说，就只能算是会学的“书呆子”。从语气上看，孔子的话应该是直述“学习要善于思考”，要下功夫，当做不到举一反三时，绝不放弃而“回到原地”（如果“想不通”又回到“想不通”，只能是原地打转）。不管怎么说吧，反正不是“不再重复教了”的意思，不管后儒如何附会，都不如我的解释来得朴素、自然。

前面说孔子的求学之用功，接下来该说孔子的为人处世了。

7 仁心难得是体谅

凡事能做到将心比心，能设身处地地体谅别人，是一个人懂礼有修养的表现。比如别人有丧，当不能有娱乐，这也是人之常情。体谅之心也是仁性的本能触发。

7.9 子食于有丧者之侧，未尝饱也。子于是日哭，则不歌。

孔子在有丧事的人旁边吃饭（我估计这里的吃饭，当指吃斋饭），不曾吃饱过。孔子在这一天吊丧哭泣过（这里的“哭”应该是指“哭丧”，因孔子的职业是助祭），当天就不会再唱歌或有其他娱乐活动。

孔子之所以这样做，应该是因为他能同情失去亲人的人，能设身处地为他人设想，能充分体谅到失去亲人的悲痛之情。人于痛心之时自然是食欲不振，如你不存恻隐之心自顾自狼吞虎咽，会让人觉得你冷漠。这体现了人的素质，及仁人之心。不食饱未必是因悲伤无食欲的客观上地吃不饱，而是出于体谅别人的心理感受而有意为之。有解读者说，孔子之所以“食于有丧者之侧，未尝饱”是因为过度悲伤所致，这样说有点过分抬高孔子了。我们心究一下：同情之心与恻隐之心也是人之常情，但不至于吃不下饭吧，毕竟逝者不是自己的至亲。通常之下，见他人失去亲人的恻隐之痛，还不可能达到似如己出的程度（我们可以将心比心地体味一下便知）。人们如此的解读，是“捧圣”所致的结果。

同样，吊丧哭泣过，也不宜有琴瑟之乐，无论你是真心悲伤还是出于体谅他人心情，都应该这样。这样做在孔子看来，也主要是依“礼”所为——节制自己的娱乐心，以体谅别人的心理感受。你想，他人刚出过丧，如果你不顾他人感受，嘻嘻哈哈，大吃大喝，显然是没有素质（不懂礼）的表现。体谅之心也是人之常情。我想，稍有修养的人也是可以做到的，更何况孔子呢。

“子于是日哭，则不歌”，杨伯峻译为“孔子在这一天哭泣过，就不再唱歌”，不当。仅仅哭过就不再唱歌了，未免小题大做了。这要看是为什么哭，比如摔了一跤，疼得流了泪，还真要唱歌，以便忘记疼痛。这里的“哭”是“哭丧”之“哭”，有“吊唁”义。如《淮南子·说林》：“祭辜（辜：分裂肢体）谏者，汤使人哭之。”能参与“哭丧”的，想必丧者与己不是朋友就是亲戚，不能再唱歌是必定的，不论是出于真悲还是出于礼，都该如此。

8　无谋之勇难成事

谋是智慧，勇是才力，所以要想成事，当需要智勇双全。唯勇时常害己身，善谋必能利事成。这里说，颜回更多的是行藏之智，子路最突出的是勇为之气，但各有优劣之势，两者的组合才是最佳的匹配。

7.10　子谓颜渊曰：“用之则行，舍之则藏，唯我与尔有是夫！”子路曰：“子行三军，则谁与？”子曰：“暴虎冯河，死而无悔者，吾不与也。必也临事而惧，好谋而成者也。”

孔子评价说：“君子哉蘧伯玉！邦有道，则仕；邦无道，则可卷而怀之。”（《卫灵公第十五》）看来孔子很是信奉“无可无不可”之哲学，“可”与“不可”当视时空、境遇而定。不过这仅仅是对蘧伯玉直道的赞扬，但孔子本人并不主张退隐，这从他一生的所为可以看到。每个人有每个人的个性与所坚守的处世原则，只要不危及他人或社会都是合理的，也是应该被尊重的。但赞同别人的处世原则，不等于自己就要去效仿，这体现的是一个仁者的包容。孔子也有这样的胸怀。

孔子评价颜回说：“用之则行，舍之则藏，唯我与尔有是夫！”——能用呢，就发挥自己的能力做事；不能用呢，就把自己的才能隐藏起来；能做到这样的只有我和你了吧！这里的解读，分歧不太大，但也有分别。通常说，“行”为“行动”即“做”，“藏”为“藏身”即“退隐”，我认为不准确。“用之则行”，孔子所说的“用”当是“能用”，其“用”包括“自己用”或“为他人所用”，也包括“为世所用”，即“能用即用”，并不一定非要指“当官之用”。孔子自己也没入仕（只是短时间任过司寇），但他还是周游列国，传播仁道，不论成功与否都是在“用”。不过“用”的时候就要充分发挥出自己的聪明才智，好好“用”。文中“用”和“舍”对举，所以，“舍”当解为“不用”或“不能用”，相当于“舍其用”。再一个“行”与“藏”对举，所以，“藏”，当为“藏匿其才”，而不能说是“藏匿其身”。

孔子很欣赏颜回（《论语》中多有赞许），颜回身有贤德之才而不得用（生不逢时吧），但他总能安于现状，不愤世恨俗，处之泰然。孔子将颜回与自己等量齐观（唯我与尔有是夫），这是很高的评价了。孔子在子路面前这样评价颜回，主要是对子路施以教化，要他向颜回学习。这也是孔子对子路易暴性格的一种打压。

平心而论，学生听到老师在自己面前如此赞许同学，子路心里当然是不太舒服的。也许是想在老师面前找回点面子吧，于是子路就问先生：“子行三军，则谁与?”（子路性刚，可能他自己也认为是块当兵打仗的料，故问此。后来子路的确是当了卫国的兵，并因此死在战场）——您若统率军队，会找谁共事（“与”取“参与”义，意思是“让其参与共事”）呢？不想老师又一瓢冷水泼来：“暴虎冯河，死而无悔者，吾不与也。”——赤手空拳斗老虎，无借船就去渡河（“河”先秦时应专指黄河，“江”专指长江，其他河流称“水”或“川”），如此死都不知其因（即不知过失在哪）的人，我是不要他来参与的。

“无悔”，多解释为“不知悔改”，这是不准确的。此“悔”应取其“过失”义，“无悔”就是“不知道问题出在哪里”，此“无”有“无知、不知”的意思。这里的“死而无悔”通俗地讲就是“死都不知道怎么死的”，用以表明一个人做事的鲁莽和不善谋略。而且，“暴虎冯河”显然是一种愚蠢的行为，是必死的，不好说悔改不悔改。悔改是针对已做错事之后，不承认其有错时，才好说悔改。

“必也”——如果一定要挑选助将的话，我会要“临事而惧，好谋而成者也”，即面临危险能心生谨慎（惧：戒惧，因惧而生戒），能通过谋略做事的人。孔子的言下之意：像你子路这种有勇无谋的人，我是不和你一起领军打仗的。注意，这里的“成”都认为是“成功”（能把事做成功）。但是，正谋的当下，于事还没有做呢，怎么能有成功之说呢？这里当是“谋成”，即指通过谋略把事做成。

“三军”一说：国之一军为一万二千五百人。王有六军，大国三军，次国二军，小国一军。我认为，这里的“三军”意指国家的所有军队，只是概括不是实指。

暴虎冯（音 píng）河，现已是成语，意思为“赤手空拳与老虎搏斗，不借助船只徒步蹚水过河”，喻指有勇无谋。其语最早出自《诗经》“不敢暴虎，不敢冯河”。高亨在《诗经今注》中解“暴，借为搏。冯，借为淜”，即“暴”“冯”皆为通假字。但我认为把“暴”通假为“搏”，不能表达出“赤手空拳与老虎搏斗”的意思。 “暴”的古字为，上为“日”，中间是“共”，下为“米”。根据象形会意，即用双手把混杂在一堆中的某个个体，拿出来暴露在日光之下。其结构的下方之“米”为“众多”之像；中间之“共”为双手把物举起。所以，“暴”的本意为“暴露”。之所以被暴露出来，是因为身体没有可依靠的遮挡之物。由此可想象：“暴虎”——把自己赤裸裸地暴露在老虎面前，没有任何的遮挡——当然就要徒手与虎搏斗了，不然要被老虎所吃。

“冯河”，古人只是给出“徒涉也”的解释，并没有解释为什么是“徒涉”。表面上看“冯”与“徒涉”是风马牛不相及，所以很难让现代人理解。许慎在《说文解字》中说：“淜，无舟渡河也。冯假借字。”他认为“冯”本就为“淜”字。“淜”的篆体为，右边的结构是，有“马”的篆书之像，可能由此“淜”字错写为“冯”了。像“枝条捆扎”，有“舟”之像，所以我认为本就是指“用杂木条捆扎起来的舟”。可想而知，用这种舟去涉水，如同无舟过河，当然是徒劳的，也是与“暴虎”一样十分危险。

这里也是就事说人，最终表达一种理念：凡事用智为上，以谋而成。

9 职无贵贱行有慎

儒家讲求的是修仁济世（出世观），道家讲求的是修己成仙（隐世观），两者的文化观可谓相反，然而这两种文化在我国却一直能共存几千年，个中原因何在？这是因为人的内心精神需求在不同的境遇之下，需要不同的文化进行慰藉。正如南怀瑾所说，儒家好比粮食店，道家是药品店，佛家好比百货店，都于生活不可或缺。本章孔子之言与他大义凛然时所言格调完全不同，这恐是他失意时所言，似乎是在安慰别人随遇而安，采用的是道家的药方。

7.11 子曰：“富而可求也，虽执鞭之士，吾亦为之。如不可求，从吾所好。”

孔子说：“财富假若可以求得的话（前提当然是取之有道），即便做一名手拿皮鞭的下等差役，我也会去做的。如果不能，我就做我所喜欢的事。”

“而”，在这里为假设连词，相当于“如、假如、假设”。“执鞭之士”：当时社会上指两种人，一是市场的守门人，以执鞭维持秩序；二是指为贵族外出时夹道执鞭开路、让行人让道的差役。

孔子言，“不义而富且贵，于我如浮云”，且“不仕无义”。“执鞭之士”本是很容易的事，但事实上孔子并没有做过执鞭之士，大概是因他认为当时“邦无道”吧。所以孔子终其一生都在游说、推行他的“仁道”思想，想让所有君主之国成为有道之邦。此章想必也是孔子对当时世道“君不君臣不臣”的感叹，同时也进一步表达出孔子的“用之则行，舍之则藏”的处世态度。至于选择什么事业当视时而择，无有贵贱之分。凡事可以量力、凭志、依好而行，但也须有慎。

7.12 子之所慎：齐，战，疾。

事可依好而为，但也不可随性而无所顾忌。孔子所小心慎重的事有三样：斋戒，战争，疾病。“齐（齊）”与“斋（齋）”由于结字非常相似，所以经典中常有“齊”与“齋”错见。古代于祭祀之前，一定先要做一番身心的整洁工作，且不饮酒、不吃荤、不与妻合，这一工作便叫作“斋”或者“斋戒”。致祭者，于祭祀前必须洁净身心，以示虔敬之诚。

斋戒是为祭天、祭神明，以求上苍赐福于民，除祸降灾；战争，关乎邦之保全、国疆之固。同时，有战必亡魂，且损财伤国。战则系众之死生、国之存亡焉；疾病也是凶危之事，素日应重养身之事，否则人难寿终正寝。可见，“齐，战，疾”皆关乎民之生计、国之强盛、命之短长，当然是人人所应谨慎重视的事了，也不光是孔子要慎重的事。

这里表现了孔子对人生的另一种态度，也更显孔子的常人之心。“齐，战，疾”也是一个仁者当慎之事。

10 乐而不知食肉香

无论在什么时代，人们对艺术的欣赏都是自然的需求，只是欣赏的程度、角度及高度相异，因为这取决于个人的修养。孔子对乐的评价很高，他的理想是人或社会最终要“成于乐”——进入乐的境界。可见，孔子偏好音乐。

7.13 子在齐闻韶，三月不知肉味。曰：“不图为乐之至于斯也！”

此章中的“三月”与“肉”三字，有多人勘误之，且观点不同。

程石泉先生认为，“三月”因字形相似于“食而”而误；“肉”应是“其”，致误的原因是他们的篆文相似，并说“三月不知肉味”原文乃为“食而不知其味”。其“三月”另见“回也，其心三月不违仁”，看来“三月”并非实指，皆言时间之长久。程石泉先生因为“肉味”需“食而”知之，故说“三月”是“食而”致误，似乎没有必要。因为味需口尝，这是人人皆知的，故在语言对话中省略是很正常的。

不管怎样解读“三月”与“肉”，对总体理解本文之义没有太多差别：皆表示很长时间内吃东西都没有了胃口。因为孔子在齐国欣赏了《韶》乐之后，受其“尽美也，又尽善也（《八佾第三》）”的艺术所痴迷，于是忘了食味（不管是吃肉还是喝汤，因为他的心思全在音乐里了）。孔子还感叹：“不图为乐之至于斯也！”——不曾想到竟然能把音乐演奏如此得迷人！又有人说，光听音乐不能体会，必须亲自演奏才能感觉到其乐之美，因此认为“为乐”是说孔子自己在弹奏。此解也存曲意，也没有必要，孔子自己都说是“在齐闻韶”了。杨伯峻将其译为：“想不到欣赏音乐竟到了这种境界。”他的意思是文中之“曰”是别人对孔子欣赏音乐时的痴迷之叹。如果这可能的话，常规下该用“或曰”，可这里不是。此“曰”当为“子曰”，其主语是承前“子在齐闻韶”的省略。再一个，“为乐”之“为”解读为“欣赏”没有道理，“为”当指“演奏的行为”。

全章总的意思是表达孔子对韶乐的欣赏与赞美，皆因《韶》乐“尽美又尽善”。

不过，有学者认为，“不图为乐之至于斯也”不是孔子对此的赞美之叹，而是深感伤痛之叹。其理由是：齐君无道而奏《韶》有违周礼。这种说法没有一点道理。抛开孔子曾在齐国听了《韶》乐后的“尽美也，又尽善也”不说，从情上看，在那礼崩乐坏的时代，《韶》乐无论在哪里流行，都能让孔子高兴，因为他周游列国的目的正是要传播他主张的礼乐文化，以求改造礼崩乐坏的局面。

“韶”，传说是虞舜时创作的乐曲，水平高，音乐境界很优美。听了音乐后，能为之忘食，可见孔子对音乐是偏好的，且认为乐有教化功效，曾说“兴于诗，立于礼，成于乐”。

11　得其所求了无怨

人因有不同的价值观，从而成就了不同的人生轨迹。同样，社会的价值观也会影响到个体人的价值取向，从人们的价值取向也可以感知社会的文化或道德风气。用孔子仁的精神价值观来判断，人的高下不是以富贵来定论的，而是以其仁之多寡来衡量的。得仁者即得富贵，其何有不足哉！人之一生能得其所求，当然无所怨悔。

7.14 冉有曰："夫子为卫君乎？"子贡曰："诺。吾将问之。"入，曰："伯夷、叔齐何人也？"曰："古之贤人也。"曰："怨乎？"曰："求仁而得仁，又何怨。"出，曰："夫子不为也。"

伯夷、叔齐，是原孤竹君的大儿子和小儿子（还有一中子）。他们的父君临死前，遗命立叔齐（小儿子）继位。父卒，叔齐认为按理应该身为长子的伯夷即位，于是谦让。而伯夷说："这是父命，不可违。"于是逃出了国。叔齐亦不愿继位，也逃走了。最后国人立其中子为君。后来武王伐纣，伯夷、叔齐扣马而谏。武王灭了商后，他俩认为食周粟可耻，于是隐于首阳山，最后饿死了。

卫灵公生子蒯聩，蒯聩生子蒯辄。蒯聩原为太子，因得罪了君夫人南子（传说，他因谋杀南子被其父流放），逃到了晋国。灵公死后，本应太子蒯聩接位，但因其外逃他国，于是他的儿子（灵公的孙子）蒯辄继位做了国君（名卫出公，在位大约 11 年）。这时，晋国的赵简子又把蒯聩护送回国了，于是出现了父子同争王权的局面。不久，蒯聩用武力从儿子手上夺回了君权，称卫庄公。父子为争夺君权，相互打杀，最终都客死他乡。

蒯聩与蒯辄父子争位的事，与前代伯夷、叔齐兄弟俩互相推让君权的事，形成了恶与善的鲜明对比。本文的孔子之言，表明他是赞扬伯夷、叔齐"礼让为国"的精神的，而对蒯聩与蒯辄父子行为表达了不满或不屑一顾。

当时孔子在卫国，卫君为蒯辄（卫出公）。时下卫国有很多人非议蒯辄继位的合法性问题，但也有赞成的：蒯聩虽为太子，但得罪了先君，当然应该由其嫡孙蒯辄接位。然而，孔子怎么看呢？他是否也承认卫出公（蒯辄）的地位呢？从而帮助他治国呢？冉有也心存疑惑。于是有一天他问子贡："你说我们的老师会不会也支持或认同卫出公呢？"子贡可能也想知道老师的想法，说："行，我去问问他。""夫子为卫君乎"中的"为"意思是"认同、赞成"，这里有"支持"的意思。

子贡进到孔子屋里，向老师问道："伯夷、叔齐是什么样的人？"孔子道："是古代的贤人。"子贡接着再问："（他们两人互相推让，都不肯做孤竹国的国君，结果都跑到国外，最后落得个饿死鬼的名分，你说他们）是不是后来又有怨悔了呢？"孔子道："求仁而得仁，又何怨？"——［他们本来就想］求成仁，［结果由此］便得到了仁者的名分，这又有什么可怨悔的呢？

得到了老师的回答后，子贡出来赶紧对冉有说："夫子不为也。"——［你放心吧]，我们的老师是不会支持卫君的。

有意思的是，子贡并没有直接问想知道的问题，而是问老师怎么评价伯夷、叔齐让国出逃这件事，他凭什么就能知道老师的想法？“争国”与“让国”是“是”与“非”的两面，赞“让国”为贤，自然地是贬“争国”为耻了。所以，于老师的回答中自然就知道了他“不赞”的是什么。看来孔子的学生也学会了孔子“答非所问”的智慧，也来了个“问非所问”，巧妙得很。生活中，有很多事是不能直接发问的，这与中国文化讲究内敛有关。因此，怎么问问题也是需要智慧的。

当然，本章的中心思想还是通过孔子对伯夷、叔齐让国求仁的行为的赞许，表达“仁”的可贵、礼让的可贵，且仁与富贵不相干。过分追求富贵，并把自己是不是富贵作为人生价值的判断标准，是一种文化或精神的倒退。

12　偶尔鸡汤慰心灵

在不能满足自己的愿望时，为减少悲愤，智慧的选择是，退而求其次，并设法找到安慰自己的理由。孔子有时也会来一碗心灵鸡汤，安慰失意时的灵魂。

7.15　子曰：“饭疏食，饮水，曲肱而枕之，乐亦在其中矣。不义而富且贵，于我如浮云。”

“饭”，这里是名词的意动用法，作“吃”讲；“食”为名词“食物”的意思。许慎在《说文》中说：“饭，食也；疏，粗也。”所以对“疏食”的解释都认为是“粗粮，粗糙的饭食”。我认为这种解释至少可以说不准确。首先，在那个时代，什么是粗粮，什么又为细粮呢？用现代的标准衡量吗？那个时代没有像我们现在的粮食加工机械，即便是细食，其加工出来的也是粗食。其次，不论是粗粮还是细粮，只要能吃饱，也算是饭食无忧，不为口粮担心，这在当时的社会也应该算是小康了。“疏”与“粗”并没有太多意义上的重叠，“疏”与“稀”义相同，所以“疏食”的意思是指“食物稀少”，“饭疏食”——用来当饭吃的粮食很少，不论是粗粮还是细粮，都是吃了上顿没下顿。粮食不够吃怎么办？“饮水”——实在饿了就喝点凉水。古代文章中常以“汤”和“水”对言，“汤”的意义是热水，“水”就是冷水。已经到了用冷水来充饥的地步了，还能“曲肱而枕”（弯着胳膊当枕头睡大觉）！为什么？“乐亦在其中矣”——因为在他的心中依然存在着使自己快乐的精神支柱。这个精神支柱就是自己追求仁道的理想和信念："士志于道"就不会"耻恶衣恶食"，且能"安于仁"。

这并不是说孔子教导人们放下能过富裕的生活不过，而故意做苦行僧。因为他说过，"富而可求也，虽执鞭之士，吾亦为之。如不可求，从吾所好"，还说"不义而富且贵，可耻也"。所以，孔子在他所生存的社会里也想开了，说："不义而富且贵，于我如浮云"——用不义得来的富贵，在我心里视其如同天上的浮云，是那么虚幻，即便得到了也是不可能长久的，故而我看富贵如浮云。他告诉我们：不要想什么富贵的事，让精神快乐才是我们应有的追求。可见，孔子确实"罕言利"（不希罕谈利）。

当然，这也许是孔子对失意的人们或他的那些好学而又不能富贵的弟子们，比如颜回，所灌下的心灵鸡汤吧。

13　善变可以避大过

"易"就是改变、变化，为事用"易"就是讲做事要善于变通。在孔子看来，变通可以避过。

7.16　子曰："加我数年，五十以学易，可以无大过矣。"

本章一般通译为："让我多活几年，到五十岁的时候去学习《易》，便可以没有大过错了。"（杨伯峻译）首先这种翻译话说不通，"让我多活几年，到五十岁时候……"，就杨的这句话来理解，孔子说此言时还不到五十岁，既然不到那现在就开始学啊！有什么可惋惜的呢？除非孔子感觉自己的生命要结束了。我们心究一下：不到五十岁的孔子竟希望给自己增加数年，以求快点到五十岁，岂不荒唐！难道孔子通过算命知道自己活不过五十岁？显然，"加我数年"是一种假设。孔子在说这话时已经远过了五十岁了，并且此时才开始学习《易》，且发现了它的好，于是后悔学晚了——五十岁时学就好了。因此，"加我数年"可理解为孔子希望老天爷再额外增加数年时间，即让时光倒流，回到五十岁。

本章文意多有异议，表示异议者都认为有错简，且异议主要存在于"加""五十"及"易"的不同理解上。当然，也有学者（如康有为）认为，本章之言是人为篡改的，本不是孔子所言。

对"加"，有"增加，增添"说；有通"假"之说（"加"与"假"因音同而误）。按"假"为"借"解，也有"增加"的意思。

对"五十"现存有如下几种解读：

（1）五十岁。“五十以学易”，即五十岁学习《易》经。这里存在两种情况，一说孔子是在五十岁前说的此话，一说是五十岁之后。前一说法，上面我们讨论过了不合情理。若是其五十岁之后所说，表明孔子知道《易》很晚，这恐怕也不符合实情。《史记·孔子世家》：“孔子晚而喜《易》……读《易》，韦编三绝。”可见晚年孔子确实花了很多精力在研究《易》上，但在五十岁之前，他不可能没读过《易》，更不可能不知道。《左传》《国语》记载，春秋时期的人引《易》占卜论事，就有二十余条，通《易》学的人分布于周、鲁、卫、郑、晋、齐、秦各国，说明当时流行《易》学，且学习者甚多，可能还是一种时髦。想想看，在这种社会氛围中，作为周游列国的大学者孔子怎么会不学《易》、不谈《易》呢？更何况孔子是如此“信而好古”，推崇周文化。

（2）五十年。“五十以学易”，即用五十年时间来学习《易》。真正要学好《易》需要很长时间，因此，孔子说要“加我数年”（正常的生命年限是不够用的）。然而，你可想五十年几乎是人的一生时间了，孔子说他要用五十年去学习《易》，更何况于一般人呢？孔子如是说，难道是为了恐吓弟子，让他们放弃学《易》？孔子是如此爱《易》，竟然“韦编三绝”不可能说出此话。

（3）五年或十年。意思是说“加我数年”的“数”是五年或十年。这与原句的结构型式上来看，不能有此意思。

（4）“五十”为“卒”之误：卒与“五十”（古代文章是竖排的）字相似而误分也。“卒”本有“终止、尽，完毕”义，如“有始有卒者，其惟圣人乎！”（《子张第十九》）这里指“学完《易经》”。孔子话的意思就是再给我几年时间，学完《易经》后就可以无大过了。既发此叹，那接着学不就行了吗？除非孔子说这番话时，已是行将就木的人了，没有了学习能力，后悔没有早学。这也与史不符，他晚年还作了《易传》呢，应该没有这般后悔。

（5）“五十”为“乑”（古同“橛”或“厥”，“木桩”义）之误。因“厥”可释为“其”，则“五十以学易”意为“其以学《易》”。其解过于迂曲，当不足取。

（6）“五十”为衍文，即原文中本无此，是错简所致，“吾”为“五十”。其依据是《史记》中有言“假我数年，若是我于易则彬彬矣”，无“五十”，且当为“吾”字误（有人解说：《论语》中宾位作“我”，主位当作“吾”）。但我认为，《史记》乃后人（司马迁）所作，不能作为证据来反证之。

（7）“五十”为“用”之误（程石泉的观点），我认同该观点，但程石泉先生并没有表明“易”是指《易经》，也未解读“易”为何义。他说：“孔子晚而喜《易》之说，乃司马迁据《论语》想当然之辞耳。《论语》中孔子向无与门弟子谈《易》之事……谓孔子作‘十翼’，殊不可信也。”也就是说，程石泉先生怀疑这里的“易”不是《易》。他的这个观点值得重视。

对“易”字，陆德明认为，原文当是“亦”字，他在《经典释文》中说：“学易如字，鲁读易为亦，今从古。”如按陆所云，则“五十以学，亦可以无大过矣”，这与孔子在《为政第二》所说“吾十有五而志于学……五十而知天命”相凿枘。

从前面种种不相调和的说法来看，文中“五十”有误是肯定的；孔子自言“五十而知天命”了，不可能没研究过《易经》，不至于说“五十以学易”。所以，依我看其“易”是否就是指《易经》很值得怀疑。于是，我大胆地做了如下的解读，读者不妨也心究下。

孔子说：“假如我多年来，学着用变通的手法做事，我的人生就可以避免大的过失了。”这里，我解“加”通“假”，取“假如、假设”义；“五十”为“用”之误（古代文章是竖排的，“用”的古字与“五十”字形相似而致误）；“易”，“变化、改变”，这里取“变通”义。这样解读也与第七章文意相承接。

14 借子之行话为人

这里是借孔子的言行，表达如何做人：言雅正，心尚谦，学以敏。

7.17 子所雅言，诗、书、执礼，皆雅言也。

孔子是鲁国人，平时说话肯定也是讲地方话。以本文意所述，说孔子在读《诗经》，念《尚书》，以及在主持庆典、礼仪活动时用“普通话”——雅言，也叫“正言”。西周的政治中心在今陕西地区，当时称以陕西语音为标准音的“官话”为“雅言”。“执”，“主持”义。

这也从侧面告诉我们，人于不同场所，即在不同的社会角色之下，言行举止要配合当时的身份，这也是一种礼，它映射着一个人的修养。正如，我们做老师的，与学生个别谈心时要用朋友、学长或长辈的身份出现，便于交心。如果一个老师不论在什么场合都拿出师道尊严来，岂不过之，当然不会赢得学生的心。教育最终是对人的教育，交心是教师的智慧。

7.18 叶公问孔子于子路，子路不对。子曰：“女奚不曰，其为人也，发愤忘食，乐以忘忧，不知老之将至云尔。”

叶公向子路打听孔子（是怎么样的人），子路没有回答（子路为什么不回答，有很多人做了各种猜测）。孔子对子路道："你为什么不这样说：他这个人啊，发愤时会忘记吃饭，快乐时便忘记了忧愁，不晓得衰老会要到来，如此而已。"这正与第八章孔子求学时的"不愤不启，不悱不发，举一隅不以三隅反，则不复也"之思想相通。

"不对"，指"不应答"。有说是：不知如何回答。从字面上来说，"对应"是表达对某事件的呼应关系，比如"对对子"，所以，解为"应答"比较恰当。"女"，即"汝"字；"奚"，"何，为什么"。孔安国注曰："叶公名诸梁，楚大夫，食采于叶（他的封邑在叶城，当时属楚，今在河南省叶县南三十里处），僭称公。"叶公当是叶地方的县长。楚君称王，那么县长便称公。《左传》于定公、哀公之间有一些关于他的记载，叶公在楚国当时还算是一位贤达之人。

7.19　子曰："我非生而知之者，好古，敏以求之者也。"

孔子说，"我"并非生来就是聪明（"知"，通"智"即智慧，这里取"聪明"义。有知识不等于有智慧。依据孔子的所作所为，他的确是一个智者。也许是他人都夸孔子聪明，因此孔子说此话，以激励弟子：一个人的知识与智慧来自于他的"信而好古，敏以求之"）的人，而是因为我爱好前人留下的文化财富（"古"，本义并非"古代"。"古"，是指"过去的，旧的，或以前的"），并能勤奋敏感地去求学的人。（文中"敏"字义的解读可参看第五篇第12节中的"敏而好学"的解释）

通常人们译"知"为"知识"，我认为不如当作"智"解。"智"中不光有"知识"的含义，还有"聪明"的意思，以及善于运用知识的能力。因为智慧也需要知识来武装，知识来源于后天的勤奋求学。这样更符合孔子的一贯主张。

7.20　子不语怪，力，乱，神。

怪异、勇力、悖乱之事，非理之正，固圣人所不语。鬼神，造化之迹，虽非不正，然非穷理之至，有未易明者，故亦不轻以语人也。谢氏曰："圣人语常而不语怪，语德而不语力，语治而不语乱，语人而不语神。"（朱熹《论语集注》）

有学者用史，如《礼记》《家语》中有孔子言及鬼神，且《春秋》中多记怪力乱神等证明，"子不语怪，力，乱，神"与事实不符，因此认为子所不语者当是"怪力，乱神"。这样理解不能说错，但内涵缩减了。比如，"力"可以指"武力"，如战争，战争不能说是怪力吧，孔子也不谈啊。所以，我们也不能自作聪明，擅自更改《论语》的编者们的意图。

这里的“不语”不是“不讲话”或“不说”，而是指“不评论、不论述、不传播、不宣扬”等语义（对“语”字的解释可见前文）。“不语怪”，指怪异不合常道的事不宣传；“不语力”，当指不鼓励使用暴力，包括暴政、战争等，讲用礼用德用仁；“不语乱”，当指不主张叛乱，以下犯上，讲究秩序、讲和谐；“不语神”，即指对神灵主张敬畏，不具体探索鬼神的存在（不探索鬼神的存在，自然包括不谈论鬼神之事。因为如果相信鬼神之事，表明承认了鬼神的存在）。

这里连续4章皆言孔子的言、教、学之个性特点，故放在一节中。

15　他人皆可鉴已身

以铜为镜，可以正衣冠；以人为镜，可以明得失。向他人借鉴的不只是过去的得失，还可以是学识、道德等，包括其好恶。好则借之，恶则改之，所以人人都是自己的一面镜子。这是孔子的主张。

7.21　子曰：“三人行，必有我师焉。择其善者而从之，其不善者而改之。”

“三人行”，此“行”不应是［xíng］（行走），译成“三人同行”是望文生义。行［háng］，罗列成行，有多人聚在一起的意思，“三人为众”；也或者译他人的行为，即说别人的行为，可以在自己的行动时加以效法或借鉴。

“几个人一块走路，其中便一定有可以为我所取法的人：我选取那些优点而学习，看出那些缺点而改正”（杨伯峻译），将“三人行”译为“几个人一块走路”太过死板了。“三人行，必有我师焉”——在一群的几个人（或者是这一群人中他们的行为）中，肯定有值得我学习的人（或值得我借鉴或效法的人）。孔子话的意思是说，总有人是值得我学习的，可以做我的榜样，即便是不好的人，也是一种反面教材。

有人说，“人”不能为“师”这个说法本身就是错误的，我们说作表率的、作师范的当是针对“人”而言，比如说“他是我们的榜样”。作“师”的是他人的“行”为，他人好的言行当然是值得学习和效法的。如果说“人”不能为师，就把一个人的行为和指导人行为的思想、能力、品格完全割裂了。人是思想与肉身的统一体，对具体的行为而言，只是一个人思想、品格的外在表现形式之一。比如，说“向雷锋同志学习”不是向他学习如何吃饭穿衣，或是具体的“扶老奶奶过马路”这件事，而是指学习他的那种精神。

“师”，不是现代汉语中“老师”的意思，而是指其本义：“榜样，师范，值得效法的”事或人。孔子好学，除“好古，敏而求之”外，还能学习他人的长处，以取他人之长补己之短，大有见贤思齐之虚心。“择其善者而从之”——选择他人的优点或好的行为，加以效仿。若能视他人之短，鉴自以正之，也是一种自省，可视“其不善者而改之”——看到他人之短，比对自己的行为，若也有其短，则加以校正。就是说，反面之人间接地讲也是一名好“教员”。

按照孔子的这个逻辑，不论什么人都可以作为自己的镜子：择善而从，不善而改。所以，人人都可作为自己的师范，于是孔子说“三人行，必有我师焉”！孔子之所以难能可贵，就在于即便他人没有可取法的长处，但必有其短，用他人的短处反观自己，是不是也有其短，有就克而改之，无则警己不犯。

老子也说过：“善人，不善人之师；不善人，善人之资。”“见贤思齐，见不贤而内自省，则善恶皆我之师，进善其有穷乎？”（朱熹《集注》）。现代人常有的劣性是眼里只有他人的“缺点”和自己的“优点”，常拿自己的长处与他人的短处相比，于是盲目自信（自认为了不起），从而唯我独尊（别人都不行）。由于眼里没有贤者，所以不能“思齐”；由于自认为已贤，所以不能“自省”，因而成不了仁者。孔子以众人为师，所以才成就了其大智慧。人生处处皆学问。

16 自信源于信天德

孔子是情愿相信天命的，当然，孔子的天命观与西方的信奉上帝是不同的，孔子的天命观是冥冥中那种对道德力量的无比自信。这种自信，也给孔子带来了“明知不可为而为之”的精神力量，并坚信仁者无畏。然而，也由于这种力量是超现实的，因此也就注定了孔子理想的不可靠。

7.22 子曰：“天生德于予，桓魋其如予何？”

桓魋（tuí），宋国的司马向魋（“向”乃族名），因为是宋桓公的后代，所以又叫桓魋。《史记·孔子世家》有一段这样的记载：“孔子去曹，适宋，与弟子习礼大树下。宋司马桓魋欲杀孔子，拔其树。孔子去，弟子曰‘可以速矣！’孔子曰：‘天生德于予，桓魋其如予何？’”

孔子在匡地为匡人所困，也说：“文王既没，文不在兹乎？……匡人其如予何？”与此章遭桓魋之难相仿佛，可窥孔子自信“天命”之德大，亦可窥当时社会的文化现象，后人用此评述孔子是一个无神论者，甚至说他是纯粹的现实主义者，是不符合实际的。

孔子说，上天既然赋予我以如是之大德，则桓魋他又怎能奈何于我？言下之意是，邪不压正，德者无畏。正义终究会战胜邪恶，即便是暂时的失败，最终的胜利必将归公于坚守正义的人。这是历史的规律，也是孔子精神自信的根源。

孔子自信的是德行，即便身能被灭，但不能夺其德，去其志。从某种程度上来说，这也是一种宗教精神，是对正义的信仰。正如古今中外的伟人们，在创造伟业之时，使这种精神信仰成为他们应对危难的支柱与动力来源。因为他们相信“上天”是公正的，一切自有公断。德者无畏，仁者必寿。

17 为师心底明如镜

做教师的都想把学生教会，恨不得一讲他们就能掌握，这样才有成就感。我想作为教师的孔子自然也有这个心情。为师的情怀一定是心底无私的，否则无以传道解惑，自然对知识就无所隐瞒了。这是师者身份的使然。

7.23 子曰：“二三子以我为隐乎？吾无隐乎尔。吾无行而不与二三子者，是丘也。”

“二三子”，我在《八佾第三》中解读过，是亲昵之下的贬称，用通俗的话讲类似于“无知的年轻人”“傻小子们”。

“诸弟子以夫子之道高深不可几及，故疑其有隐，而不知圣人作、止、语、默无非教也，故夫子以此言晓之。”（朱熹语）由于孔子的弟子们对他的言教身传，难以践行与效法，所以怀疑孔子是不是隐瞒不传。于是孔子说：“你们这些傻小子，老以为我隐匿不告知你们真经，事实上我的一言一行没有一处不是暴露在你们面前的（言行一致，不隐不瞒），这也正是我孔丘的个性与为人。”

“与，犹示也”（朱熹言），让人“参与”其中，当然是暴露在他人面前，自然就没有了隐瞒，这是“与”的引申意。此时“与”与“举”同义。

做教师的，在向学生传授知识时总是无私的，也不会有丝毫的保留，且唯恐学生学不会。这不是说教师有多伟大，你是没当过老师，当你以教师的身份站上讲台时，角色定位使然。如果教师教不会学生，就是在证明他教学的无能，你想，谁愿意向别人证明自己是无能的呢？所以，孔子说的这句话我非常相信和理解。

不过孔子所教的不只是哪一门课程的内容，而是用于武装一个君子的所有知识、智慧、德行、修养以及一切行动的指南。所以，概括言之，子有如下四教。

7.24　子以四教：文，行，忠，信。

孔子说："质胜文则野，文胜质则史。文质彬彬，然后君子。"所以，孔子施教的目的是教人学文，以饰其质（直），然后成就君子之身。刘宝楠于《论语正义》中说："文谓《诗》、《书》、《礼》、《乐》，凡博学、审问、慎思、明辨皆文之教也。"这里的"文"，我认为应指"学文"与"修身"两层含意，因"文"有"所呈之于外在形象"的语义。

"行"，指躬行其事，人有了修养与品德之后，要入世躬行为民造福，即用于实践之中（其"行"可指行仁、行政、行礼或行教等），这是孔子主张修行自己而后外用的目的。"行"，所表达的另一层意义，就是人们做事时要讲究方法："君子义以为质，礼以行之。"（《卫灵公第十五》）

"中以尽心曰忠，恒有诸已曰信"（刘宝楠语），刘氏解"忠信"只说了一面，忠为他人要尽心，同时也应"忠"于公德，愚忠就是盲从了。其实，"忠"在古文中更多的是形容对事的敬业。"信"，不只是要自信，同时还要设法取信：言而有信，说话算话，对自己说出的话要负责任，从而取信于人。再高明的谎言只能骗取一时的信任，子曰"亡而为有，虚而为盈，约而为泰，难乎有恒（恒久，长久）矣。"

学文修行，以成人之忠信之本。

18　人性愈下悲孔子

在孔子眼里，圣者是人之德行的最高等次，它由君子之德所创立的功业决定，所以，圣人来源于君子之身，君子又发源于善人的修仁，可修仁当须有恒心之人的坚持。然而，社会的礼崩乐坏，浮华虚盈之风盛行……善人少见了，甚至连有恒者也难得一见，于是触发了孔子失望的悲叹——这个时代已经无法再创造君子，更何谈圣人了！

7.25　子曰："圣人，吾不得而见之矣；得见君子者，斯可矣。"子曰："善人，吾不得而见之矣；得见有恒者，斯可矣。亡而为有，虚而为盈，约而为泰，难乎有恒矣。"

孔子在这里把人品分为四等："圣人、君子、善人"及"有恒"者。他说：

“圣人，我是看不见了；能看见君子，就算可以了。”又说：“善人，我是看不见了，能看见恒久坚守志向的人，就算可以了。”“圣人，神明不测之号。君子，才德出众之名。有恒者，不贰其心。善人者，志于仁而无恶。”（朱熹《集注》）

“得见有恒者”之“恒者”，朱解“不贰其心”，意即能坚定不移地坚守正义原则或志向之人。按孔子此文表述来看，有恒者相较善人而言，当不如善人能谋为他人之利的事，至少也不是损人而利己者。可能在孔子说此话的当时，社会道德沦丧，人心无善，自私自利者多，所以激起了孔子的如是之感。

“亡而为有，虚而为盈，约而为泰，难乎有恒矣。”——本来没有，却装作有；本来空虚，却假装充足；本来穷困（财穷），却硬充富有（奢侈），这种虚假的掩盖是难以长久的。“恒”乃“恒定不变”之义；“难乎有恒矣”之“恒”，为“长久、长远”之义。文中两个“恒”严格讲取义应有分别。“亡而为有……约而为泰”显然是“以假为真”的虚诳之为，掩盖与谎言都是难以长久的。当然，有这种心理倾向的人做事，也不可能有恒心。

“泰”，这里有“豪华而不吝惜（奢侈）”的意思，如“用财欲泰”（《荀子·议兵篇》），又如“泰侈”（骄纵奢侈）、“泰靡”（奢靡）。按“泰”字的篆体结构看，“泰”本意应为“洗濯”（由此“泰”同“汰”“汏”）或“通畅”，通常有“通达”“安定平和”“美好”“宽裕”及“极大”等义。如果一个人依仗着“美好、宽裕”而放纵、炫耀，则“泰”便有了“奢侈”“骄纵和傲慢”义。

孔子因见世德之风败敝，他所向往的礼仪盛世“圣人君子辈出，民康国泰”已了然无望，所以出其悲叹——连人品中最低档次的恒者都难得所见了。那满地最多的是些什么人呢——亡而为有，虚而为盈，约而为泰！想想世俗让人都变成了如此的虚诳之徒，社会还会发展进步吗？所以国败已是不久之事了。

当然，从另一角度上说，社会总归会发展进步的，新制度必将会取代旧体制，所以，腐朽的现实也将不会长此以往，改革是必然的了。因此，不论于哪个方位看都是“难乎有恒矣”！前者体现了孔子的悲观，后者间接地也表现了孔子对救世的信心。

19　仁爱之界止于人

不杀生是人的慈善之心，但不等于仁心，因为仁心所针对的对象是“人”即人类的自身。从人类的利益出发，保护环境，维护生态平衡，是大道。人类对自然的敬畏是人之仁的外化表现，即对人之外一切生命的敬畏不是人之仁的本身，否则就会演变成东郭先生的那种愚昧之仁了。所以，仁爱应当是有边界的，不能任意泛滥。

7.26　子钓而不纲，弋不射宿。

“纲”，为形声字，“糸（mì）”表示与线丝有关，“冈”为声。其本义：提网的总绳，这里指大网。钓而不纲，意思是说孔子逮鱼只是用单钩钓鱼，不会用网。盖因用网有“一网打尽”所有鱼的可能，从而影响鱼的生态平衡。

“弋”，是在绳子的一端系矢（像箭的前端箭头），是用于捕小型猎物的工具，也可用于抓鸟。“弋不射宿”，是说孔子用弋抓鸟时，从不射在巢中的鸟。在巢之鸟不是待哺的幼儿就是正在孵化的母鸟，捕杀宿鸟等于杀鸡取卵。

都说孔子因为不得已要吃鱼时，只是钓而不网，是因为不忍心；不射宿鸟，是因为不想“出其不意”而杀之……所以，孔子有大仁之心。既然孔子有如此怜生爱物的仁慈之心，钓鱼也不该啊，理应什么鸟也不能弋射。所以，这种对动物的态度，转而上升到其有无仁心之论，是后儒们的附会。我认为所谓“仁心”针对的是“人”，而不是一切生物，人类也处于食物链的一个环节。如果像后儒所说的“仁心”针对的是一切事物，那主张仁道的孔子必定是反对杀生的，然而孔子也吃肉，祭祀主张用牺牲。所以，仁心不能无限地放大与扩展，否则就会走向愚昧，所以才出现“东郭先生与狼”“农夫与蛇”之类的讽刺作品。人类之所以要爱护动物，尊重自然，维持生态平衡，最终还是因为出于根本上的对人类自身的爱。

再有学者认为孔子此说（按：他们主张文中的“子”当为“子曰”。此理解也有道理）是隐喻政治，有所禁的同时要有所放，不要把人逼入死路，要网开一面，即言孔子主张“法治尚宽”。附会的也有一定的道理吧。

但依我说，这是孔子懂得生态科学，知道可持续发展的道理。现代社会的快速发展——矿产资源的过度开采、森林的过度砍伐……造成生态被破坏、土地沙漠化，河水、空气严重污染，物种加速灭绝……生态已严重恶化，即过度发展已经危害到了人类自身。由此提醒人们，人类必须敬畏自然与自然和谐共处，不然人类是在自掘坟墓。

人类要想爱护自己必须首先爱护自然。现代文明是先进还是落后，值得人类思考。

20　智慧并非囊中物

一个人知识或智慧的增长，是在长期学习实践的过程中不断积累起来的，不可能一蹴而就。因人的知识或智慧的取得并非如囊中取物那般便利。而且对于知识无论是先天的具备，还是后天学习得来，是没有差别的，更没有贵贱之分。

7.27 子曰："盖有不知而作之者，我无是也。多闻择其善者而从之，多见而识之，知之次也。"

"盖有不知而作之者，我无是也。"——大概（可能）有那么一种人，自己没有多少学问（知：知识或智慧），却凭空造作、故弄玄虚而妄自创作，但我不是这样的人。这应该是孔子这句话想表达的意思。

孔子否认了自己是"不知而作之者"，但也间接地承认了自己是有"知"的，于是接下来孔子为表达谦虚，说自己不是天生的智者（我非生而知之者），而是后天学习的结果，所以孔子说，他的知识和学问是因"多闻择其善者而从之"——多听，选择好的（或有用的）学习或模仿着用于实践；"多见（择其善者）而识之"——多看，选择对的（或有利的）就记下（识）并充分理解消化；"知之次也"——知识和智慧就次第而生了（慢慢地、渐渐地就增长了本领）。

"知"，通"智"，"智"要靠知识来武装，"知"不能仅仅解为"知识"，它也包括智慧。"识"（音"志"），记，这里不仅仅指"记下"，还应该有"消化吸收"的意思。"多见而识之"按本章前后文意及古人行文修辞手法与构成形式看，这里应该是省略（或错简）了"择其善者"，即这句话的完整表达应为："多闻择其善者而从之，多见择其善者而识之。"朱熹认为这里没有省略，"多见而识之"就是好的、坏的都记下（坏的记下是为备作日后参考），但"从"不能不有所选择："所从不可不择，记则善恶皆当存之，以备参考。"（《论语集注》）按此说不合道理，既然"见"要好坏都记下可作"参考"，那"闻"之"恶"也可"以备参考"啊，为什么仅"闻"要择善，而"见"不分善恶全要记下？要知道人在初学之时（智慧还没有完备），是不具备鉴别好坏之力的，若"恶"见的过多，占据头脑，岂不增长"恶习"乎！可见，朱子解读太过于望文生义了。

解读"知之次也"时，后儒们都受了"生而知之者，上也；学而知之者，次也；困而学之，又其次也（《季氏第十六》）"的误导，于是在这里他们先把"知"解释为"通过后天学习获得的知识"，即把知识分成了两种：一为先天的知识；二为后天学来的知识；再将"次"取"差一等""次一等"义，译为"这样的知，是仅次于'生而知之'的。"（杨伯峻译）

单就字面看本章文字，前后两个"知"的意思应该是相同的，人的知识都是后天学习得来的，天生的只能是一个人的学习能力不同或智商有差别。知识一旦具备了，都是一样的，难道知识本身还有"高贵"与"下贱"之分不成？故此说荒唐。“知之次也”显然是表述“多闻择其善者而从之，多见而识之”的行为结果的。所以，按后儒的解读，于文意不通，话本身也说不通，也不合逻辑。我认为，此“次”应是“次递、依次”义。学问无处不在，无人不有（三人行必有我师），只要多闻多见，知识就会日积月累、渐次增长了。这是合乎常理的。

知识的增长是一个渐变的过程，智慧也是在持之以恒的学习或实践过程中逐次提升的。孔子强调的是，人的知识与智慧的增长在于实践的积累，要脚踏实地，更不是凭空创造出来的，它也并非是如拾地芥、手到擒来的事。

21　勿以成见待他人

有教无类是孔子的一贯主张，更难能可贵的是他不以成见待他人。

7.28　互乡难与言，童子见，门人惑。子曰：“与其进也，不与其退也，唯何甚！人洁己以进，与其洁也，不保其往也。”

“互乡难与言”——“互乡这地方的人难交谈”，自古解经者都如此解读，并说“互乡”是地名，但是何地，没有肯定的说法。一个地方的人都难以交谈，就是说这里所有的人没有一个是讲道理的。想想，这可能么？除非这里是原始部落。事实上，“童子”不是主动要求见了孔子吗？所以，对这个解读我不认同。当然，也因为这点，有很多学者对“互乡难与言，童子见”提出了很多异见，如“互乡”或“互乡难”是人名，是“互乡童子难与言”的错简，等等。不过有错简不是说不可能，但到底怎么错的，又都找不到根据，与其胡乱猜测，不如尊重原文，试着解读，如果在理也不是不可以的。好在它对整章文意的中心思想的理解影响不大，它只是场景的描述，中心意旨主要是在后面的“子曰”部分。

首先，我认为这里的“难”不是“困难（nán）”义，而应取“发难（nàn）”义，作动词。“互乡难与言”——在互地的某一偏僻的乡间，人们用言语对孔子一行发难（可能是不愿意接受孔子一行的到来，而且说话难听）。为此，孔子的弟子们很不高兴，而就在这个当头，互地的一个童生（旧指还在上学的年轻人）却请求见他们的老师，没想到老师竟然接见了，所以，弟子们对老师的做法不理解（惑）——既然这里的人说辞这么难听，我们就该有点骨气，不理他们，老师倒好，还接受童子的请见，太没面子了。

孔子毕竟是老师，有胸怀，而且他骨子里就有“救世”的理想和信念，所以，当有人主动愿意来请教时当然是不会拒绝的（有教无类就是孔子的主张）。

同时，孔子为消解弟子们的困惑和错误的观念，说：“与其进也，不与其退也，唯何甚！人洁己以进，与其洁也，不保其往也。”——人家想摆脱过去（洗清自己的不足）追求进步，就应该帮助他进步，而不应该任其倒退吧，这有什么过分吗（何甚）！如果他已经进步了，我们就不应该总抱住他过去的缺点不放。

“与其进也，不与其退也”，这里的“与”有“帮助”之义。但人们通常解其为“参与”义，不准确。既然是“参与”表明有想共同把事做成功的想法，这从“被参与”者的角度来说，“与”就有了被“帮助”之义。

“洁”，作动词，通过清洗让自己变得干净。这是一个比喻的说法，意思就是修治自己追求上进。“不保其往也”之“保”，甲骨文为，是人抱（或守护）孩子的象形，有“抱”的意思，也有“保护”义。“不保其往也”有既往不咎的意思。

22　心欲居仁仁必至

人若内心向善，必有善行，若心存恶意必不能为善，即行为的主宰是你内心的意念，所谓心欲居仁，仁必所至。

7.29　子曰：“仁远乎哉？我欲仁，斯仁至矣。”

“仁者，心之德，非在外也。放而不求，故有以为远者；反而求之，则即此而在矣，夫岂远哉？程子曰：‘为仁由己，欲之则至，何远之有？’”（朱熹《集注》）。意思是说，仁是内在于心的德性，放弃它就会远离而去，如果返身以求，你会发现它就在这里。所以，修仁在己，修之则至，行之则现，故说不远。

孔子认为，修仁在自己的主观努力，不是别人能给予的。自己想有“仁”，主观上树立“己所不欲，勿施于人”的信念，存推己及人之心，就能做到。正如佛家的观点“我即是佛”，成佛在己，别人只能给你帮助，借你“渡船”，能否到达彼岸要看你的造化了。

孔子于此所言之“仁”当是“欲仁之心”，心存即在，仁或不仁在于人的主观意识。可见，我心欲仁，仁就会存留于心。

23　子至无奈要圆滑

旧的礼制，有时会与“君子不妄言”存在不可调和的冲突性，如按礼制，臣不可言君之恶，但君若真有恶，为仁之臣子该当何言？可见，孔子鼓吹的周礼，也将了孔子一军，孔子也就势圆滑了一回。

7.30 陈司败问昭公知礼乎？孔子曰："知礼。"孔子退，揖巫马期而进之，曰："吾闻君子不党，君子亦党乎？君取于吴为同姓，谓之吴孟子。君而知礼，孰不知礼？"巫马期以告。子曰："丘也幸，苟有过，人必知之。"

陈，国名。司败，官名，即司寇也，陈国的大夫。昭公，鲁君，名裯，昭为其死后的谥号。巫马姓（有说巫马是官名），期字，孔子弟子，名施，比孔子小三十岁。

吴孟子，鲁昭公的夫人（吴国人，姓"姬"）。春秋时国君夫人的称号一般用其出生地的国名加姓，按其礼吴孟子本应称"吴姬"。然而，鲁君也姓"姬"（吴国是周文王的伯父太伯的后代，鲁国国君是周文王的儿子周公姬旦的后代，所以，都姓姬），按照周礼的规定，同姓是不能通婚的，即以礼，鲁君不应娶吴孟子。但为掩人耳目，鲁昭公避讳，不称夫人"吴姬"，而称其为吴孟子（孟，指她是长女；子，是宋国的姓）。所以，后面陈司败指责鲁君"君而知礼，孰不知礼"——如果说鲁君知礼的话，那还有谁不知礼！言下之意，他是在批评鲁君不知礼。

有一天，陈司败故意问孔子"鲁昭公懂得周礼吗？"孔子回答说："懂礼。"孔子出去后，陈司败便向巫马期作了个揖，并请他走近自己，然后小声说道："我听说君子无所偏袒（包庇，按理君子是不应有私心、爱面子、说假话的），难道君子也是偏私的不成？鲁君从吴国娶了位夫人，吴和鲁是同姓国家，[不便叫她吴姬，] 于是称她为吴孟子，这是知礼吗？鲁君若是懂得礼，谁不懂得礼呢？"之后，巫马期把这事又告诉了自己的老师。陈司败的话，让孔子很无奈：明知自己的国君有背周礼，但为不失做臣民的礼（《史记·仲尼弟子列传》中解说："臣不可言君亲之恶，为讳者礼也。"臣民不应评论自己国君的是非，否则违礼），说了违心的话，也觉理亏。但以孔子的身份，如此作答也是守臣民之礼。如此"是对是错"？把孔子夹在了不可调和的矛盾体之间。于是，孔子说了句模棱两可的话："丘也幸，苟有过，人必知之。"——我算是幸运啊，假若有错误，人家总会给我指出来（让我知道）——他既没有承认自己有错，也没有强调自己做得对，只是说"苟有过"——假如有过错。孔子用他的智慧耍了一下滑头。

有人为抬高孔子，说这里表现的是他勇于承认错误，且视别人指出自己错误为幸运，是多么可贵的心态啊！这样说，真是粉饰了。孔子明明是知道自己说了假话的，并不是不知其错（他不能实事求是，已经有错在先了），孔子不自责就已经是无君子之德了，还说他高尚？当然了，孔子此举也是无奈之为，本质上并无恶意，也是可以谅解的，但我们不能不顾实际瞎赞他的可贵吧，否则也会将我们陷入不仁不义的境地，由此也充分暴露出了周礼腐朽的一面。

“党”，本是“结党”之义，由于“结党”必护自党之利，故而“偏私、包庇、偏袒”。这里取“偏私”义。

24 好善乃是人常情

听到好听的歌，或是见到自己喜欢的乐曲，或看到自己喜欢的图画等，人们都想能再欣赏，这是最平常之心了，孔子自然也不例外。

7.31 子与人歌而善，必使反之，而后和之。

朱熹《集注》：“和，应读去声。反，复也（重复，重新再来一次）。必使复歌者，欲得其详而取其善也。而后和之者，喜得其详而与其善也。此见圣人气象从容，诚意恳至，而其谦逊审密，不掩人善又如此。”这自然也是朱子对孔子的阿谀。

本章是说孔子喜欢、通晓《诗》之弦歌（孙逢奇《四书近指》：“声比于琴瑟谓之歌。”）当听到他人唱歌感觉很好时，一定会请他重复唱，最后还会参与进来一同唱。文中的“子与人……”之“与”应通假“于”字。

孔子与别人一起歌唱，若别人唱得好，他要求其人重复地唱，自己也会随之和着唱。这表达的只是孔子爱好唱歌而已，同常人之心，不知道朱子他是如何看见孔子的“气象从容，诚意恳至，而其谦逊审密”的。其实，《论语》将此章之文置之于此，乃言但凡是常情之人无不有喜美乐、悦善曲的，即向善之心本是人的自然性情，即便是有欲为恶之人，也总不希望加恶于自身的。

凡人绝不会排斥外界加诸自身的真善美。我们用心体会一下，你想让别人对你使假、对你为恶吗？你不想使自己更加美丽吗？绝不会有这种人。即便有为恶之心的人，一样会去教堂祈祷上帝垂善，企求上苍示爱于己。但一个人若能做到反身比之，用己欲善之情而善待他人，能己欲达而达人者，就具有君子之德了。成不了君子正是因为缺少这种将心比心的主动。

25 自信不可去谦逊

如果只有自信没有谦虚，那是盲目的自大，但若只有谦虚而无自信，那是懦弱的表现。谦逊而不盲目自信，是需要有自知之明的，当然这也是智慧的表现，所谓知人者聪，自知者明。

7.32 子曰：“文，莫吾犹人也。躬行君子，则吾未之有得。”

孔子说：“于内在的学识修养方面来看，我与别人（这里的人应特指那些有一定修养的人）差不多。但在生活实践中比照君子的行为，我做得还不够。”“文”，即孔子常言的“文质”之“文”，如“文质彬彬”中“文”之义；“躬行”，指亲身实践；“得”，本指有收获，即取得成绩或成就，“未之有得”白话意思就是“没有收获什么好的成绩”。

本章解读自古歧见颇多，主要在“文莫”上（尤其是“莫”字）。朱熹：“莫，疑辞。”即作副词“大概，大约，也许，或许”解。其意是说“文莫”不能连读，故在断句上于“文”字后加上了逗号。后人多如此附会。

也有人把“文莫”两字连读，看成一个双音词，解“文莫”通“忞慔（勤勉努力的意思）”。句意就是：在奋勉努力方面，我和别人差不多，而在践行君子方面，我没有做到更好（此为转折复句）。如此，那么“奋勉努力”什么？即对什么努力？文中没有指明。如果说是承下省略了“（做）君子”的话，那么“奋勉努力”显然是指努力“践行君子”。而下文中“躬行君子”也即“践行君子”，如此说来，上下句文意就是矛盾式重叠了，形如：“A与别人差不多，而A不如别人”，逻辑上说不通。

再有说：“莫为‘其’之误。”还有说：“莫，作否定副词，义‘无’，‘文莫’即‘文无’”。“莫”作“无”义无可厚非，但整句话在这里也说不通，所以也不能令人信服。又有人言：“钱一面有文，一面幕，幕为质……文莫犹文幕、文漫也。古音漫同莫。文莫犹云文质。言文质无以异于人，犹俗言学问资质亦等于常人耳。”（但植之《释论语文莫》）但氏的意思是“莫”通“幕”，指的是“文”的反面，即与“质”相对，所以“文莫=文质”。程石泉干脆认为：这里“莫”就是“质”字，是因错简而致。

现代也有学者认为，“莫”是语气虚词，无实际词汇意思，在“文”一字不成词的语境中，缀于实词之后起舒缓语气作用。

总之，各家之说都有一定的依据，但又都有存疑之处，或与原文意难熨帖，所以大家争论不休又煞费苦心。

在这里，假设原文没有错简的情况下（如果承认错简，错成什么无法定论，所以也就无法讨论），我们应从“文”字的本义出发解读。

在“文质彬彬”处，我已对“文”作过解读了，读者可参看之。因为人通过修“文”（这里的“文”，指具体的知识，如文学，礼学，常识……）之后，其修养、气质、学识等等，必将会得到优化与提升，所以，“文”的多少反映着一个人的品格与才学的趋善程度。如果把“文”直译成现代词义上的“文章”，肯定是望文生义。通译本译为：“书本上的学问，大约我同别人差不多。在生活实践中做一个君子，那我还没有成功。”他把“文”的“文章”义通过再引申，解为“书本上的学问”，有点接近原义了，但还不太确切。

现在，我把“文”理解为一个人通过后天的修为所呈现出来的气质，即“外化的品质”；将“莫”作“大约”（表示揣测）解，则得本章的大体意思是，对于个体上的文化素质或道德修养之类，我与别人大概差不多，可是在具体实践君子的行动上，我做得还不够（没有取得更好的结果）。

孔子自认为，践行君子做得还不够，更何况是行圣为仁方面了，所以，他接着表态：称我是圣、是仁，我不敢当。这确实再现了孔子谦虚的品格。

7.33　子曰：“若圣与仁，则吾岂敢？抑为之不厌，诲人不倦，则可谓云尔已矣。”公西华曰：“正唯弟子不能学也。”

朱熹《集注》：“此亦夫子之谦辞也。圣者，大而化之。仁，则心德之全而人道之备也。为之，谓为仁圣之道。诲人，亦谓以此教人也。然不厌不倦，非已有之则不能，所以弟子不能学也。晁氏曰：‘当时有称夫子圣且仁者，以故夫子辞之。苟辞之而已焉，则无以进天下之材，率天下之善，将使圣与仁为虚器，而人终莫能至矣。故夫子虽不居仁圣，而必以为之不厌、诲人不倦自处也。’可谓云尔已矣者，无他之辞也。仰而叹之，其亦深知夫子之意矣”（列朱解置于此，供读者参考）。

孔子说：“把我看作圣人，并作仁者来推崇，实在不敢当！抑或说我‘为之（求仁致圣）努力而不知满足，教育他人为之而不倦怠’还差不多吧。”——公西华听到老师的这话后感叹道：“这正是我们弟子所学不来的啊！”公西华语言中“学不来的”所指，不是“求仁致圣”本身，而是指老师的这种“修仁为圣”、永不厌倦的精神。更多的人把公西华所言的“所学不来的”东西，指“圣与仁”，其逻辑是：因为作为老师的孔子都做不到，学生当然也做不到——这就大错特错了。我们心究一下：既然都学不到圣与仁，那孔子“为之不厌，诲人不倦”（此句的解译在下文）意义何在？如此，孔子所言“若圣与仁，则吾岂敢”不就成了反面教材了吗？

尽管“若圣与仁”中的“仁”是仁者，“圣”指圣人，这两者很难做到，但修仁是必须的，求为圣之功德也是必需的。公西华“所学不来的”一定要理解为孔子这种修仁为圣永不厌倦的精神，否则就背离孔子原意了。

“抑”，转折语气词“然则、抑或、或许”。“则可谓云尔已矣”——如果这样说尚且还算可以的吧。“若圣与仁”中的“若”不能说是“假设，如果”的意思（很多人这样翻译，不能说完全错，但不太切合语义），因为从孔子的口气看，当时社会上应该确实有人称他是“仁人，圣者”，而不是“假若”。因此，“若”应取“象”义，有“等同”的意思；“与”在这里严格地说也不是表示并列关系的“和”义，它与“举”义同，有赞许、推崇的意思。“为之不厌，诲人不倦”当为“为之不厌，诲人（之）不倦”（后一“之”承前省略），其“之”指代“修仁心行圣功”，意思是“教诲别人立志修行仁道，力争为圣人之功德”而不厌倦。

“仁”，是个人修行的一个“理想目标与所向往的境界”（这里的“仁”，不是指心有欲仁之“仁”，当是指孔子自己所定义的仁之德：人上之人者），在孔子眼里“人”只能“逼近”仁者，而不能到达。这也是他之所以从不轻许他人为仁者的原因，也包括孔子自己。“圣”，是一个有仁德的人“得志而兼善天下”之有大功者，所以孔子自谦不敢担当“圣者之名”。事实上，孔子一生的确是求仁不厌、诲人不倦的，所以，后人尊称为“孔圣人”也不为过。

孔子自己说“躬行君子，则吾未之有得”，这是他自谦不敢担当圣仁者之名，但同时又自信“为之不厌，诲人不倦”。这就是谦逊与自信的孔子。

26　且信且疑子疾时

孔子说过天命不可违，但也说过对鬼神要敬而远之，重人事轻神道。然而，有病时的孔子隐隐地希望神力的出现，可又明知神力不可为，且信且疑之中足见孔子的无奈之情。其实，孔子对于祭天祉福一直是处于这种信与不信之间，这也决定了孔子在唯心与唯物之间的摇摆，没有彻底性。当然，在两千多年前的社会状态之下，尽管孔子的儒学有其不彻底性，但能做到如此也是难能可贵的了，孔子也不愧为一个伟大的思想家。

7.34　子疾病，子路请祷。子曰：“有诸?”子路对曰：“有之。诔曰：‘祷尔于上下神祇。’”子曰：“丘之祷久矣。”

“疾病”，杨伯峻认为这里“疾病”连言，是强调“重病”；程石泉认为此“病”为衍文，是后人所加。因为在古文中“疾”有“病”义（《说文》：疾，病也），所以一般不会连用。又《说文》：“病，疾加也。”即“重病”称“病”

（所以杨伯峻先生认为“疾病”连言是强调“病重”）。此相异之争自古就有，似乎无法统一，所以，我想深入地“心究”一下。

“病”：甲骨文有（或、）之形，其符当为“床”字，左符示意一“流汗的人”。一个因发烧而流汗的人，无有站立之力，只好睡在床上，此“人”当然是“病”了。其或简省作形，晚周后其形符（或省为，即“疒”）逐渐成了结字之“形意符”，再配以“声符”于是滋生出很多表示病症的诸多字来，并用以辅助表示灾苦。如“疒”配声符“丙”，即为“病”字（篆书）。“病”字的现代字义，是指物体（或事物）出现生理或心理上的不健康（或偏离正常状态）的现象。

“疾”：其甲骨文为（或），左符为“矢（箭）”，右符为“大”或若“人”之形。若视其右符为“大”，则合意为“大弓射出的矢”，可以想象其矢是如何的“急速”了；如若视其右符为“人”，那么“人被矢所害”当然会受“伤”了，受伤了当然也是一种“病”态。由此来看，“疾”的本义是“疾速”和“伤病”两者兼有。可能是由于“疾”有“病”义，于是篆文就写成了或（即“疒”加“矢”，古陶文写为），而原来的字亡失了。

通过分析，我认为古文中“疾”作“病”义解时，“疾”与“病”两者没有程度上的差异，只是性质的不同：身体因受外创所致之“伤病”用“疾”；因身体机理失常而“生病”时用“病”。可见，《说文》释“病，疾加也”，或认为“小病用‘疾’，大病用‘病’”是没有道理的。至于“疾病”连用，一种情况是“泛指”（两者的统称）；另一种情况是取“疾”的“急速”义用以强调病来得“急”，“急”病除表达来得突然之外，给人心理上的感受是“大病、重病”，与现代词“急病”所表达的意思有点类似。

本文中的“疾病”如果就是原文，那其义应释为“急病”比较合理。若确有衍文，那衍的应该是“疾”而非“病”。如果“子疾”（孔子因外伤致病），那子路“请祷”就没有意义了。在古人看来，人生老病死皆因天之“命”（“命”即“令”，即上天所指令），所以才要向上天神灵祈祷以请求福祐。而“疾”之外伤，是看得见摸得着的，如何治疗人类可以自己掌控，只有对那些不知病由且又无能为力的疾病时，人们才寄希望于天（神）地（祇）鬼神的援助。

中国古代世俗文化认为“举头三尺有神明”，无论在人前还是人后，不管你做了什么，神都看得清清楚楚呢，你的善恶之为，上天自会明辨。所谓的“行善”方能“积德”，“德”者“得”也，只要不做损人害人之事，总想成就别人的好事，终能得到神灵保佑而获“善报”。在孔子看来，一贯的修身正行，敬神善为，就会合天之意，得神之助，因此子曰：“丘之祷久矣。”现在“子疾病，子路请祷”只不过是“临时抱佛脚”的“病急乱投医”而已，所以，孔子对子路的“请祷”表现出了质疑：“有诸（之乎）。”——你这样做有用吗？于是，子路赶紧说：“有啊，作诔文（悼词）时常说‘祷尔于上下神祇’（在天地神祇面前为你祈祷）的话。”这里一般译“有诸”为“有什么依据吗?”也有译为“有这回事吗?”及“有这个道理吗?”等等，应该说都不合文义。从孔子的“丘之祷久矣”来看，其语言背后所表达的意思是：“现在祈祷没有什么用了，若祈祷能让我的病好，早就该好了。因为我早就祈祷过了。”可见，“有诸”问的是能否有效果。子路回答的“有之”（即“有用”）其逻辑是这样的：古之《诔》中有记，表明古人常用此法，如果无效也不会有祈祷治病之说。

当然，还是有很多学者坚持认为，孔子的“有诸（之乎）”，是质问子路有没有为自己“祷告”这件事。如果是这样，那子路的回答就不应该如此了，直接答有或无就可以了。而子路的解说，显然是为自己坚信“祷告”有用，寻找理论根据。学者们做如前解说，想表明孔子认为“祷告”不可信，从而证明孔子不相信迷信，是一个彻头彻尾的唯物主义者。这是对孔子思想的无限拔高。从孔子的“丘之祷久矣”之叹，完全可以揣测到孔子的矛盾心理，一方面他明白求诸神灵的徒劳，但于其病重时却又无限期望神灵的护佑。这在一定程度上表现了孔子并不是一个彻底的唯物主义者。

“诔”，古同“讄”字，两者词义相同，本义是“叙述死者生前事迹，以示哀悼”，即今之悼词。正因为孔子只是生病而非死，所以在解读时后儒们都觉得子路这样说有辱圣身，于是说“诔”不同于“讄”，说“诔”是“哀悼死者的祭文”，而“讄”是“祈福生人的祷文”，这样说哪有根据？其实，子路是由于没有说服老师的理由，在情急之下拿当时“大祝①”们常用之辞，作先生之问的应对而已，无须曲解。相反，这正说明了子路的“理穷”（因为就没有通过祈祷能把病治好的），也印证了孔子对鬼神只可“敬而远之”的“唯物主义”态度。

因此，我说孔子对神助的依赖心态并没有完全摆脱掉，在其生病之时，内心多少也表现出了神可助其去病的希望。

27　宁不及不取其过

虽“中庸之为德，其至矣”，但于实际的践行中，没有直接的中庸之道可选，往往只能做到择其善者而从之，因此，通常必须在过与不及之间做选择。于是，选择本身也出现了一个原则性的问题。

---

① “祝”，祭祀时主持祝告的人；“大祝”，官名，西周始置，谓为春官宗伯的属官。

7.35 子曰："奢则不孙（逊），俭则固。与其不孙也，宁固。"

"奢，张也（《说文》）。反俭曰奢，言夸大于人也。"无论对于做什么事或说什么话总好"夸张"而为之，必然会做得"过分"。如若对物质生活过分追求就是"侈靡"；如若话语表达时过分夸大，就是"吹牛"；如若过分张扬自己的高贵身份，就是"骄傲自大"；等等，都是"奢"的表现。若是行事、言语或是举止表现为过分的"歉收，节制或简约"，就走向"奢"的反面"俭"了（反俭曰奢，奢反即俭）。所以，在"奢"与"俭"之间理应存在一个中庸之道。

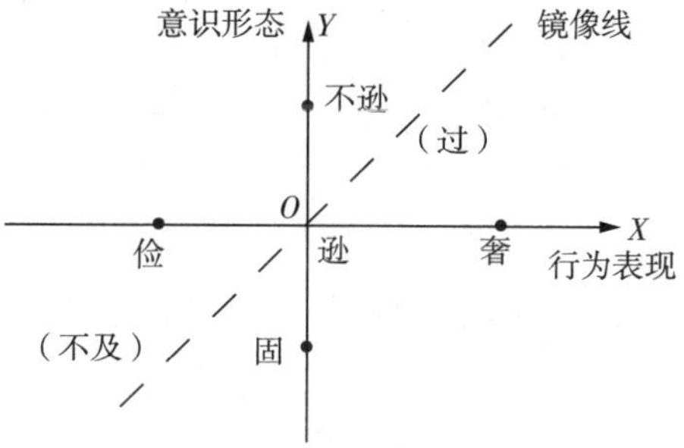

"过犹不及"，凡事有度，得中为善。若是行为举止欲表现为"退缩"（《说文》："逊，遁也。"即辞让、退让，向"奢"的反方向转化）之行为，且有趋善的意识，就能渐渐地收敛于"谦让、恭顺"之"逊"的中道了。

"奢"和"俭"实质上是由"意识形态"（由人的修养与态度所决定）的支配而表现出来的一种行为方式。为了表述方便，我把"行为表现"定为 X 轴："行为过度"是"奢"，"不及"为"俭"，"逊"处于"当"位（不偏不倚，正好）。谦逊是一种态度 \ 一种气度，归属于"意识形态"范畴（定义为 Y 轴向上）。"逊"过之为"不逊"，其不及乃为"固"（固守旧识，表现固执或见识浅少的鄙陋）。读者可参看图中的表示位置。

不同的"心理意识"态度，会产生不同的行为表现（意识决定了人的行为表现）。如有自私心态的人不会做出"毫不利己，专门利人"的事来；小气的人不会有大方的行为；保守的人做不出创新的事……这就是"意识形态"与"行为表现"对应的镜像关系。"奢"的镜像是"不逊"，"俭"的镜像是"固"，所以孔子说："奢则不逊，俭则固。"（参看上图）

"与其不孙也，宁固"——如果从"不逊"和"固"之间做选择的话，孔子宁愿选"固"。为什么呢？这是因为从纵轴的"意识形态"上看，虽"固"有不及，但通过自修去提升素质，可以趋向"谦逊"的美德。思想品德意识提高了，行为自然收敛了，但如果是迫于压力或暂时的意志力，做到"克奢为俭"，也只能做到一时，不可能长远。所以，孔子于此重在强调"修身养性"的重要性。通过修养由"俭"进入当位的"逊"是容易的，而想由"不逊"返回于"逊"是困难的。正如人的生活从贫穷走向富裕，是一个充满希望与快乐的过程，人们会乐此不疲；相反，让他从奢侈的生活状态回归于富而不奢，肯定要难得多。因此，孔子在“过”与“不过”中做选择时，总是宁愿“不及”而不取其“过”。这是孔子在不能中庸下的选择原则（在《论语》中的其他地方也能看到这一点）。

当然，孔子的这个原则多少也反映了孔子儒学思想的保守性一面。

29　荡荡戚戚别心胸

孔子口中的君子是有智慧，具备仁性，品格高尚的人。小人反之。智者灵动，充满乐观，其心胸犹如广垠无边的大草原，又仿佛是漫无边际的大海那样坦荡。荡荡者定是心胸宽广之士，戚戚者必是心胸狭窄之人。荡荡与戚戚是鉴别一个人心胸宽窄的标志。

7.36　子曰：“君子坦荡荡，小人长戚戚。”

首先，“君子坦荡荡”与“小人长戚戚”在行文上看是一种反义对文：君子对小人，坦荡荡对长戚戚，所以，在解读时要兼顾这种对应关系，孤立地抠字眼是很难还原文义的。其次，“坦荡荡”与“长戚戚”是 ABB 的叠词构成形式，相叠字构成的词义并不是简单字义的叠加，更多的是抽象化的形象比喻，即用抽象手段描绘一个可以想象的场景，而这个抽象的场景只可意会很难言传。读者也只能在单个字义的基础上通过想象来体会。不同生活体验、不同文化程度的人，就会做出不同的解释来，所以这就决定了对这种叠词翻译时的不确定性。当然，由于字义的确定性，解读它时还不至于太离谱。

比如，“戚”字，其甲骨文，是“兵器”形。“戚戚”：两兵器轻轻相碰就会有叮叮之声，于是就有“戚戚私语”；由于两者相碰肯定要亲近，于是就出现了“戚戚兄弟”成语和“亲戚”一词。这都是会意的过程。正因如此，对本章的释读自古就有不同的说法，尤其是“戚戚”，如“忧惧、忧伤的样子”“忧愁：悲伤的样子”“局促：不安的样子”等，并由此引申或演译为“痛苦，哀伤，患得患失，斤斤计较，谨小慎微，心胸狭隘……”等，可谓是仁者见仁，智者见智。

《论语后案》：“戚戚”即是诗之“蹙蹙，为缩小之貌。……此戚戚当训迫缩，与荡荡反对也”。这种用反对的方式来解读，方向是正确的。“坦，平也；荡荡，宽广貌。”（朱熹《集注》）“坦荡荡”在我们脑际所呈现出来的画面应是平坦宽广开阔，没有遮挡，一望无际之貌……“君子坦荡荡”——君子的胸襟气象开阔，透明敞亮，无阴暗无杂念，是乃“心底无私天地宽”。与之相反的心胸“画像”就是“小人长戚戚”之貌——心存阴影，胸怀杂念……“坦”展现的是横向的“宽”，“长”强调的是纵向的“窄”，不要把“长”会意为时间上的概念。

一个人胸襟的大小——是坦荡荡还是长戚戚，决定了君子与小人之德的又一差别所在。

30 文质彬彬孔子像

一个人的气质是由其学识和修养决定的，“气”是其“质”的外像，属“文”。做到温而不火，威而不猛需要智慧来拿捏，更是人格修养的自然流露，绝不是做作的故弄姿态。孔子于文质彬彬之中彰显出了无穷的人格魅力。

7.37 子温而厉，威而不猛，恭而安。

德不孤，必有邻，人的德行不是孤立的表现，有它的相辅相成性。温和得过分了，就会失去严肃；威仪表现得过度了，就显得凶狠；恭顺不当，就会走向呆板（不安泰，不自然，或显做作）。“温，威，恭”是人之德行（学问修养）善的一面的呈现，是其“文”，而“厉，不猛，安”是其德的表象，其由人之“质”决定。温过则不厉，威过则猛，恭过则不安。所以，如何做到“庄严而温和，威仪而不凶猛，恭敬而不死板（安然，即自然之态）”的对立统一，只有依靠自身的德行修养与学识水平的自然之力来修正，即可表现文质彬彬。这也体现了人之“文质”的中庸性表达。

“中庸之为德也，其至矣乎！民鲜久矣”（《雍也第六》），而君子具有其德，所以孔子劝人修为君子。正如朱熹所言：“人之德性本无不备，而气质所赋，鲜有不偏，惟圣人全体浑然，阴阳合德，故其中和之气见于容貌之间者如此。”这是说人的德行的外化表现，总会在眉宇之间流露出来，但一般人总有偏见，只有修养高的人才能做到恰到好处。

子（孔子）是圣人，所以他做到了。也有人认为，文中开头的“子”是“君子”之误。但不管是“孔子”还是“君子”，对解读此章文意无伤，毕竟孔子也是君子的杰出代表。

本篇用孔子的君子之个性品格描述作为收章之笔，《论语》的编撰者旨在为我们树立榜样的旗帜，号召人们要效法孔子，力争做孔子那种德才兼备、文质彬彬的君子式的人。

卷八　《泰伯》篇

全篇共二十一章。主要针对为国君子者当具备什么样的德行，通过古之贤人之德及孔子、曾子的语录展开论述。全文如下：

8.1 子曰："泰伯，其可谓至德也已矣！三以天下让，民无得而称焉。"

8.2 子曰："恭而无礼则劳，慎而无礼则葸，勇而无礼则乱，直而无礼则绞。君子笃于亲，则民兴于仁；故旧不遗，则民不偷。"

8.3 曾子有疾，召门弟子曰："启予足！启予手！诗云'战战兢兢，如临深渊，如履薄冰。'而今而后，吾知免夫！小子！"

8.4 曾子有疾，孟敬子问之。曾子言曰："鸟之将死，其鸣也哀；人之将死，其言也善。君子所贵乎道者三：动容貌，斯远暴慢矣；正颜色，斯近信矣；出辞气，斯远鄙倍矣。笾豆之事，则有司存。"

8.5 曾子曰："以能问于不能，以多问于寡；有若无，实若虚，犯而不校，昔者吾友尝从事于斯矣。"

8.6 曾子曰："可以托六尺之孤，可以寄百里之命，临大节而不可夺也。君子人与？君子人也。"

8.7 曾子曰："士不可以不弘毅，任重而道远。仁以为己任，不亦重乎？死而后已，不亦远乎？"

8.8 子曰："兴于诗，立于礼。成于乐。"

8.9 子曰："民可使由之，不可使知之。"

8.10 子曰："好勇疾贫，乱也。人而不仁，疾之已甚，乱也。"

8.11 子曰："如有周公之才之美，使骄且吝，其余不足观也已。"

8.12 子曰："三年学，不至于谷，不易得也。"

8.13 子曰："笃信好学，守死善道。危邦不入，乱邦不居。天下有道则见，无道则隐。邦有道，贫且贱焉，耻也；邦无道，富且贵焉，耻也。"

8.14 子曰："不在其位，不谋其政。"

8.15 子曰："师挚之始，关雎之乱，洋洋乎！盈耳哉。"

8.16 子曰："狂而不直，侗而不愿，悾悾而不信，吾不知之矣。"

8.17 子曰："学如不及，犹恐失之。"

8.18 子曰："巍巍乎！舜禹之有天下也，而不与焉。"

8.19 子曰："大哉，尧之为君也！巍巍乎！唯天为大，唯尧则之。荡荡乎！民无能名焉。巍巍乎！其有成功也；焕乎，其有文章！"

8.20 舜有臣五人而天下治。武王曰："予有乱臣十人。"孔子曰："才难，不其然乎？唐虞之际，于斯为盛。有妇人焉，九人而已。三分天下有其二，以服事殷。周之德，其可谓至德也已矣。"

8.21 子曰："禹，吾无间然矣。菲饮食而致孝乎鬼神；恶衣服而致美乎黻冕；卑宫室，而尽力乎沟洫。禹，吾无间然矣。"

1 至德之人不自彰

人之德行不是用来为自己贴金的，它是无功利性的，否则不能谓其有德。但凡欲以己之所为，自彰己德之至者，就不能被称为君子。所谓"人不知而不愠，不亦君子乎"。

8.1 子曰："泰伯，其可谓至德也已矣！三以天下让，民无得而称焉。"

泰伯，为周太王长子。太王乃周朝姬氏的祖先，名古公亶父，其有三个儿子：长子泰伯（又称太伯），次子仲雍，三子季历（即周文王姬昌的父亲）。据郑玄注《论语》说，古公亶父见其孙姬昌德才兼备，日后必然成大器，于是意俗传位于三子季历。然季历认为按惯例王位应由长兄泰伯继承，故不愿接受。后泰伯与其二弟仲雍，在其父有病时以去衡山采药为名离开了国都，避居于荆蛮之地的勾吴而不归（泰伯后来成为周代吴国的始祖）。

仿照多数学者的说法（此说皆从郑玄注《论语》所云。对于三让之事也有多种不同传说），泰伯"三以天下让"是指他三次主动让出立为君王的机会。第一次"让"是他主动避让离国；第二次"让"是其父去世，不回国奔丧以避免众臣拥立其为王；第三次"让"是在众臣议立新君时，他索性断发文身，以示永不返回。正因为泰伯的让位，这才给后来姬昌（周文王）统一天下创设了条件，为周的复兴奠定了基础。因此，孔子赞扬泰伯的品德达到了至高的极点——"其可谓至德也已矣！"

程石泉先生对太王欲立少子季历继位的理由提出质疑："但谓季历生昌，而昌有圣人之表，于是太王欲立季历，则殊不尽情理。”我们心究一下，也能感觉到郑玄注说的这个理由不能让人信服，很是牵强。按礼制是长男继位，但因待传之君看到小儿生的儿子（自己的小孙子）有治天下之能，就违礼传位于小儿子，以待将来传给孙子……简直就是天方夜谭。《史记·周本纪》云：“古公有长子曰太伯，次子曰虞仲。太姜生少子季历。季历生昌有圣瑞。”其只言季历由太姜所生，不言太伯、虞仲谁生。且在《诗》之《大雅》，《大明》《思齐》《皇矣》各篇所言周太王世系情况，也无言太伯、虞仲之母。由此可想太伯、虞仲非太姜所生，即季历与太伯和虞仲非同母兄弟。于是，程石泉先生说：“太姜有宠，则泰伯与虞仲之母或已失宠或已亡殁。泰伯与虞仲不能自安，逃亡荆蛮，亦谓事理之常。各家俱谓泰伯、虞仲入吴，断发纹身以效蛮俗，其亦有不可明言之苦衷耶？三让之说或为后之帝王所造，借以表彰先公之德，亦所以掩饰泰伯、虞仲逃亡荆蛮之真实原因者也。”此说有道理，录于此以供读者心究。

对“民无得而称焉”，杨伯峻译为：“老百姓简直找不出恰当的词语来称赞他”。此译不合实情。如果这样说能够站得住脚的话，那至少要有这么几个前提：(1) 国民得到过他的恩泽；(2) 由于他的让国，使国与民收获了利益最大化；(3) 国民知道并能深刻理解他的所为之高尚。

首先，不论各家所言泰伯三让事实如何，但都有一个共识：泰伯在接位前就去国遁避了，且逝而无返。加之君权争夺乃深宫变故，民间百姓何以知晓？即便耳闻，以民之智何能领悟泰伯之胸襟！民不知情依何称之？其次，泰伯无一日为君，自然无德泽于众庶，无涵濡于下民，民何能得其恩惠？既未受其恩泽，民为何要称颂他？再次，泰伯的让位因为没有比较，并不能证明这是利益最大化的选择，尽管季历之后传位于其子（周文王）国家昌盛，又怎知当年泰伯若不让君位，统治天下到今天，就一定不如现在呢？总之，民能称颂泰伯的前提都是不存在的。

正是因为泰伯的让位，做得隐匿而民众不晓其情，从而没有得到人民的公开称颂，所以，“民无得而称焉”的正确意思当为：因民不得知其所为，而无法称赞。这样来理解方可见泰伯的让位其主观上是真心的，不是哗众取宠的故作姿态，所以才得到孔子的高度称赞。孔子之所以赞之，是因为泰伯淡泊名利，不争权位，不张扬己德，为人低调，胸怀坦荡，有舍利求仁的圣者之情怀。

2　事之无礼则愿违

含蓄与内敛是中国传统文化中固有的属性，而且对礼仪精神的认同感，几乎在人们心灵深处已经被钙化了，不论做得如何。所以，这就决定了，理论上我们在做事时必须讲究所谓的规矩——礼。礼之用和为贵，无礼不能致和，无和不能成事，故无礼则常常是事与愿违。

8.2　子曰："恭而无礼则劳，慎而无礼则葸，勇而无礼则乱，直而无礼则绞。君子笃于亲，则民兴于仁；故旧不遗，则民不偷。"

这里有学者认为第二句"君子……不偷"应当自为一章。从文意上看，此说合理。

郑玄注说："言此四者（四者指恭、慎、勇、直）虽善，不以礼节之，亦不可行。"即言"恭、慎、勇、直"必须用礼来节制，其用要符合情理适合事宜，否则会失之中正，走向反面。"恭"，态度显恭敬；"慎"，行事知谨慎；"勇"，见义能勇为；"直"，心正而质直。"恭（或慎或勇或直）而无礼"之"而"，同"若"，有"假设"义；"无礼"意指不合"礼法"。

"恭而无礼则劳"——恭敬若不合礼，则是劳而无功。"劳（勞）"，本义指夜间劳作（打着火把在出力，如此当然"辛劳"）。对人的行恭，本是想表现对其的敬爱，或是想获得他的好感，然而由于恭而不合礼法，则不达其情，当然是徒劳无益。文中的"劳"有徒劳而无功之义。多数学者解"劳"为"劳倦，疲劳"，如杨伯峻译为："注重容貌态度端正，却不知礼，就未免劳倦。"此话说不通，"注重容貌态度端正"，这本就是礼的要求，如若一个人真做到了"容貌态度端正"可以说已经是知礼的表现了，又说"却不知礼"，前后矛盾，逻辑混乱。难道说知道礼了，就不用态度端正了？这里的"无礼"（后面几个同此，杨伯峻都把其解成了"不知礼"，错误），不是"不知道礼"的意思，而是指"不符合礼"，即不知道如何用"礼"来规范、约束。"恭"的本义是表达对他人的恭敬之心。对人的恭敬也有一个度的问题，过火了会让人生烦，于是就失去了用礼讲"和"的功效，如此求助人时，自然是徒劳无功。

"慎而无礼则葸"——谨慎得过度了，就会拘谨。过分的拘谨当然会暴露胆小怕事之心态，表现在行动上就是战战兢兢、瞻前顾后、猥琐不前。在"思"字的结构中，上"田"是人"脑"象形，下为"心"。古人观点：人的思想活动是"心脑"共同作用的结果，反过来说"人的一切行为都是由心脑"即"思"来决定的。"葸"，是"思被草（艹）隐藏了"，想做的事不敢做，或是生怕做得不对，从而显得小心翼翼，于是给人感觉对事有所"畏惧的样子"，不敢为之。即是说"慎"也要做到恰到好处，使之合礼。

"勇而无礼则乱"——只知能勇，因不能用礼的法度来衡量所做之事是否适义，就会陷入无谋之勇。无谋之勇的后果常常是不治反乱，把本为好事的事也给搞砸了。此“乱”被大多学者译为“犯上作乱”，不当。因“犯上作乱”是一种主观上的有意之行为，文中的“勇”依句意来看应属于“善行”，就是说主观上的出发点是好的，只是其勇不合礼法。通俗地讲就是，如果勇的不合礼，好心就会办坏事。

“直而无礼则绞”——人无论做事还是说话，若是直来直往、不讲策略、不知变通，往往显得过于锋芒，不近情理，有尖酸刻薄之嫌。如果直能用礼约束，就能做到将心比心，设身处地地站在对方角度考虑，从而可以使自己的直不至于伤人。“绞”，本义是两丝交叉扭结在一起，与“直”相反对。若把“绞”之扭结视为一动作过程，那么“绞”就表示用尖状工具对物钻洞。这里“绞”是名词的动词用法。

对文中的“劳、葸、乱、绞”字义的解读，各家之言也很多，不再列举了。总之，本章的中心思想就是强调一点：人于社会之中的一切行为，都要以礼约之。

“君子笃于亲，则……不偷”句，我认为与上句内容相去较远，故另起一节解读。

3　上梁不正下梁歪

“君子笃于亲，则民兴于仁；故旧不遗，则民不偷”，此君子当指在上位之人，即本句应该是针对为政者所言的。

“君子笃于亲，则民兴于仁”——在上位的人如果坚持仁爱之心，诚信厚道，并真心亲近于民，那么在下的民众就能主动亲近于仁，从而社会就会兴仁爱之风。其所谓上行下效。在季康子问政于孔子时，如孔子所说“子欲善，而民善矣。君子之德风，小人之德草。草上之风，必偃”（《颜渊第十二》），君子的德行就像是风对草的吹动一样，必然会产生影响。这里学者们都把“笃于亲”译为“厚待自己的亲族”，欠宽泛。厚待自己的亲族是一般人容易做到的，而能“老吾老以及人之老”是要靠强大的爱心来支撑的。仅仅是厚待亲人，是不可能感化民众而使之“兴于仁”的，就是说君子要用仁爱（大爱）之心才能影响民众。所以，我认为这里的“亲”，当取其“近”，“亲近”义，是指“亲民”。“笃于亲”即君能“坚守爱民之心不变”的意思。

“故旧不遗，则民不偷，”古今注疏者几乎都将其解释为：“不遗弃与他有故旧之人，民众便会不偷薄了。”（钱穆译）再如杨伯峻译文：“在上位的人不遗弃他的老同事、老朋友，那老百姓就不致对人冷淡无情。”他们把“故旧”释为“有过故交的友人”（老同事、老朋友），解“偷”为刻薄、淡薄，我认为不妥。

首先，前面他们把“笃于亲”解为“厚待自己的亲族”时，不遗“故旧”，其“故旧”也应包含在“亲”里面了，就是说按照他们的解读，“笃于亲”与“故旧不遗”语意有重叠（这样后一句话说得就毫无分量了）。其次，“故旧”指“有过旧交情的人”是后来文学发展才形成的“指代”之说，不能拿现代的词语之义去套用古文。春秋时代古文中还没有词的概念，这里的“故旧”是分指“故”和“旧”。

“故、旧”取其本义，是指“坏了的、陈旧的”老物。这里的“故旧不遗”相当于是说对物质“不喜新厌旧”，与之相反的情况是什么都追求新潮，贪求豪华，尚求物质享受。“遗旧物”必是因“欲求新物”所致，有欲得新物之意必有贪财之心。如果上位者贪得无厌，则民必偷，所谓上梁不正下梁歪。把“偷”解为“刻薄”，完全是为了对“故旧”错解下的附会。

“俞（俞）”字的甲骨文字形是，金文是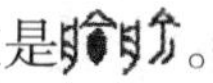。其左边的结构，大多学者认为是“舟”，以我的观点，应该是类似床（）的东西。由于人们误为“舟”了，于是到篆书就写成了“舟”形。再结合“俞”的甲骨文与金文来看，其右旁的构型，当指男子房事后流出的精液之示意（特别是第二个金文更形象）。于是，完整的“俞”字所表达的意思是：愉快地完成了某事。我们从有“俞”的结字的语义中可窥一斑，如“愉”表示心中有美事，自然“愉悦”了；“瘉”义是“病愈”；再如“谕（喻）”，用你能愉快接受的好语言让你听明白了一个道理，等等。“偷”的异体字为“媮”，“俞”加“女”后表示出来的意思是：不正当的愉快事情（指不正当的男女之事）。“偷，苟且也”。（《说文》）南方有俗语“苟且之事”就是指不正当的男女关系。“偷东西”，就是说通过不正当的方式，取得本属于他人的东西的行为。

“偷（媮）”从本义“不正当的性事”引申指“不正当的占有欲”，即不能做到取之有道。因为上位者“贪财爱物”（包括爱美色），则民因无财可贪，所以只好去“偷”了。这里的“偷”不一定是实指“偷东西”，是说内心有不正当的物质欲望，即贪财。

“笃于亲”表达的是对民（人）的态度，“故旧不遗”讲的是对物（财）的淡泊。当官的若亲民惜财，则民自然兴于仁而不贪得无厌，这才是孔子想表达的意思。

4　曾子打偈诲弟子

君子笃志慎行，处处以礼约之，可谓严谨一生，将死之时曾子学做佛家的样子，给他的弟子们也做了一个偈。

8.3　曾子有疾，召门弟子曰："启予足！启予手！诗云'战战兢兢，如临深渊，如履薄冰。'而今而后，吾知免夫！小子！"

曾子病重时，招来他的门徒们说："启予足！启予手！"——动动我的脚，动动我的手。这里的"启"，解经者们通常有两种观点：一说是"开"义，曾子使弟子开衾视其手足；一说"启"同"瞥"字，即"视"，使弟子视其手足。如此曲解我认为完全没有必要，即使解"启"为"瞥"，如果要"视"，必也"开衾视"之，你想病重之人肯定会盖着被子之类。而且仅仅是看看手足，也只能是看看手足还在不在身上长着。"启"本有"启动"义，取其"动"义直接明朗：你想要动动他的手，势必要掀开被子，找到手足才能动，这样不也"开衾视"之了吗，何必绕弯子曲解呢？其实问题还不是出在这里，关键是曾子为什么要让弟子看他的手足呢？后儒们的解读更是牵强。如朱熹在《集注》中引尹氏语曰："父母全而生之，子全而归之。曾子临终而启手足，为是故也。"又引范氏语曰："身体犹不可亏也，况亏其行以辱其亲乎？"朱熹想表达的意思是之所以让弟子视其手足，是想知道自己的手足是否保全无损，以示其对父母的孝。《大戴礼》中，曾子有言："父母全而生之，子全而归之，可谓孝矣。"因为父母给了我们安好的全身，做子女的也要全身而归（死去），否则是大不敬。这是朱熹们持此观点的理由。当然，如果一个人无谓地自残、自杀肯定是对亲人的不负责，同样对自己更是不负责，这是另一回事。然而，儒家讲求"杀身成仁""舍生取义"，若按朱子的逻辑，这不是对亲的更大不敬吗！不只是残肢，连全尸都不要了，还能是孝！

我们用心想想，曾子即便病的再重，看说话的情况（还能引诗言志），难道不能意识到自己的手脚是否还存在吗？其实这是曾子为他的"小子"们打的偈语，目的在于他的言外之意：我的一生以君子为准则，谨慎言行似"战战兢兢，如临深渊，如履薄冰"——小心呀！谨慎呀！好像面临深深水坑之旁，好像行走薄薄冰层之上。曾子认为他自己几乎是一辈子都处在战战兢兢之中，从未有过随心所欲地放开手脚，因为君子要慎言、慎行、慎独。今天在他即将要告别这个世界时，完全释然了，再也不要这样了——"而今而后，吾知免夫"，所以今天请你们动动我的手，动动我的脚，因为它们憋屈了一世，也该好好让它们（手脚）放松一下，自由一下了。全文表面上看，曾子没有一点是在讲什么道理，按理先生于临终前应该给弟子们留下遗言或嘱托之类的话，可是，先生只是让他们动动手脚而已。我认为这是曾子做的一个偈。

"启予足！启予手！"这是曾子的禅机。曾子善自省，且深得孔子的"一以贯之”，一生严于律己，潜心修道，谨慎行事。他告诉弟子们，现在的我不用这样了——以此示明：做君子的一生将是严于律己的一生。如果按后儒的解读，曾子于此只是想告诉弟子，珍惜身体，小心谨慎不使体肤毁伤，未免狭隘。

5 曾子临终表诤言

曾子不愧为孔子的忠实信徒，一生都在践行孔子修行君子的教诲，“战战兢兢，如临深渊，如履薄冰”，小心谨慎，但他也继承和发扬了孔子的事业。这里他给出了一国之君子所应遵循的三原则，也算是对孔子理论的发明吧。

8.4 曾子有疾，孟敬子问之。曾子言曰：“鸟之将死，其鸣也哀；人之将死，其言也善。君子所贵乎道者三：动容貌，斯远暴慢矣；正颜色，斯近信矣；出辞气，斯远鄙倍矣。笾豆之事，则有司存。”

孟敬子，鲁大夫仲孙氏，名捷，武伯之子。问者，问其病，即看望、探视、问候之义。曾子得了重病，孟敬子来探望，曾子道：“鸟将死，鸣声悲；人将死，说话也多善言。”曾子如此开言，意在对孟敬子表达：我如今是快要死的人了，说的都是掏心掏肺的话，你要听啊。其掏心窝子的话就是“君子所贵乎道者三”——一国大夫要特别注重三个方面。

“动容貌，斯远暴慢矣”——使自己的情绪、态度表现出诚恳、谦和、恭敬，这样能远离（避免）粗暴、急躁和放肆。这里的“远”（“近”），是远离（亲近）义，有避免（拥有）的意思。不能如有些学者解释的那样：避免别人对自己怎样怎样，如杨伯峻译为“严肃自己的容貌，就可以避免别人的粗暴和懈怠”。这里是曾子在劝孟敬子，应该如何做才能避免“粗暴和懈怠”，即让“暴慢”远离自身而去（后面的理解同此）。“动”，在此有“使之生动”的意思。“斯”，指代前面说的这种行为（动容貌），有“这样”“如此”的意思。

“正颜色，斯近信矣”——使自己的脸色、态度表现出正派、庄重、严肃，如此能体现出你的诚实与信任，从而也能取信于民。“正”，“使之端正”的意思，就是说不要嬉皮笑脸的，否则会让人感觉你轻浮，做事不认真，从而失去对你的信任。

“出辞气，斯远鄙倍矣”——让自己说出来的话得体、文明、有才气，这样能避免粗野和不讲理。“鄙”，鄙陋，有粗野的意思；“倍”，与“背（或悖）”同，谓悖理，不合理。“辞气”，指经过加工修饰过的语言；出气以发声。

人之修养在己，而不是外求所能得之的。“养于中则见于外”，只有内圣才能外王。以上三方面是君子所必修的，至于国之主人则更应注重修为，以得信于民。同时要多从治国之类大事出发，至于“笾豆之事则有司存”——祭祀及其他那些仪式之类的小事，自然由那些具体的管事人去办好了。“笾”，古代的一种竹制的礼器，圆口，下面有高脚，在祭祀宴享时用来盛果脯。“豆”，古代的一种盛食物的器皿，木制，有盖，形似高脚盘。“笾”“豆”都是祭祀或典礼中的用具，此文用“笾豆之事”指代无关国之安危的杂事、小事，这些都不是作为国家领导人所要考虑的事。

想想，曾子还真是说了掏心窝子的话，他具化了他老师孔子“为政以德”的理念。

6　谦卑不是保守哥

君子所呈现的当是内敛、谦恭、谨慎的谦卑之美德，但若过之未免迂腐与猥琐，所以真君子在谦卑之下不能固守旧识，还要有独立思考的勇气和敢于创新的精神。创新更是时代赋予有识之士的胆识。谦卑与保守不是一对孪生兄弟。

8.5　曾子曰：“以能问于不能，以多问于寡；有若无，实若虚；犯而不校。昔者吾友尝从事于斯矣。”

修为君子的态度在曾子看来要有“以能问于不能，以多问于寡”的谦虚胸怀——不管你有多大能耐有多少学问，都必须谦虚地做到不耻下问。即便自己有也当作无看待，即便有实实在在的学问全当是空空如也——有若无，实若虚。只有虚怀若谷才能兼收并蓄，知识学问越积越多，逐渐成就君子之身，最终步入仁的境界。为政时也能真正做到为政以德。

有若无，实若虚，体现的是你谦虚之美德：不自傲，不自以为是。做人可以谦卑，但思想不能保守，要敢想，敢于实践与探索，要能“犯而不校”——对旧规敢于有所触犯，但又不出格。“犯”，触犯，是对陈规旧矩的冒犯，所以“犯”是谓不墨守成规。当然，“犯”要有度不能出格。“校，木交也”，本义是指用木相交而围成的栅栏，其篆文。栅栏围成的“框”，用此去框正对错就是“校对”；若军队屯兵于营垒之内（限定于一定范围内），则“校”成了“营垒”的代称；求学的学生圈在固定的院子里，那这个院子就称“学校”；等等。这些都是由“校”的本义引申出来的义项。由此可以说，文中的“不校”就是不出格的意思。

通常“犯而不校”被学者们译为：“别人冒犯了自己不计较。”如杨伯峻译为“纵被欺侮，也不计较”，我认为这有失原文语意。首先，只是当“校”读“较”字音时，才有“计较”义，那是把“校”通“较”来理解的结果。当然，“犯而不校”，取义为“被他人冒犯也不计较”，今天已经作为成语来使用了，要想改变对它的解释已是不可能的事，但我还是要说，这都是积非为是的结果。其次，我们从整段文字的结构与语气来看：“以能问于不能，以多问于寡”与“有若无，实若虚”，其表达的行为主体，是隐含的主语“我”，而到了“犯而不校”时，把“犯”的动作主体又转嫁到了“他人”身上，显然有背语法，且语气上下也不协和。当然，若硬是断章取义把“犯而不校”从原语境中分离出来解读，释为“被他人冒犯也不计较”是能说得通的，但那已不是曾子在这句话中所要表达的意思了。曾子整段话想表达的中心思想是：一个学识修养深的人，或一个有独立思想之人，既要有谦卑的胸怀又要具备过人的胆识。以能问于不能，以多问于寡，是谦卑的人格；有若无，实若虚，是大智若愚的风范；犯而不校，是创新与胆识的体现。如果真是“纵被欺侮，也不计较”，那是无原则的退缩与妥协，是对他人作恶的纵容。孔子主张的是“以直报怨”，若是别人都将口水吐到你的脸上了，骂他一句总还是可以的吧，难不成还要对他笑脸相迎？如此，已不是修养了，而是无能之下的迂腐。

“昔者吾友尝从事于斯矣”——以前我的朋友曾在这上面下过功夫了（钱穆译）。“吾友”，历来的注释家都认为是指颜回，但到底是指谁不能肯定，既然文中未明确指出，无须猜定。或许曾子并不是特指，而是在说教时所使用的一种策略。比如，我们做老师的在教育学生时，也好加一句“我以前带的某某班就能这样”等之类，以增强说理的力度。

7 君子敢担志不移

君子之德除了谦逊、大度及胆识外，更应该有“临大节而不可夺也”的担当——为民担当，为国担当。这是君子的社会责任。

8.6 曾子曰：“可以托六尺之孤，可以寄百里之命，临大节而不可夺也。君子人与？君子人也。”

朱熹《集注》：“其才可以辅幼君、摄国政，其节至于死生之际而不可夺，

可谓君子矣。与，疑辞（按：同欤）。也，决辞。设为问答，所以深着其必然也。程子曰：‘节操如是，可谓君子矣。’

古代，孩子死去父亲叫“孤”（本义指无人管教，今天子失去双亲称孤儿）。这里的“六尺之孤”按文义当指尚未成年而登基接位的年幼的君上。古代的“尺”相当于今天的“六寸九分”，身高六尺合现在的四尺一寸四分（138 厘米）。“寄百里之命”：“寄”，寄托，委托义；“百里”意指方圆百里的一个诸侯国；“命”，指国家的政权与命运。

“临大节而不可夺”，一般都解读为其“不可夺”的是他的“志”（也有解为“节气”的），即不能使他丧失意志，我认为不尽其意。“夺（奪）”，其甲骨文为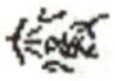（横看），上部分表示天空（空气中），其两旁的箭头式的符号指示为上升的气流，中间部分是“隹（鸟）”，其组合表达的意思是在大气中飞行的鸟；下为“手”形，表示用手抓鸟。整个字的造型可从两个方向会意：一则认为“其鸟从手中挣脱出去了”，其义为“丧失”；一则认为“用手抓住了欲飞之鸟”，其义为“强取”。如果把“夺”理解为“被夺”，也有“失去、丧失”的意思。当然对于一个真正的君子，无论在什么情况下都是不会丢掉节气与情操的。但我认为文中所指的“不可夺”的不光是其“志”，还应有“信”或“承诺”。因本句前面是“托……”和“寄……”，即指接受了“寄托”（接受了寄托，表明给了对方以承诺）后，不论处于怎样的恶劣与危难之境地，作为君子都不能找任何理由放弃或被剥夺所承受的“寄托”之命。这体现的是君子的守信和敢于担当。

“君子人与？君子人也。”这是曾子的自问自答，用这种设问的方式说教倒也是曾子的智慧，使其所言之理更有宽泛性和通用性，是一种广而言之。下面曾子又用反问说理。

8.7 曾子曰：“士不可以不弘毅，任重而道远。仁以为己任，不亦重乎？死而后已，不亦远乎？”

曾子说：“作为士，不可以不去弘大自己的志向和坚强的意志，因为肩负的责任重大，道路遥远。把推行仁道视为自己的责任（推行仁道，当然也包括自己带头修仁），还不重大吗？而且要为此奋斗终生，难道这还不够长远吗？”——社会的仁道昌兴并非一朝一夕之功，需要付出一生的精力，当然更需要有强大的勇气与信心，所以要弘毅，所以任重道远。

“士”本是“雄性标志”义，指强壮的男人，其甲骨文同“且（祖）”。由于强壮的男人是古代部落群体利益与生命的保卫者及捍卫者，所以“士”也指代那些应当对国家有担当责任的人。“仕”是“士人”，即已经对国担起责任

的人了，即当权了或做官了。随着社会文明的进步，春秋以来“士”的指向逐渐转移，变成了知识分子阶层，因只有有知识的人才能出仕为官。曾子强烈地主张“士”对国家必须要有责任，有担当，所以他说“士”任重而道远。

“弘”，“宽广、广大、开阔”义，这里是形容词作使动用法；“毅”，本有“刚毅、坚强、果敢”义，但解“勇敢”更恰当，且是形容词作名词用；“可以”表达的意思“可以去或用……”，这里不要直接理解成现代汉语的“可以”，尽管不会造成错解。宋代程颢解说：“弘而不毅，则无规矩而难立；毅而不弘，则隘陋而无以居之。”又说：“弘大刚毅，然后能胜重任而远道。”朱熹也说：“非弘不能胜其重，非毅无以致其远。仁者，人心之全德，而必欲以身体而力行之，可谓重矣。一息尚存，此志不容少懈，可谓远矣。”其解大体不错，但都将“弘”作名词来用了，有误。“弘”作名词时，“不弘毅”之“不”只能是“无”义，如此“不可无”，当然比不上“不可不”表达语义的坚定。

曾子所认识的士之担当是什么呢？是推行仁道，并且还要为此鞠躬尽瘁，死而后已。“仁”，原本在孔子的观念里更多的是指个人修养（“爱、义、礼、智、信”：这是作者认为的仁之五德，解说可见前文），而到了曾子则把“仁”理解成了为国立命的勇士。他过分强调了“仁”的社会责任和历史责任，即过分强调了“仁”的外用，这多少也远离了他老师孔子的思想。正因为如此，曾子所以强调了士要以实行仁道为己任。也许是曾子见其师终身游说“仁”，但终不得志，所以要立志导师的心愿才有如是之说吧。

8 谱写人生三部曲

教化起于《诗》，立世需要《礼》，学识与德行要用《乐》来融合，并得以升华。这是孔子为人生成长所谱写的三部“进行曲”，或是社会文明发展的美好进程。如果，出于创建安定的社会局面之角度上看，要建立一个和谐安乐的社会，就要对民众进行《诗》的教化，用《礼》作为行为规范。也可以说，这是孔子为当政者开出的治国良方。

8.8 子曰：“兴于诗，立于礼，成于乐。”

“意智启蒙于《诗》（此诗应指《诗经》），安身立命于《礼》，仁质养成于《乐》”，这是孔子为人生谱写的三部曲，即“启蒙、立命、养成”。这也可以说是孔子为我们开出的三剂成人之方——诗，礼，乐。当然，如果对于国之统治者而言，则是用以教化人民的手段、方法或为之制定的教育方针。

孔子说："诗三百，一言以蔽之，曰'思无邪'"，和"不学诗，无以言"，不学诗话都不会讲了。所以，在孔子的观念里，《诗》可以兴人意识，启人智慧，兴起其好善恶恶之心——《诗》是人生的知识启蒙。《礼》是一切行为的法则，"恭而无礼则劳，慎而无礼则葸，勇而无礼则乱，直而无礼则绞"，可见人在世间游走唯有依仗礼了——《礼》是人生的立命之本。"乐有五声十二律，更唱迭和，以为歌舞八音之节，可以养人之性情，而荡涤其邪秽，消融其渣滓。故学者之终，所以至于义精仁熟，而自和顺于道德者，必于此而得之，是学之成也。"（朱熹语）因为《乐》有节律，所以能治顺致和，可以养人之性情，成人之善质——《乐》是人生的升华之器。

孔子为什么认为《诗》有教化功用，古今学者对此没少附会。如程子说："夫古人之诗，如今之歌曲，虽闾里童稚，皆习闻之而知其说，故能兴起。"朱熹论说："诗本性情，有邪有正，其为言既易知，而吟咏之间，抑扬反复，其感人又易入。故学者之初，所以兴起其好善恶恶之心，而不能自已者，必于此而得之。"不论怎样评说《诗》的教化特性，其实，站在现代的观点看，《诗》就相当于我们今天的语文教材，可以学文——认识汉字，学会写文章，并且学到在写文章说话时的修辞方法等。正如孔子所说"不学诗，无以言"，所以《诗》的教化之功主要在"能言"。再有《诗》中隐含有历史事件、风土人情、名人传记、民间传说等知识，几乎包括了文学、艺术、哲学、宗教等。正因如此，《诗》自然就有了教育启蒙的功能。

学《诗》归根结底仅仅是文化知识的养成，但还不能完全具备对人格的教化能力，因仅有学识，还不能成就儒家的所谓"学问"者，更称不上是一个高尚的人，即孔子所定义的仁者。因为仁者不仅有学识、智慧，更要有德行，所以对人的塑造还须进行遵守社会道德规范的教育，因此，孔子又给出了第二个学习课程：《礼》（这里当指周文王创立的礼制，即《礼记》），即德育的教科书。要想安身立命就要知《礼》，用礼。"礼之用和为贵"，用礼是为致和——人与人的和谐（最终是社会的和谐，乃至全人类的和谐），人与自然的和谐。由此，人类才会最终走向歌舞升平的欢"乐"世界——成于《乐》。乐是和美的："声音所以养其耳，采色所以养其目，歌咏所以养其性情，舞蹈所以养其血脉。"（程子语）所以孔子总结出：对人的教化要从《诗》《礼》入手，最后进入《乐》的和谐之中，使其学识与德行得到完美的结合。社会因此也会呈现安定和乐的景象。

"兴"，"兴起"，即有"开始"义（有人释为"激励"，不当），这里指教化的开始；"立"，"立身"，即将依据什么（法则或原则）立命于世，它将会伴随你人生的全过程；"成"，"完成"，即事有了结果，这里指人性得以完美的融合

(或是社会的和谐)。人(或社会)的成长历程,有开始、过程、结果,故开始要有教化,过程要有法则,结果才是完美的。由此可窥,孔子是一个完美的理想主义者。

杨伯峻译本章:“诗篇使我振奋,礼使我能在社会上站得住,音乐使我的所学得以完成。”首先,他不认为这是孔子所说的人之教化之过程或方法,而是认为“诗、礼、乐”能给自己带来的好处。这样理解有弱化孔子本章之言的教导作用力。其次,从句义上分析,“诗篇使我振奋”即指“诗”能给人带来激情;“礼使我能在社会上站得住”即说人用“礼”是为了生存。再将此结合“音乐使我的所学得以完成”来理解,则全文中心意思就成了:“人活着,并用激情,只是为了用‘音乐’来完成学习。”音乐如何完成学习?简单地理解杨氏的话就是“人只为音乐而活”了。由此来看,杨氏译说似乎有点荒唐。

9 其力可使用智难

在孔子眼里,人因学问(学问涵盖修养)高低的差异,是分贵贱的(不是人格层面上的贵贱)。如是说不是贬低孔子思想的落后,相反,是褒扬孔子尊重现实,有正视社会现状的理性。可以想象,在那种低生产力的农耕时代,处于“贱民”阶层者,几乎不可能接受到文学、艺术等现代文明的教化,唯一的统治手段就是顺势引导,甚至使其“愚忠”。那么统治者的智慧,就要在于针对不同阶层者,顺其自然地利用,使之量力而行,同时量才而使。今天,我们也必须尊重这个现实,否则,对本章的解读极易出现主观上的想当然。

另一方面,正因为孔子看到了社会的现状,尤其是当时的统治者,“礼不下庶人,刑不上大夫(《礼记·曲礼》)”,所以才大力提倡为政以德或以德教化,强烈主张对民“齐之以礼”,反对“齐之以刑”,表现了孔子“尊民”的态度。今天,我们也应该清楚地知道孔子思想的这一进步性。

这里孔子用现实告诉统治者:民只可用其力,难能用其智。这更加彰显了孔子的明智。

8.9 子曰:“民可使由之,不可使知之。”

民,在孔子眼里是指那些没有文化知识(当然也缺乏智慧),处于社会最底层的,且受制于人的类似奴隶阶层的人(对民的解读,读者可参看《学而》篇第16节“人民并非一家人”)。孔子所处的时代正是由奴隶社会向封建社会变革的时期，而且孔子所倡导的克己复礼，实质上就是要回复到周文王时代的奴隶制社会，可以说孔子是奴隶制的捍卫者。他把人分等次，且主张“不在其位，不谋其政”，不同阶层的人要各司其职，安分守己。用今天的文明社会标准来衡量孔子的思想，确有它腐朽的一面。当然，这是由那个时代的局限性所决定的，社会生产力低下，社会资源贫乏，能接受教育的群体很小，处于社会底层的大众几乎都为文盲，甚至可以说是愚昧的，他们注定要靠有知识的少数人来统治、引导，这是当时社会现实的必然。正所谓“劳心者治人，劳力者治于人”。作为统治者，如果能保证“民”自由地温饱地生活着，也就算是德政了。

所以，对于社会底层的民，只要能告诉他们应该去做什么、怎么做就可以了。“民可使由之”——对民只可能使之依照统治者的意图或规定的行为准则去做事。句中的“可”解为“可能”；“由之”可合在一起来理解，意思是：“依照统治者的意图或规定的行为准则去做事。”其“之”可解为动词“做”和“指代”（指代使之的主动者所规定的法则）双重义。

实际上，人权的平等是一回事，而人的智愚又是另一回事。在尊重庶民之愚的前提下，顺应他们的基本欲望，加以引导（甚至于强迫）使之遵守社会基本道德，并努力使之能“安其心，从其事，乐其业，能自别于禽兽”，等等，只要不是出于统治者的私欲，也算是对他们人权的最大尊重了。至于国家的大政方针之类，对下层老百姓来说不可能使他们完全理解（因庶民的知识层次所限）——“不可使知之”。“不可”意思可理解为“不可能做到”，知，知道，明白或理解；“知之”不妨也合起来理解为“按照他们所理解的去做”。其“之”理解同上句。

依照上面的说法，我将本章译为：对于社会底层的人民，能够做到让他们去做什么，但不可能做到使他们理解为什么要这么做。孔子这里既没有主观上的鄙视或蔑视民，只是实事求是地说了实情。即便语言的表达有贱民的倾向，但肯定不是孔子的故意而为，因为他是主张爱民的，并对统治者提出要“务民之义”且“临之以庄”。

我们站在客观的历史地位上来看待孔子、理解孔子，孔子思想是既落后又先进的，也因此，在我看来，孔子的儒学毕竟没有形成完整的、统一的思想理论体系。当然，在孔子的意识里也主张举贤任能，强调修学的重要性，并认为贫民可通过学习入仕参政，这体现了他进步的一面。“虽王公士大夫之子孙，不能属于礼义，则归为庶人。虽庶人之子孙也，积文学，正身行，能以属于礼义，则归为卿相士大夫。”（荀子《王制》）这多少也代表了孔子的想法，如孔子也说：“犁牛之子骍且角，虽欲勿用，山川其舍诸。”总之，孔子确实感受到了现实与理想的矛盾性，他一方面强调“兴于诗，立于礼，成于乐”的教化，可另一方面，在具体行政时又不得不承认民之愚昧：只“可使由之，不可使知之”。也许，孔子所宣传的教化，就是偏重对士之阶层而言的。事实也正是这样。

上面的解读，我是依照孔子所处的时代之情景，进行的比较理性的剖析。但这种解读未必是孔子的真实意图，故在此后我将做另一思路的解读。

对本章的解读历来存在两种倾向：一者承认孔子“愚民”，一者认为孔子“重民”。现分别表述。

郑玄注之：“民，冥也。其见人道远。由，从也。言王者设教，务使从之。若皆知其本末，则愚者或轻而不行。”他说民是指那些看不清人道的愚者，即不明白人生道理的人，统治者对他们要强行“教化”，迫使他们按照统治者的要求去做，如果他们都知道了这样做的根本原因，他们可能就不愿意听从。从语义上看，郑所言之“教”不是正当的教化，似有“训化”之义，且用强迫手段。如此理解，孔子确实有很严重的愚民思想。

朱熹解之：“民可使之由于是理之当然，而不能使之知其所以然也。”意思是说，对百姓可以使他们知道应当怎样去做，但不能使他们知道为什么要这样做。如杨伯峻译之：“老百姓，可以使他们照着我们的道路走去，不可以使他们知道那是为什么。”两者大体意思相近。“不可以使他们知道”，从语义上看有“即便他们能够知道也不允许让他们知道”的独裁倾向，似有故意隐瞒真相的味道，即对民有欺骗的用心。说到底，这仍然是一种严重的“愚民”心理。

于是，有一些尊孔者站出来反对此说，不承认孔子有这种愚民思想。

比如，康有为就认为孔子应该是讲民主的，并说古人对此圈点句读错了，本是“民可使，由之，不可使，知之”——如果百姓能按照统治者的要求做事（可使即可用），就给他们自由（不要过多去干涉），如果不能依照统治者的要求做事（不可用），就通过教化使他们提高智慧（变为可用）。还有人认为，康说也错了，应该这样断句：“民可，使由之，不可，使知之。”——如果民可用，就使他们自由，如果民不可用，就通过教化使他们可用。仔细分析，两者只是对“使”的理解不同而已，前者解之为动词“用”讲，后者作使动词“使之……”理解，其实它们解读出来的意思相同，无本质差别。不过，也有人在“民可，使由之，不可，使知之”的断句情形下，把“可”解为“认可”，解读出来的意思是这样：“如果老百姓认可（这条路），就由着他们这样走下去；若是老百姓不认可，就告诉他们为什么要这样走。”这里的“认可”与“可用”只是对“可”字的理解时，所站的角度不同而已，解读出来的文意在本质上也没有什么改变。就是说，无论怎样断句，解读出来的中心思想是一致的。

尊孔者如此这般地用各种形式解说，虽然为孔子找回了伟人的面子，但多少让人感觉有附会之嫌。更何况，这些断句形式于古文语法上看，也是大有问题的。杨伯峻就指出了这个问题，他解释说：“则原文当读为‘民可，使由之；不可，使知之’，恐怕古人无此语法。若是古人果是此意，必用‘则’字，甚至‘使’下再用‘之’字以重指‘民’，作‘民可，则使（之）由之，不可，则使（之）知之’，方不致晦涩而误解。”杨氏的驳辩很在理。

总之，尊孔者是想替孔子说好话。其实大可不必，孔子毕竟是一位智者，他当然清楚社会现状，更明白社会需要教化，但由于教育资源的贫乏，不可能做到全社会各阶层上的普及（就是今天也仍然无法做到）。因此，人民就有愚智之分，能力有大小之别，学识有高下之异，这是客观事实。正因为孔子正视这种实情，在教化力所不能及时，尤其强调要重视治民之策略，这与孔子的一贯思想是统一的。

现在，我提出对本章的另一种理解，供读者心究。

首先，本章之言当是立于统治者地位上来说的（本篇的中心思想主要就是对统治者的劝导），文中的两个“使”不能用现代词义即作使动词“使之……”来解，应取其古语中上对下而言的“差使”义项，即“使用、利用”之义。即“使”在这里是实动词，这也是它在古文中最通用的词义。在古文中，特别是先秦时期的古文，在动词的使用上就附有了使动词功能，所以很少另加“使”字表达使动概念。其次，文中的“知”当以“智”解，《论语》中也多有此用（我一直强调，古文中“知”就是“智”，“智”涵盖“知道”义。只是后来“知”与“智”字义分离，两者义项才有所分别）。下面，我们先对文中“由”字作字义分析。

由，金文为，原义是小苗从地上自由地生长而不加限制。当然，植物（语义上也延伸到一切自然状态下的事物）之所以能自由生长，也是由于它所拥有的自然规律性所决定的，即由其内在因素所致。故“由”的本义有“原因、缘故，任由、自由，听凭、听任”等义项，由此引申之，在古文中还具有“用、任用、遵从、遵照”等较多含义。“由”在这里有“顺其所由”义，或“顺其自然属性”的意思。“由之”，顺其材力而为，“之”在此是实动词（“之”，本义为“行走”，这里可取“用，任用”义。如果说“之”是指示代词，那具体指代什么，文中无指定的对象，所以大家把它作指示代词解时，也都是凭主观的想象而已）。“民可使由之”的含义就是：对民可以顺应他们的自身材力为我所用（“民”取“庶民”义，即社会底层的普通百姓，他们是缺乏智慧的）。比如，务农就用民之田耕之力，兴水利就用民之肢体之力，战争就用民之弄兵（兵器）之力……民之最大可用之优势就是其“力”而不是其“智”。因此，对民“不可使知之”——对民无法依靠他们的智力为我所用。或者说，民不可能通过智慧为朝廷服务，因为民确实无智可使。“知之”，凭借其智力而为之。

“民可使由之，不可使知之”，概括而言，其意思是对民可以顺其材力而用，但无法借其智慧而使。民只是劳力者，而非劳心者，所以对于民只能劳其力，不能劳其智。由于民只能用其力，欲想用人于智只能依仗教化，对可仕之士强化教育，使之具备一定的知识能力，以便成其为劳心者。孔子从侧面又强调了国家对知识分子的教化之重要性，这也正是孔子在前几章中所强调的内容。

孔子本章所言的中心思想，可简单概括为用人要顺力而行，因材而用，量智而使。这体现的是一个行政者的用人之智慧。可见孔子没有愚民的意思，他只是尊重人的才力智力存在差等这个事实而已，并提醒统治者使之要用其长。这难道不是孔子的明智吗？

10　好勇非是乱之根

见义勇为本是美好的品德，痛恶贫穷本也是人之常情，但只是为了好勇而勇，同时又深恶痛绝自己所处的贫穷地位，那么这样的人（好勇疾贫者）就具备了作乱的思想根源。因此，要实行教化，鼓励修行仁道，使他们“勇而有礼以节”，贫而能安心得处。否则，作乱真的是不可避免了，社会也将无法安定。

所以，对统治者孔子又发出了下面的警示。

8.10　子曰：“好勇疾贫，乱也。人而不仁，疾之已甚，乱也。”

朱熹注曰：“好勇而不安分，则必作乱。恶不仁之人而使之无所容，则必致乱。二者之心，善恶虽殊，然其生乱则一也。”意思是说，爱好勇敢又不能安分守己，就一定会作乱；对不仁的人痛恨到他无法包容的地步时，必然会导致他去作乱。后人多取其说。如通译本译之：“爱勇敢而恨贫穷，会闯乱子，对不仁的人恨得太厉害，也会激出祸乱。”再如《孔子批判》作者译其：“崇尚勇敢又怨恨自己贫穷地位的人，就会犯上作乱。一个人如果没有仁德思想，又过于怨恨自己贫穷地位，就要犯上作乱。”

其他人的解读大致与以上相似，不再罗列。现依据他们的解读，我把其解读的结果分解出来。

（1）好勇又疾贫，一定会作乱（对第一句的解读，基本趋向一致）。

对第二句的解读，基本可用以下两种说法概括：

（2.1）对不仁之人憎恨过甚（太过狠了），一定会导致不仁者作乱。

（2.2）不仁之人，憎恨过甚（憎恨的对象有说是自己的贫穷地位，有说是当下的社会)，一定会去作乱。

(3) 所有的学者，都认为这里讲了两种独立的作乱的情形或对象：一是好勇疾贫者；二是人而不仁者。

首先，我们来分析“人而不仁”。若将其译为“不仁之人”是不准确的（对此句的详细解读，读者可参看第三篇第一节)。“人而不仁”其“人”强调的是“做人”，意思是“不想成为有仁性的人”，这与说“无仁者（无仁性的人)”是有其本质上的差别的。前者“不仁”是有意的，后者“无仁”是无意的，前者有想做恶人的潜意识。“人而不仁”是明知“仁”与“不仁”有好坏之别，但他主观上不想成为仁者，即骨子里不想做一个有仁性的人。这才是“人而不仁”之人的最致命的地方。

其次，对（2.1）的解读分析。他们将“疾之已甚”之“之”，认为是指代“不仁者”(其实是人而不仁之人)，并认为不能对他们“疾”得“太甚”，否则他们会去作乱。其言外之意就是“为不使他们作乱，不要太过憎恨之”。孔子说过“我未见好仁者，(我未见）恶不仁者”(《里仁第四》)，由此可看出孔子是赞成“恶不仁者”的，即说对不仁者的憎恨是近仁的表现。在子贡问“君子有恶（恨）乎?”时，孔子答道：“有恶：恶称人之恶者，恶居下流而讪上者，恶勇而无礼者，恶果敢而窒者。”(《阳货第十七》)这样看来，君子当然也会“恶不仁者”。可见持（2.1）的解读，显然与孔子主张“恶之”的观点是背道而驰的，就等于说孔子是一个毫无原则的人。事实上，孔子是力主从事必须坚持原则的，如：“当仁不让于师”，“君子贞而不谅”(《卫灵公第十五》)。我们心究一下：对一个不仁的人，连憎恨都不能了，哪还谈什么爱憎分明？还谈什么君子之德，仁者之心？更不用说“守死善道”了。可见，(2.1）解读是没有道理的，情理上也站不住脚。

再次，从全文看“好勇疾贫……疾之已甚……”前有“疾贫”后言“疾之”，其“之”很明显就是指“贫”，即如（2.2）所说的“自己的贫穷地位”。至于“之”说是指“当时的社会现状”是更没有道理的，假设如此，那这个“社会现状”又是一个怎样的现状呢？如果是“无道的社会”，那憎恨之有错吗？即便是“作乱”那也是正义的。若是说“人而不仁”者真能憎恨无道的社会，说明他有正义感，既有正义感就又不能说他是“人而不仁”者了。

即便不仁之人憎恨自己的贫穷地位，但不能说一定会作乱，只能说他具备作恶犯乱的心性。俗话说，“万恶淫为首，论迹不论心，论心世上无完人”。可见，有恶心并不一定有恶为，至少他需要有作恶的“勇气”和“胆量”。所以，(2.2）的解读也很牵强。

最后，回过头来看“好勇疾贫，乱也”。有勇一直也是孔子所主张的，如见义勇为就是孔子所倡导的。孔子说，“君子道者三：仁者不忧，知者不惑，勇者不惧”，还说“仁者必有勇”，可见勇本质上不是恶，而且是仁者所必须具备的品质之一。所以，“好勇”本是好事，即人要有追求勇的信念。当然，如果只是为了好勇而逞勇就过了，有失中庸之道。但有失中道不等于就一定生乱，只有当“勇而无礼则乱”，其生乱的前提是“无礼”，即不能“约之以礼”时，才有可能生乱。好勇只是具备了作乱的资“质”。如果好勇者能在主观上追求仁性，以礼节之，自然就不会主动去制造祸乱。所以，孔子之所以劝人修仁，是想“用其文以压其乱质”。

何况，疾贫原本不是什么大恶，是人都会疾贫，这也是人之常情。孔子也说过，“富与贵是人之所欲也，贫与贱是人之所恶也”，即爱富疾贫是人的本性使然，摆脱贫贱、追求富贵也是人的自然欲望，孔子只是主张摆脱贫贱要“去之有道”。事实上从某种意义上说，“疾贫爱富”也是人类物质文明发展的动力。一句话，我想说的是，仅仅疾贫不具备作乱的必然条件。当然，如果主观上为了去贫而又不能以道义制约，并不择手段，那就有可能真要闯下乱子了。“贫而无怨难，富而无骄易”，所以孔子主张社会需要教化，并提倡人人要学文，修为君子，要把成仁作为做人的最高追求（即不要“人而不仁”），因为“不仁者不可以久处约，不可以长处乐”且“小人穷斯滥矣”。相反，“君子固穷”“仁者安仁”。若“人而有仁”（做人想成仁者），就能安贫乐道，固守正义，自然不会去作乱了。

总之，从以上四方面的分析来看，好勇疾贫不是作乱的必然性，只是具有了作乱的本“质”之源（或说是主观性）。能否生乱，要视其“文”（修养与德行）而定，若其文能胜其质，就不会有乱。若像汉儒包咸所注：“好勇之人而患已贫贱者，必将为乱也。”且用了“必将”，未免太武断了。一句话，很多学者于本章的解读都是有问题的，都有望文生义之嫌。

以我的观点来说，本章并不是说了两种“乱也”的事件，而是讲述了一个事件的前提与条件的因果关系问题。本章前一个“乱也”是指乱的可能性，后一个“乱也”是指乱的必然性。即“好勇疾贫”者作乱只是可能性，或说具备了作乱的“心性”，能否真的作乱还要看他有没有“理性”。那“好勇疾贫”在什么因素条件之下会真的生乱呢？孔子给出了两个因素：其一是“人而不仁”——对待自己做什么人的观念里，根本不想成为仁者之人。这种人主观上是排斥仁性的，不愿意以礼节制自己不道德的行为；其二是“疾之已甚”——对自己所处的贫贱地位，已经憎恨到了要爆发的极限（甚：太过利害）。而且，在这两个因素中，“人而不仁”是主要的，是大前提，因为“欲仁者”即使疾贫，也能用理智抑制，不会盲目冲动的。

概括性地说：好勇又疾贫的人，在“骨子里不想为仁”的大前提之下，加之又不能以礼节之，当其疾至于无法控制的时候，就作乱了。就是说，“人而不仁，疾之已甚”是强调性地阐述“好勇疾贫之所以会生乱”的客观条件，并不是像后儒们解读的那样，是生乱的第二种情况。

孔子本章之言，意欲从侧面强调，对民实施教化（兴于诗），引导他们学修仁道（立于礼），是清除社会中作乱根源之有效手段，以保社会的和谐，最终成于乐，总的还是在强调修仁（或道德教化）的重要性与必要性。

11 骄吝之徒难为是

人之全部属性，如才、力、能、技、文、德、性、情、趣、志、意、信等等，皆为才德所容。才似身之躯体，德如五脏六腑。若其一脏一腑有疾，皆谓有病之人，即使其他脏器再健康，肢体再强壮，仍将称其为病人。设一脏已死，人必将亡之。人之德行亦然，假使一德之卑鄙，其美皆无。在此，孔子以骄吝可摒弃人的一切才美之德为喻，进一步警示“人而不仁”的危害。

8.11 子曰：“如有周公之才之美，使骄且吝，其余不足观也已。”

邢昺注解：“此章戒人骄吝也。周公，周公旦也，大圣之人也，才美兼备。设人有周公之才美，使为骄矜且鄙吝，其余虽有善行不足观也。言为鄙吝所揜弃也。”他说，假设具备大圣之人周公的雄才大略，但如果妄自尊大、目中无人、粗暴骄横，又视财如命、闭目塞聪、小肚鸡肠，那么他所有的美德都会被其所掩弃（掩盖抛弃）。他又说，这里是孔子劝人戒骄吝之鄙德。邢昺之解可取。

前面孔子说，人而不仁的好勇者，疾贫至甚且不以礼而节时就会生乱。这里又强调人光有才不行，还得有德，有修养，做到不骄不吝，其人格才值得肯定。无德之人再有才也谈不上是美的或好的，更不值得称颂或标榜。因无德者越是才高，其做无德之事时对社会危害也更严重，也因此孔子一贯主张先德而后才，做人要德之先行。教化时也是要德育为先。

周公者，周公旦，文王之子，武王之弟，成王之叔，曾辅佐成王，东征伐夷平定动乱，制礼作乐，使周王朝得以巩固。周公辅政非常勤奋卖力，“一沐三握发，一饭三吐哺”就是他的典故，所以深得孔子的敬爱与赞美。这儿孔子用周公作譬言事理。

文中的“美”是表示好的程度副词，义为素质优良。“骄”，是自大，又看不起所有人；“吝”，这里有吝啬义，但更有“贪婪，贪恋”的意思成分。吝啬的人往往表现出其贪婪性，好贪恋财物。对处于高位的领导者而言，其吝啬除贪财的意思成分之外，还应该包括他的缺少包容心，包括对人才的泛滥之用，且又不能有爱心的一点点付出，对民众的疾苦置若罔闻，连起码的同情都不肯付出，等等。“其余不足观也已”意思是说，只要有了“娇吝”，其他所有的优点已经没有意义了，一切清零。这正如一个已经得了肺癌的人，即使心脏等其他脏腑再完好，也避免不了死亡的结果一样。

程子说：“骄，气盈。吝，气歉。”他用人的气质来解读“骄吝”，也很有哲学意味。气盈与气歉，一者有过，一者不及，意气平者为尚。“骄吝”之徒难为是，人至无欲意气平。

12　坚守终将结善果

俗话说，“十年寒窗无人问，一举成名天下知”，要想学有所成，需要寒窗十年的苦读。或者说要想学有所获，要耐得住长年寂寞，意在坚守，只要不易其志，终有善果。可见，学三年想进入完美之境，是不现实的。所以，求学贵在矢志不渝。这是本章孔子所想表达的观点。

8.12　子曰：“三年学，不至于谷（穀），不易得也。”

“穀”，本为落叶乔木，也称“构”“楮”，其果实圆球形，成熟时鲜红色，皮可制桑皮纸。“穀”在先秦时可表示粮食的总称，当“谷”字作“谷子”讲时，“谷”是“穀”的简化字，当“谷”为“山谷”之“谷”时，两者不能等同。在使用简化字后，给没有太多古文知识的年轻人带来一个疑惑：此“谷”是不是就是从“穀”简化来的？非也。依照古文版《论语》看，文中的“谷”当为“穀”字。对“穀”的注解总括起来看有两见：一、“穀，禄（俸禄）也”；二、“穀，善（完善）也”。这又给我们年轻人带来另一个疑惑：孔子此文所言之“学”，到底是指“学”什么？如果是学干禄，那学的目的自然是想做官，取得俸禄；若学的目的只是为了提升修养与学问，那自然追求的是至善之美。这里对“学”的指向不同，就有了对本章的不同解读。

郑玄注：“穀，禄也。入学者必志于得禄，三年久矣，而心不念禄。不易得，言是人好学难得也。”由于朱熹对此注的认同，造成了此解今天几乎已成了公理。如通译本继承后儒们的说法译之为：“学了三年，并不转到要做官求俸禄的念头上去，是难得的啊。”持这种解读观点的人，并大加附会与曲解为什么难得，以至于发展到后来，儒学家们倡导起“不事王侯，高尚其事”来了，这完完全全地走到了“孔子学而优则仕”的反面了。我想孔子的想法应该不会这么偏激，因孔子本身就是一个积极的入世者。事实上，孔子力主办教育，其为政府培养人才的目的是非常明确的，所谓“学而优则仕”是也，并主张“天下有道则见”，且说邦有道富且贵并不可耻，等等。孔子的很多学生都是出仕为官了，其中不乏孔子称赞过的高徒。所以，说孔子以“三年学”不转到做官拿俸禄的想法上来是难能可贵，并加以颂扬，好像是“非其鬼而祭之”谄媚错了。有人用“子使漆雕开仕，对曰：‘吾斯之未能信’。子说”来证明孔子是赞成“学而不仕”的。错！孔子高兴的不是他不愿出仕，而是对漆雕开感觉自己的学问不够好（谦逊）而“悦”的（只有感觉自己不够好的人，才有更大的进步空间，所以孔子才高兴）。这也恰恰说明孔子是支持弟子出仕的，不然他不会主动要求漆雕开出仕。

杨伯峻译为：“读书三年并不存做官的念头，这是难得的。”并解释“谷”为什么有“禄”的意义时说“古代以谷米为俸禄（作用相当于今日的工资）”。古文中，“穀”作“俸禄”解时，一般从句子的文意上，是很容易做出判断的。但在这里若单从书面文字上来看，与俸禄几乎看不出有多大关系。另外，在《论语》中如“学也禄在其中”（《卫灵公第十五》），“子张学干禄”（《为政第二》）；及“禄之去公室，五世矣”（《季氏第十六》）等，皆直接言禄，不言穀。将“穀”解之为俸禄者，纯是在断章取义的前提之下，从固有的认知中想象出来的。从“谷米”联想到“俸禄”，再由“俸禄”联想到做官的“念头”，真是想得够远的。我们心究一下，通常情况下当看到“谷米”时，我们自然会想到它是在庄稼地里长的，而庄稼是由“农民”耕种出来的……可见从“谷”联想到“农民”不是更直接吗？其实说谷等于俸禄的人们首先是犯了一个逻辑性的错误——俸禄等于谷米是成立的（因古代俸禄就是谷米），但说“谷米”一定就是“俸禄”显然是不成立。因“谷米”与“做官的念头”根本不是直接的，更没有对应的关系。另外一点，“不至于谷”之“至”，在古文中作“到，到达，达到”义讲是最基本的，也是最常见的。“达到”做官的“念头”，语法不通，“达到做官”话更是说不通。话讲不通后，于是朱熹赶紧这样解释道：“至，疑当作志。”我们不能这样来解读古文吧？当按照自己的解释说不通时，就随便怀疑甚至改掉原文，以附会你的观点。照这个法子，只要是能认字的人就都能解读古文了。如果你硬是说“解是一回事，解得对与不对又是另一回事”，那我就只好闭嘴了。所以，我认为“谷”解为“俸禄”有误，不可取。

西汉的孔安国曾注曰：“穀，善也。言人三岁学，不至于善，不可得言必无也，所以劝人学。”皇侃也注释“榖”为“善”。《尔雅·释古》上：“榖，善也。”以“榖”表善在先秦确实也比较常见。再如《诗经·陈风·东门之枌》：“榖旦于差，南方之原。”《管子·楚藏》：“气精不营，则耳目榖，衣食足。”北宋的张栻在其《癸巳论语解》（卷四）中说：“榖者，取其成实之意，故以训善也。善者，实也。三年学而不至于善，善之难得也如此。”他说“榖”之所以训善义，是取“榖”的“成实”之意，他讲的“成实”可能是指“榖树的果子成熟后的充实饱满”，因饱满的果子给人有完满的感觉，所以“训榖”为“善”。他后面又补充说“善”就是“实”。这样看来，他的意思好像是要表达：“榖”，在此有“完满的好收获”之义。结合句子“三年学，不至于谷（榖）”——学了三年，达不到完满的结果。此说还有点道理，可以认可。但他又说，经过三年的学习都达不到“善”的地步，可见“善之难得也”，这就没有太多的道理了。你想想，做任何事要想达到“善”之“好”的结果，都是很难得的，还值得用“三年学，不至于榖”来证明吗？如果真是这样，那孔子说这个话就毫无分量了。退一步讲，就算是这样吧，“三年学，不至于榖”也不一定能得到“善之难得也”的结论。

《论语批判》的作者采用了张栻的解释，译为：“三年学习达不到美善的境界，可见美善境界不易得到啊。”问题是，用“三年时间来学习达不到善的境界”并不能唯一地得到“善境难得”的结论，反而更会觉得此人很“笨”。显然，把“不易得也”理解为“不容易得到啊”也是不合道理的，同时给人感觉这不像是在解读古文。

其实，孔子话的意思不是为了用“三年学不至谷”来证明“榖”之难得，其语义的重心恰恰就落在最后的“不易得也”之上。然而，后儒们也正巧忽略了这点。“易”的本义是“改变”，或“变化”或“动摇”，而“易”的“容易”义项却是现代词义的用法（由“易”的本义再引申得到的，读者可参看《八佾》篇第二节有关“易”字的解读）。“得”，本义为“得到，取得，获得”等；也可引申为“可以，能够”等义项，比如方言中的“得了”犹言“好了”，表示肯定。“不易得也”——只要不改变［学］之行动，终能得［至于谷］。这里“不易”的是“学”的行为，“得”的是“至榖”的高度，二者承前省略了。于是，我意译本章如下：

几年的修学，不能达到善（完美境界），没关系，只要坚持不动摇就一定能够达到。（三年未必是实指，古人好用三、九之数表示数量多或是时间长等）

孔子是在劝学。因学问要想达到一定的境界，不是一蹴而就的事，它需要长时间持之以恒的坚守，和不懈的努力才能取得，所谓十年寒窗。孔子这是从反面告诫求学修仁者（或为政治国者）——不要看到修学了几年（或治国多年）达不到所希望的完美程度就动摇信念，要坚信成功最终是属于那些坚持的人。因此，下面孔子又说了：笃信好学，守死善道。

13 笃信好学守善道

道无穷，义无价，唯有恒信，方可至学。正义之道不可不死守，为人之原则不能不坚持，富贵能欲，贫穷可去，但在危乱之邦求富贵是耻辱。

8.13 子曰："笃信好学，守死善道，危邦不入，乱邦不居。天下有道则见（现），无道则隐。邦有道，贫且贱焉，耻也；邦无道，富且贵焉，耻也。"

《尔雅·释诂》："笃，固也。"即固守不变，有坚定、坚守之义。"信"，有人解为"信念""信仰"，应该说不够具体。此"信"与孔子自己说的"信而好古"之信，意思也有相同处，有"相信"义。"笃信"，就是坚定地相信。"笃信好学，守死善道"从文法上看结构是相同的，有人将其分开解，断为"笃信，好学"，译为"坚定信念，努力学习（学当动词解）"；而对"守死善道"又直接译为"誓死维护先王之道"，有误。"笃信好学"义为坚定地相信好的学说；"守死善道"是谓死死地守住好的法则（或原则）。其"好"与"善"皆为性质形容词，而不是程度副词，就是说"学"与"道"要作名词解。由于学者们都错误地认为此"道"即是"先王之道"了，所以再在"道"前加"善"来形容理就说不通了，因为"先王之道"本就是"善道"。不要一见"道"就顽固地认为就是"先王之道"（"道"字的解释我前面说了很多），其实此"道"，是指行为的方法或原则或做人的标准，是广义上的描述，不是具指，它与后文"有道则见"之"道"，所表达的意思不完全相同。后者的"道"是具指"符合社会道义"的法则，即孔子通常所认同的"先王之道"。

对"危邦不入，乱邦不居"，大多学者都是按字面直译，"危险的国家不要进入，混乱的国家不要居住"，如此理解语义不准确。孔子所言的"乱邦"应该是指不讲"礼"或不守"礼"，即无道义可言的国家。"危邦"，即还没有达到"乱"的状况，只是很危险，已经达到临界点了，即很快就要乱。包咸注云："危邦不入，谓始欲往也；乱邦不居，今欲去（按：离去义）也。"他从"入"和"居"字的字面意义上加以想象："不入"，是人现在就在外面，刚刚想进入；"不居"，是人已经在里面了，现在正想离开。如此未免太抠字眼了。

在孔子所处的时代几乎没有不乱的国家。如果说孔子出游他国是为逃避鲁之乱邦，从他待的时间最长的齐国来看，后来的齐国出现父子争国时，不算乱邦那至少也是危邦，他还不是到了那里。况且孔子最终还是回到了鲁国。单就孔子周游列国的行为来看，他不仅不是逃避反而是想拯救乱世。可见，“危邦不入，乱邦不居”不能直译为“危险的国家不要进入，混乱的国家不要居住”。其实，这里的“入、居”，只是行文上的处理需要，实质意思是“不参入其中”，即不参与制造乱邦或危邦之中。孔子鼓吹的是要“笃信好学”以做有弘毅之志的士，以求“务民之义”。他且说“夫仁者，己欲立而立人，己欲达而达人”正表现出他救世之心，成仁之志。他还说：“闻义不能徙，不善不能改，是吾忧也”。所以，孔子此说只是强调他所主张的“用之则行，舍之则藏”，并没有说乱邦之地不去居住，只是“有道则见，无道则隐”而已。隐也只是暂时的藏而不露，等待时机而已，孔子“不与也”的是“暴虎冯河，死而无悔”者。所以，他又说，若是你在“邦无道”时，还能“富且贵焉”，那是最大的可耻——因为你没有做到“无道则隐”且肯定参与乱邦了；你若在“邦有道”时，还是“贫且贱焉”，同样也是可耻的——因为你不能“有道则见”，务民之义。

笃信好学，是死守善道的保证。这里，孔子叫我们死守的“善道”就是——坚持有道则见，无道则隐的原则，不在危乱之邦求富贵。

14　各司其职生美乐

“不在其位，不谋其政”，并非是鼓吹放弃责任，恰恰是“在其位必谋其政”的善意责令。正如美丽的和弦乐章，需要各就各位、各司其职的极佳配合。

8.14　子曰：“不在其位，不谋其政。”

本章直译：“不在这个位上，就不要去谋划这个位上的事。”有人把孔子这句话，理解成了各人自扫门前雪：事不关己、高高挂起，与明哲保身画上了等号，说是典型的“本位主义”或“自利主义”。而有人从另一个角度来理解，说这是孔子在提倡：在职的每位人员都要以本职工作为重心，安心完成自己的职责，各司其职，不越俎代庖，不该你干的事不要瞎操那个心，等等。好像是正说正有理，反说反有理。其实生活中很多话，都存在这种情况，关键在于你要用它来说明什么，或者说，它取决于解读者的思想境界之高下远近的不同。比如说，大学经常搞的“辩论赛”，拿出一个辩题，正反双方可以说是争得面红耳赤，但谁都说服不了谁，因为站在不同的角度，对不同的事就会有不同的理解。但这样说的话，哪句话都是对的也是错的了，就没有标准了。当然不是，标准也是存在的。首先，要站在大多数的人利益面上来解读；其次，要搞清楚话是在什么情况下讲的，针对谁来讲的；另外最关键的一点，要真正读懂说话人的意思，不能曲解。总之，万万不可断章取义，无限上纲上线，乱扣帽子。

首先我们来看看孔子是在什么情况下说这番话的。

东周时期，中国社会就已经处于历史的划时代的变革之中了，当时的周王室统治天下的势力开始衰微，各诸侯蠢蠢欲动意欲争霸，崇尚武力。而一些弱小的国家为了生存，也不得不重视武力，于是诸侯之间的战争已是连连不断，可以说统治者的争权夺位已使民不聊生了。孔子所处的春秋时代，社会无序状态越发严重，除了统治者的争位，相互杀戮，甚至不惜父子兄弟相残之外，各阶层之间及阶层内部也是人心分崩离析，开始争名逐利，不可调合的矛盾引起的深重危机，已经摇撼了传统文化的权威性。本以维护封建宗法等级制度的“周礼”也遭到了极大破坏，社会处于严重的动荡之中。礼崩乐坏，上行下效，也使民风日趋败落，道德下滑。这时诸子百家都想从文化思想来上来拯救社会。孔子也是心存这样的愿望，他首先想到的就是恢复礼制，让社会回归到君君臣臣的秩序之中，希望统治者各司其职，不存越位之想，要为政以德，齐之以礼；希望民众安分守己，自食其力，敬业尊君，共同维护社会安宁。“不在其位，不谋其政”原先可能就是他的一种政治主张，主要是针对统治者而言的。但在后来的孔子思想形成过程中，由君臣延伸到了父子的人与人普遍性的社会关系，从而“不在其位，不谋其政”就有了普遍性的意义。

我们站在大多数人的利益上来看，建立一个和谐的社会可以说是人民的普遍心愿：社会安定，人民安居乐业。在孔子看来，如果人人能守住本分，不贪图名利富贵，各就各位，“在其位，谋其政”，社会就能回归安定。这虽是孔子的理想，但当时也是代表了大多数人民的利益的。就是放在当今来说，这也是一个合理的愿望。

接下来，我们好好心究一下孔子话的真实意思，或者是我们今天应该怎样重新理解孔子，看看可否为今所用。

这里首先要弄清“位”和“政”的意思。政，肯定不全是指政治（国家大事），主要是指每个人所管理的，或所要完成的工作、任务，即人人分内的事，以及你所在位置上应当承担的责任，等等。位，简单地讲是指所处的位置，可以是一个人的职位、身份、地位，同时还有“角色”的成分，即一个自然人在社会、家庭、单位甚至国家中所扮演的角色。其实，每个人在不同的环境，不同的地点，不同的时间，所处的位置角色是不同的。比如你在单位是领导，出了单位你就是国家公民，进了培训班你就是个学生，进了医院你就是病人，到了家就为人父或为人子了。你说你能固定在哪个“位”上不变么？不可能的。再比如，你坐上飞机了，你就是乘客，如果你不遵守这个规矩，硬是要代替飞行员去开飞机，这成么？你想这样做，其他乘客肯定也不会同意的，因为这危及到了多数人的生命。就这点来讲“不在其位，不谋其政”是合理的，也是必要的。

“不在其位，不谋其政”另一面的意思就是“在其位，谋其政”。比如，你在家是家长，那就要把家庭谋划好，担当起家长责任，不让儿女受饥寒；在单位你是头，那就该多操劳，多为职工谋福利；如果你是心理医生，就做你的心理医生，不要想着去代理外科医生为病人开刀动手术。总之，每个人处在不同的“位”上时，就要把这个位上的事做好。有人说我就是一个普通的工人，只做好我的工作，那单位的事我就不管了？不是。对单位你有建议权，在领导让你建议时，可以提出自己的观点。你可能又要问了，这还要让领导同意？当然，不然不就乱套了么。假若是领导连建议权都不给你的话，那是他作为领导的失责，是领导没有很好地“谋其政”，对于这样的领导你可以在代表大会上，坚决地把他选下去！这又正是你当“代表”的要谋的政（当然，前提必须是在一个有秩序、有法度、有民权的政治制度之下。孔子设想的社会可以说就是一个理想的社会，这也注定了孔子理想的破灭，毕竟他设想的理想社会当时是不存在的。我们只是在道理上对孔子解读）。这个过程其实说明了一个问题：“在其位，谋其政”或“不在其位，不谋其政”不是只针对某个人或某种人说的，而是对所有的人，对所有处在不同位置上人说的。前提就是，当所有的人于所在的“位”上时，若都做到了这点，自然就能各司其职，又能团结一致，齐心协力，整个国家（或单位）才能正常地协调地运转与发展。

最后，我们把这句话再反过来讲，其一“在其位，不谋其政”。这话显然存在问题，对错大家一看就明白，不用多说。再看其二“不在其位，谋其政”是不是合理。如果话这样说，那问题首先是：你同一时间内所在的“位”只有一个，而不在的位有许多，难道这许多的“位”你都要去谋？人家一个人只谋一个“位”都做不好，这许多的位你却都能给谋好了？天才也做不到。退一步说，你谋其他位了，那你的位还谋不谋了？人的能力精力是有限的。所以，其结果是该你做的可能也做不好了。可见，不论于哪个角度上讲，孔子说的都是对的。

另外，“不在其位，不谋其政”与“各人自扫门前雪，不管他人瓦上霜”结果意义是不同的。比如，我们的这个城市下了场大雪，满城都是，即便大家都各扫了各家门前的雪，必然也扫不尽所有的雪，因为不在各家门前的雪更是大面积的。再举一例，某生产队有土地 100 亩，假设以每户 10 亩被 10 户农民全部承包了，此时若每户人家都能尽心尽责把10亩地耕种好，那所有的地都有好的收成，也不会出现土地没人种的情况。

两例的结果不同，是因为前提不同。各扫门前雪不能扫掉所有的雪，是因为所有门前雪不能包含全部；而土地包干，所有的地都有归属。若一个单位（或工厂或大到一个国家），每一个人的岗位组合起来正好完成全部的整体工作（就如队里的地全部都被包了），在这个前提下，若能在岗的每一个人都是“在其位，谋其政”，做到各司其职，而且尽心地去谋好它，那生产自然就全部完成了，而且出来的一定是好产品。相反，如果不在其位，也去谋其政，生产就会无序，产品也可能出次品。

企业、单位、工厂或国家，就像是一个复杂的机械系统，每个部件有每个部件的独立作用，更不能相互代替，比如方向盘不能代替车轮。且零件多了不行，少了也不行。只要是任何一个部件出了问题，整个系统自然就会瘫痪。也如人的身体，各器官必须要在“在其位，谋其政”，否则生命就会停止。所以，“不在其位，不谋其政”或“在其位，谋其政”于一个完整的系统中是必需的，是保证系统正常运转的首要前提。今天的社会，我们每一个人都是处在不同的岗位之上，可以说都是整个社会生产系统上的部件，人人都敬业了，社会就会和谐、进步和发展。总之，作为社会的个体，无论处于什么角色的位置上，必须做到如孔子所说“在其位，谋其政；不在其位，不谋其政”，否则社会就会出乱子。

现代社会，文明了，进步了，国家也成了大家的国家，作为国家的一员你也有了一定的地位和责任，自然也要去谋其政，也应该要谋其政，国家也理应给你这个谋政的权力（否则当政者就没有谋好政）。比如，民主就是社会给你的谋政权力，当然谋也要讲原则，要在不破坏现有的秩序之上来谋，不能乱谋。如此，也反过来要求社会制度的科学合理。

总之，孔子希望的是“和”，追求的是“成于乐”的理想社会。如果人人恪尽职守，就如同合乐的各种乐器，各自发出乐谱所给予的音符来，就会是一首“洋洋乎盈耳!”之美妙乐章。

我们再看接下来的一章，孔子就用了奏乐一比。

8.15　子曰：“师挚之始，关雎之乱（亂），洋洋乎！盈耳哉。”

朱子注说：“师挚，鲁乐师名挚也。乱，乐之卒章也。”他继承前人的观点，说“乱”是指整个音乐演奏的最后结尾的乐章。“始”是开始，指乐曲的开端，即序曲。古代人奏乐，开端为“始”叫“升歌”；尾声为“乱”叫“合乐”。合乐，是由多种乐器伴奏下的歌声合唱，《关雎》是诗经的开篇，诗经原本配有曲谱，是可以用来吟唱的。由始至乱，称为“一成”。

洋洋，本指水大的样子；盛大众多、宽广浩大等等，这里有美好丰富多彩的意思。盈，满，也有丰富义。洋洋乎盈耳！是对音乐的赞美之辞。孔子此言的表面意思是说从师挚演奏升歌开始，直到尾声《关雎》的合乐，整个过程是那么洋洋洒洒，似乎每个音符都充满了我的耳鼓，令人陶醉。无论是大师挚的独奏还是多乐器相伴的歌声，都是那么和谐与悦耳。

那么，孔子这段赞美音乐之美的话，《论语》编撰者为什么要放在“不在其位，不谋其政”章之下呢？我想他们是想用“由于多乐器的相互配合，从而能演奏出优美的乐曲”来形象化地表达：“在其位谋其政，不在其位不谋其政”的理——所有不同种的乐器，各在其位，各奏其音，不犯位不越谱，才有了协调和谐又动听悦耳的乐曲。将其用之于社会，那社会就和谐了。

这里对乱（亂）的解读，多有议论。《尔雅·释诂》：“乱，治也。”许慎《说文》：“乱，治也，从乙。乙，治之也。从𤔔。又𤔔治也。幺子相乱，受治之也。”这里训“乱”为治，都认同，但为什么乱有治义？为什么可表示乐之尾声？却有不同观点。郭沫若认为：作尾声或作“治”解的“亂”字都是错字，其正字当为“𤔔+司”或“嗣”。郭沫若的说法，也许没有错，但之后的人的确都在用“亂”言“治”义，其背后也许有更深层次的原因吧。

汉文字中有很多表动作的会意字，存在这样一种现象：当会意者处于不同的角度上时，字义的理解正好相反。“乱”字即为一例。《论语》中多处出现“乱”字，大多用的都是本意“治之反”，但在“舜有臣五人而天下治，武王曰：‘予有乱臣十人。’……”① 中，“乱”就是“治”的意思，正好与常用义相反。“予有乱臣十人”在《尚书·泰誓》中也有出现，《尚书·顾命》篇中的“其能而乱四方”中的乱字之义亦同。为什么会这样呢？看“乱”字的金文，其上下符号为“手”，中间是“绞绳器上的乱丝”②。如果这样去会意——两手在把乱丝弄得更乱，“乱”字就是常规意义上的“乱”；假如换个方向去会意——两手正在把乱丝给理整齐了，“乱”字就是“治、理”的意思了。“人以一手持丝，又一手持互以收之，丝易乱，以互收之，则有条不紊，故字训治训理也”③，杨树达把“乱”字甲骨文结构中间的那个物象符号叫“互”。互，是一种绞绳用的工具，段玉裁注之：“今绞绳者尚有此器。从竹，象形，谓其物象工字，中象人手推握也。”把一件事“治”好了或“理”顺了，表示事有了一个完好的结局，因此在

① 《论语·泰伯第八》。

② 左民安：《细说汉字》，2005 年九州出版社，第 99 页。

③ 杨树达：《积微居小学述林》。

古乐曲就用“乱”来表示尾声了。

物质文明的发达，使社会系统也变成了形如具备高新技术、拥有多功能的庞大而复杂的机器，功能零件越加复杂，联系越紧密。于是人的社会分工也越来越细化了，在这个前提之下每个人更应做到“在其位，谋其政”。当所有的人，按照社会的规范要求而为，在各自的岗位上认真拨动属于你的那一根琴弦，就一定会演奏出动听的乐曲。

孔子的“不在其位，不谋其政”不但没有过时，反而显得越发的智慧了。

15　伪装不能称智慧

直道是人的本性，如实表达是真诚与信实的体现，一切的伪装与做作只能说是愚蠢的表现。

8.16　子曰：“狂而不直，侗而不愿，悾悾而不信，吾不知之矣。”

本章一般通译为：“狂妄而不正直，幼稚无知而不谨慎，表面上诚恳却不守信用，我不知道这种人怎么这样”（《论语通译》）。杨伯峻译之：“狂妄而不直率，幼稚而不老实，无能而不讲信用，这种人我是不知道其所以然的。”直，一者译为“正直”，一者译之“直率”。“正直”是就人之道义上而言的，而“直率”是描述人之脾性的；他们将“愿”分别解为“谨慎”与“老实”在意义上也不能重叠。总之，各家之言貌似大同，细究起来又有小异，总有点含糊不清、解读不明朗之感。

孔子说“人之生也直”，即人的初生之本性是“直”的，此直即与“真”义同，直即“本真”，“不直”就是放弃了本真。愿，“原+心”是谓“原本之心”，“不愿”意思是说失去了“原本心”即无真心，或言违心。信，本为言人话不说鬼话，“不信”即不讲真话，或不说实话（不说真话，当然是不诚实）。其实，这里的“直”“愿”“信”都有直或真的语义成分。直，偏重在人的行为表现上；愿，体现在人的心理态度上；信，则主要表现在言语方面。人的所有表现皆存在于其“言，思，行”之中，由此完全可以映射出一个人的德性。下面我们来研究一下“狂、侗、悾”在文中的意思。

朱子注“侗，无知貌。愿，谨厚也。悾悾，无能貌”，就字本身所含的意思成分来讲，这样解读没有错，但在这里不够确切。狂，本义是狗发疯状，有“狂妄”义。小时候在南方常听老人说，狗比牛小多了，为什么牛见人老实的而狗见人却狂呢？这是因为狗的眼睛看东西会变小，在他眼里人还没有它高大，当然就不把人放在眼里了。而牛眼正相反，它看所有东西都比自己高大，所以它老实。那时候老人就是这样跟我们说的，“狗眼看人低”的成语就是这样来的。现在想想这应该是没有根据的，反正那时候我是真信了。“狂妄”就是在自高自大的情况下表现出来的狂傲之态。狂者就是自认为什么都行，有我行我素的倾向。孔子说“德者不孤”——德性不是孤立存在的，“有是德则有是病。有是病必有是德”（朱子语），“狂”有其有价值的一面，比如做事自信有胆量，有时会表现出敢于创新的勇气。但其“狂”需要用“直”来约束，否则就是无德，只留下“病”了。做事太过疯狂，放弃了真实，是谓冒失，就成冒死鬼了。“狂而不直”，钱穆解释道：“凡人德性未醇，有其病，但同时也有其可取。今则徒有病而更无可取，则其天性之美已丧而徒有其恶，此所谓小人之下达。”

侗，通“僮”。《集韵》：“侗，未成器之人。”有幼小无知之义。侗，即“同人”，观点思想皆同于人，似无主见，故“愚”。若其无知确实是因其幼小而致，没有假装，侗就有了“诚实的样子”之义或引申为“诚实忠厚”。无知不要紧，承认就行，只有在承认的前提下你才能有所求之方向。若明明无知却装着有知，还要表现出满腹经纶的样子，这只能是徒有其表，其内心必然是“空虚”的。生活中也确实存在，越是空虚的人越是会装成熟，因为他要掩盖。相反越是高人反而会表现出更谦卑，所谓大智若愚。谦卑的心态是智慧者的心理，是“真”的修养所至，不是伪装。真愚不可怕，可怕的是自作聪明。“不愿”就是“假装”。

悾，空+心，《六书故》：“悾，中无所有也。”本义为“空虚”“心虚”。若“悾”是出于谦虚，则其有“虚心”义，引申为“真诚，诚恳”。叠词“悾悾”就有了“真诚，诚实的样子”的意思。表现出诚实样子，但又言而不信，就是“悾悾而不信”了。悾悾是谦虚，若做出真诚的样子，但又言而无信则就不可取了。

“吾不知之矣”译为“我不知道他怎样啊”是典型的望文生义。知，是“智”，这里取动词用，“知之”是“智”之，即“称赞他智慧”或“认为这是智慧的”。“吾不知之矣”就是“我不认为这是一种智慧啊”。

狂，侗，悾，是人之性态处于好与坏的临界点，过之就是“病”态，若能以正道约之，就有可取之处。“有直，有愿，有信”是其正道，装真是不智慧的选择。承认不足才能感觉已所不及，若感觉到不及，才能好学，以这样的态度处之可以说是有智慧的。所以，孔子又有下说。

16　学若无及必恐失

学如逆水行舟，不进则退，学习永无憩息的驿站，此舟也无能檥泊。学无羁滞之境，皆因学问本身的无止境。这也告诉人们，求学问永远无有企及，山峰的那边永远还有一座山，对学问的追求不可能有自满的理由。正因为如此，当好学之人感觉无有所及之时，必会生发恐失之心，这是孔子于“求学”所阐述的心理学观点。

8.17 子曰：“学如不及，犹（猶）恐失之。”

“没有进步，就已经是退步了”，人们好用此来形容学习如“逆水行舟”。其说，在求学者的心理上创设了一种危机感。事实上，自古以来人类都在强调求学的重要及其苦难，受这种文化的长期影响，在人的思想深处就固定下了这种对学习的危机心理。因此，对于真正的欲求上进者，当对自己的“现状”无有知足之时，就会不自觉地生发这种恐失心理。这个“现状”可能是现在的拥有，或已具备的地位，或是已获得学识等。比如某些人，经过努力成了名人（即成了成功人士），反而时常会生发危机感，正是因为他害怕失去名人的地位，从而会更加努力。可见，这种危机感，正是促进人类不断进步的动力。孔子在这里，正是教导我们求学时要建立这种危机感。

害怕好的失去而生危机感（恐失），但同时又因危机感而认为当下的不够好（不及），正是在这种“恐失”与“不及”之间，事物得到了进步与发展。用在求学当中，“学如不及”——所学的如果感觉不及，就会“犹恐失之”——仿佛要失去什么一样；反之，当有“犹恐失之”之时，就会生“学如不及”之感。可见，“如不及”和“犹恐失”这两种心理感觉是一样的，也是同时产生的，或说是一层意思，用了两个方向上的语言来表达。

“学如不及，犹恐失之”很哲学地表达了，当一个人把学习作为重要事情来看待时，通常会表现出来的两种心理状态或心理感受。

举例来说，若你是一个学生，成绩在班上名列前茅，心理正常的情况下，你为了保持名列前茅的地位不变，往往会一直努力地学习。也或者说，你害怕失去你现在的排名位置，往往会保持刻苦学习的劲头或学习热情。我们想象一下，一个人果如有这样的心情，肯定不会有自满的时候，从而能保持不断进步的状态。

作为老师，我们却经常看到这种情况：如果是一个学习成绩比较差的学生（排名在后的），总也进步不大，无论老师采取什么办法，也无济于事。就是说，排名对于成绩好的学生有促进作用，但对于差生几乎毫无效果，有时反而起副作用。我想，这正是因为差生不怕失去什么（反正是落后了）的缘故。事实上，促使一个人不断进取的，往往不是因为他前面有什么伟大的目标，而常常是以自己周围的人作为价值取向，在不想落后于他时，或者是不想比他们落后更远（担心有所失去）而在努力的。因此，只有感觉有所失的人，才会感到有所不及。即“感到不及而担心”与“因担心而感觉不及”这两种心理感觉几乎是相生相灭的，它同时存在于一个好学者或求仁者的内心。

学习如此，做其他事情也是如此。但凡做事认真者，从不会认为自己做得每件事都非常完美，相反总会感觉自己做的不是十分满意，甚至感到后悔——要是能再重新做一次，我会做得更好。一个人如果真的是什么都不在乎了，他是不会有“不及”的感觉的。无所谓得，自然就无所谓失。

总之，孔子这里表达出了这样的一种道理：对于要求进步的人来说，他是永远不会满足的，由于不满足就会害怕有所失去；反之，一个人若从来不曾有过担心失去，其人必定是不求上进。孔子隐含地指出：只有你真正投入到求学之中，就能体味到什么叫真正的学无止境。孔子的确是在做一个心理学上的哲学命题。

对此章的解译，今人多承前人观点，如杨伯峻译为：“做学问好像追逐什么似的，生怕赶不上；赶上了还生怕丢掉了。”如此作译，增字太多，很有附会之感。若照此说，孔子不像是在激励人求学，倒像是他自己的咏叹。然而，事实上孔子的学习目标再明确不过了，就是成就君子，成仁至圣（不存在他好像追逐什么的情况）。如果说孔子有“赶上了还生怕丢掉”的话，那孔子所赶上的又是什么呢？是仁还是圣之名？孔子自己也从没有承认过自已是“仁人”，更不敢承认自己为圣。人的心情，只有在没赶上时才会有所担心。通常，我们在做学问的时候，如果真的感到有所得时，心理上会很有满足感的，只会体味到快乐与幸福，是根本不会生出所谓的害怕来的。之所以人们这样理解，是因为他们想，“失”只有得到之后才能谈得上失去，没有的东西如何失之？这对于一个客观存在的“物”来说，只有拥有了之后才能说失去它，这是肯定的。但你要知道，这里的“失”是指人的一种心理感受，它本身就是无形的，即形而上者，所以，我们不能用形而下的思维方式来解读它，要用哲学的心思来解读。

总之，“不及”与“恐失”是在同一个事件中，处在不同心理方向上时所生发出来的两种心理状态，不能像杨先生所解读的那样，把它分解为两个独立阶段中的两种事件。

这里的“若”有“好像”的意思，但更有假设的意思，这体现在心里上所表达出的是一种“感觉”。不及，不能按现代文作译为“赶不上”，而是“不至”即“达不到”的意思。它表达的是，当心理愿望达不到存在于内心的那个假想出来的目标时，而生发出来的心理作用。句中的“犹”，是“好像”“如同，好比”的意思，就是说担心“不及”与害怕“失去”在心里的感受上是一样的，几乎无法分清是在担心还是在害怕。我们心究一下，无论你在做什么事情时，若是感到做得不够好的同时，是不是也会生出担心失掉什么一样的感觉来呢？比如高考，当一个考生感觉考得不好的同时，必定是在害怕考不上大学；在他害怕考不上大学的同时，又一定是在后悔自己没有好好考。即两种感情是交织的。

孔子这句话，只是讲出了但凡能积极做学问的人，在学习的过程中，时常会产生的这种不够与担心共存的心理感受；也是想告诉求学的弟子们，用有无这种感受来告诉自己是否是在用心求学。越用心，这种感受会越强烈。

只有真正有求学修身意识的人，才能时常感到不及与恐失，才能自觉地做到求真务实，克服“狂而不直，侗而不愿，悾悾而不信”的愚昧，让自己归位于智慧之人。

17　圣之功德巍巍乎

称圣者当是为民有功之大德之人，且德泽天下而不居其功，所谓恩重如山。舜禹之德如是，尧之德如是。

8.18　子曰：“巍巍乎！舜禹之有天下也，而不与焉。”

巍巍，高大之貌。“巍”本来是用来形容高大雄伟的大山，这里是用来赞美舜和禹品格的伟大与崇高。本章解读分歧最大的是在对“而不与焉”之“与”字上。统览各学者的观点，主要有四种解释：

一为“赞许”，意思是“舜和禹难道不值得赞许吗”。二为其同“举”，取“拔取，夺取”义，意思是“舜和禹得到天下，不是用武力夺取来的”。其理由，舜和禹得到天下，是通过先帝的禅让得到的，而孔子是赞赏禅让制的，反对用争夺来谋取权位，所以称赞他们品格之伟大。三为“参与”政事，意思是说他们“无为而治”。其理由是，舜和禹有天下后，重视选贤任能，任由大臣们发挥作用，自己并不干预具体的政事。四为其同“预”，取“参与，关联”义，含有私自占有和享受的意思。大意是说，尧把天下禅让给舜，舜之后又禅让给禹，他们不是孜孜以求王位，不以拥有王位而享乐，虽然得了天下好像同自己不相干一样，不以国君的地位谋取私利。

取第一种解读时，前后文意不通，句意含糊，且把“舜禹之有天下也”置于何地？所以很少有人认同。对于第二种解释，如果认为孔子在这里用“巍巍”来称赞舜禹，是因为他们“不是夺来”的天下，那么更应该称赞的是那些施禅让的人，即尧才是，禹之后并没有再禅让（禹之前为公天下，禹是其子继位，之后便成了家天下），何言舜禹者！可见孔子于此并不是称赞他们不夺天下的行为。对此钱穆也有所驳："魏晋人主之，因魏晋皆托禅让得国。然舜禹之为大，不在其不求有天下而终有之。既有之矣，岂遂无复可称？故知此说于理未足。"第三种观点更与史实不符，舜和禹皆以勤劳治国者："舜相尧二十有八载"，"舜荐禹于天下十有七年"（并见《孟子·万章上》）。舜得贤臣，大禹治水，他们皆因其功而深受百姓爱戴才被奉之为人君的，说他们无为显然不实。第四种解读，貌似合理，所以认同者多。但这里的问题是把"与"视同"预"，有点牵强。我想，这更多的是人们在权衡前三种解读不合情理之下的一种想当然罢了。

这里，都解"之有天下"为"得到天下"或"拥有天下"，我认为是误解。之，这里应该取动词解，有"统治、治理"的意思成分（前面有过讲述）；有，是指"富有"或"取得了好的结果"（即取有的本义。对"有"的甲骨文字义的解读可参看《学而》篇第3节）之意，"有天下"就是"使天下有"（也可理解为"有功于天下"）。"之有"即指把国家治理得很好，消灭了水患，生产发展了，且国富民强，国泰民安之类。有了如此"使天下富有的"圣德，"而不与焉"——却并不自誉，并不认为自己有多么的了不起，或因此而居功自傲。这才是孔子所赞的"巍巍乎"！这里"与（與）"通"举（舉）"，但不取"夺取"义，而取"赞许，表彰，称扬，彰显"等义，这里有"自我夸耀"的意思。"与"字的甲骨文有或，属会意字。"与"本为"参与"和"给予"义，也有"共同做一事"的意思。"与"字其形中间有一物的象征符，周边有四只"手"（两人之手），其本意通过会意就可得到。其下加一"口"时，有了"赞同"的意思（从口中表达出来的"参与"）。"举"的甲骨文是在"与"字下又增加了一"手"成为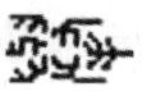（横看），寓意为"用更多的力量把东西举起来"，所以有"推举"的意思；或者说是通过人为的手段，把一事物彰显出来，于是有了"宣扬，彰显，自夸，表现"等意思成分了。

下面是孔子对尧的赞许。

8.19 子曰："大哉，尧之为君也！巍巍乎！唯天为大，唯尧则之。荡荡乎！民无能名焉。巍巍乎！其有成功也；焕乎，其有文章！"

"大哉，尧之为君也"之"为"，应取其本义"做"，"为君"即指其勤勤恳恳做国之君的事。大哉，是称赞尧为君之重责的行为（感叹句）。这里人们都把"为"当副词"作为"来理解了，有误。是不是国君，不是称赞其"大哉"的理由，关键在于他怎么做的国君，即要看他做得好不好。即便是大国之君，若不为民谋，当然就不值得称颂了，即不是是国君都值得称颂的。

荡荡，广远之像，巍巍，高大之貌。“荡荡乎！”本是形容水平面上的广阔；“巍巍乎！”本是形容垂直向上的高崇。焕，光明之貌。“焕乎！”表现出的是一种存在于精神上的那种无形的光辉灿烂之状。荡荡，巍巍和焕，都是用于表赞美的形容词。

“唯天为大，唯尧则之”，在古文的感叹句中“唯”主要是作语气助词，无实际意思。多数人解其为“唯独”义，从严格的意义上来说应该不准确，尽管它带有一点这个句义成分。“则”，一般有两解：其一释为“准则”，“唯天为大，唯尧则之”，意思是指“尧的品格可与天之大相比拟”；其二释为“法则”，即以天为法则而效法之。“唯天为大，唯尧则之”合起来总的意思是指“尧效法天之德”。文中语言所表之意是用“巍巍乎”称尧之“伟大、高大”的，有多高大呢？像天一样！所以，其一解读，文义比较顺恰。

“荡荡乎！民无能名焉”——由于其德太多太大，以至于人民找不到一个具体的名分或语言来称颂他了。名，为使动词用法，有“使之扬名”的意思。使其能扬名，当然是要宣扬他、赞美他、称颂他。多数学者解“名”为“用言语形容”，即把“名”直接解读为“赞美”，应该说有误。

“巍巍乎！其有成功也；焕乎，其有文章！”这里的“有”也应取本义“富有”（表示一种存在的状态，译为“取得”难合文义），可引申为“丰硕，丰富”之义。“有成功”本应与“有章文”对言，但这里的“章文”为协韵，而倒文成了“文章”；“成”与“章”皆为副词。成，有完美的意思（形如“修炼成人”之成），（俞越在《诸子平议》中说“成”是“盛”的通假，可备一说。因为他把“有”理解为了取得，故而说“成”为“盛”）；章，同彰，即有“显赫”义。“文章”不是现在的“文章”，人们据此就把文章理解成了“礼乐典章制度”（具体的文字东西），有显狭隘。而且，孔子只说夏礼、殷礼、周礼，可从未有夏之前有什么“礼仪制度”之说。这里的“文”就是指“文化”，文化的内涵更广，它当然包括“礼乐典章制度”本身。

正是因为尧创下了“完美的丰功伟绩”，所以孔子称其“巍巍乎！”；也因其创立了“显赫的丰富文化”，所以孔子赞其“焕乎！”——光辉灿烂，永照人间。

前一章主要是称赞舜、禹的不居功自傲品格的伟大，此章颂扬尧所创立的丰功伟绩。一者颂其德，一者歌其功。

补充说明一点，这里连续几章皆赞尧舜禹之德之功之贤，十九章独言尧，二十章和二十一章分别独说舜和禹，而十八章却舜禹合言，故有人提出“舜禹之有天下也”句中的“禹”是衍文。这个观点可以取信。

18 因德可以聚英才

孟子说："域民不以封疆之界，固国不以山溪之险，威天下不以兵革之利。得道者多助，失道者寡助。"依德可以聚英才，以德可以臣天下。所以这也是孔子主张"为政以德"的原因之一。

8.20 舜有臣五人而天下治。武王曰："予有乱臣十人。"孔子曰："才难，不其然乎？唐虞之际，于斯为盛。有妇人焉，九人而已。三分天下有其二，以服事殷。周之德，其可谓至德也已矣。"

舜有五位贤臣，天下便治理太平了。周武王也曾说过，"我有十位能治理天下的臣子。"孔子因此说道："人才难得。不是这样吗？唐尧和虞舜之后，及至周武王这个时期，人才最为兴盛。而且周武王十位大臣之中还有一位妇女，实际上只是九个人罢了。周文王取得了三分之二的天下，仍然向殷纣称臣，周朝的仁德，可以说是最高的了。"由于本章就文句看，不难理解，故直译如上。这里的关键字是"乱"，应解为"治"（其理由可参见本篇第14节中的解读）。"唐虞之际"，"唐虞"是唐尧与虞舜的并称（唐和虞分别是尧舜的国号），主要是指尧与舜的时代，古人所认为的太平盛世；之际，有"其之后"的意思。

舜时五位贤臣孔安国注之为"禹、稷、契、皋陶、伯益也"。马融注"乱臣十人"："谓周公旦、召公奭、太公望、毕公、荣公、太颠、闳夭、散宜生、南宫适也。其余一人谓文母也。"马氏所说的"文母"意指周武王之母"太姒"，后人（尤其为清代）怀疑并引出争论，其主要观点是"子无臣母之义"，所以认为可能是成王之母"王姜"。孔子在此强调"有妇人焉，九人而已"，即女人排除在了人才之外，不知何故。也因此有人说，这是孔子看不起女人的又一例证。

三分天下有其二，是说商纣时天下分为九州，归附文王者有个六州，"荆、梁、雍、豫、徐、扬"，唯有"青、兖、冀"三州尚属商纣王。所以说周文王有三分之二的天下。文王拥有了三分之二的天下，但仍然向殷纣称臣，所以孔子说"周朝的仁德最高"。前面孔子感叹"人才难得"，后又赞文王之德。前后文章似有不相干，因此有人认为"宜断三分以下，别以孔子曰起之，而自为一章"。或许孔子赞周文王之德，是在表明文王是因其有大德，才有了人才"于斯为盛"的原因。因其有德故能吸引人才，且愿为其效劳，从而有三分之二的天下。即言为政以德的好处之一。

19　大禹完美孔子赞

孔子曾因“信而好古，述而不作”把自己窃比作老鼓，在此看来还真不是虚言。说禹“吾无间然矣”，将一个故人言之为没有一点毛病，的确是太好古了，竟然“好”到其完美无疵。可见孔子托古言志的用心之良苦。

8.21　子曰：“禹，吾无间然矣。菲饮食，而致孝乎鬼神；恶衣服，而致美乎黻冕；卑宫室，而尽力乎沟洫。禹，吾无间然矣。”

间（間），为会意字，其金文形为“两扇门之间可以见日光”，会意为门关不严缝，有间隙。“间，罅隙也”，若是木板出现了裂缝，自然是有“毛病”了，当然就有了“漏洞”。“禹，吾无间然矣”——对于禹，（在他身上）我好像是找不到一点儿破绽一样。意思是说在禹身上找不到一点缺点，近乎完美。译之为“对于禹，我没有什么非议”只能说是意译，不接近本意。杨伯峻译其为“禹，我对他没有批评了”，他把“间”释为“批评”，距离文义太远了，不可取。

菲，（音匪）菲薄，不丰厚；在此为使动用法：使之菲。后面的“恶，卑”，同样为使动词。致，致力，有竭尽所能之义。“菲饮食，而致孝乎鬼神”，意指自己对饮食没有高要求，但祭祀鬼神却很讲究，以体现对其的孝敬。“恶衣服”不是痛恨衣服，此“恶”为不好的、破旧的意思，使动用法：使自己平时穿旧衣服。黻冕，祭祀时所穿的礼服与礼帽。卑，本义为“小、贱、低、”等，这里有“使自己的宫室简陋”的意思。“尽力乎沟洫”，郑玄注说：“方里为井，井间有沟，沟广四尺深四尺。十里为域，域间有洫，洫广八尺，深八尺。”朱熹注之：“田间水道，以正疆界、备旱涝者也。”也许是指大禹治水之事。禹“薄于自奉，而所勤者民之事，所致饰者宗庙朝廷之礼（引集注言）”，其行事或丰或俭，却各适其宜，所以挑不出什么毛病，于是孔子再次感叹：“禹，吾无间然矣！”

本篇最后，称尧舜之圣君，赞禹之先贤。孔子拿出他们做榜样，欲诲人思齐先贤，为民立德，期望重回礼制和乐的社会。这也是孔子坚持认为的理想社会。

卷九 《子罕》篇

本篇共三十一章（或说三十章）。主要于孔子的言行论述君子当追求什么，倡导什么，旨在教导人们如何坚守修为君子之德行。全文如下。

9.1 子罕言利，与命，与仁。

9.2 达巷党人曰："大哉孔子！博学而无所成名。"子闻之，谓门弟子曰："吾何执？执御乎？执射乎？吾执御矣。"

9.3 子曰："麻冕，礼也；今也纯，俭。吾从众。拜下，礼也；今拜乎上，泰也。虽违众，吾从下。"

9.4 子绝四：毋意，毋必，毋固，毋我。

9.5 子畏于匡。曰："文王既没，文不在兹乎？天之将丧斯文也，后死者不得与于斯文也；天之未丧斯文也，匡人其如予何？"

9.6 大宰问于子贡曰："夫子圣者与？何其多能也？"子贡曰："固天纵之将圣，又多能也。"子闻之，曰："大宰知我乎！吾少也贱，故多能鄙事。君子多乎哉？不多也。"

9.7 牢曰："子云，'吾不试，故艺'。"

9.8 子曰："吾有知乎哉？无知也。有鄙夫问于我，空空如也，我叩其两端而竭焉。"

9.9 子曰："凤鸟不至，河不出图，吾已矣夫！"

9.10 子见齐衰者、冕衣裳者与瞽者，见之，虽少必作；过之，必趋。

9.11 颜渊喟然叹曰："仰之弥高，钻之弥坚；瞻之在前，忽焉在后。夫子循循然善诱人，博我以文，约我以礼。欲罢不能，既竭吾才，如有所立卓尔。虽欲从之，末由也已。"

9.12 子疾病，子路使门人为臣。病闲，曰："久矣哉！由之行诈也，无臣而为有臣。吾谁欺？欺天乎？且予与其死于臣之手也，无宁死于二三子之手乎？且予纵不得大葬，予死于道路乎？"

9.13 子贡曰："有美玉于斯，韫匵而藏诸？求善贾而沽诸？"子曰："沽之哉！沽之哉！我待贾者也。”

9.14 子欲居九夷。或曰：“陋，如之何！”子曰：“君子居之，何陋之有？”

9.15 子曰：“吾自卫反鲁，然后乐正，雅颂各得其所。”

9.16 子曰：“出则事公卿，入则事父兄，丧事不敢不勉，不为酒困，何有于我哉？”

9.17 子在川上，曰：“逝者如斯夫！不舍昼夜。”

9.18 子曰：“吾未见好德如好色者也。”

9.19 子曰：“譬如为山，未成一篑，止，吾止也；譬如平地，虽覆一篑，进，吾往也。”

9.20 子曰：“语之而不惰者，其回也与！”

9.21 子谓颜渊，曰：“惜乎！吾见其进也，未见其止也。”

9.22 子曰；“苗而不秀者有矣夫！秀而不实者有矣夫！”

9.23 子曰：“后生可畏，焉知来者之不如今也？四十、五十而无闻焉，斯亦不足畏也已。”

9.24 子曰：“法语之言，能无从乎？改之为贵。巽与之言，能无说乎？绎之为贵。说而不绎，从而不改，吾末如之何也已矣。”

9.25 子曰：“主忠信，毋友不如己者，过则勿惮改。”

9.26 子曰：“三军可夺帅也，匹夫不可夺志也。”

9.27 子曰：“衣敝缊袍，与衣狐貉者立，而不耻者，其由也与？‘不忮不求，何用不臧？’”子路终身诵之。子曰：“是道也，何足以臧？”

9.28 子曰：“岁寒，然后知松柏之后雕也。”

9.29 子曰：“知者不惑，仁者不忧，勇者不惧。”

9.30 子曰：“可与共学，未可与适道；可与适道，未可与立；可与立，未可与权。”

9.31 “唐棣之华，偏其反而。岂不尔思？室是远而。”子曰：“未之思也，夫何远之有？”

1　子于名利不希罕

孔子的一生单从物质层面上来说，并无大富大贵，而且几乎半生都在异乡飘零，晚年还要依靠子贡的接济维持生计，也算是穷困潦倒。然而，他却于后世收获了思想家、教育家及圣人的称号，并被历代皇家的不断追封，可说是成就了其精神上的富翁。并且，他创立的以“仁”为核心的儒家学说，虽没有亲见其辉煌之日，却流芳了千年百世。

孔子可谓淡泊名利。

9.1 子罕言利，与命与仁。

对本章的解读历来倍受争议，直到今天也还没有统一的认识。总体归纳主要有如下三种（其他的解读，只是个别人自己的观点，难被多数人所认同的，不列在其内）。

其一："子罕言利与命与仁"。注"罕"为"希，少"；与，作连接词"和"解。译之为"孔子很少谈到功利、命运和仁德。"

认同者的理由，如朱熹引程子语曰："计利则害义，命之理微，仁之道大，皆夫子所罕言也。"刑昺疏之："孔子以其利、命、仁三者，常人寡能及之，故希言也。"再如杨伯峻在《论语译注》中解说："《论语》中讲'仁'虽多，但是一方面多半是和别人问答之词；另一方面，'仁'又是孔门的最高道德标准，正因为少谈，孔子偶一谈到，便有记载。不能以记载得多便推论孔子谈得也多。孔子生平所言，自然千万倍于《论语》所记载的，《论语》出现孔子论'仁'之处若用来和所有孔子平生之言相比，可能还是很少。诸家之说未免对于《论语》一书过于拘泥，恐怕不与当时事实相符，所以不取。"杨树达分析孔子"罕言仁"的原因时说，"所谓罕言仁者，乃不轻许人以仁之意，与罕言利命之义似不同"。认同此观点者占多数。

反对这个解读的一方认为，孔子言利是少，但说罕言"命"和"仁"与《论语》所记言之数量不符。《论语》中用"命"字21处，其中含"命运""天命"意义的有10次；共用"仁"字109次，其中含有仁德意义的则达105次之多。可见说孔子很少谈天命与仁德，是没有根据的。另外，在《论语》中但凡列举之事、物、名、称，其间不加连词。如"子不语怪、力、乱、神"；"子之所慎，齐、战、疾"；"子以四教，文、行、忠、信"（《述而》）；"子绝四，毋意，毋必，毋固，毋我"（《子罕》）等，所以这里把"利与命与仁"作并列解读，不合其文法。

其二："子罕言利与命，与仁"。注"罕"也为"希或少"；第一个"与"解为连接词"和"，第二个"与"解为"赞成，赞许"。译文为："孔子很少谈功利和命运，他赞成仁德。"其主张的理由是：孔子讲利少，是因为他重义轻利；讲命也少，是因为天命难言；讲仁很多，是因为他推崇仁。如果以《论语》中提及的多少来看，孔子不光罕言利，言命也少。所以罕言利和命，不该把仁也放在罕言之列。

其三：“子罕言利，与命，与仁”。注“罕”仍为“希或少”；两个“与”都解为“赞成，赞同，赞许或顺从”等。解之为：“孔子很少谈财利，赞同天命，赞许仁德。”如郭沫若辩说：“他（孔子）很少谈利，但称道命，称道仁。他既说‘仁者不忧’又说‘知命不忧’。既说‘君子无终食间违仁’，又说‘不知命无以为君子’。命与仁在他的思想中俨然有同等的斤两。”

从以上三种观点中可归纳出，各自所主张的孔子是否罕言“利、命或仁”之依据，主要是看《论语》中谈到的次数或其字出现的频率，出现少的就是“罕言”，多的就是“赞许”。我认为据此为根据来讨论孔子罕言利，还是罕言命或仁，表面上有道理，实则无理：讲多了的不一定就赞许，不赞许的东西也不一定少讲。正如现实中，人们讨论或争论最多的往往就是人们不大认同的思想或观点，已经是真理的反而言之极少。就算单从《论语》中而言，孔子谈到“利”的还真不少，首先这里的“利”不能单纯地认为就是“财利”，还应包括对事物“利害”关系问题，如对孔子表达的对“富”与“贵”的态度以及处事为人时的选择方式等等，都属于言“利”的范畴，虽然不是直接言“利”但都会触及利益关系。只是孔子谈利时，总是“义与之比”，主张“见利思义”反对“唯利是图”，对正当的获利也是赞成的。由此说来，《论语》中言及“利”的也是大量存在的，所以不能说孔子罕言。如果我们再走出《论语》之外看孔子所言，如其所做的《易传》中，言及事物利害关系的更多，就数量上看远远超过“仁”字的出现频次，由此也当然地不能认为孔子罕言仁的结论一样。孔子敬畏（说认同也可，顺从也罢）天命是事实（论语中就能体会得到），推崇（说赞许也行）仁更是明摆的事。因此，解读本章文字的关键是落在“子罕言利”上，且把它理解为孔子“很少说利”，也是没有根据的。那该怎样解读它才能符合孔子的思想呢？

罕，罕古文罕字不入宀部，而入网部，本字作“网下干”（后简化为罕），《说文》：“罕，网也，从网，干声。”而“网”即“罔”字（古陶文作网）。“罔”在古文中常作否定义“无、不”解。所以，这样看来“罕”有表否定的义项成分在里面。南方人好常说一句话：“我不希罕”。比如，有人对一个女孩子说：“某某可有钱了，你嫁给他能过好日子的”，她回答：“我不希罕！”意思就是：他再有钱我不羡慕，不在乎。不在乎就是不看重，即这个东西不是自己所想得到的。罕言，不妨可以理解为“不肖于言”，意思是说孔子对“利”不看重，不在乎。事实上，我们就孔子的一生来看，他的确不是一个重名利的人，没有特意地去追求什么自身的利益，终其一生都是在为传播其“仁道”的理想在奋斗。据说，晚年孔子的生活费都是依靠子贡的资助。再结合《论语》本篇后面的几章文字来看，孔子有尊天命，为事不及个人利害，一心为行仁义的内容表述。也许，本篇的这开章之言，是《论语》编辑者所添加，用以概言孔子的人生态度。

本章可译之：“先生不肖言利，而敬顺天命，践行仁道。”前一个“与”由“赞许”引申为“敬畏，顺应”义；更或者，从“与”的“参与”义项中引申出“从事，研究”义。与命，可理解为“一生都沉浸在对命理的研究之中”。后一“与”由“参与”引申为“用，为”，也可把“与”通假为“举”，解为“推崇，推举”或“宣扬”等意思。与仁，可理解为“一生都在宣扬他的仁道思想”。解读是否合理，读者们再仔细心究吧。

2 一技一艺非君子

君子上达，追求的是形而上者的大道，不求一技一艺之长，即君子不器（形而下者谓之器）。天道形大，执艺器小，时人皆以成大器者当以专长而就，不知道之大义，博之学理，故而孔子调侃“执御”以喻时人之偏执。

9.2 达巷党人曰：“大哉孔子！博学而无所成名。”子闻之，谓门弟子曰：“吾何执？执御乎？执射乎？吾执御矣。”

郑玄注谓“达巷者，党名也，五百家为党”。《汉书》注说认为“达巷”为地名，“党人”指项橐（即传说其七岁时孔子拜其为师者）。康有为说此“达”字当为上章误入的，且说“巷党，鲁地”。现人方骥龄说“达巷疑非专名，乃乡党间四通八达之道也。‘达巷党人曰’者，街谈巷议，道听途说，适为孔子所闻，亦必为与孔子同时之门弟子所共闻，故孔子不得不向其门弟子自我辩解。”总之对“达巷党”有歧义，各说其辞，难以考定。但不管怎么说，有一点是明确的，前人多把“达巷党人”视为聪颖的人，不然不可能会这样评价或议论孔子的。人们称赞“大哉孔子！”——伟大啊！孔子，“博学而无所成名”——对此的解读却出现了分歧，不同立场的人们观点也不同，有说是在惋惜孔子，也有说是在讥讽孔子。

朱熹注说，“博学无所成名，盖美其学之博而惜其不成一艺之名也”。朱认为，达巷党人在赞孔子博学的同时，又因孔子没有很突出的一技之艺而惋惜，而叹息。后人从朱子说者众，如杨伯峻就主叹息说，说孔子博学，然可惜没有足以树立名声的专长。更有甚者认为，这是人们在讥讽孔子，如林语堂，说孔子博学，可惜样样都通、件件稀松，此言外之意是说孔子表面上伟大，但实际上算不上博学多识，他什么都懂，但什么都不精，没有特别的长处而让人称道。郑玄注云："此党人之美孔子传学道艺，不成一名。"毛奇龄在《论语·稽求篇》申明郑义"所谓不成一名者，非一技之可名也"，意思是说孔子广大渊博，使人不知道该针对哪一技能来赞美他（因为孔子每一技都高明）。即郑玄认为，这全是对孔子的赞美，毫无惋惜与讥讽。

我们从"大哉孔子"句，可明显感觉得出来，这是赞美的感叹，完全看不出是对孔子学识或技艺不足的叹息。既称其"博大"何来不足？即便是惋惜，那也是对孔子的如此博学，竟然没有成就更大的名声而不平。讥讽说更是站不住脚。我们用心体会一下，都已经在用其博学之大来称颂孔子了不起了，岂有讥讽之理？如果说，人们是因为孔子不是凭借其一技之长成名的而惋惜，理也说不通。既然已经成名了，又何必穷究其成名的名头呢？是的，人完全可以凭一技之长闻达，比如，有人写小说成了作家成名了；有人写毛笔字写成了知名书法家也成名了；也有人靠演戏成了角，也是成名了，等等。凭一技一艺是可以出名，尚若无一技一艺却同样也扬名了，更何况凭借的是全才之能，岂不更伟大？所以，达巷党人盛赞之。当然，按常理，一个人一般是依某一方面的专家而成名的，但孔子不是，所以其赞语中包含有难以理解的困惑，这是肯定的。但困惑不是讥讽，人们困惑的是孔子为何如此超常，远远脱离了常情，超出了常人的想象，难以理喻，所以才让人更加的感叹。如果一事一物都是平常所见，自然也不会生发感叹。

皇侃注说："大哉孔子，广学道义，周遍不可一一而称，故云无所成名也，犹如尧德荡荡民无能名也。"他的解读与郑玄相似，只是他把"无所成名"等同于"无能名"理解了，我认为有失正理。"无能名"是不能"名"，即找不到恰当的语言来称赞，此"名"是动词；而"无所成名"是"没有依据什么东西成就其名"，后者的"名"是名词，两者从句型结构和文义上完全不能并论。"博学而无所成名"就是说，孔子的"广博学识"之名，不是凭借一技一艺取得的，即名指的是"博学"的名声或称谓。既然称"博学"，当然不是仅仅依据一项专长所能够的。孔子不依一技一艺，成就了博学之名，所以才更了不起。

朱子说，因孔子不是凭借一技之能成名的，所以人们表现了惋惜之情。这一定是受了孔子后面话的影响，而产生的误解。表面上看孔子后面对弟子们所做的"辩解"，感觉到达巷党人之言似乎存在惋惜或贬损孔子的可能，但我们要细析孔子何因而言之，这是关键。我认为，孔子之所以做如是回答，其主要因素，不是针达巷党人的那句感叹，而是存在于感叹背后的，人们对成名的狭隘的固有观念，更或是人们错误地理解了他。世俗皆以成名当须借助于一技之长，这与孔子的观念正相违背。因孔子主张"君子上达"，追求的是一种精神，然后用这种精神感染他人，带动人们共同向善。即真正的君子不只是做形而下的器者，不在成就“专家”之名，而是要修为仁者之身。是人们完全误解了孔子自己的追求，所以他才一半认真一半玩笑地说：“吾何执？执御乎？执射乎？吾执御矣”——好吧，如果非要我有一技之长，那我专做什么呢，驾车？射箭？我就专做个驾车高手吧。执，本义指“专心去做一件事”，有“执着，执意”的意思，把其解释为“做”有点狭隘。由于是“专做”故而有“拘系于一隅”即“拘限”义。孔子如此回说，另一个重要原因也是想表达他的谦虚，他不认为自己像人们说的那样博学。“射御皆一艺，而御为人仆，所执尤卑。言欲使我何所执以成名乎？然则吾将执御矣。闻人誉己，承之以谦也”（朱熹语）。这样理解应该是符合孔子其人之德行的。

孔子所追求的是道义而非专业，也不是要去做一个匠人。正因如此，论语将此章辑于此，是为承接上章“子罕言利，与命与仁”，再次表明孔子的确不为名利，而是在坚信天命的安排下，孜孜以求仁，并弘扬仁德，且躬行实践，不专于一技一艺之职业，即一生躬行君子，宣扬仁道。

3 变与不变宗于礼

人类的文明总是朝着进步的方向变化，即社会总是在发展的，并非一成不变。于哲学上来说，一切事物的运动是绝对的，变化也是必然，所以墨守成规最终会将自己逼入绝境。变则通，但变中也有相对不变的原则，如人类社会不变的乃是合乎人之常情的礼。因此变通也不意味着盲目的乱变。

既然主张变通，所以话不能说绝对了，否则把话说死了，说满了，同样也会把自己迫于死角，而无回旋空间。

9.3 子曰：“麻冕，礼也；今也纯，俭。吾从众。拜下，礼也；今拜乎上，泰也。虽违众，吾从下。”

“麻冕，礼也；今也纯，俭。吾从众”，其大意：本来用麻做冕，这是周礼所制，今天众人都用丝代替用麻，这样比较俭省（制作起来比较省时省事），所以我遵从。因为，不论用什么材质做的帽子，只要礼的形式达到了，宁俭不奢，所以孔子表示接受。孔安国注：“冕，缁布冠也。古者绩麻三十升布以为之。纯，丝也。丝易成，故从俭也。”朱熹认同孔说并进一步解道：“缁布冠，以三十升布为之，升八十缕，则其经二千四百缕矣。细密难成，不如用丝之省约。”也有人说麻冕是指用麻扎成的丧冠，还有说麻冕就是一种做工比较讲究的礼帽。按照我们现代人的观念来想，麻贱而丝为贵，怎么会说用丝反谓之俭呢？杨伯峻解释说："绩麻做礼帽，依照规定，要用二千四百缕经线。麻质较粗，必须织得非常细密，这很费工。若用丝，丝质细，容易织成，因而省俭些。"不知是否。不管怎样理解吧，总之孔子从俭的原因是其俭省，但前提是守礼的原则不能丢了。

"拜下，礼也；今拜乎上，泰也。虽违众，吾从下"，朱子注之云："臣与君行礼，当拜于堂下。君辞之，乃升成拜。泰，骄慢也。程子曰：'君子处世，事之无害于义者，从俗可也；害于义，则不可从也。'"意思是说依照古礼，臣见君王，先在堂下跪拜，等君王打过招呼后，到堂上再跪拜一次。皇侃注："下，谓堂下也……上，谓堂上也。"其他人的解说都与其大同小异，皆谓之周礼所制的君臣之礼。杨伯峻作译文："臣见君，先在堂下磕头，然后升堂又磕头，这是合于传统之礼的。今天大家都免除了堂下的磕头，只升堂后磕头，这是倨傲的表现。虽然违反大家，我仍然主张要先在堂下磕头。"

这里有个问题，既是君臣之礼，当为一般人所不能涉及，孔子也不例外（孔子只做过很短时间的司寇）。这种牵涉极少数人的所受之礼，我想孔子不至于拿到大众面前举例来表述他的"虽违众，吾从下"的尊礼之思想吧，因为这太没有普遍性意义了。从"虽违众，吾从下"句义来看，只有在大多数人都这样做的情况之下而他偏不这样做时，才能说"违众"，若"拜上"只是极少数有资格者的行为，谈何违众？由"吾从下"句来理解，说明"拜下"也是孔子自己经常性的一种行为。所以，我认为这里的"下，上"谓为君之"堂上，堂下"不合实情。"上，下"应指处于"上位"或"下位"者（这在论语中也是常义）。我们心究一下：一个只对在其"上位者"（比自己官位高的人）作揖拜，而对于其下位者不屑一顾之人，才能称其为"骄慢"（泰也），因为他眼只朝上看。比如"子见齐衰者、冕衣裳者与瞽者，见之，虽少，必作"，"必作"就是孔子所说的"拜下"之礼。泰，通太，本有大义，如果此"泰"是自看自大，就成"骄慢，骄泰"了。

孔子坚守"拜下"表达的是君子的谦卑，是与人以礼的大度，也是对"人"的尊重。现众人只"上"拜，而不"下"拜，在孔子看来这是有失仁者尊人之礼的，所以他不"从"之。

所以孔子于下章说，我们心里不能只有"我"，否则就是骄慢、自私、自大。

9.4　子绝四：毋意，毋必，毋固，毋我。

通译本译其："孔子杜绝了四点：不凭空猜测的意料，不绝对肯定，不固执拘泥，不自以为是。"这里显然存在一个逻辑上的错误，如"杜绝""不凭空猜测的意料”，意思就又变成了“要凭空猜测意料”，可见这是个病句。毋，作否定词“不或无”义解无疑，问题就出在对“绝”字的错解上。就是说，解“绝”为“杜绝，戒绝”与后文联系来看是绝对说不通的（恰恰这也是大多学者的解释）。“子绝四”实为“子四绝”之倒叙，即“孔子有四个绝”。这里的“绝”应当按“无”或“毋”义来解，如皇侃注：“绝者，无也”可取。此“绝”有“绝对无”的意思成分，主要起强调的作用，即强调“毋意，毋必，毋固，毋我”之果断。原文可以这样表述——孔子绝对做到了四个毋：毋意，毋必，毋固，毋我。

下面对“意，必，固，我”进行解读。对这四个字的含义，历来学者的意见也不统一。对“意”各家之言大体包括“私意，任意（随意），臆测（测度，臆度），猜疑，自以为是，悬空揣测，意气用事，违逆心志诚意”；于“必”各家之言大体有“期必（按：期望这样），绝对肯定，乱下决断，斤斤计较”；对“固”总的解读包含“执滞，执守，固定，不泥其故，固执，拘泥固执，主观，故步自封，一意孤行”等说法；于“我”各家之说有“私己，自身，私意，唯我独是，自私”等。

罗列上述各家之解，再抛开其与“意，必，固，我”的对应关系，总体合起来可以看到，它们中的很多义项是重叠的。如“意”的“自以为是”就是主观上的对自己的一种“绝对肯定”（“必”项），当然这种对自我的绝对肯定表现出来的就是“主观”上的“固执”己见（“固”项），也更是一种“唯我独是”（“我”项）的以自我为中心自大的体现……等等。这，给我们带来一个启发：一、说明“意，必，固，我”各项中的寓意多少有重叠或交叉（很难用准确的词语表述出它们独立的个性出来），我们也无必要，非要划清它们的界线；二、只要找出与其对应的相对准确的词，以尽可能地把全体义项包含进来就可以了。

我们取杨伯峻的译文：“不悬空揣测，不绝对肯定，不拘泥固执，不唯我独是。”意，通“臆”解；必，自身就有“肯定，一定”的意思；固，有坚固义，人的意愿坚固到不能改变，就是一种固执；我，就是把什么事都以个人的愿望出发，一切以自我为中心。事实上凡事以自我为中心自以为是时，其行为上都会表现出“臆，必，固”的特质。一个修养不到家的人，最易出现的毛病也在“我”上，所以道家主张人要是修炼到“无我”的境地，万事皆空，走出凡尘，就立地成佛了。所以，“毋我”非常不易，能做到“毋我”也算是进到了孔子的“仁”之境界了。

其实，同时绝对地做到孔子的四绝是不可能的，就是做到了，也是在放弃了其他原则（包括正义的）的前提之下。可在放弃了原则之后，人重又回到了本性直的原点了。所以话不能说绝对了，说“子绝四”就过了。幸好这不是孔子自己说的，否则他是自己在跟自己下绊子。

比如：麻冕改作纯做，因为其俭孔子愿意从众，表现出孔子的“毋意，毋必，毋固，毋我”；而对只“拜上”不“拜下”他又坚持己见而违众，似乎又违背了“毋意，毋必，毋固，毋我”的原则。然而“拜下”是合“礼”的，也恰合了一个人的谦卑之德，是合义的或适宜的。可见，有时“必，固，我”从另一面也体现了一个人的坚持正义之心，和“固我”的胆略。所以，“毋意，毋必，毋固，毋我”也是有前提的，其前提就是“礼”。因此，话千万不要说得过满，要留有余地。

这个道理也告诉我们：对待任何事都不能盲目地坚守（包括对所谓的“真理”，对伟人的崇拜，也包括对孔子的崇拜），要有独立思考下的合理的原则。凡事没有绝对，只是在一定条件下的相对，否则坚持绝对就又重回“固我”的围圈了。

4　精神之力必有源

通常人处于无能为力的绝境时，总希望有天威神助，比如人在绝望时常会不自觉地呼天唤地一样，伟人也摆脱不了常人的心理。孔子一切精神力量的源泉来自他对周礼文化和天命正义的强烈自信。孔子的“与仁、与命”多多少少透视出了其思想的矛盾性，他在鼓吹仁道力量的同时，又不自觉地表现了对天命的精神依赖。可见，孔子的思想存在天然的无法掩盖的漏洞。

9.5　子畏于匡。曰：“文王既没，文不在兹乎？天之将丧斯文也，后死者不得与于斯文也；天之未丧斯文也，匡人其如予何？”

匡，宋国一城市地名。据《史记·孔子世家》说匡人曾经遭受过鲁国阳货的掠夺和残杀，匡人恨之。据说，孔子的弟子颜克曾经参与阳货为害匡人，这次孔子来此正好是颜克驾马车，被匡人认出，而孔子又貌似阳货，便遭当地人的围困并发难，或说要杀孔子。另一说法是当时楚国正进攻卫、陈，在孔子从卫国到陈国途中经过匡地时，当地人不了解情况，起了疑心并产生戒心。今河南省长垣县西南十五里有匡城，可能就是当日孔子遭难之地。

畏，取义有分歧。按现代义解说其为“惧、恐”即害怕、恐惧等意思。但崇孔子者们认为：孔子乃圣人，岂有临危而惧之情，故提出异议。如宋邢昺：“‘子畏于匡’者，谓匡人以兵围孔子，记者以众情言之，故云‘子畏于匡’。其实孔子无所畏也。”朱熹解为“畏，有戒心之谓”；有人取“畏，难也”或“危也”即作“遭难”，“遇到危险”解；也有人说此“畏”通“围”通“隈（按：曲折）”；还有学者认为畏是“围”字之误，等等；钱穆解释说，“古谓私斗为畏，匡人之拘孔子，亦社会之私斗，非政府之公讨”；杨伯峻索性直接解释为“拘囚”的意思。总之，自古为“畏”字一直存有争论。

我认为，首先，畏字在这里应该是被动用法，其有畏惧的意思，但若直接取“畏惧”义，即解读为“被畏惧”话说不通。我们来看“畏”字的甲骨文：其形意为“鬼拿枝打人”。鬼本身是可怕的，又遭其打当然令被打之人产生“畏惧”——这是站在被鬼打之人的心理角度上会意出来的意思。若是从事件的宏观来会意，此人遭遇到了“恶运”，即将会有“灾难”或是说有“危险”的事要发生了。所以，我们于畏字的本义构成出发，将其解读为“遭遇到危难”比较合乎文义。

“文王既没，文不在兹乎？”文王指孔子所尊崇的圣人周文王（西周开国君王）。文，指周文王创立的礼乐制度文化。道之显者谓之文，文王虽然死了，但他创立的文化还在这里。孔子深通周初文武周公相传之礼乐制度，即自认为其道藏于己身。兹，此，这里主要是指代孔子自身。孔子自信他是继承了文王，是文化的使者，并相信上天降已于世就是为了让他来传播周之文化的。所以他说：“天之将丧斯文也，后死者不得与于斯文也。”——如果上天想让文王创立的文化消亡的话，也就不会让我这个后死之人拥有这个文化了。因此，“天之未丧斯文也，匡人其如予何？”——既然上天不想消灭这一文化，那匡人将能把我怎么样呢？言下之意就是说，匡人一定不会违天之意（或天意也不会允许他们）加害于己的。

仁者不惧，这里表现了孔子对文化力量的自信，但这种自信只能存在于精神层面之上。可以想象，如果匡人真的不仁或是一直误解孔子就是阳货，而置孔子于死地，上天是根本救不了他的。史说，孔子得以解脱危难是因匡人消除了误解，并不是因上天为保护文化间接地救了孔子。精神的力量，可以使人不畏惧，但绝不会因此化为真实的力量以抵抗武力的。孔子受时代的影响，其思想也是敬畏天命的，并相信天是能主持正义与公道。这多少也体现了儒学的宗教观。纵观孔子的思想，孔子是处于唯物与唯心之间的矛盾状态，他一方面主张对天（鬼神）的敬而远之、不违天理，即重人道轻天道，但有时又希望上天真有神灵，能助自力，盼望通过祈祷上苍能助人为。他强调人的主观努力，但又不得不承认天命；他强调知命，但又不是消极地听天由命，不放弃为仁的主观能动作用。这就是他思想矛盾着的两面。如“与命与仁”就是这种矛盾的表现。在现在的境遇之下，他就希望天能助之，当然，这也反映出孔子的一种无可奈何的心情。我还是这样说，儒学没有形成完整的理论体系。

事实上，孔子几乎穷其一生在为推行文王的礼乐文化而奔忙，且明知不可为而为之，也许正是出于他的这一精神支柱。

5　圣与多能无干系

圣，在某种意义上来说是对仁者有功于人类社会的赞词，它与人之德的关联性要远远强于一个人的才能，所以圣者并不等于一定多能。以多能而称之为圣是误解，所以孔子用“君子多乎哉？不多也！”这种自问自答的方式进一步强调，君子在德不在能。这与前一章达巷党人赞孔子时，孔子所表达的观点是一致的。

9.6　大宰问于子贡曰：“夫子圣者与？何其多能也？”子贡曰：“固天纵之将圣，又多能也。”子闻之，曰：“大宰知我乎。吾少也贱，故多能鄙事。君子多乎哉？不多也。”

“大宰”之“大”当为“太”字（因此有的版本中直接用“太”替换“大”）。太宰，周时代的官名，系掌管国君宫廷事务的官员。当时吴、陈、鲁和宋国对上大夫也称太宰，这里具体是哪个太宰不确定，认为太宰是指吴国的太宰嚭为多数学者的观点。

“夫子圣者与”之“圣”，古人所指本来比较宽泛，自孔子后，儒家始尊圣人为德之最高者，其德之所以最高，是因他以其德有功于人类或社会。故此“圣”，就是指有功于社会的人。

对太宰之问的解读，归纳起来一般有这么几种与其文意不太相和的观点。

（1）认为这是太宰盛赞孔子为圣，且又多能。其问形如：“夫子圣者与！何其多能也！”——先生是圣人啊！又如此的多能！这里“与”做语气助词；“何其”如同“明日复明日，明日何其多”之“何其”义，有感叹如何如何多的意思。

（2）多数人认为：太宰对孔子被誉为圣人有怀疑，因为在他的观念里，作为圣人是不该多能的，然孔子却如此多能，怎么会成为圣人的呢？所以疑而问之。且说“多能”意指多能于小艺。其问形如：“夫子圣者与（欤）？何其多能也。”——如此的多能，先生能是圣人吗？如皇侃注疏：“太宰问孔子圣，又问孔子多能，而其心疑圣人务大，不应细碎多能。”

（3）另有一部分人的观点认为，太宰之问是对孔子能否称为圣人有疑，同时对孔子为什么会多能不解。其问形如：“夫子圣者与（欤）？何其多能也？”——先生是圣人么？什么原因又这样的多能？

从其整章句子构成看，若是直接的赞颂孔子，文前不会有“问于子贡”之言用“问”字。再从子贡的回答“固天纵之将圣，又多能也”——是因为上天纵使他成为圣者，又让他多才多艺的。在句意与说话的口气上来分析，这不像是针对太宰第二种（上面所认为的第二种观点之情况）问话意思所作的回答，有点像是针对第三种情况下的答复。然而，我们再从孔子的回应“吾少也贱，故多能鄙事”看，又似在解释自己多能的原因，而接下来的话“君子多乎哉？不多也”，又似乎是在否定什么，所以也不是针对太宰问话心理的第三种情况。总之，前面三种针对太宰之问所解读的观点，都与后面的文意不相承应。

钱穆认为“太宰此问，盖以多能为圣”，就是说太宰发问的原因：在他看来所谓圣人是因为多能，即只有多能的人才能称做圣者。其问形如：“难道先生是圣人不成？不然怎么会如此多才多艺呢？”这样来解读太宰之问，整章文意上下就能相应了，意思也通畅了。“君子多乎哉？不多也”——君子就一定多才多艺么？不是的，君子不一定都多才多艺。君子比圣人档次低，所以孔子没有承接太宰所用之“圣”，而改说“君子”，表明孔子的谦逊（不承认其为圣，但至少间接地表明自己够得上君子之名了）。同时，孔子在解释多能时说：自己之所以“多能鄙事”（不直接说多能，而说自己多能的是卑贱的事，这也是表达谦虚），是因为自己小时候也是贫贱的。贫贱之人需要多能事，不然不能养活自己。

孔子的解释，具体的是针对子贡对太宰的回答而言的，同时也是对子贡所作回答之言的修正，和对其所持观点的间接否定。言外之意有二：一者，否定子贡的“天纵之”之说；二者，指出出身贫贱不能代表通过学习与修炼不能成为君子或圣者，而且，作为君子或圣者也不是必须要多能。称圣，是因为其有君子之功，而成就君子之名依据的是自身道德修养。所以，修仁成为君子，而后为民有功而为圣，是不在于其出身或是否多能。这符合孔子鼓吹修仁的一贯主张。

“固天纵之将圣”，对“固”都解释为“本来，原来”，我认为不确切。这里的固同“故”，是用来表达事情的原因的，可译为“这是因为”；对“将”字的解读也不统一，有解为“大”的（孔安国、刑昺：大圣之德），朱熹解为“殆”（大概），也有解为“为”的，或“至，达到，成为”等等。这里“将”有表达将来时的意思成分，是“必将”的意思。“必将”有“一定会，一定能”的肯定意味。所以，我认为这里没有必要拐弯抹角地去附会，非得找一个现代词来替换，这里可以不译；纵，有放纵义，即有听“凭、任由、不加限制”的意思。

在做了上面的解读后，再看“大宰知我乎”，其表达的意思显然是“太宰应该是知道我的啊”。这是一种肯定的疑问句形式，其后直接用句号。所以在“大宰知我乎”后断为问号——太宰了解我么？就具有了反问口气，我认为不合孔子的语气。我们心究一下：太宰毕竟是在夸自己多能，不至于心生火气加以反问吧；若于其后断为感叹号——还是太宰知道我啊！（杨伯峻作如此译）这种口气，又表现出了对别人的称赞，有一种迫不及待的认同情绪，多少给人有不谦虚的感觉。孔子解释自己多能时用“多能鄙事”，且不用“圣”而用“君子”如何如何，证明孔子于此是谦虚的。所以，用感叹也不合文义。

有学者将“君子多乎哉？不多也”之“多”，解读为“多余”，译为“君子具有一些做卑贱事的能力是多余的么？不多余啊！”做这种解读纯是为了附会“多能鄙事”，真是多余。这里孔子是针对人们对“圣（君子）”有一错误的理解，正如太宰所疑问的“圣一定多能”而言的，孔子表达的意思是“圣（或君子）可以多能，也可以不多能”，就是说成圣（或君子）与其是否多能没有关系。

6 个性在于超凡俗

所谓个性，其所呈现出来的必是非同寻常的存在形式，否则不能称其为有个性。艺，在某种意义上来说就是对个性化呈现的称谓，正如只有有别于大众的通俗表达，才能称之艺术性一样。也就是说，只有当你做到不被世俗所左右时，才可能有接近艺的个性表现，但对一个行为程式化或墨守成规者而言，艺必将与之无缘。

9.7 牢曰：“子云，‘吾不试，故艺’。”

本章中“牢”到底是谁，自古也有不同观点。郑玄注说：“牢，弟子子牢。”但《史记·仲尼弟子列传》中无此人，所以，大多数学者认为“牢，孔子弟子，姓琴，字子开，一字子张”。

前面孔子说自己多能是因为“少也贱”。同孔子一样少贱者很多，但为何如孔子一样的多能者却不多见呢？这是因为少贱并不是多能的唯一原因。所以，其弟子在编撰《论语》时，把牢记录的孔子对他所说的“吾不试，故艺”辑于此，以示先生多才多艺的另一原因。这里的“艺”有应上章“多能”而言的可能，可理解为多才多艺的意思。有人说“艺”是指孔子传授弟子的“六艺”，我认为不全面，六艺是艺的一部分，技艺也是一种能力，如果仅实指“六艺”，那太宰也不会那样感叹孔子的“何其多能”了。但“不试”为何就能“多艺”呢？这是正确理解本章文意的关键。

郑玄注说：“试，用也。言孔子自云，我不见用，故多技艺。”朱熹取郑解，说“试，用也。言由不为世用，故得以习于艺而通之”。但如何叫“为世用”？没有做进一步的解释。于是后人在取“试”为“用”的基础上，引申为“被任用”，即指“做官”。李零在《丧家狗——我读论语》中干脆把“试”当作“考试”，解为“考察、举用、出世做官”，如此未免就望文生义了。不做官就多艺？关系扯的有点远，而且不能做官的人更多，如果说不做官就多艺，那多艺的人多了去了。然而，还是有人为此大加附会与曲解：因为不做官，就不会只忙于考虑当官的事，自由时间多，可以自己做自己想做的事，于是就多艺了。南怀瑾就把此说当作笑话看，他说：

如以现代观念来说笑话，孔子没有参加联考——考试，所以学问渊博了。好像反过来说，一参加考试，就完了。有没有这个道理？当然没有。也有人解释说，孔子是说，因为我不轻于尝试，所以就多才多艺了。这是什么说法呢？他们说，在大庭广众之中，或在宴会里就看得到，凡是喜欢说话的人，容易被人家看穿；而坐在那里，一问三不知，不表示意见的人，谁也不知他的学问多高深，实际上也许一点学问都没有。这个道理，宋太祖赵匡胤曾经运用过。当时江南还没有平定下来，江南来的使臣是文学家，有名的才子，南唐的徐铉，奉命出使到宋朝来。赵匡胤就考虑，在宋朝有哪一个大臣的学问可以压倒徐铉？经过一番讨论，决定不下来，结果宋太祖在自己卫队中，选了一个相貌堂堂的卫士，穿了外交礼服，去对付徐铉。徐铉到了宋朝，一一表演，上自天文，下至地理、哲学、科学、文学都搬出来。而这位冒充外交官的卫士，唯唯是应，什么都不谈。三天以后，徐铉就认为宋朝的确有人才，以这位负责接待的先生来说，深藏不露，不知道有多大的学问。所以“吾不试，故艺。”也可以从这第二个笑话去理解。还有第三个笑话，是拿童二树的不考试来解释。童二树这个人，我似乎提过，是清代的画家，梅花画得很好，也是有名的理学家、学问家，但没有参加过考试而没有功名。古代考试都很麻烦，为了防止“夹带”要搜身。童二树在进考场时，门口的警卫要搜查他。他说国家开科取士，目的是要甄选天下的人才，现在我来应试，却先把我当小偷看待，我的人格就首先丧失了，那我何必参加考试？他就这样提着考篮走了。从此不参加考试，在家里读书做学问。做学问自己用得着，然后就成大名。这是第三点解释。

南怀瑾的解释如下：

那么我们来寻求这句话的真正含义，上面孔子刚刚讲过“吾少也贱，故多能鄙事”，而下面由他的弟子琴牢说出，孔子说：“吾不试，故艺。”这样连起来看，这句话的意思是，孔子的求学问，是为自己学问而学问，并不是为了要尝试什么，并不是拿学问当作工具求取功名。秦汉以后的儒家多用孔、孟思想做敲门砖，求取功名，这不是孔子的精神。孔子因为是需求为自己做学问，不以学问作功名富贵的尝试工具，所以他的学问，到达最高的艺术境界。我们现在读书、进学校是为了将来求职业，为了前途，所以书读得没有艺术境界，很痛苦。过去我们读书，像我个人，喜欢研究佛学，喜欢研究禅。在当时来说，是开倒车，没有人理的古董，但是我喜欢，有兴趣，爱学什么就学什么。若是让我学政治、银行或经济，恐怕打死我也学不好，说不定圈圈都会画错，一万元多一个圈就是十万元。谁知道当年所走的冷门，几十年后的今天都变得这么热门，真是我想不到的。那当年为什么求这个学问？为自己作，没人要求，只是自己兴趣所在，非做不可。因为这样，才没有条件，没有限制，也不考虑这一套东西学了能不能混饭吃。没有饭吃喝稀饭，没有稀饭还有西北风，谁管它那么多！必须有这个精神，才能深入，才能称为学问，所以“吾不试，故艺。”大概可由此看到一些名堂了。

南怀瑾的解释有点道理，但还不够彻底，因为他无意识地还是把“不试”当作“不追求特定的职业”来解读的，这与“做官”说同类。不过，他又于无意识之中地揭示了一个道理——孔子不被“世俗”所左右，所以才多艺。我说的“世俗”，即世间于求学问的功利观，依照某个功利性为目标，按照世人的程式去效法：唯求功名而学，不是出于兴趣，或个性化地去追求学问。孔子所说的“不试”正是这个意思。“试”具备“规范性的，程序性的”意思。考试之“试”就是指：用规范的言论，进行程序性的问答。试，在这里可理解为“符合社会一般常识、规律，或常人的习惯或行为程式”等意思。“试”字的这个义项主要是从“式”字得出来的。

式，其甲骨文，意思是手拿兵器监督或管理“工作”（“工”指示的是“人在工作或劳作”），其本义为“纠察、执法”，使之以规范施工或有序的生活，引申表示“规范”。试=言+式，表明“规范性言论，程序性回答或程式化的语言”，或“按规定的想法正式地做”等。正因为孔子“不试”即不入世俗观念，不落俗套，而是依照自己的想法做自己想做的事，所以才“艺”的。

艺，在今天主要是用来称号个性化的东西，如艺术品，没有个性的作品是不能称为艺术品的。同样，具备个性化的人才能称为艺人。孔子因为不为世情所累，且超凡脱俗，所以其“能”才可以称作“艺”。反过来说，人如何才能有“艺”呢？不试！——不要被世俗所累。

7 全能不成专家名

知无穷尽，学无止境，有所知必有所不知。只有全能的上帝，没有通晓一切的凡人，也根本不会有全能的专家，即便智者也有千虑一失之时。

9.8 子曰："吾有知乎哉？无知也。有鄙夫问于我，空空如也，我叩其两端而竭焉。"

对此章的解译也存在分歧，主要表现在这样两个方面：一、"空空如也"其主语是"吾"还是"鄙夫"，即谁"空空如也"；二、"叩其两端而竭焉"，是说经过叩问问题的两端后把答案给揭示（竭：同揭）出来了呢，还是孔子只是在叩问了问题的两端后，就因其缺少（竭：穷尽）相关知识而无法给出答案。

争论的观点在于：其一，孔子是一位圣人，其智慧超群，虽说对鄙夫所问不能直接解答，但通过揣摩问题的两端，经正反两面的研究，穷尽其意得其"中"，从而把问题揭示出来了。其二，这里孔子谦虚，以举例说明自己不是多能，并不是什么事都懂。对于鄙夫所问，心中空空的并没有底，只是问了问题的两个方面，就没了办法（竭：穷尽）了，从而无法给出正确的答案来。叩，有说是"询问"；亦说"用耳朵认真地听"；或说是孔子"叩求、搜索"；有说是"敲，或作考"；也有学者认为是"反问"即孔子转叩问此鄙夫，循循地诱导他打开心智以示其自知开悟。总之，各说各理，好像也都有道理，但孔子其说的事实只能是一种，到底谁是谁非，确实需要读者自己心究了。这里我心究如下。

"吾有知乎哉？无知也"，如果认为其"知"是知识（"知"当智慧解时道理同样），那我们就对"有知"和"无知"之说体味一下。通常我们说某人有知识，是指他的学问比较高（至少是高于常人的），特别是他在某一方面知道的很多、很深、很透时，但绝不是说他什么都懂，什么都会（当然，因为他某一方面很有知，会给人们的心理上有种知识面宽的感觉）。毕竟知识的种类丰富，特别是在当今的知识爆炸时代，你有所知必然有所不知。你用心体味一下，当我们称某人有知识时，通常心里所默认的是他在某方面很专长，而不是什么知识领域都懂的"全家"。同样，你在说一个人"无知"时，也并不是说他什么都不懂，什么都不知道，若真是这样，你一定会说他是傻子了。所以，孔子于此言其"有知"与"无知"，当然也是有其含义隐匿其中的：即无知不是什么事都不知道，有知也不是说什么事都懂。此外，一般在人与人之间当面对话交流时，都是处于特定的语境之下，对所言之事双方都会有默认的所指，通常会省略前提的描述，但双方都会心知肚明。比如，你在做了某件自认为很不聪明的事后，通常会对朋友说："我真傻……"，听者自然明白，你说的傻是特指这件事而言的。这里，孔子在说自己"无知"，当然就是指他对后面所举鄙夫之问的例子而言的，并不是通常意义上的"无知"，不要忽略孔子想表达的语义。

接着上面心究的结论，再结合整章文字的语境分析，这里孔子显然是在说明自己对鄙夫之问是不知的，仅是举其一例而言事。所以整段话所指对象当然是"吾"，不会涉及鄙夫如何如何，因为这里所举例的仅仅是鄙夫的"问题"而不是"鄙夫"其人。因此"空空如也"当然是指"吾"，以表明"吾"对此问题的答案心里空空的什么都不知道，即言对其所问之事是"无知"的。

如果上面的心究过程你认同的话，那我们来看接下来孔子所言"我叩其两端而竭焉"。既然，孔子所言是自己在说事，所有的话当然也于鄙夫无干。既然别人向你提出了问题，即便不会，但出于礼貌一般是不会直接拒绝，其主观上肯定是想为别人解决问题（这点应该不会有怀疑）。同样，孔子也没有直接拒绝，而是想通过不断的询问，并于每个所问的回答中加以推敲，以便找出答案，但结果还是穷尽了，不能作答。简单地说，孔子借这个例子所欲表达的是：人不是什么事都知道的（人不可能是什么问题的专家，否则就不称其为"专"了），比如我（孔子）就不知道"鄙夫"所问的这个问题，即便我从各方面询问，还是找不到答案。

假如说孔子最后通过叩问，完满地给出了问题的答案，就不能说是"无知"了，不然，前后之言的语境就不能统一。叩，其字的结构是"口+耳"寓意的是：用"耳"认真地（字的结构中突出了人之耳，有示意认真听的意思）听别人之"口"言。能做到认真地听，当然是心脑并用的，若听"口"言并动脑思考，叩就有了"推敲"的意思。叩其两端，意思是指对问题经过反复地，前后正反的，于各个方面进行推敲，表明孔子对这个问题是做了仔细地琢磨过，但最后用尽了思考也没能琢磨出答案来。如果对一个问题在不加任何的思考之下不能回答，就不能叫无知，而是不想知。只有确实动脑思考过后还不知，才真能说是"无知"。因此孔子说"我叩其两端而竭焉"——我通过反复思考后还是没有答案——这才符合孔子举例言说自己"无知"的事实，于全文才顺理成章。本章中心思想就是想接于上前几章所言，表达孔子观点：我多才多艺，并不等于什么都知，什么都艺。

因此说，全能不是专家，人有所能必有所不能。也因此，人不能不谦虚。孔子是专家，可以是教育家、思想家、文学家……即便是多"家"于一身，但还是比不了全能的上帝。

8 子至无望也矣夫

眼见着为之奋斗一生的，以求恢复旧礼制来拯救世界的理想将至破灭，但孔子仍然保持着清醒的头脑，虽有惋惜之叹，但终不被其所困。晚年的孔子释《易》、删《诗》、修《春秋》，全然不见自暴自弃。也正因他的这一明智，才给我们留下了更多宝贵的精神食粮。

9.9 子曰："凤鸟不至，河不出图，吾已矣夫！"

凤鸟，即凤凰，是古代传说中的一种神鸟，雄的叫凤，雌的称凰，其羽毛非常美丽，是百鸟之王。传说凤凰在舜的时代和周文王时代出现过，它的出现预示着天下太平，圣王出世。河图，即指"八卦图"。传说上古伏羲时代，黄河中有龙马背上驮着八卦图出现，此图的出现是"圣人受命而王"的预兆。《书》曰"箫韶九成，凤凰来仪"，及《易》云"河出图，洛出书，圣人则之"皆言王道太和来到人间。

这里孔子说"凤鸟不至，河不出图"后，接着发出了"吾已矣夫"之言。对"吾已矣夫"的解读也是众说纷纭。有认为是孔子感叹"天下无清明之望"，或叹世道将衰，周室将亡；或说是孔子慨叹"自己生不逢时，天命不纵，无以推行其思想学说"；又有说是孔子"对自己要实施大道没有了指望"而伤感等等。不过宋代的郑汝谐，独不认为是孔子感叹，而说这是"疑辞"，他将句末的夫字之后断为问号。

总之，各学者都是以个人的主观臆想而度孔子之腹的。又比如，孔安国注说"有圣人受命则凤鸟至，河图出"，而今天无此瑞兆出现，所以孔子感叹自己"不得见也"。即是说孔子因不能看到此瑞兆而叹惜，为什么叹惜，叹惜什么没讲明。皇侃注之"夫时人皆愿孔子有人主之事，故孔子释已不得以塞之也。言昔之圣人应王者，必有凤鸟河图之瑞，今天无此瑞，故云吾已矣夫"。皇侃的意思是说，世人都希望孔子出世主国事，于是孔子用无有凤鸟河图之瑞象，解释自己不得如此，以搪塞世人之说。

钱穆译之："凤鸟不来，河中不再出图，大概我是完了吧！"今人大多都取此解，皆认为是孔子非处太平之世，倍感失望，而发出此"吾已矣夫"的息志之音？"吾已矣夫"是否为孔子的息志之音。此说值得商酌。如果仅仅是说孔子开始的"欲出仕而救世"之志已经熄灭倒也可以，而统说孔子息志恐不合其一生所为的实际。孔子曾多次慨叹“道不行，乘桴浮于海”（《公冶长第五》），“道之不行，已知之矣”（《微子第十八》）等，但从没有说过自己“完了”这样丧失志气的话。而且孔子“自卫反鲁，然后乐正”，即便其志向改变了，但其志没有停息。要知道孔子是“老师”，一方面他肯定希望弟子能接续他的意志，实现自己的理想；另一方面，他肯定会注意到自己的身份，不会用息志的话去挫伤弟子的意志。

孤立地看一句话，于读者的身份、阅历、学识等的不同，自然会有不同的解读与感悟，要完全还原本义是比较困难的。现在我们结合前文，并把它置于《论语》全篇中解读，应该是比较接近孔子的，至少是比较接近《论语》编撰者的心思。此章前文，是世人赞孔子为圣，并夸其多能，接着是孔子自谦“无知”，于此编撰者把此章续于其下，想必也不是胡乱为之。我认为，他们是想接着用孔子自己的话进一步表达谦虚：孔子用“凤鸟不至，河不出图”表明“凤鸟至，河出图”的奇迹是不能再发生的了，言外之意是说自己已是江郎才尽，功名至此而止，个人的提升空间到顶了，一生也注定做不出什么再伟大的功绩了，如此而已。已，有表结束、完结、停止等义。这从侧面也体现了孔子的自知之明，非有好高骛远的不切实际之想，对自己的能力是清醒的。当然，在当时乱象之际于孔子的内心多少会有些慨叹或失落是肯定的，但绝不是息志之音。孔子一直主张“天行健，君子以自强不息！”本篇其后的“子在川上曰：逝者如斯夫！不舍昼夜’”，想必也不是伤感，而是用“时光将一去不复返”激励弟子们要只争朝夕，要像川流不息的河水永不休止。

孔子并没有固执己见地一条道走到黑，在清醒地意识到自己推行仁道的理想将成泡影之后，改弦易辙，另立新志。孔子的人生也给我们今天的人们带来启发。

9　平易之下显真善

一个人的修养是融入他一切无意识的行为之中的，会体现于日常生活的方方面面，即于平易之下方能显现出一个人的真善。仁爱之心、体谅之情，无关乎对象之贵贱，若是哗众取宠的做作只能越发地证明一个人的虚伪。孔子的一生也是为人师表的一生，他随时都用其仁心示范众人。

9.10　子见齐衰者、冕衣裳者与瞽者，见之，虽少必作；过之，必趋。

齐衰（cuī），衰，同缞，丧服之一，用粗麻布制作，因其缉边缝齐，故称

“齐衰”，“缉边者曰齐衰，以熟麻布为之。不缉边曰斩衰，以粗生麻布为之。齐衰服轻，斩衰服重，言齐衰可兼斩衰，言斩衰则不兼齐衰也”（钱穆注）。据说，这种丧服穿着时间分一年、五个月、三个月不同，要视生者与死者的关系而定。瞽者，即双目失明的盲人。“冕衣裳者”，衣指上服，裳是下服；对“冕”字多解为礼帽；“冕衣裳”有解读为“穿戴着礼帽礼服的人”，由此也有人认为是指“当官”者，也说是指“参与祭祀的人”或“迎接上宾或诸侯国的使者”；朱熹说“冕而衣裳，贵者之盛服也”，意思是指有尊贵地位的人，等等。若是孔子对当官的以礼而待，完全没有必要拿来说事，因为见官、见贵人行之以礼与常人无异，并不能独见孔子的特别之处。而且这里把“尊贵地位的人”与服丧者、瞎子相并论而言，不合常理。据《鲁论》谓：“‘冕’当作‘絻’，絻与免同。《礼记·士丧礼》：‘众主人免于房’。《礼记·丧服记》：‘朋友皆在他邦袒免。’齐衰服之重者，絻服之轻者。”① 其意思为“冕衣裳者”也是指着丧服者。程石泉认同钱氏的观点，我也认为此解比较合乎文义。“丧礼，去冠括发，以布广一寸，从项中而前，交于额上，又却向后，绕于髻，是谓娩。言绕衣裳，则此衣裳亦丧服”（钱穆注）。

“子见齐衰者、冕衣裳者与瞽者”——孔子见到服齐衰丧服的、轻丧去冠括发的和失明的人。这里的“见到”就是通常意义上的“看到、碰到或遇到”等义。有人说此“见”与下文的“见之”之见有重，故对“见之”之见大加曲解，如“召见，接见，请见”等（异见较多、较杂不再列举），从而演义出不同的解释。此外，对“作”都认为是“起”义，即见到他们本来是坐着的，就会立马站起来。但是，如果孔子“见之”时本就是站着的，那又该当何“作”？所以，我认为把“作”解为“站起来”不合理。“过之，必趋”大多解释为“从他们身边经过时，则必改步疾行”，对此分歧不多。

用“见之，过之”是行文的对称之所需，若“过之”解为“从身边经过”，那么“见之”所表达的行为动作当不会距离“过之”太远，否则“对文”就不成立了。依据此，我认为“见之”意思当指“正面相遇”，即指面对面相遇，此“见”同“现”，即指在眼前出现（如俗话的“照面”）。作，应解为“作揖”即有“揖让”之义。全文的意思是说孔子与上面所说的三类人在路上照面相遇时必揖让（以示见谅，因路中相向而行必有给对方带来妨碍之可能），从他们的身边经过时必快走（以免影响他们）。因为，路遇总有挡道之嫌，况且他们尤其是盲人，行路必然比正常人为难，所以孔子要揖让以请，过之以避。这表明孔子对他人的尊重之情、体谅之心，以及坚持“拜下”的谦卑之礼。

---

① 钱大昕《浅研室文集》。

“虽少”都说是强调：即便他们（前文所列的三类人）比孔子年少，也如此而作。这也不合情理。既然，孔子对年老者与年少者多是如此有“作”，再强调“年少”意义不大。而且，我们心究一下，如果一个人有礼，当事总会表现出有礼貌，如果其“礼”是附带条件的，就不能说其人真有礼了。再一个，当我们遇到所应礼遇的对象时，还要看看对方的面相，以判断是不是年少于自已不成？这显然有悖常理。所以，我认为这里的“少”应该不是指年龄小于自己，而是指时间之“短”。相遇而过即便时间再短（毕竟对他人的正常行路多少会有影响），孔子也会作揖以示歉意。趋，也有表示时间短的意思，孔子路遇他们时快步超过，也是为了避免长时间地打扰。

孔子的这种对人的体谅之心、尊重之情跃然纸上，也充分体现了孔子的仁者之怀、君子之风、大人之度、学者之范。

10　有形却是无形场

伟人不是因为他脱离了凡夫俗子之形，而恰恰在于他实实在在的凡人之体，总能投射出一种感染力。这种感染是形而上的，但又真实地存在着，所以难以言表。这就是人格魅力，能于有形之躯产生无形之场，释放着一种精神的正能量。比如上帝非常了不起，但由于他脱离人的世界，而没有人的温度，所以只有可敬没有可爱。而在颜渊眼里，孔子是既可敬又可爱的人。下面是他对先生这种感情的描述。

9.11　颜渊喟然叹曰：“仰之弥高，钻之弥坚；瞻之在前，忽焉在后。夫子循循然善诱人，博我以文，约我以礼，欲罢不能。既竭吾才，如有所立卓尔。虽欲从之，末由也已。”

这里表现了颜渊对孔子精神之场的顶礼膜拜。“赞孔子之为师，及道之高深精微，而为之不易。道者乃诸般价值之总汇，表现于人则为理想之人格，见诸事业则为圣为贤。道之为物无定型，无止境，故凡专心致志于道者，每感‘有若无，实为虚’且深惧‘中道而废’于是‘日为孳孳，毙而后已’”（程石泉语）。

“仰之弥高，钻之弥坚；瞻之在前，忽焉在后”，“仰弥高，不可及。钻弥坚，不可人。在前在后，恍惚不可为象。此颜渊深知夫子之道，无穷尽、无方体，而叹之也”（朱熹语）。“之”字指代孔子之道，亦指孔子其人，此乃颜渊日常心所向往而欲达到却不能的，所以他才喟然长叹。仰，抬头向上看；钻，即钻研；瞻之在前，忽焉在后——看他时似乎在就在前面，忽然又到后面。喻孔子的思想或精神恍惚、高深莫测不可捉摸，其虽有真身之形，给外人却有非一般的无形感觉。言外之意，学做孔子很难，同时也间接地表达出了颜渊对老师的崇拜之情。

“夫子循循然善诱人，博我以文，约我以礼，欲罢不能”——老师是那么的能循循善诱，用“文”施教使我博学，用“礼”教使我们守约，让我想不学都不可能。“博我以文，约我以礼”在《雍也第六》出现过（读者可参阅）。此段文字，有人在“礼”字后断句号，将“欲罢不能”归于下句的，应该不妥。这里颜渊主要表述孔子作为老师的人格魅力，学孔子虽有不易，但其人格魅力又极具吸引力，甚至让人无法摆脱。

“既竭吾才，如有所立卓尔。虽欲从之，末由也已”——即便我竭尽所有才力，也难以逾越，好像其道是那样的高崇峻绝，超然特立。我心虽有攀登之欲，却总感觉（好像）找不到路子（或方法）。“所立卓尔”，即“卓立所尔”——卓绝独立在那里。如，好像；卓，高超。这里是颜渊感叹孔子的“道”，是那样的高深峻绝、超然特立，一般人难以企及。与上句的“仰之弥高，钻之弥坚”意义相联系。

各家对本章断句的不同，解释也有一些不同，但大体的中心思想基本相似。分歧最大的在于“如有所立卓尔”所指的对象不同。如杨伯峻认为，这里是指颜渊自己认为好像有了较高的能力，他译之“我已经用尽我的才力，似乎能够独立地工作。要想再向前迈进一步，又不知怎样着手了。”这应该与原文意思不符。

11 可见孔子生死观

生与死是任何宗教所不能回避的终极问题。对生的理解，表达了一个人生活在物质世界之下的态度、修养与品德；对死的心态，投射着一个人内心精神世界的伟岸与萎亵、豁达与褊狭。

9.12 子疾病，子路使门人为臣。病闲（閒），曰：“久矣哉！由之行诈也，无臣而为有臣。吾谁欺？欺天乎？且予与其死于臣之手也，无宁死于二三子之手乎？且予纵不得大葬，予死于道路乎？”

本章通译为：孔子急病时，子路让门人（即孔子的弟子）作为家臣［来预备丧事]。先生病好后，说："很久了吧，仲由（即子路）做这种自欺欺人的事？我本无家臣，却要装作有。我能欺骗谁呢？欺骗上天吗？况且，我与其让家臣们料理后事，倒不如在这帮弟子们手里死去（一般认为于"乎"字后加问号，我认为这是孔子在肯定地表达他的态度，所以用感叹号比较合乎文意）！我即使（或尚且）不能用君卿大夫之礼得以大葬，难道我还会死在道路上不成（指没人来安葬）？"

对本章的译文争议不多，分歧不大，且对译说大同小异。但就几处我想表达一点我的解读观点。

大多学者依据"死于道路"，认为此事当发生于孔子在返鲁途中，得重病，似有将死之况。其可信度较高。"疾病"通常解"疾"为"生病"，而"病"解为"重病"，或指说"危险的病"（否则不会说到"死"）。"疾"字本有"疾速"和"伤病"义项（读者可参阅《述而》篇第27节中对疾病的解读），这里取"疾"的"急速"义比较合适，用以强调病来得"急"，即"疾病"当"急病"解。急病除表达来得突然之外，给人心理上的感受是"大病、重病"，正如现代词"急病"所表达的意思一样。可能是因为孔子病来得急，又在回家的路上，为防止意外，生怕对老师的突然离世做得草率，于是子路临时建立应对方案，便仿照大夫治丧之形式设了家臣。没想到孔子病好后却批评了子路的所作所为。

"病闲"现在版的《论语》修订成了"病间"，因当"閒"（简化字为"闲"）取音 jiān（音坚）时，其字同間，即此时"閒"与"間"同用（古文中閒与間表示"间隙"义时是通用的）。也就是说，当他们把"閒"修订为"間"时，就认定了这里閒读 jiān，于是，释其为"间隙"，引申为"疾病好了一些"。做这种解读我认为不当。由"间"引申出"病好一些"未免牵强。朱子解"病閒，少差也"，《方言》："差、知，愈也。南楚病者谓之差，或谓之閒"，就是说这里不能把"閒"替换为"間"。这都是汉字被简化后惹出来的祸。当然，即便用简化字，这里应仍保留"闲"字更好。病闲，从字面上意会：病闲下来了——自然可以理解为"病愈"。因此，把"病闲"解为"病愈"应该更符合文意。只有在病愈后，孔子才能清醒地看出子路设家臣的事，才能说出后面比较理性的话来。如果说孔子只是病"好了一些"才知道子路的行为的话，那就是说孔子在这之前一直是处于昏迷状态，如此就不能说子"疾病"了，简直就是"病危"。

"久矣哉！"总括起来比较趋同这样的解说——这是孔子责怨子路设家臣这种欺假的做法，搞得太长久了，也含有"丧葬事安排得过早了些"（《论语歧解录》辑者按语）。此解总的说来，没有大问题，但我认为不够准确。

我们心究一下：孔子在责问子路时，他怎么知道子路做欺假的事很久了呢？

如果他早就知道了，为什么现在才说呢？所以，我认为孔子说“久矣哉”只是在用猜测的口吻作肯定的表达，即有对子路的逆诈意味。比如以前在农村，由于都很穷，不像现在的小孩子有零花钱，所以经常有小孩好偷家里的鸡蛋去小贩那儿换东西，如铅笔刀、橡皮之类，当然也有嘴馋的换糖果吃。因为鸡下蛋的多少是由鸡决定的，家长没数，所以小孩子经常这样干。有一次被家长发现了，常常是这样训斥：“是不是很多回了！老实说！”，其实家长也不知道有过几回。“久矣哉！”——（你做这事）很久了吧！情形与此相似。

如果说是因为“丧葬事安排得过早了些”，孔子而责怨子路的话，那孔子不高兴的原因只能是这种心境：“哦，我只是病了，你就准备为我办丧事了？我还没死呢！”我想，孔子应该不会有这种小气量吧。所以，这种说法并无依据。其实孔子责备子路“行诈”的原因他自己已经说得很清楚了：“无臣而为有臣”——不该有家臣，非要做出有家臣的事来。因为这样做不合孔子当时的政治地位，是越“礼”的，孔子是一位誓死捍卫周礼的人，即便对他的“葬礼”也是这么的较劲。在我看来，孔子生气的另一个重要原因是，子路的做法违背了他的心愿，其表现在他下面说的话中“且……道路乎？”（后面单独解读）。

孔子认为“无而为有”是弄虚作假的欺骗行为，而子路的这种行为在主观上又是为自己而做的，于是孔子把其欺诈行为迁移到了自己身上，因此说“吾谁欺？欺天乎？”——我这是在欺骗谁啊！欺骗上天么？——表现出了孔子的自责心情。自责的原因，一者事出由已，二者子路是自己的学生。

“且予纵不得大葬，予死于道路乎？”这里的“且予……乎”与上句的“且予……乎”表达的语义不同，前面的“且”用以表示递进，“乎”是表达肯定语气的助词；而此“且”表让步关系，有“尚且”“即使”义，乎是疑问助词。“死于道”这里表达的是“死在路上无人管”的意思，其与“大葬”表达的意思相反。南方有句骂人的话叫“小路倒”或“路倒鬼”，形如“不得好死”的意思。孔子话在这里表达的意思是：将来死在路上没有人问，成为无家可归的野鬼孤魂。在中国文化的传统观念里认为，只有那些品德不端、行为恶劣者一定会得到上天的报应而不得好死。孔子是敬畏鬼神的，并自信凭他的德行是不会有如此下场的。所以，孔子用了反疑问句。

“二三子”前面多次提及，是孔子对他的弟子的昵称，似“这帮傻小子们”。

本章表达出了孔子的多重心理。首先，他主张“有若无，实若虚”，反对“无而为有”；其次，天意不可欺，“获罪于天，无所祷也”；第三，对弟子的情爱，死也愿意死在他们的身边；最后，他信命，认同“善有善报，恶有恶报”的因果报应。由此可见孔子的生死观。

12　借玉直抒入世观

器的价值在于用。正如再伟大的思想、理论，无论它多么具有指导意义，如果只是储存在个人的脑子里不为世用，最终也等同于碎片的垃圾文件。君子之德有功于世，方为圣业，这也是孔子不变的人生价值观。这里孔子借玉待贾表达了他一贯主张的积极入世观。

9.13　子贡曰："有美玉于斯，韫匵而藏诸？求善贾而沽诸？"子曰："沽之哉！沽之哉！我待贾者也。"

韫，郑玄注"裹"义，朱熹注"藏"义。许慎《说文》："匵，匮也"，又"匮，匣也"。匵，在现代版《论语》中修订成了"椟"。韫匵，放入柜（或匣）内收藏起来。贾，朱熹注为"价"，意指好价钱，也有人认为"贾"是"商人"的意思，古代称行商为"商"，有商店的商人为"贾"。"善贾"于是有解为"好价钱"，也有解为"识货的商人"。朱熹注"沽，卖也"。对这些字的注解虽有不同，但后儒们对本章所解读出来的语义差不多。如杨伯峻译之——子贡道："这里有一块美玉，把它放在柜子里藏起来呢？还是找一个识货的商人卖掉呢？"孔子道："卖掉，卖掉，我是在等待识货者哩。"

在做了如杨伯峻的这种解读之下，多有学者演绎说，这里是子贡以玉比喻孔子，孔子以"我待贾者也"以自我解嘲。并解说孔子周游列国三十年，其本欲求仕以行其道，但各国之君都是贪小利，务为肥己，鲜能有奉行圣王之道之心，所以一生不得志，没有地方伸展其智慧，因此孔子用"我待贾者也"以自我解嘲而已。如刘宝楠："君子于玉比德，时夫子抱道不仕，故子贡借美玉以观夫子藏用之意。"如此，我认为是错解了。

孔子是说过"用之则行，舍之则藏"这样的话，但于这里我认为孔子不是自喻来说自己的事，更不是自嘲。子贡说的"有美玉于斯"，本是一种假设之言，他问孔子的问题相当于："假设有一块美玉，要以你的做法是收藏起来呢，还是想卖个好价钱？"自然，孔子的作答也是在这种假定的前提之下："我待贾者也"——要是我就找个好主卖了。显然，这里不是说要卖"我"，"待贾"的仍然是子贡假设的那块美玉，只是他们在当面对话时各自心里都清楚所言的对象是什么，故而省略了"美玉"。也就是说，孔子表达的是对美玉的态度。一件东西的价值，要靠市场的价格来体现（看来孔子也是知道马克思的政治经济学的），或是说，好的东西只有发挥他的作用时，才能体现出他的价值来，如果是收藏着，即便放在金子做的匣子内，也不能说他的功用如何之大，或是说有多大的价值。物尽其用方可显其价值。正如人，即便他是一位天才，但若将其置之高阁，供于尊位，那再大的天才也是等同无用之才。因此，我认为这里孔子所表达的是他积极入世的政治主张。孔子就是这样做的。孔子绝不是自嘲与自叹，因为作为老师，是不应该在学生面前说这种丧气的话，即便心里有此怨，也不会如此直白。做过老师的人是一定能体味得到这点的。

接下来的一章，更清楚的表达出了孔子这种积极入世为功的人生态度。

9.14 子欲居九夷。或曰："陋，如之何！"子曰："君子居之，何陋之有？"

本章从字面上直译——孔子想移居九夷。有人说："那里落后，为何要去那里！"孔子道："君子居此，哪还会有落后？"陋，本是"狭小，简陋，破旧"义，说一个地方简陋，表明此地土地贫瘠、资源匮乏，经济、文化落后。

"如之何"一般译为"如何居住"，距离文意有点远。"如之"字面上有"到达"的意思；何，表疑问；所以，我认为译成"为何想去那里（之，代"九夷"之地）"，正与"欲居九夷"表达的时态一致。"欲居"有"想要到九夷那里去居"，但毕竟还没去，所以接着有人提醒"为何想去那里？九夷那么贫穷"……如此对话自然，语义明确。

"君子居之，何陋之有"表达了两层意思，其一：有君子居住的地方，就不能再说那地方陋；其二：君子去居住了，那地方就会变得不陋了。取第一种观点的人认为，"陋"是指那里的人"无礼义"而言的（意指人的精神落后），而且说文中的"君子"当指箕子，这样"九夷"当然就是指箕子曾居过的朝鲜。持第二种观点的人认为，君子有"化陋为雅"的能力，就是说君子能教化所居之地的民风，从而影响其经济、文化、政治，使之得以改变和发展，君子到哪里哪里就会由粗陋而易为文雅。至于孔子本人所想表达的具体是哪种意思就无法揣度了。但我认为第二种解读比较符合孔子思想，因为在他看来作为君子就是要入世为功，是要敢于担当的。

这里对"九夷"实为何地，说法各异，现已不可确考。清刘宝楠："子欲居九夷，与乘桴浮海，皆谓朝鲜。"黄式三："九夷在徐州、莒、鲁之间。"明张自烈："所云欲居九夷，或即此时郯东海国，在今山东海洲郯城，少皞氏之后而夷者也。夫子往郯，适在九夷之地，低徊不能去，故曰'子欲居九夷。'"日本东条弘："九夷之称，盖对中国言。夷者犹孟子之东夷之人、西夷之人之夷，谓中国之边僻。而此谓九非逐次之数。夫九阳数，不必拘数。古书谓高谓深谓多谓远，皆称九。……此谓九夷，焉知非称远夷哉?”有人据《淮南子·齐俗训》中有“泗上诸侯率九夷以朝越王勾践”语，考之九夷为“散居于淮水、泗水之间的一个多诸侯的部落”等等。《后汉书·东夷传》说：“夷有九种——畎夷、干夷、方夷、黄夷、白夷、赤夷、玄夷、风夷、阳夷。”又《尔雅·释地》有“九夷、八狄、七戎、六蛮，谓之四海”。多数人认为九夷是当时对东部的少数民族的统称，或是东部夷族地区的总称，即取皇侃《论语义疏》云：“东有九夷——一玄菟，二乐浪，三高丽，四满饰，五凫更，六索家，七东屠，八倭人，九天鄙；皆在东海中之夷。玄菟、乐浪、高丽皆朝鲜地”。

不管怎么说，九夷是指非有孔子所认为的周礼文化的偏远地区。有人认为此同“道不行，乘桴浮海”(《公冶长》第五)一样，是孔子对在列国不能行其道时的失落感叹，有对世道失望的悲愤。但我认为不一定对，至少不完全是。从孔子的“君子居之，何陋之有!”话中，可以感知到孔子多少有些“教化落后地区的雄心与壮志”。所以，这里也隐约表达出了孔子的积极入世观，即君子者要有对待人之社会负责的态度。

13　子至晚年正雅颂

败而不馁，胜而不骄，在孔子身上得到了充分体现。对于孔子克己复礼、救乱世与于顺治的初衷而言，其理想可谓失败了，但其不弃心志，晚年转而乐正，于业却有大成。这也正是孔子的不同凡响之处。

9.15　子曰：“吾自卫反鲁，然后乐正，雅颂各得其所。”

反，即返。乐正，即正乐，意为修正“乐”。据说古代《诗经》各篇章都是能唱的，不同的诗配有不同的乐曲。奏于朝曰雅，奏于庙曰颂。至于所正之“乐”具体所指，各注疏家也是聚说纷纭。有说是正“乐章”，即根据诗歌所弦歌的音乐形式，修正其歌辞，使其该归雅的就归雅篇，该归颂的就归颂篇，使错乱的乐章得到纠正；有说是“声律”(或乐谱音律)，即对错误的乐谱进行修订；有说是对“诗言”，即对《诗经》中的《风》《雅》《颂》中各篇文字订正修辑。程石泉认为孔子所言的“乐正”当时针对卫国之乐言，非鲁国之乐。等等，都有不同的看法。但以我看，既然“正”之，当涵盖所有方面，不能特指某一项而言。“雅颂各得其所”也不仅仅只指《雅》《颂》篇，因风雅颂合而构成《诗经》，不可能只是对雅颂乐正，必然也会涉及风，只说“雅颂”只是列举其代之总称而已。

孔子自卫返鲁，多认定为“鲁哀公十一年冬”之时，之后就不再有周游列国。

孔子终究没有“乘桴浮海”去九夷，在周游列国之后，晚年回到鲁，做起了修书正乐、整理典籍的文化传承的事业。可见孔子并没有在其游说其道失败后，自暴自弃，放弃自己救国救世的志向。朱熹说孔子“晚知道终不行，故归而正之”。孔子也许有失落，但绝对没有丧志，更没有怠志，只是改弦易辙，或是他将自己的理想寄希望于后来者了，故而正乐。

14 谨慎做人常反思

君子为仁而无终食之违，则其所为必“战战兢兢，如临深渊，如履薄冰”，唯恐有一失足之过，可见为君子之难，做君子之谨慎。这里孔子将人世间一切可能之事，都列入了他常常用于反思的项目清单内，唯恐行之有怠。

9.16 子曰：“出则事公卿，入则事父兄，丧事不敢不勉，不为酒困，何有于我哉?”

这里“出”与“入”对言，意为在外在家，且用以代称指任何场所。事，本义为侍奉，也有“为……服务、效力、做事、服务”等义。“出则事公卿，入则事父兄”——在外为政府工作，在家帮助（或孝敬）父母，照顾（或疼爱）兄弟姐妹。公卿，有说是指“三公”：太师、太傅、太保；“九卿”：少师、少傅、少保、冢宰、司徒、宗伯、司马、司寇、司空。皇侃注说：“公，君也。卿，长也”。由“事公卿”句刘宝楠说，孔子说这话时是“已事鲁时”，我想也未必。我认为“公卿”在这里并非实指，应泛指国家。因为在古代，君是“家天下”的，为国家做事就是“事君”，就是为公卿服务。同样，“父兄”也是泛指家里人，何况孔子没见过父亲，其兄也是早死了。也因孔子的无父兄之情，故有学者对“本章是孔子为己而发”的观点提出过反对。

“不为酒困”有学者解释为：不被酒乱性，或是饮酒不过量，不因喝酒坏了正事。这里，我认为孔子表达的意思不仅仅是针对喝酒而言，而是借对“酒”的态度，表达对一切“娱乐”的观点——要限制在适度的范围之内，不要沉湎过度，否则会乐极生悲，或玩物丧志。通译本译为：“喝酒不致被醉倒”，未免过于肤浅。章太炎在《广论语骈技》中说：“敦煌石室所得郑注《论语》残减卷云‘鲁读困为魁，今从古。’……恐古文本作魁，鲁师乃读为困耳。今谓魁读如里魁、市魁，《礼记·檀弓》称‘不为魁’，谓不为兵首。此言不为酒魁，谓不倡群饮也。文承‘丧事不敢不勉’而言，《丧大记》云‘九月之丧、五月三月之丧，食肉饮酒，不与人乐之’，乃所谓不为酒魁也。言虽轻丧，犹敕慎如是，则重丧可知。”首先，章太炎依“困”与“魁”音同，认为这里是魁字误为“困”了，不能说这不可能，但这样推断至少有点主观，因为同音字毕竟很多。其次，他说“不为酒困”是孔子不提倡“群饮”的意思。其实，孔子的时代是有群饮的，《乡饮酒礼》中规定：“饮酒之节，朝不废朝，暮不废夕。宾出，主人拜送，节之终遂焉。”于是章太炎接着解释“文承‘丧事不敢不勉’而言”。若照此说法，那文中“丧事不敢不勉，不为酒困”所讲的就是同一件事了，此说法也不能成立。日本昭井一宅也说“不为酒困者谓不为酒而困，非曰酒之困也”。

本章孔子说了四句话，应该是各表达了一种人事可能的行为，即用以概括人的所有行为规范或态度，即：“出则事公卿”表达的是事业、工作；“入则事父兄”讲的是对待家人、朋友；“丧事不敢不勉”说得是对死者或鬼神，延伸到对待自然；“不为酒困”针对的是所有的娱乐或业余生活。我们想想，无论什么人的行为，还有哪种不被上述四方面所涵盖的么？没有。所以，孔子最后说：“何有于我哉”——还有哪些事是我该做到的呢？因为所有的行为方面都被他列举殆尽了，当然没有了。“何有于我哉”表现了孔子对一切行为的严谨与自律，及对自己行为的时常反思与鉴戒。

全文表面上是孔子对自己做事认真谨慎态度的自述，实质是对人们的告诫。

对“何有于我哉”，旧注也是异说纷纭，以至于程树德说“此章之义本不可解”。钱穆译为“这些对我有何困难呀？”前面我说过，孔子前四言涵盖了一个人行为的方方面面，真要把每件事做到完善是很难的。如果孔子真是说了“这些对我有何困难呀”（语义是没有困难，即哪件事都做得很好），这也太不够谦逊了，这与孔子个性不合。杨伯峻译之：“这些事我做到了哪些呢”？依其语义理解，前面罗列之事当是孔子天天要做的事。然而，事实上孔子父兄早亡，且他出仕的时间也很短（注：杨氏译文是“出外便服侍公卿，入门便服侍父兄”，即他是认同孔子是经常“服侍公卿、父兄”的），可见，孔子不能天天做到“出则事公卿，入则事父兄”的。因此，杨氏的译文也不恰当。由此，如果理解为“还有哪些事是我该做得呢？”表明孔子是在自查：有没有该做的事没有做，或该做的事做的好不好？等等，这能充分表达孔子小心谨慎的为事或做人的态度。

15　子借川流发感慨

触景生情是人之常理，所触之景当与你心中所隐之情存在某种共通的属性时，就会引发共鸣，否则是不会被触动的。至于触一景能生何情，因每个人的所困之心情不同而有所不同。

9.17　子在川上，曰："逝者如斯夫！不舍昼夜。"

先生在川岸上，望着流动的河水，说："一切逝去的，就如这日夜不息的川流！"逝，往而不返曰逝。斯，表示近指，相当于"这，这个"，这里指流动的河水。夫，语气助词，用于句尾表示感叹。舍，就应该取其本义"舍弃，放弃"。有学者对"舍"多有曲解，没有必要。"不舍昼夜"，用以表达流水在不间断地流逝，其意明朗，无须绕弯。

河水时时刻刻在流逝着，永不休止，而且一去不复返——这记录的是一个客观存在的事实。面对这个事实，孔子发出了对"逝者"的感慨。那触动孔子如此感慨的"逝者"是什么呢？今天由于我们无法进入当时的情境，更无法走进孔子的内心，所以不能肯定。但对着一去不复返的河水，不同心境的人感叹的内容自然不同。我们心究一下：比如，你刚失恋，满脑子都是在回忆过去两人的美好幸福往事而痛苦着，当面对一去不复返的一江春水，自然会生叹你所爱恋的人永远不可能再回到身边了；或者你是一个即将毕业的大学生，想想现在无忧无虑的大学生活即将离自己而去，接下来要为找工作发愁……你自然会为过去的美好岁月即将逝去而叹息；同样，如果你拿到了大学录取通知书，回想过去那拼命般的高考前的备战，从今终于可以彻底摆脱了……那一定会是一番幸福的感慨；自然，对一个行将就木的老人，当然会感叹生命的短暂……所以，总体概括，我认为将"逝者"指定为"世间一切难以恒定存在的事物"更有哲学意味，其寓意也会更宽泛些。如果非要猜度其具体的所指，我们结合其上下章的语义表达来理解，可以认为是：对世风日下的无奈叹息。至少可以说，《论语》编撰者于此所欲表达的意图应该是这样的。

有人说"逝者"就是"时光"，这不能说他错，只是内涵太过广大。因为宇宙间一切事物的变化最终都是由于时间移转的结果，所有的逝去，都会表现于时间的不可倒流。孔子在说这话时，必定是有所实指的，只是我们今天不能确定罢了。当然，孔子站在一个哲学的高度，感叹“时光”的流逝，也是可能的，我只是强调，我们最好不要作肯定的解答：孔子一定感叹的是什么，或是感叹的一定不是什么。如此，反而会限制读者的想象空间。因为法语之言，其价值意义就在于它能见仁见智。也因此，比如朱熹就用他主张的理学做了如下的解读。

天地之化，往者过，来者续，无一息之停，乃道体之本然也。然其可指而易见者，莫如川流。故于此发以示人，欲学者时时省察，而无毫发之间断也。程子曰：“此道体也。天运而不已，日往则月来，寒往则暑来，水流而不息，物生而不穷，皆与道为体，运乎昼夜，未尝已也。是以君子法之，自强不息。及其至也，纯亦不已焉。”又曰：“自汉以来，儒者皆不识此义。此见圣人之心，纯亦不已也。纯亦不已，乃天德也。有天德，便可语王道，其要只在谨独。”愚按：自此至篇终，皆勉人进学不已之辞。

朱熹站在高大上的角度，坚持认为是孔子用以勉励人们进学不已、自强不息，也无可厚非。但就本章于全篇语义来看，这多少有点断章取义了。

16　本性需用理性克

人终归于动物之属，故人性中必然有兽性的本源。人性区别于兽性是在于人有文化，因有文化而具修养和文明。所以人性的恶需要理性来克制。

9.18　子曰：“吾未见好德如好色者也。”

本章按现代词义来理解就是：我从没有见过好德如同好色一般的人呀。即一般将“好”解为爱好的好；如，作“像……一样”解；色，作“女色”解。如此的话，孔子确实是说了一句大实话。好色是作为自然人的动物本性之使然，是建立在生理基础上的心理活动。而好德是社会性的，起初需要人的主观意志力，源于自律与自觉。所以，在原动力的支配下，好德不如好色也是常情。其实，好德与好色并不是绝对地冲突，好色不等于就不好德，好色如果只是心迹，不做出损害他人的事，也是道德的。正因此，后人错误地理解了儒家，依据孔子的这句话，发展成了“禁欲主义”就是对人性的罪过了。

有人说，这是孔子教使人们“使好德如好色，则弃邪而反正矣（晋李充言）”，意思就是让人舍弃好色之邪念，把好德做到如同好色一样。其实，这是不合逻辑的，也是不合人之实际情理的。首先，好色不能说就是邪念，否则你如何解释爱情？假如一个人真没有一点点“色”念，就不可能有什么所谓的爱情。

也就是说，只有在邪念之下的好色才是恶的。其次，好色也放弃不了，这毕竟是人的原始之本性。如果放弃好色，在一定层面来说即是要灭人之本性，灭本性对人而言就相当于灭人性，这于自然人是不可能做到的，孔子自己也说“色食性也”。所以，若是像有些人的观点那样来理解孔子其言，显然不合情理。没有人性的社会将会更可怕。

何晏注之：孔子“疾时人薄于德而厚于色，故发此言”，这是可能的。所以，孔子才力主人们进业修德，做所谓的君子，以克制人的不良本性或不使本性得以无限制的放大。如果非要将好色理解为爱美色，那也是孔子用当时社会上的这一现状，来警醒人们立志修德，让一切人的本性能“立于礼”，使人类在社会公德之下和平相处，构建和谐文明的社会（成于乐）。

朱熹据《史记·孔子世家》：“孔子居卫，灵公与夫人同车，使孔子为次乘，招摇市过之。”说这是“孔子丑之，故有是言”。他认为这话是孔子针对卫灵公所做的丑化之言。对此，程石泉反驳道：“司马氏之言恐系想当然耳。孔子次乘之说，恐系后人故为不经之谈。如孔子果次乘卫灵公与南子，而于次乘中讽灵公以好色不好德，无乃大不敬乎？时孔子为客卿，有公养之俸，岂可如是渎慢无礼邪?”钱穆也说：“孔子此章所叹，古固如此，今亦同然，何必专于卫灵公而发。读《论语》，贵亲从人生实事上体会，不贵多于其他书籍牵说。”钱先生此说给力。

更有人说，这里的好德与好色之好为“好坏”之好，说“好德”为“好的品德”，“好色”是“好得容貌”。认为孔子在此表达了两层意思：一是感慨好的品德从来都不像好的容貌那样外露和明显；二是感慨好的品德也从来都不像好的容貌那样容易获得人们的喜爱。这样解读太过曲解了，且不具有深刻性，所以不可采信。

李泽厚也认同钱穆的说法，主张“好色之色亦可作宽泛解，不必止于女色，一切过度之华美文饰均是”。色，本义的部分义项同“颜”，表示人的面部表情。可能是女子的脸色更加妩媚，多姿，所以，用色或颜代表女性，如美色，红颜。同时，男人都比较喜欢漂亮的女生，而且漂亮不漂亮又主要在脸上呈现，所以，人们就把男人对女生的好感，就用“好色”来表达了。就是说“色”本身并不代表美女，只是在文学、语言中的代称而已。也因此，我们不能看到“好色”就认定为“爱好美女”（对“色”的甲骨文解读，读者可参阅《学而》篇第11节）。色，也代表可见的东西，在佛家的观念里是“于世间一切物质的存在”，即所有可见的纷繁的物质世界。如果用佛教“色”的概念来理解孔子的“好色”，就是指人对物质的贪求（色当美女解时，当然也在“物质”之列）。好色也好，爱财也罢，皆是人的物欲之本性使然。以我说，倡导抑物欲扬德行，也许更能接近孔子说此话的言外之意。

17　态度决定成与败

《论语》中有很多孔子讲个人如何立志及应该立什么志方面的语录。但在其中孔子尤其强调：态度决定成败。一个人的成功与立定什么样的志向没有直接的关系，更主要的是决定于能否坚持其志向不动摇。真正能称为有志向者，是那些立志长的人，俗话说：有志之人立志长，无志之人长立志。

9.19　子曰："譬如为山，未成一篑，止，吾止也；譬如平地，虽覆一篑，进，吾往也。"

这里孔子用两个比喻说明：于一事是进是退，都是个人选择的结果，别人无法决定。一如成事与败事，皆因自身的主观是否努力与坚持。同样，能否修行成仁，也是决定于自己的选择。子曰"仁远乎哉？我欲仁，斯仁至矣"，即你"欲求仁，仁即可至"，其通俗地表达思想就是——心想事成。如是说感觉好像有点"唯心"，然而你反过来想想：若心不想，事肯定不成。所以，要想"成事"必须首先"心想"这是必定的，而且还要"总想"才成。这些就是孔子在这里所隐含的观点。

包咸注"篑，土笼也"，即用竹子编织成的担土的农具，南方的像簸箕形，北方做成像框一样的形状。为山，就是指堆土成山，此山不是我们现代概念中的高山，应该是"像山一样隆起的土堆"。平地，就是把地整平，取土填洼，但凡有一点劳动常识的都清楚，平地即把高处的土取来向低洼处填上，使地平整。这里的为山之"为"，与"平"地之平皆为动词。堆高山平洼地，正是相对取譬。很多学者如杨伯峻，把"为山"释为"堆土成山"，把"平地"同样解为"在平地上堆土成山"。试问，如此说两者有区别么？这显然不合情理。孔子既然作两个譬如，绝不可能前事言"堆土成山"后一事还是"堆土成山"，区别如果仅仅是后者于平地堆山，那前者又在何处？往，是朝前走的意思，但这里显然有"一往直前地不停地把平地的事做下去"的意思，简言之即为"不停止平地"的行为，因为"往"是针对前文"平地"而言的。

"未成一篑"——距离堆土成山只差一篑土，表明行为即将成功；"虽覆一篑"——虽然只是填了一篑土，表明事情刚刚开始。这里的"一篑"皆谓"一篑土"的意思（当然，如果你理解为是用石头堆山或平地，那一篑就是一篑石）。覆，本为遮盖的意思，这里是"倒下"义，如覆水难收。接下来的解读，大家几乎都存在了一共性的问题，就是把"止和进"的动作主语，都理解为

"为山"和"平地"的行为者"吾"了，其意思就是"吾停止为山"，"吾继续平地"。对此我认为是解错了。如杨伯峻的译文："好比堆土成山，只要再加一筐土便成山了，如果懒得做下去，这是我自己停止的。又好比在平地上堆土成山，纵是刚刚倒下一筐土，如果决心努力前进，还是要自己坚持呵!"依据"懒得做下去"和"决心努力前进"之说，其主语必定是"吾"了，因为山不会懒得做下去，地也不会决心努力前进。如果你认为他这样讲没有什么毛病，那我们来分析这句话的逻辑关系："好比堆土成山，只要再加一筐土便成山了，如果懒得做下去，这是我自己停止的。"从语法分析，可看到其言中的前半句"堆土成山"与后面的"如果懒得做下去"之间没有了逻辑上的关系。就是说，所举之例的前提与结论没有了丝毫关联。具体地讲，"如果懒得做下去，这是我自己停止的"是孔子拿"为山"作比如的结果，那其譬如的事件是"为山"还是"平地"或是"看书"或是"跑步"等等，效果都是相同的。如此，何必多此一举"譬如为山"呢?

以我的解读，本章可作如下意译：

"比如堆土为山，即便只差一筐土没有达到高度，但山停止了增高，是因为我停止了堆土；比如填洼平地，虽然刚刚只倒下去一筐土，而平地朝前推进，那是因为我不停地在填土。"即"止"的主体是山，"进"的主体是平地，主语是承前省略了。之所以"山止"及"地进"，其因皆在于"吾"的态度，就是说，吾的行为决定了堆山能否成功，平地能否完成。我认为这样来理解孔子的这段话，语义明确，逻辑合理，也更能突出强调"自己作为行动的主体者，其态度是注定事情成败的关键性因素"的主题思想。

接下来的一章，是孔子以颜回为例说明：颜回之所以如此优秀，正是出于他对待接受教育的积极态度。孔子多次褒奖颜回笃志、向学、躬行君子。这里孔子又赞颜回对自己的言教，表现出积极主动从不懈怠敷衍。

18　态度积极话颜回

积极的态度不是表面的配合，而是内心的臣服，真心的坚信。只是老老实实的听课，并不见得是优秀的学生。说到态度，孔子不自觉地又想到了颜回。

9.20　子曰："语之而不惰者，其回也与!"

"语之"与"言之"两者都有"对……说"的意思。用"言"一般是指通常意义下的语言表达方式；“语”一般用于表示正规情况下的说话情景，通常有评论、评价、教诲等用意。“语之”之语，我认为在此有“用语言教导”的意思成分。“语之而不惰”表达的是对先生的语言式教导，能给出积极热情的反馈态度，而不是冷淡、无动于衷，甚至是厌烦的情绪。作为老师对于自己的言教能表现出认同，且虚心接受的学生，当然是喜欢的，这也是让教师充满教学激情的唯一动力源泉。颜回就可能是让孔子的教育激情最大化的好学生之一，所以孔子才会生发出如此的感叹：“语之而不惰者，其回也与！”——对我的言教表现出积极情绪的，莫非只是颜回吧！其感叹语气是由“者……与(欤)”结构型式表现的。其，这里表示揣测、反诘的语态形式，有“莫非，难道，也许”义。

惰，有“懒”及“懈怠”义，但不可直接这样翻译，因为对“语”不能说“懒”(对语言如何懒?)，即“懒”“懈怠”不可用于对“语言”的形容，只能对“行为”而言。所以，惰在这里是由其“懒”及“懈怠”义项延伸出来的一种态度，或表现形为。如杨伯峻译文：“听我说话始终不懈怠的，大概只有颜回一个人吧!”如此译文，太过字面化了，且“听我说话始终不懈怠”，语义不太好让人理解。

孔子也曾说：“吾与回言终日，不违如愚。退而省其私，亦足以发。回也，不愚。”及“回也非助我者也，于吾言无所不说（悦）”。“吾与回言”颜回不违，“于吾言”颜回没有不心悦诚服的，这里又说到颜回对“吾”所语“不惰”，皆是孔子评价颜回对待自己言教的态度或表现。可见在孔子眼里颜回确实是一个非常听讲，爱动脑，又表现出积极兴趣的好学生。能不能认真听课是一回事，听了之后是不是接受了又是另一回事，评价一个学生好学还是不好学，主要的不在课堂，关键在于能否把老师的话真正听到心里去，即能否接受。

朱熹引范氏语曰：“颜子闻夫子之言，而心解力行，造次颠沛未尝违之。如万物得时雨之润，发荣滋长，何有于惰，此群弟子所不及也。”此解读又太演绎了点。这里的“不惰”主要是针对先生“语之”时，所表现出来的直接态度，而不是指“语之”之后的行为表现。

下面孔子用内心痛惜的感叹，间接地评价了颜回的好学与上进，是本章之意的深刻补充。

9.21　子谓颜渊，曰：“惜乎！吾见其进也，未见其止也。”

通常对其译文——孔子在谈到颜渊（即颜回）时说：［他的早死］太可惜了！我只看见他不断前进，从没看见他停止过（《论语通译》）。其在译文中增加了“他的早死”，可见在译者心理认为孔子的“惜乎”，是因“颜回”的早死所发，不准确。当然，颜回的早死确实令人叹惜，孔子也曾惋惜过“有颜回者好学，不幸短命死矣”！不过，这里让孔子“惜乎”主要的不在颜回的早死，却是后面的“见其进也，未见其止”。如果将“进”与“止”直译为“前进”和“停止”，未免望文生义，也很肤浅。

就“可惜啊，我只见他前进，不见他停止”这句译文来理解，意思是“他这个人一直向前走，从不停止”所以“可惜”。一个人始终“前进”从不“停止”这是好事啊，有什么可惜的呢？话如此说来，毫无意义，况且“前进”与“不停止”是同语反复。是故通译中，在“惜乎”之前硬是给加上了［他的早死］。显然，这里不是说“人”是“进”还是“止”，其“进止”的对象必有具体的所指。依据《论语》中孔子对颜回的多次评价的内容来看，“进”是说颜回的学业、品德在不断进升，“止”是讲颜回的学业、品德没有止于至善。由于，孔子只看到了颜回的学业、品德不断地在进升，但因颜回的早死，从而无法看到颜回止于至善，所以孔子叹其可惜。这是合理的。

进，是进步，止，指到达。“进”与“止”所依附的主体，由于是口语对话，双方对其心知肚明，所以省略了。

紧接着下面孔子又用“苗”是否能“秀”，或能秀但能否结“实”作譬，强调人能否成功其内因的决定性作用。

19　差异皆是内因果

正如大自然所给予万种植物的是同等的雨露与阳光，但却呈现出千差万别的不同生态，这正是基于其内因的差异性。如果在同类植物中，绝大多数都能开花结果的话，那个别不能的，肯定是其内因力的异化或衰败所致，这是自然给我们带来的常识。

9.22　子曰；“苗而不秀者有矣夫！秀而不实者有矣夫！”

朱熹注：“谷之始生曰苗，吐华曰秀，成谷曰实。”康有为对此注说“喻学者之等级如此，未学譬之苗，吐华譬之秀，成谷譬之实。”禾苗长到开花，抽穗（如小麦、水稻），灌浆，再到成熟为谷，是其植物属性的正常生长规律。当然，也有受各种因素的影响，禾苗不能长到开花的，也有能开花，但到不了成熟的谷，这也是存在的客观现象。秀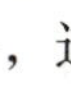（甲骨文），从禾，是指禾黍的吐花。《诗经·

大雅·生民》云："实发实秀，实坚实好。""发"和"秀"是指庄稼的生长和吐穗开花；"坚"和"好"是指谷粒的坚实和壮大。现在还把庄稼的吐穗开花叫作"秀穗"。

孔安国注说："言万物有生而不育成者，喻人亦然。"他认为这是孔子用其比作人的成功与否。孔子虽然只是描述了植物生长规律的一种现象，但肯定是用以作譬，这是不言而喻的，但问题是孔子的言外之意又是什么呢？应该说我们是不能肯定的，因为孔子说此言的语境已很难正确还原，即他什么时候说的？听众是谁等等已不得而知。一切的解读可以说皆是凭读者的主观揣度，关键是看谁揣度的更合情理了。

郑玄注说："不秀，喻项讬；不实喻颜渊。"皇侃也说"又为叹颜渊为譬也。"此解过于表面。比如，从历史的眼光看，颜回不能说是"秀而不实"者，他在孔子的众弟子中算是一枝独秀了，屡受孔子的赞许，几乎要树颜回为典范了。他虽早死，但其德行在后世影响很大，被尊为复圣，所以，颜回也算是结了正果的。即便孔子当时就是针对颜回的早死而生发的感叹，但话一旦说出来之后，必然有感叹后面的意义升华。引起感叹的事件只是触发感叹的导火索，它把言者内心原已存在的某种心声激发了出来而已。比如林黛玉积郁成疾染上了肺痨，当她看到了桃园满地的落红时，生出葬花悲吟。但她悲怜的不是真正的落红，更多的是与宝玉的爱情。心究一下：我们自己也时常会因某景触发感叹，是不是其背后必定有其所隐之情呢？答案是肯定的。然而，孔子此叹之后的隐情又是什么呢？众说纷纭。

朱子解"盖学而不至于成，有如此者，是以君子贵自勉也。"他把其比喻为一个人的"为学"过程，有学而能成的，有学而不成的。至于"为学"，是指学道还是学术，也或者是修行德行等等，没有本质区别。万能皆需学，此学可以指过程，也可以说是指学成后的学问（学问不光指才能，也包括做人的学问）。一个人的一生，从出生到死亡，不光"为学"还要"为事"。事由人为，为事当然包含为学，所以，以我看，与其把孔子的这段话理解为喻"为学"言，不如理解成喻"为事"说来得宽泛。

既然读经典，就要古为今用。不论孔子的初衷是想表达什么样的观点，但这里理解为孔子是在主张"君子贵自勉"应该有更广泛的意义。正常情况下一田的禾苗出秀成实的毕竟是多数，不能由秀而实者，大多皆因禾苗自身的缺陷所致（注意：这里毕竟没有说，苗之不秀是因为早死）。"秀而不实"与人的"早夭"寓意不同，因夭折而不能成事，不是个人主观所能左右的。但人于事无成，当是自己不能自勉或缺乏恒力的内因之结果。当然，成功有大成也有小成，小功不成必定是自己的主观努力不够，所以，孔子用"苗而不秀，秀而不实"譬如为事应当持之以恒，否则会功亏一篑。孔子说过：“力而不足，中道而废”（用力不够，事就会半途而废），同时这也与上章“譬如为山”喻义相同。

内因是事物变化发展过程中的决定性因素，人于事而不成，皆因主观的不努力。一个人的生命是有限的，但一个有远大理想者，不能因为生命的有限，就轻易放弃。这也是孔子特别说到的。所以，孔子又于下章说了：后生可畏。

20 修为不止终生事

人的一生从少年到青年、中年、老年，不同的阶段有着不同的主要事业，但于进德修业是贯穿终生的，所以，无论什么阶段都不应该放弃信仰与追求。这也是孔子主张的积极的人生态度，他也是这样做的。

9.23 子曰：“后生可畏，焉知来者之不如今也？四十、五十而无闻焉，斯亦不足畏也已。”

皇侃注疏：“云‘后生可畏者’，后生谓少年，在已后生者也。可畏，谓有才学可心服者也。云‘焉知’云云者，焉，安也。来者，不可未来事也。今，谓我今师徒也。……后生虽可畏，若年四十、五十而无声誉闻达于世者，则此人亦不足可畏也。”朱熹继承此说，云：“孔子言后生年富力强，足以积学而有待，其势可畏，安知其将来不如我之今日乎？然或不能自勉，至于老而无闻，则不足畏矣。言此以警人，使及时勉学也。曾子曰：‘五十而不以善闻，则不闻矣’，概述此意。尹氏曰：‘少而不勉，老而无闻，则亦已矣。自少而进者，安知其不至于极乎？是可畏也。’”其解读同杨伯峻的译文意思相同：“年少的人是可怕的，怎能断定他的将来赶不上现在的人呢，一个人到了四、五十岁还没有什么名望，也就值不得惧怕了。”

以上朱子注解的情形，可以假想成这样的情景：

有一天孔子发现他们这帮不大不小的弟子们（因“后生”乃“在已后生者”，所以孔子所言对象的弟子们不会是孩子；另外，“四十、五十而无闻焉，斯亦不足畏也”句，可见，孔子面对的弟子不可能有超过40岁的）不能努力求学，有混日子的倾向，于是他用带有恐吓的口吻说：“比你们小的后生们是值得你们害怕的，你怎么知道他们的将来就不如今天的你们呢？你们千万要有危机意识啊！当然了，如果他们到了四五十岁时，还没有取得足够的声望，那对他们也没有什么可怕的了。”

于此，《论语歧解辑录》辑者按："此语警示人们珍惜时光，及时努力。青壮时精力充沛，接受新知识新事物快，如果及时努力不虚度年华定会早出成绩，早声闻于世。一个人如果到了四五十岁还没有什么声望，那他也就没有什么可怕的了。这是说，大部分人的成就、声望是在青壮年时期获得的；一般来讲，青壮年时期没什么建树，这个人一生也就没有大出息了。然凡事不能一概而论，也不乏大器晚成者，但较少。"

上面的解读，道理也算勉强能讲通，但它到底是不是孔子的意思呢？很值得推敲。依上所说，孔子采用的是"危机"式教育手段，也就是用"后生"的可畏，对他的教育对象在心理上灌输危机意识——"后来居上"，以激发弟子们的求学动力。我们做过老师的多少都实践过这种教育手段，但其效果微乎其微，根本达不到激励作用。况且我们纵观《论语》全文，几乎没有发现孔子采用过这种教育手段。另外，在孔子的弟子中，年纪有超过40岁的学生（比如，子路只小孔子9岁），如果孔子真是这样说了，那让年龄大的弟子们情何以堪？

首先，这里要注意，文中有"四十、五十"字样，显然是说年龄无异议。年龄是用以表达人之生命中的不同阶段，由此"后生"是否就一定是指"年少的人"呢？很值得怀疑。为什么不可以是指一个人的"前半生后半生"呢？就是说"后生"是用来表示"从现在算起之后的有生之年"。其次，文中有"斯亦不足畏也"句，其中用了"亦"字，足见前后句的关系密切，皆与人生年龄相关，所以这点不能忽视。

畏字，于本篇第五章"子畏于匡"中有过解读：（畏的甲骨文）似"鬼拿杖打人"，喻有危险事情要发生；当有危险出现时，一方面人会"害怕，恐惧"；另一方面也会激发出受危者的注意力，引起"高度关注"与"重视"，否则会有灾难发生。"后生可畏"之畏，可解读为"畏"的第二种意思：尤其值得重视；"亦不足畏"之畏，取其第一种义项"害怕"。这样本章可作如下翻译：

（一个人在任何时候）后面的生命更应值得重视，你怎么能知道将来就不如今天呢？（只要认真对待，努力修学一定会比现在好，即人的进步是肯定的），即便是到了四十或五十岁，没有闻达于世（或成功），也不必要畏难。

孔子自己也说："加我数年，五十以学易，可以无大过矣。"及"吾十有五而志于学，三十而立，四十而不惑，五十而知天命，六十而耳顺，七十而从心所欲，不踰矩。"孔子从"十有五"开始志于学，到"五十"还想学《易》（按：这里易是否作《易》解，不影响其结论。不论是学什么，至少是"学"）呢，可见孔子并没有在四十岁时"已而了"——停止学习。因此孔子不可能说四十岁不"闻"就不值得敬畏人生，停止追求，自暴自弃的话来。但凡君子之志于得道者，必"日为孳孳，毙而后已"。人的学习是一个终身实践的过程。修仁无止境，这也是孔子的一贯主张，我们不能脱离孔子思想来解读孔子。

21　知是不为奈之何

在人力所能及的范畴，一切主观上的努力必然能有所回报，所谓天道酬勤，事在人为。故凡事能有所成，首先要存其志，若一个人明知其是而不愿为之，别人就无可奈何了。

9.24　子曰："法语之言，能无从乎？改之为贵。巽（選）与之言，能无说乎？绎之为贵。说而不绎，从而不改，吾末如之何也已矣。"

"法语之言"之"语"，有"言"（即说）的意思，但两者用法略有区别。在古文中"曰，言，语"都有"说"义，之所以如此，皆因它们都有一个共同的"情景"，我们分析一下它们的甲骨文。"曰（）"其形示意：说话时"舌"在"口"中的动作，并可见其牙齿（中间的"一"），可见"曰"突出表现的是人在说话时的"嘴角动作"；"言（）"其形显示的是人说话时从"口"中发出的"气流"（按科学的说法叫"声波"）。"曰"强调"说"的进行时，你想，能见说者的"口"动，当然是"亲耳在听"（可信度高）；"言"强调的是"说"的完成时，并且表达了此话是传播来的（由"声波"传的）；"语"是"吾之言"，强调了"我"（"语"的解读可参看《雍也》篇第17节）。《说文解字》注："语，论也。语者御也。"由此"语"可用于表达"代表一定观点、道理"的话，所以有"语录"一词，而不会说"曰录"或"言录"。法（灋），从廌，廌为传说中的神兽，能辨别曲直，审案时能用角去触理曲之人；从水，表明法公平如水。"法"本是"法则，标准，模式"意。法则是不可违背的，必须遵守；"语"在此取它的"过去的话"，这样"法语"就相当于"法则语录"，用我们现在的普通话讲如同"格言""警句"之类，它们是被人们普遍认同的，具有颠扑不破的真理性。在"法语之言"中的"法语"用以强调"言"之内容的真理性。"法语之言，能无从乎"——绝对正确的话，能不听从吗？言下之意：正确的话，谁都知道是应该听的。若明知道"法语"之言该听，但又不愿意按此道理去做，以改变自己原来可能是错误的行为，就是"从而不改"。"从"，于文中有"听从，顺从"义，可引申"认同"的意思（从字的甲骨文解读可见于《为政》篇第十二节）。

清代俞樾在《群经平议》中说："法语之言一句中语字、言字叠用，甚为不辞，殆经师失其读也。此当以法语之为句，巽与之为句。”意思是说，文中同时用了“语”和“言”，语义重叠不合文法，大概是解经的人把句读搞错了。他认为应该这样断句：“法语之，言能无从乎”，并进一步解说此“言”为语气助词。后人多有认同者。造成这种错误认识的原因，我想正是他们把“语”和“言”同时都理解成了“说”义了。即便他们这样认为有一定的道理，但我认为也没有必要较真，因为解读的结果是一样的。更主要的是“法语之言，能无从乎”更符合今天人们读古文的习惯，且又不会产生错误理解，何必绕弯呢。其实在古文中“言”也用以表示一句话中所用文字的数量，如七言诗五言诗之说等。这里俞樾非要将“言”理解为“说”未免固执己见了。

什么是“巽与之言”呢？定州简本作“選与之言”，選通“逊”，有“卑顺，谦让”的意思。孔颖达疏：“巽谓顺貌。故褚氏云：‘顺者心不违也，巽者外迹相卑下也’”。与，取“赞许”义，可引申为“附和”。“巽与之言”，即指“谦卑委婉，顺从附和的话”。你想想，若一个人专找顺你心的话说，且态度又恭顺到几乎是在讨好你，你心里能不高兴吗——能无说乎？这是人之常情。如果一个男生，为讨你欢心，说“你真漂亮，就跟仙女一样”，即便你讨厌这个人，但听其言心里也是甜甜的，这毋庸置疑。但若你是一个理性的人，一定会拿起镜子照照，以确定自己是不是真的如仙女一般——这就是“绎之”——演绎，研究，寻绎，分析。意思是当听到了好听的话，不能只顾高兴，要理智分析，鉴别取舍。绎（繹），从丝，睪（Yì）声，本义抽丝，指“引出头绪”，“寻求事理”。“抽丝者必寻其绪，故谓之绎。听言者必寻其言意之所在，亦是绎也（明林希元《四书存疑》）。”

认同了“法语之言”若能“改之”是可贵的；听了“巽与之言”如果能“绎之”也是可贵的。相反，若只是“说而不绎，从而不改”，对持这种态度的人，孔子说“吾末如之何也已矣”——我是一点也不知道该用什么办法来对待他的哦。孔子这里道出了普通人的通病：虽然在道理上明白该怎么做，但是行动上还是该怎么做就怎么做（我行我素，像这种内心不愿如何的人，外人是没有法子的）。当然，是人大多都喜欢听好听的话，哪怕明知道是假话，也乐于接受。在我们身边有这样的人：刚升为领导时开始还有点自知之明，对身边人的附和、奉承能正确对待，然而时间一长，却不自觉地就接受了，于是渐渐地自我感觉自己真的行了，从而慢慢地自大起来，在自以为是心态下，不自觉地就变得武断起来了。人都有天生的惰性，不愿改变自己，因为要改变，需要自制力的支持。别人的劝导也好，教导也好，如果自己成心不愿改变，任何人拿他也没有办法。正如“譬如为山”章主旨所述的，事物的变化内因是决定性的一样，人要想改过自新，必须自律加意志。而意志的力量来自于个人的主观向上的亲善之心，所以人需要修德进业，提升自己的素养，保持坚定的意志。这就是孔子本章之言的核心之意。

9.25 子曰："主忠信，毋友不如己者，过则勿惮改。"

此章内容在《学而》中出现过。但这是《论语》编撰者的有意为之。上章刚说到，人能否自觉趋善，在于自制，在于坚定的信念与主观的意志，因"吾欲仁而仁至"。所以，接下来是进一步用以阐述这样一个观点——一个人内心（骨子里）如果能坚守忠恕之道，重信誉，讲诚信、有义胆、身边就不会没有朋友。同时对自己的过错也不怕改变，即有义无反顾地改正过错的决心和信心，若有改过自新的决心，就绝不会是"说而不绎，从而不改"的。

9.26 子曰："三军可夺帅也，匹夫不可夺志也。"

决定一个人成功的内因，主要在于他坚定不移的志向。你有没有志向？志向能否长久坚持？皆由自己所决定，别人是无法进入你的大脑去修改或删除的。所以孔子说"匹夫不可夺志也"——真是一个有志向的人，其志是不可能被任何外力所剥夺的！一个人失其心志，那一定是你自己想失去，因为志是你的心愿所向往之，是意识的存在，而非身外之物。简单地说就是，志向你想有，它就有，不想有它就没有，与外人无干。但"三军可夺帅也"——三军的统帅可以被夺取（消灭）。因为统帅被消灭，不光是靠帅单个人的勇敢，也不是哪一个人的主观所能决定的事，只要敌人的力量比你强大。朱子在《集注》中引侯氏语曰："三军之勇在人，匹夫之志在己。故帅可夺而志不可夺，如可夺，则亦不足谓之志矣。"此说在理。

这里孔子用一个比喻来阐发：你是"进"还是"止"决定权在个人不在别人的道理。就如说"命运掌握在自己手里"。

三军，周朝的制度，诸侯中的大国可以拥有前、中、后三个兵种，因此便用"三军"作军队的通称。匹夫，有说是指一般读书人，有说是士人、庶人、贱人，或说是平民。其实不论什么身份的人，总之是一个有自己志向具备独立人格者。三军喻指一群人，匹夫喻为个体之人。"匹"如同单枪匹马之匹，指单一的；夫，本义为"大人"，夫字的构型是"天出头"，喻指人的高大，如同今天的"男子汉"。这种"高大"主要是从精神层面上而言的。

《论语通译》译之："三军可以丧失它的主帅，一个人却不可以丧失他的志向。”这样翻译不准确，也削弱了此话的分量。因“丧失”志向是自己的主观行为，而这里强调的是外力的“夺”，夺在此是被动词，即被夺取，被剥夺。“帅”之下的军队即便再强大，也有被消灭的可能，而一个人的“志”即使再弱小，别人也拿不走，只要主观上不想“失”，别人就无法“夺”。孔子是用对比言理。

存有其志是否有成功之时，决定于你能否久而不失其志。每个人都是自己命运的主宰。

22　求道无有知足时

通常说知足常乐，其实，那只是在你对所处现实状况感到悲观与失望时的一种宽慰而已。不过，人若有知足的心态，就能看淡自己的挫折，不会意志消沉而放弃积极的生活态度。人只有在乐观的态度之下，才能有追求更高层次的满足。从这个层面上说，知足是一个良好的积极的心态。但是，如果真的知足了，就会停滞不前，而停滞不前事实上就是一种退步。即，知足的结果最后连现状也保不住了。所以，从这个角度来理解，知足又是一种消极的保守态度。

可见，劝人“知足”还是“不知足”，表面上看是一对矛盾的存在，然而，你要知道它们不是存在于同一个境遇之下的同一时间上。其实，“知足”与“不知足”正如哲学中事物发展的“否定之否定”规律一样，它们是层次上的循环递进关系。其实人的进步是在有“知足心态”之后，再生发出“不知足”的愿望，去追求新的“知足”。所谓知足方能知不足。这一点值得读者好好用心体味。

举例来说，某学生在参加竞赛时因没有取得满意的成绩，心情沮丧。这时，老师怕他因此失去信心，就会这样劝说：“好了，你不要这么消沉，你能在这么短的训练时间内，取得这么好的成绩已经很了不起了，老师都为你高兴呢，你应该感到满足才是。”可过了一段时间后，观察到此学生不再沮丧了，老师又会这样对他说：“你现在的成绩虽然不错了，但毕竟没有发挥出你真正的能力，你还有很大的提升空间，不能就这样知足了，应该继续努力。”你想，做老师的这样说，应该没有错吧？但是，如果把老师的话放在同一个时空下来比较，显然是有冲突的，一会儿让他知足一会儿又不让他知足，到底是要知足还是不要知足？可见知足与不知足，是不能同日而语的，它是对人于不同情绪或时态之下的不同要求，并不是绝对的对立。

所以，求道有无知足时追求的痛苦，但又能得到满足时的快乐。理解了这点，就能理解孔子下面的话了。

9.27　子曰：“衣敝缊袍，与衣狐貉者立，而不耻者，其由也与？‘不忮不求，何用不臧？’”子路终身诵之。子曰：“是道也，何足以臧？”

“缊袍，衣之贱者。狐貉，衣之贵者”（邢昺《话语注疏》）。缊袍，用乱麻或旧絮衬于其内的袍子，因贫者无力用丝絮，只能以麻或絮填衬。据《大丧记》“衣有三名：一单衣名禅衣，一夹衣名褶衣，一絮衣名複衣。”複即袍也。狐貉，本指狐和貉，此指用狐貉的毛皮制成的大衣。敝，破旧，破败。“衣缊袍，衣狐貉”之衣，为动词“穿衣”。孔子说：“穿着破旧的麻絮袍，和穿狐貉裘的人同处一起，而不会感觉是耻辱的，只有仲由（子路）了吧！”这里孔子赞子路不耻恶衣，与其所言“士志于道，而耻恶衣恶食者，不足与议也”相合意。接着，孔子又用《诗经·邶风·雄雉》篇末章的一句诗评价子路——“不忮不求，何用不臧？”——不嫉妒不贪求，还能有什么不满足！就是说人一旦没有了贪心与嫉妒，自然就有对现状的满足感。

通常“贫与富交，强者必忮，弱者必求”。忮=支+心，支（）是“手拿棍棒”之象形，“忮”字表达的寓意是“心里有棍棒”。这个棍棒只是在心里存在，没有打出去，由此“忮”就有了“在心里记恨别人”的意思表达，类似“记恨，嫉妒”义。当然，如果站在另一角度来会意“忮”，就是“内心担心别人的棍棒来打自己”，那么“忮”也就是表示“担心，害怕”，因害怕而变得胆小，所以做事小心谨慎。一个人如果不贪求财物，不嫉妒他人的地位，其内心必然淡泊，容易知足：何用不臧？——［有这种心态的人］还能有什么不可以满足的呢？

“何用不臧”之臧，前人注“臧”为“善”。这样解读，则与前句“不忮不求”的意思就不能形成很恰当的承接了。“不忮不求”表达的是心态的知足，但“善”的意义太过宽泛，所以我认为直译为“善”不合文意。这里的“臧”是用以表达善的结果的。事情的完满，就会生发知足之情，这就是一种“善”果。臧其甲骨文，从臣，戕（qiāng）声。臣，指奴隶（男奴），其右的“戈”除表声外，也是武器的意符。两者相合，有表示“能打仗的强壮男奴”之意，由此用以形容“好使唤的”、“有更多用处”的奴隶——这样的奴隶当然能给主人带来“好”的或“善”的用途。另外，值得注意的一点是：当诗句从整体中抽出来独立引用时（古人好引《诗》抒意），其意义存在“迁移”现象。就是说，将《诗》中之某句话，从中分离出来而单独引用后，因与其所引用的语言环境不同，会出现新的寓意。诗的语言，其表达的意义本身是受诗的语境（或读者的感情不同）所影响的，因此，我们不能再用原诗中的意思，在新语境下作同样的解读。

“子路终身诵之”，并不是实言子路一生当中天天把这句话在口中吟诵，其意思是说子路一直把这句《诗》当作自己的座右铭。在孔子眼里，修行求仁者只是满足于“不忮不求”是远远不够的，如果仅仅如此只是拥有了君子之德的一面而已，要想成为仁者，必须做到修道无止境，永远不能知足。所以，孔子见子路“终身诵之”，就又给出了警示：“是道也，何足以臧?”——这于道而言，岂能满足？有人解说，子路之所以终身诵之，是见孔子赞他，心中甚喜，且“终身诵之”是在“自喜自夸”，有故意炫耀之态。不知道作如此理解的人是怎么看出来的？纯是想当然耳！其实这正如我前面所举的老师对学生劝导的例子一样，这里孔子对子路的赞扬与警示，是针对不同境况之下，前后并不矛盾。

对“是道也，何足以臧?”历来解家歧义很多，但我认为程石泉先生说得合情合理，他说：

汉儒毛苌注《诗》，马融、郑玄皆解“臧”为“善”，与此章引《诗》句义未合。臧者，足也，成也。意谓如不忮（不忮慕他人）不求（不贪求无厌），则无不足之感也。子路终身诵之者，即以此《诗》句为格言。但孔子欲借此使子路能推广其义（“举一隅而以三隅反”），于是告之以“是道也，何足以臧?”即以道言之，永无足时。凡君子之志于道者，必“日为孳孳，毙而后已”，岂可以区区不耻恶衣恶食，为足以成道乎？（《论语训读》）。

志向的坚守力，只有在遇到挫折或困难时，才能得到检验。所以，孔子就用松柏的岁寒而后凋，作譬言之。

23　志向务须长坚守

很多的道理能在人的头脑中形成概念，往往需要经过实践的经历。比如，你在炎热的夏季真正到过沙漠，才能体味到水的重要；在冰天雪地的冬夜于室外露宿过，才能真正感知到寒冷的滋味和家的温暖；当你是真正的漂泊者，才能体会出游子的情怀。但有一点可以肯定，无论处于什么样的恶劣环境之下，唯有坚定的意志力才有可能助你走出困境。所以，志向就是长期的坚守。

9.28　子曰：“岁寒，然后知松柏之后雕（凋）也。”

本章句意理解不难：岁月到了最寒冷的冬季，才晓得松柏之叶是最后凋谢。其表达语义的形式同于“烈火见真金”“路遥知马力，日久见人心”“世乱识忠臣”“士穷显节义”等，只是这些字句表达的喻义更直接，更明确而已。而本章之言形式上是说松柏之叶，但寓意更广，他只是拿松柏作喻体说事，其本体可以嫁接出很多对象来。因此，孤立地解读本章，可以得出很多的说法。

朱熹《集注》引范氏语曰：“小人之在治世，或与君子无异。惟临利害、遇事变，然后君子之所守可见也。”他认为此章是说，君子在“临利害、遇事变”时能坚守正道。何晏注言：“喻凡人处治世亦能自修整，与君子同；在浊世，然后知君子之正不苟容也。”何晏认为，这里是比喻君子不在乱世苟且偷生。清代李光地说“此章比喻者广，然当乱世而秉礼行义、守先王之道以待后之学者，此等人最相似”，他认为松柏是比喻“守先王之道”的人。现代人文克成撰文说：“孔子这句话是在当时的乱世之中经历多次‘岁寒’之后的切身体会。他和跟随他的弟子们周游列国，多次陷入绝境，身边的弟子始终不舍他而去，而是紧跟老师追求政治理想的实现，于是他用松柏作象征来赞扬弟子们坚定不移、百折不回的精神。”同时，他还说：“孔子其言另有深意：控诉‘岁寒’所象征的黑暗势力、黑暗社会对德才兼备的君子们的迫害与摧残。”文氏又把孔子变成了一个现代派的“革命家”。

总之，你做怎样的解读，我都不能说错。但有一点可以肯定：都是在“孤立地解读”本章。且，人们看到“岁寒”就想到了“乱世”“黑暗的旧社会”等，都不自觉地把自己置于了“站在社会责任感”的高度之上。现在我提醒你，放下自己的政治包袱，回到《论语》中来。不论孔子本人是想表达何种意图（我们今天也无法知道），但现在《论语》的编撰者把它放在这里，想表达什么？我们不能脱离文章的大环境随意想象，而是应该顺理文义，揣测作者（这里指《论语》的编撰者）意图，不能完全地断章取义（虽然《论语》是集语言为文，但中心思想是有的）。这里的“岁寒”为什么不可以理解成困难或挫折之类呢？

本章之前多言：作为修为成仁者，当有坚定的信念和意志，如“匹夫不可夺志”“譬如为山”“是道也，何足以臧”等，皆有劝人立志不移，持之以恒和向善之心。这里本章当喻：不论你遇到何种困难挫折，坚守志向不要动摇，要向松柏那样，岁月再寒冷也不要凋零落叶。我们由植物常识知道，松柏是不落叶的，只是由新叶渐次替换老叶，不像其他落叶植物，秋风一吹便纷纷扬扬了。这就是松柏的特征，也由此文人们常常用其来形容人的品格。

总之，人如何做到坚持意志不变，需要身心的修为，让自己成为一个大智慧的人。能以修仁为终身行为的人，必是具备勇敢又意气风发的道义之人。因为具备“智”“仁”“勇”之品质的人，对人生不会迷惑；其行为不会因患得患失而瞻前顾后，举棋不定；也不会被困难所吓，而能勇往直前。所以，孔子又有如下之说。

9.29 子曰："知者不惑，仁者不忧，勇者不惧。"

智慧可以明白事理，所以不会迷惑或困惑；有仁心就会有宽广的胸怀不会生出忧愤；能勇敢，持正义就不会畏惧。历代学者由于所站的角度不同，主要在"仁者"为何"不忧"的解释上观点有所不同之外，没有本质上的分歧。一般来讲，普通人因为好患得患失，计较的太多，所以忧愁烦恼，甚至愤恨不满会常存于心。相反，对于一个胸有大志，仁德宽厚者，因其泛爱众、存公心、尚施予、以助人为乐，故无忧。正如孔子言"君子坦荡荡，小人长戚戚"。

结合本篇前几章文意来理解，把孔子此言置于此，其言外之意就是教导有志之士，要做一个大智大仁的勇者，这样什么困难与挫折都不会被难倒，一切皆可承受与化解。

24　用学有异果亦异

人生的道路千种百样，走出什么样的结果，区别于人的志向、情趣、观念，以及和其所做的人生选择等的不同。即便同等的学问，但也因走的道不同，加之后天的意志力的差异，人生所取得的收获也不尽相同，成绩、贡献也不等。就是说你把知识、智慧用在哪里，最终的收获成果及其分量当然也有层次的高下。即承认人的差异性，是理智的，也是客观的。

9.30 子曰："可与共学，未可与适道；可与适道，未可与立；可与立，未可与权。"

正因为人有智慧高下的不同，仁心的多寡不一，勇敢的程度不等，所以其学业有高低宽窄的差异、价值取向也会左右分歧（道之不同），即便能建功立业其功业之德也存大小之分，创造的社会价值高低也不等。不同人的人生能迸发到什么层次，除了智商之外，更多的是由其情商决定的。即便人的"学"（学识，学历或知识）相同，但也会因"用学"的不同，即如何运用学识（方法问题，这区别于"智"的不一样），朝哪个方面"用"（方向问题，这取决价值取向的不同。价值取向又受其"仁"的程度限制）及是否能长久地坚持"用"（意志力的问题，它受制于人的"勇"之大小），所以不同的人所可能到达的人生目标，精神层次（或境界）也不尽相同。这个是肯定的。

一个人的学识虽有限界，但用之无止境，结果自然也不一样。所以，孔子如是说“可与共学，未可与适道；可与适道，未可与立；可与立，未可与权。”——［不同的人即便］可能有相同的学识，［但由于其心志不同，价值观不同，他们］未必能走同样的“道路”（当然，这里说的“道路”是一种比喻，可以指“职业”，“追求目标”等，皆因人的价值取向不同而不同）；即便能走同样的“道路”，［但因意志力的不同，努力程度不同］未必可以获得功德（建功立业，或谓成就）；即便取得了功德，而其功德的分量或价值未必等同（即成就的大小不同）。

这里孔子用“可与”和“未可与”的层层推进，表达了具备不同档次的“仁智勇”者，对“用学”的层次不同，所能到达的功德层次也不相等。如何“用学”体现了人的智慧，及对人生的认识与态度以及为实现自身价值的自主和自觉性。比如都是大学同学，学的知识一样，受的教育也相同，但毕业后由于志趣不同，未必选择同样的工作。工作不同，人生之路自然各有千秋，自然的他们将来取得的成绩也肯定会不一样（除领域不同外，其功业的分量也不同，价值也不一样）。

孔子在这里就是讲了“学之用”的不同境遇，而不是有些学者所认为的“学”的境界。也更不是教育的层次问题，因为教育至多只能是给予更多的知识，而不能保证受教育者的最终成功。能否成功是个人如何“用学”的问题，他人只能是如何提供“知识”或怎样能提供更多的“知识”而已。知识如何转化为力量，不是教育本身所能够做到的。我们做过老师的都能感觉到，教同样的东西，同样的教法，有些学生很快能学以致用，且用得很好，但有些学生就不太会用所学知识。这也是人的差别。

本章每句话中皆用了“与”字，对与字的正确理解，是解读本章语义的关键点之一。刘宝楠释“与者，以也”，这样“可与”就成白话文“可以”了。“可与”有“可以”的意思，但在这里不准确。首先“可”本身就包含“可以，可能”的意思成分，“与”若是解为“以”，那完全可以省略掉。古人行文最讲简省，在此为何不省呢？故必有其因。“与”字甲骨文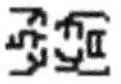（横看，“与”字的解读可参看《学而》篇第23节），其本义有“给予、交付”及“参与”意。与的“给予”义是站在主动者的角度会意出来的，若是从被动者角度去会意，与就有“被给予”的意思了。自己“被给予”某物，也就相当于自己就“拥有”了某物，于是“与”就有了“拥有”“占有”或“具有，具备”等含义。加之“与”的“参与”义，这样“与”的“拥有”，就有“在参与实践中获得”即“取得”的意思成分了。在本章里的“与”根据语气的差别，可取“拥有，具备，有”或“取得”等义。

文中的“共”字，黄怀信解为“共，同也”没错，但不能取其“共同”义，而应取“共用，共享”义，含有“相同”的语意成分。共，甲骨文或象左右两手合握打拱，或捧着一物（“共”字的解读，可参看《为政》篇第一节），所以“共”字有“共同”和“共同拥有”的意思（如同“公共”义），但同时由于“两手动作的一致性”或“共同拥有”一个对象，从而就包涵了“相同，同样，一样”义。比如《孟子·滕文公上》“夏曰校，殷曰序，周曰庠，学则三代共之”。再如“风烟俱净，天山共色”（南朝·吴均《与朱之思书》）。“可与共学”字面直译就是“可以拥有共同的学问或知识”。“共享的或共同的”的东西，当然也是“相同的”东西。因此，“可与共学”意思就是“可以拥有（或可能具备）相同的学识（或学习经历）”。如此“学”作为“共”的宾语，只能是名词。

由“可与共学，未可与适道”，显见其“适道”与“共学”是对举。按古人文法，“适”与“共”意思要么相同（或相近），要么相反。适（適）《说文》：“適，之也”，即其通常义为“到达”，但它的“到达”强调的是“到达应该到达的位置”，即到达于合适的地方。所以，“适”字的主要义项为“合适，符合”，即“与其相适应的或相符合的”。两者能“相适应或相符合”，表明两者之间存在“共同性”。因此，这里的“适”与“共”皆有“同（相同）”语意成分，所以可以“对举”。同样，“道”与“学”对举，所以“道”也应该取名词来解读。“适道”表达的是“两者相较”其所走之“道”能否“相符”的意思。多数学者把“学”解为动词“学习”，而把“道”看作名词，话就说不通了。如通译本译之：“能够在一起学习的人，未必能一起学到‘道’。”前提中说“能够在一起学习”，表达的是“某两个人（或两类人）”能否可以相处的状态，他与每个人能否学到什么东西的结论，没有一点逻辑上的关系。如果说“能够在一起学习”未必“能一起合作同做一件事”是可以的。

这里还有一个容易犯的错误习惯：多数人一见到“道”就联想到儒学的“道”，于是就牵强附会。“道”字的语义很丰富，可作的解读很多（关于“道”字的解读读者可参看《学而》篇）。这里的“道”与孔子说的“道不同不相为谋”之道意思相同，主要强调的是“精神”上的追求或“意识形态”的差异性。它与同样是孔子所说的“朝闻道，夕死可矣”之道含意不同。“朝闻道”之道寓意的是万物之“本质”或宇宙世界的“规律性”，即所谓的真理，得“道”是人类求学问的终极目标。如果把此“适道”与“闻道”之道等而视之，那么在“可与适道”时，人的学问就到终点了，否则孔子不会说“朝闻道，夕死可矣”。从“可与适道，未可与立；可与立，未可与权”来看，“适道”仅仅是小成，最高境界显然是“权”。可见，后儒们所解之“道”是没有道理的。

仿照上面对“与”字的解读分析，“可与立，未可与权”我译之为；“可能会取得功德，但未必拥有同等的价值（即功德的大小不同)”。立，即建功立业之义；权，有“权重”义，指所占的分量，这里指业绩的大小不同（有人译“权”为“权威”，若所“立”之言具有很高“权威性”的，当然也表明其分量之大，也可以说有很高的“话语权”)。刘宝楠引高诱《淮南子注》曰：“立，谓立德、立功、立言。”依此，我把“立”解释为“建立功德”。立，有人解为“守道”，或“以礼而立”。孔子说过“三十而立”，其立，显然有立业，即有了自己之事业的意思。“以礼而立”只是表述了“立”的法则而已，不是“立”本身的意思，所以，他们解的都很牵强，不可取。这里对“权”的解读历来分歧最大。孔安国解为“权量轻重”，韩愈反驳说：“权者，经权之权，岂轻重之权耶?”朱熹又反对，他引程子（程颐）曰：“汉儒以反经合道为权，故有权变权术之论，皆非也。权只是经也。”并按语“先儒误以此章连下文‘偏其反而’为一章，故有反经合道之说。程子非之，是矣。”等等。

但大多数学者都认可“权”为“权变”“权衡”之义（即李厚泽说的“灵活性”，通译本解为“灵活应用”)。“可以创立功德，未必可以灵活应用”，将“功德”与“灵活性”对举，不合文法。“功德”是名词，“灵活性”是形容词，更主要的是两者毫无逻辑上的递进关系。由此，有人把“立”解释为“立身于道”，即以儒说“道”的法则行事做人。魏朝的王弼释“权”为“道之变”，皇侃解为“反常而合于道”。既要以道立身，又要变道行事，显然是矛盾的，既言反常就很难合于道。文中用三对“可与……未可与”，显然“学、道、立、权”是并列式的层次递进关系，他们的词性应该相同。我认为皆作名词解比较顺埋。

“可与共学，未可与适道”，孔子用了一个假设的前提，讲了学之用的第一层要义：价值取向决定了人生的方向。即人学到的知识一样，但选择的路道未必一样。人的志趣是有差别的。

“可与适道，未可与立”，是表达“学之用”的第二层要义：即便有相同的人生目标，但因勇气与毅力的不同，未必都能成功。成功属于有志者。

“可与立，未可与权”，说的是“学之用”的第三层要义：人生即便都有了功成名就，但因“用学”与“用志”的差异，其功名的分量也不会相同，或者说创造的社会价值不等。

通译本对本章的译文为：“能够一起学习的人，未必能一起学到‘道’；能够一起学到‘道’的人，但未必能坚定不移地守‘道’；能守‘道’人，未必能灵活运用，随机应变。”同时解“道”为“真理”。此解望文生义，且语义逻辑混乱，更不存在文意间层层递进的关系。读者不妨细细心究。

25 心欲无限天地宽

若要成事，心必欲之，所谓“我欲仁，斯仁至矣”。现实世界的时空，在心底可以被无限放大，当然也可以被无限缩小。至于是被放大还是被缩小，完全在于你心之所往：向之即小，背之则远，所谓心欲无限天地宽。

9.31 “唐棣之华，偏其反而。岂不尔思？室是远而。”子曰：“未之思也，夫何远之有？”

此章有合上章为一章而解的，但依两章文意来看，很难合意，分开比较合理。

此所引之诗为逸诗（未收入《诗经》的诗）。唐棣，应是一种树木名，到底是哪种树木说法也不统一，陆玑《毛诗草木鸟兽虫鱼疏》以为就是郁李（蔷薇科，落叶乔木），李时珍《本草纲目》却以为是扶移（蔷薇科，落叶乔木）。华，同“花”；朱熹注之：“偏，晋书作翩。然则反亦当与翻同，言华之摇动也。而，语助也。此逸诗也，于六义属兴。上两句无意义，但以起下两句之辞耳。”方骥龄认为“偏其”为“翩箕”通假，表簸动貌，《说文》：“其，簸也”，此观点比较合理。

“唐棣之华，偏其反而。岂不尔思？室是远而”——唐棣花啊，翩箕摇摆，怎不让我思念哦？只是太过遥远了啊。“岂不尔思”即“岂不思尔”，此“尔”当同“耳”，语气助词。一般把“尔”作“你”解，我认为不当。这里思念的对象应该不是某一个具体的人物，理解成泛指更宽泛。文中“室”大多理解为是指作者的出生之地，或是指所被思念者的家。但在我认为，此“室”未必就是原文中的室，依照《诗经》行文特点来看，“室”当是假借字，作语气助词。当然，诗句中有“思”，所思者自然是在远方（空间的远或情感的远）。身处异乡的游子，因触唐棣之花而生其思念之情心，且久久不能平静，好像那风中的唐棣之花摇曳不定……最终生发“室是远而”——不能平复念念之心的无奈之叹。

由于后儒们把其与上章合一章解读，为附会多在“偏其反而”上大做文章：说唐棣开花是先开后合，寓意反经合道等等。何晏注：“唐棣，移也，华反而后合。赋此诗以言权道反而后至于大顺也。思其人而不得见者，其室远也，以言思权而不得见者，其道远也。”皇侃也说：“引明权之逸诗以证权也……夫树木之花皆先合而后开，唐棣之花则先开后合，譬如正道则行之有次，而权之为用，先反后至于大顺，故云偏其反。而言偏者明唯其道偏与常反也。”等等，他们皆把本是散传于民间的“念家之词”，硬是牵扯到孔子的“道”上来，并附会于“权”。其实诗的前两句是引物起兴，这是《诗》最常见的表现手法。此诗本是独立成篇的，不能因为孔子引用了，此“道”就变成孔子的道了。孔子这里也是借诗言志：“未之思也，夫何远之有?”——你这不是真正的思念呢，若真得思念了，哪还有什么远近？山水阻隔不了人心。

俞樾认为，此句应当在“夫”字后断句：“未之思也夫，何远之有?”不过从“夫”字后，还是在“也”字后断句，好像对解读文意没有什么影响，大可不必如此迂曲。

那么孔子此言寓意是什么呢？当然也是仁者见仁。如程子曰：“圣人未尝言易以骄人之志，亦未尝言难以阻人之进。但曰未之思也，夫何远之有？此言极有含蓄，意思深远。”由于含义深远，钱穆说：“此章言好学，言求道，言思贤，言爱人，无指不可。中国诗妙在比兴，空灵活泼，义譬无方，读者可以随所求而各自得。”如是说来，本章怎么解说都不为过了。不过，《论语》编撰者把此章位于全篇之殿，视其的重要性是不言而喻的，肯定存在有所指的具象。本章根据前面几章的文意来解读，孔子当是说：你若真是想用心做事，是不会去找借口的，但若你心不想，可找出一万个拒绝的理由。孔子依然是在强调人的主观能动性吧。正如心欲仁而仁至——“仁远乎哉？我欲仁，斯仁至矣”。心欲是没有时空界限的。

附　　录

孔子生平年表

（这是根据大多数专家的结论总结而成，列于此是便于读者了解孔子）

鲁襄公	襄公元年 （公元前572） 至 襄公三十一年 （公元前542）	襄公二十一年 （公元前552） 孔子出生	1）孔子生于鲁国陬邑昌平乡（今山东曲阜）。 2）3岁时其父叔梁纥卒。孔母颜徵在携子移居曲阜阙里，生活艰难。 3）5岁时弟子秦商（字不慈）生。 4）6岁时弟子曾点（字皙，曾参之父）生。 5）7岁时弟子颜繇（又名无繇，字季路，颜渊之父）生。 6）8岁时弟子冉耕（字伯牛）生。 7）9岁时郑国子产执政郑国大治，孔子对其政绩评价很高。
鲁昭公	昭公元年 （公元前540） 至 昭公三十二年 （公元前509）	昭公十年20岁孔子得子、做委吏27岁招弟子办学 35岁鲁国内乱适齐 不到2年后返鲁	1）10岁时弟子仲由（字子路，卞人）生，是年鲁襄公死，昭公即位。 2）12岁时弟子漆雕开（字子若，蔡人）生。 3）16岁时弟子闽损（字子骞）生。 4）17岁时孔母卒。是年季氏宴请士一级贵族，孔子去赴宴，被季氏家臣阳虎拒之门外。 5）19岁时娶宋人亓官氏之女为妻。 6）20岁时得子名为鲤，字伯鱼。是年孔子开始为委吏管理仓库。第二年改作乘田，管理畜牧。 7）30岁时齐景公与晏婴来鲁国访问。弟子颜回字渊、冉雍字仲弓、冉求字子有、商瞿字子木、梁鳣字叔鱼（齐国人）生。 8）31岁时弟子巫马施（字子期，陈国人）、高柴（字子高，齐国人）、宓不齐（字子贱）生。

鲁昭公	昭公二十五年被逼去鲁适齐，昭公三十二年死于晋边邑干侯终年 51 岁	42 岁时昭公死	9）32 岁时弟子端木赐（字子贡，卫国人）生。 10）34 岁时孟懿子和南宫敬叔学礼于孔子。相传孔子与南宫敬叔适周问礼于老聃，问乐于苌弘。 11）35 岁时（昭公二十五年）鲁国内乱。季氏孟孙氏、叔孙氏三家攻昭公，昭公师败奔齐。孔子是年也到了齐国，为高昭子家臣。 12）36 岁时齐景公问政于孔子，在齐闻《韶》乐。 13）37 岁时齐大夫欲害之，孔子由齐返鲁。是年弟子樊须（字子迟）、原宪（字子思，宋国人）生。40 岁弟子澹台灭明字子羽生。 14）41 岁时弟子陈亢（字子禽，陈国人）生。第二年昭公卒，定公立。
鲁定公	定公元年（公元前 509）	48 岁时孔子退仕修书弟了弥众 51 岁时（定公九年）为中都宰，升小司空，后升大司寇，摄相事，再后为鲁司寇	1）43 岁时弟子公西赤字华生。次年。 2）45 岁时弟子卜商（字子夏，卫国人）生。 3）46 岁时弟子言偃（字子游，吴国人）生。 4）47 岁时弟子曾参（字子舆）、颜幸（字子柳）生。 5）48 岁时季氏家臣阳虎擅权，孔子不仕，退而修诗、书、礼、乐，弟子弥众。 6）49 岁时弟子颛孙师（字子张，陈国人）生。 7）50 岁时公山弗扰以费畔，召子欲往，子路不悦。 8）51 岁时为中都宰。是年弟子冉鲁、曹玲（字子循，蔡国人）、伯虔（字子析）、颜高（字子骄），叔仲会（字子期）生。 9）52 岁时升小司空，后升大司寇（相当于后来的刑部尚书），摄相事。夏天随定公与齐侯相会于夹谷。 10）53 岁时为鲁司寇，鲁国大治。 11）54 岁时：削弱三桓，采取堕三都的措施。是年弟子公孙龙字子石（楚国人）生。 12）55 岁时（定公十三年）春，齐送美女至鲁，君臣迷恋歌舞，多日不朝，孔子去鲁适卫。十月，受谗言，去卫适陈，路经匡地被困。后经蒲地，遇公叔氏叛卫，又被困。最后重回卫都。

鲁定公	定公十五年（公元前495卒）	55岁时去鲁从此开始周游列国14年	13）56岁时被卫灵公夫人南子召见。郑国子产去世，孔子十分难过。 14）57岁时（定公十五年）孔子去卫居鲁。夏五月定公死，哀公立。
鲁哀公	哀公元年（公元前494）至哀公27年（公元前468） 哀公末年，三桓攻公，逃至卫国，再逃至邹国，最后死于越国	哀公十年，68岁的孔子回鲁。次年子死 又次年，颜回死 再次年，弟子子路被害 哀公十六年，73岁的孔子因病而卒	1）58岁时（鲁哀公元年〕孔子居鲁，吴国使人聘鲁，就“骨节专车”一事问于孔子。 2）59岁时由鲁至卫，卫灵公问陈，婉言拒绝，去卫西行。经曹至宋，因宋司马桓魋厌，孔子只得微服。 3）60岁时过郑到陈国，于郑都城门与弟子失散独自等候弟子来寻，被人嘲笑”累累若丧家之犬”，欣然笑曰：“然哉，然哉！”。 4）61岁时离陈往蔡。第二年自蔡到叶，叶公问政，并与其有正直问题讨论。去叶返蔡途中，遇隐者。 5）63岁时与弟子在陈蔡之间被困绝粮，后被楚人相救。由楚返卫，途中又遇隐者。 6）64岁时在卫，主张在卫国为政先要正名。65岁时是年吴伐鲁，战败，弟子有若参战有功。 7）67岁时（鲁哀公十年）夫人亓官氏卒。第二年齐师伐鲁，冉有帅鲁师与战，获胜有功。季康子派人迎孔归鲁。69岁时儿子孔鲤卒，次年颜回卒，孔子十分悲伤。 8）71岁时齐国陈恒弑齐简公，请求鲁出兵讨伐，无果

参考文献

[1] 杨伯峻. 论语译注 [M]. 北京：中华书局，1980.
[2] 杨伯峻. 古今汉语词类通解 [M]. 北京：北京出版社，1998.
[3] 程树德. 新编诸子集成（论语集释）[M]. 北京：中华书局，1990.
[4] 钱穆. 论语新解 [M]. 北京：巴蜀书社，1985.
[5] 刘宝楠. 论语正义 [M]. 北京：上海书店，1986.
[6] 南瑾怀. 论语别裁 [M]. 上海：复旦大学出版社，1990.
[7] 程石泉. 论语读训 [M]. 上海：上海古籍出版社，2005.
[8] 徐志刚. 论语通译 [M]. 北京：人民文学出版社，1997.
[9] 黎子耀. 论语秘义 [M]. 北京：三秦出版社，1991.
[10] 高尚榘. 论语歧解辑录 [M]. 北京：中华书局，2011.
[11] 古棣戚，文周英. 孔子批判 [M]. 北京：时代文艺出版社，2001.
[12]〔汉〕许慎〔清〕段玉裁注. 说文解字注 [M]. 上海：上海古籍出版社，1988.
[13] 容庚. 金文编 [M]. 北京：科学出版社，1959.
[14] 于省吾. 甲骨文字诂林 [M]. 北京：中华书局，1996.
[15] 林成滔. 汉字文化趣谈——字里乾坤 [M]. 北京：中国档案出版社，1998.
[16] 牟作武. 中国古文字的起源 [M]. 上海：上海人民出版社，2000.
[17] 任继愈，王炜民. 中国古代礼俗 [M]. 北京：商务印书馆，1997.
[18] 唐松波，黄建霖. 汉语修辞格大辞典（完整版）[M]. 北京：中国国际广播出版社，1981.
[19] 邹昌林. 中国礼文化 [M]. 北京：社会科学文献出版社，2000.
[20] 许威汉. 古汉语语法精讲 [M]. 上海：上海大学出版社，2002.
[21] 司徒博文. 诗经全译 [M]. 北京：当代世界出版社，2006.

其他参考经典：

《圣经》《诗经》《大学》《中庸》《易经》《道德经》《庄子》

后　　记

受本人学力所限，加之专业工作的繁杂，留给我的业余时间很少，尽管我只写了半部《论语》的心究，但前后也占时六七年之久。若依我原来打算，在完成其上下两册后再刊印，真不知等到何年了，所以目前只能憾以半部而结。不过，我不会主动放弃最初的设想，有时间还将会继续完成后半部《论语心究》的撰写，这权当是给自己留下的一个梦吧。

江苏省徐州技师学院的李旭和李冰涛两位老师，在我撰写本书的过程中给予了很多的帮助、支持与鼓励，在此表示衷心的感谢！这里特别要感谢的是我们民进支部前主委侯绪恒先生，侯老从事语文教学多年，学识厚重且多才多艺，退休后仍笔耕砚田，令人敬佩，也给我树立了榜样。每次在请他分享我对《论语》的心得时，他总是用赞赏的口吻给予肯定，并以一个长者的身份激励我，使我的信心得以盲目增长，也斗胆地写起书来了。然而，在写作过程中，我最初的天真被研究中的实际问题逐渐“剿灭”，若不是侯老的不断鼓励，此《论语心究》也许早就流产了。今敬记以此，以表谢意！

王德铭

2017 年 9 月